Lambacher Schweizer 4
Mathematik für Gymnasien

Baden-Württemberg

Serviceband

erarbeitet von
Dieter Brandt
Jürgen Frink
Dieter Greulich
Thorsten Jürgensen
Rolf Reimer
Reinhard Schmitt-Hartmann
Gisela Schneider
Reinhold Schrage
Heike Tomaschek
Peter Zimmermann

Ernst Klett Schulbuchverlage
Stuttgart Leipzig

Lambacher Schweizer 4 Serviceband, Mathematik für Gymnasien, Baden-Württemberg

Begleitmaterial:
Service-CD (ISBN-10: 3-12-734384-1, ISBN-13: 978-3-12-734384-7)
Lösungsheft (ISBN-10: 3-12-734383-3, ISBN-13: 978-3-12-734383-0)

Bildquellen: S 101.1: Mauritius (Brike BFF), Mittenwald – S 101.2: Unbekannter Lieferant, Stuttgart – S 101.3: Bauhaus-Archiv (Lucia Maholy), Berlin – S 102.1: Mauritius (Storck), Mittenwald – S 102.2: Mauritius (Otto), Mittenwald – S 102.3: laif (Volz), Köln – S 103.1: Privater Bildgeber – S 103.2: Privater Bildgeber – S 103.3: Bilderberg (Ginter), Hamburg – S 104.1: Artothek, Weilheim – S 104.2: VG BK – S 104.3: VG BK – S 105.1: AKG, Berlin – S 105.2: VG BK – S 105.3: Artothek, Weilheim – S 107.1: Picture-Alliance (Kaercher), Frankfurt – S 107.2: Picture-Alliance (Hackenberg), Frankfurt – S 107.3: Picture-Alliance (Pilick), Frankfurt – S 107.4: Dieter Gebhardt, Asperg – S 108: Klett-Archiv (Cira Moro), Stuttgart

Textquellen: S 20: Albrecht Beutelspacher: Mathematik zum Anfassen. Begleitbuch zur Ausstelung 2001 – S 21: Mathe live 9 Lehrerband – S 92: Jochen Wegner. Morgenwelt Media GmbH, Berlin – S 101: Mathe live 10, Erweiterungskurs, S. 160, 161, 162 – S 105: Leonardo da Vinci: Tagebücher und Aufzeichnungen. Leipzig 1952 – S 106: MATHEmacchiato – Cartoon – Mathematikkurs für Schüler und Studenten. Verlag Pearson – Studium 2003, S. 81 – S 107: Thüringer Allgemeine 17.07.05

Nicht in allen Fällen war es uns möglich, den Rechteinhaber ausfindig zu machen. Berechtigte Ansprüche werden selbstverständlich im Rahmen der üblichen Vereinbarungen abgegolten.

1. Auflage

1 5 4 3 2 1 | 2010 09 08 07 06

Alle Drucke dieser Auflage können im Unterricht nebeneinander benutzt werden; sie sind untereinander unverändert. Die letzten Zahlen bezeichnen jeweils die Auflage und das Jahr dieses Druckes.

Das Werk und seine Teile sind urheberrechtlich geschützt. Jede Nutzung in anderen als den gesetzlich zugelassenen Fällen bedarf der vorherigen schriftlichen Einwilligung des Verlages. Hinweis zu § 52 a UrhG: Weder das Werk noch seine Teile dürfen ohne eine solche Einwilligung eingescannt und in ein Netzwerk eingestellt werden. Dies gilt auch für Intranets von Schulen und sonstigen Bildungseinrichtungen. Fotomechanische Wiedergabe nur mit Genehmigung des Verlages.

© Ernst Klett Verlag GmbH, Stuttgart 2006.
Alle Rechte vorbehalten.
Internetadresse: www.klett.de

Autoren: Dr. Dieter Brandt, Jürgen Frink, Dieter Greulich, Thorsten Jürgensen, Rolf Reimer, Reinhard Schmitt-Hartmann, Gisela Schneider, Reinhold Schrage, Dr. Heike Tomaschek, Dr. Peter Zimmermann
Redaktion: Eva Göhner, Herbert Rauck

Illustrationen: Dorothee Wolters, Köln; Rudolf Hungreder, Leinfelden-Echterdingen; media office gmbh, Kornwestheim; Uwe Alfer, Waldbreitbach
Bildkonzept Umschlag: Soldankommunikation, Stuttgart
Umschlagfotos: Getty Images, The Image Baak, Stockbyte

Reproduktion: Meyle + Müller, Medien-Management, Pforzheim
Satz: media office gmbh, Kornwestheim; Meyle + Müller, Medien-Management, Pforzheim
Druck: Offsetdruck Gutmann + Co. GmbH, Thalheim

Printed in Germany.
ISBN-13: 978-3-12-734382-3
ISBN-10: 3-12-734382-5

Inhaltsverzeichnis

		Vorwort	VII
		Inhaltsmatrix	X

(Die Seiten-Nummerierung entspricht den drei Teilen des Servicebands: K (Kommentare), S (Serviceblätter), L (Lösungen zum Schülerbuch).)

1. Kommentare: Erläuterungen und Hinweise zum Schülerbuch

I		Kongruenz	K1
II		Reelle Zahlen	K8
III		Quadratische und andere Funktionen	K15
IV		Verallgemeinerungen bei Funktionen und Gleichungen	K22
V		Definieren, Ordnen und Beweisen	K32
VI		Wahrscheinlichkeitsrechnung	K41
VII		Sachthema: Freiburg	K50–52
VIII		Sachthema: Zeitung	K50–52
IX		Sachthema: Diamantenraub in Mannheim	K50–52

2. Serviceblätter: Materialien für den Unterricht

Kapitel	Zugehörige Lerneinheit	Serviceblatt	Seite im Serviceband	Lösungen der Serviceblätter
		Methodenlernen in Klasse 8		
		Unterrichtsform Gruppenpuzzle	S1	–
		Lern- und Arbeitsergebnisse präsentieren – Leifaden für ein mathematisches Referat	S3	–
		Themen, die sich in Klasse 8 für ein mathematisches Referat oder eine GFS eignen	S4	–
		Wiederholung Klasse 7: Mathe ärgert mich nicht! (1–3)	S6	–
I		**Kongruenz**		
	1	Zur Deckung gebracht	S9	S112
	2	Gruppenpuzzle: Kongruenzsätze	S10	–
	2	Gruppenpuzzle: Expertengruppe 1: Kongruenzsatz sss	S11	S112
	2	Gruppenpuzzle: Expertengruppe 2: Kongruenzsatz sws	S12	S112
	2	Gruppenpuzzle: Expertengruppe 3: Kongruenzsatz wsw	S13	S113
	2	Gruppenpuzzle: Expertengruppe 4: Kongruenzsatz Ssw	S14	S114
	2	Dreieckskonstruktionen am Computer	S15	S114
	2	Dreieckskampf (1–2)	S16/S17	–
	4	Das Chamäleon-Viereck	S18	S115
	WVV	Mathe ärgert mich nicht! – Aufgabenkarten	S19	–
II		**Reelle Zahlen**		
	1, 3	Pi und kein Ende – Informatives und Kurioses (1–2)	S20/S21	S116
	2	Quadratzahlen-Domino: x^2 oder 2x?	S22	S116
	2	Geometrische Konstruktion von Wurzeln	S23	S116
	2	Irrationale Zahlen in die Enge getrieben	S24	S117
	2	Die Quadratur des Rechtecks	S25	S117
	3	Quadratwurzel-Puzzle: Radixt noch mal! (1–2)	S26/S27	S117
	4, 5	Rechnen mit Intervallschachtelungen (1–2)	S28/S29	S118
	5	Rechnen mit reellen Zahlen	S30	S119
	5	Quadromino – Rechnen mit Wurzeln	S31	S119
	WVV	DIN-Formate	S32	S119
	WVV	Mathe ärgert mich nicht! – Aufgabenkarten	S33	–
III		**Quadratische und andere Funktionen**		
	1	Volle Kanne	S34	S120
	1	Eigenschaften linearer Funktionen	S35	S120
	1, 2	Probier's mal mit Punkten	S36	S121

Kapitel	Zugehörige Lerneinheit	Serviceblatt	Seite im Serviceband	Lösungen der Serviceblätter
	3	Potenzfunktionen – Ein Arbeitsplan	S 37	S 121
	4	Gruppenpuzzle: Parabeln	S 38	–
		Gruppenpuzzle Parabeln: Arbeitblatt für die Stammgruppe	S 39	S 121
IV	4	Gruppenpuzzle Parabeln: Expertenblatt 1–3	S 40/S 41/S 42	S 122–S 124
	1	Lernzirkel: Funktionen	S 43	–
	1	Lernzirkel: 1. Funktionen zeigen verschiedene Gesichter	S 44	S 125
	2, 4	Lernzirkel: 2. Parabeldomino (1–2)	S 45/S 46	S 126
	3	Lernzirkel: 3. Bist du fit beim Thema „Funktionen"?	S 47	S 127
	4	Lernzirkel: 4. Quadratische Funktionen (ohne GTR)	S 48	S 127
	5	Lernzirkel: 5. Scheitelform – Normalform (ohne GTR)	S 49	S 127
	WVV	Mathe ärgert mich nicht! – Aufgabenkarten	S 50	–
IV		**Verallgemeinerungen bei Funktionen und Gleichungen**		
	1	Drei Puzzles zu Termumformungen	S 51	S 128
	2	Binomische Formeln – Ein Arbeitsplan	S 52	S 128
	2	Binotortenpuzzle	S 53	S 129
	2	Gleichungstennis mit binomischen Formeln	S 54	S 129
	3	Iterationen bei linearen Funktionen	S 55	S 129
	3	Iterationen bei quadratischen Funktionen	S 56	S 130
	3	Der Sprung ins kalte Wasser	S 57	S 131
	4	Gruppenpuzzle: Lösen von quadratischen Gleichungen	S 58	–
	4	Gruppenpuzzle: Expertengruppe 1: Anzahl der Lösungen und zeichnerische Näherungslösung	S 59	S 131
	4	Gruppenpuzzle: Expertengruppe 2: Zeichnerische Näherungsösung mithilfe der Normalparabel	S 60	S 132
	4	Gruppenpuzzle: Expertengruppe 3: Rechnerische (und damit exakte) Lösung	S 61	S 132
		Lernzirkel: Funktionen und Gleichungen	S 62	–
	1	Lernzirkel: 1. Von Termen und Formeln	S 63	S 132
	2	Lernzirkel: 2. K(l)ammermusik	S 64	S 133
	2	Lernzirkel: 3. Binomania	S 65	S 133
	3	Lernzirkel: 4. Parade der Parameter	S 66	S 133
	4	Lernzirkel: 5. Formel-ABC	S 67	S 135
	5	Lernzirkel: 6. Keine Probleme mit Problemen!	S 68	S 135
	WVV	Mathe ärgert mich nicht! – Aufgabenkarten	S 69	–
V		**Definieren, Ordnen und Beweisen**		
	1	Zahlen-Domino: Zu welcher Zahlenart gehört die Zahl x?	S 70	S 137
	1	Definition gespeichert? (1–2)	S 71/S 72	–
	2	Verwandtschaften	S 73	S 137
	4	Für Nussknacker	S 74	S 138
	4	Da steckt der Wurm drin!	S 75	S 138
	4	Der Beweis des Satzes von Thales	S 76	S 138
	4	Der Satz vom Mittelpunktswinkel	S 77	S 139
	4	Euklids erstaunlicher Satz	S 78	S 139
	5	Entdeckungen am Parallelogramm	S 79	S 139
	5	Experimente mit Umecken	S 80	S 140
	5	Variationen eines Satzes	S 81	S 141
	WVV	Schnellrechner	S 82	S 142
	WVV	Mathe ärgert mich nicht! – Aufgabenkarten	S 83	–
VI		**Wahrscheinlichkeitsrechnung**		
	1	Gruppenpuzzle: Auf was würdest du wetten?	S 84	–
	1	Gruppenpuzzle: Expertengruppe 1: Die Gummibärenwette	S 85	S 143
	1	Gruppenpuzzle: Expertengruppe 2: Die Basketballwette	S 86	S 143
	1	Gruppenpuzzle: Expertengruppe 3: Die Legosteinwette	S 87	S 144
	1	Gruppenpuzzle: Expertengruppe 4: Die Tenniswette	S 88	S 144
	1	Das Gesetz der großen Zahlen	S 89	–
	2	Gruppenpuzzle: Wahrscheinlich knifflige Probleme	S 90	–

Kapitel	Zugehörige Lerneinheit	Serviceblatt	Seite im Serviceband	Lösungen der Serviceblätter
	2	Gruppenpuzzle: Expertengruppe 1: Das Tennis-Problem	S 91	S 144
	2	Gruppenpuzzle: Expertengruppe 2: Das Taxi-Problem	S 92	S 144
	2	Gruppenpuzzle: Expertengruppe 3: Das Elfmeterschützen-Problem	S 93	S 145
		Gruppenpuzzle: Expertengruppe 4: Das Boten-Problem	S 94	S 145
	3	Simulation mit einer Tabellenkalkulation (1–2)	S 95/S 96	S 145
	3	Ein Näherungswert für Pi mit der Monte-Carlo-Methode (1–2)	S 97/S 98	S 145
	WVV	Mathe ärgert mich nicht! – Aufgabenkarten	S 99	–
VII		**Sachthema: Mathematik in der Kunst**	S 100	
		Architek*tour* 1	S 101	S 146
		Architek*tour* 2	S 102	S 146
		Architek*tour* 3	S 103	S 147
		Bildergalerie 1	S 104	S 148
		Bildergalerie 2	S 105	S 149
		Bildergalerie 3	S 106	S 149
		Monumental	S 107	S 150
		Gigantisch	S 108	S 150
VIII		**Rückspiegel**		
		Funktionen	S 109	S 152
		Geometrie	S 110	S 152
		Terme und Gleichungen	S 111	S 152

3. Lösungen zum Schülerbuch

Kapitel	Lerneinheiten	Lösungen zum Schülerbuch
I Kongruenz	1 Kongruente Figuren	L 1
	2 Kongruente Dreiecke	L 2
	3 Figuren im Raum	L 3
	4 Konstruktion von Vierecken	L 4
	5 Begründen mit Kongruenzsätzen	L 6
	Wiederholen – Vertiefen – Vernetzen	L 8
	Exkursion: Die platonischen Körper	L 9
II Reelle Zahlen	1 Von bekannten und neuen Zahlen	L 10
	2 Streckenlängen und irrationale Zahlen	L 10
	3 Quadratwurzeln	L 12
	4 Rechnen mit Näherungswerten	L 12
	5 Ordnen und Vereinfachen – Terme mit Quadratwurzeln	L 13
	Wiederholen – Vertiefen – Vernetzen	L 13
III Quadratische und andere Funktionen	1 Funktionen	L 16
	2 Spezielle quadratische Funktionen	L 16
	3 Potenzfunktionen	L 18
	4 Quadratische Funktionen	L 19
	5 Scheitelform und Normalform	L 21
	6 Optimierungsaufgaben	L 22
	Wiederholen – Vertiefen – Vernetzen	L 22
	Exkursion: Mit Graphen und Diagrammen mogeln	L 23
IV Verallgemeinerungen bei Funktionen und Gleichungen	1 Umgang mit Formeln	L 25
	2 Anwendungen des Distributivgesetzes	L 27
	3 Verallgemeinerung von Funktionen – Parameter	L 31
	4 Lösen von quadratischen Gleichungen	L 36
	5 Probleme lösen mit System	L 40
	Wiederholen – Vertiefen – Vernetzen	L 42
	Exkursion: Dem pascalschen Dreieck auf der Spur	L 46

Kapitel	Lerneinheiten	Lösungen zum Schülerbuch
V Definieren, Ordnen und Beweisen	1 Begriffe festlegen – Definieren	L 48
	2 Spezialisieren – Verallgemeinern – Ordnen – Mathematischer Aufsatz	L 49
	3 Aussagen überprüfen – Beweisen oder Widerlegen	L 50
	4 Beweise führen – Strategien	L 52
	5 Sätze entdecken – Beweise finden	L 54
	Wiederholen – Vertiefen – Vernetzen	L 56
VI Wahrscheinlichkeitsrechnung	1 Umgang mit Wahrscheinlichkeiten	L 59
	2 Der richtige Blick aufs Baumdiagramm	L 60
	3 Wahrscheinlichkeiten bestimmen durch Simulieren	L 61
	Wiederholen – Vertiefen – Vernetzen	L 64
	Exkursion: Das Ziegenproblem	L 67
VII Sachthema: Freiburg		L 68
VIII Sachthema: Zeitung		L 70
IX Sachthema: Diamantenraub in Mannheim		L 72

Der Serviceband als Teil des Fachwerks

Auf Grund der vielfältigen Anforderungen an den modernen Mathematikunterricht erschien es notwendig und sinnvoll, die Lehrerinnen und Lehrer zukünftig durch passende Lehrmaterialien noch mehr zu unterstützen. Das für den neuen Bildungsplan entwickelte Schülerbuch des Lambacher Schweizer wurde deshalb durch weitere Materialien ergänzt. Für jede Jahrgangsstufe gibt es nun neben dem **Schülerbuch**, einen **Serviceband**, eine **Service-CD** und ein **Lösungsheft**. Alle Materialien sind aufeinander abgestimmt und bilden somit ein Gesamtgebäude an Materialien für das Schulfach Mathematik, das **Fachwerk des Lambacher Schweizer.** Dem Schülerbuch kommt dabei nach wie vor die zentrale Rolle zu, es ist die tragende Säule, die auch ohne Begleitmaterial den Unterricht vollständig bedient. Das Lösungsheft enthält wie gehabt alle Lösungen zum Schülerbuch. Serviceband und Service-CD sind als Service für die Lehrerhand konzipiert.

Der Serviceband des Lambacher Schweizer entstand aus der Idee, Lehrerinnen und Lehrer rund um den Mathematikunterricht zu begleiten und zu entlasten. Deshalb finden sich in diesem Band Kommentare für die Unterrichtsvorbereitung (1. Teil) in Form von Erläuterungen und Hinweisen zum Schülerbuch, Serviceblätter für die Unterrichtsdurchführung (2. Teil) in Form von Kopiervorlagen oder Anleitungen für alternative Unterrichtskonzepte in Abstimmung zum Schülerbuch und die kompletten Lösungen zu den Aufgaben des Schülerbuches zur Unterrichtsnachbereitung (3. Teil) oder gegebenenfalls auch zum schnellen Nachschlagen. Der dritte Teil stimmt vollständig mit den Inhalten des Lösungsheftes überein, sodass die Entscheidung für den Serviceband den Kauf des Lösungsheftes erübrigt.

Auf der Service-CD befinden sich alle Serviceblätter des Servicebandes noch einmal in editierbarer Form. Darüber hinaus enthält die CD aber auch noch zahlreiche interaktive Arbeitsblätter, Animationen und digitale Materialien, die für den Einsatz im Unterricht geeignet sind.

Der Serviceband im Detail

1. Der Kommentar: Erläuterungen und Hinweise zum Schülerbuch

Im ersten Teil des Bandes, im Kommentar, wird auf das Schülerbuch Bezug genommen. Für jedes Kapitel werden Zielrichtung, Schwerpunktsetzung und Aufbau kurz erläutert.

Konkret wird zunächst darauf verwiesen, welche zwei inhaltlichen Leitideen jeweils vorrangig angesprochen werden. Die Leitideen im Schülerbuch üben dabei die gleiche Funktion aus, die den vom Bildungsplan vorgegebenen Leitideen zukommt, eine durchgehende und jahrgangsübergreifende Struktur der Inhalte transparent zu machen. Die neun Leitideen des Bildungsplanes wurden für das Schülerbuch allerdings in Anzahl und Begrifflichkeit bewusst modifiziert, um sie dem Schülerniveau anzupassen. Während die Leitideen im Bildungsplan für die *Lehrenden* formuliert wurden, wurden die Leitideen für das Schülerbuch so umgesetzt, dass damit auch die *Lernenden* Struktur und Zusammenhang des mathematischen Stoffes erkennen und begreifen können. Die Gegenüberstellung der sechs Leitideen im Schülerbuch: **Zahl und Maß, Daten und Zufall, Beziehung und Änderung, Modell und Simulation, Muster und logische Struktur, Form und Raum** mit denen des Bildungsplanes zeigt ihre offensichtliche Entsprechung.

Leitideen im Bildungsplan	Leitideen im Lambacher Schweizer
Zahl Messen	Zahl & Maß
Algorithmus	Zahl & Maß Muster & logische Struktur
Raum und Form	Form & Raum
Variable Funktionaler Zusammenhang	Beziehung & Änderung
Daten und Zufall	Daten & Zufall
Modellierung	Modell & Simulation
Vernetzung	(in allen Leitideen immanent)

Im Schülerbuch wurde insbesondere darauf geachtet, keine rein mathematischen Begriffe wie Algorithmus zu verwenden, sondern Begriffe, die den Schülerinnen und Schülern bereits aus der Alltagswelt bekannt sind.

Die Kennzeichnung der angesprochenen Leitideen auf den Auftaktseiten des jeweiligen Kapitels bietet die Möglichkeit die Zusammenhänge der Kapitel von den Schülerinnen und Schülern in Reflexionsphasen herausstellen zu lassen.

Neben den Leitideen wird in den Kommentaren aufgezeigt, ob und wie die Lerneinheiten aufeinander aufbauen, welche Zielrichtung sie verfolgen, welche Kompetenzen eingefordert werden und an welchen Stellen auf Grund des neuen Bildungsplanes deutliche Änderungen gegenüber dem bisher üblichen Unterrichtsgang auftreten. Außerdem wird auf bestimmte didaktische Richtlinien verwiesen, die für

einen modernen Mathematikunterricht unentbehrlich sind und durchgehend im Buch zu finden sind. Konkret betrifft das die folgenden Aspekte:
- Der Lehrgang ist am Verständnisniveau der Achtklässler ausgerichtet, d.h., die Kinder sollen nicht mechanisch auswendig lernen, sondern die Inhalte nachvollziehen und verstehen können. Die Inhalte werden im Vergleich zu den vorangegangenen Klassenstufen zunehmend komplexer. Der Formalismus beginnt eine größere Rolle zu spielen. Dennoch werden Begrifflichkeiten nur dann eingeführt, wenn sie dem Verständnis dienen.
- Dem Lehrgang liegt die Idee des spiralförmigen Lernens zugrunde. Inhalte der Klassen 5 bis 7 werden aufgegriffen und auf einem altersgerechten Niveau vertieft. Dabei wird darauf geachtet, kein Wissen auf Vorrat einzuführen, d.h. kein Wissen, das danach jahrelang brachliegt.
- Der Lehrgang bietet die Möglichkeit einen vielseitigen Unterricht zu gestalten, die verschiedenen Kompetenzen der Schülerinnen und Schüler anzusprechen und einzufordern, Methoden zu erlernen und unterschiedliche Unterrichtsformen anzuwenden. Wichtig ist allerdings, dass die Wahl einer alternativen Unterrichtsform immer in der Hand der Lehrperson liegt, um selbst über die günstigste Form entscheiden zu können. Das Schulbuch macht zahlreiche und flexible Angebote, aber keine zwingenden Vorgaben.

Im Anschluss an diese trotz der verschiedenen Aspekte kurz und knapp gehaltenen Ausführungen zum gesamten Kapitel folgen in den Kommentaren unterrichtspraktische Hinweise und Ergänzungen zu den einzelnen Lerneinheiten. Zu jeder Lerneinheit werden alternative Einstiegsaufgaben angeboten, die in einer konkreten Aufgabenstellung münden. Sie können für den Einsatz im Unterricht auf Folie kopiert werden. (Im Anschluss an die Kommentare zu einem Kapitel sind die Einstiegsaufgaben auf Kopiervorlagen nochmals zusammengestellt.) Die Lehrperson hat damit die Möglichkeit, zwischen einem diskussionsanregenden Impuls im Schülerbuch oder einer konkreten Aufgabenstellung im Serviceband zu wählen.

Danach werden Erläuterungen zu den Aufgaben im Buch gegeben, allerdings nur zu den Aufgaben, bei denen dies sinnvoll und hilfreich erscheint. So wird darauf hingewiesen, wenn sich besondere Unterrichtsformen anbieten, wenn die Problemstellung nicht sofort erkennbare Schwierigkeiten birgt oder die Aufgaben eine besondere Schwerpunktsetzung haben. Zum Abschluss der Hinweise wird auf die zu der Lerneinheit jeweils passenden Serviceblätter im zweiten Teil des Bandes verwiesen.

2. Serviceblätter: Materialien für den Unterricht

Im zweiten Teil des Servicebandes werden zunächst für die Altersstufe besonders geeignete Schülermethoden praxisbezogen vorgestellt. In der 8. Klasse soll am Beispiel des mathematischen Referats das Präsentieren geübt werden, dem im neuen Bildungsplan eine wachsende Bedeutung zukommt. Die erlernten Fähigkeiten können dann auch beim Erarbeiten und Vorstellen einer GFS (Gleichwertige Feststellung von Schülerleistungen) gewinnbringend eingesetzt werden.

Neben der Schülermethode wird im Serviceband für die Klasse 8 dann die Unterrichtsform Gruppenpuzzle erläutert. Diese Methode stärkt vor allem die Teamfähigkeit der Schülerinnen und Schüler.

Damit die Schülerinnen und Schüler die erworbenen Methoden auch in den folgenden Jahren wach halten und vertiefen können, bietet jeder Serviceband hierzu geeignete Materialien an, die an die jeweilige Altersstufe angepasst wurden.

Alle weiteren Serviceblätter sind so gestaltet, dass sie keiner zusätzlichen Erläuterung bedürfen und direkt im Unterricht einsetzbar sind. Sie sind nach Kapiteln geordnet und gegebenenfalls auch einzelnen Lerneinheiten zugeordnet, sodass eine schnelle Orientierung für den Einsatz im Unterricht möglich ist. In den meisten Fällen handelt es sich um Kopiervorlagen. Bei einigen Materialien lohnt es sich, diese zu laminieren, um sie für einen wiederholten Einsatz (z.B. Planarbeit) nutzbar zu machen. Im Anschluss an die Serviceblätter finden sich die Lösungen derselben, sofern sie sich nicht aus der Bearbeitung des Serviceblattes heraus ergeben (z.B. durch ein Lösungswort, ein Puzzle etc.). Auch hierbei handelt es sich um Kopiervorlagen, um sie, falls gewünscht, den Schülerinnen und Schülern zum eigenständigen Arbeiten überlassen zu können.

3. Lösungen zum Schülerbuch

Der dritte Teil enthält wie erwähnt die kompletten Lösungen zu den Aufgaben im Schülerbuch und ist damit identisch mit dem Inhalt des Lösungsheftes. Bei offenen Aufgaben wird je nach Fragestellung erwogen, ob es sinnvoll ist, eine (individuelle) Lösung anzugeben oder nicht. Um das selbstständige Arbeiten mit dem Schülerbuch für die Schülerinnen und Schüler zu erleichtern, ist das Lösungsheft ohne Schulstempel für jeden käuflich zu erhalten.

Übersicht über die Symbole

Basteln

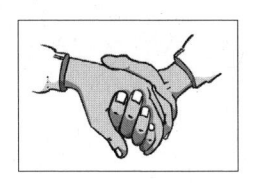

Partnerarbeit

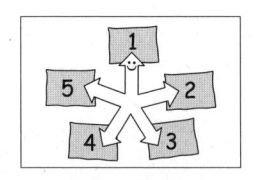

Lernzirkel

Knobeln

Spiel

Sachthema

Gruppenpuzzle

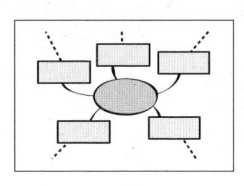

Mind-Mapping

Recherchieren

Projekte

Planarbeit

Präsentationsmethoden/Referat

Heftführung/Formelsammlung

Inhaltsmatrix

	Kommentare	Serviceblätter	Lösungen der Serviceblätter	Lösungen zum Schülerbuch
I Kongruenz	K 1			
1 Kongruente Figuren	K 2	Zur Deckung gebracht, S 9	S 112	L 1
2 Kongruente Dreiecke	K 2	Gruppenpuzzle: Kongruenzsätze, S 10–S 14 Dreieckskonstruktionen am Computer, S 15 Dreieckskampf, S 16, S 17	S 112–S 114 S 114 –	L 2
3 Figuren im Raum	K 3	–		L 3
4 Konstruktion von Vierecken	K 3	Das Chamäleon-Viereck, S 18	S 115	L 4
5 Begründen mit Kongruenzsätzen	K 4	–		L 6
Wiederholen – Vertiefen – Vernetzen	K 4	Mathe ärgert mich nicht!, S 19	–	L 8
Exkursion: Die platonischen Körper	K 4	Themenvorschläge: Mathematisches Referat oder GFS, S 4	–	L 9
II Reelle Zahlen	K 8			
1 Von bekannten und neuen Zahlen	K 8	Pi und und kein Ende, S 20	S 116	L 10
2 Streckenlängen und irrationale Zahlen	K 9	Quadratzahlen-Domino: x2 oder 2x?, S 22 Geometrische Konstruktion von Wurzeln, S 23 Irrationale Zahlen in die Enge getrieben, S 24 Die Quadratur des Rechtecks, S 25	S 116 S 116 S 117 S 117	L 10
3 Quadratwurzeln	K 10	Pi und kein Ende, S 21 Quadratwurzelpuzzle: Radixt noch mal!, S 26, S 27	S 116 S 117	L 12
4 Rechnen mit Näherungswerten	K 10	–		L 12
5 Ordnen und Vereinfachen – Terme mit Quadratwurzeln	K 11	Rechnen mit Intervallschachtelungen, S 28, S 29 Rechnen mit reellen Zahlen, S 30 Quadromino – Rechnen mit Wurzeln, S 31	S 118 S 119 S 119	L 13
Wiederholen – Vertiefen – Vernetzen	K 11	DIN-Formate, S 32 Mathe ärgert mich nicht!, S 33	S 119 –	L 13
Exkursion: Ein Geheimbund zerbricht	K 11	–		–
III Quadratische und andere Funktionen	K 15			
1 Funktionen	K 16	Volle Kanne, S 34 Eigenschaften linearer Funktionen, S 35	S 120 S 120	L 16
2 Spezielle quadratische Funktionen	K 16	Probier's mal mit Punkten, S 36	S 121	L 16
3 Potenzfunktionen	K 17	Potenzfunktionen – Ein Arbeitsplan, S 37	S 121	L 18
4 Quadratische Funktionen	K 17	Gruppenpuzzle: Parabeln, S 38–S 42	S 121–S 124	L 19
5 Scheitelform und Normalform	K 18	Lernzirkel: Funktionen, S 43–S 49	S 125–S 127	L 21
6 Optimierungsaufgaben	K 18	–		L 22
Wiederholen – Vertiefen – Vernetzen	K 19	Mathe ärgert mich nicht!, S 50	–	L 22
Exkursion: Mit Graphen und Diagrammen mogeln	–	–		L 23
IV Verallgemeinerungen bei Funktionen und Gleichungen	K 22			
1 Umgang mit Formeln	K 23	Drei Puzzles zu Termumformungen, S 51	S 128	L 25
2 Anwendungen des Distributivgesetzes	K 24	Binomische Formeln – Ein Arbeitsplan, S 52 Binotortenpuzzle, S 53 Gleichungstennis mit binomischen Formeln, S 54	S 128 S 129 S 129	L 27
3 Verallgemeinerung von Funktionen – Parameter	K 25	Iterationen bei linearen Funktionen, S 55 Iterationen bei quadratischen Funktionen, S 56 Der Sprung ins kalte Wasser, S 57	S 129 S 130 S 131	L 31
4 Lösen von quadratischen Gleichungen	K 26	Gruppenpuzzle: Lösen von quadratischen Gleichungen, S 58–S 61	S 131–S 132	L 36
5 Probleme lösen mit System	K 26	Lernzirkel: Funktionen und Gleichungen, S 62–S 68	S 132–S 135	L 40
Wiederholen – Vertiefen – Vernetzen	K 27	Mathe ärgert mich nicht!, S 69	–	L 42
Exkursion: Dem pascalschen Dreieck auf der Spur	K 27	–		L 46
V Definieren, Ordnen und Beweisen	K 32			
1 Begriffe festlegen – Definieren	K 33	Zahlen-Domino: Zu welcher Zahlenart gehört die Zahl x?, S 70 Definition gespeichert?, S 71, S 72	S 137 –	L 48
2 Spezialisieren – Verallgemeinern – Ordnen – Mathematischer Aufsatz	K 34	Verwandtschaften, S 73	S 137	L 49

	Kommentare	Serviceblätter	Lösungen der Serviceblätter	Lösungen zum Schülerbuch
3 Aussagen überprüfen – Beweisen oder Widerlegen	K 34	–		L 50
4 Beweise führen – Strategien	K 35	Für Nussknacker, S 74 Da steckt der Wurm drin, S 75 Der Beweis des Satzes von Thales, S 76 Der Satz vom Mittelpunktswinkel, S 77 Euklids erstaunlicher Satz, S 78	S 138 S 138 S 138 S 139 S 139	L 52
5 Sätze entdecken – Beweise finden	K 35	Entdeckungen am Parallelogramm, S 79 Experimente mit Umecken, S 80 Variationen eines Satzes, S 81	S 139 S 140 S 141	L 54
Wiederholen – Vertiefen – Vernetzen	K 36	Schnellrechner, S 82 Mathe ärgert mich nicht!, S 83	S 142 –	L 56
Exkursionen: Die andere Hälfte des Lebens Die Spuren der Antike	K 36	–		–
VI Wahrscheinlichkeitsrechnung	K 41			
1 Umgang mit Wahrscheinlichkeiten	K 42	Gruppenpuzzle: Auf was würdest du wetten?, S 84–S 88 Das Gesetz der großen Zahlen, S 89	S 143–S 144 –	L 59
2 Der richtige Blick aufs Baumdiagramm	K 43	Gruppenpuzzle: Knifflige Probleme, S 90–S 94	S 144–S 145	L 60
3 Wahrscheinlichkeiten bestimmen durch Simulieren	K 44	Simulationen mit einer Tabellenkalkulation, S 95, S 96 Ein Näherungswert für Pi mit der Monte-Carlo-Methode, S 97, S 98	S 145 S 145	L 61
Wiederholen – Vertiefen – Vernetzen	K 46	Mathe ärgert mich nicht!, S 99	–	L 64
Exkursion: Das Ziegenproblem	K 46	–		L 67
VII Sachthema: Freiburg	K 50	–		L 68
VIII Sachthema: Zeitung	K 50	–		L 70
IX Sachthema: Diamantenraub in Mannheim	K 50	–		L 72

I Kongruenz

Überblick und Schwerpunkt

Dem gesamten Kapitel liegen die Leitideen **Form und Raum** und **Muster und Struktur** zugrunde. Dabei geht es darum, Figuren auf Kongruenz zu überprüfen und umgekehrt die Kongruenz bestimmter Figuren zu nutzen, um unbekannte Größen zu konstruieren oder Aussagen zu begründen.

In dem Unterrichtsgang wurde auf einen abbildungstheoretischen Zugang zum Begriff der Kongruenz fast vollständig verzichtet, weil dieser wenig anschaulich ist und nur wenig zur Verbesserung des geometrischen Vorstellungsvermögens der Schülerinnen und Schüler beiträgt.

In der Lerneinheit **1 Kongruente Figuren** wird der Begriff der Kongruenz eingeführt und gezeigt, wie man zwei Figuren auf Kongruenz überprüfen kann. Die Schülerinnen und Schüler sollen dazu Figuren ausschneiden und übereinander legen bzw. in Fällen, wo dies nicht machbar ist, mit Transparentfolie und Folienschreiber arbeiten. Bei Vielecken kann die Überprüfung auch erfolgen, indem entsprechende Seiten und Winkel miteinander verglichen werden. Der fakultative Infokasten zusammen mit den Aufgaben 8 und 9 thematisiert kurz den abbildungstheoretischen Zugang zum Begriff der Kongruenz, wobei nur auf Spiegelungen eingegangen wird.

In der Lerneinheit **2 Kongruente Dreiecke** wird untersucht, ob eventuell nicht alle sechs Größen überprüft werden müssen, um eine Aussage über die Kongruenz zweier Dreiecke machen zu können. Eine Antwort auf diese Frage liefern die Kongruenzsätze. Auch der Kongruenzsatz Ssw wird in dieser im Vergleich zu früheren Unterrichtsgängen sehr komprimierten Darstellung in dieser Lerneinheit eingeführt. Trotzdem kommt dieser „schwierigste" aller Kongruenzsätze nicht zu kurz, denn er wird nicht nur durch die Marginalie, sondern auch mithilfe der Aufgaben 5, 7, 8 und 18 vertieft.

Für die Aufgaben ergeben sich darüber hinaus zwei Schwerpunkte. Zum einen geht es darum, Dreiecke mithilfe der Kongruenzsätze (KGS) auf Kongruenz zu untersuchen. Zum anderen wird das Wissen, dass ein Dreieck eindeutig konstruierbar ist, wenn drei geeignete Größen gegeben sind, dazu genutzt, unbekannte Größen zu konstruieren (ggf. in einem geeigneten Maßstab).

Die Lerneinheit **3 Figuren im Raum** knüpft direkt an den bereits in Lerneinheit 2 behandelten Aufgabentypus an, bei dem die Kongruenzsätze für die Bestimmung von unbekannten Größen genutzt wurden. Nun sind die zu konstruierenden Dreiecke allerdings weniger offensichtlich gegeben, sondern müssen erst im dreidimensionalen Raum gefunden werden.

In Lerneinheit **4 Konstruktion von Vierecken** macht man sich ähnlich wie in Lerneinheit 2 auf die Suche nach Kongruenzsätzen, diesmal allerdings für Vierecke. Dabei stellt man fest, dass die Fälle zu komplex sind, um geeignete Kongruenzsätze zu formulieren. Im weiteren Verlauf wird untersucht, wann fünf gegebene Größen ausreichen, um die Kongruenz zweier Vierecke zu garantieren, indem man das Problem auf die Kongruenz von Dreiecken zurückführt. Außerdem werden Kongruenzsätze für spezielle Vierecke (Rechteck, Raute, Parallelogramm) formuliert. Die Variabilität eines Vierecks, bei dem die vier Seiten gegeben sind (Gelenkviereck), lädt zum Experimentieren mit einem Geometrieprogramm ein. Diesem Themenbereich sind der Infokasten und die daran anschließenden Aufgaben 14–16 gewidmet.

Zum Abschluss des Kapitels tritt der konstruktive Aspekt in den Hintergrund. Vielmehr wird das Wissen über die Kongruenz bestimmter Dreiecke dazu genutzt, neue Sachverhalte zu begründen. Die Lerneinheit **5 Begründen mit Kongruenzsätzen** setzt damit die in Klasse 7 begonnene Praxis des stichhaltigen Begründens geometrischer Sachverhalte fort (z.B. Winkelsumme im Dreieck, Satz des Thales) und bereitet auf Kapitel V Definieren, Ordnen, Beweisen vor.

1 Kongruente Figuren

Einstiegsaufgaben

E1 Finde Figuren, die übereinstimmen. Beschreibe deine Vorgehensweise.

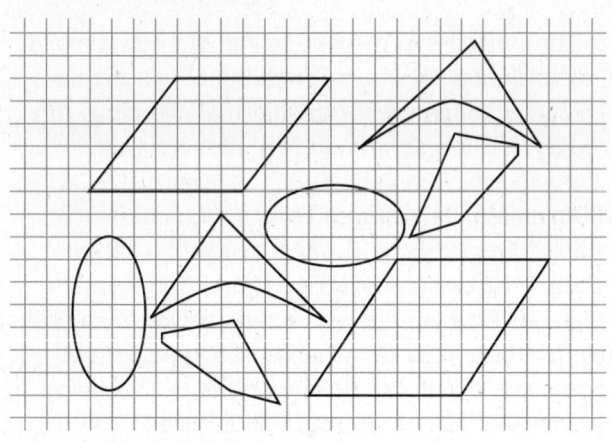

(► Kopiervorlage auf Seite K5)

E2 In einem Test wird gefragt, ob das dunkelgraue Dreieck in das Liniennetz eingepasst werden kann. Wie würdest du antworten? Passt das hellgraue Dreieck rein?

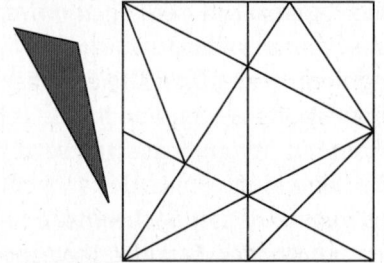

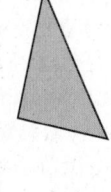

(► Kopiervorlage auf Seite K5)

Hinweise zu den Aufgaben

7 Bei dieser Aufgabe sollten die Schülerinnen und Schüler durchaus intuitiv vorgehen. Kongruenz im mathematischen Sinne wird man bei den wenigsten Kunstwerken finden, da die Figuren, wenn nicht spezielle Techniken angewandt wurden, gewissen Schwankungen unterliegen. Diskussionen darüber, dass es eine echte Kongruenz bei von Hand gezeichneten Figuren eigentlich nicht geben kann, sind durchaus erwünscht.
Weiterhin wird das Phänomen der Ähnlichkeit von Figuren angerissen (vgl. linkes Bild aus Fig. 3).

8 und 9 Der abbildungstheoretische Zugang zum Begriff der Kongruenz ist in den Bildungsstandards nicht vorgesehen. Deshalb wird hier nur mit zwei Aufgaben darauf eingegangen. Da in den vorangegangenen Schuljahren Drehungen und Verschiebungen nicht behandelt wurden, wurde auch hier darauf verzichtet.

Serviceblätter

– Zur Deckung gebracht (Seite S9)

2 Kongruente Dreiecke

Einstiegsaufgaben

E3 Konstruiere jeweils möglichst viele verschiedene Dreiecke zu den gegebenen Größen.
Miss die übrigen Größen (Seiten und Winkel).

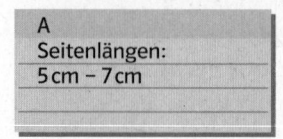

A
Seitenlängen:
5 cm – 7 cm

B
Seitenlängen:
3,7 cm – 4,8 cm – 5,3 cm

C
Seitenlängen:
3,9 cm – 7,1 cm – 4,5 cm
Winkel: 45°

Tipp: Zu C existiert kein Dreieck.
(► Kopiervorlage auf Seite K5)

E4 Im Dreieck sind die Bezeichnungen aus Fig. 1 üblich.
Fertige zu jeder Aufgabe eine Planskizze an und konstruiere alle möglichen Dreiecke.

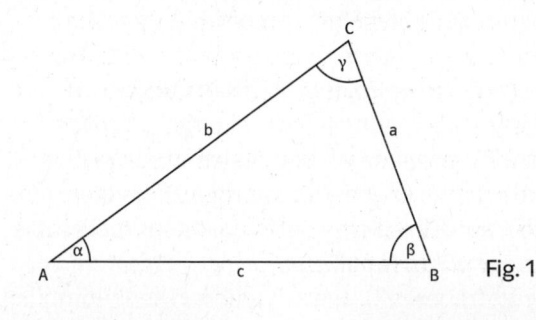

Fig. 1

A
$a = 3$ cm; $b = 4$ cm;
$c = 5$ cm

B
$\alpha = 30°$; $\beta = 55°$;
$\gamma = 95°$

C
$a = 5,3$ cm;
$c = 3,2$ cm; $\alpha = 68°$

D
$a = 5,2$ cm; $b = 4,1$ cm;
$\gamma = 73°$

E
$a = 5,3$ cm;
$c = 3,2$ cm; $\beta = 54°$

F
$c = 7$ cm; $\alpha = 30°$;
$\beta = 60°$

G
$c = 7$ cm; $\alpha = 30°$;
$\gamma = 90°$

Tipp: Auf den Kärtchen befinden sich Aufgaben zu den folgenden Kongruenzsätzen:
A: sss, B: www, C: Ssw, D: sws, E: sSw, F: wsw, G: sww.
Die Aufgaben können arbeitsteilig ausgeführt werden.
(► Kopiervorlage auf Seite K 6)

E 5 Bei einem Sommerfest findet ein Orientierungslauf mit Zusatzaufgaben statt. Die Teilnehmer erhalten eine Karte mit dem Hinweis:
„Am Ufer des Eisbaches ist ein großer Sandstein. 30 m von diesem Stein entfernt liegt eine Flasche mit einem Zettel am Ufer des Fischbaches ..."
Zeichne die Karte ab und markiere die gewünschte Stelle. Was fällt dir auf?

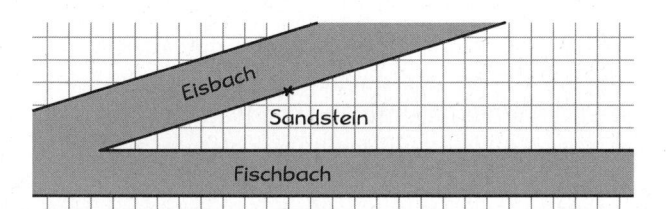

Tipp: Diese Aufgabe ist dazu gedacht, den Kongruenzsatz Ssw einzuführen.
(► Kopiervorlage auf Seite K 6)

Hinweise zu den Aufgaben

5 Mit dieser Aufgabe kann man auch den Kongruenzsatz Ssw einführen. In diesem Fall führt man die „einfachen" Kongruenzsätze zuerst ein und stellt nach einer Übungsphase Aufgabe 5 als offene Aufgabe.
In der Übungsphase zu den drei anderen Kongruenzsätzen müsste man dann folgende Aufgaben aussparen, weil sie den KGS Ssw behandeln: Aufgabe 1c und Aufgabe 2d.

Serviceblätter

- Gruppenpuzzle: Kongruenzsätze (Seiten S 10 – S 14)
- Dreieckskonstruktionen am Computer (Seite S 15)
- Dreieckskampf (Seiten S 16 und S 17)

3 Figuren im Raum

Einstiegsaufgabe

E 6 Lena und Johannes möchten eine Skateboardrampe mit den angegebenen Maßen bauen. Beim Baumarkt möchten sie sich die einzelnen Teile zusägen lassen. Fertige einen Bestellzettel an.

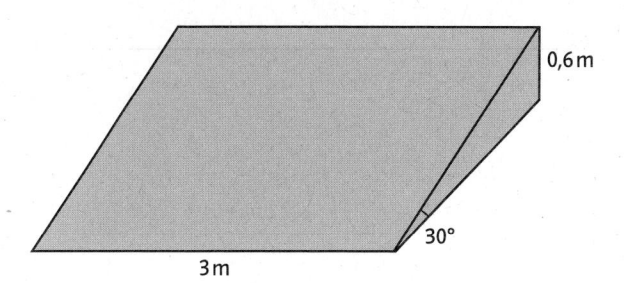

(► Kopiervorlage auf Seite K 6)

Hinweise zu den Aufgaben

Bei allen Pyramidenaufgaben erhält man Ergebnisse, die von der aktuellen Höhe der Bauwerke abweichen. Dies hängt damit zusammen, dass die Bauwerke durch Abtragungen im Laufe der Jahrtausende etwas geschrumpft sind.

4 Oft haben Schüler Schwierigkeiten, sich die Krabbelstrecke von A nach B vorzustellen. Hier hilft der Hinweis, den Würfel in Gedanken aufzuklappen.

6 Die Aufgabenteile c bis e erfordern keine Konstruktionen und gehen damit über den in der Lerneinheit behandelten Stoff hinaus. Hier soll vielmehr mit den Ergebnissen aus den vorherigen Aufgaben gerechnet werden.

10 Diese Aufgabe kann auch gut während einer Stunde im Computerraum dazu genutzt werden, um eine Umrechnungstabelle für die verschiedenen Temperaturskalen mit einer Tabellenkalkulation zu erstellen.

Serviceblätter

–

4 Konstruktion von Vierecken

Einstiegsaufgaben

E 7 Zeichne ein Viereck mit den Seitenlängen 4 cm, 5 cm, 6 cm und 7 cm. Vergleiche dein Viereck mit dem deines Nachbarn.
(► Kopiervorlage auf Seite K 7)

E 8 Zeichne ein zum Viereck ABCD kongruentes Viereck in dein Heft. Versuche diese Aufgabe zu lösen, indem du Seitenlängen, Winkelgrößen bzw. Diagonalenlängen des Vierecks ABCD misst. Wie viele Angaben des Vierecks ABCD brauchst du mindestens?

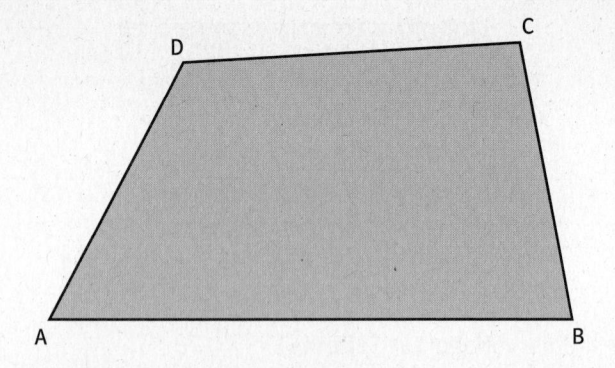

(► Kopiervorlage auf Seite K 7)

Hinweise zu den Aufgaben

14 bis **16** Diese Aufgaben erfordern bereits eine gewisse Übung im Umgang mit einem Geometrieprogramm. In jedem Fall sollte die Konstruktion eines Gelenkvierecks gemeinsam durchgeführt werden (nach Möglichkeit Vorführung am Beamer), bevor die Schülerinnen und Schüler beginnen, selbstständig zu arbeiten.

Serviceblätter

– Das Chamäleon-Viereck (Seite S 18)

5 Begründen mit Kongruenzsätzen

Einstiegsaufgabe

E9 Lars behauptet: „Wenn man in einem Rechteck eine Diagonale einzeichnet, so entstehen zwei zueinander kongruente Dreiecke." Annika überlegt: „Das kann schon stimmen, aber kannst du auch begründen, warum das immer so ist?"
Hilf Lars, Annika zu überzeugen. Benutze einen Kongruenzsatz.
(► Kopiervorlage auf Seite K 7)

Serviceblätter

–

Wiederholen – Vertiefen – Vernetzen

Hinweise zu den Aufgaben

1 und **2** Dieser Aufgabenkomplex kann dazu genutzt werden, selbst Tangramspiele zu entwerfen.

8 Informationen zum Sonnenstand sind nicht so einfach im Internet zu finden. Eventuell kann man den Schülerinnen und Schülern noch den Suchbegriff „Deklination" mit auf den Weg geben. Als Ausgangspunkt für weitere Recherchen kann auch der Wikipedia-Artikel zum Thema „Sonnenstand" dienen.

Serviceblätter

– Mathe ärgert mich nicht! (Seite S 19)

Exkursion

Entdeckungen

Einstiegsaufgabe

E10 Führe eine Internetrecherche zum Thema „Platonische Körper" durch.
a) Ermittle die Lebensdaten von Platon.
b) Nenne Anzahl und Namen der platonischen Körper.
c) Schreibe eine Definition für platonische Körper auf.
(► Kopiervorlage auf Seite K 7)

Hinweise zu den Aufgaben

2 Der Euler'sche Polyedersatz gilt auch bei Strichfiguren. Es ist hier allerdings zu beachten, dass man beim Zählen der Flächen die „äußere" Fläche mitzählen muss:
So in nebenstehendem Beispiel:
E = 9, F = 2, K = 9

Serviceblätter

– Themenvorschläge: Mathematisches Referat (Seite S 4)

Einstiegsaufgaben

E1 Finde Figuren, die übereinstimmen. Beschreibe deine Vorgehensweise.

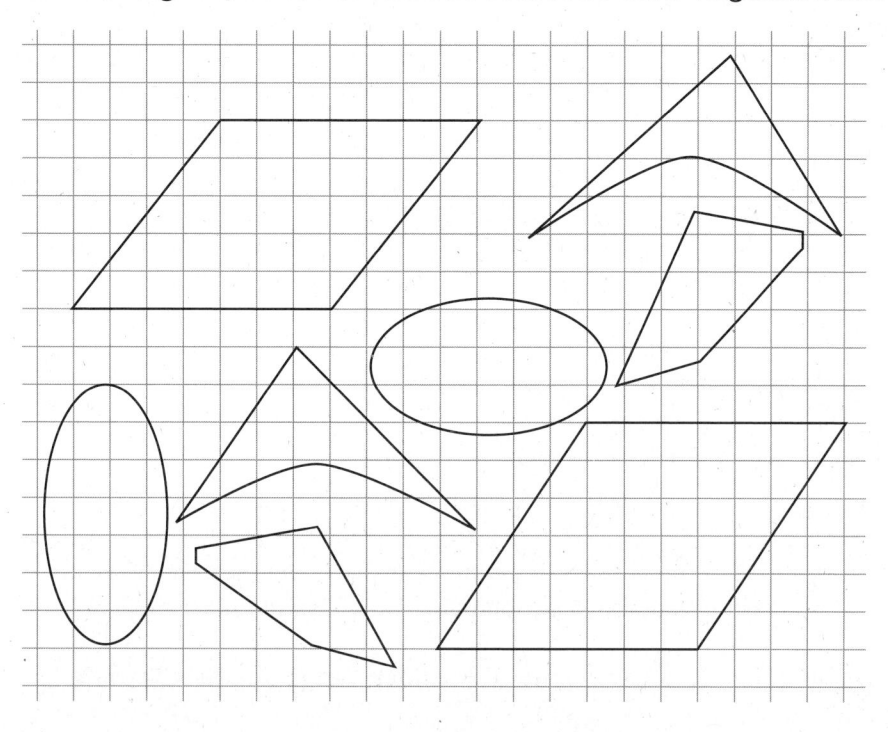

E2 In einem Test wird gefragt, ob das dunkelgraue Dreieck in das Liniennetz eingepasst werden kann. Wie würdest du antworten? Passt das hellgraue Dreieck rein?

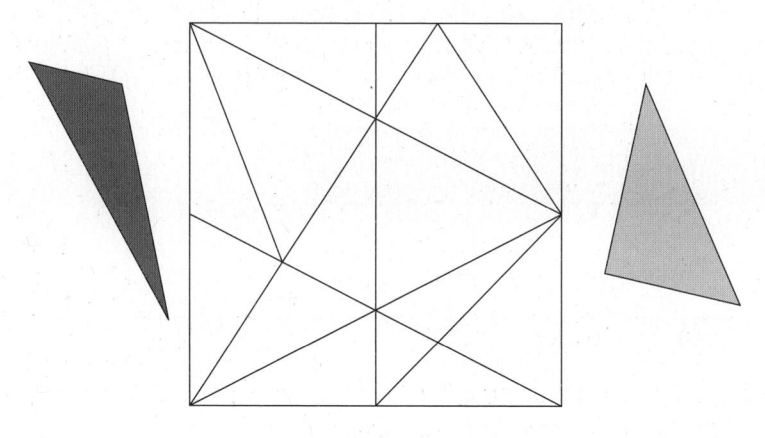

E3 Konstruiere jeweils möglichst viele verschiedene Dreiecke zu den gegebenen Größen. Miss die übrigen Größen (Seiten und Winkel).

A	B	C
Seitenlängen: 5 cm – 7 cm	Seitenlängen: 3,7 cm – 4,8 cm – 5,3 cm	Seitenlängen: 3,9 cm – 7,1 cm – 4,5 cm Winkel: 45°

E4 Im Dreieck sind die Bezeichnungen aus Fig. 1 üblich.
Fertige zu jeder Aufgabe eine Planskizze an und konstruiere alle möglichen Dreiecke.

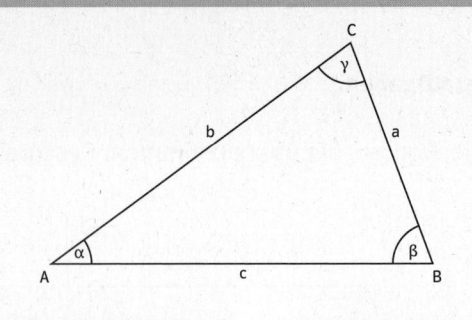

Fig. 1

A	B	C	D
a = 3 cm; b = 4 cm; c = 5 cm	α = 30°; β = 55°; γ = 95°	a = 5,3 cm; c = 3,2 cm; α = 68°	a = 5,2 cm; b = 4,1 cm; γ = 73°

E	F	G
a = 5,3 cm; c = 3,2 cm; β = 54°	c = 7 cm; α = 30°; β = 60°	c = 7 cm; α = 30°; γ = 90°

E5 Bei einem Sommerfest findet ein Orientierungslauf mit Zusatzaufgaben statt. Die Teilnehmer erhalten eine Karte mit dem Hinweis:
„Am Ufer des Eisbaches ist ein großer Sandstein. 30 m von diesem Stein entfernt liegt eine Flasche mit einem Zettel am Ufer des Fischbaches ..."
Zeichne die Karte ab und markiere die gewünschte Stelle. Was fällt dir auf?

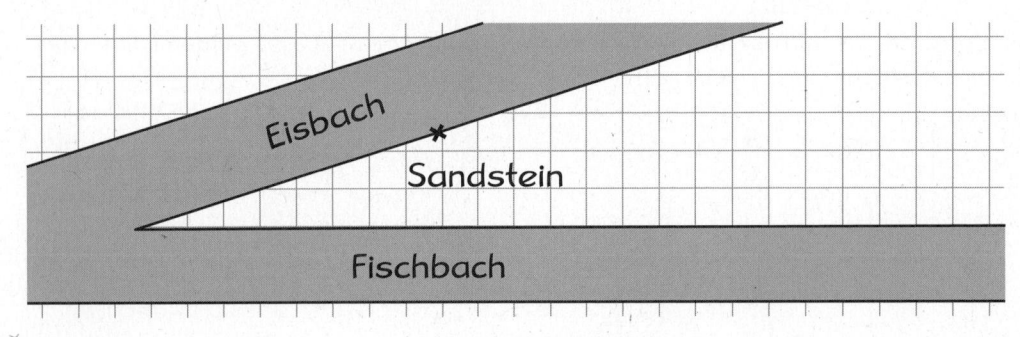

Maßstab: 1 Karo = 5 m

E6 Lena und Johannes möchten eine Skateboardrampe mit den angegebenen Maßen bauen. Beim Baumarkt möchten sie sich die einzelnen Teile zusägen lassen. Fertige einen Bestellzettel an.

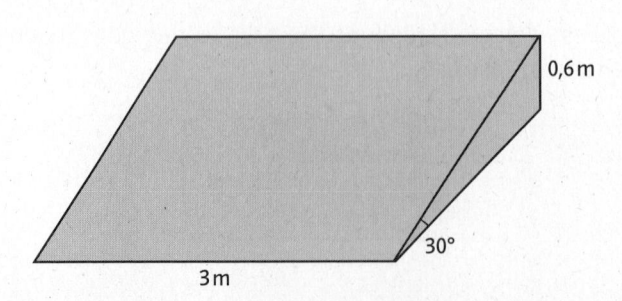

E7 Zeichne ein Viereck mit den Seitenlängen 4 cm, 5 cm, 6 cm und 7 cm. Vergleiche dein Viereck mit dem deines Nachbarn.

E8 Zeichne ein zum Viereck ABCD kongruentes Viereck in dein Heft. Versuche diese Aufgabe zu lösen, indem du Seitenlängen, Winkelgrößen bzw. Diagonalenlägen des Vierecks ABCD misst. Wie viele Angaben des Vierecks ABCD brauchst du mindestens?

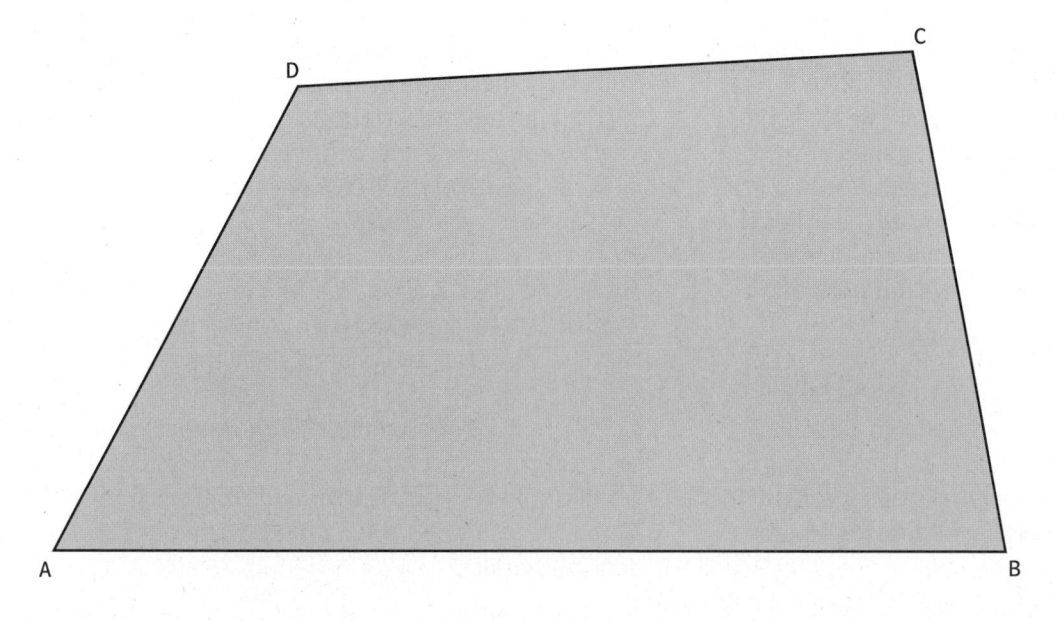

E9 Lars behauptet: „Wenn man in einem Rechteck eine Diagonale einzeichnet, so entstehen zwei zueinander kongruente Dreiecke." Annika überlegt: „Das kann schon stimmen, aber kannst du auch begründen, warum das immer so ist?"
Hilf Lars, Annika zu überzeugen. Benutze einen Kongruenzsatz.

E10 Führe eine Internetrecherche zum Thema „Platonische Körper" durch.
a) Ermittle die Lebendaten von Platon.
b) Nenne Anzahl und Namen der platonischen Körper.
c) Schreibe eine Definition für platonische Körper auf.

II Reelle Zahlen

Überblick und Schwerpunkt

Im zweiten Kapitel des Buches begegnen die Schülerinnen und Schüler den irrationalen Zahlen. Bei der Erarbeitung dieser Zahlen treten insbesondere folgende Aspekte auf:
1. Eine irrationale Zahl kann man nicht vollständig als Dezimalzahl mit Ziffern aufschreiben.
2. Für die reellen Zahlen gelten alle Gesetze, die auch für die rationalen Zahlen gelten.
3. Treten bei so genannten Alltagsproblemen irrationale Zahlen auf, so werden sie in der Regel durch rationale Zahlen angenähert. Deshalb muss auf den Umgang mit Näherungswerten eingegangen werden.

Als Grundlage zum Rechnen mit reellen Zahlen kann auf den Umgang mit rationalen Zahlen zurückgegriffen werden. Je nach Stand der Lerngruppe empfiehlt sich gegebenenfalls eine gezielte Wiederholung der Rechengesetze bezüglich der rationalen Zahlen.
Auf einen strengen Nachweis der Gültigkeit der Rechengesetze bezüglich der reellen Zahlen wurde im Wesentlichen aus zwei Gründen verzichtet:
1. Die Grundidee eines solchen Nachweises könnte in diesem Unterrichtsgang nicht auf andere Situationen unmittelbar übertragen werden. Der Nachweis könnte somit nicht nachhaltig geübt werden (bis auf reine Reproduktion).
2. Das Verstehen von Beweisideen und ihren jeweiligen Übertrag auf neue Situationen kann z.B. geschickter beim Nachweis der Irrationalität von Zahlen wie $\sqrt{2}$ geübt werden.

Die Leitideen **Zahl** und **Maß** sowie **Muster und Struktur** betonen zwei Perspektiven, unter denen dieses Kapitel gesehen werden kann:
1. Die eher pragmatische Sichtweise, dass es eine Reihe von alltäglichen Fragestellungen gibt, die den Umgang mit irrationalen Zahlen sowie ihren rationalen Näherungen erfordern.
2. Die eher strukturell geprägte Sichtweise, die den Aufbau von Zahlenmengen und ihre Beziehungen thematisiert.

Beide Leitideen stehen zum Teil gleichberechtigt nebeneinander, zum Teil ergänzen sie sich.

Lerneinheit **1 Von bekannten und neuen Zahlen** führt bewusst in die Welt neuer Zahlen ein, ohne den scheinbar naheliegenden Weg über die „Thematik Wurzel" zu wählen. Somit soll sichergestellt werden, dass die irrationalen Zahlen nicht primär mit bestimmten Quadratwurzeln identifiziert werden.

Lerneinheit **2 Streckenlängen und irrationale Zahlen** stellt die Verbindung zwischen den für die Schülerinnen und Schüler neuen Zahlen und ihrer Verwendung bei anwendungsbezogenen Fragestellungen her. Darüber hinaus wird erarbeitet, wie man zu bestimmten irrationalen Zahlen entsprechende rationale Näherungswerte erhält. Weiterhin wird der Umgang mit Beweisverfahren bezüglich irrationaler Zahlen geübt.

Erst Lerneinheit **3** greift das Thema **Quadratwurzeln** explizit auf. Hierbei wird auch auf das Wurzelziehen mithilfe von Taschenrechnern eingegangen.

Lerneinheit **4 Rechnen mit Näherungswerten** ist sehr pragmatisch und anwendungsbezogen gestaltet. Sie soll die Schülerinnen und Schüler im besonderen Maße für den Umgang mit Näherungswerten sensibilisieren.

Lerneinheit **5 Ordnen und Vereinfachen – Terme mit Quadratwurzeln** erweitert die Arbeit mit Termen auf alle reellen Zahlen und stellt die wichtigsten Rechengesetze für Quadratwurzeln bereit.

Die Exkursion **Ein Geheimbund zerbricht** bietet die Möglichkeit, auf vielfältige Weise die im Unterricht scheinbar engen Grenzen der Mathematik zu überschreiten. Mathematische Erkenntnisse waren auch immer schon eng verbunden mit Denkhaltungen der Geisteswissenschaften und intellektuellen Befindlichkeiten der jeweiligen Gesellschaft. Die hier angesprochenen historischen Bezüge zu den Pythagoreern bieten einen schülergerechten Ansatz, Zusammenhänge philosophischer, weltanschaulicher und mathematischer Erkenntnisse zu betrachten.

1 Von bekannten und neuen Zahlen

Einstiegsaufgaben

E1 1. Notiere fünf verschiedene Bruchzahlen.
2. Gib die Dezimalschreibweise dieser fünf Zahlen an. Erkläre, wie du vorgehst.
3. Wie könnte eine Dezimalzahl aussehen, die unendlich viele Nachkommastellen besitzt, jedoch keine Periode? Überlege dir Argumente, warum eine solche Zahl nicht als Bruchzahl geschrieben werden kann.

(► Kopiervorlage auf Seite K12)

E2 Ein Verfahren zum Erzeugen von Dezimalzahlen:
Wähle zwei oder mehr Ziffernkärtchen aus.
Schreibe auf ein Blatt „1,".
Lege die Kärtchen in einen Beutel.
Ziehe danach „blind" ein Kärtchen aus dem Beutel.
Schreibe die gezogene Ziffer an die erste Stelle hinter dem Komma.
Lege das Kärtchen in den Beutel zurück.
Ziehe wieder ein Kärtchen, schreibe die Ziffer an die zweite Stelle hinter dem Komma usw.

Beschreibe die Dezimalzahl, die entstehen würde, wenn man den genannten Vorgang unendlich oft wiederholen würde.

0	1	2
3	4	5
6	7	8
9		

(► Kopiervorlage auf Seite K12)

Hinweise zu den Aufgaben

1 und **7** sind bewusst als Partneraufgaben gestellt. Hierdurch kann insbesondere in **1** das mögliche „Entstehen" der neuen Zahlen und in **7** die Tatsache, dass die reellen Zahlen dicht liegen, „erfahren" werden.

2, **3**, **4** und **6** thematisieren die Gegenüberstellung rationaler und irrationaler Zahlen bzw. in einem ersten Schritt das mögliche Rechnen mit irrationalen Zahlen.

In **5** werden die Beziehungen der bekannten Zahlenmengen untereinander hervorgehoben. Diese Aufgabe findet eine Fortsetzung in Aufgabe **6** der Lerneinheit 2.

Serviceblätter

– Pi und kein Ende (1) (Seite S20)

2 Streckenlängen und irrationale Zahlen

Einstiegsaufgaben

E3 Hier stimmt etwas nicht! Oder?

Quadratisch gute Wochen!

Exakt quadratische Grundstücke im Baugelände Wiesengrund zu besonders attraktiven Preisen in den Größen
324 m², 400 m², 500 m², 635 m²

(► Kopiervorlage auf Seite K13)

E4 Johanna hat verschiedene Zahlen mit sich selbst multipliziert und diese Ergebnisse erhalten:
9; 1,21; $\frac{49}{81}$; 12; 100; 1000; –17; 441.
Wie viele Fehler hat sie mindestens gemacht?
(► Kopiervorlage auf Seite K13)

Hinweise zu den Aufgaben

Die folgenden Aufgaben decken folgende Themenbereiche ab:

1, 2, 3, 5, 7 (Näherungsweises) Bestimmen von Zahlen, deren Quadrate bekannt sind.

4 Länge der Diagonalen eines Quadrates.

10, 11 Länge der Diagonalen eines Quadrates und Einordnen von Zahlen auf dem Zahlenstrahl.

8, 9 Beweisverfahren zur Irrationalität von Zahlen.

In **6** wird die Idee der Aufgabe 5 von Lerneinheit 1 wieder aufgegriffen und variiert.

Serviceblätter

- Quadratzahlen-Domino: x^2 oder $2x$? (Seite S22)
- Geometrische Konstruktion von Wurzeln (Seite S23)
- Irrationale Zahlen in die Enge getrieben (Seite S24)
- Die Quadratur des Rechtecks (Seite S25)

3 Quadratwurzeln

Einstiegsaufgaben

E5 Bestimme alle Lösungen der jeweiligen Gleichung.
a) $x^2 = 1$ b) $x^2 = 16$
c) $x^2 = 0$ d) $x^2 = -1$
(▶ Kopiervorlage auf Seite K13)

E6 Kai hat zwei natürliche Zahlen quadriert und die Ergebnisse multipliziert. Er erhielt 36. Wie heißen die beiden natürlichen Zahlen?
(▶ Kopiervorlage auf Seite K13)

Hinweise zu den Aufgaben

Es wird empfohlen, die Quadratzahlen 1, 4, 9 … 625 auswendig lernen zu lassen. Dieses Wissen ist hilfreich beim entsprechenden Kopfrechnen sowie beim Lösen einfacher quadratischer und (später) gemischt-quadratischer Gleichungen.

6 Kann als Ausgangspunkt zu Überlegungen bezüglich Taschenrechnerangaben genommen werden.

Serviceblätter

- Pi und kein Ende (Seite S21)
- Quadratwurzelpuzzle „Radixt nochmal!" (Seiten S26 und S27)

4 Rechnen mit Näherungswerten

Einstiegsaufgaben

E7

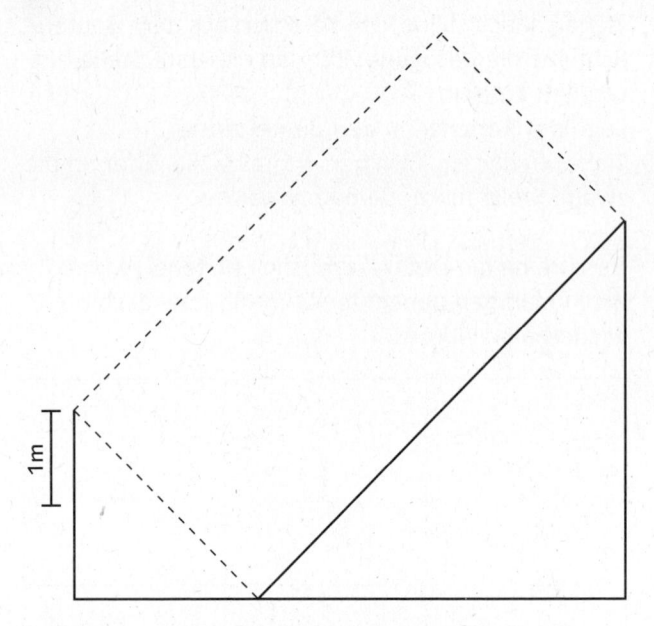

Wie groß ist der Umfang des Rechtecks?
(▶ Kopiervorlage auf Seite K14)

E8 Bestimmt die Fläche des Fußbodens in eurem Klassenzimmer möglichst exakt. Erklärt eure Vorgehensweise.
Hinweis: Es empfiehlt sich, verschiedene Hilfsmittel zum Messen mitzubringen: Zollstab, verschieden lange Holzstäbe etc.
(▶ Kopiervorlage auf Seite K14)

Hinweise zu den Aufgaben

6 Kann erweitert werden, indem man kleinere Längeneinheiten als die Fußlängen verwendet. Diese Aufgabe korrespondiert mit der Einstiegsaufgabe E8.

Serviceblätter

–

5 Ordnen und Vereinfachen – Terme mit Quadratwurzeln

Einstiegsaufgaben

E9 Erfinde einen Term mit einer Variablen x. Gestalte den Term so, dass man ihn vereinfachen kann. Gib diesen Term deinem Tischnachbarn zum Vereinfachen.

Wofür steht x?
Wenn du in deinem Term die Variable x durch $\sqrt{2}$ ersetzt, kann man dann den Term ebenfalls vereinfachen? Begründe deine Antwort.
(▶ Kopiervorlage auf Seite K14)

E10 Angenommen, das Quadrat Q1 hätte genau den Flächeninhalt $3\,cm^2$ und das Quadrat Q2 hätte genau den Flächeninhalt $5\,cm^2$. Wie groß wäre dann der Flächeninhalt des Rechtecks R?
Begründe deine Antwort.

(▶ Kopiervorlage auf Seite K14)

Hinweise zu den Aufgaben

10 Falls diese Aufgabe aufgegriffen wird, sollte geprüft werden, ob es für die Lerngruppe angebracht ist, einige entsprechende Näherungswerte auswendig zu lernen.

Serviceblätter

– Rechnen mit Intervallschachtelungen (Seiten S28 und S29)
– Rechnen mit reellen Zahlen (Seite S30)
– Quadromino – Rechnen mit Wurzeln (Seite S31)

Wiederholen – Vertiefen – Vernetzen

Das Rechnen im Zahlkörper der reellen Zahlen führt die Schülerinnen und Schüler zum Wiederholen der bekannten Regeln bezüglich der rationalen Zahlen. Vertiefende Aspekte treten u.a. beim Infokasten, den Aufgaben **8**, **9**, **10**, **11** sowie **14** und **15** auf. **16** und **17** zeigen vernetzende Beziehungen zu Alltagssituationen bzw. im Alltag benutzte Kennzeichnungen.

Serviceblätter

– DIN-Formate (Seite S32)
– Mathe ärgert mich nicht! (Seite S33)

Exkursion

Ein Geheimbund zerbricht

Die Exkursion eignet sich zum Beispiel als Quelle für ein Schüler-Kurzreferat.

Serviceblätter

–

Einstiegsaufgaben

E1 a) Notiere fünf verschiedene Bruchzahlen.
b) Gib die Dezimalschreibweise dieser fünf Zahlen an. Erkläre, wie du vorgehst.
c) Wie könnte eine Dezimalzahl aussehen, die unendlich viele Nachkommastellen besitzt, jedoch keine Periode? Überlege dir Argumente, warum eine solche Zahl nicht als Bruchzahl geschrieben werden kann.

E2 Ein Verfahren zum Erzeugen von Dezimalzahlen:
- Wähle zwei oder mehr Ziffernkärtchen aus.
- Schreibe auf ein Blatt „1,".
- Lege die Kärtchen in einen Beutel.
- Ziehe danach „blind" ein Kärtchen aus dem Beutel.
- Schreibe die gezogene Ziffer an die erste Stelle hinter dem Komma.
- Lege das Kärtchen in den Beutel zurück.
- Ziehe wieder ein Kärtchen, schreibe die Ziffer an die zweite Stelle hinter dem Komma usw.

Beschreibe die Dezimalzahl, die entstehen würde, wenn man den genannten Vorgang unendlich oft wiederholen würde.

0	1	2
3	4	5
6	7	8
9		

E3 Hier stimmt etwas nicht! Oder?

Quadratisch gute Wochen!

Exakt quadratische Grundstücke im Baugelände Wiesengrund zu besonders attraktiven Preisen in den Größen
324 m², 400 m², 500 m², 635 m²

E4 Johanna hat verschiedene Zahlen mit sich selbst multipliziert und diese Ergebnisse erhalten:
9; 1,21; $\frac{49}{81}$; 12; 100; 1000; −17; 441.
Wie viele Fehler hat sie mindestens gemacht?

E5 Bestimme alle Lösungen der jeweiligen Gleichung.
a) $x^2 = 1$ b) $x^2 = 16$ c) $x^2 = 0$ d) $x^2 = -1$

E6 Kai hat zwei natürliche Zahlen quadriert und die Ergebnisse multipliziert. Er erhielt 36. Wie heißen die beiden natürlichen Zahlen?

E7 Wie groß ist der Umfang des Rechtecks?

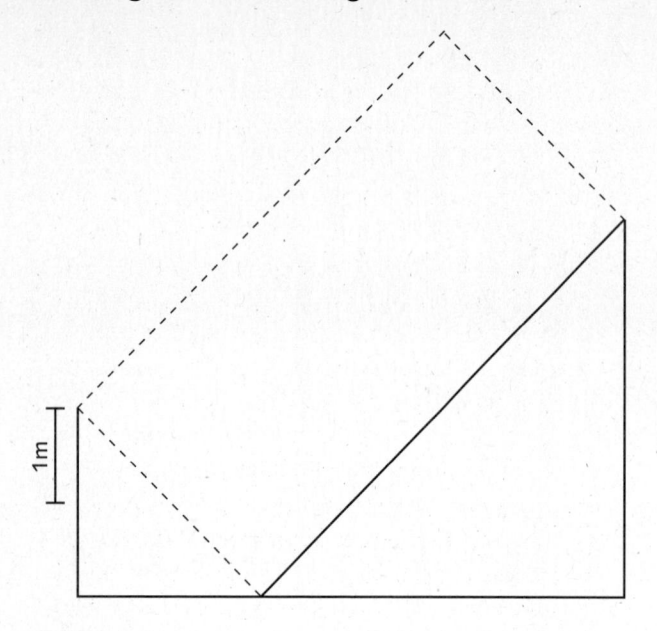

E8 Bestimmt die Fläche des Fußbodens in eurem Klassenzimmer möglichst exakt. Erklärt eure Vorgehensweise.

E9 Erfinde einen Term mit einer Variablen x. Gestalte den Term so, dass man ihn vereinfachen kann. Gib diesen Term deinem Tischnachbarn zum Vereinfachen.
Wofür steht x?
Wenn du in deinem Term die Variable x durch $\sqrt{2}$ ersetzt, kann man dann den Term ebenfalls vereinfachen? Begründe deine Antwort.

E10 Angenommen, das Quadrat Q1 hätte genau den Flächeninhalt 3 cm² und das Quadrat Q2 hätte genau den Flächeninhalt 5 cm². Wie groß wäre dann der Flächeninhalt des Rechtecks R?
Begründe deine Antwort.

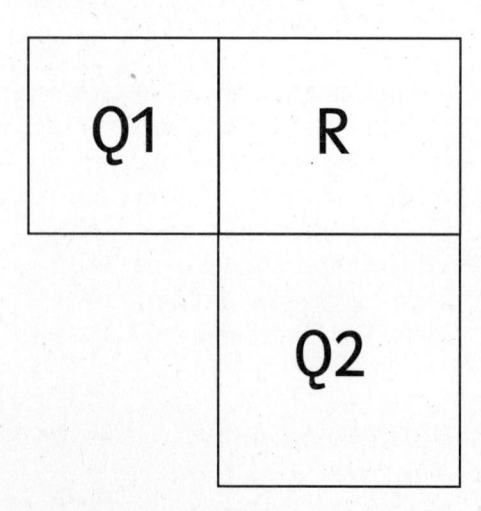

III Quadratische und andere Funktionen

Überblick und Schwerpunkt

Das dritte Kapitel greift den Zuordnungsgedanken aus der 7. Klasse entsprechend dem Spiralprinzip auf und vertieft ihn auf einer formaleren und altersgemäßen Ebene. Hierdurch werden im Wesentlichen die beiden Leitideen **Beziehung und Veränderung** sowie **Muster und Struktur** bedient.

Die Schülerinnen und Schüler haben bislang den Zuordnungsgedanken auf einer sehr anschaulichen Ebene kennen gelernt. Als besondere Zuordnungstypen wurden in Klasse 7 die proportionale, die anti-proportionale und die lineare Zuordnung behandelt. Außerdem sind die Schülerinnen und Schüler mit der Potenz- und der Quadratschreibweise vertraut.
In Klasse 8 wird zunächst der allgemeine Funktionsbegriff eingeführt. Anschließend lernen die Schülerinnen und Schüler als besondere Funktionstypen die spezielle quadratische Funktion (Typ $y = ax^2$) sowie die Potenzfunktion kennen. Hierbei stehen zunächst die algebraischen Eigenschaften im Vordergrund. Die geometrischen Eigenschaften rücken anschließend bei der Verallgemeinerung der quadratischen Funktion in den Fokus. Mit den Optimierungsaufgaben erfahren die Schülerinnen und Schüler schließlich eine wichtige Anwendungsmöglichkeit der quadratischen Funktionen, bei deren Behandlung auch das Modellieren eine tragende Rolle spielt. Wie in Klasse 7 werden darüber hinaus die unterschiedlichen Darstellungsformen der Funktionen sowie deren Umwandlungen geübt.

In der 8. Klasse gewinnt der GTR zunehmend an Bedeutung. So können und sollen die Schüler in diesem Kapitel viele Erkenntnisse mit dem GTR eigenständig sammeln. Ferner wird die Nutzung des GTR als Kontrollinstrument verstärkt angeregt.

Um den Alltagsbezug zu stärken, werden die Größen der Funktionen bei den Anwendungsaufgaben weiterhin vorwiegend mit Buchstaben belegt, die sich aus dem Kontext ergeben. Allerdings gewinnen mit der häufigeren Verwendung von Funktionsgleichungen die Bezeichnungen x und y mehr Gewicht.

Auf die Verwendung von Parametern, z. B. bei der Darstellung von allgemeinen Funktionsgleichungen, wird in dem Kapitel bewusst verzichtet. Diese werden erst in Kapitel IV allgemein eingeführt und dabei auch im Zusammenhang mit Funktionen behandelt.

Das Kapitel gliedert sich in sechs Lerneinheiten. In der Lerneinheit **1 Funktionen** wird der Funktionsbegriff eingeführt. Die Schülerinnen und Schüler lernen, dass Funktionen besondere Zuordnungen sind. Bei der Behandlung der Lerneinheit werden darüber hinaus die bereits in der 7. Klasse erlernten Inhalte zu Zuordnungen wiederholt. Auf formale Begriffe wie Definitions- und Wertebereich wurde verzichtet, da sie für das Verständnis in der 8. Klasse wenig beitragen.

Als Basis für die weiteren Funktionstypen dieses Kapitels lernen die Schülerinnen und Schüler in Lerneinheit **2 Spezielle quadratische Funktionen** kennen. Der Zusatz „speziell" kennzeichnet hierbei alle quadratischen Funktionen, deren Funktionsgleichungen sich in der Form $y = ax^2$ darstellen lassen. Als Verallgemeinerung lernen die Schülerinnen und Schüler in Lerneinheit 4 die allgemeine quadratische Funktion kennen.
Die Eigenschaften der speziellen quadratischen Funktion werden in Lerneinheit 2 erläutert und mithilfe des dazugehörigen Graphen verdeutlicht. So erfahren die Schülerinnen und Schüler beispielsweise, dass der Graph einer speziellen quadratischen Funktion entweder einen höchsten oder einen tiefsten Punkt besitzt. Umgekehrt werden verschiedene Möglichkeiten aufgezeigt, wie sich mithilfe der Eigenschaften der Funktion der dazugehörige Graph zeichnen lässt.

In der Lerneinheit **3** lernen die Schülerinnen und Schüler als erste Verallgemeinerung des Funktionstyps der speziellen quadratischen Funktionen die **Potenzfunktionen** kennen. Das Vorgehen im Bezug auf die Eigenschaften der Potenzfunktionen verläuft weitgehend parallel zur zweiten Lerneinheit.

Eine weitere Verallgemeinerung des Funktionstyps der speziellen quadratischen Funktionen lernen die Schüler in Lerneinheit **4 Quadratische Funktionen** kennen. Im Gegensatz zu den Lerneinheiten 2 und 3 stehen in dieser Lerneinheit die geometrischen Überlegungen im Zentrum. Der Impuls liefert hier die Möglichkeit, die wesentlichen Erkenntnisse der Lerneinheit mithilfe des GTR experimentell zu erarbeiten.

In der Lerneinheit **5 Scheitelform und Normalform** erfahren die Schülerinnen und Schüler, dass die Funktionsgleichung einer quadratischen Funktion in der Scheitelform und in der Normalform dargestellt werden kann. Da die binomischen Formeln

Schülerbuchseite 64–91

erst in Kapitel IV behandelt werden, erfolgt die Bestimmung des Scheitelpunktes zunächst mithilfe des GTR. Optional kann später mithilfe der Infobox auf Seite 82 der Scheitel auch ohne GTR bestimmt werden. In diesem Zusammenhang wird die Möglichkeit bereitgestellt, nach der Infobox auch noch die faktorisierte Form als dritte Darstellungsform zu behandeln.

Bei einigen Aufgaben der fünften Lerneinheit werden maximale bzw. minimale Werte berechnet. Allerdings waren bei diesen Aufgaben stets die Funktionsgleichungen vorgegeben. In der Lerneinheit **6 Optimierungsaufgaben** lernen die Schülerinnen und Schüler, wie sie aus einem Sachzusammenhang eine quadratische Funktionsgleichung aufstellen können und wie sie mit dieser dann anschließend die optimale Lösung für das Sachproblem bestimmen können.

1 Funktionen

Einstiegsaufgaben

E1 Welche der Graphen in Fig. 1 bis Fig. 4 können zu einer Zuordnung *Zeit* ↦ *Temperatur (in °C)* gehören?

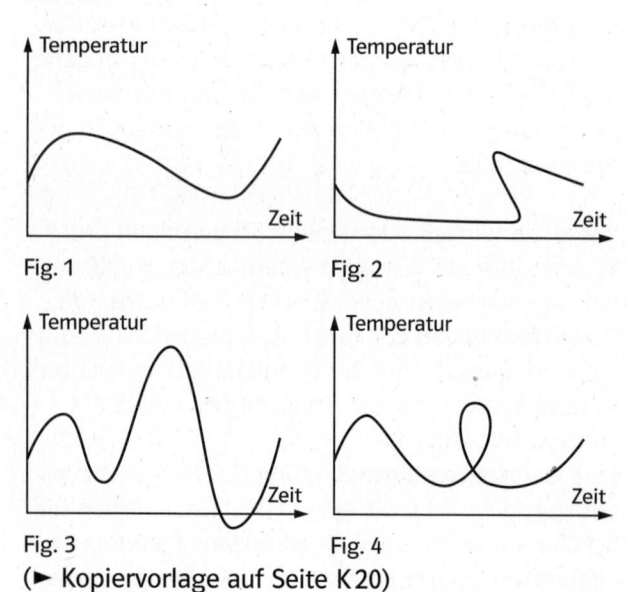

Fig. 1
Fig. 2
Fig. 3
Fig. 4
(► Kopiervorlage auf Seite K 20)

E2 Bei einem Telefongespräch kann man bei der Zuordnung *Gesprächsdauer* ↦ *Gebühr* für jede Gesprächsdauer die dazugehörige Gebühr berechnen. Begründe, warum man nicht umgekehrt bei der Zuordnung *Gebühr* ↦ *Gesprächsdauer* für jede Gebühr die Gesprächsdauer bestimmen lassen kann. Wodurch unterscheiden sich die beiden Zuordnungen?
(► Kopiervorlage auf Seite K 20)

Hinweise zu den Aufgaben

1 Bei Teilaufgabe a kann überlegt werden, warum die umgekehrte Zuordnung *Parkdauer* ↦ *Parkgebühr* eine Funktion ist.

2 Gemeinsam kann überlegt werden, wo im Alltag noch weitere Funktionen vorkommen.

Aufgaben **5** und **6** wiederholen teilweise die Kenntnisse aus Klasse 7.

Serviceblätter

– Volle Kanne (Seite S 34)
– Eigenschaften linearer Funktionen (Seite S 35)

2 Spezielle quadratische Funktionen

Einstiegsaufgaben

E3 Ein Ball fällt in einem Bogen von einem Garagendach hinunter. Nach einer Flugzeit von 0,1 s ist der Ball bereits 20 cm nach rechts geflogen und etwa 5 cm nach unten.

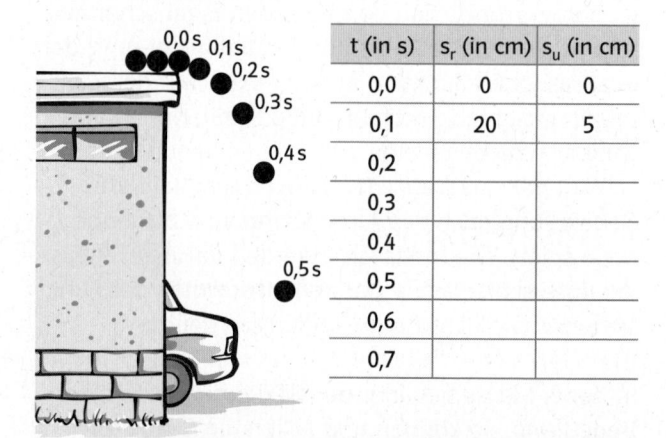

t (in s)	s_r (in cm)	s_u (in cm)
0,0	0	0
0,1	20	5
0,2		
0,3		
0,4		
0,5		
0,6		
0,7		

a) Übertrage die Tabelle in dein Heft und fülle sie mithilfe des Bildes aus.
b) Um welchen Funktionstyp handelt es sich bei der Funktion $t \mapsto s_r$? Welche Eigenschaften hat die Funktion $t \mapsto s_u$?
(► Kopiervorlage auf Seite K 20)

E4 a) Bestimme die Funktionsgleichung der Funktion *Seitenlänge eines Quadrates* ↦ *Umfang des Quadrates*. Zeichne den dazugehörigen Graphen.
b) Bestimme die Funktionsgleichung der Funktion *Seitenlänge eines Quadrates* ↦ *Flächeninhalt des Quadrates* und zeichne den dazugehörigen Graphen.
c) Wodurch unterscheiden sich die beiden Funktionen und die beiden dazugehörigen Graphen aus den Teilaufgaben a und b?
(► Kopiervorlage auf Seite K 20)

Hinweise zu den Aufgaben

Aufgabe 4 kann in Partnerarbeit fortgesetzt werden: Schüler skizzieren Parabeln in ein Koordinatensystem und tauschen die Skizzen anschließend mit einem Nachbarn aus.

5 Bei Teilaufgabe d gibt es zwei mögliche Lösungen.

8 Anspruchsvolle Aufgabe, die durch Aufgabe **6** vorbereitet werden sollte.

9 In den Teilaufgaben a und b werden Erkenntnisse zur gestreckten bzw. gestauchten Parabel erarbeitet, ohne dass diese beiden Fachbegriffe genannt werden.

12 In Teilaufgabe a werden die Grenzen eines Modells thematisiert.

14 In der Aufgabe wird eine Kettenlinie untersucht, die näherungsweise mit einer Parabel übereinstimmt.

Serviceblätter

– Probier's mal mit Punkten (Seite S 36)

3 Potenzfunktionen

Einstiegsaufgaben

E 5 Bestimme die Funktionsgleichung der Funktion, die jeder Kantenlänge eines Würfels das dazugehörige Volumen zuordnet.
(► Kopiervorlage auf Seite K 20)

E 6 Stelle die Graphen der Funktionen mit folgenden Funktionsgleichungen mithilfe des GTR dar und beschreibe, was dir dabei auffällt. $y = x^2$; $y = x^3$; $y = x^4$; $y = x^5$; $y = x^6$ …
(► Kopiervorlage auf Seite K 20)

Hinweise zu den Aufgaben

2 Die Schüler haben gelernt, dass sich bei einer proportionalen Funktion bei einer Verdopplung der x-Werte die y-Werte verdoppeln und bei einer speziellen quadratischen Funktion vervierfachen. Bei dieser Aufgabe erweitern sie diesen Gedanken auf die Potenzfunktionen.

3 Hier werden besondere Eigenschaften der Graphen von Potenzfunktionen mit höheren Graden bearbeitet.

7 Hier soll kein Gleichungssystem aufgestellt werden. Da der x-Wert eines Punktes bei jeder Teilaufgabe 1 ist, kann der Vorfaktor unmittelbar bestimmt werden. Der Grad der Potenzfunktion ergibt sich dann mit den Eigenschaften der Potenzfunktionen.

Aufgabe **9** ist vergleichsweise anspruchsvoll.

Serviceblätter

– Potenzfunktionen – Ein Arbeitsplan (Seite S 37)

4 Quadratische Funktionen

Einstiegsaufgaben

E 7 a) Die Wertetabellen gehören zu verschiedenen Funktionen. Beschreibe zunächst in Worten, wie die Funktionen f und g sowie die Funktionen h und i zusammengehören. Zeichne anschließend die dazugehörigen Graphen.

f	x	−5	−4	−3	−2	−1	0	1	2	3	4	5
	y	−2,5	−2	−1,5	−1	−0,5	0	0,5	1	1,5	2	2,5

g	x	−5	−4	−3	−2	−1	0	1	2	3	4	5
	y	−0,5	0	0,5	1	1,5	2	2,5	3	3,5	4	4,5

h	x	−5	−4	−3	−2	−1	0	1	2	3	4	5
	y	25	16	9	4	1	0	1	4	9	16	25

i	x	−5	−4	−3	−2	−1	0	1	2	3	4	5
	y	23	14	7	2	−1	−2	−1	2	7	14	23

b) Bestimme die Funktionsgleichung der Funktionen aus Teilaufgabe a.
(► Kopiervorlage auf Seite K 21)

E 8 Für welchen x-Wert ist der y-Wert bei den Funktionen mit den folgenden Funktionsgleichungen am kleinsten: $y = x^2$; $y = (x-2)^2$; $y = (x-5)^2$; $y = (x+3)^2$; $y = 5(x+3)^2$; $y = \frac{1}{5}(x-2)^2$?
(► Kopiervorlage auf Seite K 21)

Schülerbuchseite 64–91

Hinweise zu den Aufgaben

3 Hier kann allgemein besprochen werden, wann eine Parabel nach oben bzw. nach unten geöffnet ist.

6 Im Anschluss können sich die Schülerinnen und Schüler mithilfe des GTR in Partnerarbeit gegenseitig weitere Aufgaben dieses Typs stellen.

7 Zur Vorbereitung dieser Aufgabe sollten zuvor die Aufgaben 5 und 6 bearbeitet werden.

13 Man kann hier überlegen, wie die Flugbahn des Balls durch den Schützen z. B. durch „Anschneiden" des Balles verändert werden kann.

14 Als Ergänzung können zusätzlich Fotos von Brücken aus der näheren Umgebung herangezogen werden.

Serviceblätter

– Gruppenpuzzle: Parabeln (Seiten S 38 – S 42)

5 Scheitelform und Normalform

Einstiegsaufgaben

E 9 Vergleiche mit dem GTR bzw. mit einer Wertetabelle die Graphen der beiden Funktionen und beschreibe, was dir auffällt. Wie lässt sich deine Beobachtung begründen?
a) $y = 2(x - 1)^2 + 3$ und $y = 2x^2 - 4x + 5$
b) $y = (x + 2)^2 - 4$ und $y = x \cdot (x + 4)$
(► Kopiervorlage auf Seite K 21)

E 10 Wird die Funktionsgleichung $y = 3(x + 3)^2 - 2$ nach den üblichen Rechengesetzen umgeformt, so verändert sich der dazugehörige Graph nicht.
Beispiel: $y = 2(x + 3)^2 + (x + 3)^2 - 2$.
Finde möglichst viele verschiedene Darstellungen der Funktionsgleichung. Kontrolliere dein Ergebnis anschließend mit dem GTR.
(► Kopiervorlage auf Seite K 21)

Hinweise zu den Aufgaben

Bei den Aufgaben **1** und **6** werden die Scheitelpunkte mithilfe des GTR und einer vorgegebenen Funktionsgleichung bestimmt.

5 Teilaufgabe d fordert das Recherchieren im Internet sowie das Präsentieren ein.

6 Teilaufgabe b fordert das Präsentieren ein.

7 Teilaufgabe c soll ohne Umformungen der Funktionsterme bearbeitet werden. Die Schüler sollen bei der Funktion f beispielsweise am ersten Summand erkennen, dass die Funktionswerte für große x-Werte beliebig groß werden.

8 und **9** Diese Aufgaben sollten ohne GTR bearbeitet werden.

10 Hier wird die faktorisierte Darstellungsform von Funktionsgleichungen einer quadratischen Funktion und deren Vorteile erarbeitet.

Serviceblätter

– Lernzirkel: Funktionen (Seiten S 43 – S 49)

6 Optimierungsaufgaben

Einstiegsaufgabe

E 11 Bei einem rechtwinkligen Dreieck sollen die beiden Seiten am rechten Winkel wie in der Abbildung zusammen die Länge 4 cm ergeben.
a) Zeichne verschiedene Dreiecke mit der geforderten Eigenschaft in dein Heft und bestimme jeweils den Flächeninhalt. Für welche Seitenlängen ist der Flächeninhalt möglichst groß (klein)?
b) Bezeichne die Länge der einen Seite am rechten Winkel mit x. Drücke anschließend die folgenden Größen mit x aus:
– die Länge der anderen Seite
– den Flächeninhalt.
c) Für welches x wird der Flächeninhalt des Dreiecks am größten?

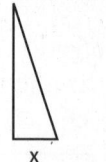

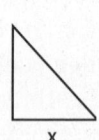

(► Kopiervorlage auf Seite K 21)

Hinweise zu den Aufgaben

1 Diese Aufgabe knüpft sehr eng an das Beispiel des Lehrtextes an.

5 und **6** Diese Aufgaben sind vergleichsweise anspruchsvoll.

Serviceblätter

–

Wiederholen – Vertiefen – Vernetzen

Hinweise zu den Aufgaben

1 Hier wird der Funktionsbegriff wiederholt.

2 Die Teilaufgaben c und d sind nicht eindeutig lösbar und vergleichsweise anspruchsvoll.

7 Das Spiel kann durch weitere selbst erstellte Kärtchen ergänzt werden.

9 Für Teilaufgabe b bietet sich die Verwendung einer Parabelschablone an.

Aufgabe **11** vernetzt quadratische Funktionen mit geometrischen Abbildungen.

Aufgabe **15** vernetzt quadratische Funktionen mit der Prozentrechnung.

Aufgabe **16** vernetzt quadratische Funktionen mit der Wahrscheinlichkeitsrechnung und mit den reellen Zahlen.

Aufgabe **17** vernetzt quadratische Funktionen mit der Prozentrechnung.

Aufgabe **18** vernetzt quadratische Funktionen mit kongruenten Flächen.

19 Aufwändige Aufgabe. Der Nachweis, dass durch die Konstruktion eine Parabel entsteht, kann nicht geführt werden. Dies kann erst in Klasse 9 nachgeholt werden.

20 In Teilaufgabe c wird als Vorgriff auf Kapitel IV mit einem Parameter gerechnet. Dies wird in den Teilaufgaben a und b vorbereitet.

Serviceblätter

– Mathe ärgert mich nicht! (Seite S 50)

Einstiegsaufgaben

E1 Welche der Graphen in Fig. 1 bis Fig. 4 können zu einer Zuordnung *Zeit → Temperatur (in °C)* gehören?

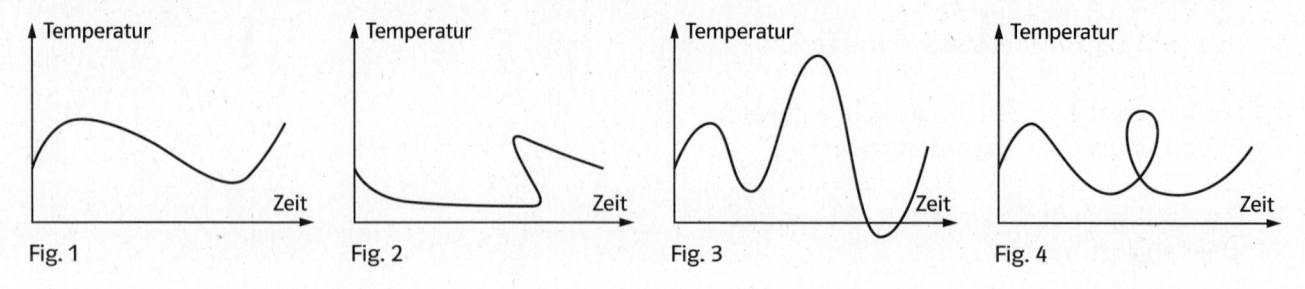

Fig. 1 | Fig. 2 | Fig. 3 | Fig. 4

E2 Bei einem Telefongespräch kann man bei der Zuordnung *Gesprächsdauer → Gebühr* für jede Gesprächsdauer die dazugehörige Gebühr berechnen. Begründe, warum man nicht umgekehrt bei der Zuordnung *Gebühr → Gesprächsdauer* für jede Gebühr die Gesprächsdauer bestimmen lassen kann. Wodurch unterscheiden sich die beiden Zuordnungen?

E3 Ein angestoßener Ball fällt in einem Bogen von einem Garagendach hinunter. Nach einer Flugzeit von 0,1 s ist der Ball bereits 20 cm nach rechts geflogen und etwa 5 cm nach unten.
a) Übertrage die Tabelle in dein Heft und fülle sie mithilfe des Bildes aus.
b) Um welchen Funktionstyp handelt es sich bei der Funktion $t \mapsto s_r$? Welche Eigenschaften hat die Funktion $t \mapsto s_u$?

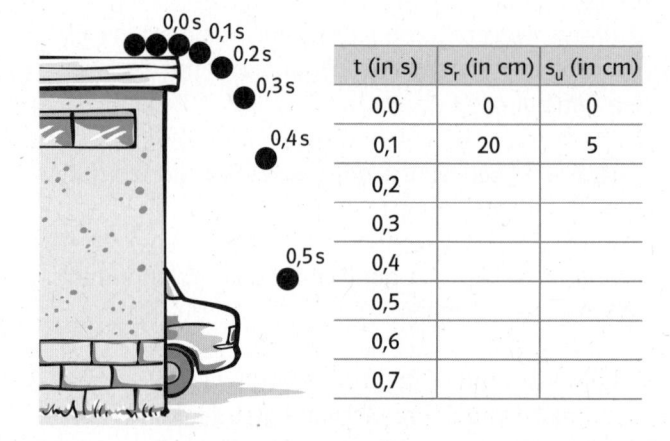

t (in s)	s_r (in cm)	s_u (in cm)
0,0	0	0
0,1	20	5
0,2		
0,3		
0,4		
0,5		
0,6		
0,7		

E4 a) Bestimme die Funktionsgleichung der Funktion *Seitenlänge eines Quadrates → Umfang eines Quadrates* und zeichne den dazugehörigen Graphen.
b) Bestimme die Funktionsgleichung der Funktion *Seitenlänge eines Quadrates → Flächeninhalt eines Quadrates* und zeichne den dazugehörigen Graphen.
c) Wodurch unterscheiden sich die beiden Funktionen und die beiden dazugehörigen Graphen aus den Teilaufgaben a und b?

E5 Bestimme die Funktionsgleichung der Funktion, die jeder Kantenlänge eines Würfels das dazugehörige Volumen zuordnet.

E6 Stelle die Graphen der Funktionen mit folgenden Funktionsgleichungen mithilfe des GTR dar und beschreibe, was dir dabei auffällt. $y = x^2$; $y = x^3$; $y = x^4$; $y = x^5$; $y = x^6$ ...

E7 a) Die Wertetabellen gehören zu verschiedenen Funktionen. Beschreibe zunächst in Worten, wie die Funktionen f und g sowie die Funktionen h und i zusammengehören. Zeichne anschließend die dazugehörigen Graphen.

f	x	-5	-4	-3	-2	-1	0	1	2	3	4	5
	y	-2,5	-2	-1,5	-1	-0,5	0	0,5	1	1,5	2	2,5

g	x	-5	-4	-3	-2	-1	0	1	2	3	4	5
	y	-0,5	0	0,5	1	1,5	2	2,5	3	3,5	4	4,5

h	x	-5	-4	-3	-2	-1	0	1	2	3	4	5
	y	25	16	9	4	1	0	1	4	9	16	25

i	x	-5	-4	-3	-2	-1	0	1	2	3	4	5
	y	23	14	7	2	-1	-2	-1	2	7	14	23

b) Bestimme die Funktionsgleichung der Funktionen aus Teilaufgabe a.

E8 Für welchen x-Wert ist der y-Wert bei den Funktionen mit den folgenden Funktionsgleichungen am kleinsten: $y = x^2$; $y = (x-2)^2$; $y = (x-5)^2$; $y = (x+3)^2$; $y = 5(x+3)^2$; $y = \frac{1}{5}(x-2)^2$?

E9 Vergleiche mit dem GTR bzw. mit einer Wertetabelle die Graphen der beiden Funktionen und beschreibe, was dir auffällt. Wie lässt sich deine Beobachtung begründen?
a) $y = 2(x-1)^2 + 3$ und $y = 2x^2 - 4x + 5$
b) $y = (x+2)^2 - 4$ und $y = x \cdot (x+4)$

E10 Wird die Funktionsgleichung $y = 3(x+3)^2 - 2$ nach den üblichen Rechengesetzen umgeformt, so verändert sich der dazugehörige Graph nicht. Beispiel: $y = 2(x+3)^2 + (x+3)^2 - 2$. Finde möglichst viele verschiedene Darstellungen der Funktionsgleichung. Kontrolliere dein Ergebnis anschließend mit dem GTR.

E11 Bei einem rechtwinkligen Dreieck sollen die beiden Seiten am rechten Winkel wie in der Abbildung zusammen die Länge 4 cm ergeben.
a) Zeichne verschiedene Dreiecke mit der geforderten Eigenschaft in dein Heft und bestimme jeweils den Flächeninhalt. Für welche Seitenlängen ist der Flächeninhalt möglichst groß (klein)?
b) Bezeichne die Länge der einen Seite am rechten Winkel mit x. Drücke anschließend die folgenden Größen mit x aus:
– die Länge der anderen Seite
– den Flächeninhalt.
c) Für welches x wird der Flächeninhalt des Dreiecks am größten?

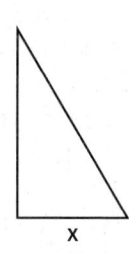

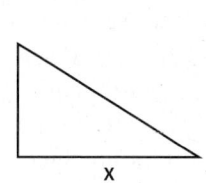

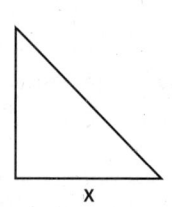

IV Verallgemeinerungen bei Funktionen und Gleichungen

Überblick und Schwerpunkt

Dieses Kapitel baut vor allem auf den Kapiteln „Terme und Gleichungen" aus der Klassenstufe 7 (Lambacher Schweizer 3), „Quadratische und andere Funktionen" (Kapitel III, LS 4) sowie auf dem „Systeme linearer Gleichungen" (LS 3) auf.
Der inhaltliche Zugang erfolgt stark in Analogie an die Erarbeitung der „Terme und Gleichungen" (LS 3). Dabei liegt beispielsweise weiterhin ein wesentlicher Schwerpunkt auf dem Verstehen und Begründen der Zusammensetzung der behandelten Funktionen und Gleichungen. In den Lerneinheiten werden zum einen mathematische Verfahren wie das Lösen von quadratischen Gleichungen erarbeitet und geübt. Zum anderen stehen Strategien im Vordergrund, wie man mathematische Probleme am geschicktesten und strukturiert lösen kann. So sollen die Schülerinnen und Schüler nach dem Aufbau von Basisfertigkeiten die Fähigkeit erlangen, für verschiedene Problemsituationen den richtigen mathematischen Zugang bzw. Ansatz zu wählen. Der GTR kommt hierbei an ausgewiesenen Stellen zum Einsatz, wenn es zum Beispiel darum geht, Funktionenscharen zu analysieren.

Im Wesentlichen liegt diesem Kapitel die Leitidee **Modell und Simulation** zugrunde. Es werden verschiedene Strategien thematisiert, mithilfe derer man Sachzusammenhänge und Fragen des Alltags beantworten kann. Dies erfolgt sowohl beim Arbeiten mit Formeln als auch bei komplexeren Problemsituationen, die sich auf lineare oder quadratische Zusammenhänge beziehen. Der Vier-Stufen-Kreislauf, bei dem wie im Lambacher Schweizer 3 das Wechselspiel aus Realität und Mathematik transparent herausgearbeitet ist, wird wieder aufgegriffen und weitergeführt. Des Weiteren wird die Leitidee **Beziehung und Veränderung** an vielen Stellen zum zentralen Inhalt. Viele Fragestellungen dieses Kapitels sind mit Funktionen zu bearbeiten, bei denen spezielle Punkte gesucht werden. Die Schülerinnen und Schüler können ihr Vorwissen aus den Funktionen (lineare und quadratische) bezüglich dieser Leitidee hier sehr gut einsetzen.

Aufbauend auf den Kenntnissen über Formeln, die sich bei den Schülerinnen und Schülern von der Klasse 5 her spiralförmig aufbauen, wird in der Lerneinheit **1** der **Umgang mit Formeln** mit mehreren Variablen erarbeitet. Dies erfolgt an einer bekannten Situation (Zinsformel) und wird aus den Rechenregeln hergeleitet. Die Umformungsregeln werden so auf Variablen übertragen. Dabei wird bereits eine sehr wesentliche Strategie erarbeitet: Bei der allgemeinen Formel werden die bekannten Größen eingesetzt, um sie danach zur gesuchten Größe umzuformen. Hier können viele den Schülerinnen und Schülern bereits bekannte Formeln etwa aus der Geometrie eingesetzt werden, um den Zugang zu erleichtern.

Das Ausmultiplizieren von Summen bzw. das Faktorisieren ist Gegenstand der Lerneinheit **2 Anwendungen des Distributivgesetzes**. Hier werden über einen geometrischen Zugang die Fertigkeiten erarbeitet, die es beispielsweise ermöglichen, die Scheitelform einer Funktion in die Normalform umzuformen, Gleichheiten zu zeigen oder über das Faktorisieren Nullstellen zu bestimmen. Dabei ist wiederum der Aufbau von Verständnis ein wesentlicher Bestandteil der Darlegungen. Die Binomischen Formeln werden als Spezialfall auf der letzten Doppelseite dieser Lerneinheit sowohl algebraisch als auch geometrisch behandelt.

In der Lerneinheit **3 Verallgemeinerung von Funktionen – Parameter** werden die allgemeinen Funktionsgleichungen von linearen und quadratischen Funktionen erarbeitet und dazu genutzt, konkrete Funktionsgleichungen aufzustellen. In einem weiteren Schritt werden die gefundenen Funktionsgleichungen zum Beantworten von Fragen verwendet (höchster Punkt, Nullstellen …). Hier wird die zentrale Strategie des Kapitels thematisiert, durch Einsetzen der bekannten Informationen die gesuchten Funktionsgleichungen zu ermitteln. Bei allen Aufgaben sind die Angaben so gewählt, dass die Schülerinnen und Schüler „nur" ein Gleichungssystem mit zwei Gleichungen lösen müssen.

Das **Lösen von quadratischen Gleichungen** wird in Lerneinheit **4** auf verschiedenen Wegen behandelt. Hier wird zwischen Verfahren zur Ermittlung von Näherungslösungen und denen zur Bestimmung exakter Lösungen unterschieden. Ebenso wird die Lösbarkeit thematisiert. Im Vordergrund steht das sinnvolle Anwenden der unterschiedlichen Verfahren; die Herleitungen erfolgen in einer Infobox am Ende dieser Lerneinheit.

Die Lerneinheit **5** bearbeitet das **Probleme lösen mit System** auf der Grundlage des Vier-Stufen-Kreislaufes. Hier werden sowohl lineare als auch quadratische Zusammenhänge behandelt. Es werden neben der Schrittigkeit des Kreislaufes auch weiterführende Hilfsfragen bereitgestellt.

1 Umgang mit Formeln

Einstiegsaufgaben

E1 Bei Modelleisenbahnen der Baugröße H0 werden die einzelnen Teile im Maßstab 1:87 gebaut. In einem Startset sind drei verschiedene Schienensorten enthalten: Nr. 9135 – 4 Stück (geradlinige kurz), Nr. 9136 (geradlinig lang) – 6 Stück und Nr. 9145 (krummlinig) – 10 Stück. Tom misst die Längen von den geradlinigen Schienen:
Nr. 9135   a = 56 cm;   Nr. 9136   b = 83 cm.

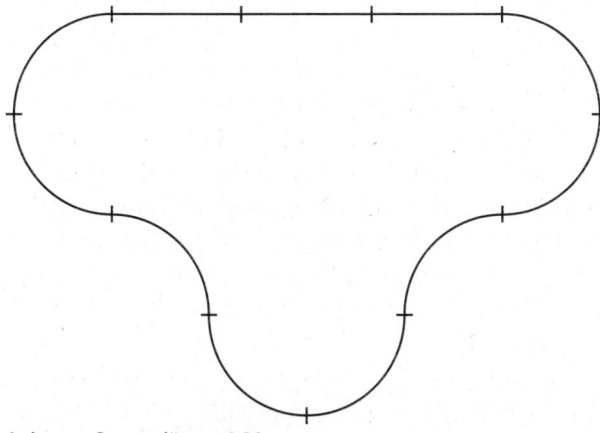

Anlage – Gesamtlänge: 9,34 m

a) Ermittle die Länge der krummlinigen Schiene.
b) Erstelle mit den Schienen eine eigene geschlossene Anlage. Versuche nun eine möglichst kurze und eine möglichst lange geschlossene Anlage zu bauen.
c) Der Zug braucht zum Befahren für das Schienenstück Nr. 9135 die Zeit s = 0,9 s. Wie lange benötigt der Zug in etwa für eine Runde bei deinen Anlagen?
(► Kopiervorlage auf Seite K 28)

E2 In einem Urlaub auf der Nordseeinsel Föhr möchte Familie Sommer vier Fahrräder und zwei Kindersitze ausleihen. Sie vergleichen die Preise der verschiedenen Anbieter. Auf den Verkaufsschildern gibt f die Anzahl der Fahrräder und k die Anzahl der Kindersitze an.

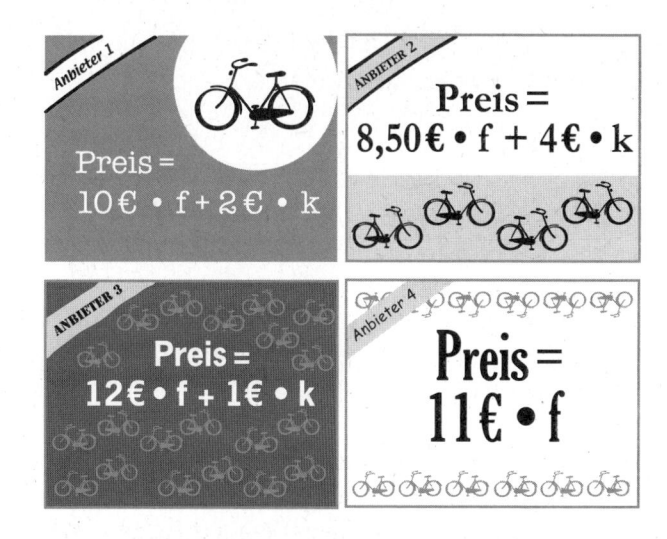

Anbieter 1: Preis = $10€ \cdot f + 2€ \cdot k$
Anbieter 2: Preis = $8{,}50€ \cdot f + 4€ \cdot k$
Anbieter 3: Preis = $12€ \cdot f + 1€ \cdot k$
Anbieter 4: Preis = $11€ \cdot f$

a) Bei welchem Anbieter sind die Kindersitze kostenlos? Begründe.
b) Welchen Anbieter sollte Familie Sommer auswählen? Begründe.
c) Sarah, die Mutter der Familie, handelt mit Anbieter 1 eine Ermäßigung für den Kindersitz aus. Insgesamt bezahlen sie 41 €. Stelle zur Ermittlung des neuen Kindersitzpreises eine Formel auf und berechne diesen.
d) Wie müsste eine Reisegruppe „zusammengesetzt" sein, damit du ihr eher Anbieter 1, 2, 3 oder 4 empfehlen kannst? Begründe.
(► Kopiervorlage auf Seite K 28)

Hinweise zu den Aufgaben

5 Hier können Schülerinnen und Schüler auch noch eigene Formeln aufstellen und mittels einer Skizze veranschaulichen.

6 Das Lesen von Gleichungen wird häufig als schwierig erachtet. Das Lösen durch Einsetzen von Beispielsituationen kann hierbei helfen. Zum Öffnen kann man die Lerngruppe eigenständig ähnliche Situationen formulieren lassen und diese dann beispielsweise in Partnerarbeit mit einer Gleichung beschreiben lassen.

7 Hier sind individuelle Lösungen möglich. In Anlehnung an diese Beschreibung kann man mit Lerngruppen auch ein Lerntagebuch führen, in dem individuelle Schwierigkeiten formuliert werden. Man kann auch dazu anregen, dass die Schülerinnen und Schüler in ihrem laufenden Schulheft bei schwierigen Inhalten kleine Aufsätze verfassen, die die Schwierigkeiten und Lösungen darstellen.

10 Wenn man die Möglichkeiten vor Ort hat, bietet es sich an, die Formel experimentell zu bestätigen bzw. sie auf die Situation vor Ort anzupassen und dann zu bestätigen. Dabei sollte man aber auf Sicherheitsvorkehrungen achten.

Serviceblätter

– Drei Puzzles zu Termumformungen (Seite S 51)

2 Anwendungen des Distributivgesetzes

Einsteigsaufgaben

E 3 In der Stuttgarter Innenstadt befindet sich ein rechteckiger Park. Er hat die Breite b und die Länge a und soll am Rand mit einem Weg aus Platten versehen werden. Die Platten haben die Breite x.

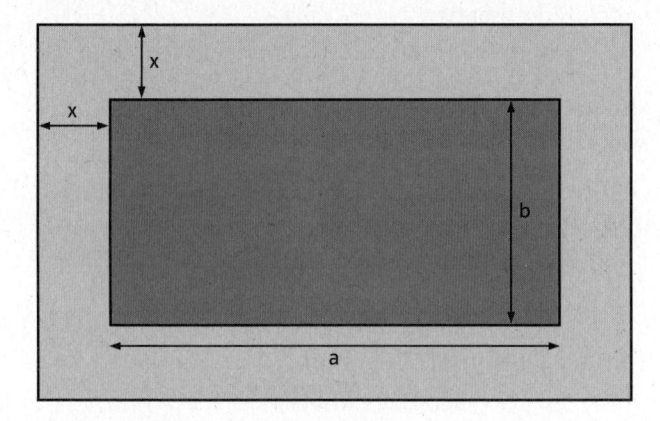

Der Bauarbeiter Hans berechnet: „Wir brauchen dann Platten mit einer Fläche von
$(a + 2x) \cdot (b + 2x) - ab$."
Paul erwidert: „Nein, wir brauchen Platten für eine Fläche von
$2 \cdot (a + 2x) \cdot x + 2bx$."
„Das ist alles falsch; wir müssen Platten für eine Fläche von $2ax + 2bx + 4x^2$ einkaufen", sagt Dieter.
a) Kommentiere den Dialog und gib eine anschauliche Erklärung ab.
b) Für welche Fläche müssten die Bauarbeiter Platten einkaufen, wenn die Platten die Breite 2x besitzen?
c) Stelle weitere Fragen wie in b und beantworte sie.
(► Kopiervorlage auf Seite K 29)

E 4
a) Versuche zu zeigen, dass das Quadrat einer ganzen Zahl um 1 größer ist als das Produkt ihrer benachbarten Zahlen.
b) Ist der Term $(n + 1)^2 - n^2$ gerade oder ungerade, wenn man für n natürliche Zahlen einsetzt? Begründe.
(► Kopiervorlage auf Seite K 29)

Hinweise zu den Aufgaben

7 Das Finden der Skizzen ist bei c und d nicht intuitiv. Hier könnte man den Schülerinnen und Schülern auch die Skizze aus dem Lösungsbuch vorgeben und die Formeln zuordnen lassen.

9 Dieser Aufgabentyp wird hier spiralförmig wieder verwendet. Schon in der Klassenstufe 7 wurde der Term 4p – 4 behandelt. Nun wird der gleiche Zusammenhang mithilfe einer quadratischen Modellierung bearbeitet.

11 Diese Aufgabe kann dazu genutzt werden, dass der Term $a^2 + 10a + 21$ mithilfe von zwei Bedingungen in der Faktorschreibweise $(a + n_1) \cdot (a + n_2)$ überführt werden kann: $n_1 + n_2 = 10$ und $n_1 \cdot n_2 = 21$. In den Teilaufgaben a und b ist jeweils eine Bedingung erfüllt; die andere aber jeweils nicht. Man muss also n_1 und n_2 so finden, dass beide Bedingungen erfüllt sind. Hilfreich kann hier auch das Verwenden einer Produkt-Summen-Tabelle sein: Ist z. B. die Fläche eines Rechtecks durch den Term $x^2 + 5 \cdot x + 6$ gegeben und man will die Seitenlängen ermitteln, muss man die zwei Zahlen suchen, deren Summe 5 und deren Produkt 6 ist. Dazu kann man die Produkt-Summen-Tabelle wie folgt aufstellen:

	Produkt	Summe
	6	
1	6	7
–1	–6	–7
2	3	5

Die Seitenlängen des Rechtecks sind demnach $(x + 2)$ und $(x + 3)$.
Eine Kontrolle ergibt: $(x + 2) \cdot (x + 3)$
$= x \cdot (x + 3) + 2 \cdot (x + 3) = x^2 + 3 \cdot x + 2 \cdot x + 6$
$= x^2 + 5 \cdot x + 6$.

15 bis **24** Diese Aufgaben beziehen sich auf die Infobox zu den binomischen Formeln.

Serviceblätter

– Binomische Formeln – Ein Arbeitsplan (Seite S 52)
– Binotortenpuzzle (Seite S 53)
– Gleichungstennis mit binomischen Formeln (Seite S 54)

3 Verallgemeinerung von Funktionen – Parameter

Einstiegsaufgabe

E 5 a) Wirft man einen Gegenstand parallel zur Erde, so hat seine Flugbahn die Form einer halben Parabel.
Die Gleichung dieser Parabel ist $y = -ax^2 + h$.

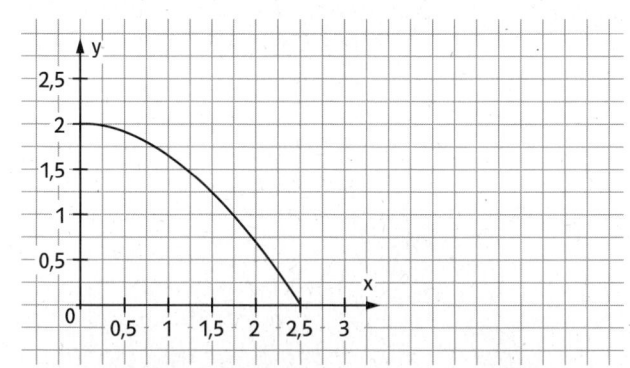

x ist dabei die Entfernung vom Abwurfpunkt in vertikaler Richtung und y ist die Höhe jeweils in m. Die Größe h ist die Abwurfhöhe auch in m. Für a gilt $a = \frac{5}{v^2}$, wobei v die Abwurfgeschwindigkeit in $\frac{m}{s}$ ist.
Aus einem Wasserschlauch, der waagerecht gehalten wird, fließt das Wasser mit einer Geschwindigkeit von 5,5 $\frac{m}{s}$ heraus. Wie weit spritzt das Wasser, wenn der Schlauch in einer Höhe von 1,20 m gehalten wird?

b) Wirft man eine Kugel oder allgemein einen Gegenstand vom Boden aus in einem Winkel von etwa 45° schräg nach oben, so hat seine Flugbahn die Form einer Parabel.
Die Gleichung dieser Parabel ist $y = -ax^2 + x$.

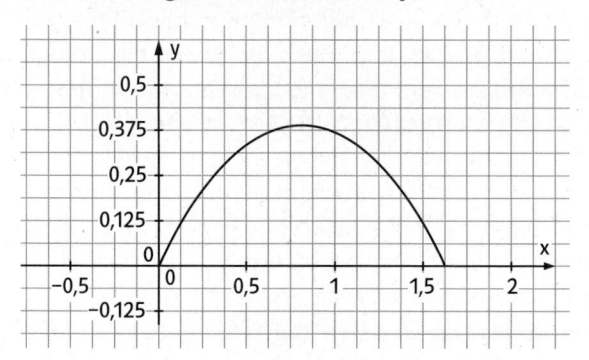

x und y sind die Entfernungen vom Abwurfpunkt in horizontaler und vertikaler Entfernung jeweils in m. Für a gilt: $a = \frac{10}{v^2}$, wobei v die Abwurfgeschwindigkeit in $\frac{m}{s}$ ist.
Lisa stößt eine Kugel mit einer Abwurfgeschwindigkeit von ungefähr $v \approx 4 \frac{m}{s}$. Wo landet die Kugel, wenn die Abwurfhöhe ca. 1,80 m ist?
(▶ Kopiervorlage auf Seite K30)

Hinweise zu den Aufgaben

5 Beim Aufgabenteil d sind das erste Mal als Information für eine quadratische Funktionsgleichung drei Punkte gegeben. Wie im Beispiel ist auch hier ein Punkt auf der y-Achse gegeben, sodass der y-Achsenabschnitt c direkt abgelesen werden kann. Alle Aufgaben diesen Typs enthalten den y-Achsenabschnitt als Information. Diesen Hinweis kann man den Schülerinnen und Schülern zur Vereinfachung geben.

10 Zur Bestätigung der Entdeckungen können die Schülerinnen und Schüler weitere Funktionsgleichungen aufstellen und deren Graphen zeichnen bzw. zeichnen lassen.

12 Bei dieser Aufgabe sind mehrere Lösungswege möglich. So kann man am Ende die Nullstelle mittels GTR bestimmen oder über eine Einsetzungsprobe (für x = 4) beurteilen, ob Carlos nach 4 Sekunden noch fliegt. Die unterschiedlichen Lösungswege kann man gegebenenfalls an der Tafel von den Schülerinnen und Schülern skizzieren und diskutieren lassen.

14 Das Themenfeld des Bremsweges wurde bereits im Kapitel Quadratische und andere Funktionen aufgegriffen. Dort wird allerdings nur die Faustformel behandelt. Mithilfe der Bremsverzögerung in Abhängigkeit des Belages wird dieser Sachzusammenhang auf einer allgemeineren Ebene bearbeitet. Hieran kann man den Schülerinnen und Schülern sehr gut den Gewinn der Verallgemeinerungen verdeutlichen, indem man zum einen die Faustformel kritisch hinterfragt (im Winter greift sie nicht!!) und zum anderen die Flexibilität der anderen Formel herausstellt.

Serviceblätter

– Iterationen linearer Funktionen (Seite S 55)
– Iterationen bei quadratischen Funktionen (Seite S 56)
– Der Sprung ins kalte Wasser (Seite S 57)

4 Lösen von quadratischen Gleichungen

Einstiegsaufgabe

E 6

Genau so feuern, dass nach 200 m der höchste Punkt 300 m höher ist als das Kanonenende jetzt – dann müssten wir treffen!

Schneller! Hier hilft der GTR!!!

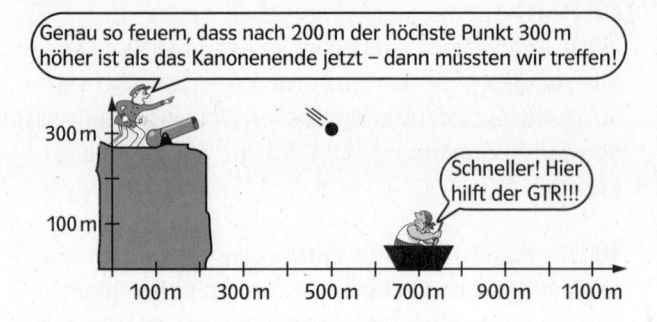

Beurteile den Ausgang der Situation.
(► Kopiervorlage auf Seite K 30)

Hinweise zu den Aufgaben

7 Hier soll herausgestellt werden, dass das Faktorisieren zum Bestimmen von Lösungen bei quadratischen Gleichungen der Form $ax^2 + bx = 0$ geschickter und schneller ist.

8 und 9 Bei diesen Aufgaben sind wiederum mehrere Lösungswege möglich. So bei Aufgabe 8: Entweder wird die Höhe des Scheitelpunkts bestimmt oder man sucht den x-Wert, bei dem sich der Flugkörper in einer Höhe von 300 m befindet. Analog bei Aufgabe 9.

10 Beim Vergleich der Lösungen kann man hier sehr gut auch in einem Klassengespräch die Lösungsstrategien vergleichen.

12 und 15 Zur Beurteilung der Behauptungen kann man als Tipp zunächst einfache Zahlenbeispiele ausprobieren lassen, um anhand diesen Materials eine allgemeine Begründung zu entwickeln.

14 Die p-q-Formeln haben hier nur einen untergeordneten Stellenwert, weil sie aus den abc-Formeln abgeleitet werden können. Man kann diese Formeln im Unterricht aber auch stärker in den Vordergrund stellen und alle quadratischen Gleichungen der Form $ax^2 + bx + c = 0$ durch Division durch a auf die für die p-q-Formeln erforderliche Form bringen lassen (als allgemeine Strategie).

Serviceblätter

– Gruppenpuzzle: Lösen von quadratischen Gleichungen (Seite S 58 – S 61)

5 Probleme lösen mit System

Einstiegsaufgabe

E 7 In einem Zirkus beginnt die Clownnummer damit, dass ein Clown aus einem Kanonenrohr „geschossen" wird. Auf dem höchsten Punkt seines Fluges fliegt er durch einen an der Decke befestigten Ring. Danach soll er auf einem Sicherungsnetz landen können. Die Kanone und der Ring sind schon optimal ausgerichtet. Nun wollen die Zirkushelfer das Sicherungsnetz so aufstellen, dass der Clown am Ende seines Fluges sicher darin landen wird.

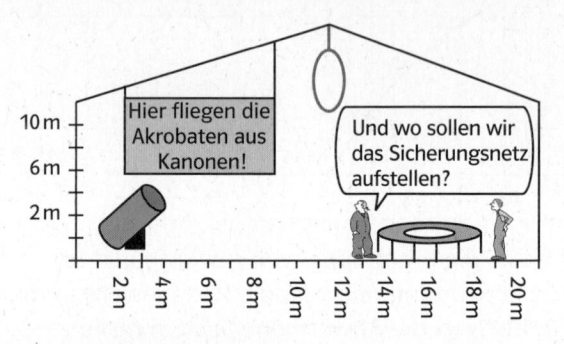

Hier fliegen die Akrobaten aus Kanonen!

Und wo sollen wir das Sicherungsnetz aufstellen?

Kannst du ihnen helfen?
(► Kopiervorlage auf Seite K 31)

Hinweise zu den Aufgaben

2 Dieser Aufgabe liegt sowohl ein quadratisches Modell als auch ein lineares Modell zugrunde. Die Kombination beider Modelle mag einigen Schülerinnen und Schülern Schwierigkeiten bereiten. Zum näheren Verständnis der Zusammenhänge könnte das Aufstellen einer Wertetabelle hilfreich sein.

5 Hier können die Schülerinnen und Schüler eine Folie auf die Gebisse im Buch legen und die Umrisse des Gebisses auf die Folie übertragen, um dort ein Koordinatensystem zum Messen einzutragen.

8 Die aufgestellten sowie in der Infobox angegebenen Fragen könnten auch im Heft integriert werden, indem die Schülerinnen und Schüler bei den einzelnen Aufgaben (beispielsweise am Rand im Heft) die Fragen angeben, die ihnen weitergeholfen haben. Vor oder nach der Besprechung einer Aufgabe könnte man die verwendeten Hilfsfragen dann vergleichen und erörtern lassen, warum sie hilfreich waren.

Serviceblätter

– Lernzirkel: Funktionen und Gleichungen (Seiten S 62 – 68)

Wiederholen – Vertiefen – Vernetzen

Hinweise zu den Aufgaben

Die folgenden Aufgaben dienen einer Vertiefung einzelner Aspekte des Kapitels:

7 Hier wird bezogen auf den Vier-Stufen-Kreislauf im Rückblick die Sinnhaftigkeit der erhaltenen Lösungen thematisiert.

8 Bei dieser Aufgabe wird wiederum die Flugbahn eines Steines behandelt. Vertiefend wird nun die Anfangsgeschwindigkeit als zusätzliche Einflussgröße auf die Flugbahn erarbeitet.

10 Die p-q-Formel, die in der Lerneinheit 4 neben den abc-Formeln nur als zusätzliche Berechnungsmöglichkeit behandelt wird, findet in dieser Aufgabe eine nähere Betrachtung: Die Richtigkeit der Formeln wird geometrisch erarbeitet.

12 und **14** Bei der allgemeinen quadratischen Funktionsgleichung wurde überwiegend die Normalform behandelt. An dieser Stelle wird die Scheitelform näher analysiert. Ergänzend kann man auch die Strategie der sinnvollen Verwendung dieser Form beim Aufstellen von Funktionsgleichungen behandeln, wenn bei einer Funktion beispielsweise der Scheitelpunkt gegeben ist.

13 Funktionsscharen wurden in den Lerneinheiten bereits kurz angesprochen; hier wird dieser Aspekt weiter vertieft.

17 Bei dieser Aufgabe kommt eine Formel zum Einsatz, bei der man direkt begründen kann, warum das Arbeiten mit Formeln sinnvoll ist.

Die folgenden Aufgaben vernetzen verschiedene Aspekte innerhalb des Kapitels bzw. mit Aspekten aus anderen Kapiteln:

5 Prozentrechnung – Formeln, quadratische Gleichungen.

6 Geometrie – Formeln, quadratische Gleichungen.

11 Wahrscheinlichkeitsrechnung mithilfe der Pfadregel – Lösen von quadratischen Gleichungen.

16 Geometrie (Geometrieprogramm sinnvoll) – Algebra.

Serviceblätter

– Mathe ärgert mich nicht! (Seite S 69)

Exkursion: Dem pascalschen Dreieck auf der Spur

Mit dieser Exkursion soll den Schülerinnen und Schülern der Mathematiker Blaise Pascal näher gebracht werden. Im Zentrum steht dabei das nach ihm benannte Dreieck. An ihm kann man Verschiedenes entdecken und erkunden:
- Aufbau der Zahlenreihe
- Entstehung der Zahlenreihe bzw. der -diagonalen
- Zusammenhang zwischen dem Multiplizieren von Summen (binomische Formeln) und den Koeffizienten im Dreieck.

Die Exkursion ist in zwei Forschungsaufträge unterteilt. Der erste Forschungsauftrag ist bezüglich des Zeitpunktes innerhalb der Unterrichtsreihe sehr flexibel einsetzbar. Hier kommen logische Denkstrukturen und teilweise ästhetische Aspekte zum Tragen, wenn es darum geht, die Bereiche der geraden Zahlen oder der durch 3 teilbaren Zahlen zu schraffieren. Hier besteht die Chance auch schwächere Schülerinnen und Schüler anzusprechen und für das Fach zu motivieren. In dem Forschungsauftrag 2 werden Inhalte der Lerneinheit 2 (Anwenden der Distributivgesetze) aufgegriffen. Der Aufgabenteil 1a kann auch auf der Basis der Überlegungen zu Formeln aus Lerneinheit 1 behandelt werden.

Falls in der Schule vorhanden, ist es für die Anschauung sehr hilfreich, wenn man für die Termgleichheit $(a + b)^3$ und $a^3 + 3a^2b + 3ab^2 + b^3$ die entsprechenden Modelle zur Verfügung hat. Man kann diese auch selbst bauen oder von den Schülerinnen und Schülern bauen lassen; beispielsweise als gesonderte Hausaufgabe für in diesem Gebiet besonders begabte Kinder.

Als Ergänzung kann man auch die Integration des Vorzeichens für die Formen $(a - b)^n$ erarbeiten.

Serviceblätter

–

Einstiegsaufgaben

E1 Bei Modelleisenbahnen der Baugröße H0 werden die einzelnen Teile im Maßstab 1:87 gebaut. In einem Startset sind drei verschiedene Schienensorten enthalten: Nr. 9135 – 4 Stück (geradlinige kurz), Nr. 9136 (geradlinig lang) – 6 Stück und Nr. 9145 (krummlinig) – 10 Stück. Tom misst die Längen von den geradlinigen Schienen:
Nr. 9135   a = 56 cm;   Nr. 9136   b = 83 cm.

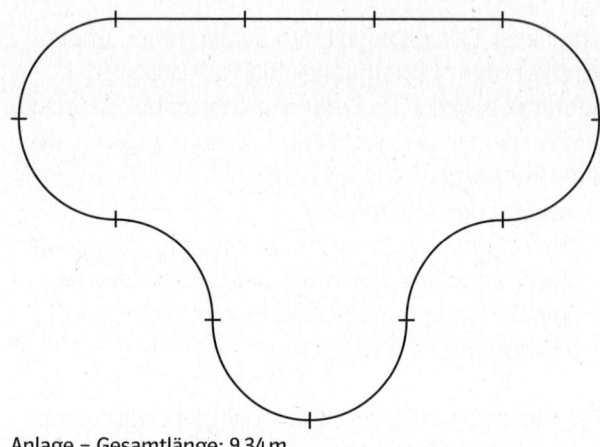

Anlage – Gesamtlänge: 9,34 m

a) Ermittle die Länge der krummlinigen Schiene.
b) Erstelle mit den Schienen eine eigene geschlossene Anlage. Versuche nun eine möglichst kurze und eine möglichst lange geschlossene Anlage zu bauen.
c) Der Zug braucht zum Befahren für das Schienenstück Nr. 9135 die Zeit s = 0,9 s. Wie lange benötigt der Zug in etwa für eine Runde bei deinen Anlagen?

E2 In einem Urlaub auf der Nordseeinsel Föhr möchte Familie Sommer vier Fahrräder und zwei Kindersitze ausleihen. Sie vergleichen die Preise der verschiedenen Anbieter. Auf den Verkaufsschildern gibt f die Anzahl der Fahrräder und k die Anzahl der Kindersitze an.

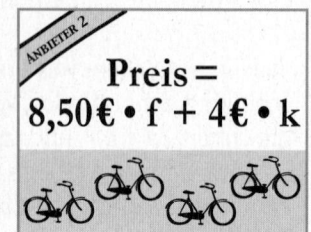

Anbieter 1: Preis = 10€ · f + 2€ · k
Anbieter 2: Preis = 8,50€ · f + 4€ · k
Anbieter 3: Preis = 12€ · f + 1€ · k
Anbieter 4: Preis = 11€ · f

a) Bei welchem Anbieter sind die Kindersitze kostenlos? Begründe.
b) Welchen Anbieter sollte Familie Sommer auswählen? Begründe.
c) Sarah, die Mutter der Familie, handelt mit Anbieter 1 eine Ermäßigung für den Kindersitz aus. Insgesamt bezahlen sie 41 €. Stelle zur Ermittlung des neuen Kindersitzpreises eine Formel auf und berechne diesen.
d) Wie müsste eine Reisegruppe „zusammengesetzt" sein, damit du ihr eher Anbieter 1, 2, 3 oder 4 empfehlen kannst? Begründe.

E3 In der Stuttgarter Innenstadt befindet sich ein rechteckiger Park. Er hat die Breite b und die Länge a und soll am Rand mit einem Weg aus Platten versehen werden. Die Platten haben die Breite x.

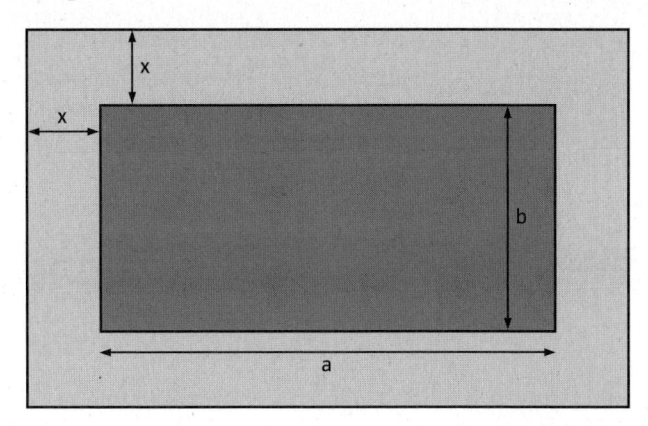

Der Bauarbeiter Hans berechnet: „Wir brauchen dann Platten mit einer Fläche von $(a + 2x) \cdot (b + 2x) - ab$."
Paul erwidert: „Nein, wir brauchen Platten für eine Fläche von $2 \cdot (a + 2x) \cdot x + 2bx$." „Das ist alles falsch; wir müssen Platten für eine Fläche von $2ax + 2bx + 4x^2$ einkaufen", sagt Dieter.
a) Kommentiere den Dialog und gib eine anschauliche Erklärung ab.
b) Für welche Fläche müssten die Bauarbeiter Platten einkaufen, wenn die Platten die Breite $2x$ besitzen?
c) Stelle weitere Fragen wie in b und beantworte sie.

E4 a) Versuche zu zeigen, dass das Quadrat einer ganzen Zahl um 1 größer ist als das Produkt ihrer benachbarten Zahlen.
b) Ist der Term $(n + 1)^2 - n^2$ gerade oder ungerade, wenn man für n natürliche Zahlen einsetzt? Begründe.

E 5 a) Wirft man einen Gegenstand parallel zur Erde, so hat seine Flugbahn die Form einer halben Parabel.
Die Gleichung dieser Parabel ist $y = -ax^2 + h$.

x ist dabei die Entfernung vom Abwurfpunkt in vertikaler Richtung und y ist die Höhe jeweils in m. Die Größe h ist die Abwurfhöhe auch in m. Für a gilt $a = \frac{5}{v^2}$, wobei v die Abwurfgeschwindigkeit in $\frac{m}{s}$ ist.

Aus einem Wasserschlauch, der waagerecht gehalten wird, fließt das Wasser mit einer Geschwindigkeit von $5{,}5 \frac{m}{s}$ heraus. Wie weit spritzt das Wasser, wenn der Schlauch in einer Höhe von 1,20 m gehalten wird?

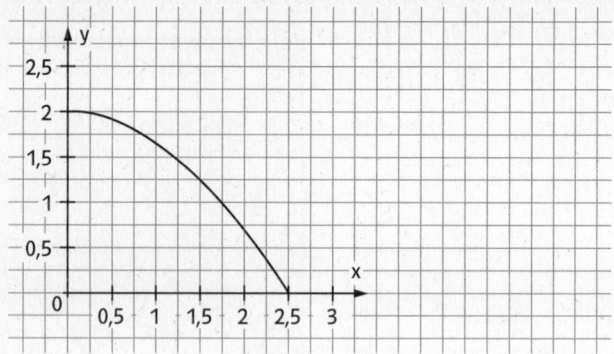

wb) Wirft man eine Kugel oder allgemein einen Gegenstand vom Boden aus in einem Winkel von etwa 45° schräg nach oben, so hat seine Flugbahn die Form einer Parabel.
Die Gleichung dieser Parabel ist $y = -ax^2 + x$.

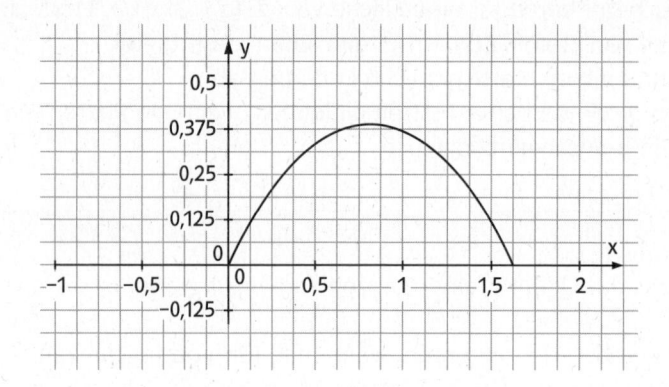

x und y sind die Entfernungen vom Abwurfpunkt in horizontaler und vertikaler Entfernung jeweils in m.
Für a gilt $a = \frac{10}{v^2}$, wobei v die Abwurfgeschwindigkeit in $\frac{m}{s}$ ist.
Lisa stößt eine Kugel mit einer Abwurfgeschwindigkeit von ungefähr $v \approx 4 \frac{m}{s}$. Wo landet die Kugel, wenn die Abwurfhöhe ca. 1,80 m ist?

E 6

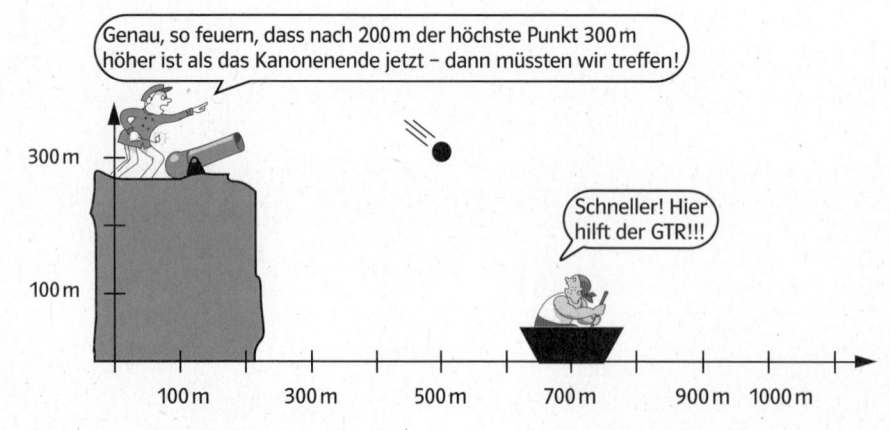

Genau, so feuern, dass nach 200 m der höchste Punkt 300 m höher ist als das Kanonenende jetzt – dann müssten wir treffen!

Schneller! Hier hilft der GTR!!!

Beurteile den Ausgang der Situation.

E7 In einem Zirkus beginnt die Clownnummer damit, dass ein Clown aus einem Kanonenrohr „geschossen" wird. Auf dem höchsten Punkt seines Fluges fliegt er durch einen an der Decke befestigten Ring. Danach soll er auf einem Sicherungsnetz landen können. Die Kanone und der Ring sind schon optimal ausgerichtet. Nun wollen die Zirkushelfer das Sicherungsnetz so aufstellen, dass der Clown am Ende seines Fluges sicher darin landen wird.

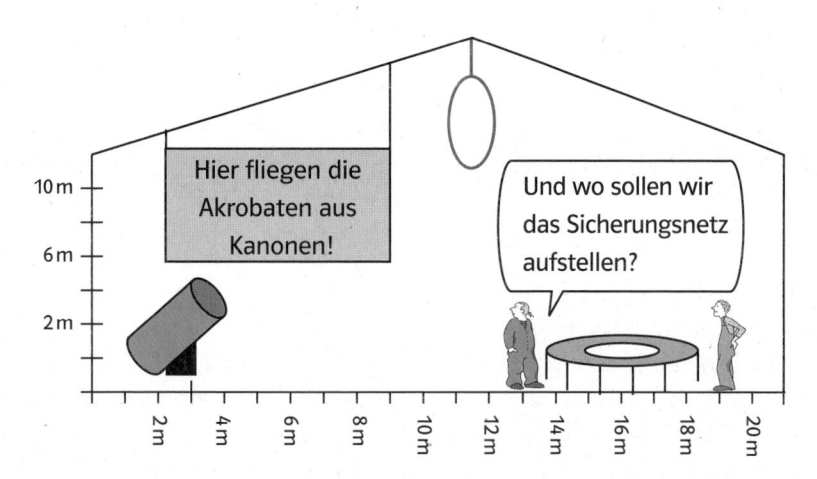

Kannst du ihnen helfen?

V Definieren, Ordnen, Beweisen

Überblick und Schwerpunkt

Das Kapitel vermittelt, der Leitidee **Muster und Struktur** folgend, behutsam die Vorgehensweise beim Führen mathematischer Beweise. Hierzu liefern die Lerneinheiten 1 bis 3 die Grundlagen. Objekte werden mithilfe von Definitionen charakterisiert und können mit den Methoden des Spezialisierens und Verallgemeinerns geordnet werden. Eine formal und inhaltlich strukturierte Vorgehensweise bei einer mathematischen Begründung wird als Beweis ausgewiesen. Die Inhalte der Aufgaben sind schwerpunktmäßig der Leitidee **Form und Raum** zuzuordnen. Dabei werden geometrische Sachverhalte und Problemstellungen behandelt, bei denen algebraische Formen nützlich sind. In den Lerneinheiten 4 und 5 werden die erworbenen Kenntnisse angewandt und vertieft. Die Schülerinnen und Schüler werden angeleitet, elementare Beweis- und Satzfindungs-Strategien anzuwenden, um ihre Problemlösefähigkeit zu schulen.

Eine Infoseite in der Lerneinheit 2 gibt Tipps für das Schreiben eines mathematischen Aufsatzes.

Die Lerneinheit **1 Begriffe festlegen – Definieren** erläutert das Vorgehen beim Definieren. Die beiden wesentlichen Teile einer Definition, die Beschreibung von Dingen über Eigenschaften und die Vergabe eines Namens, werden erarbeitet und geübt. Der Name wird hier an die beschriebenen Objekte vergeben und nicht als Bezeichner für eine Klasse im Sinne einer Objektmenge. Die Aufgaben behandeln Begriffe aus dem Alltag und der Geometrie. Algebraische Terme werden benutzt um Gleichartiges bei Zahlen zu beschreiben.

In der Lerneinheit **2 Spezialisieren – Verallgemeinern – Ordnen – Mathematischer Aufsatz** werden mithilfe von Spezialisierungen und Verallgemeinerungen Objekte geordnet. Die Aufgaben thematisieren den Zusammenhang von Zahlarten und das Ordnen geometrischer Figuren.

Auch im bisherigen Mathematikunterricht wurden Aussagen begründet. Die Lerneinheit **3 Aussagen überprüfen – Beweisen oder Widerlegen** präzisiert nun das Beweisen einer Aussage als eine besondere Art des Begründens, bei der man mit logisch richtigen Schritten aus der Voraussetzung die Behauptung folgert. Nur bewiesene Aussagen werden als (mathematische) Sätze bezeichnet. Zum Führen eines Beweises wird ein gegliederter Aufschrieb eingeführt. Die Formulierung eines Satzes in der „Wenn … dann … -Form" führt zu einer übersichtlichen Darstellung.

Die Aufgaben der Lerneinheit 3 sind elementar. Sie greifen auch gelegentlich schon bekannte und begründete Aussagen auf. Dabei können sich die Schülerinnen und Schüler auf die formalen Vereinbarungen und den Aufschrieb eines Beweises konzentrieren. Es fällt ihnen nicht zu schwer, der Argumentation bei einem Beweis zu folgen bzw. einen solchen zu führen. Somit wird das Beweisen nicht von Anfang an als schwierige Tätigkeit erlebt, die nur von Spezialisten beherrscht wird.

Im Lehrtext der Lerneinheit **4 Beweise führen – Strategien** sind elementare Beweisstrategien auf Merkzetteln notiert. Die aufgeführten Beispiele zeigen exemplarisch auf, wie Beweisstrategien bewusst beim Führen von Beweisen eingesetzt werden können.

Zu den ersten Aufgaben sind noch Tipps für geeignete Strategien auf der Randspalte angegeben. Für die nachfolgenden Beweisaufgaben sollen eigene Strategien ausgewählt und erfolgreich angewendet werden. Hierbei können auch unterschiedliche Strategien für eine Beweisführung erfolgreich sein.

In der Lerneinheit **5 Sätze entdecken – Beweise finden** sollen die Schülerinnen und Schüler angeleitet werden, selbstständig zu experimentieren und dabei Vermutungen für Sätze zu finden. Die Vorgehensweise wird durch Strategien zum Finden von Sätzen unterstützt, die entsprechend zu den Beweisstrategien in Lerneinheit 4 ebenfalls auf Merkzetteln notiert sind.

In den Aufgaben werden zum Teil bekannte Sätze variiert. Hier können auch die Eigenschaften des Mittenvierecks und Sachverhalte bei Vierecken mit Umkreis und Inkreis entdeckt, bewiesen und als Satz formuliert werden.

Die Lerneinheit **Wiederholen – Vertiefen – Vernetzen** enthält vertiefende mathematische Sätze. Unter anderem werden für das Dreieck die Sätze über das Mittendreieck, das Außendreieck sowie die Sätze über die Höhen und die Seitenhalbierenden entdeckt und die Beweise bei Bedarf angeleitet geführt.

1 Begriffe festlegen – Definieren

Einstiegsaufgaben

E1 Pfeift der Schiedsrichter oder pfeift er nicht?

Tipp: Es ist eine Abseitssituation beim Fußball abgebildet. Über die Beschreibung der Situation kann eine Definition „Abseits beim Fußball" erarbeitet werden.
(▶ Kopiervorlage auf Seite K37)

E2 Ergebnis einer Internetrecherche:

„Ein Fahrrad (schweizerisch Velo – vom französischen Wort vélocipède, deutsch Schnellfuß laut Grimms Wörterbuch) ist ein in der Regel zweirädriges, einspuriges Fahrzeug, das mit Muskelkraft, meist durch das Treten von Pedalen, angetrieben wird. Es wird durch Gewichtsverlagerung des Fahrers und Lenkbewegungen, unterstützt von stabilisierenden Kreiselkräften der Räder, im Gleichgewicht gehalten (siehe Fahrrad fahren)."

Der Begriff „Fahrrad" wurde durch Übereinkunft deutscher Radfahrervereine 1885 für „Bicycle" (aus dem Französischen: „bicyclette" – deutsch „Zweirad") eingeführt, ebenso „Radfahrer" für „Bicyclist" und „Rad fahren" für „bicyceln".
(▶ Kopiervorlage auf Seite K37)

Tipp: Diese Vorlage kann in Verbindung mit dem linken Teil der Auftaktseite dazu benutzt werden, wesentliche Aspekte beim Definieren herauszuarbeiten. Sie kann als Vorlage für weitere Internetrecherchen mit einer Dokumentation zu anderen Definitionen genutzt werden.

E3 Entscheide dich als Quizmaster
Die Antworten von drei Kandidaten einer Quizsendung auf die Frage „Beschreiben Sie möglichst kurz, was ein Säugetier ist" sind nachfolgend angegeben. Der Quizmaster kann 0 bis 3 Punkte vergeben. Wie würdest du entscheiden?

1. Säugetiere sind Lebewesen, die ihren Nachwuchs mit Muttermilch ernähren.

2. Säugetiere sind Lebewesen, die ein oder mehrere lebende Junge zur Welt bringen und sie mit Muttermilch ernähren.

3. Säugetiere sind z.B. Kühe, Hunde, Affen und Menschen, aber Vögel und Eidechsen sind z.B. keine Säugetiere.

Tipp: Diese Aufgabe gibt Gelegenheit, über die Richtigkeit einer Definition und über knappe und präzise Beschreibungen zu sprechen.
Die Aufgabe entspricht Aufgabe 7 auf Seite 130.
(▶ Kopiervorlage auf Seite K37)

Hinweise zu den Aufgaben

1 und 2 Es sind Definitionen aus der Alltagswelt aufzuschreiben. Hier bietet sich auch die Möglichkeit, im Internet oder anhand geeigneter Literatur recherchieren zu lassen.

5 Hier können Definitionen spezieller Vierecke in Gruppen erarbeitet und verglichen werden. Bei der Besprechung werden unterschiedliche Beschreibungsmöglichkeiten bei einer Definition deutlich.

6 Wiederholung von Zahlarten mit zugehörigen Definitionen beim Aufschreiben eines Dominos. In verschiedenen Gruppen kann die gleiche Aufgabe unterschiedliche Ergebnisse haben. Ein Lösungsvorschlag, der auch als Übung eingesetzt werden kann, ist als Kopiervorlage auf Seite S70 angegeben.

7 Antworten auf eine Quizfrage. Die Aufgabe kann als Einstiegsaufgabe für die Korrektheit und Güte (knappe präzise Beschreibung) einer Definition verwendet werden.

12 Diese Aufgabe kann nach dem Sammeln möglichst vieler Eigenschaften von speziellen Vierecken dazu verwendet werden, variationsreich zugehörige Definitionen zu finden. Abschließend können die Ergebnisse übersichtlich dargestellt und verglichen werden. Die Aufgabe kann in den nächsten Lerneinheiten weitergeführt werden; z. B. Seite 134, Aufgabe 8, bzw. zum Nachweis der Äquivalenz von Definitionen als Einstiegs- oder Übungsaufgabe zur Lerneinheit 3 Aussagen überprüfen – Beweisen oder Widerlegen.

Serviceblätter

– Zahlen-Domino: Zu welcher Zahlart gehört die Zahl x? (Seite S 70)
– Definition gespeichert? (Seiten S 71 und S 72)

2 Spezialisieren – Verallgemeinern – Ordnen – Mathematischer Aufsatz

Einstiegsaufgabe

E 4 Dach ist nicht gleich Dach

Dachformen und ihre speziellen Namen

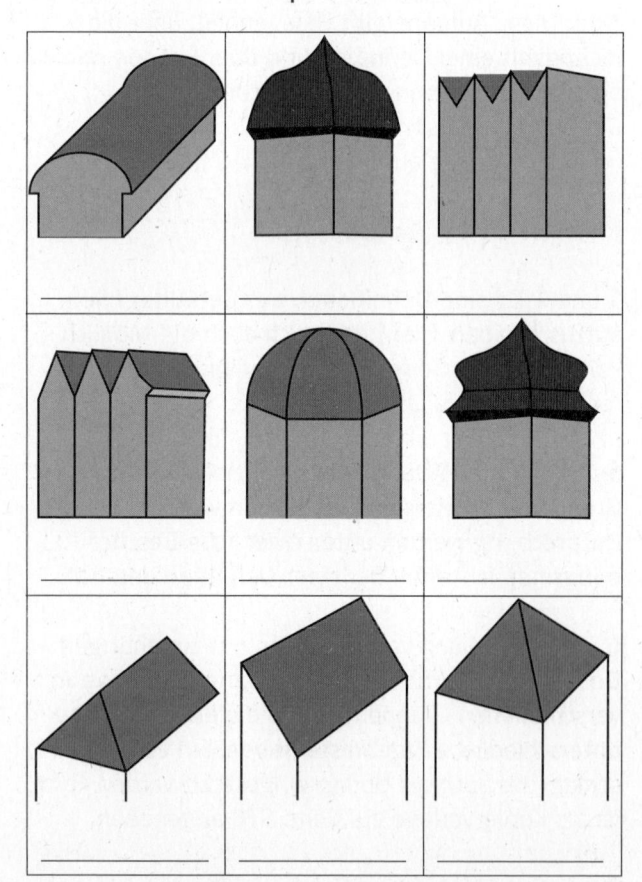

Namen: Walmdach, Glockendach, Zeltdach, Tonnendach, Kuppeldach, Zwiebeldach, Paralleldach, Pultdach, Grabendach

Ordne die Bezeichnungen den entsprechenden Dächern zu.
(► Kopiervorlage auf Seite K 38)

Hinweise zu den Aufgaben

Seite 133

4 und **5** Aufgaben zur Vertiefung des Lehrtextes der Lerneinheit auf Seite 132. Es können Aussagen der Form „Jedes ... ist auch ein ..." bzw. „Nicht jedes ... ist auch ein ..." aufgestellt und begründet werden.
Zur Weiterführung der Thematik vgl. Seite 134, Aufgabe 7 und 8.

7 und **8** Ordnen von Vierecken. Die Aufgaben können variiert werden.

Serviceblätter

– Verwandtschaften (Seite S 73)

3 Aussagen überprüfen – Beweisen oder Widerlegen

Einstiegsaufgaben

E 5 Kann Kommissar Holmes den Täter ermitteln?
Kommissar Holmes weiß, dass eine der abgebildeten Personen der Täter ist.
Er kann sich auf die folgenden Zeugenaussagen stützen:

„Der Täter trug mindestens zwei Kleidungsstücke."
„Der Täter trug keine Mütze."
„Der Täter hat nicht mehr als zwei Kleidungsstücke getragen."
„Der Täter trug eine kurze Hose."
(► Kopiervorlage auf Seite K 39)

E6 Wem gibt der Lehrer Recht?

Tipp: Die Grafik enthält Schülerantworten zur Frage des Lehrers: „Was ist ein Rechteck? Alle Antworten sind falsch!
(▶ Kopiervorlage auf Seite K 39)

Serviceblätter

–

4 Beweise führen – Strategien

Einstiegsaufgabe

E7 Drei Vierecke in einem Dreieck

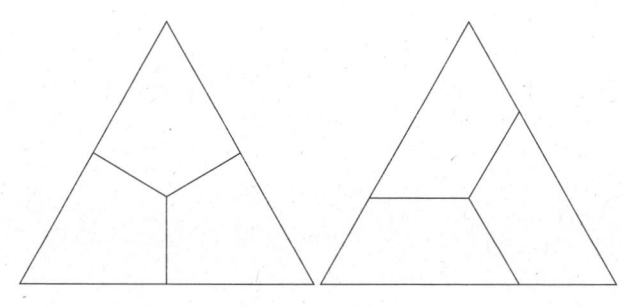

Durch besondere Linien sind die nachfolgend abgebildeten gleichseitigen Dreiecke jeweils in drei Vierecke unterteilt.
a) Wie entsteht diese Unterteilung? Welche Vermutung über die jeweiligen Vierecke liegt nahe?
b) Beweise die Vermutungen in Teilaufgabe a.
(▶ Kopiervorlage auf Seite K 40)

Hinweise zu den Aufgaben

1 Die Aufgabe ermöglicht den Vergleich einer textlich formulierten Beweisführung (vgl. Beispiel 1) und einer Beweisführung, die mathematische Formen enthält. Hierbei kann der Vorteil mathematischer Schreibweisen für einen übersichtlicheren und kürzeren Aufschrieb eines Beweises verdeutlicht werden. Dazu müssen die Figuren in der Regel geeignet beschriftet werden.

2 und **3** Aufgaben, bei denen mathematische Schreibweisen bei der Beweisführung nützlich sind.

4 und **5** Beweisen bekannter Sachverhalte mit vorgeschlagenen Strategien. (Winkelsummensatz im Viereck; parallele Querstrecken zu parallelen Geraden.)

6 bis **9** Zu den Aufgaben sollten in Vorüberlegungen zunächst geeignete Strategien ausgesucht werden, um damit einen Beweis zu führen. Dies kann zu unterschiedlich geführten Beweisen führen. Die Aufgabe 9 wird auf Seite 147 in Aufgabe 5 variiert.

Serviceblätter

– Der Würfeltrick (Seite S 74)
– Da steckt der Wurm drin (Seite S 75)
– Der Beweis des Satzes von Thales (Seite S 76)
– Der Satz vom Mittelpunktswinkel (Seite S 77)
– Euklids erstaunlicher Satz (Seite S 78)

5 Sätze entdecken – Beweise finden

Einstiegsaufgabe

E8

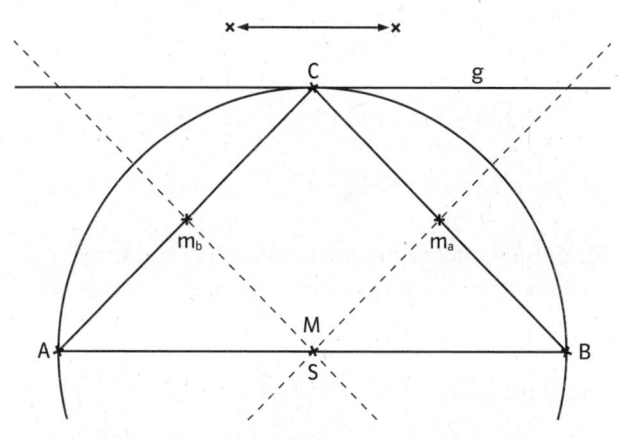

In der abgebildeten Figur ist ein gleichschenklig rechtwinkliges Dreieck ABC mit dem Thaleskreis zur Strecke AB gezeichnet.
a) Ist der Schnittpunkt S der Mittelsenkrechten m_a und m_b genau der Mittelpunkt M der Strecke AB oder nur in etwa?
b) Der Punkt C wird nun auf der zu AB parallelen Geraden g bewegt. Gibt es eine Lage von C, für die der Punkt S der Mittelpunkt der Strecke AC oder BC ist? Versuche für den Sachverhalt einen möglichst allgemeinen Satz über die Lage der Punkte S zu finden.

Tipp: Die Aufgabe behandelt die Untersuchung der Ortslinie des Schnittpunkts der Mittelsenkrechten bei Dreiecken mit gemeinsamer Grundseite AB und gleicher Höhe h_c. Eine spezielle Situation (Lage des Schnittpunkts der Mittelsenkrechten beim gleich-

schenklig-rechtwinkligen Dreieck) wird verallgemeinert. Der zunächst nicht benötigte Thaleskreis ermöglicht es, die Aufgabe zu öffnen (C hat andere Lagen auf dem Thaleskreis, wobei g weiterhin parallel zu AB ist). Eine dynamische Visualisierung ist hilfreich.
(▶ Kopiervorlage auf Seite K40)

Hinweise zu den Aufgaben

1 und **2** Übungen zu Variationen bekannter Sätze. Hierbei kann die Umkehrung eines Satzes behandelt werden und die Beweisbedürftigkeit von Kehrsätzen aufgezeigt werden.

9 Hier werden Ergebnisse von Aufgabe 8, Seite 145 benutzt.

Serviceblätter

– Entdeckungen am Parallelogramm (Seite S79)
– Experimente mit Umecken (Seite S80)
– Variationen eines Satzes (Seite S81)

Wiederholen – Vertiefen – Vernetzen

Hinweise zu den Aufgaben

3 und **4** Aufgaben zu Kongruenzbeweisen.

5 Variationen zu Aufgabe 9, Seite 141.

6 Schülerzentrierte Erarbeitung des Umfangswinkelsatzes als Verallgemeinerung des Satzes von Thales.

Serviceblätter

– Schnellrechner (Seite S82)
– Mathe ärgert mich nicht! (Seite S83)

Exkursionen

Die Geschichte **Die andere Hälfte des Lebens** bietet die Gelegenheit, den Begriff „Ordnen" in der Alltagssprache und in der Mathematik zu vergleichen und zu relativieren.

Die Exkursion **Spuren der Antike** regt zu einer projektartigen Recherche von vier Gruppen der Klasse über bedeutende Mathematiker der Antike an.

Serviceblätter

–

Einstiegsaufgaben

E1 Pfeift der Schiedsrichter oder pfeift er nicht?

E2 Ergebnis einer Internet-Recherche

Ein Fahrrad (schweizerisch Velo – vom französischen Wort vélocipède, deutsch Schnellfuß laut Grimms Wörterbuch) ist ein in der Regel zweirädriges, einspuriges Fahrzeug, das mit Muskelkraft, meist durch das Treten von Pedalen, angetrieben wird. Es wird durch Gewichtsverlagerung des Fahrers und Lenkbewegungen, unterstützt von stabilisierenden Kreiselkräften der Räder, im Gleichgewicht gehalten.

Der Begriff „Fahrrad" wurde durch Übereinkunft deutscher Radfahrervereine 1885 für „Bicycle" (aus dem Französischen: „bicyclette" – deutsch „Zweirad") eingeführt, ebenso „Radfahrer" für „Bicyclist" und „Rad fahren" für „bicyceln".

E3 Entscheide dich als Quizmaster

Die Antworten von drei Kandidaten einer Quizsendung auf die Frage „Beschreiben Sie möglichst kurz, was ein Säugetier ist" sind nachfolgend angegeben. Der Quizmaster kann 0 bis 3 Punkte vergeben. Wie würdest du entscheiden?

1. Säugetiere sind Lebewesen, die ihren Nachwuchs mit Muttermilch ernähren.

2. Säugetiere sind Lebewesen, die ein oder mehrere lebende Junge zur Welt bringen und sie mit Muttermilch ernähren.

3. Säugetiere sind z.B. Kühe, Hunde, Affen und Menschen, aber Vögel und Eidechsen sind z.B. keine Säugetiere.

E 4 Dach ist nicht gleich Dach
Dachformen und ihre speziellen Namen

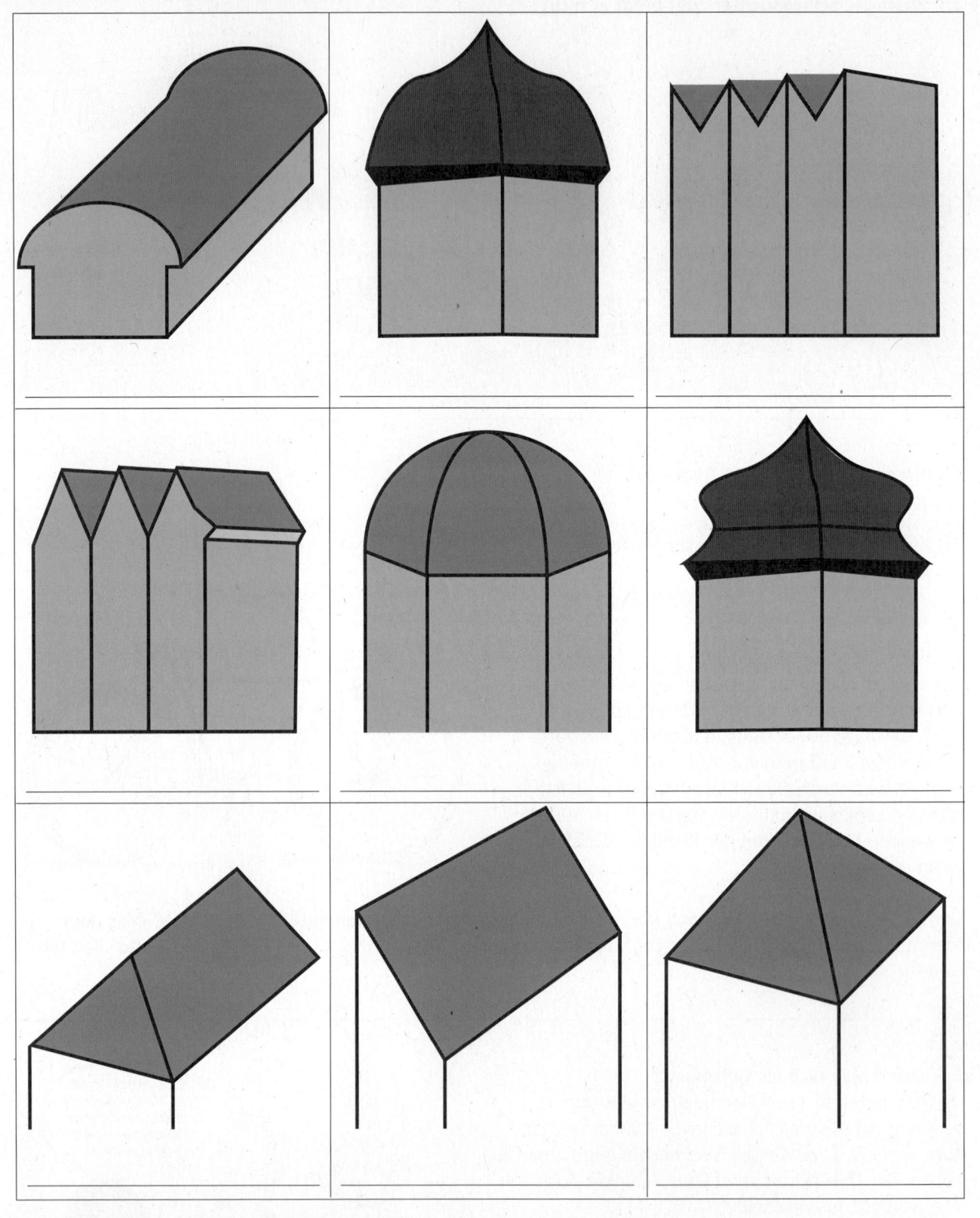

Namen: Walmdach, Glockendach, Zeltdach, Tonnendach, Kuppeldach, Zwiebeldach, Paralleldach, Pultdach, Grabendach
Ordne die Bezeichnungen den entsprechenden Dächern zu.

E5 Kann Kommissar Holmes den Täter ermitteln?

Kommissar Holmes weiß, dass eine der abgebildeten Personen der Täter ist.
Er kann sich auf die folgenden Zeugenaussagen stützen:
„Der Täter trug mindestens zwei Kleidungsstücke."
„Der Täter trug keine Mütze."
„Der Täter hat nicht mehr als zwei Kleidungsstücke getragen."
„Der Täter trug eine kurze Hose."

E6 Wem gibt der Lehrer Recht?

Was ist ein Rechteck?

Ein Viereck mit zwei Symmetrieachsen. (Franz)

Ein Viereck, das zwei zueinander senkrechte Mittelachsen hat. (Max)

Ein Viereck, bei dem sich zwei Mittelsenkrechte halbieren. (Stefan)

Ein Viereck, bei dem sich die Diagonalen halbieren. (Veronika)

Ein Viereck mit gleich langen Gegenseiten. (Luzzi)

E7 Drei Vierecke in einem Dreieck

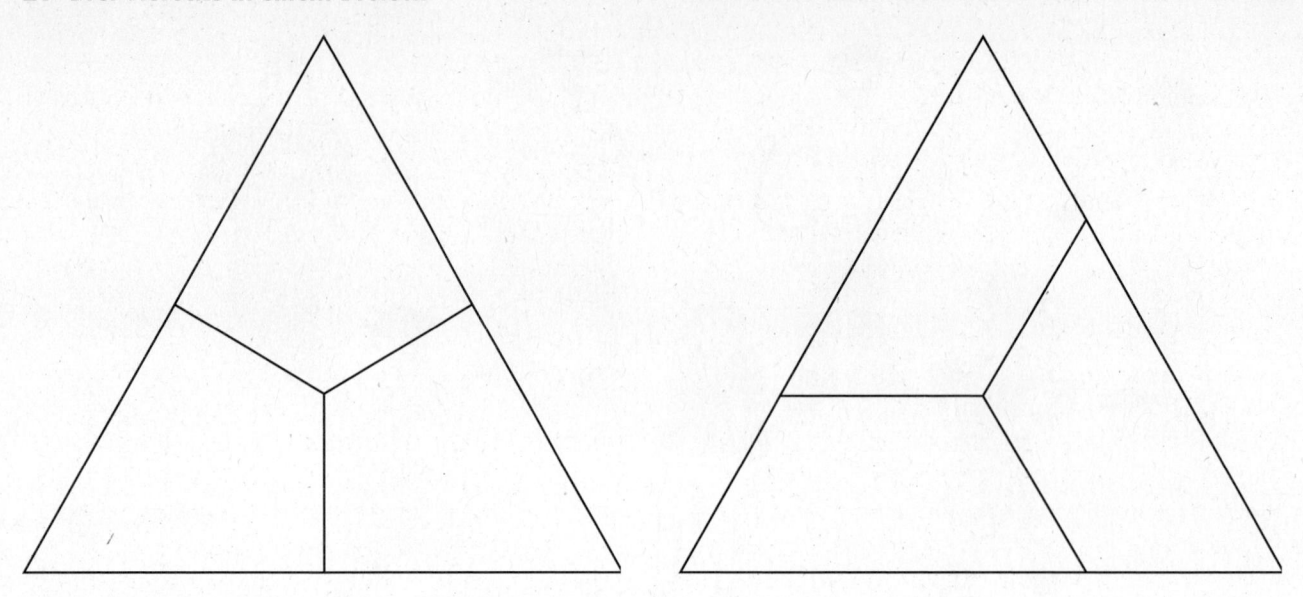

Durch besondere Linien sind die nachfolgend abgebildeten gleichseitigen Dreiecke jeweils in drei Vierecke unterteilt.
a) Wie entsteht diese Unterteilung? Welche Vermutung über die jeweiligen Vierecke liegt nahe?
b) Beweise die Vermutungen in Teilaufgabe a.

E 8 Wie verändert sich S, wenn C auf g bewegt wird?

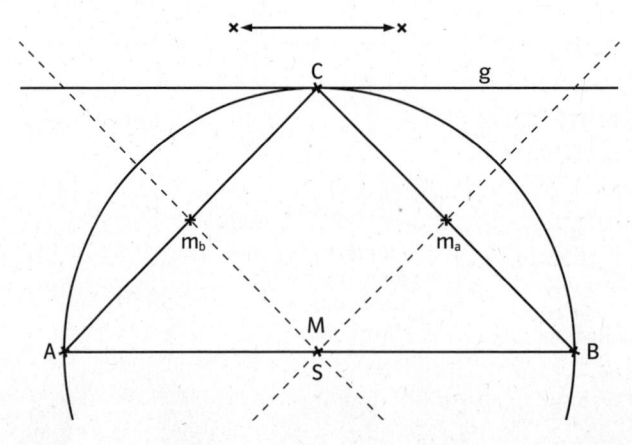

In der abgebildeten Figur ist ein gleichschenklig rechtwinkliges Dreieck ABC mit dem Thaleskreis zur Strecke AB gezeichnet.
a) Ist der Schnittpunkt S der Mittelsenkrechten m_a und m_b genau der Mittelpunkt M der Strecke AB oder nur in etwa?
b) Der Punkt C wird nun auf der zu AB parallelen Geraden g bewegt. Gibt es eine Lage von C, für die der Punkt S der Mittelpunkt der Strecke AC oder BC ist? Versuche für den Sachverhalt einen möglichst allgemeinen Satz über die Lage der Punkte S zu finden.

VI Wahrscheinlichkeitsrechnung

Überblick und Schwerpunkt

Die Leitidee **Daten und Zufall** verlangt, dass die Schülerinnen und Schüler den Begriff „Wahrscheinlichkeit" verstehen und Wahrscheinlichkeiten bei mehrstufigen Zufallsexperimenten berechnen können.
Die Leitidee **Modell und Simulation** fordert die Beschreibung von Zufallsexperimenten durch Wahrscheinlichkeitsverteilungen.
Die Leitidee **Muster und Struktur** fordert darüber hinaus, dass mathematische Sachverhalte und Problemlösungen verbal beschrieben werden. Der Bereich „Entwicklung von Problemlösefähigkeiten" kann gerade bei Aufgabenstellungen der Stochastik in besonderem Maße angesprochen werden.

Die Ziele des Bildungsplans für die Klassen 7 und 8 werden mit dem Lehrwerk in zwei Kapiteln erreicht. Das erste Kapitel **Häufigkeiten und Wahrscheinlichkeiten** wird in Klasse 7 angeboten (siehe Lambacher Schweizer 3). Dort geht es zunächst um Begriffsbildung – was ist Wahrscheinlichkeit? Die Frage „Wie gelangt man zu Wahrscheinlichkeiten?" nimmt einen wesentlichen Platz ein. Darüber hinaus werden einfache Grundregeln für das Rechnen mit Wahrscheinlichkeiten behandelt bis hin zur Pfadregel für höchstens dreistufige Versuche. Das alles erfolgt auf einem Niveau, das den Schülerinnen und Schülern der siebten Klasse adäquat ist. So können z. B. die verwendeten Bäume noch vollständig aufgezeichnet werden.
Das zweite Kapitel **Wahrscheinlichkeitsrechnung** wird in Klasse 8 behandelt und ist Gegenstand der folgenden Seiten. Es geht vor allem um Vertiefungen und Erweiterungen der in Klasse 7 erarbeiteten Inhalte.
Zunächst werden die Regeln der Wahrscheinlichkeitsrechnung systematisch erfasst und für Berechnungen genutzt. Die Pfadregel findet Anwendung bei Versuchen mit mehr als drei Stufen, bei denen Teilbäume zur Lösung führen. Schließlich reicht es, sich den Baum bzw. Teilbaum vorzustellen („Baum im Kopf"). Es wird ein höheres Abstraktionsniveau erreicht. Außerdem wird Lerneinheit 3 – Wahrscheinlichkeiten bestimmen durch Simulieren – angeboten, damit die Schülerinnen und Schüler auch diesen wichtigen Bereich der Mathematik kennen lernen. Hier wird besonders auf den Einsatz des GTR und von Tabellenkalkulationsprogrammen abgehoben.
Das Kapitel steht in Klasse 8 am Ende des Buches, sodass es einerseits zur Wiederholung und Vertiefung vor den Vergleichsarbeiten behandelt werden kann. Andererseits ist es auch möglich, den Stoff anhand von komplexen Aufgaben zu vertiefen. So wird insbesondere für das Problemlösen eine Fülle von Aufgaben – auch mit recht hohem Schwierigkeitsgrad – bereit gestellt.
In der Lerneinheit **1 Umgang mit Wahrscheinlichkeiten** wird kurz der Stoff von Klasse 7 wiederholt und zusammengefasst. Zusätzlich wird der Begriff Wahrscheinlichkeitsverteilung eingeführt. Dazu werden einfache Regeln zur Berechnung von Wahrscheinlichkeiten angegeben. Dabei steht die praktische Anwendung im Mittelpunkt. Es geht vor allem um Anwendung der Summenregel und der Pfadregel. Das „Rechnen mit dem Gegenteil" wird thematisiert, damit man mit geringerem Aufwand zum Ergebnis kommt. Die Aufgaben sind im Wesentlichen Wiederholungsaufgaben zum Stoff der Klasse 7 (Lambacher Schweizer 3). Die neuen Aspekte sind organisch integriert.

Lerneinheit **2 Der richtige Blick aufs Baumdiagramm** festigt, vertieft und abstrahiert den Umgang mit Baumdiagramm und Pfadregel bzw. Summenregel. Bisher wurde zum Lösen von mehrstufigen Problemen der Wahrscheinlichkeitsrechnung der gesamte zugehörige Baum gezeichnet (Abstraktionsstufe 0). Nun wird angestrebt, nur noch den für die Lösung einer Aufgabe nötigen Teilbaum darzustellen (Abstraktionsstufe 1). Mit genügend Übung kann man von der Darstellung des Baumes abstrahieren und sich den Baum bzw. Teilbaum nur noch vorstellen, um Pfad- und Summenregel anzuwenden (Abstraktionsstufe 2). Es wird dann nur noch der für die Berechnung der gesuchten Wahrscheinlichkeit erforderliche Rechenterm notiert. Das Erreichen von Abstraktionsstufe 2 bei einfachen Problemen sollte Ziel dieser Lerneinheit sein, bei komplexeren Problemen kann auf Abstraktionsstufe 1 oder Abstraktionsstufe 0 zurückgegriffen werden. So erhält jeder Schüler und jede Schülerin die differenzierte Möglichkeit, Probleme auf einer angemessenen Abstraktionsstufe zu lösen. Dazu steht eine breit angelegte Aufgabenpalette zur Verfügung, die in Lerneinheit 4 noch durch komplexe und teilweise recht anspruchsvolle Probleme erweitert wird.

Die ersten beiden Lerneinheiten stellen im Wesentlichen alles dar, was zum Erreichen der Standards erforderlich ist. Lerneinheit **3 Wahrscheinlichkeiten bestimmen durch Simulieren** eignet sich als Vertiefung unter Betonung des Experiments und für projektartiges Arbeiten. Dabei kann der Einsatz des GTR oder einer Tabellenkalkulation sehr hilfreich sein. Das bietet sich vor allem im Rahmen der informationstechnischen Grundbildung an. Auch eröffnen sich hier Möglichkeiten für Schülerarbeiten (GFS).

Simulieren ist eine wichtige Vorgehensweise in Technik und Wissenschaften, die in der Schule bislang kaum behandelt wurde. Dadurch erhält der Schüler oft den falschen Eindruck, alle mathematischen Probleme seien exakt lösbar. Gerade Probleme der Wahrscheinlichkeitsrechnung lassen sich oft recht einfach durch Simulieren näherungsweise lösen. Außerdem eröffnet das Simulieren oft erst eine vertiefte Sicht auf das Problem und damit ein besseres Verständnis. Wer z.B. eine Simulation für das Ziegenproblem (siehe Exkursion zu dem Kapitel) erstellt, muss sich über die Spielregeln im Klaren sein, denn die Regeln für die Simulation gehen unmittelbar aus den Spielregeln hervor.

In der Lerneinheit wird zunächst das Wesentliche beim Simulieren vorgestellt. Wenn die Durchführung eines Zufallsversuchs zu aufwändig oder gar unmöglich ist, wird stattdessen ein einfach durchführbarer Versuch mit gleichen Bedingungen und Wahrscheinlichkeiten verwendet. Da Simulationen hier zur näherungsweisen Bestimmung von Wahrscheinlichkeiten eingesetzt werden, benötigt man ausreichend viele Durchführungen („Gesetz der großen Zahlen"). Damit ist der Einsatz eines Hilfsmittels sinnvoll. Die Beispiele sind so gewählt, dass man grundsätzlich GTR oder eine Tabellenkalkulation verwenden kann. Die nötigen GTR-Befehle werden im Lehrtext angegeben oder sind auf den rechnerspezifischen Hilfekarten zu finden (zu TI siehe Seiten K53 und K54). Außerdem stehen Musterlösungen für Excel (im Internet) zur Verfügung. In der Infobox auf Seite 169 wird kurz gezeigt, wie man Excel bei Simulationen einsetzen kann.

Die Lerneinheit **Wiederholen – Vertiefen – Vernetzen** bietet eine umfangreiche Sammlung von Aufgaben, die sich für eine vertiefte Behandlung der Wahrscheinlichkeitsrechnung im Rahmen der Standards von Klasse 8 eignen. Hier finden sich klassische Probleme wie z.B. historische Aufgaben, das Geburtstagsproblem und Zuverlässigkeitsfragen. Viele dieser Probleme sind geeignet für GFS (Gleichwertige Feststellungen von Schülerleistungen), aber auch für neue Unterrichtsmethoden wie z.B. projektartiges Arbeiten.

Es ist auch denkbar, dass man die Aufgaben teilweise durch Simulationen näherungsweise löst.

1 Umgang mit Wahrscheinlichkeiten

Einstiegsaufgaben

E1 Bei einem Test werden aus den Gebieten Geometrie (G), Funktionen (F) und Rechnen mit Termen (T) je zwei Aufgaben a und b zur Auswahl gestellt. Jede Aufgabe steckt in einem Umschlag, auf dem das Gebiet steht. Für einen Schüler oder eine Schülerin wird das Gebiet durch Los bestimmt, dann zieht er bzw. sie einen der beiden Umschläge und versucht, die Aufgabe zu lösen. Der Lehrer oder die Lehrerin entscheidet, ob die Antwort richtig (r) oder falsch (f) ist.
Welche verschiedenen Möglichkeiten gibt es für den Ablauf der Prüfung?
Tipp: Diese Aufgabe eignet sich, wenn man zunächst nur das Erstellen von Baumdiagrammen wiederholen will.
Man kann dann Wahrscheinlichkeiten ins Spiel bringen, z.B. für die richtige oder falsche Lösung einer Aufgabe oder beim Losen durch Ziehen aus einer Urne. Daran kann dann die Pfadregel wiederholt werden.
(► Kopiervorlage auf Seite K47)

E2 In einer Fabrik sind drei Maschinen A, B, C mit 30%, 30% und 40% an der Herstellung von Uhren beteiligt. Die einzelnen Maschinen haben einen Ausschussanteil (Anteil der fehlerhaften Uhren) von 4%, 2%, 5%. Die Uhren kommen gleichmäßig gemischt in den Verkauf.
a) Vervollständige die Tabelle.

Ergebnis	A produziert funktionierende Uhr	A produziert Ausschuss	B produziert funktionierende Uhr			
Wahrscheinlichkeit	0,288					

b) Mit welcher Wahrscheinlichkeit wird insgesamt eine funktionierende Uhr produziert?
c) Wie groß ist die Wahrscheinlichkeit, dass eine gekaufte Uhr defekt ist?
d) Wenn man 1000 solche Uhren kauft – wie viele davon sind etwa defekt?
e) Beschreibe eine Situation, bei der man die Wahrscheinlichkeit mit der Formel $0,038^2$ berechnet.
f) Beschreibe eine Situation, bei der man die Wahrscheinlichkeit mit der Formel $1 - 0,038^2$ berechnet.
Tipp: Mit dieser Aufgabe wird der Begriff Wahrscheinlichkeitsverteilung vorbereitet, indem alle möglichen Wahrscheinlichkeiten in die vorbereitete Tabelle eingefügt werden (Details siehe Ko-

piervorlage). Außerdem werden Baumdiagramm, Pfadregel, Summenregel sowie die Bedeutung von Wahrscheinlichkeit bei einer großen Anzahl von Versuchswiederholungen wiederholt.
In Teilaufgabe e und f wird vorbereitet, wie man mithilfe des Gegenteils bei einer Situation Wahrscheinlichkeiten berechnen kann. Es besteht auch die Möglichkeit, weitere Fragestellungen an der Tabelle von Schülerinnen und Schülern nennen zu lassen.
(► Kopiervorlage auf Seite K 47)

E 3 Die Wahrscheinlichkeit, dass ein neugeborenes Kind ein Junge ist, beträgt etwa 0,52.
a) Erkläre, wie man vermutlich diesen Wert ermittelt hat.
b) Wie groß ist die Wahrscheinlichkeit, dass eine Familie mit drei Kindern keinen, einen, zwei oder drei Jungen hat?
c) Wie groß ist die Wahrscheinlichkeit, dass eine Familie mit drei Kindern kein, ein, zwei oder drei Mädchen hat?
d) Wie groß ist die Wahrscheinlichkeit, dass eine Familie mit drei Kindern mindestens einen Jungen hat?
e) Wie groß ist die Wahrscheinlichkeit, dass eine Familie, die bereits drei Jungen hat, ein Mädchen bekommt?
Tipp: Auch mit dieser Aufgabe wird der Begriff Wahrscheinlichkeitsverteilung vorbereitet. Außerdem werden Baumdiagramm, Pfadregel und Summenregel wiederholt. Bei a wird nochmals daran erinnert, dass Wahrscheinlichkeiten oft Schätzwerte relativer Häufigkeiten sind. Der Aspekt, wie man mithilfe des Gegenteils (Junge – Mädchen) bei einer Situation Wahrscheinlichkeiten berechnen kann, wird bei b und c automatisch ins Spiel kommen. Auch hier besteht die Möglichkeit, weitere Fragestellungen von Schülerinnen und Schülern nennen zu lassen (Aufgabenvariation). Teil d soll verdeutlichen, dass eine Geburt als unabhängig von vorherigen angenommen werden muss, um Berechnungen durchführen zu können. Biologisch kann das allerdings falsch sein. Der Unabhängigkeitsbegriff wird erst in Klasse 9 thematisiert.
(► Kopiervorlage auf Seite K 47)

E 4 Das Ziegenproblem
Spiele mit deinem Banknachbarn das Auto-Ziege-Spiel für zwei.
Verwendet dazu den Spielplan (siehe Kopiervorlage).
Der Quizmaster (einer von euch) schreibt auf ein Blatt – geheim! – die Tür, hinter der das Auto steht. Hinter den beiden anderen Türen stehen Ziegen (die Nieten).
Der Kandidat (der andere von euch beiden) kreuzt die Tür seiner Wahl an.
Der Quizmaster „öffnet" dem Kandidaten eine Tür (mit Kreis markieren).
Der Kandidat kann auf die verbleibende Tür wechseln (Karo eintragen) oder er bleibt bei seiner Wahl.
Der Quizmaster löst das Spiel auf und trägt bei Wechsel ein Kreuz ein, wenn der Kandidat gewechselt hat, und bei einem Gewinn noch ein Kreuz.
Notiert am Ende:
Zahl der Spiele mit Wechsel: _____
Zahl der Spiele ohne Wechsel: _____
Zahl der Gewinne mit Wechsel: _____
Zahl der Gewinne ohne Wechsel: _____
Könnt ihr einen Trend entdecken? Schreibt eure Antwort hier auf.
Tipp: Man kann auch gut mit dem Ziegenproblem einsteigen. Dann sollte man zunächst das Spiel durchführen und anschließend versuchen, eine Begründung zu finden. Dazu kann man die Aufgaben der Exkursion auf Seite 175 bearbeiten.
(► Kopiervorlage auf Seite K 48)

Hinweise zu den Aufgaben

1 bis **4** Einfache Aufgaben zum Bestimmen von Wahrscheinlichkeitsverteilungen bei einstufigen Zufallsversuchen.

5 und **6** Wiederholende Aufgaben zu maximal dreistufigen Versuchen. In Aufgabe 6b wird die Erweiterung auf mehr Stufen vorbereitet. Anschließend bietet die „Bist-du-sicher?"-Aufgabe die Möglichkeit, Grundwissen zu testen.

7 bis **11** Vertiefende Aufgaben zu Wahrscheinlichkeitsverteilungen mit Wiederholungen aus Klasse 7.

Serviceblätter

– Gruppenpuzzle: Auf was würdest du wetten? (Seiten S 84 – S 88)
– Das Gesetz der großen Zahlen (Seite S 89)

2 Der richtige Blick aufs Baumdiagramm

Einstiegsaufgaben

E 5 Die Wahrscheinlichkeit, dass ein neugeborenes Kind ein Junge ist, beträgt etwa 0,52.
a) Wie groß ist die Wahrscheinlichkeit, dass eine Familie mit fünf Kindern keinen Jungen hat?
b) Wie groß ist die Wahrscheinlichkeit, dass eine Familie mit fünf Kindern kein Mädchen hat?

c) Wie groß ist die Wahrscheinlichkeit, dass eine Familie mit sechs Kindern mindestens einen Jungen hat?
d) Wie groß ist die Wahrscheinlichkeit, dass eine Familie mit sechs Kindern höchstens ein Mädchen hat?
Tipp: Man kann Variationen der Einstiegsaufgaben von Lerneinheit 1 mit mehr Stufen betrachten. Exemplarisch ist das für E3 in E5 ausgeführt. Dabei kommt der höhere Abstraktionsgrad heraus: Man wird wegen des großen Aufwands nur noch einen Teilbaum zur Lösung einer Aufgabe zeichnen.
(▶ Kopiervorlage auf Seite K 49)

E 6 Eure Klasse will beim Schulfest eine Lotterie durchführen.
a) Schlagt ein Spiel vor, bei dem die Gewinnwahrscheinlichkeit bei einer Durchführung $\frac{2}{3}$ beträgt.
b) Ein Hauptpreis wird ausgegeben, wenn ein Spieler bei vier Spielen jedes Mal gewinnt. Wie groß ist die Wahrscheinlichkeit für einen Hauptpreis?
c) Beschreibe eine Situation, bei der die Wahrscheinlichkeit $\left(\frac{1}{3}\right)^4$ beträgt.
d) Ein Trostpreis wird ausgegeben, wenn ein Spieler bei vier Spielen höchstens ein Mal verliert. Wie groß ist die Wahrscheinlichkeit für einen Trostpreis?
Tipp: Anhand einer Spielsituation wird nahegelegt, nur noch einen Teilbaum für die Bestimmung der Wahrscheinlichkeit in Teilaufgabe b zu verwenden, um die Abstraktionsstufe 1 zu erreichen (s.o.). Die „inverse" Aufgabe in Teilaufgabe c geht bereits von der Abstraktionsstufe 2 aus. Bei Teilaufgabe d ist es aber noch sinnvoll, die zugehörigen Teilbäume zu zeichnen, damit die logische Struktur der Aufgabe deutlich wird.
(▶ Kopiervorlage auf Seite K 49)

Hinweise zu den Aufgaben

1 bis **4** Sind Aufgaben mit maximal drei Stufen (außer bei 4b), die die Möglichkeit bieten, den zugehörigen Baum vollständig zu zeichnen. Sie sollten aber dazu verwendet werden, in einfachen Fällen schon die höheren Abstraktionsstufen zu erreichen.

5 und **6** Bereiten auf die „Bist-du-sicher?"-Aufgaben vor, indem mehr als drei Stufen in einfachen Fällen auftreten.

7 bis **13** Komplexere Aufgaben mit mehr als drei Stufen mit verschiedenen Varianten zum Üben der Abstraktionsstufen. Die Aufgaben 9 und 12 bieten Möglichkeiten zur Partner- und Gruppenarbeit, bei denen die Schüler eigene Aufgaben stellen sollen, die von anderen gerechnet und geprüft werden. Mehrfach, wie z.B. bei Aufgabe 10, treten „inverse"

Fragestellungen auf, die das Verständnis fördern. Bei Aufgaben wie 11 bis 13 müssen die Situationen aus dem Text erschlossen werden.

Serviceblätter

– Gruppenpuzzle: Knifflige Probleme (Seiten S 90 – S 94)

3 Wahrscheinlichkeiten bestimmen durch Simulieren

Einstiegsaufgaben

E 7 Bei einem Volksfest wird ein Computerspiel angeboten. Man darf dreimal nacheinander auf eine Taste drücken. Jedes Mal erscheint eine Zahl zwischen 1 und 6. Die drei Ergebnisse werden addiert. Man gewinnt, wenn die Summe mindestens 15 beträgt.
a) Überlege, wie man das Spiel nachahmen (man sagt auch „simulieren") könnte. Was nimmt man dabei an?
b) Wie könnte man die Wahrscheinlichkeit für einen Gewinn mithilfe von Durchführungen der Spielsimulation schätzen?
c) Kannst du die Wahrscheinlichkeit für einen Gewinn berechnen?
Tipp: Wenn man annimmt, dass alle Zahlen mit gleicher Wahrscheinlichkeit auftreten, kann man dieses Spiel durch einen Wurf von drei Würfeln nachbilden. Man kann hier die Schüler in Zweiergruppen aufteilen und jede Gruppe etwa 50 Simulationen durchführen lassen. Es wird gezählt, wie oft die Summe der drei Würfelzahlen mindestens 15 beträgt. Durch Zusammentragen aller Ergebnisse erhält man eine gute Schätzung für die theoretische Wahrscheinlichkeit 20/216. Teilaufgabe c ist zwar lösbar, aber wegen der vielen Kombinationen nicht ganz einfach (vgl. Aufgabe 6 sowie Aufgabe 12 in Lerneinheit 4).
Die Simulation kann auch mit dem GTR durchgeführt werden, z.B. mit dem TI-83 (siehe Abbildung). Das ist beim Einstieg noch nicht sinnvoll, kann aber später aufgegriffen werden. Die Rechnerbefehle findet man unter MATH-PRB bzw. unter LIST-OPS. Siehe auch die Hilfekarte für den Rechnertyp (Seite K 53 und K 54)

```
sum(seq(sum(rand
Int(1,6,3))≥15,X
,1,500))/500
```

(▶ Kopiervorlage auf Seite K 49)

E 8 Sechs Schülerinnen und Schüler hängen morgens ihre Mützen an die Garderobe. Nach Schulschluss stürmen sie aus der Schule, dabei greift sich jeder schnell ohne hinzusehen eine Mütze.
Wie groß ist die Wahrscheinlichkeit, dass keiner seine eigene Mütze erwischt?
Achtung: Das zu berechnen, ist leider ziemlich schwierig. Erinnere dich aber an den Satz aus Klasse 7:
„Wenn man einen Zufallsversuch oft wiederholt, dann sind die ermittelten relativen Häufigkeiten gute Schätzwerte für die Wahrscheinlichkeiten".
Wie kannst du diesen Satz verwenden, um eine Schätzung für die gefragte Wahrscheinlichkeit zu bestimmen?
Tipp: Man kann den Vorgang folgendermaßen simulieren. Jedem Schüler wird eine Nummer von 1 bis 6 zugeordnet. Dann wird für jede Mütze eine Zahl gewürfelt. Wurde eine Zahl schon geworfen, wird das Würfeln wiederholt. Jeder Schüler erhält die Mütze mit der gewürfelten Nummer. Stimmen Mützennummer und Schülernummer überein, so hat ein Schüler die „richtige" Mütze erhalten.
Die gesuchte Wahrscheinlichkeit beträgt etwa 0,37. Die Berechnung ist hier sehr schwierig und nicht für Klassenstufe 8 geeignet (siehe als Hintergrund z. B. Lambacher Schweizer Stochastik, Bestellnr. 73243, Seite 102).
(► Kopiervorlage auf Seite K 49)

Hinweise zu den Aufgaben

Zum Einsatz des GTR siehe die Hilfekarten für die jeweiligen Rechner und die Lösungen der Aufgaben. In den Aufgabenlösungen sind jeweils auch die theoretischen Wahrscheinlichkeiten angegeben. Es ist aber nicht Ziel dieser Einheit, auch immer die theoretischen Wahrscheinlichkeiten zu berechnen. Die meisten Aufgaben wären dafür hier auch zu schwierig. Das Berechnen der theoretischen Wahrscheinlichkeiten sollte nur ausnahmsweise zur Überprüfung der Simulation erfolgen und ist – auf dem Niveau der Klasse 8 – möglich bei den Aufgaben 4, 10 (Vorsicht: die Aufgabe ist aber nicht so einfach, wie es zunächst aussieht) und 12; vgl. die zugehörigen Aufgabenlösungen.

1 Die Aufgabe entspricht dem Beispiel im Lehrtext auf Seite 167. Die angegebene Wahrscheinlichkeit von 2,38 % können die Schülerinnen und Schüler berechnen (siehe Aufgabenlösungen).

2 bis **8** Aufgaben, die vorzugsweise mit dem GTR bearbeitet werden können.

9 bis **12** Aufgaben, die vorzugsweise mit einer Tabellenkalkulation bearbeitet werden können.

Folgende Aufgaben kann man auch mit Würfeln oder Münzen gut in Gruppen durchführen, allerdings sollte die Zahl der gesamten Durchführungen ausreichend groß sein:

2 Zwei Münzen zur Simulation verwenden; eine Frage ist richtig beantwortet, wenn ZZ fällt.

4 Vier Münzen zur Simulation verwenden.

5 Zwei Münzen zur Simulation verwenden; eine Pflanze ist niedrig wachsend, wenn ZZ fällt.

6 Drei Würfel verwenden.

7 Drei Münzen zur Simulation verwenden; jedes Ergebnis des Wurfs von drei Münzen bestimmt die Richtung der Bewegung.

8 Vgl. Aufgabenlösung.

10 Sollte unbedingt auch gespielt werden.

12 Für jeden Jäger eine ganze Zufallszahl im Bereich von 1 bis 10 bestimmen, z. B. mit einem Dodekaeder-Würfel (Abbildung im Schülerbuch Seite 164). Die Würfelzahl ist die Ente, auf die der Jäger schießt; bei Ergebnis 11 oder 12 nochmals würfeln. Man kann auch fünf Münzen verwenden, z. B. zwei 1-ct-Münzen und drei 2-ct-Münzen. Die Münzen werden geworfen; ihre Reihenfolge von links nach rechts bestimmt eine Zahl im Zweiersystem, wobei 1 für eine 1-ct-Münze und 0 für eine 2-ct-Münze notiert wird. Fallen die Münzen z. B. in der Reihenfolge 2ct – 1ct – 1ct – 2ct – 2ct, lautet die zugehörige Zahl 01100. Jeder Dualzahl wird dann die Nummer der geschossenen Ente in der Tabelle zugeordnet:

00011	00101	00110	01001	01010
1	2	3	4	5
01100	10001	10010	10100	1100
6	7	8	9	10

Die Post verwendet eine ähnliche Zuordnung zur Kodierung der Ziffern einer Postleitzahl mit Strichen.

Serviceblätter

– Simulationen mit einer Tabellenkalkulation (Seiten S 95 – S 96)
– Ein Näherungswert für Pi mit der Monte-Carlo-Methode (Seiten S 97 – S 98)

Wiederholen – Vertiefen – Vernetzen

Hinweise zu den Aufgaben

1, 2 Sind Wiederholungsaufgaben zu Wahrscheinlichkeitsverteilungen bei einstufigen Experimenten.

3 bis 6 Sind einfache Wiederholungsaufgaben zu mehrstufigen Experimenten.

7 Behandelt eine Vernetzung zu Nullstellen von Funktionen.

8 Zu den beschriebenen Situationen müssen erst die zugehörigen Ergebnisse und deren Wahrscheinlichkeiten bestimmt werden.

9 bis 11 Behandeln eine alternative Möglichkeit, Ergebnisse bei zweistufigen Zufallsversuchen darzustellen, wobei eine Vernetzung zu Koordinatensystemen hergestellt wird. Die Übertragbarkeit auf mehrstufige Versuche kann diskutiert werden.

12 und 13 Sind historische Aufgaben, deren Lösungen nicht ganz einfach sind. Sie bieten die Möglichkeit zur Diskussion. Simulationen sind hier sehr sinnvoll, um die Ergebnisse der Berechnungen zu überprüfen. Allerdings braucht man sehr viele Durchführungen. (Man sieht daran, dass die Adligen damals offenbar sehr viel Zeit mit Glücksspielen verbracht haben, damit sie die feinen Unterschiede beobachten konnten.)

14 und 15 Behandeln die „Drei-mindestens-Aufgabe", die auf eine Exponentialgleichung führt. Diese kann durch Probieren mit dem Rechner gelöst werden.

16 und 17 Behandeln das recht anspruchsvolle Geburtstagsproblem. Bei Aufgabe 16 soll zunächst die richtige Lösung herausgefunden werden, die dann auf ähnliche Probleme angewandt wird.

18 Das Zollhundproblem spielt z. B. auch in der Medizin eine große Rolle, wenn man die Aufgabe modifiziert (medizinischer Test auf eine seltene Krankheit). Hier wird das sprachliche Verständnis geschult.

19 und 20 Behandeln Vernetzungen zu Termen und quadratischen Gleichungen.

Serviceblätter

- Mathe ärgert mich nicht! (Seite S99)

Exkursion

Entdeckungen – Das Ziegenproblem

Man sollte auf jeden Fall zunächst das Spiel durchführen, damit die Schülerinnen und Schüler ein Gefühl für das Problem bekommen. Bei den meisten Gruppen zeigt sich schon bei 20 Durchführungen der Trend, dass Wechseln günstiger zu sein scheint, aber nicht bei allen. Daher ist zunächst genügend Diskussionsstoff vorhanden. Meist bringt aber die Diskussion eher Verwirrung als Klarheit, da die Argumente oft nicht klar vorgebracht werden.
Deshalb wird empfohlen, anschließend die Aufgaben 4 und 5 zu bearbeiten, die einen Erklärungsversuch geben. Dabei zeigt sich, dass ein größerer Teil der Schüler die Erklärung über die Häufigkeiten besser nachvollziehen kann als über die Wahrscheinlichkeiten. Daher sollte man erst mit Häufigkeiten argumentieren.
Man kann das Problem auch gut als GFS von einem Schüler oder einem Schülerteam vorstellen lassen. Bei der Begründung sollte man auf eine sorgfältige Argumentationsweise achten.

Serviceblätter

–

Einstiegsaufgaben

E1 Bei einem Test werden aus den Gebieten Geometrie (G), Funktionen (F) und Rechnen mit Termen (T) je zwei Aufgaben a und b zur Auswahl gestellt. Jede Aufgabe steckt in einem Umschlag, auf dem das Gebiet steht. Für eine Schülerin oder einen Schüler wird das Gebiet durch Los bestimmt, dann zieht er bzw. sie einen der beiden Umschläge und versucht, die Aufgabe zu lösen. Die Lehrerin oder der Lehrer entscheidet, ob die Antwort richtig (r) oder falsch (f) ist.
Welche verschiedenen Möglichkeiten gibt es für den Ablauf der Prüfung?

E2 In einer Fabrik sind drei Maschinen A, B, C mit 30%, 30% und 40% an der Herstellung von Uhren beteiligt. Die einzelnen Maschinen haben einen Ausschussanteil (Anteil der fehlerhaften Uhren) von 4%, 2%, 5%. Die Uhren kommen gleichmäßig gemischt in den Verkauf.
a) Vervollständige die Tabelle.

Ergebnis	A produziert funktionierende Uhr	A produziert Ausschuss	B produziert funktionierende Uhr	B produziert Ausschuss	C produziert funktionierende Uhr	C produziert Ausschuss
Wahrscheinlichkeit	0,288					

b) Mit welcher Wahrscheinlichkeit wird insgesamt eine funktionierende Uhr produziert?
c) Wie groß ist die Wahrscheinlichkeit, dass eine gekaufte Uhr defekt ist?
d) Wenn man 1000 solche Uhren kauft – wie viele davon sind etwa defekt?
e) Beschreibe eine Situation, bei der man die Wahrscheinlichkeit mit der Formel $0{,}038^2$ berechnet.
f) Beschreibe eine Situation, bei der man die Wahrscheinlichkeit mit der Formel $1 - 0{,}038^2$ berechnet.

E3 Die Wahrscheinlichkeit, dass ein neugeborenes Kind ein Junge ist, beträgt etwa 0,52.
a) Erkläre, wie man vermutlich diesen Wert ermittelt hat.
b) Wie groß ist die Wahrscheinlichkeit, dass eine Familie mit drei Kindern keinen, einen, zwei oder drei Jungen hat?
c) Wie groß ist die Wahrscheinlichkeit, dass eine Familie mit drei Kindern kein, ein, zwei oder drei Mädchen hat?
d) Wie groß ist die Wahrscheinlichkeit, dass eine Familie mit drei Kindern mindestens einen Jungen hat?
e) Wie groß ist die Wahrscheinlichkeit, dass eine Familie, die bereits drei Jungen hat, ein Mädchen bekommt?

E 4 Das Ziegenproblem

Spiele mit deinem Banknachbarn das Auto-Ziege-Spiel für zwei.
Verwendet dazu den Spielplan (siehe unten).

Der Quizmaster (einer von euch) schreibt auf ein Blatt – geheim! – die Tür, hinter der das Auto steht.
Hinter den beiden anderen Türen stehen Ziegen (die Nieten).
Der Kandidat (der andere von euch beiden) kreuzt die Tür seiner Wahl an.
Der Quizmaster „öffnet" dem Kandidaten eine Tür (mit Kreis markieren).
Der Kandidat kann auf die verbleibende Tür wechseln (Karo eintragen) oder er bleibt bei seiner Wahl.
Der Quizmaster löst das Spiel auf und trägt bei Wechsel ein Kreuz ein, wenn der Kandidat gewechselt hat, und bei einem Gewinn noch ein Kreuz.

Spiel / Tür	1	2	3	4	5	6	7	8	9	10
A										
B										
C										
Wechsel										
Gewinn										

Nach zehn Spielen werden die Rollen gewechselt.

Spiel / Tür	1	2	3	4	5	6	7	8	9	10
A										
B										
C										
Wechsel										
Gewinn										

Notiert am Ende:

Zahl der Spiele mit Wechsel: _____

Zahl der Spiele ohne Wechsel: _____

Zahl der Gewinne mit Wechsel: _____

Zahl der Gewinne ohne Wechsel: _____

Könnt ihr einen Trend entdecken? Schreibt eure Antwort hier auf.

_____

_____

E5 Die Wahrscheinlichkeit, dass ein neugeborenes Kind ein Junge ist, beträgt etwa 0,52.
a) Wie groß ist die Wahrscheinlichkeit, dass eine Familie mit fünf Kindern keinen Jungen hat?
b) Wie groß ist die Wahrscheinlichkeit, dass eine Familie mit fünf Kindern kein Mädchen hat?
c) Wie groß ist die Wahrscheinlichkeit, dass eine Familie mit sechs Kindern mindestens einen Jungen hat?
d) Wie groß ist die Wahrscheinlichkeit, dass eine Familie mit sechs Kindern höchstens ein Mädchen hat?

E6 Eure Klasse will für das Schulfest eine Lotterie durchführen.
a) Schlagt ein Spiel vor, bei dem die Gewinnwahrscheinlichkeit bei einer Durchführung $\frac{2}{3}$ beträgt.
b) Ein Hauptpreis wird ausgegeben, wenn ein Spieler bei vier Spielen jedes Mal gewinnt. Wie groß ist die Wahrscheinlichkeit für einen Hauptpreis?
c) Beschreibe eine Situation, bei der die Wahrscheinlichkeit $\left(\frac{1}{3}\right)^4$ beträgt?
d) Ein Trostpreis wird ausgegeben, wenn ein Spieler bei vier Spielen höchstens ein Mal verliert. Wie groß ist die Wahrscheinlichkeit für einen Trostpreis?

E7 Bei einem Volksfest wird ein Computerspiel angeboten. Man darf dreimal nacheinander auf eine Taste drücken. Jedes Mal erscheint eine Zahl zwischen 1 und 6. Die drei Ergebnisse werden addiert. Man gewinnt, wenn die Summe mindestens 15 beträgt.
a) Überlege, wie man das Spiel nachahmen (man sagt auch „simulieren") könnte. Was nimmt man dabei an?
b) Wie könnte man die Wahrscheinlichkeit für einen Gewinn mithilfe von Durchführungen der Spielsimulation schätzen?
c) Kannst du die Wahrscheinlichkeit für einen Gewinn berechnen?

E8 Sechs Schülerinnen und Schüler hängen morgens ihre Mützen an die Garderobe. Nach Schulschluss stürmen sie aus der Schule, dabei greift sich jeder schnell ohne hinzusehen eine Mütze.
Wie groß ist die Wahrscheinlichkeit, dass keiner seine eigene Mütze erwischt?
Achtung: Das zu berechnen, ist leider ziemlich schwierig. Erinnere dich aber an den Satz aus Klasse 7:
„Wenn man einen Zufallsversuch oft wiederholt, dann sind die ermittelten relativen Häufigkeiten gute Schätzwerte für die Wahrscheinlichkeiten".
Wie kannst du diesen Satz verwenden, um eine Schätzung für die gefragte Wahrscheinlichkeit zu bestimmen?

Sachthemen

Grundgedanke

Die Sachthemen haben das Ziel, unterschiedliche inhaltliche Bereiche einer Klassenstufe in einem geschlossenen Sachzusammenhang vernetzt zu behandeln.

Bei der Erarbeitung eines Sachthemas stoßen die Lernenden auf verschiedene Fragestellungen, die sie mithilfe der Mathematik der Klasse 8 lösen können. Hierbei steht zunächst der Sachzusammenhang und nicht – wie sonst häufig im Unterricht – die mathematischen Inhalte im Vordergrund. Die Lernenden erfahren bei der Behandlung eines Sachthemas die Mathematik als nützliches Werkzeug. Die Bearbeitung eines Sachthemas fördert so das problemorientierte Arbeiten im Unterricht.

Um eine möglichst große Wahlfreiheit bezüglich Anzahl und Inhalt zu gewährleisten, bietet der Lambacher Schweizer insgesamt vier, auf die Alltagswelt der Achtklässler abgestimmte Sachthemen an: drei im Schülerbuch und eines im Serviceband.
Auch wenn die Sachthemen für sich abgeschlossen sind, so zeigen die Übersichten auf den Seiten K51 und K52 sowie S100, dass jedes von ihnen ein sehr breites Spektrum mathematischer Inhalte der Klasse 8 abdeckt.

Wegen der starken Vernetzung der behandelten Themen lassen sich Sachthemen auch gut für das im Jahresablauf vorgesehene freie Drittel der Unterrichtszeit nutzen.

Einsatzmöglichkeiten

Für den Einsatz der Sachthemen im Unterricht gibt es verschiedene Möglichkeiten. Einige dieser Aspekte können auch Teil des Schulcurriculums sein.

Das Sachthema kann einerseits zur Wiederholung und Vertiefung am Ende einer Unterrichtsphase oder der Klassenstufe eingesetzt werden, wenn die mathematisch relevanten Inhalte im vorangehenden Unterricht bereits erarbeitet wurden.

Alternativ kann ein Sachthema für einen breiten und anwendungsbezogenen Einstieg in ein umfangreiches Thema (z.B. quadratische Gleichungen) verwendet werden. Stoßen die Lernenden hierbei auf Problemstellungen, die zur Lösung noch nicht behandelte mathematische Inhalte erfordern, so kann die Bearbeitung des Sachthemas vorübergehend durch eine Unterrichtssequenz unterbrochen werden, in der die notwendigen Kenntnisse erarbeitet werden. Mit dem neu erworbenen Wissen können die Schülerinnen und Schüler anschließend wieder die Arbeit am Sachthema fortsetzen. Die Behandlung eines Sachthemas kann sich in dieser Form über einen Zeitraum von mehreren Monaten ziehen.

Andere Lernleistung

Anhand eines Sachthemas können sich einzelne Schülerinnen und Schüler oder Schülergruppen in die Fragestellungen einarbeiten und ihre Ergebnisse z.B. in Form einer GFS oder eines Referates vor der Klasse vortragen. Hier kann der Leitfaden auf der Seite S3 als Anleitung dienen.

Gruppenarbeit

Ein Sachthema bietet im besonderen Maße die Gelegenheit, den Inhalt in arbeitsteiliger Gruppenarbeit oder mithilfe eines Gruppenpuzzles zu erarbeiten. Die Aufgabenstellungen für die einzelnen Gruppen können dabei den Interessen, dem Vorwissen und dem Leistungsvermögen der Gruppenmitglieder angepasst werden. Auf diese Weise wird zum einen das schüleraktive Arbeiten im Unterricht gefördert und zum anderen der Aspekt der „inneren Differenzierung" berücksichtigt.

Fächerverbindendes Arbeiten

Jedes Sachthema eignet sich aufgrund des hohen Anwendungsbezuges in besonderer Weise dazu, mit anderen Fächern zu kooperieren. Für die vorliegenden Sachthemen eignen sich insbesondere die Fächer Physik und Bildende Kunst. Das Thema kann unter Berücksichtigung von unterschiedlichem Expertenwissen betrachtet und sinnvoll vernetzt werden. Dabei besteht auch die Möglichkeit, projektartig zu arbeiten.

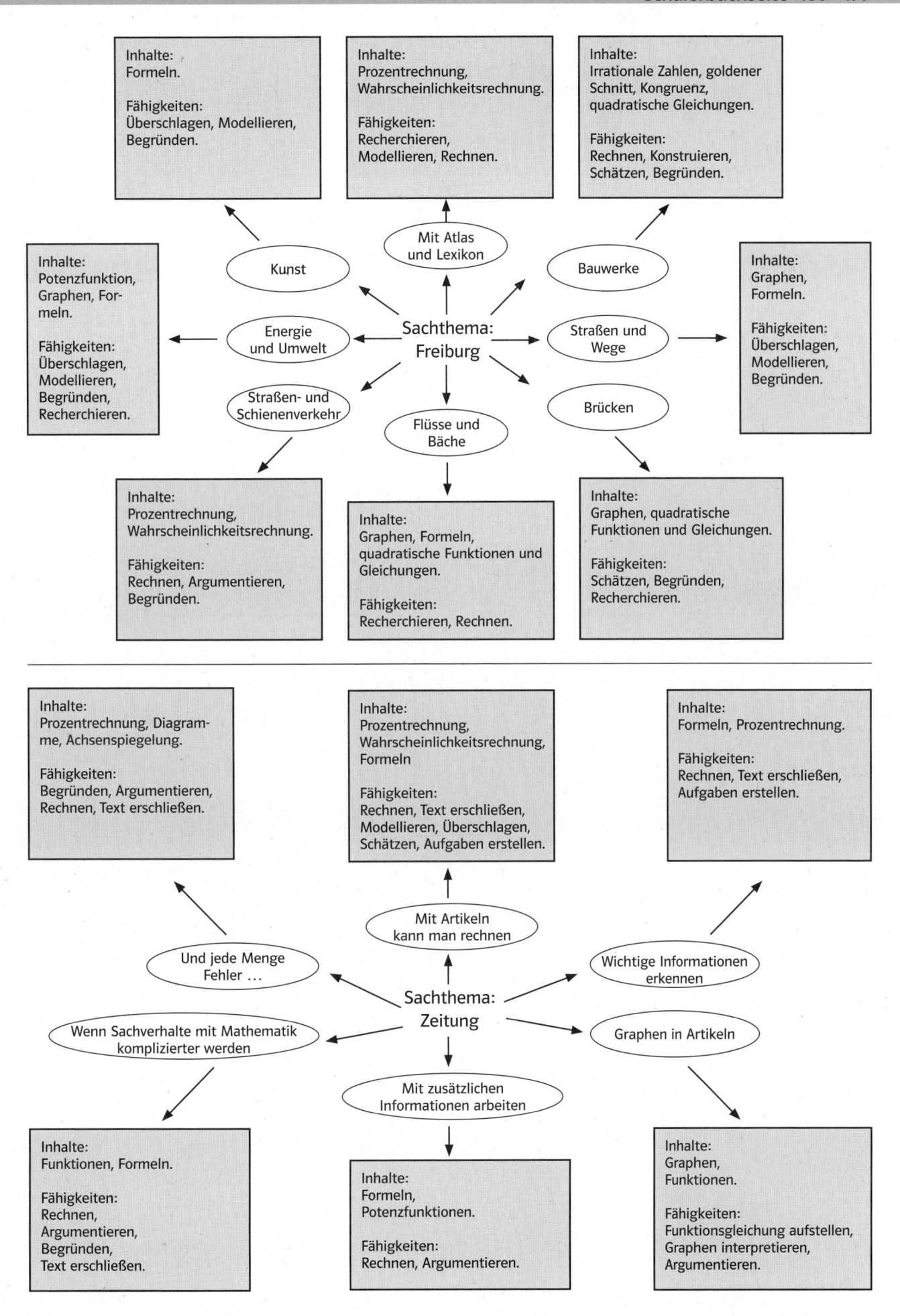

Sachthema: Freiburg

Kunst
- Inhalte: Formeln.
- Fähigkeiten: Überschlagen, Modellieren, Begründen.

Mit Atlas und Lexikon
- Inhalte: Prozentrechnung, Wahrscheinlichkeitsrechnung.
- Fähigkeiten: Recherchieren, Modellieren, Rechnen.

Bauwerke
- Inhalte: Irrationale Zahlen, goldener Schnitt, Kongruenz, quadratische Gleichungen.
- Fähigkeiten: Rechnen, Konstruieren, Schätzen, Begründen.

Energie und Umwelt
- Inhalte: Potenzfunktion, Graphen, Formeln.
- Fähigkeiten: Überschlagen, Modellieren, Begründen, Recherchieren.

Straßen und Wege
- Inhalte: Graphen, Formeln.
- Fähigkeiten: Überschlagen, Modellieren, Begründen.

Straßen- und Schienenverkehr
- Inhalte: Prozentrechnung, Wahrscheinlichkeitsrechnung.
- Fähigkeiten: Rechnen, Argumentieren, Begründen.

Flüsse und Bäche
- Inhalte: Graphen, Formeln, quadratische Funktionen und Gleichungen.
- Fähigkeiten: Recherchieren, Rechnen.

Brücken
- Inhalte: Graphen, quadratische Funktionen und Gleichungen.
- Fähigkeiten: Schätzen, Begründen, Recherchieren.

Sachthema: Zeitung

Und jede Menge Fehler …
- Inhalte: Prozentrechnung, Diagramme, Achsenspiegelung.
- Fähigkeiten: Begründen, Argumentieren, Rechnen, Text erschließen.

Mit Artikeln kann man rechnen
- Inhalte: Prozentrechnung, Wahrscheinlichkeitsrechnung, Formeln
- Fähigkeiten: Rechnen, Text erschließen, Modellieren, Überschlagen, Schätzen, Aufgaben erstellen.

Wichtige Informationen erkennen
- Inhalte: Formeln, Prozentrechnung.
- Fähigkeiten: Rechnen, Text erschließen, Aufgaben erstellen.

Wenn Sachverhalte mit Mathematik komplizierter werden
- Inhalte: Funktionen, Formeln.
- Fähigkeiten: Rechnen, Argumentieren, Begründen, Text erschließen.

Mit zusätzlichen Informationen arbeiten
- Inhalte: Formeln, Potenzfunktionen.
- Fähigkeiten: Rechnen, Argumentieren.

Graphen in Artikeln
- Inhalte: Graphen, Funktionen.
- Fähigkeiten: Funktionsgleichung aufstellen, Graphen interpretieren, Argumentieren.

Schülerbuchseite 180–199

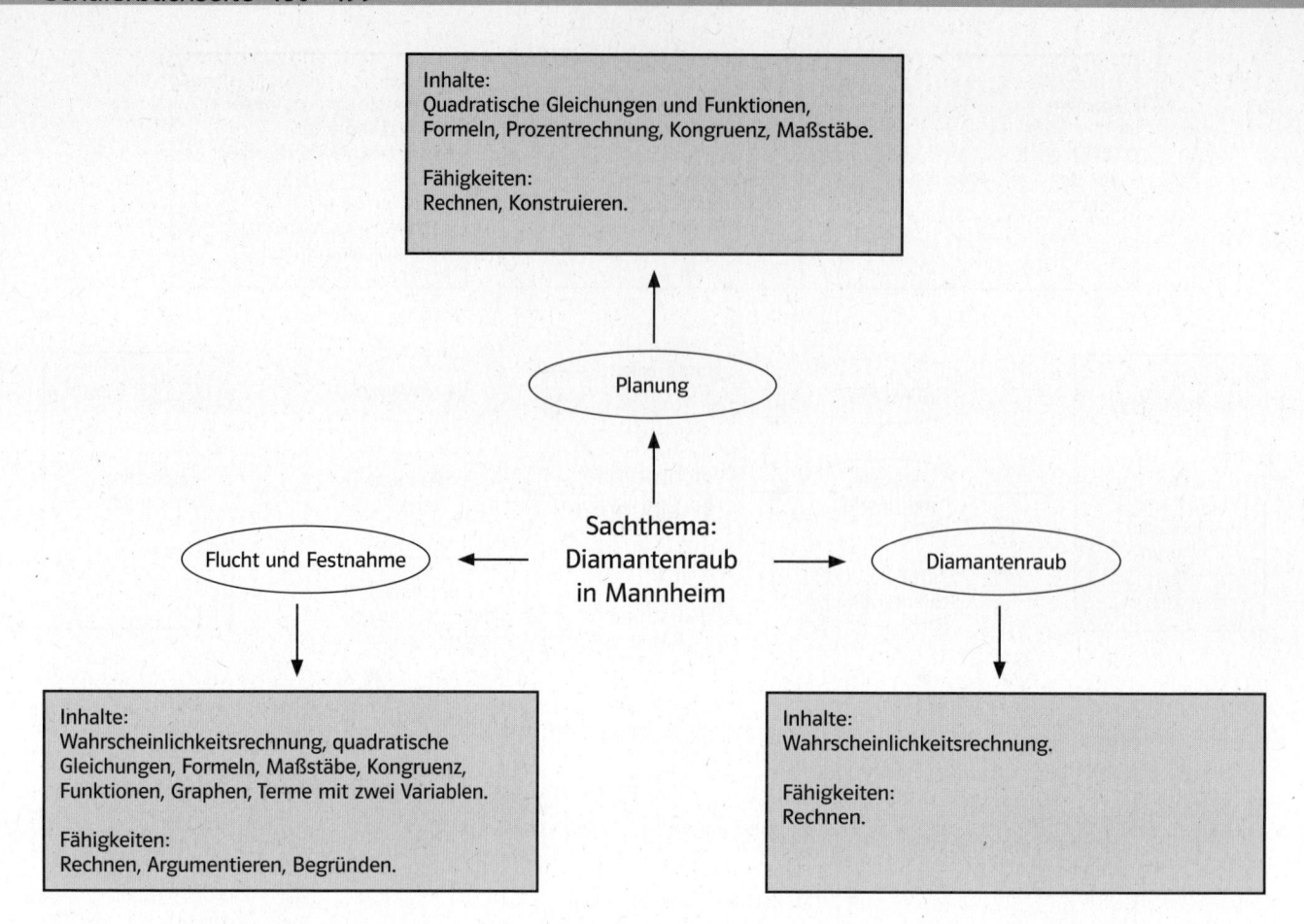

Inhalte:
Quadratische Gleichungen und Funktionen, Formeln, Prozentrechnung, Kongruenz, Maßstäbe.

Fähigkeiten:
Rechnen, Konstruieren.

↑

(Planung)

↑

**Sachthema:
Diamantenraub
in Mannheim**

← (Flucht und Festnahme)   → (Diamantenraub)

↓ (Flucht und Festnahme)

Inhalte:
Wahrscheinlichkeitsrechnung, quadratische Gleichungen, Formeln, Maßstäbe, Kongruenz, Funktionen, Graphen, Terme mit zwei Variablen.

Fähigkeiten:
Rechnen, Argumentieren, Begründen.

↓ (Diamantenraub)

Inhalte:
Wahrscheinlichkeitsrechnung.

Fähigkeiten:
Rechnen.

Hilfekarte TI — Infoblatt

Ziel	Eingabe	Bildschirmanzeige
Rechnen		

$3{,}5 + \frac{4}{3}$ berechnen
Ergebnis in Bruchschreibweise umwandeln
	[3] [.] [5] [+] [4] [÷] [3] [ENTER]
	[MATH] [ENTER] [ENTER]
		3.5+4/3
		    4.833333333
		Ans▶Frac
		    29/6

$\sqrt{2}$ näherungsweise berechnen
zum letzten Ergebnis (ANS) 3 addieren und alles mit 7 multiplizieren: $(\sqrt{2} + 3) \cdot 7$
vorherige Operation wiederholen
	[2ND] [x²] [2] [)] [ENTER]
	[(] [2ND] [(-)] [+] [3] [)] [×] [7]
	[ENTER]
	[ENTER]
		√(2)
		    1.414213562
		(Ans+3)*7
		    30.89949494
		    237.2964646

Abspeichern der Zahlen 2, 3 und −4 in den Variablen A, B und C	[2] [STO] [ALPHA] [MATH] [3] [STO] [ALPHA] [APPS] [(-)] [4] [STO] [ALPHA] [PRGM]	2→A 2 3→B 3 -4→C -4

Berechnen des Terms $\frac{-B + \sqrt{B^2 - 4AC}}{2A}$
Editieren der letzten Eingabe (ENTRY) und
dann $\frac{-B - \sqrt{B^2 - 4AC}}{2A}$ berechnen
	[(] [(-)] [ALPHA] [APPS] [+] [2ND]
	[x²] [ALPHA] [APPS] [x²] [-] [4]
	[ALPHA] [MATH] [ALPHA] [PRGM] [)]
	[)] [÷] [(] [2] [ALPHA] [MATH] [)]
	[ENTER]
	[2ND] [ENTER] [◄] [-] [ENTER]
		(-B+√(B²-4AC))/(
		2A)
		    .8507810594
		(-B-√(B²-4AC))/(
		2A)
		    -2.350781059

Graphen darstellen		
Zuordnungsvorschriften im Y-Editor eingeben: $y_1(x) = 0{,}5x + 2$ $y_2(x) = (x + 1)^2 - 3$	[Y=] [0] [.] [5] [×] [X,T,θ,n] [+] [2] [ENTER] [(] [X,T,θ,n] [+] [1] [)] [x²] [-] [3] [ENTER]	Plot1 Plot2 Plot3 \Y1■0.5*X+2 \Y2■(X+1)²-3 \Y3=■
Graph zeichnen Zeichenfenster auf die Standardeinstellungen setzen	[GRAPH] [ZOOM] [6]	ZOOM MEMORY 1:ZBox 2:Zoom In 3:Zoom Out 4:ZDecimal 5:ZSquare 6:ZStandard 7↓ZTrig
Zeichenfenster anpassen: X-Bereich von −5 bis 3 Teilstriche auf der x-Achse alle 0,5 Einheiten Y-Bereich von −3 bis 4 Ein Teilstrich pro Einheit auf der y-Achse	[WINDOW] [(-)] [5] [ENTER] [3] [ENTER] [0] [.] [5] [ENTER] [(-)] [3] [ENTER] [4] [ENTER] [1] [ENTER]	WINDOW Xmin=-5 Xmax=3 Xscl=.5 Ymin=-3 Ymax=4 Yscl=1 Xres=■
Graph mit Cursor abfahren Wechsel zwischen den Graphen	[TRACE] [◄] bzw. [►] [▲] bzw. [▼]	Indpnt: Auto Ask Depend: Auto Ask
Wertetabellen anzeigen		
Wertetabelle für y_1 und y_2 anzeigen: Einstellungen für die Tabelle (TABLSET): Startwert: −2; Schrittweite 0,5 Tabelle anzeigen (TABLE) nach unten oder oben scrollen	[2ND] [WINDOW] [(-)] [3] [ENTER] [0] [.] [5] [ENTER] [2ND] [GRAPH] [▼] bzw. [▲]	TABLE SETUP TblStart=-2 ΔTbl=0.5 Indpnt: Auto Ask Depend: Auto Ask

Hilfekarte TI — Infoblatt

Ziel	Eingabe	Bildschirmanzeige
mit Graphen arbeiten		
Nullstellen : weiter links gelegene Nullstelle von y_2 berechnen (CALC **2:zero**) Cursor auf y_2 je einen Wert links bzw. rechts der gesuchten Nullstelle sowie Schätzwert eingeben	[2ND] [TRACE] [2] [▲] oder [▼] Zahlen angeben oder mit [◄] bzw. [►] an die gewünschte Stelle fahren und jeweils mit [ENTER] bestätigen	CALCULATE 1:value 2:zero 3:minimum 4:maximum 5:intersect 6:dy/dx 7:∫f(x)dx Zero X=-2.732051 Y=0
Schnittpunkte : weiter rechts gelegenen Schnittpunkt der beiden Graphen berechnen (CALC **5:intersect**) Auswahl Graphen Schätzwert eingeben (siehe oben) Zurück zum Rechenfenster (QUIT) Die Koordinaten des Schnittpunkts sind in den Variablen X und Y gespeichert und können abgerufen werden.	[2ND] [TRACE] [5] [ENTER] [ENTER] [◄] bzw. [►] [ENTER] [2ND] [MODE] [ALPHA] [STO] [ENTER] [ALPHA] [1] [ENTER]	X 1.386000936 Y 2.693000468 Intersection X=1.386009 Y=2.6930005
Minima : Minimum von y_2 berechnen (CALC **3:minimum**) Maxima : (CALC **4:maximum**) Die weitere Vorgehensweise entspricht der beim Berechnen von Nullstellen.	[2ND] [TRACE] [3] [2ND] [TRACE] [4]	CALCULATE 1:value 2:zero 3:minimum 4:maximum 5:intersect 6:dy/dx 7:∫f(x)dx Minimum X=-1.000002 Y=-3
lineare Gleichungssysteme lösen		

Eingabe des LGS
I: $2x - 3y = 1$
II: $-x + 5y = 4$
in eine Koeffizienten-Matrix (MATRIX)
 	
Matrixfenster verlassen (QUIT) und im Rechenfenster die Matrix A in die spezielle Stufenform bringen (**B:rref**)
Koeffizienten in Bruchschreibweise umwandeln
Ergebnis ablesen: $x = \frac{17}{7}$; $y = \frac{9}{7}$
	Editieren der Matrix A
	[2ND] [x⁻¹] [►] [►] [ENTER]
	Dimension der Matrix
	[2] [ENTER] [3] [ENTER]
	Eingabe der Koeffizienten
	[2] [ENTER] [(-)] [3] [ENTER] [1]
	[ENTER] [(-)] [1] [ENTER] [5]
	[ENTER] [4] [ENTER]
	[2ND] [MODE]
	[2ND] [x⁻¹] [►] [ALPHA] [APPS]
	[2ND] [x⁻¹] [ENTER] [)] [ENTER]
	[MATH] [ENTER] [ENTER]
		NAMES MATH **EDIT**
		1:[A] 2×3
		2:[B] 1×1
		3:[C] 3×4
		
		MATRIX[A] 2×3
		[2 -3 1]
		[-1 5 ■]
		
		rref([A])
		[[1 0 2.4285714…
		 [0 1 1.2857142…
		Ans▶Frac
		  [[1 0 17/7]
		   [0 1 9/7]]

Simulationen		
Zufallszahlen zwischen 0 und 1 erzeugen	[MATH] [►] [►] [►] [ENTER] [ENTER]	MATH NUM CPX **PRB** 1:rand

Simulieren eines normalen Spielwürfels	[MATH] [►] [►] [►] [5] [ENTER]
	[1] [,] [6] [)] [ENTER]
		randInt(1,6)
		                 3
		                 6

Simulieren einer Reihe von fünf Würfen mit einem Spielwürfel	[MATH] [►] [►] [►] [5] [ENTER] [1] [,] [6] [,] [5] [)] [ENTER]	randInt(1,6,5) {4 2 3 2 5}

Versuchsreihe mit 10 Wiederholungen, bei der alle Zufallszahlen gezählt werden, die kleiner als 0,4 sind	[2ND] [STAT] [►] [►] [5]
	[MATH] [►] [►] [►] [ENTER]
	[(] [1] [0] [)] [2ND] [MATH] [5]
	[0] [.] [4] [)] [ENTER]
		sum(rand(10)<0.4
		)
		                 4
		                 3

Methodenlernen in Klasse 8

Unterrichtsform Gruppenpuzzle

Grundidee

Das Gruppenpuzzle stellt eine Kombination von Gruppenarbeit und selbstorganisiertem Lernen dar. Der Lernstoff wird in voneinander unabhängige Einzelthemen unterteilt, die jeweils von einer Schülergruppe erarbeitet werden. Die Mitglieder dieser Gruppe werden so zu Experten für das jeweilige Thema.
Sie müssen anschließend ihre Klassenkameraden aus den anderen Expertengruppen über ihre Erkenntnisse informieren. Damit ist jede Schülerin und jeder Schüler für einen Teil des Lernzuwachses der Anderen verantwortlich.

Durch die Unterrichtsform Gruppenpuzzle lernen die Schülerinnen und Schüler also das selbstständige und zielgerichtete Erarbeiten von Fachinhalten sowie das fachlich präzise Formulieren und das anschauliche Präsentieren. Zudem werden die sozialen Verhaltensweisen innerhalb der Schülergruppe gefördert und das Selbstvertrauen des Einzelnen gestärkt.

Einsatzmöglichkeiten

- Erarbeitung von neuen Lerninhalten
- Bearbeitung komplexer Übungsaufgaben
- Fächerverbindender Unterricht (Herausarbeitung der verschiedenen Fachaspekte eines Themas)

Geeignete Themen für die Klassenstufe 8

- Kongruenzsätze bei Dreiecken
- Quadratische Funktionen und ihre Graphen
- Lösen quadratischer Gleichungen
- Probleme aus der Wahrscheinlichkeitsrechnung
- Vierecke (Definitionen, Anordnung)

Beschreibung der Methode

- Die Lehrerin bzw. der Lehrer teilt den Lernstoff in 2–4 voneinander unabhängige Einzelthemen mit ähnlichem Schwierigkeitsgrad und gleicher Bearbeitungszeit auf.
- Es werden Stammgruppen gebildet. Die Anzahl der Mitglieder einer Stammgruppe muss hierbei mindestens gleich der Anzahl der Einzelthemen sein.
- In jeder Stammgruppe wird für jedes Einzelthema mindestens ein zukünftiger Experte festgelegt.
- Die Stammgruppen werden aufgelöst und Expertengruppen gebildet.
- Anhand der von der Lehrerin bzw. von dem Lehrer bereitgestellten Arbeitsanweisungen und Materialien werden in den Expertengruppen nun die Einzelthemen erarbeitet.
- Danach kehren die Experten wieder in ihre Stammgruppen zurück.
- In jeder Stammgruppe berichtet jeder Experte über die Ergebnisse seiner Expertengruppe. Die Gruppe erstellt daraus einen gemeinsamen Aufschrieb.
- Das gesammelte Expertenwissen sollte schließlich nach Möglichkeit in die Bearbeitung einer vom Lehrer gestellten umfassenden Aufgabe einfließen.

Mögliche Weiterführungen

- Klärung offener Fragen im Frontalunterricht
- Gemeinsame Bearbeitung von Übungsaufgaben, welche die Einzelthemen miteinander verknüpfen
- Lernerfolgstest

Voraussetzungen

- Die Methode des Gruppenpuzzles sollte den Schülerinnen und Schülern ausführlich erläutert werden.
- Sowohl Stamm- als auch Expertengruppen sollten eine Größe haben, die sinnvolles Arbeiten ermöglicht.
- Der Lernstoff muss so beschaffen sein, dass die einzelnen Expertengruppen nicht auf Wissen aus anderen Expertengruppen angewiesen sind.
- Die Arbeitsaufträge müssen klar formuliert und an einen vorgegebenen Zeitrahmen gebunden sein.
- Den Schülerinnen bzw. Schülern sollten Möglichkeiten zur Ergebniskontrolle aufgezeigt werden.

Probleme

- unpassende Schüleranzahl in den Gruppen
- unterschiedliche Qualität der Expertenberichte in den Stammgruppen
- erschwerte Ergebniskontrolle und Ergebnissicherung
- eventuell erhöhter Bedarf an Material, Raum und Unterrichtszeit
- eventuell höherer Vorbereitungsaufwand für die Lehrerin bzw. den Lehrer

Abhilfen

- Mehrfachbesetzung einzelner Expertenrollen
- mehrere gleiche Expertengruppen
- Beobachtung des Arbeitsfortschrittes in den einzelnen Gruppen
- gezielte Hinweise zur Vermeidung von Fehlentwicklungen
- Einsammeln und Kontrollieren von Arbeitsergebnissen der Expertengruppen
- Teilnahme bei einzelnen Präsentationen in den Stammgruppen
- Bereitstellung von Lösungen zur Ergebniskontrolle

Beschreibung der vorliegenden Materialien

Im vorliegenden Serviceband finden sich die folgenden Gruppenpuzzles:

- Kongruenzsätze (Seiten S 10–14)
- Parabeln (Seiten S 38–42)
- Lösen von quadratischen Gleichungen (Seiten S 58–61)
- Auf was würdest du wetten? (Seiten S 84–88)
- Wahrscheinlich knifflige Probleme (Seiten S 90–94)

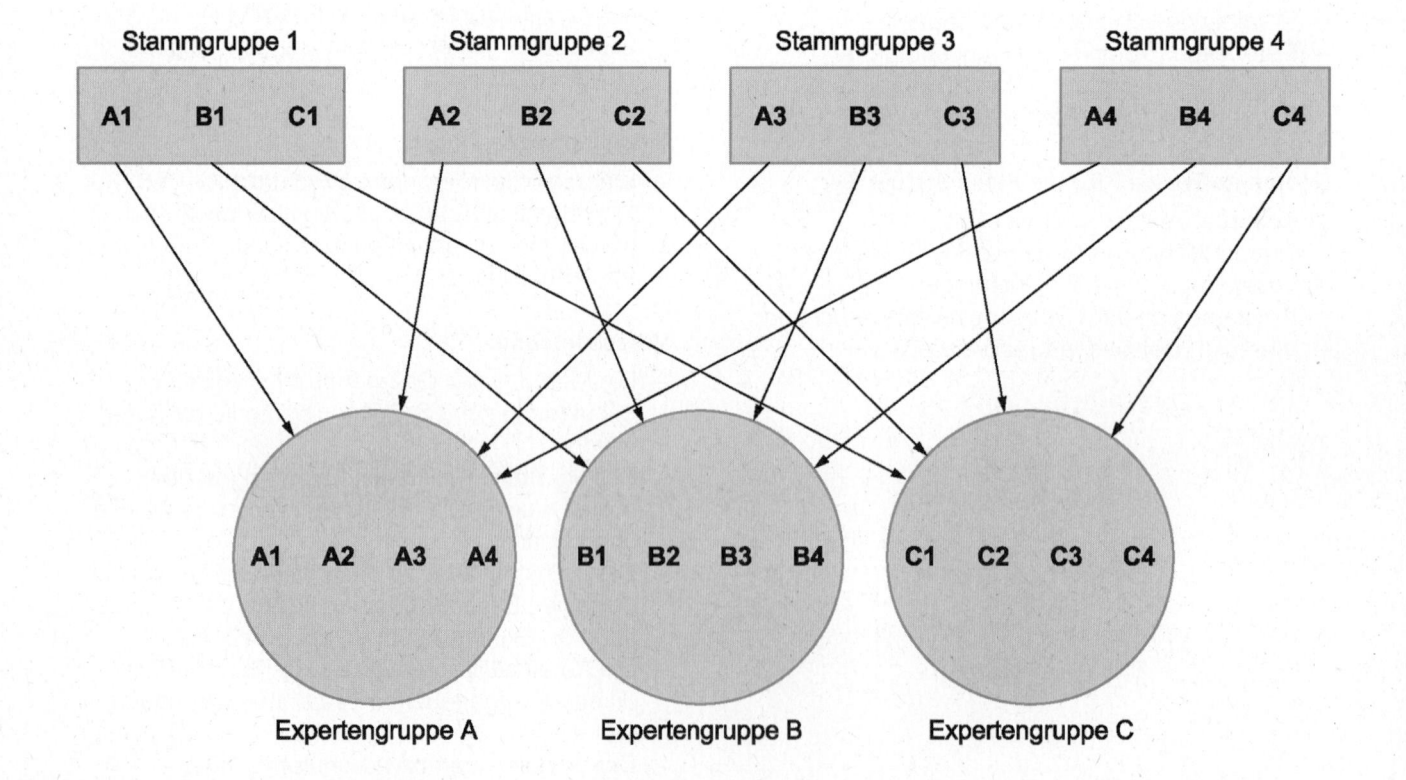

Lern- und Arbeitsergebnisse präsentieren – Leitfaden für ein mathematisches Referat

Warum mathematische Referate in Klasse 8?

Laut Bildungsplan des Landes Baden-Württemberg soll der Mathematikunterricht an den Gymnasien zu vier überfachlichen Kompetenzbereichen einen wesentlichen Beitrag leisten, nämlich: Lernen, Begründen, Problemlösen und Kommunizieren. In Klasse 8 verfügen die Schülerinnen und Schüler nun über ein ausreichendes Repertoire an mathematischer Fachsprache und mathematischem Fachwissen, um Inhalte auch entsprechend zu kommunizieren. Dies ist bisher im freien Gespräch in der Gruppe oder im Klassenverband geschehen. Zunehmend wird aber in Klasse 8 versucht dem Kommunizieren mit und über Mathematik eine gewisse äußere Form und inhaltliche Tiefe zu verleihen, etwa in Form des mathematischen Aufsatzes. Noch einen Schritt weiter geht das mathematische Referat. Hier wird neben dem Kommunizieren auch noch das Präsentieren geschult. Damit eignen sich mathematische Referate auch sehr gut als Anrechnung für gleichwertige Schülerleistungen, wie sie laut Bildungsplan verschiedener Bundesländer ab Klasse 7 vorgesehen sind.

Was kann und sollte man von den Schülerinnen und Schülern erwarten bzw. verlangen?

Der mündliche Vortrag sollte eine Länge von 10 bis 15 Minuten haben.
Der Medieneinsatz spielt eine noch eher untergeordnete Rolle. Auch ein Vortrag, der nur mit der Tafel auskommt, kann sehr gut sein. In vielen Fällen bietet sich der Einsatz des Tageslichtprojektors an, einige Themen können besonders gut mithilfe eines dynamischen Geometriesystems visualisiert werden.
Die schriftliche Ausarbeitung umfasst ein bis zwei Seiten und geht inhaltlich nicht über das Referat hinaus. Eventuell kann sie auch als Thesenpapier für die Mitschüler dienen.
Als Quellen für das Referat genügen auf diesem Niveau das Schülerbuch und leicht zu findende Internet-Artikel.

Wie kann die Einführung praktisch gestaltet werden?

Zunächst sollten der Klasse die oben angegebenen Rahmenbedingungen für ein mathematisches Referat präsentiert werden: Dauer des Vortrags, Umfang der schriftlichen Ausarbeitung, mögliche Anrechnung als gleichwertige Schülerleistung. Viele dieser Fragen werden an den einzelnen Schulen eventuell bereits durch fächerübergreifend vereinbarte Vorgaben beantwortet.
Sodann sollte sowohl für den mündlichen Vortrag als auch für die schriftliche Ausarbeitung gemeinsam mit der Klasse ein Kriterienkatalog erarbeitet werden, nach dem man die Güte eines mathematischen Referats beurteilen kann.
Für den mündlichen Vortrag sollten hier in etwa die folgenden Leitfragen Berücksichtigung finden:
– Wie waren die Ansprache der Klasse und der Augenkontakt?
– War der Vortrag gut und logisch aufgebaut?
– Hat man alles verstanden?
– (Wie) Wurden Fragen beantwortet?
– War der Vortrag interessant?
– Wurden Medien angemessen eingesetzt?
Mögliche Leitfragen zur Beurteilung der schriftlichen Ausarbeitung:
– Ist die Arbeit gut gegliedert?
– Stimmt die äußere Form (Formatierung, Rechtschreibung etc.)
– Sind die Inhalte sachlich korrekt?
– Wurden alle Quellen angegeben?
Im Anschluss an das Erstellen und Fixieren eines solchen Kriterienkatalogs sollten die Schülerinnen und Schüler ihr erstes mathematisches Referat erarbeiten. Es bietet sich aus mehreren Gründen an, zunächst mit Gruppenreferaten zu beginnen: Zum einen ist es schwierig, unterschiedliche Referatsthemen für eine gesamte Klasse zu finden und auch für alle ermüdend, sich bis zu 33 Referate anzuhören, zum anderen erleichtert das Arbeiten in der Gruppe den Start und baut Hemmungen ab.

Welche Themen eignen sich für mathematische Referate?

Die Infokästen und die Exkursionen des Lehrbuchs bieten Ausgangspunkte für geeignete Themen. Im Einzelnen werden mögliche Themen auf dem Serviceblatt Seite S 4 mit Leitfragen und Hinweisen auf Quellen aufgelistet.

Themen, die sich in Klasse 8 für ein mathematisches Referat oder eine GFS eignen

Der Zauberspiegel des M. C. Escher
Leitfragen:
- Wo und wann lebte M. C. Escher?
- War Escher Mathematiker?
- Versuche Eschers Werke in verschiedene Kategorien einzuteilen. Finde Beispiele.

Quellen:
- Schülerbuch, Seite 12, Aufgabe 7
- Ernst, Bruno: Der Zauberspiegel des M. C. Escher
- Internetsuche: *Maurits Cornelis Escher*

Platonische Körper
Leitfragen:
- Was ist ein Polyeder?
- Was sind platonische Körper?
- Stelle die einzelnen platonischen Körper vor.
- Warum gibt es nur fünf Stück?

Weiterführende Fragen:
- Was besagt der Polyedersatz von Euler?
- Was sind archimedische Körper (Sternkörper)? Wie hängen sie mit den platonischen Körpern zusammen?

Quellen:
- Schülerbuch, Seite 32–34
- Internetsuche: *platonische Körper, Polyeder*

Die Zahl Pi
Leitfragen:
- Bei welchen mathematischen Fragestellungen spielt die Zahl Pi eine Rolle?
- Was ist das Besondere an der Zahl Pi?
- Wie kann man Pi näherungsweise bestimmen?
- Skizziere die Geschichte der Zahl Pi.

Quellen:
- Schülerbuch, Seite 58, Aufgabe 17
- Serviceband, Seite S 20 und S 21
- Internetsuche: *Die Zahl Pi, Kreiszahl*

Die Pythagoreer
Leitfragen:
- Mit welchen mathematischen Fragestellungen befassten sich die Pythagoreer?
- Wer war Hippasos?
- Woran zerbrach der Bund der Pythgoreer?

Quellen:
- Schülerbuch, Seite 60 und 61
- Internetsuche: *Pythagoreer, Hippasos*

Mathematik beim Brückenbau
Leitfragen:
- Stelle die Brückenaufgaben aus dem Buch vor.
- Finde weitere Brückenaufgaben.
- Was kann man alles berechnen?

Quellen:
- Schülerbuch, Seite 79, Aufgabe 14
- Schülerbuch, Seite 101, Aufgabe 14
- Schülerbuch, Seite 115
- Serviceband, Seite S 108
- Internetsuche: *Brücke Parabel OR Kettenlinie*

Die binomischen Formeln
Leitfragen:
- Woher kommt dieser Name?
- Leite die drei Formeln anhand von Beispielen her.
- Stelle Aufgaben vor, bei denen die binomischen Formeln besonders nützlich sind.

Quellen:
- Schülerbuch, Seite 102 und 103
- Lambacher Schweizer 8 BW, S. 86 f.

Das pascalsche Dreieck
Leitfragen:
- Wer war Blaise Pascal?
- Wie entsteht das pascalsche Dreieck?
- Welche besonderen Zahlenreihen kommen im pascalschen Dreieck vor?
- Wozu kann man das pascalsche Dreieck nutzen?

Weiterführende Frage:
- Welche besonderen Muster „stecken" im pascalschen Dreieck?

Quellen:
- Schülerbuch, Seite 123
- Lambacher Schweizer 8 BW, S. 91
- Internetsuche: *Blaise Pascal, pascalsches Dreieck*, für die weiterführende Frage: *Pascal Sierpinski Dreieck*

Mathematik in der Kunst
Leitfragen und Quelle:
- Serviceband, Seiten S 101 bis S 108

Die Spuren der Antike
Leitfragen und Quelle:
- Schülerbuch, Seite 152 und 153

Übersicht über die Referatsthemen mit passenden Kapiteln

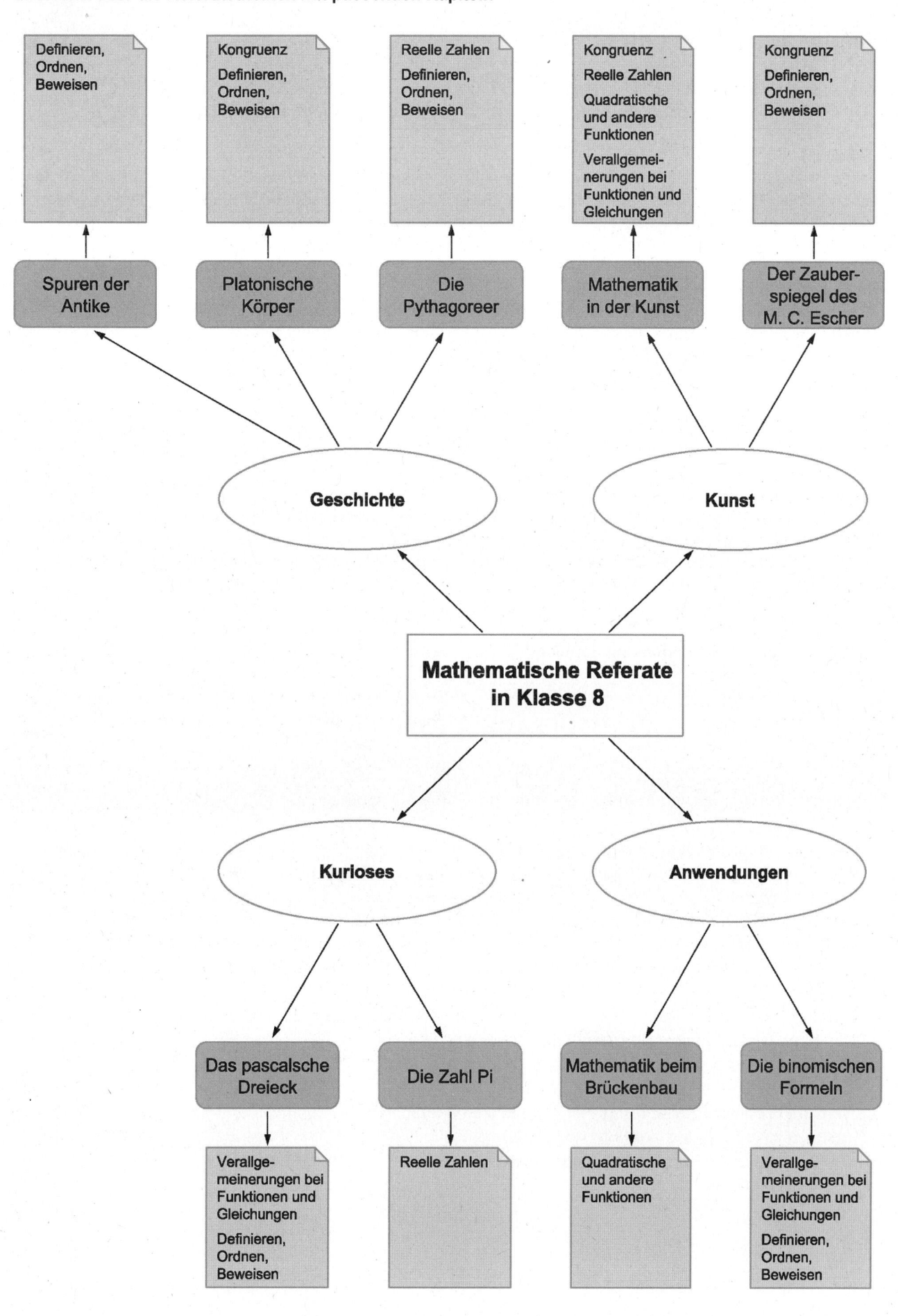

Mathematische Referate in Klasse 8

Geschichte

- **Spuren der Antike**
  - Definieren, Ordnen, Beweisen
- **Platonische Körper**
  - Kongruenz
  - Definieren, Ordnen, Beweisen
- **Die Pythagoreer**
  - Reelle Zahlen
  - Definieren, Ordnen, Beweisen

Kunst

- **Mathematik in der Kunst**
  - Kongruenz
  - Reelle Zahlen
  - Quadratische und andere Funktionen
  - Verallgemeinerungen bei Funktionen und Gleichungen
- **Der Zauberspiegel des M. C. Escher**
  - Kongruenz
  - Definieren, Ordnen, Beweisen

Kurioses

- **Das pascalsche Dreieck**
  - Verallgemeinerungen bei Funktionen und Gleichungen
  - Definieren, Ordnen, Beweisen
- **Die Zahl Pi**
  - Reelle Zahlen

Anwendungen

- **Mathematik beim Brückenbau**
  - Quadratische und andere Funktionen
- **Die binomischen Formeln**
  - Verallgemeinerungen bei Funktionen und Gleichungen
  - Definieren, Ordnen, Beweisen

Wiederholung Klasse 7

„Mathe ärgert mich nicht!" (1)

Materialbedarf: Spielbrett (Kopiervorlage Seite S 7), Aufgabenkarten (Kopiervorlage Seite S 8), eine Spielfigur pro Schüler, ein Würfel pro Gruppe, Schere, Papierkleber

Grundidee
Dieses Brettspiel ermöglicht mithilfe von Aufgabenkarten die spielerische Wiederholung zentraler Inhalte des Lernstoffes der Klassenstufen 7 und 8 (Ergänzung des Spiels aus Serviceband 2). Dazu wird im Folgenden zu jedem Kapitel des Schülerbuches eine Kopiervorlage mit Aufgabenkarten (siehe S 19 (I), S 33 (II), S 50 (III), S 69 (IV), S 83 (V) und S 99 (VI)) angeboten, die kapitelweise oder gemischt eingesetzt werden können.

Hinweise für Lehrerinnen und Lehrer
Da für die Durchführung des Spiels nach dem Kapitel I zunächst nur zehn Aufgabenkarten zur Verfügung stehen, wird empfohlen zum Lernstoff der Klasse 7 durch die Schüler selbst Aufgabenkarten nach den Beispielen der Kopiervorlage Seite S 8 anfertigen zu lassen. Dabei ist die Aufgabenstellung auf die weiße Fläche und die dazugehörige Lösung auf die rechts danebenliegende graue Fläche zu schreiben.

Die Aufgabenkarten sind in drei Schwierigkeitsgrade eingeteilt:

☺ Aufgaben zum Basiswissen   ☺☺ Anwendungsaufgaben   ☺☺☺ „Knifflige" Aufgaben

Das in der Kopiervorlage Seite S 7 angebotene Spielbrett (siehe auch Serviceband 2) ist nur ein Vorschlag. Es kann durch die Schülerinnen und Schüler ergänzt und ausgeschmückt werden oder die Schüler entwerfen nach diesem Beispiel selbst ein Spielbrett. Denkbar ist auch die Gestaltung eines großen Spielfeldes auf Karton oder einem großen weißen Laken für ein Spiel der gesamten Klasse in Teams. Dann wäre auch ein großer Schaumgummiwürfel praktisch.

Spielplan für die Schülerinnen und Schüler

„Mathe ärgert mich nicht!"
Spiel für 2 bis 4 Personen oder Gruppen

Materialbedarf: Spielbrett, Aufgabenkarten, pro Person/Gruppe eine Spielfigur, Würfel
Spielregeln:
Die Spielfiguren werden auf das Startfeld gestellt. Es wird vereinbart, wer beginnt, z.B. die/der Jüngste. Die Aufgabenkarten werden gemischt und mit der Aufgabenseite nach oben in die Mitte des Spielbrettes gelegt.
Landet die Figur eines Spielers auf einem ☺-Feld, muss der Spieler die Aufgabe auf der obersten Karte des Stapels lösen. Die Aufgabenkarten sind verschieden gekennzeichnet:
☺   bei richtiger Lösung 1 Feld vorrücken; bei falscher Lösung Spielfigur 3 Felder zurücksetzen.
☺☺   bei richtiger Lösung 2 Felder vorrücken; bei falscher Lösung Spielfigur 2 Felder zurücksetzen.
☺☺☺   bei richtiger Lösung 3 Felder vorrücken; bei falscher Lösung Spielfigur 1 Feld zurücksetzen.
Die Karte wird dann beiseite gelegt und der nächste Spieler ist an der Reihe.
Der Spieler, der auf einem ◯-Feld landet, darf noch einmal würfeln.
Das ☹-Feld bedeutet: Zurück zum Start!
Trifft ein Spieler auf das letzte graue ☺-Feld oder überschreitet er es, muss er als letzte Hürde vor dem Ziel eine Karte aus dem Stapel ziehen und richtig lösen. Wer zuerst das Ziel erreicht, hat gewonnen. Sollten vor dem Spielende alle Aufgabenkarten benutzt worden sein, mischt man sie und legt sie erneut aus.
Viel Spaß!

† Partner-/Gruppenarbeit

Wiederholung Klasse 7

„Mathe ärgert mich nicht!" (2) – Spielbrett

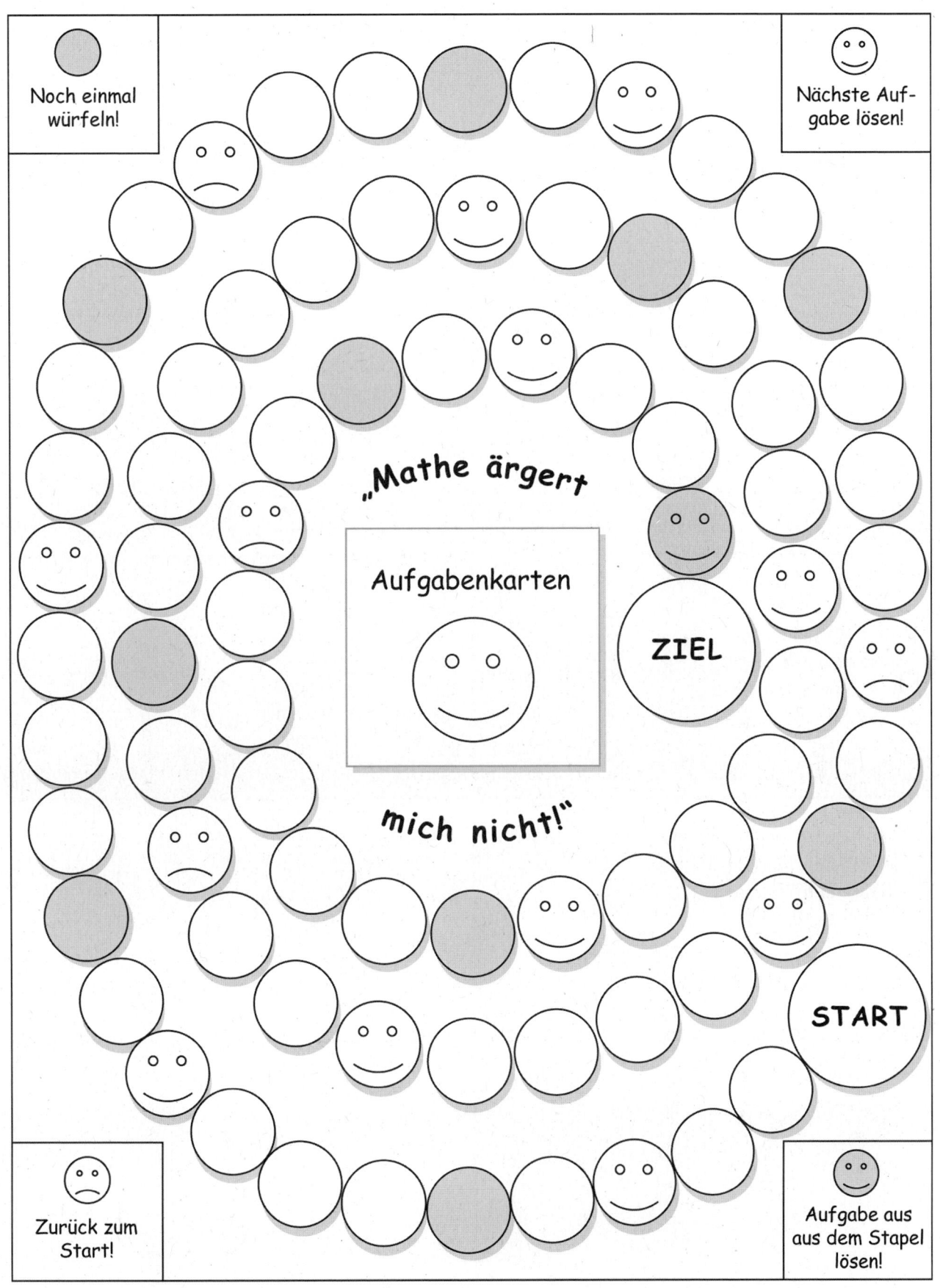

Noch einmal würfeln!

Nächste Aufgabe lösen!

„Mathe ärgert mich nicht!"

Aufgabenkarten

ZIEL

START

Zurück zum Start!

Aufgabe aus aus dem Stapel lösen!

Wiederholung Klasse 7

„Mathe ärgert mich nicht!" (3) – Aufgabenkarten

Schneide entlang der dicken Linien aus, knicke an den gestrichelten Linien um und klebe die Aufgabenkarten zusammen.

Aufgabe	Lösung	Aufgabe	Lösung
Gib den Anteil der gefärbten Fläche an der Gesamtfläche in Prozent an. ☺	$33\frac{1}{3}\%$	Ein Pullover wurde um 40% auf 24€ reduziert. Was kostete er vorher? ☺☺	40€
Von zwei Zahlen ist die zweite doppelt so groß ist wie die erste. Addiert man die erste zum Dreifachen der zweiten Zahl, erhält man 21. Wie heißen die beiden Zahlen? ☺☺☺	3 und 6	Gib die Gleichung zur Geraden der Zuordnung $x \mapsto y$ an, mit der sich der y-Wert berechnen lässt. ☺	$y = -2x + 2$
Welches Kapital erbringt bei einem Zinssatz von 3% pro Jahr in 3 Monaten 300€ Zinsen? ☺☺	40 000€	Beim Torwandschießen trifft Tina mit 75% und Anja mit 70% Wahrscheinlichkeit. Wie groß ist die Wahrscheinlichkeit, dass sie keinen Treffer erzielen? ☺☺☺	$0{,}075 = 7{,}5\%$
$a(7{,}5a - 5b)$ Bestimme den Termwert für $a = -2$ und $b = 1{,}5$. ☺	45	Ergänze zu einer äquivalenten Gleichung. $-\frac{1}{4}x = 1$ und $\Box + 3x = -2$. ☺☺	10
Bestimme α für $g \parallel h$. ☺☺☺	$\alpha = 65°$	Ergänze den fehlenden Wert, damit die Tabelle zu einer antiproportionalen Zuordnung gehört. | x | 1 | 8 | 3 | | y | 4,8 | 0,6 | | ☺	1,6

I Kongruenz

Zur Deckung gebracht

Spielbeschreibung: Die Klasse wird in zwei Mannschaften eingeteilt. Die Felder der Folie sind durch selbstklebende Papierstücke abgedeckt. Der Lehrer deckt nun am Tageslichtprojektor ein Feld nach dem anderen auf. Die Schülerinnen und Schüler müssen jeweils versuchen, die beiden deckungsgleichen Figuren zu finden.
Die Mannschaft, der dies zuerst gelingt, erhält einen Punkt.

Spielvariante: Eine Bearbeitung in Einzel- oder Partnerarbeit ist ebenfalls möglich.

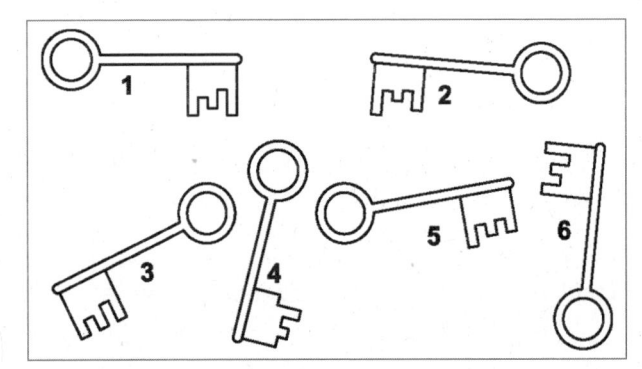

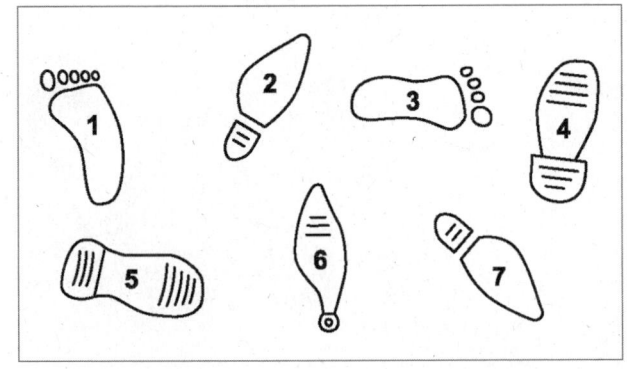

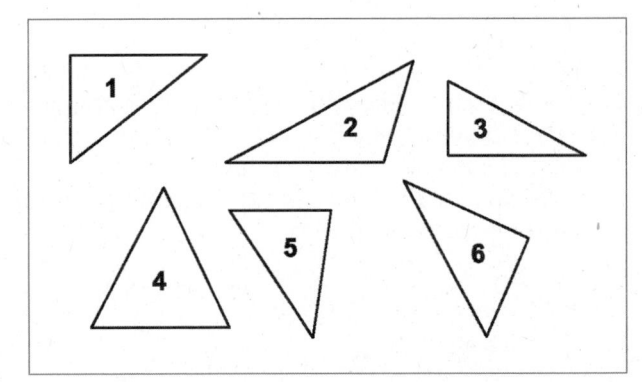

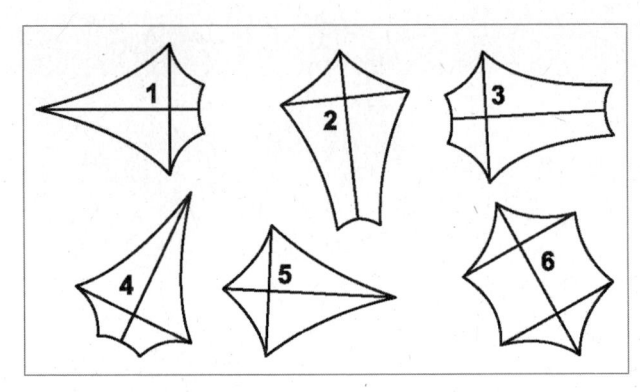

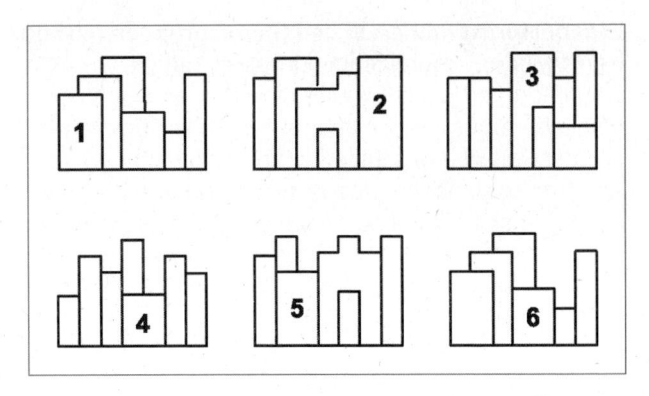

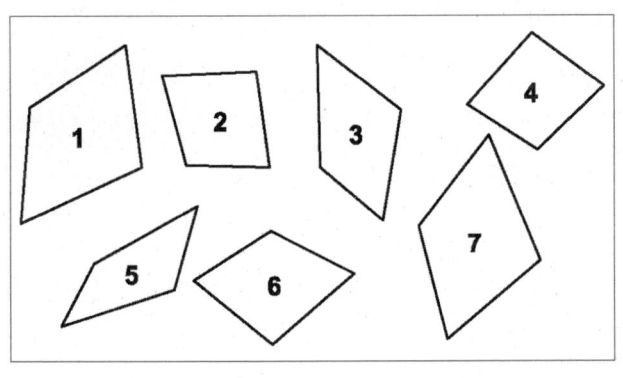

⏱ 10 min   † Klassenverband

I Kongruenz

Gruppenpuzzle: Kongruenzsätze

Problemstellung
Mit diesem Gruppenpuzzle sollt ihr erarbeiten, welche und wie viele Stücke (Seitenlänge und Innenwinkel) eines Dreiecks ABC mindestens bekannt sein müssen, damit ein kongruentes Dreieck konstruiert werden kann.

Ablaufplan
Es gibt insgesamt vier Teilthemen:
- Kongruenzsatz sss
- Kongruenzsatz sws
- Kongruenzsatz wsw
- Kongruenzsatz Ssw

Bildung von Stammgruppen (10 min)
Teilt eure Klasse zunächst in Stammgruppen mit mindestens vier Mitgliedern auf.
Bestimmt in eurer Stammgruppe mindestens eine Schülerin bzw. einen Schüler pro Teilthema. Sie werden zu Experten für dieses Teilthema.

Erarbeitung der Teilthemen in den Expertengruppen (45 min)
Die Stammgruppe löst sich auf und die Experten zu jedem Teilthema bilden die Expertengruppe.
Dort wird anhand der Blätter für die Expertengruppen das jeweilige Teilthema erarbeitet.

Ergebnispräsentation in den Stammgruppen (45 min)
Kehrt wieder in eure Stammgruppen zurück.
Dort informiert jeder Experte die anderen Stammgruppenmitglieder über sein Teilthema, steht für Rückfragen zur Verfügung und schlägt einen Heftaufschrieb vor, den die Anderen (ggf. noch verbessert) übernehmen.
Am Ende sollte jeder von euch alle Teilthemen verstanden haben.

Ergebniskontrolle und Übungen in den Stammgruppen (35 min)
Im Schülerbuch auf Seite 14 findet ihr Informationen zu den Kongruenzsätzen. Lest sie durch und kontrolliert so euren Heftaufschrieb.
Bearbeitet anschließend in den Stammgruppen bzw.
als Hausaufgabe im Schülerbuch auf Seite 15 die Aufgaben Nr. 1, 2, 3 und 5. Kontrolliert eure Ergebnisse.

I Kongruenz

Expertengruppe 1: Kongruenzsatz sss

Problemstellung
Welche und wie viele Stücke (Seitenlänge und Innenwinkel) eines Dreiecks ABC müssen mindestens bekannt sein, damit ein Dreieck eindeutig konstruiert werden kann?

Erarbeitung
Peter hat Schwierigkeiten bei der Hausaufgabe und bittet Tina am Telefon um Hilfe.
Sie antwortet: „Das Lösungsdreieck hat die Seitenlängen 3 cm und 6 cm."

1 Konstruiert wie Peter folgende Dreiecke ABC.
Tipp: Achtet auf die richtige mathematische Bezeichnung. Eine Planfigur hilft.

a) $a_1 = 4\,\text{cm}$, $b_1 = 3\,\text{cm}$, $c_1 = 6\,\text{cm}$
b) $a_2 = 6\,\text{cm}$, $b_2 = 4\,\text{cm}$, $c_2 = 3\,\text{cm}$
c) $a_3 = 3\,\text{cm}$, $b_3 = 6\,\text{cm}$, $c_3 = 6\,\text{cm}$
d) $a_4 = 4\,\text{cm}$, $b_4 = 3\,\text{cm}$, $c_4 = 6\,\text{cm}$

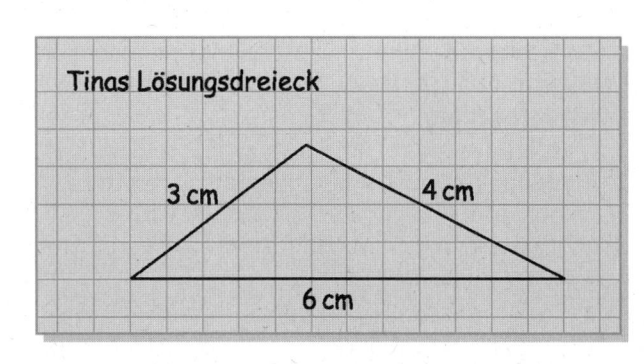

Alle diese Dreiecke erfüllen Tinas telefonische Angaben.
Welche der Dreiecke sind jedoch tatsächlich kongruent zu Tinas Lösungsdreieck, welche nicht? Prüft eventuell durch Messung nach.
Woran liegt das?

2 Welche zusätzliche Angabe hätte Tina machen müssen, damit Peter am nächsten Tag die Hausaufgabe auf jeden Fall richtig hat? Worin müssen also zwei Dreiecke übereinstimmen, damit sie kongruent sind? Formuliert einen passenden Merksatz. Nennt ihn Kongruenzsatz sss.

3 Entscheidet unter Anwendung eures Merksatzes ohne Konstruktion, ob die beiden Dreiecke ABC und DEF kongruent sind.
a) $\overline{AB} = 7\,\text{cm}$, $\overline{BC} = 4\,\text{cm}$, $\overline{AC} = 5\,\text{cm}$ und $\overline{DE} = 5\,\text{cm}$, $\overline{EF} = 7\,\text{cm}$, $\overline{DF} = 4\,\text{cm}$
b) $\overline{AB} = 3\,\text{cm}$, $\overline{BC} = 9\,\text{cm}$, $\overline{AC} = 8\,\text{cm}$ und $\overline{DE} = 3\,\text{cm}$, $\overline{FE} = 9\,\text{cm}$, $\overline{FD} = 7\,\text{cm}$
c) $\overline{AB} = 2\,\text{cm}$, $\overline{BC} = 6\,\text{cm}$, $\overline{AC} = 5\,\text{cm}$ und $\overline{DE} = 4\,\text{cm}$, $\overline{FE} = 6\,\text{cm}$, $\overline{FD} = 2\,\text{cm}$

Vorbereitung der Ergebnispräsentation
Jeder von euch muss in seiner Stammgruppe die hier erarbeiteten Lerninhalte präsentieren können.
Dazu ist notwendig, dass ihr
– eine übersichtliche Musterlösung der Aufgaben erstellt,
– die wesentlichen Schritte eurer Lösung erläutern und für Rückfragen zur Verfügung stehen könnt und
– einen sinnvollen, klar gegliederten Heftaufschrieb erstellt. Dieser sollte eine Überschrift, den ausformulierten Kongruenzsatz sowie eine Beispielaufgabe enthalten.

I Kongruenz

Expertengruppe 2: Kongruenzsatz sws

Problemstellung
Welche und wie viele Stücke (Seitenlänge und Innenwinkel) eines Dreiecks ABC müssen mindestens bekannt sein, damit ein kongruentes Dreieck konstruiert werden kann?

Erarbeitung
Die Länge eines Sees kann nicht direkt gemessen werden. Daher wird von Vermessungsingenieuren ein Punkt im Gelände gewählt und dessen Entfernungen zu den äußersten Punkten des Sees ermittelt. Durch Konstruktion eines passenden Dreiecks im Maßstab 1:100 000 (siehe Lageplan) soll dann die Länge des Sees bestimmt werden.

1 Folgende Dreiecke ABC stimmen mit den zwei Messwerten der Ingenieure (Maßstab 1:100 000) überein.
a) $b_1 = 6\,cm$, $c_1 = 4{,}5\,cm$, $\alpha_1 = 100°$
b) $b_2 = 6\,cm$, $c_2 = 4{,}5\,cm$, $\beta_2 = 100°$
c) $a_3 = 6\,cm$, $b_3 = 4{,}5\,cm$, $\gamma_3 = 100°$
d) $b_4 = 6\,cm$, $c_4 = 4{,}5\,cm$, $\alpha_4 = 60°$

Konstruiert diese Dreiecke und markiert die gegebenen Stücke rot.
Tipp: Achtet auf die richtige mathematische Bezeichnung. Eine Planfigur hilft dabei. Welche der Dreiecke sind kongruent zueinander, welche nicht? Woran liegt das?

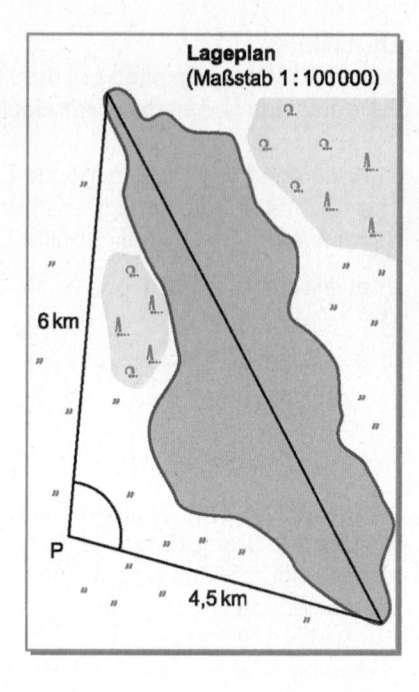

2 Welche zusätzliche Messung müssen die Ingenieure also machen, damit sich die Länge des Sees eindeutig bestimmen lässt?
Worin müssen zwei Dreiecke übereinstimmen, damit sie kongruent sind?
Formuliert einen passenden Merksatz. Nennt ihn Kongruenzsatz sws.

3 Entscheidet unter Anwendung eures Merksatzes ohne Konstruktion, ob die beiden Dreiecke ABC und A'B'C' kongruent sind.
a) $a = 3\,cm$, $b = 6\,cm$, $\gamma = 20°$ und $b' = 3\,cm$, $c' = 6\,cm$, $\alpha' = 20°$
b) $a = 2\,cm$, $b = 4\,cm$, $\gamma = 60°$ und $a' = 2\,cm$, $c' = 4\,cm$, $\alpha' = 60°$
c) $a = 1\,cm$, $b = 3\,cm$, $\gamma = 40°$ und $b' = 1\,cm$, $c' = 3\,cm$, $\alpha' = 30°$

Vorbereitung der Ergebnispräsentation
Jeder von euch muss in seiner Stammgruppe die hier erarbeiteten Lerninhalte präsentieren können.
Dazu ist notwendig, dass ihr
− eine übersichtliche Musterlösung der Aufgaben erstellt,
− die wesentlichen Schritte eurer Lösung erläutern und für Rückfragen zur Verfügung stehen könnt und
− einen sinnvollen, klar gegliederten Heftaufschrieb erstellt.
  Dieser sollte eine Überschrift, den ausformulierten Kongruenzsatz sowie eine Beispielaufgabe enthalten.

I Kongruenz

Expertengruppe 3: Kongruenzsatz wsw

Problemstellung
Welche und wie viele Stücke (Seitenlänge und Innenwinkel) eines Dreiecks ABC müssen mindestens bekannt sein, damit ein kongruentes Dreieck konstruiert werden kann?

Erarbeitung
Um ein einheitliches Bild zu erhalten, sind in einem Neubaugebiet laut Bebauungsplan nur Hausgiebel mit den Dachneigungen 35° und 60° zulässig (siehe Abbildung).

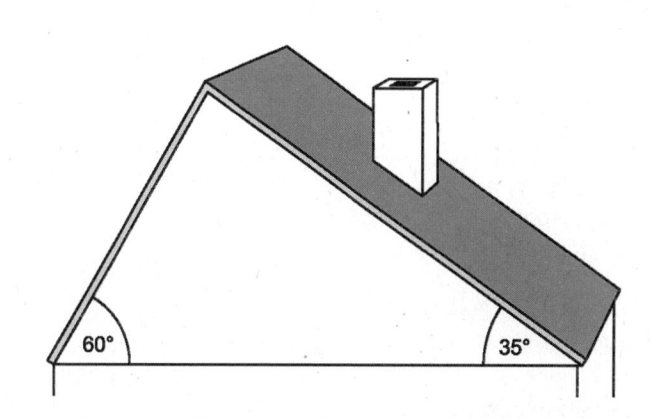

1 Folgende Dreiecke ABC erfüllen die im Bebauungsplan aufgeführten Vorschriften für Hausgiebel (Maßstab 1:100).
a) $c_1 = 8\,cm$, $\alpha_1 = 60°$, $\beta_1 = 35°$
b) $c_2 = 10\,cm$, $\alpha_2 = 60°$, $\beta_2 = 35°$
c) $a_3 = 8\,cm$, $\alpha_3 = 60°$, $\beta_3 = 35°$
d) $b_4 = 8\,cm$, $\alpha_4 = 60°$, $\gamma_4 = 35°$

Konstruiert diese Dreiecke und markiert die gegebenen Stücke rot.
Tipp: Achtet auf die richtige mathematische Bezeichnung. Eine Planfigur hilft.
Welche der Dreiecke sind kongruent, welche nicht? Woran liegt das?

2 Welche Abmessung müsste die Baubehörde zusätzlich vorschreiben, damit die Giebel aller neu gebauten Häuser gleich aussehen?
Worin müssen zwei Dreiecke übereinstimmen, damit sie kongruent sind?
Formuliert einen passenden Merksatz. Nennt ihn Kongruenzsatz wsw.

3 Entscheidet unter Anwendung eures Merksatzes ohne Konstruktion, ob die beiden Dreiecke ABC und A'B'C' kongruent sind.
a) $a = 5\,cm$, $\beta = 55°$, $\gamma = 68°$ und $b' = 5\,cm$, $\gamma' = 68°$, $\alpha' = 55°$
b) $a = 7,5\,cm$, $\alpha = 20°$, $\gamma = 110°$ und $a' = 7,5\,cm$, $\alpha' = 110°$, $\beta' = 20°$
c) $a = 8,7\,cm$, $\beta = 45°$, $\gamma = 67°$ und $b' = 8,7\,cm$, $\alpha' = 45°$, $\gamma' = 68°$

Vorbereitung der Ergebnispräsentation
Jeder von euch muss in seiner Stammgruppe die hier erarbeiteten Lerninhalte präsentieren können.
Dazu ist notwendig, dass ihr
– eine übersichtliche Musterlösung der Aufgaben erstellt,
– die wesentlichen Schritte eurer Lösung erläutern und für Rückfragen zur Verfügung stehen könnt und
– einen sinnvollen, klar gegliederten Heftaufschrieb erstellt.
Dieser sollte eine Überschrift, den ausformulierten Kongruenzsatz sowie eine Beispielaufgabe enthalten.

I Kongruenz

Expertengruppe 4: Kongruenzsatz Ssw

Problemstellung
Welche und wie viele Stücke (Seitenlänge und Innenwinkel) eines Dreiecks ABC müssen mindestens bekannt sein, damit ein kongruentes Dreieck konstruiert werden kann?

Erarbeitung
1 Gegeben sind vier Dreiecke ABC.
Worin stimmen sie jeweils mit dem abgebildeten Dreieck überein?
a) $c_1 = 3{,}6\,\text{cm}$, $a_1 = 4{,}7\,\text{cm}$, $\alpha_1 = 38°$
b) $c_2 = 3{,}6\,\text{cm}$, $a_2 = 4{,}7\,\text{cm}$, $\gamma_2 = 28°$
c) $a_3 = 4{,}7\,\text{cm}$, $b_3 = 7\,\text{cm}$, $\beta_3 = 114°$
d) $a_4 = 4{,}7\,\text{cm}$, $b_4 = 7\,\text{cm}$, $\alpha_4 = 38°$

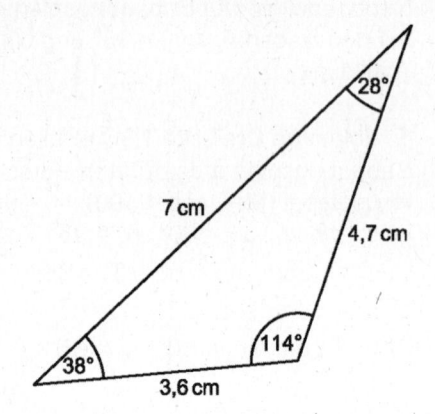

Konstruiert die Dreiecke.
Tipp: Achtet auf die richtige mathematische Bezeichnung. Eine Planfigur hilft.

Bei welcher Dreieckskonstruktion ergibt sich nur ein Dreieck?
Ist dieses zum abgebildeten Dreieck kongruent?
Bei welchen Konstruktionen ergeben sich dagegen zwei Lösungsdreiecke?
Sind sie jeweils zum abgebildeten Dreieck kongruent?

2 Stimmen zwei Dreiecke also in zwei Seiten und einem Winkel überein, so sind sie nicht unbedingt kongruent. Welche zusätzliche Bedingung muss gelten, damit dies der Fall ist?
Formuliert einen passenden Merksatz. Nennt ihn Kongruenzsatz Ssw.

3 Entscheidet, falls möglich, ohne Konstruktion unter Anwendung eures Merksatzes, ob die beiden Dreiecke ABC und A'B'C' kongruent sind oder nicht.
a) $a = 3\,\text{cm}$, $b = 6\,\text{cm}$, $\beta = 20°$ und $c' = 3\,\text{cm}$, $a' = 6\,\text{cm}$, $\alpha' = 20°$
b) $c = 2\,\text{cm}$, $b = 4\,\text{cm}$, $\gamma = 60°$ und $a' = 2\,\text{cm}$, $b' = 4\,\text{cm}$, $\alpha' = 60°$
c) $a = 1\,\text{cm}$, $b = 3\,\text{cm}$, $\beta = 40°$ und $b' = 1\,\text{cm}$, $c' = 3\,\text{cm}$, $\gamma' = 30°$

Vorbereitung der Ergebnispräsentation
Jeder von euch muss in seiner Stammgruppe die hier erarbeiteten Lerninhalte präsentieren können.
Dazu ist notwendig, dass ihr
– eine übersichtliche Musterlösung der Aufgaben erstellt,
– die wesentlichen Schritte eurer Lösung erläutern und für Rückfragen zur Verfügung stehen könnt und
– einen sinnvollen, klar gegliederten Heftaufschrieb erstellt.
  Dieser sollte eine Überschrift, den ausformulierten Kongruenzsatz sowie eine Beispielaufgabe enthalten.

I Kongruenz

Dreieckskonstruktionen am Computer

1 Dreiecksungleichung
Zeichne mit einem Geometrieprogramm eine Strecke $\overline{AB}$ der Länge 9 cm. Zeichne dann einen Kreis um B mit dem Radius 5 cm. Markiere einen beliebigen Kreispunkt und nenne ihn C. Zeichne durch Verbinden der Punkte das Dreieck ABC. Bestimme durch Messung die Länge der Dreiecksseiten.
Verändere durch Ziehen die Lage des Punktes C.
a) Wie verändert sich das Dreieck?
Notiere deine Beobachtungen.
b) Wie lang muss (darf) die Strecke $\overline{AC}$ mindestens (höchstens) sein, damit überhaupt ein Dreieck vorliegt? Begründe.

2 Der Kongruenzsatz www
Zeichne eine Strecke $\overline{AB}$ beliebiger Länge. Trage bei A den Winkel $\alpha = 20°$ und bei B den Winkel $\beta = 60°$ ab. Markiere den Schnittpunkt der beiden Schenkel und nenne ihn C. Zeichne durch Verbinden der Punkte das Dreieck ABC.
a) Wie groß ist der Winkel γ? Überprüfe deine Vermutung durch eine Messung. Miss dann auch die Weite der anderen Winkel.
b) Verändere nun durch Ziehen die Lage des Punktes B.
Welche Dreiecksgrößen verändern sich und welche bleiben gleich? Notiere deine Beobachtungen. Kann es einen Kongruenzsatz www geben? Begründe.

3 Der Kongruenzsatz Ssw
Zeichne eine Strecke $\overline{AB}$ der Länge 7 cm. Trage bei B den Winkel $\beta = 40°$ ab. Erzeuge einen Punkt R so, dass der Kreis um A durch R den Schenkel des Winkels zweimal schneidet.
Markiere die Schnittpunkte und nenne sie C_1 und C_2. Verbinde A mit den Punkten C_1 und C_2.
a) Die entstandenen Dreiecke ABC_1 und ABC_2 stimmen in zwei Seiten und einem Winkel überein. Sind sie kongruent? Begründe.
b) Bestimme durch Messung den Radius des Kreises. Verändere dann den Radius durch Ziehen am Kreispunkt R. Für welche Radien liegt nur noch ein mathematisch richtig orientiertes Dreieck ABC vor?
c) Erläutere, welcher Kongruenzsatz mit dieser Figur veranschaulicht werden kann.

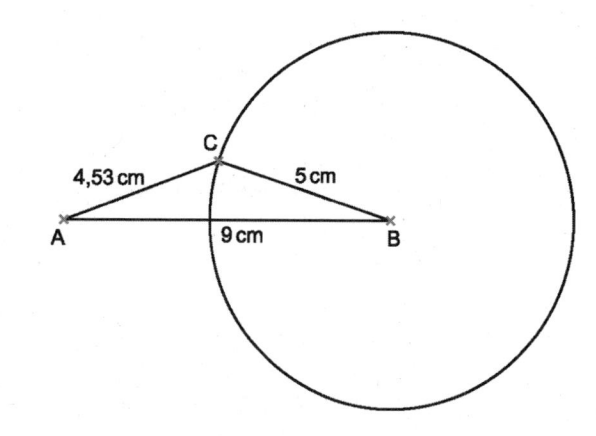

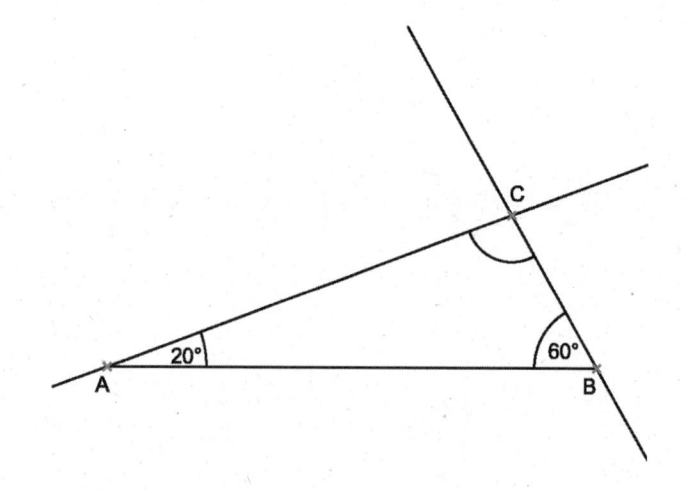

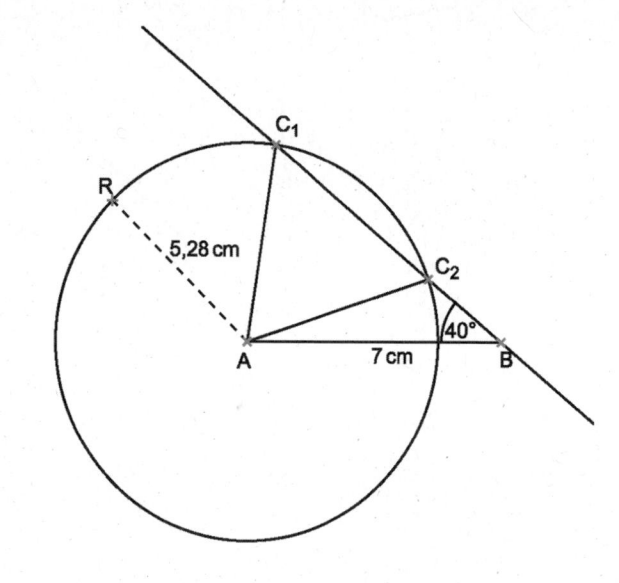

I Kongruenz

Dreieckskampf (1)

Materialbedarf: 20 Dreiecke pro Gruppe (siehe auch Kopiervorlage S 17), Schere, Zirkel, Geodreieck, Zeichenpapier

Vorbereitung: Schneide die 20 Dreiecke sorgfältig aus.

Spielbeschreibung: Die Klasse wird in Gruppen zu 2–4 Personen eingeteilt. Jede Gruppe benötigt einen Dreieckssatz. Die Dreiecke werden verdeckt auf den Tisch gelegt.
In der ersten Spielrunde zieht jeder Spieler ein Dreieck und entscheidet, ob dieses anhand der gegebenen Größen eindeutig konstruierbar ist, wobei er dies durch einen Kongruenzsatz begründen muss.
Falls ja, muss er das Dreieck mit Zirkel und Geodreieck konstruieren. Durch Auflegen des Dreiecks wird die Konstruktion kontrolliert. Bei falscher Konstruktion wird das Dreieck verdeckt zurückgelegt, bei richtiger Konstruktion hat es der Spieler gewonnen. Nicht eindeutig konstruierbare Dreiecke gelten dagegen als Joker und dürfen sofort behalten werden.
Sind alle Spieler mit ihrer Konstruktion fertig, beginnt eine neue Spielrunde. Am Ende gewinnt der Spieler mit den meisten gewonnenen Dreiecken.

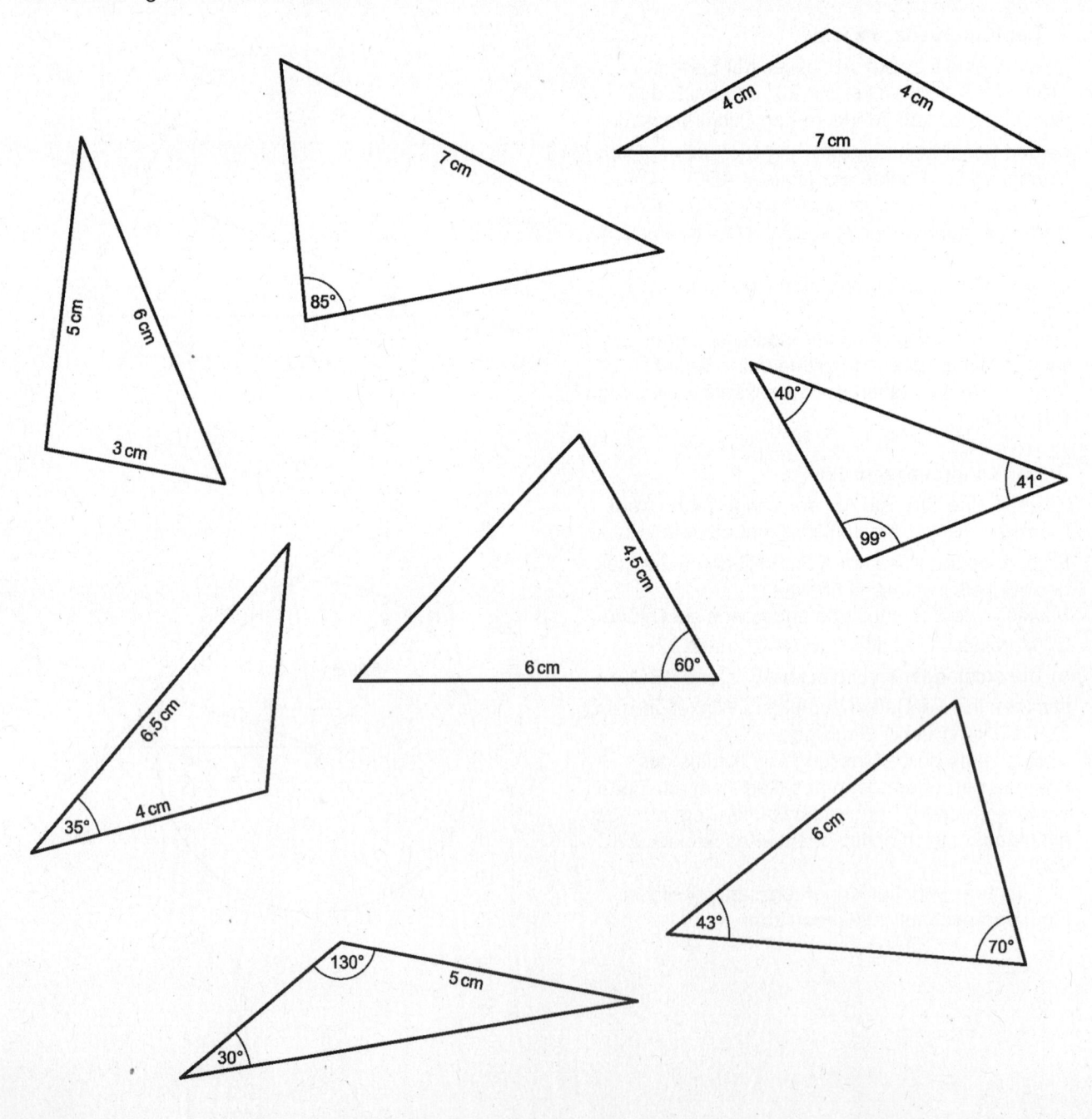

I Kongruenz

Dreieckskampf (2)

30 min Partner-/Gruppenarbeit

I Kongruenz

Das Chamäleon-Viereck

1 Konstruiere mit einem Geometrieprogramm ein Gelenkviereck mit den Seitenlängen a = 6,2 cm, b = 2,1 cm, c = 4,7 cm, d = 3,9 cm. Wie das genau funktioniert, kannst du im Schülerbuch auf Seite 27 nachlesen.
Zeichne außerdem die Diagonale e von A nach C ein und miss ihre Länge sowie die Größe des Winkels α.

2 Verändere die Länge der Diagonalen durch Ziehen und lies die Werte für α ab. Vervollständige damit die Tabelle und erstelle eine grafische Übersicht.

e in cm	α in °	e in cm	α in °
4,2		5,5	
4,3		6	
4,5		7	
5		8	

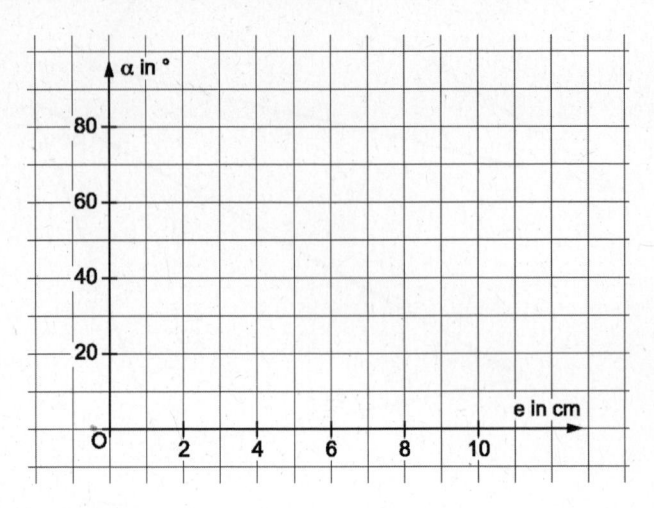

3 Wie lang bzw. kurz kann diese Diagonale höchstens werden? Konstruiere beide Fälle hier auf dem Blatt.

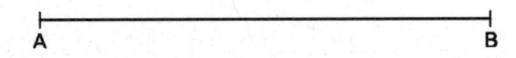

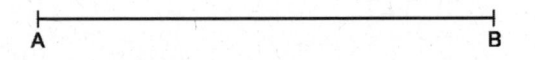

A ————————————— B   A ————————————————————— B

4 Betrachte nun die beiden Winkel α und γ. Vervollständige die Tabelle und fertige ein Diagramm an, um herauszufinden, ob ein Zusammenhang zwischen beiden Größen besteht.

γ in °	α in °	γ in °	α in °
20		120	
40		140	
60		160	
80		180	
100		200	

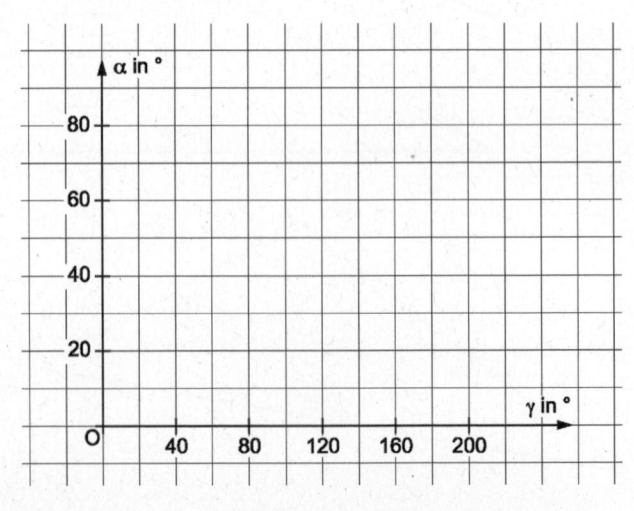

5 Welchen maximalen und welchen minimalen Wert nimmt α in etwa an? Experimentiere und notiere deine Lösungen hier auf dem Blatt.

⏱ 45 min   † Einzel-/Partnerarbeit

I Kongruenz

„Mathe ärgert mich nicht!" – Aufgabenkarten

Formuliere den Kongruenzsatz sws. ☺	Zwei Dreiecke sind kongruent, wenn sie in zwei Seiten und dem eingeschlossenen Winkel übereinstimmen.	Formuliere den Kongruenzsatz Ssw. ☺	Zwei Dreiecke sind kongruent, wenn sie in zwei Seiten und dem der längeren Seite gegenüberliegendem Winkel übereinstimmen.
Zähle alle Kongruenzsätze für Dreiecke auf. ☺	sss, wsw, Ssw, sws	Ist das Dreieck ABC mit $\alpha = 50°$, $\beta = 60°$, $c = 8$ cm eindeutig konstuierbar? Begründe. ☺☺	Ja, wegen des Kongruenzsatzes wsw.
Ist ein Dreieck ABC mit $b = 3,8$ cm, $\alpha = 35°$, $\gamma = 125°$ eindeutig konstuierbar? Begründe. ☺☺	Ja, wegen des Kongruenzsatzes wsw.	Ist ein Dreieck ABC mit $\alpha = 60°$, $\beta = 40°$, $\gamma = 80°$ eindeutig konstruierbar? Begründe. ☺☺	Nein, denn es gibt keinen Kongruenzsatz www.
Wahr oder falsch? „Zwei rechtwinklige Dreiecke sind kongruent, wenn sie in der längsten Seite und einem weiteren Winkel übereinstimmen." ☺☺	wahr	Wahr oder falsch? „Zwei Parallelogramme sind kongruent, wenn sie in zwei Seiten und einer Diagonalen übereinstimmen." ☺☺	wahr
Welche Angaben muss man kennen, um ein gleichseitiges Dreieck eindeutig konstruieren zu können? ☺☺	Nur die Seitenlänge, da alle Winkel die Größe 60° haben.	Das äußere Dreieck sei gleichseitig. Suche kongruente Dreiecke. Begründe! ☺☺☺	Die drei kleinen, hellen Dreiecke sind wegen des Kongruenzsatzes sws kongruent.

II Reelle Zahlen

π und kein Ende – Informatives und Kurioses (1)

Wie dir aus Klasse 6 bekannt ist, gibt die Kreiszahl π
das Verhältnis der Maßzahlen von Umfang und Durchmesser
eines Kreises an. Die Zahl π **ist irrational**
(1761 erstmals nachgewiesen), d.h., dass π nicht als
Bruch zweier ganzer Zahlen darstellbar ist.
Sie hat unendlich viele Dezimalstellen, die nicht periodisch sind,
und kann deshalb niemals ganz genau bestimmt werden.
Auch dein Taschenrechner gibt nur einen Näherungswert an.
Der griechische Buchstabe π wird erst seit rund 250 Jahren für die
Kreiszahl verwendet.

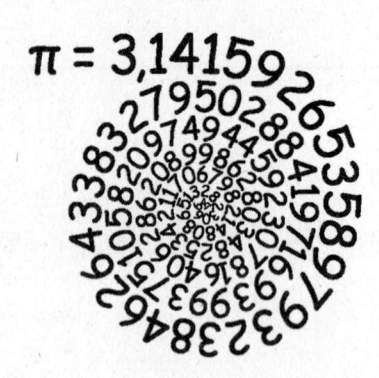

Da der Kreis in vielen Bereichen (z.B. Bildende Kunst, Technik, Tanz, Spiel, Religion, Mythos) eine Rolle spielt, geht von der den Kreis beschreibenden Zahl eine besondere Faszination aus. Man versuchte daher in allen Epochen der Mathematikgeschichte diese Zahl immer noch genauer zu erfassen.
Dies ging bald über den praktischen Nutzen hinaus. Heute dient die Berechnung von π als Leistungstest hochmoderner Computer. Seit August 2005 kennt man 1 Billion 241 Milliarden 100 Millionen Dezimalstellen, die Menge dieser Zahlen würde 120 500 Bücher mit je 1000 Seiten bzw. 1925 CDs füllen. Während du diese Zeilen liest, ist dieser Rekord vielleicht schon wieder gebrochen.

π - Gedichte

Für diejenigen, die sich die Mühe machen, einige Stellen von π auswendig zu lernen, sind π-Gedichte, die es in vielen Sprachen gibt, eine Hilfe. Jede Ziffer von π wird durch ein Wort der entsprechenden Länge ersetzt. Dadurch entstehen mehr oder weniger sinnvolle Texte, wie z.B. der folgende in Englisch als Näherung von π mit 7 Dezimalstellen:

> May I have a large container of coffee?
> 3, 1 4   1   5   9   2

In der deutschen Sprache gibt es dabei das Problem, dass es eigentlich kein Wort mit nur einem Buchstaben gibt. Der folgende Vers stammt aus dem Jahr 1878 (Weinmeister) und stellt eine Näherung von π mit 23 Dezimalstellen dar:

> Wie, o dies π macht ernstlich so vielen viele Müh! Lernt immerhin, Jünglinge,
> 3, 1 4 1   5   9   2   5   3   5   8   9
>
> leichte Verselein, wie so zum Beispiel dies dürfte zu merken sein.
> 7   9   3 2 3   8   4   6   2   6   4 ...

„Jünglinge" lässt sich dabei auch durch „Mägdelein" ersetzen, ohne dass sich die beschriebene Näherung für π ändert. Sehr viel Mühe hat sich M. Keith gemacht, als er 1996 Edgar Alan Poes Ballade „The raven" (Der Rabe) in das π-Gedicht „Near a raven" (Fast ein Rabe) verwandelt hat, das 740 Stellen von π liefert.

π -Clubs, π -Day

Die Faszination für die Zahl π führte auch zur Gründung von so genannten π-Clubs. Eine Aufnahme kann aber erst dann erfolgen, wenn man die ersten 100 Stellen von π auswendig aufsagen kann. In vielen dieser Clubs wird auch der π-Day am 14.3. (englische Schreibweise des Datums: 3/14) gefeiert.
Informiere dich über diese π-„Aktionen" im Internet und stelle sie deiner Klasse vor.

II Reelle Zahlen

π und kein Ende – Informatives und Kurioses (2)

π = 3,14159 26535 89793 23846 26433 83279 50289 41971 69399 37510 58209 74944 59230 78164 06286 20899 86280 34825 34211 70679 82148

π und alte Zeiten

1 Auf einem ägyptischen Papyrus aus der Zeit um 1650 v. Chr. hielt der Schreiber von Ahmes eine Regel fest, wie man zu einem gegebenen Kreis ein flächeninhaltsgleiches Quadrat konstruiert:
„Schneide vom Durchmesser ein Neuntel ab und mache aus dem Rest ein Quadrat!"
Der Kreis hat den Durchmesser d. Dann hat das Quadrat nach dieser Regel die Seitenlänge a = $\frac{8}{9}$d. Drücke den Inhalt des „flächengleichen" Quadrats und damit den des Kreises durch r aus. Welcher Näherungswert ergibt sich für π?
Ergänze den Näherungswert von Ahmes in der Tabelle von Aufgabe 2.

2 Vergleiche die Näherungswerte der Zahl π im Laufe der Geschichte mit der Anzeige deines Taschenrechners. Berechne jeweils die Abweichung in Prozent.

Ahmes (Ägypten)	um 1650 v. Chr.		%
Platon (Griechenland)	427–347 v. Chr.	$\sqrt{2} + \sqrt{3}$	%
Archimedes (Griechenland)	287–212 v. Chr.	$3\frac{1}{7}$	%
Ptolemäus (Griechenland)	85–165 n. Chr.	$3\frac{17}{120}$	%
Tsu Ch'ung Chi (China)	430–501 n. Chr.	$\frac{355}{113}$	%
Brahmagupta (Indien)	600 n. Chr.	$\sqrt{10}$	%
Leonardo di Pisa, gen. Fibonacci (Italien)	1170–1240	$3\frac{39}{275}$	%
François Viète, gen. Vieta (Frankreich)	1540–1603	$1,8 + \sqrt{1,8}$	%

3 Die Zahl π kann auch als Lieferant von Zufallszahlen dienen, d. h., dass jede vorstellbare Ziffernfolge irgendwo in den Stellen von π auftauchen muss.
Vielleicht findest du ja z. B. dein Geburtsdatum oder eure Telefonnummer unter den ersten 350 Dezimalstellen von π im umlaufenden Band.
Es wird sogar vermutet, dass die Dezimalstellen von π alle jemals verfassten Texte und Bücher der Welt beinhalten, würde man die Ziffern von π durch Buchstaben codieren.
Untersuche, ob unter den ersten 350 Dezimalstellen von π alle Ziffern gleich oft vorkommen.

II Reelle Zahlen

Quadratzahlen-Domino: x^2 oder $2x$?

Schneide entlang der fett gedruckten Linien aus und lege die Teile dann passend aneinander.

Start	0,36	$\left(\frac{1}{10}\right)^2$	-2,4	$2 \cdot \frac{8}{5}$	1,44	$2 \cdot 2,5$	$\frac{1}{9}$
$0,6^2$	1	$2 \cdot \frac{1}{3}$	-1,8	$1,5^2$	0,01	13^2	3,2
$2 \cdot 0,4$	$\frac{1}{5}$	$(-0,9)^2$	$\frac{2}{3}$	$2 \cdot 0,1$	169	$2 \cdot \left(-1\frac{1}{5}\right)$	289
$(-14)^2$	6,25	$\left(\frac{1}{3}\right)^2$	$\frac{4}{25}$	$(-1)^2$	$2\frac{1}{4}$	$2 \cdot \frac{3}{2}$	2,56
17^2	3	$2 \cdot \frac{3}{5}$	$\frac{64}{121}$	$\left(\frac{8}{11}\right)^2$	$\frac{4}{5}$	$2 \cdot (-0,5)$	196
$0,4^2$	$1\frac{5}{11}$	$2,5^2$	$\frac{81}{100}$	$1,9^2$	1,2	$2 \cdot \left(\frac{9}{10}\right)$	324
$(-0,5)^2$	5	$1,6^2$	$\frac{1}{4}$	$2 \cdot \frac{8}{11}$	$3\frac{4}{5}$	18^2	3,61
$2 \cdot 1,9$	-1	$(-1,2)^2$	Ziel				

II Reelle Zahlen

Geometrische Konstruktion von Wurzeln

Materialbedarf: Schere

1 Der Weg über den Flächeninhalt
Wie verdoppelt man die Fläche eines Quadrates?
Schneide zwei Quadrate mit der Kantenlänge
a = 2 cm längs der Diagonalen in zwei Hälften.
Setze die vier Hälften zu einem neuen Quadrat
zusammen.
Die Diagonalen d der kleinen Quadrate werden zu
Seitenlängen des großen Quadrates. Es gilt also
$d^2 = 8\,cm^2$. Die Zahl, die quadriert 8 ergibt, kannst
du leicht auf der Zahlengeraden darstellen: die
Diagonale auf die Zahlengerade übertragen und
ablesen: 2,8 < d < 2,9 oder –2,9 < d < –2,8.
Das große Quadrat in der Zeichnung hat doppelt so
große Seitenlängen. Was kannst du über die Länge
seiner Diagonalen sagen? Überlege entsprechend.

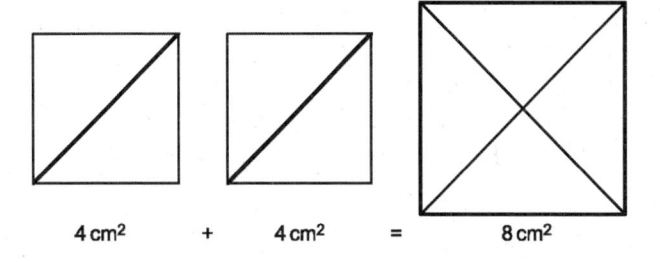

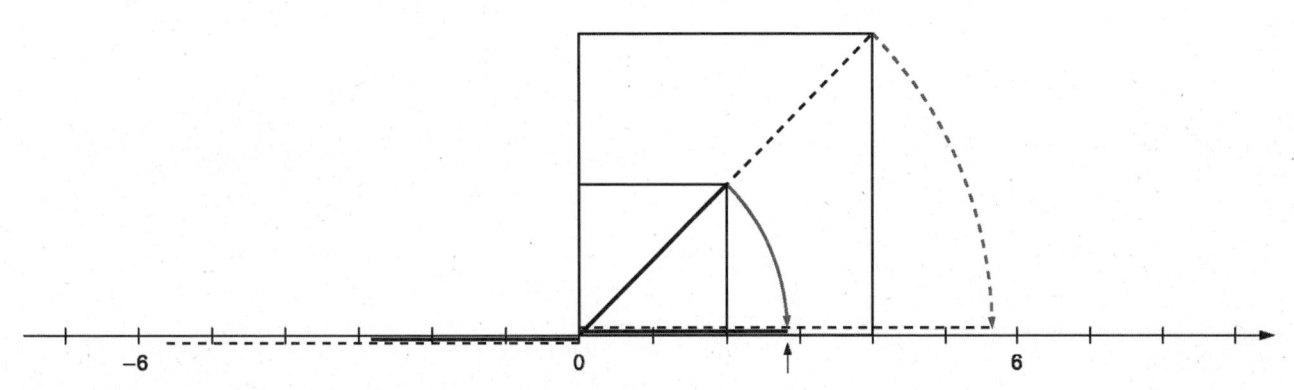

4 cm² + 4 cm² = 8 cm²

Zeichne nun selbst Quadrate mit den Kantenlängen a.
Was gilt für ihre Diagonalen? Lies ab wie oben.
a) a = 1,5 cm   b) a = 5 cm   c) a = 9 cm
Umkehrung: Konstruiere Strecken d, für die gilt:
d) $d^2 = 18\,cm^2$ e) $d^2 = 72\,cm^2$ f) $d^2 = 12,5\,cm^2$

2 Das Quadrat im Kreis
Zeichne einen Kreis mit Radius r = 3,0 cm. Konstruiere das
größtmögliche Quadrat im Kreis. Lies dessen Seitenlänge a ab.
Was kannst du mit obigen Ergebnissen über die Seitenlänge a
aussagen?
Mit diesen Vorüberlegungen kannst du folgende Aufgaben lösen:
a) Überlege dir, welchen Radius ein Kreis hat, dessen Innenquadrat
einen Flächeninhalt von 32 cm² hat. Konstruiere Kreis und Quadrat.
b) Konstruiere einen Kreis, für dessen Radius gilt: $r^2 = 18\,cm^2$.
c) Die Ergebnisse aus a und b lassen sich kombinieren:
1. Schritt: Konstruiere einen Kreis, dessen Innenquadrat die
Seitenlänge a_1 mit $a_1^2 = 12,5\,cm^2$ hat. Bestimme den Radius r_1.
2. Schritt: Nimm die Seitenlänge a_1 als Radius r_2 des nächsten Kreises.
Welche Seitenlänge a_2 hat das Innenquadrat?

Schaffst du noch einen 3. Schritt?

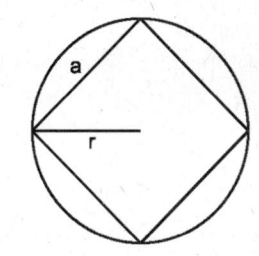

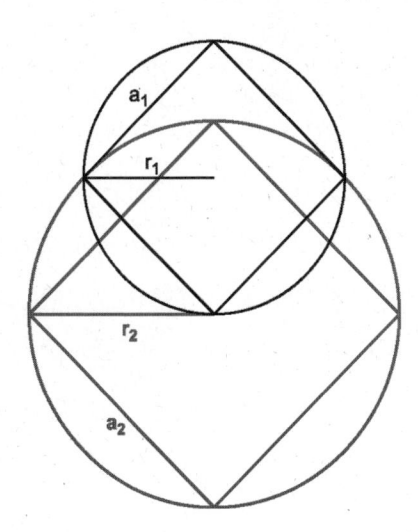

II Reelle Zahlen

Irrationale Zahlen in die Enge getrieben

Du weißt, dass man z. B. diejenige Zahl x, für die gilt $x^2 = 10$, als Dezimalzahl nicht exakt aufschreiben kann, sondern nur einen Näherungswert dafür bestimmen kann. Um solche Näherungswerte zu bestimmen, gibt es verschiedene Verfahren. Hier sollst du mit dem so genannten Intervallhalbierungsverfahren arbeiten.

Das Verfahren wird am Beispiel der Zahl x, für die gilt $x^2 = 10$, erklärt:
Diese Zahl x liegt sicher zwischen 3 und 4, denn $3^2 = 9$ (also zu klein) und $4^2 = 16$ (also zu groß). Damit erhält man auf der Zahlengeraden ein erstes Intervall.

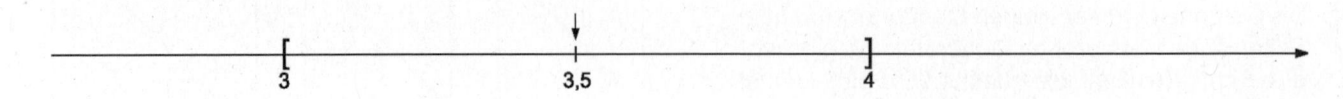

Nun geht man in die Mitte dieses Intervalls (also 3,5) und quadriert diese Zahl ($3,5^2 = 12,25$). 12,25 ist zu groß, also liegt die gesuchte Zahl zwischen 3 und 3,5. Das ist unser neues Intervall.

Nun geht man wieder in die Mitte dieses Intervalls und quadriert die Zahl ($3,25^2 = 10,5625$). Das Ergebnis ist zu groß, also liegt die gesuchte Zahl zwischen 3 und 3,25. Das ist das dritte Intervall. Wenn man diesen Vorgang fortsetzt, erhält man also immer kleinere Intervalle, in denen die gesuchte Zahl x liegen muss, das heißt, man kann die Zahl x immer genauer bestimmen.
Setze das beschriebenen Verfahren fort, indem du mithilfe deines Taschenrechners die nebenstehende Tabelle vervollständigst. Runde jeweils auf fünf Stellen hinter dem Komma.

Intervall-Nr.	linke Grenze	rechte Grenze	Mitte	Mitte quadriert
1	3	4	3,5	12,25
2	3	3,5	3,25	10,5625
3	3	3,25		
4				
5				

Diesen Algorithmus kann man auch mit einer Tabellenkalkulation durchführen.
Tipps und Hinweise:
– Nur in den weiß hinterlegten Zellen muss man Zahlen eingeben. Sonst stehen überall Formeln.
– Wenn du die Formeln nicht in jeder Zeile neu tippen möchtest, benötigst du einen so genannten absoluten Bezug für die Zelle D3. Das erreichst du so: D$3.
– In den Spalten B und C benötigst du die WENN-Funktion. Die Formel in Zelle B7 lautet z. B. =WENN(E6<D$3;D6;B6). Informiere dich in der Hilfe der Tabellenkalkulation über die Syntax der WENN-Funktion und versuche, so die Formel zu verstehen und auf die Spalte C zu übertragen.

	A	B	C	D	E
1		**Intervallhalbierung**			
2					
3	**Wir suchen die Zahl x, für die gilt: $x^2 =$**			10	
4					
5	**Intervall-Nr.**	**linke Grenze**	**rechte Grenze**	**Mitte**	**Mitte quadriert**
6	1	3	4	3,5	12,25
7	2	3	3,5	3,25	10,5625
8	3	3	3,25	3,125	9,765625

II Reelle Zahlen

Die Quadratur des Rechtecks

Du weißt, dass man z. B. diejenige Zahl x, für die gilt $x^2 = 10$, als Dezimalzahl nicht exakt aufschreiben kann, sondern nur einen Näherungswert dafür bestimmen kann. Um solche Näherungswerte zu bestimmen, gibt es verschiedene Verfahren. Hier sollst du mit dem so genannten Heronverfahren arbeiten, benannt nach dem griechischen Mathematiker Heron (ca. 20–62). Die Idee besteht darin, in Gedanken Rechtecke zu konstruieren, die den Flächeninhalt 10 haben. Wenn diese Rechtecke immer „quadratischer" werden, so liefern die Seitenlängen a und b des Rechtecks einen guten Näherungswert für x.

Das Verfahren wird am Beispiel der Zahl x, für die gilt $x^2 = 10$, erklärt:
Als Startwert für die Seite a wählt man eine beliebige Zahl, z. B. a = 1.
Da das Rechteck den Flächeninhalt 10 haben soll, gilt dann für die Seite b = 10.
Für die neue Seite a wird gerade die Mitte der beiden vorherigen Seitenlängen gewählt, also
a = (1+10) : 2 = 5,5. Damit erhält man für die Seite b = 10 : 5,5 = $\frac{20}{11}$.

Die neue Seite a wird wieder als Mittelwert aus den vorherigen Seitenlängen berechnet usw.
Setze das beschriebene Verfahren fort, indem du mithilfe des Taschenrechners die untenstehende Tabelle vervollständigst. Runde jeweils auf fünf Stellen hinter dem Komma.

Rechteck-Nr.	Seite a	Seite b	Mittelwert
1	1	10	5,5
2	5,5	1,81818	
3			
4			
5			

Diesen Algorithmus kann man auch mit einer Tabellenkalkulation durchführen.

Tipps und Hinweise:
– Nur in den Zellen D4 und B7 stehen Zahlen, die man verändern kann. Alle anderen Zahlen werden mithilfe von Formeln berechnet.
– Wenn du die Formel in Spalte B nicht in jeder Zeile neu tippen, sondern kopieren möchtest, so benötigst du einen so genannten absoluten Bezug für die Zelle D4. Das erreichst du mit dem $-Zeichen: D$4.

	A	B	C	D
1				
2		Heron-Verfahren		
3				
4		Wir suchen die Zahl x, für die gilt: x^2 =		10
5				
6	Rechteck Nr.	Seite a	Seite b	Mitte
7	1	1	10	5,5
8	2	5,5	1,818181818	3,659090909

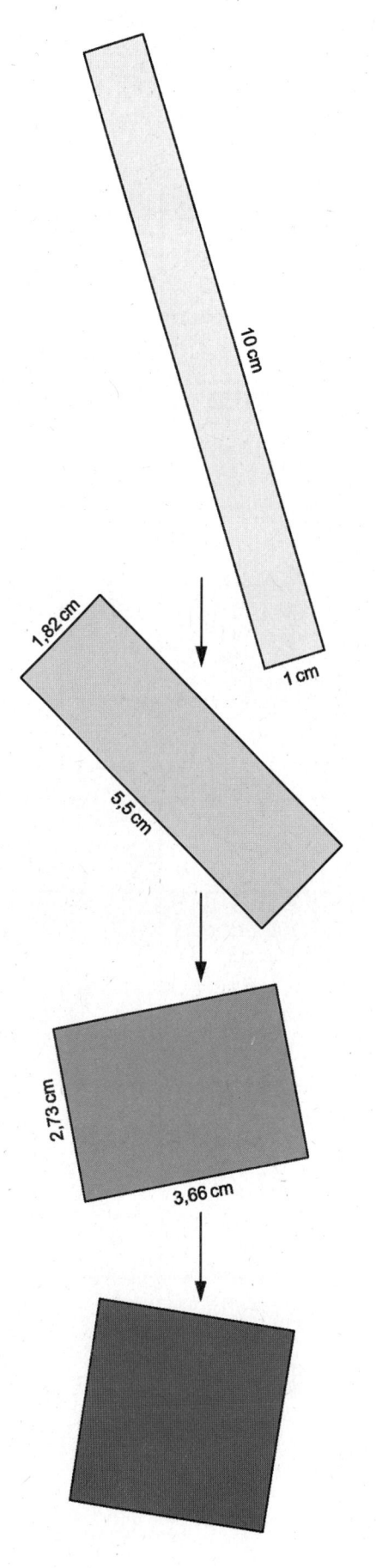

II Reelle Zahlen

Quadratwurzel-Puzzle: Radixt noch mal! (1)

Schneide die Puzzleteile entlang der fett gedruckten Linien aus und lege sie dann passend auf das Lösungsblatt (Seite S 27).

$\sqrt{1{,}96}$	$\sqrt{0{,}49}$	$\sqrt{361}$	$(-\sqrt{2{,}25})^2$	$\sqrt{0{,}36}$	$-\sqrt{0{,}81}$
$\sqrt{\sqrt{256}}$	$\sqrt{400}$	$\sqrt{\dfrac{4}{25}}$	$\sqrt{1\,000\,000}$	$\sqrt{2\dfrac{1}{4}}$	$\sqrt{-4}$
$(\sqrt{1{,}44})^2$	$\sqrt{(-49)^2}$	$\sqrt{0{,}25}$	$\sqrt{(4{,}9)^2}$	$-(\sqrt{2{,}5})^2$	$\sqrt{0{,}01}$
$\sqrt{0}$	$\sqrt{\sqrt{10\,000}}$	$\sqrt{1{,}69}$	$\sqrt{289}$	$\sqrt{6{,}25}$	$\sqrt{3\dfrac{6}{25}}$
$\sqrt{\dfrac{9}{16}}$	$\sqrt{1}$	$(\sqrt{6{,}4})^2$	$\sqrt{3\dfrac{1}{16}}$	$-(\sqrt{0{,}75})^2$	$(-\sqrt{0{,}25})^2$
$\sqrt{1{,}21}$	$\sqrt{\sqrt{81}}$	$\sqrt{1{,}44}$	$\sqrt{32400}$	$-\sqrt{121}$	$-(\sqrt{2{,}25})^2$
$\sqrt{-0{,}09}$	$-\sqrt{\dfrac{49}{196}}$	$\sqrt{64}$	$\sqrt{0{,}0025}$	$\sqrt{0{,}04}$	$\sqrt{\sqrt{625}}$

30 min   Einzel-/Partnerarbeit

II Reelle Zahlen

Quadratwurzel-Puzzle: Radixt noch mal! (2)

Lege die ausgeschnittenen Puzzleteile von Seite S 26 passend auf dieses Lösungsblatt.

$\frac{1}{4}$	−0,9	10	$1\frac{3}{4}$	1,4	4
$-\frac{3}{4}$	2,5	$2\frac{1}{4}$	0,4	Nicht lösbar!	−2,5
0,5	8	$\frac{1}{10}$	1,1	1,8	1,5
49	1,44	0,7	19	20	1,3
1	17	1,2	$\frac{1}{20}$	0,6	Nicht lösbar!
180	6,4	−0,5	1000	4,9	−2,25
−11	0,75	$\frac{1}{5}$	0	5	3

II Reelle Zahlen

Rechnen mit Intervallschachtelungen (1)

1 Irrationale Zahlen als Intervallschachtelungen
Von der Zahl x, für die $x^2 = 2$ gilt, kennst
du die Näherungen
$$1 < x < 2$$
$$1{,}4 < x < 1{,}5$$
$$1{,}41 < x < 1{,}42$$
$$\ldots \quad \ldots$$

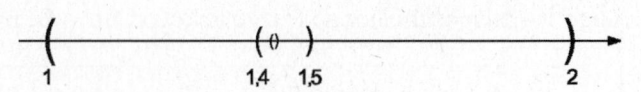

x ist also in immer enger werdende Intervalle eingeschlossen, von denen das nachfolgende im vorangehenden enthalten ist.
Dieses nennt man eine **Intervallschachtelung**.

Wenn dadurch eine Zahl eindeutig festgelegt ist, kann man schreiben:

$$\sqrt{2} = \begin{pmatrix} 1 < x < 2 \\ 1{,}4 < x < 1{,}5 \\ 1{,}41 < x < 1{,}42 \\ 1{,}414 < x < 1{,}415 \end{pmatrix} \text{ oder } \sqrt{3} = \begin{pmatrix} 1 < x < 2 \\ 1{,}7 < x < 1{,}8 \\ 1{,}73 < x < 1{,}74 \\ 1{,}732 < x < 1{,}733 \end{pmatrix}$$

(Die Intervalle sind natürlich nach unten beliebig oft fortgesetzt zu denken.)

Ermittle selbst mit dem TR diese Darstellung für $\sqrt{\frac{3}{5}}$.

Du hast dich vielleicht schon gefragt, welchen Sinn diese umständliche Schreibweise von Zahlen macht. Die Antwort heißt: Sie ist nützlich um zu verstehen, ob überhaupt und wie man mit irrationalen Zahlen rechnen kann. Was bedeutet $\sqrt{2} + \sqrt{3}$ oder $\sqrt{2} \cdot \sqrt{3}$ genau?

2 Wie man damit rechnet
(Eine der Teilaufgaben b, c oder d kannst du auslassen.)
a) Die Addition
Am Beispiel der Addition von $\sqrt{2}$ und $\sqrt{5}$ lernst du, wie man vorgehen kann:

$$\begin{pmatrix} 1 < x < 2 \\ 1{,}4 < x < 1{,}5 \\ 1{,}41 < x < 1{,}42 \\ 1{,}414 < x < 1{,}415 \end{pmatrix} + \begin{pmatrix} 2 < x < 3 \\ 2{,}2 < x < 2{,}3 \\ 2{,}23 < x < 2{,}24 \\ 2{,}236 < x < 2{,}237 \end{pmatrix} = \begin{pmatrix} 1+2 < x < \\ \\ \\ \end{pmatrix} = \begin{pmatrix} < x < \\ \\ \\ \end{pmatrix}$$

Da $\sqrt{2} > 1$ und $\sqrt{5} > 2$ gilt, ist die Summe sicher größer als 3. Entsprechendes gilt für die rechten Grenzen der Intervalle. Verdeutliche dir dies an der Zahlengeraden.

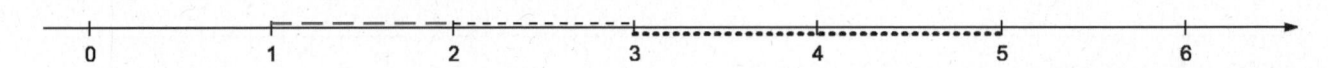

Berechne nun die ersten vier Intervallgrenzen der Summe.
Ist das Ergebnis eine Zahl? Dies ist dann der Fall, wenn sich die Intervalle auf einen Punkt der Zahlengeraden zusammenziehen. Dazu müssen die zwei folgenden Bedingungen erfüllt sein:

> I   Jedes Intervall liegt immer im vorangehenden.
> II   Die Intervalllänge wird beliebig klein.

Untersuche dies am obigen Beispiel in vier Schritten:
− Schreibe die Intervalllängen der ersten vier Intervalle neben das Ergebnis.
− Begründe, dass die Intervalllängen weiterhin auf die gleiche Art kleiner werden.
− Vergewissere dich, dass die ersten vier Intervalle die Bedingung I erfüllen.
− Begründe, dass dies auch alle folgenden Intervalle erfüllen, indem du beschreibst, wie sich die linken und rechten Grenzen ändern.

Berechne auf die gleiche Weise die Summe $\sqrt{7} + \sqrt{\frac{3}{5}}$.

II Reelle Zahlen

Rechnen mit Intervallschachtelungen (2)

b) Die Subtraktion
Bei der Subtraktion musst du wieder neu überlegen – am besten mithilfe der Zahlengeraden – wie die Intervalle der Differenz entstehen. Am Beispiel $\sqrt{19} - \sqrt{3}$ siehst du: Da $\sqrt{19} > 4$ und $\sqrt{3} < 2$ ist, ist $\sqrt{19} - \sqrt{3} > 4 - 2 = 2$. Überlege entsprechend für die rechte Seite des Intervalls und rechne dann die ersten vier Intervalle aus. Überprüfe auch die Bedingungen I und II in den vier angegebenen Schritten.

Löse auch die Aufgabe $\sqrt{5} - \sqrt{21}$. Überlege die Vorgehensweise wieder zuerst anhand der Zahlengeraden und trage dort die drei Intervalle mit Farbe ein.

```
—+————+————+————+————+——⊢------⊣————+————+————+—→
  -4        -2         0         2         4         6
```

Überprüfe die Bedingung II mit dem dritten und vierten Schritt.

c) Die Multiplikation
Die Überlegungen beginnen mit der Frage: Über/unter welcher ganzzahligen Grenze liegt das Ergebnis?
Berechne:

$$\sqrt{5} \cdot \sqrt{19} = \begin{pmatrix} 2 < x < 3 \\ 2{,}2 < x < 2{,}3 \\ 2{,}23 < x < 2{,}24 \\ 2{,}236 < x < 2{,}237 \end{pmatrix} \cdot \begin{pmatrix} 4 < x < 5 \\ 4{,}5 < x < 4{,}6 \\ 4{,}58 < x < 4{,}59 \\ 4{,}582 < x < 4{,}583 \end{pmatrix} = \begin{pmatrix} \text{Erkläre hier den} \\ \text{Rechenweg} \\ \text{(Zahlengerade)} \end{pmatrix} = \begin{pmatrix} \\ \\ \\ \end{pmatrix}$$

Runde an der linken Grenze immer ab, an der rechten immer auf; in der ersten Zeile auf ganze Zahlen, sonst auf so viele Stellen, wie die Ausgangszahlen haben.

Rechne noch besondere Beispiele wie $\sqrt{5} \cdot \sqrt{5}$ und $\sqrt{3} \cdot \sqrt{12}$ und leite daraus Rechengesetze ab.

d) Die Division
Die Division von Intervallschachtelungen ist schon eine Herausforderung. Überlege das Beispiel $\sqrt{19} : \sqrt{5}$ anhand der Zahlengeraden:

Wenn $4 < \sqrt{19} < 5$ und $2 < \sqrt{5} < 3$, dann ist der Quotient sicher größer als ... und kleiner als ...
In Kurzschreibweise:

$$\begin{pmatrix} 4; 5 \\ 4{,}3; 4{,}4 \\ 4{,}35; 4{,}36 \\ 4{,}358; 4{,}359 \end{pmatrix} : \begin{pmatrix} 2; 3 \\ 2{,}2; 2{,}3 \\ 2{,}23; 2{,}24 \\ 2{,}236; 2{,}237 \end{pmatrix} = \begin{pmatrix} \text{Erkläre hier den} \\ \text{Rechenweg} \end{pmatrix} = \begin{pmatrix} \text{Runde} \\ \text{wie in Teilaufgabe c} \end{pmatrix}$$

Rechne auch das Beispiel $\sqrt{3} : \sqrt{\frac{3}{5}}$. Bei der Rechnung gibt es ein Problem, das du sicher lösen kannst.

Fällt dir am Ergebnis etwas auf? Damit und mit weiteren Beispielen wie $\sqrt{20} : \sqrt{5}$ und $\sqrt{\frac{2}{3}} : \sqrt{\frac{3}{2}}$ kannst du Rechenregeln für die Division von Wurzeln finden.

3 Der Überblick

Du hast ein anspruchsvolles Arbeitsblatt bearbeitet. Es zeigte, wie man in der Mathematik mit neuen Zahlen umgeht. Nach dessen Definition – hier durch Intervallschachtelungen – war zu zeigen, dass die üblichen Rechenarten wie Addition, Subtraktion, Multiplikation und Division durchgeführt werden können. Was noch fehlt, ist der Nachweis, dass man auf diese Art auch zum Beispiel eine rationale Zahl mit einer irrationalen multiplizieren kann und dass die bisherigen Rechengesetze wie zum Beispiel das Assoziativgesetz weiter gelten. Die Gültigkeit der Gesetze hast du schon gezeigt, da du oben immer mit abbrechenden Dezimalzahlen, also mit rationalen Zahlen, gerechnet hast. Außerdem kann man auch jede rationale Zahl als Intervallschachtelung darstellen:

$$\frac{2}{3} = \begin{pmatrix} 0 < x < 1 \\ 0{,}6 < x < 0{,}7 \\ 0{,}66 < x < 0{,}67 \\ ... \end{pmatrix} \text{ oder } \frac{1}{4} = \begin{pmatrix} 0 < x < 1 \\ 0{,}2 < x < 0{,}3 \\ 0{,}25 < x < 0{,}26 \\ ... \end{pmatrix}$$

wenn man in der Bedingung I auch gleiche Grenzen zulässt.

II Reelle Zahlen

Rechnen mit reellen Zahlen

1 Welche Terme sind gleichwertig? Rechne im Heft und male dann die entsprechenden Kästchen mit der gleichen Farbe aus.

$\sqrt{3} \cdot \sqrt{12}$	1,4	$\sqrt{21} \cdot \sqrt{\frac{2}{3}}$	$\sqrt{50} \cdot \sqrt{\frac{1}{8}}$	0,6
2	$\sqrt{8} \cdot \sqrt{0,5}$	6	$\sqrt{180} : \sqrt{45}$	$\sqrt{4,9} \cdot \sqrt{0,4}$
$\sqrt{7} \cdot \sqrt{28}$	2,5	$\sqrt{18} : \sqrt{50}$	14	$\frac{\sqrt{27}}{\sqrt{15} \cdot \sqrt{5}}$
$\sqrt{72} : \sqrt{2}$	$\sqrt{30} \cdot \sqrt{1,2}$	$\sqrt{0,1} \cdot \sqrt{3,6}$	$\sqrt{15} \cdot \sqrt{\frac{5}{12}}$	$\sqrt{14}$

2 Vereinfache die Terme durch teilweises Wurzelziehen der Reihe nach immer von links nach rechts. Notiere zur Kontrolle in der Reihenfolge der bearbeiteten Terme die zur Lösung gehörenden Buchstaben.

A	$2\sqrt{3}$	$\sqrt{18}$	$\sqrt{48} + \sqrt{3}$	$\sqrt{\frac{9}{2}}$	$3\sqrt{11}$	I
B	$3\sqrt{\frac{1}{2}}$	$6\sqrt{2} - \sqrt{18}$		$\sqrt{2} + \sqrt{128}$	$4\sqrt{3}$	M
C	$\frac{1}{7}\sqrt{10}$	$\sqrt{288}$	$\sqrt{27} + \sqrt{3}$	$\sqrt{12}$	$9\sqrt{2}$	N
D	$\frac{1}{3}\sqrt{5}$	$\sqrt{\frac{10}{49}}$	$\sqrt{363}$	$\sqrt{45}$	$\sqrt{\frac{5}{9}}$	$7\sqrt{2}$	R
E	$5\sqrt{3}$	$8\sqrt{3} - \sqrt{27}$	$\sqrt{162}$	$\sqrt{48}$	$2\sqrt{7}$	S
G	$12\sqrt{2}$	$\sqrt{27} + \sqrt{12}$	$\sqrt{99}$	$\sqrt{28}$	$3\sqrt{5}$	T
H	$11\sqrt{3}$	$5\sqrt{5} - \sqrt{20}$	$\sqrt{75}$	$\sqrt{98}$	$3\sqrt{2}$	U

3 Vereinfache die Terme und streiche die Lösungen unten ab.

$\sqrt{3} \cdot (\sqrt{12} - \sqrt{3})$	$11\sqrt{7} - 4\sqrt{7}$	$\sqrt{2} \cdot (\sqrt{32} + \sqrt{18})$	$3\sqrt{5} + \sqrt{20}$
$10\sqrt{3} - 3\sqrt{12}$	$\sqrt{2} \cdot (\sqrt{12,5} + \sqrt{24,5})$	$5\sqrt{18} - 2\sqrt{8}$	$\sqrt{7} \cdot (\sqrt{28} - \sqrt{7})$
$\sqrt{5} \cdot (\sqrt{45} - \sqrt{20})$	$\sqrt{45} + \sqrt{5}$	$\sqrt{6} \cdot (\sqrt{24} + \sqrt{13,5})$	$\sqrt{28} - \sqrt{7}$

2	$\sqrt{7}$	3	5	$2\sqrt{11}$	$4\sqrt{3}$	7	$4\sqrt{5}$	$5\sqrt{5}$	12	$5\sqrt{7}$	14	$11\sqrt{2}$	$7\sqrt{7}$	21
A	B	C	D	U	V	W	P	Q	R	S	T	X	Y	Z

und Ende!

II Reelle Zahlen

Quadromino – Rechnen mit Wurzeln

Schneide die 20 Quadrate aus und lege die Kärtchen so zusammen, dass nebeneinanderliegende Terme gleichwertig sind.

	$5\sqrt{3}$		$11\sqrt{3}$		5		9	
$\sqrt{3}$	**S**	$-\sqrt{32}$	$-\sqrt{5}$	**N**	$\sqrt{0{,}18}+\sqrt{0{,}08}$	**C**	$\sqrt{0{,}5}+\sqrt{4{,}5}$	**B**	6
			$\sqrt{18}+\sqrt{8}$		$\sqrt{5}-\sqrt{20}$		$-3\sqrt{3}-2\sqrt{3}$	

	$3\sqrt{3}$		$5\sqrt{2}$				$-\sqrt{5}$	
	E	$(\sqrt{32}+\sqrt{72}):\sqrt{2}$	0	**A**	$4\sqrt{5}-1{,}5\sqrt{5}$	-10	**T**	$\sqrt{0{,}5}(\sqrt{8}-\sqrt{18})$	**I**	$\sqrt{48}-\sqrt{27}$
$(\sqrt{20}+\sqrt{45}):\sqrt{5}$			$(-\sqrt{48}-\sqrt{75}):\sqrt{3}$		$\sqrt{8}-\sqrt{2}$			

			$4\sqrt{3}$		$6\sqrt{5}$		-9	
	A	$-3\sqrt{5}+\sqrt{5}$	$-3\sqrt{5}$	**I**	$\sqrt{2{,}42}+\sqrt{0{,}32}$	$2\sqrt{2}$	**L**	$2\sqrt{3}-0{,}5\sqrt{48}$	$-4\sqrt{2}$	**S**	$\sqrt{50}-\sqrt{98}$
$\sqrt{450}$			$(-\sqrt{72}+\sqrt{24{,}5})\sqrt{2}$		$2\sqrt{3}+3\sqrt{3}$			

	$-4\sqrt{3}$				$-5\sqrt{2}$		-5	
$2{,}5\sqrt{5}$	**R**	$-2\sqrt{5}$	$-2\sqrt{5}$	**N**	$(\sqrt{5}-\sqrt{45})\sqrt{5}$	$-2\sqrt{2}$	**A**	10	**N**	$-1{,}5\sqrt{5}+0{,}5\sqrt{5}$
$-\sqrt{50}$			$5\sqrt{3}-\sqrt{3}$				$\sqrt{180}$	

			$15\sqrt{2}$		$\sqrt{2}$		$-5\sqrt{3}$	
-1	**O**		$-2\sqrt{5}-\sqrt{5}$	**N**	$1{,}5\sqrt{2}$	**A**	$(\sqrt{2}+\sqrt{8}):\sqrt{0{,}5}$	$0{,}5\sqrt{2}$	**I**	
$\sqrt{3}(\sqrt{75}-\sqrt{12})$			$\sqrt{12}+\sqrt{3}$		$\sqrt{363}$		$-6\sqrt{3}+2\sqrt{3}$	

II Reelle Zahlen

DIN-Formate

Materialbedarf: DIN-A3/A4-Blätter, Schere

1 Faltungen

a) Falte ein DIN-A4-Blatt so, dass die langen Seiten halbiert werden. Schneide entlang der Faltlinie ab. Damit hast du zwei DIN-A5-Blätter. Verfahre mit einem dieser Blätter wieder so. Auf diese Weise bekommst du die nächstkleineren Formate A6, A7, A8, A9. Lege die Blätter übereinander wie in der Figur 1 nebenan.
b) Falte ein DIN-A4-Blatt so, dass ein Quadrat entsteht (1). Falte die lange Seite des Blattes auf die Diagonale (2). Du siehst (Fig. 2), die lange Seite des Blattes ist genauso lang wie die Diagonale des gefalteten Quadrates. DIN-Formate sind also Rechtecke aus Quadratseite und deren Diagonale.

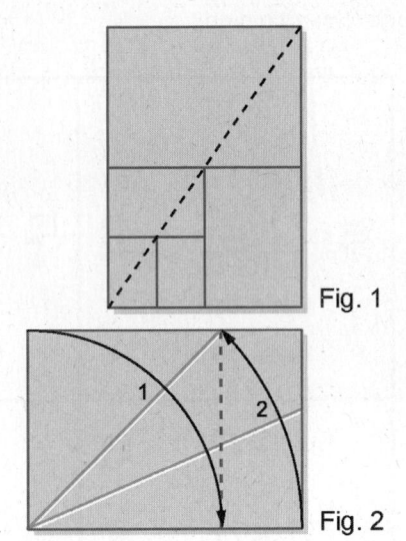

Fig. 1

Fig. 2

2 Beziehungen

Deine Aufgabe ist es nun, die Beobachtungen aus beiden Faltungen als Beziehungen zwischen den Seitenlängen a und b zu formulieren.
Zur 1. Faltung: Wenn das A4-Blatt die Länge a_4 und die Breite b_4 hat,
dann gilt für A5:   Länge a_5 = _____ und Breite b_5 = _____.
Drücke dies auch allgemein in Worten aus.
Zur 2. Faltung: Die Länge der Diagonalen eines Quadrates kennst du von Schülerbuch Seite 54 Aufgabe 6. Gib die Beziehung zwischen Länge a und Breite b in einer Formel an:
a = _____.

Zur eindeutigen Festlegung der DIN-A-Formate wurde noch festgelegt: Der Flächeninhalt des DIN-A0-Blattes beträt 1 m².
Daraus kannst du jetzt die Seitenlängen der DIN-A-Blätter berechnen. Beginne mit A0:

$a_0 \cdot b_0 = 1\,m^2 = 1\,000\,000\,mm^2$; $\sqrt{2} \cdot b_0 \cdot b_0 = 1\,000\,000\,mm^2$
b_0 = _____.

Mit weiteren Überlegungen kannst du aus diesem Ergebnis die Maße der anderen DIN-A-Blätter berechnen. Benutze dazu ein separates Blatt und notiere deine Ergebnisse in der Tabelle Fig. 3 und kontrolliere deine Ergebnisse anhand eines A4-Blattes.

DIN	Länge	Breite
A0		
A1		
A2		
A3		
A4		
A5		

Fig. 3

3 Anwendungen

Zeichne das Schrägbild eines Würfels mit der Kantenlänge 74 mm. Konstruiere die wahre Größe der diagonalen Schnittfläche (Fig. 4). Um welches Format handelt es sich?

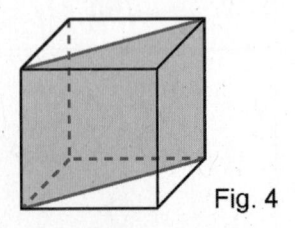

Fig. 4

4 Taschen und Hüllen

Die Versandtaschen und Briefhüllen für DIN-A-Formate müssen etwas größer sein. Sie sind im DIN-C-Format festgelegt mit gleichem Seitenverhältnis wie DIN A.
Die Versandtasche DIN C4 für ungeknickte DIN-A4-Blätter hat die Maße 324 mm x 229 mm.
a) Bestimme den Vergrößerungsfaktor.
b) Berechne die Seitenlängen der beiden nächstkleineren DIN-C-Formate.

II Reelle Zahlen

„Mathe ärgert mich nicht!" – Aufgabenkarten

Aufgabe	Lösung	Aufgabe	Lösung
Wahr oder falsch? $\sqrt{0{,}25}$ ist eine rationale Zahl. ☺	Wahr, denn $\sqrt{0{,}25} = 0{,}5$.	Ist $\sqrt{5^2 - 4^2}$ irrational? ☺☺	Nein, denn $\sqrt{9} = 3$.
Wie groß ist die Kantenlänge eines Würfels mit dem Oberflächeninhalt $O = 13{,}5\,dm^2$? ☺☺☺	$a = 1{,}5\,dm$	Berechne: $\sqrt{14400}$ ☺	120
Berechne: $\sqrt{-6{,}25}$ ☺	Nicht lösbar!	Löse: $x^2 = 169$ ☺	13 und −13
Berechne: $\dfrac{\sqrt{50}}{\sqrt{0{,}1}} \cdot \sqrt{0{,}2}$ ☺☺	10	Ziehe teilweise die Wurzel. $\sqrt{363}$ ☺☺	$\sqrt{121 \cdot 3} = 11\sqrt{3}$
Tina hat die Länge und die Breite ihres Schreibtisches gemessen ($a = 1{,}1\,m$, $b = 0{,}8\,m$). Wie groß ist die Arbeitsfläche? ☺☺	$A = 0{,}9\,m^2$	Die Diagonale eines Quadrates ist $\sqrt{18}$ cm lang. Bestimme die Seitenlänge des Quadrates. ☺☺☺	$a = \sqrt{9}$ cm $= 3$ cm

⏱ 30 min † Partner-/Gruppenarbeit

III Quadratische und andere Funktionen

Volle Kanne

1 Im folgenden Bild siehst du verschiedene 30 cm hohe Blumenvasen. Sie werden unter einen Wasserhahn gestellt, aus dem das Wasser gleichmäßig heraus fließt.

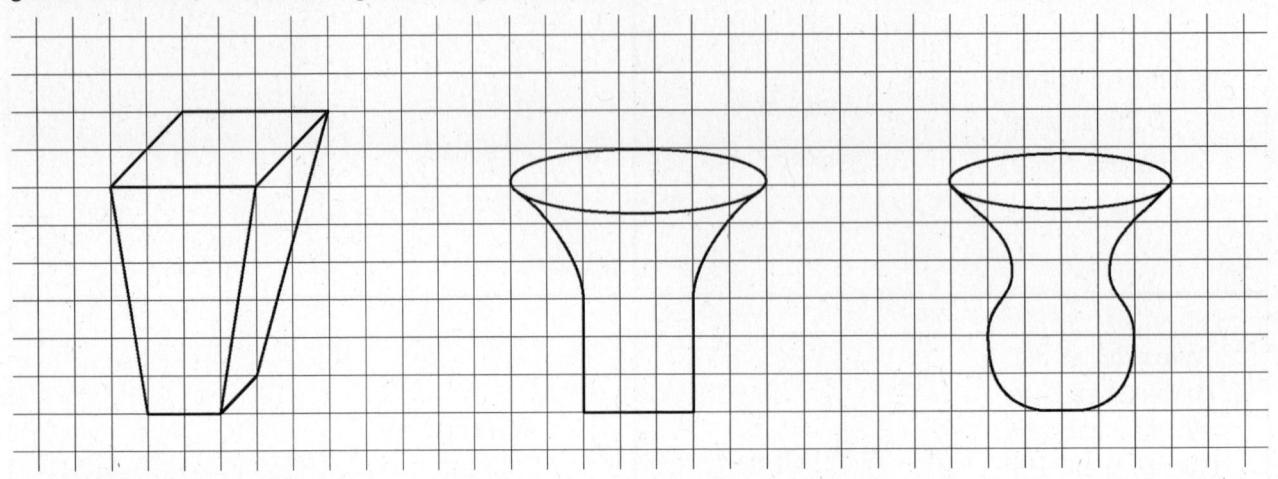

a) Beschreibe jeweils in ganzen Sätzen, wie die Wasserhöhe in den einzelnen Vasen in Abhängigkeit von der Zeit ansteigt.
b) Skizziere zu jeder Vase einen Graphen, der darstellt, wie sich die Wasserhöhe in der Vase im Laufe der Zeit entwickelt.
c) Zeichne eine weitere Vase und einen dazu passenden Graphen wie in b.

2 Du siehst drei Graphen, die bei gleichmäßig zulaufendem Wasser darstellen, wie sich die Wasserhöhe h in verschiedenen 30 cm hohen Blumenvasen im Laufe der Zeit t entwickelt.

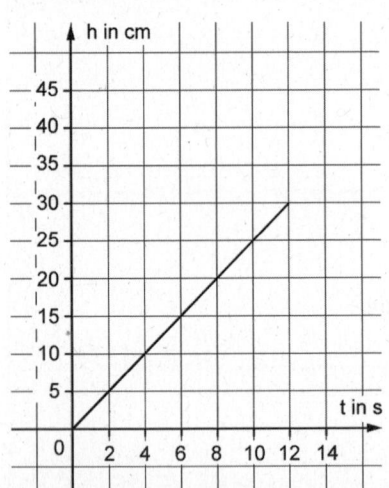

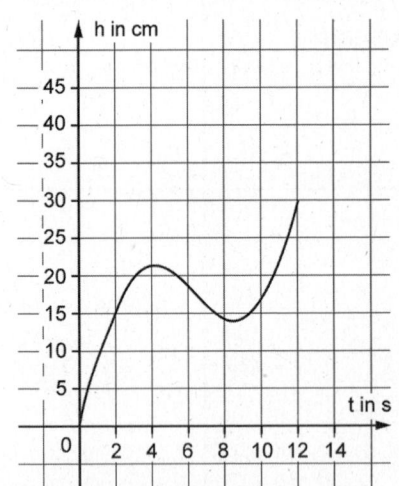

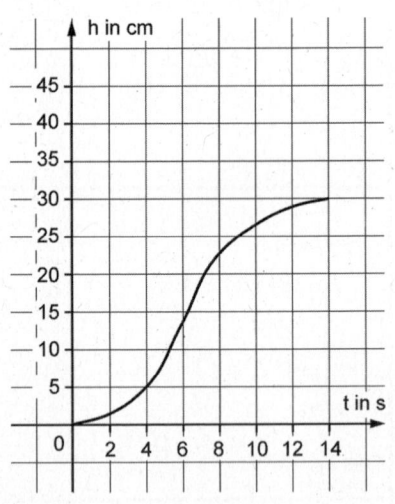

a) Zu einem der Graphen existiert keine Vase. Begründe.
b) Zeichne zu den beiden anderen Graphen eine passende Vase.
c) In welche der beiden Vasen passt mehr Wasser? Begründe.
d) Erläutere in ganzen Sätzen, wie sich die **Geschwindigkeit des Wasseranstiegs** in den beiden Vasen mit der Zeit entwickelt.

III Quadratische und andere Funktionen

Eigenschaften linearer Funktionen

1 Funktionsgleichungen und ihre Graphen
Ergänze die unten stehende Tabelle.

Funktion	Graph	Änderungsverhalten
(1) $y = 2x - 2$		Wenn der x-Wert um 1 zunimmt, dann nimmt der y-Wert um _____
(2) $y = \frac{1}{2}x + 2$		Wenn der x-Wert um 2 zunimmt, dann nimmt der y-Wert um _____
(3) $y = x^2$		Dem doppelten x-Wert wird der _____ y-Wert zugeordnet.
(4) $y = \frac{3}{4}x$		Wenn der x-Wert um 4 zunimmt, dann nimmt der y-Wert um _____
(5) $y = \frac{1}{x}$		Dem doppelten x-Wert wird der _____ y-Wert zugeordnet.
(6) $y = -\frac{5}{2}x$		Wenn der x-Wert um 2 zunimmt, dann nimmt der y-Wert um _____

2 Eigenschaften

a) Welche der betrachteten Funktionen sind linear?

_____

b) Wie verändert sich der Graph bei einer linearen Funktion, wenn in der Funktionsgleichung die Zahl vor dem x größer wird?

_____

_____

_____

_____

c) Wie verändert sich der Graph bei einer linearen Funktion, wenn in der Funktionsgleichung die Zahl vor dem x das Vorzeichen wechselt?

_____

_____

_____

_____

d) Was muss man an (1) ändern, damit der Graph nach oben/unten verschoben wird?

_____

_____

_____

_____

III Quadratische und andere Funktionen

Probier's mal mit Punkten

Materialbedarf: Spielplan (Kopiervorlage), Würfel, Spielfiguren, Farbstifte, GTR

Spielbeschreibung: Die Klasse wird in Gruppen zu zwei Personen eingeteilt.
Der erste Spieler würfelt, zieht und löst dann die auf dem erreichten Feld stehende Aufgabe, indem er eine Punktprobe durchführt bzw. die fehlende Koordinate des Schaubildpunktes berechnet. Hierbei können auch Felder auftreten, zu denen keine Lösung existiert. Der zweite Spieler kontrolliert die Rechnung mit dem GTR. Wurde die Aufgabe richtig gelöst, darf der erste Spieler das Feld in seiner Farbe ausmalen. Nun ist der zweite Spieler an der Reihe. Kommt ein Spieler auf ein schon gefärbtes Feld, so muss er dort stehen bleiben und auf die nächste Runde warten. Ist ein Spieler am letzten Feld angekommen, beginnt er wieder beim Startfeld. Wer nach einer vorgegebenen Zeit die meisten Felder in seiner Farbe ausgemalt hat, gewinnt.

Tipp: Der Spielplan kann wieder verwendet werden, wenn man ihn laminiert und zur Markierung wasserlösliche Farb-Stifte benutzt.

Start	$y = x^2 + x - 1$ $P(2\|3)$ →	$y = -3x^2$ $P(4\|-48)$ →	$y = \frac{1}{x} + 2$ $P(2\|?)$ →	$y = 2x + 7$ $P(?\|1)$ →	$y = x^2 + x - 1$ $P(-1\|3)$ →
$y = x^6 + 2x$ $P(1\|4)$ ←	$y = \frac{1}{2}(x-1) \cdot x$ $P(\frac{1}{2}\|\frac{1}{4})$ ←	$y = x \cdot (2x + 1)$ $P(0\|?)$ ←	$y = 0,5x + 7$ $P(?\|4)$ ←	$y = \frac{x+2}{3}$ $P(4\|?)$ ←	$y = 5x^3 - 2$ $P(-1\|-6)$ ←
$y = 10x^2 - 3$ $P(-3\|87)$ →	$y = 5(x + \frac{1}{2})$ $P(-0,25\|?)$ →	$y = \frac{x-7}{x}$ $P(0,5\|-13)$ →	$y = 2(x^2 + 1) - 3$ $P(-7\|-95)$ →	$y = 10x^2 - 50$ $P(10\|?)$ →	$y = 2x^4$ $P(?\|32)$ →
$y = x^2 - 0,5x + 3$ $P(\frac{1}{2}\|3)$ ←	$y = \frac{5}{12}x^2 - 15$ $P(6\|1)$ ←	$y = -4 \cdot (x + 2)$ $P(?\|2)$ ←	$y = 2x^2 - 1$ $P(\frac{1}{2}\|?)$ ←	$y = -0,5x^2$ $P(?\|-32)$ ←	$y = 2x^2 + 7x$ $P(-10\|?)$ ←
$y = x^5 - 1$ $P(-2\|-33)$ →	$y = -4x^2$ $P(5\|?)$ →	$y = (x+1)(x-1)$ $P(2\|?)$ →	$y = \frac{2x+1}{x}$ $P(0\|?)$ →	$y = -x^3 + 7$ $P(2\|?)$ →	$y = \frac{3}{4}x^2$ $P(6\|27)$ →
$y = x^3 - 1$ $P(?\|0)$ ←	$y = -x^2 + 2,5x$ $P(2\|9)$ ←	$y = x^2 - 4,5$ $P(-3\|?)$ ←	$y = \frac{15}{x}$ $P(0\|?)$ ←	$y = 3x^2$ $P(?\|75)$ ←	$y = 4x(x-1)$ $P(-4\|60)$ ←
$y = x^2 + 2x$ $P(0,5\|?)$ →	$y = -\frac{1}{2}x + 2$ $P(?\|10)$ →	$y = \frac{2}{3}x^2 - 5$ $P(6\|19)$ →	$y = 3 \cdot (x - 5)$ $P(0\|?)$ →	$y = x^3$ $P(?\|8)$ →	**zurück zum Start**

III Quadratische und andere Funktionen

Potenzfunktionen – Ein Arbeitsplan

Arbeitszeit: 2 Schulstunden + Hausaufgaben

Vorüberlegungen

1 Produkte mit gleichen Faktoren z. B. $a \cdot a \cdot a \cdot a$ schreibt man kürzer als Potenz a^4.
a heißt dann **Grundzahl (Basis)** und 4 **Hochzahl (Exponent)** der **Potenz** a^4.

Berechne folgende Potenzen ohne GTR.

a) 2^3 b) $0{,}6^2$ c) $\left(\frac{1}{2}\right)^4$ d) $(-1)^5$ e) $\left(\sqrt{5}\right)^4$ f) $-\left(4^3\right)$ g) $\left(-\frac{3}{5}\right)^3$ h) $(-3)^2$ i) $\left(-\sqrt{3}\right)^4$

2 a) Eine Funktion mit der Funktionsgleichung $y = c \cdot x^n$ nennt man **Potenzfunktion vom Grad n**.
Erstelle für die Potenzfunktionen mit $y = x^2$ und $y = x^3$ eine Wertetabelle und zeichne ihre Graphen ohne GTR.

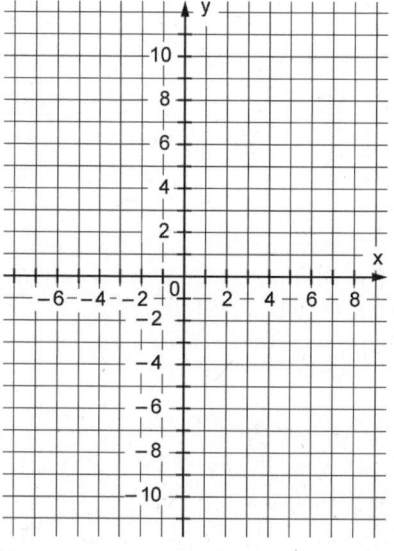

x	x^2
-2	
-1	
0	
1	
2	

x	x^3
-2	
-1	
0	
1	
2	

b) Zeichne mit dem GTR die Graphen der Potenzfunktionen mit $y = x^4$ und $y = x^5$ und vergleiche sie mit den beiden obigen Beispielen.
Welche Gemeinsamkeiten haben die Graphen der Potenzfunktionen mit gerader bzw. ungerader Hochzahl? Welche Unterschiede weisen sie auf?

c) Fülle nebenstehende Tabelle aus. Betrachte dazu die Beispiele aus a bzw. b.
Welche Änderungen bewirkt der Vorfaktor $c \neq 1$ bei der allgemeinen Potenzfunktion mit $y = c \cdot x^n$?
Experimentiere mit dem GTR.

Potenzfunktion mit $y = x^n$	gerade Hochzahl n	ungerade Hochzahl n
Definitionsbereich		
Wertebereich		
Symmetrie des Graphen		
Nullstelle		
Punkte P(1/?) und Q(-1/?) des Graphen		

Erarbeitung und Heftaufschrieb
Im Schülerbuch auf Seite 72 findest du Informationen zu den Potenzfunktionen. Lies nach und vergleiche mit deinen Ergebnissen. Erstelle nun einen Heftaufschrieb zum Thema Potenzfunktionen.
Er soll eine Überschrift, die Definition der Potenzfunktionen sowie je ein Beispiel einer Potenzfunktion mit geradem bzw. ungeradem Grad, deren Graph und seine Eigenschaften enthalten.

Übungen
Bearbeite im Schülerbuch auf Seite 73 die Aufgaben Nr. 1, 3, 4, 5. Kontrolliere deine Ergebnisse.

III Quadratische und andere Funktionen

Gruppenpuzzle: Parabeln

Problemstellung
Mit diesem Gruppenpuzzle sollt ihr die Darstellungsmöglichkeiten von Parabeln und ihre Funktionsgleichungen kennen lernen.

Ablaufplan
Es gibt insgesamt drei Teilthemen:
- Verschiebung in y-Richtung,
- Verschiebung in x-Richtung,
- Formänderung.

Bildung von Stammgruppen (10 min)
Teilt eure Klasse zunächst in Stammgruppen mit mindestens drei Mitgliedern auf.
Bestimmt in eurer Stammgruppe mindestens eine Schülerin bzw. einen Schüler pro Teilthema. Sie werden zu Experten für dieses Teilthema.

Erarbeitung der Teilthemen in den Expertengruppen (25 min)
Die Stammgruppe löst sich auf und die Experten zu jedem Teilthema bilden die Expertengruppe.
Dort wird anhand der Expertengruppenblätter das jeweilige Teilthema erarbeitet.

Ergebnispräsentation in den Stammgruppen (15 min)
Kehrt wieder in eure Stammgruppen zurück. Dort informiert jeder Experte die anderen Stammgruppenmitglieder über sein Teilthema, steht ihnen für Rückfragen zur Verfügung und schlägt einen Heftaufschrieb vor, den die anderen (eventuell noch verbessert) übernehmen.
Am Ende sollte jeder von euch alle Teilthemen verstanden haben.

Verknüpfung des Expertenwissens und Übungen in den Stammgruppen (30 min)
Bearbeitet das Arbeitsblatt für die Stammgruppe. Dabei lernt ihr zunächst, wie die drei Teilthemen zusammenhängen. Die Testaufgaben sind anspruchsvoll, weitere Informationen dazu findet ihr im Schülerbuch auf den Seiten 75 und 76. Wenn ihr die Testaufgaben zusammen lösen könnt, seid ihr fit für Parabeln.

III Quadratische und andere Funktionen

Gruppenpuzzle Parabeln: Arbeitsblatt für die Stammgruppe

1 Austausch des Expertenwissens mit Heftaufschrieb

2 Verknüpfung des Expertenwissens

Jeder stellt seinem rechten Nachbarn nacheinander Aufgaben der Art:
Zeichne mit dem GTR eine Parabel, die
a) um … nach rechts/links und um … nach oben/unten verschoben ist,
b) mit dem Faktor a = … gestreckt/gestaucht und um … nach oben/unten verschoben ist,
c) mit dem Faktor a = –… gestreckt/gestaucht und um … nach rechts/links verschoben ist.

Gestaltet nun zusammen einen Heftaufschrieb für alle drei Veränderungen, die nacheinander an einer Parabel durchgeführt werden. Beispiel:

| Normalparabel | gestaucht mit dem Faktor 0,5 | verschoben in x-Richtung um 3 | verschoben in y-Richtung um –2 |

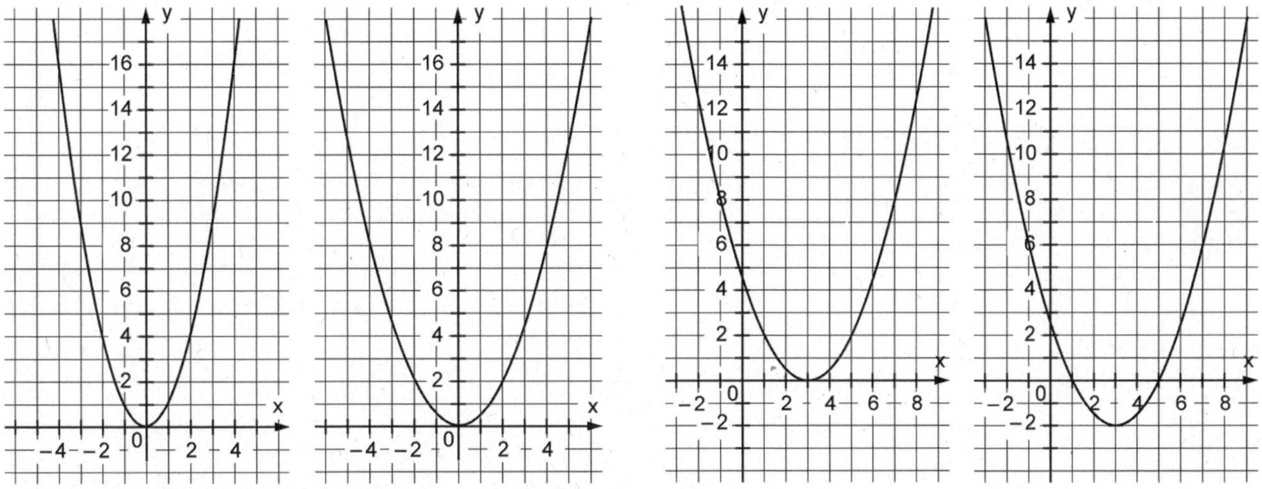

Zeichnet diese Kurven in ein Koordinatensystem, kennzeichnet die Veränderungen mit farbigen Pfeilen und gebt zu jedem Schritt die Funktionsgleichung an.

Zusammenfassung:
In der Funktionsgleichung bewirkt jeder Teil eine Veränderung.
Schreibe dies in die Kästchen (in dein Heft):

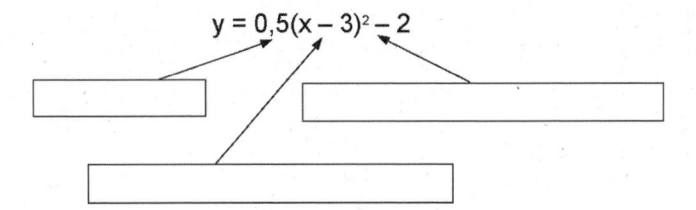

$$y = 0{,}5(x - 3)^2 - 2$$

3 Testaufgaben

a) Eine Normalparabel wird mit dem Faktor 1,8 gestreckt, an der x-Achse gespiegelt, um 5 nach oben verschoben und außerdem nach rechts verschoben. Der Scheitel hat die Koordinaten S(3,5|y). Bestimme die Funktionsgleichung und zeichne die Kurve.
b) Eine Parabel schneidet die x-Achse bei $x_1 = -2$ und bei $x_2 = 6$. Der Scheitel hat die Koordinaten S(x|–4).
Zeichne die Parabel und gib die Funktionsgleichung an.
(Anleitung: Die x-Koordinate des Scheitels kannst du aus den Schnittpunkten mit der x-Achse ermitteln. Betrachte dazu einfach deine schon gezeichneten Beispiele.)

III Quadratische und andere Funktionen

Gruppenpuzzle Parabeln: Expertenblatt 1

1 Die neue Funktionsgleichung

Hier sind zwei Parabeln gezeichnet und mit unvollständigen Wertetabellen versehen.
Ergänzt die Wertetabellen.
Wie entsteht die zweite Wertetabelle aus der ersten?

Macht Vorschläge für die Funktionsgleichung der zweiten Parabel. Überprüft dies am GTR.

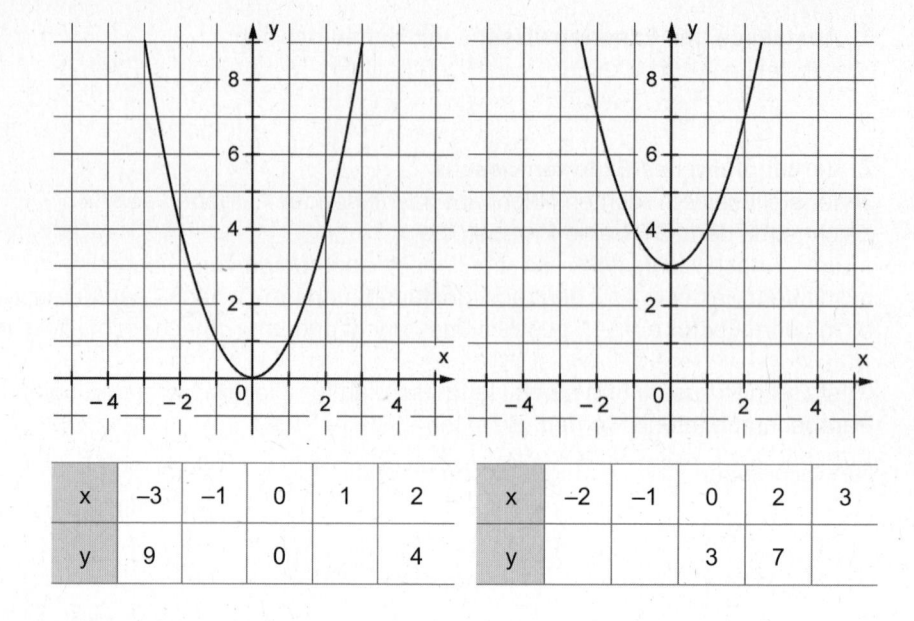

x	−3	−1	0	1	2
y	9		0		4

x	−2	−1	0	2	3
y			3		7

2 Rauf und runter

Hier sind fünf unvollständige Wertetabellen von Parabeln vorgegeben.

x	−2,5	−1	0	1	2	3
y				2,5	5,5	

x	−4	−3	−1	0	2	4,5
y			$\frac{7}{4}$		$\frac{19}{4}$	

x	−2,5	−2	0	0,5	1	3
y	$12\frac{1}{4}$			$6\frac{1}{4}$		

x	−3	−2	0	1,5	2	4
y	6,5				1,5	

x	−4	−2	−1,5	0	3	5
y		$\frac{17}{3}$			$\frac{32}{3}$	

Jeder übernimmt eine Wertetabelle, ergänzt sie und zeichnet freihand den Graphen dazu.

Die vermutete Funktionsgleichung wird am GTR überprüft.

Jeder nennt in der Gruppe seine Funktionsgleichung und beschreibt mit Worten die Lage der Parabel.

3 Vorbereitung der Ergebnispräsentation

Jeder muss in seiner Stammgruppe die hier erarbeiteten Lerninhalte präsentieren können.
Dazu ist notwendig, dass ihr
– eine übersichtliche Musterlösung der Aufgaben erstellt,
– die wesentlichen Schritte eurer Lösung erläutern und für Rückfragen zur Verfügung stehen könnt und
– einen sinnvollen, klar gegliederten Heftaufschrieb erstellt.
Dieser sollte enthalten: 
– eine passende Überschrift,
– die allgemeine Funktionsgleichung der hier behandelten Parabeln,
– eine Beschreibung, wie diese Parabeln aus der Parabel zu $y = x^2$ hervorgehen,
– die Lage des Scheitels,
– drei Beispiele mit Graph, Funktionsgleichung und Scheitelkoordinaten in einem Koordinatensystem.

III Quadratische und andere Funktionen

Gruppenpuzzle Parabeln: Expertenblatt 2

1 Die neue Funktionsgleichung
Zwei Parabeln sind gezeichnet und ihre Wertepaare in einer Tabelle zusammengefasst.
Dort ist ein Beispiel von aufeinander bezogenen Werten durch Pfeile markiert.
Jeder wählt ein Beispiel wie das markierte aus, zeichnet die Pfeile ein und überlegt sich den Zusammenhang zwischen den Werten. Erklärt euch gegenseitig eure Beispiele anhand der Tabelle und der Kurvenpunkte. Versucht gemeinsam daraus eine Funktionsgleichung zu gewinnen und mit dem GTR zu testen.

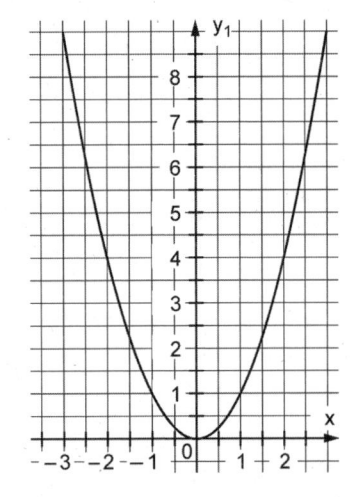

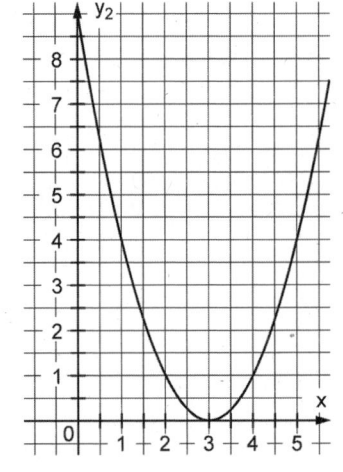

x	−3	−2	−1	0	1	2	3	4	5
y_1	9	4	1	0	1	4	9	16	25
y_2	36	25	16	9	4	1	0	1	4

2 Hin und her
Einerseits sind Parabeln und andererseits nicht dazugehörige Funktionsgleichungen gegeben.

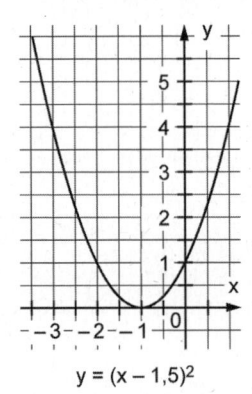

$y = (x - 1,5)^2$ 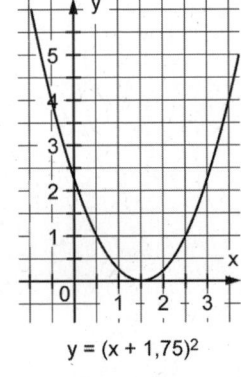 $y = (x + 1,75)^2$ 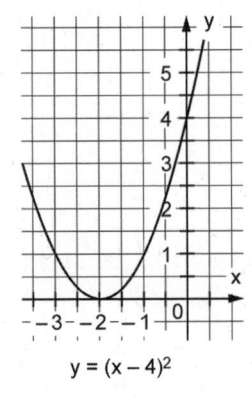 $y = (x - 4)^2$ 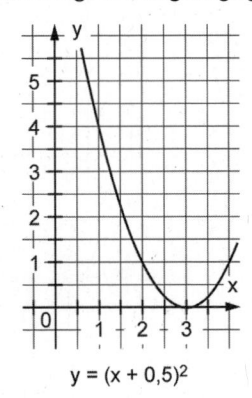 $y = (x + 0,5)^2$ 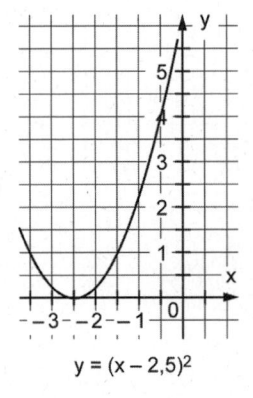 $y = (x - 2,5)^2$

Jeder übernimmt eine Parabel und eine Funktionsgleichung. Zur Parabel ist die Funktionsgleichung zu suchen, zur gegebenen Funktionsgleichung ist die Lage der Parabel mit Skizze und kleiner Wertetabelle gesucht. Die Beispiele werden in der Gruppe so vorgestellt, dass der Zusammenhang zwischen Funktionsgleichung und Lage der Parabel klar wird.

3 Vorbereitung der Ergebnispräsentation
Jeder muss in seiner Stammgruppe die hier erarbeiteten Lerninhalte präsentieren können.
Dazu ist notwendig, dass ihr
− eine übersichtliche Musterlösung der Aufgaben erstellt,
− die wesentlichen Schritte eurer Lösung erläutern und für Rückfragen zur Verfügung stehen könnt und
− einen sinnvollen, klar gegliederten Heftaufschrieb erstellt.  
Dieser sollte enthalten:
− eine passende Überschrift,
− die allgemeine Funktionsgleichung der hier behandelten Parabeln,
− eine Beschreibung, wie diese Parabeln aus der Parabel zu $y = x^2$ hervorgehen,
− die Lage des Scheitels,
− drei Beispiele mit Graph, Funktionsgleichung und Scheitelkoordinaten in einem Koordinatensystem.

III Quadratische und andere Funktionen

Gruppenpuzzle Parabeln: Expertenblatt 3

1 Die neue Funktionsgleichung
Gezeichnet ist eine Normalparabel. Einige Wertepaare sind besonders gekennzeichnet und in der Tabelle notiert.
Verdoppelt nun alle y-Werte, wie in der dritten Zeile angefangen, tragt die zugehörigen Punkte ein und skizziert die neue Kurve.

x	−2	−0,5	0	1	1,5
y	4	0,25	0	1	2,25
y*	8				

Macht Vorschläge für die Funktionsgleichung der neuen Parabel. Überprüft dies am GTR.

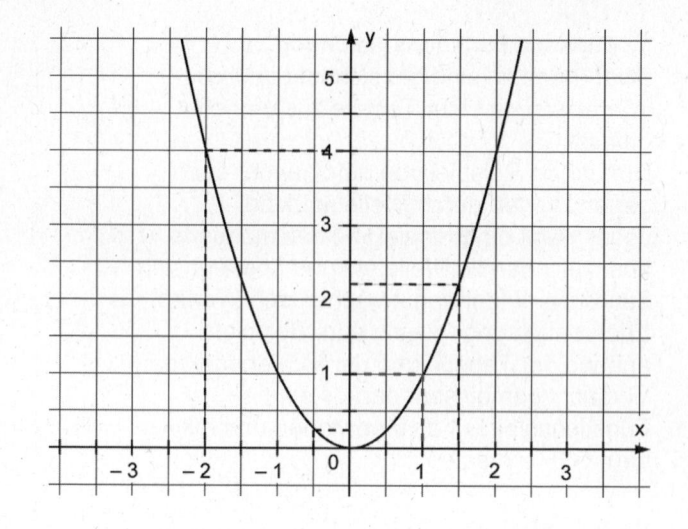

2 Die Form ändert sich
Gegeben sind einerseits Parabeln und andererseits Wertetabellen, die zu anderen Parabeln gehören.

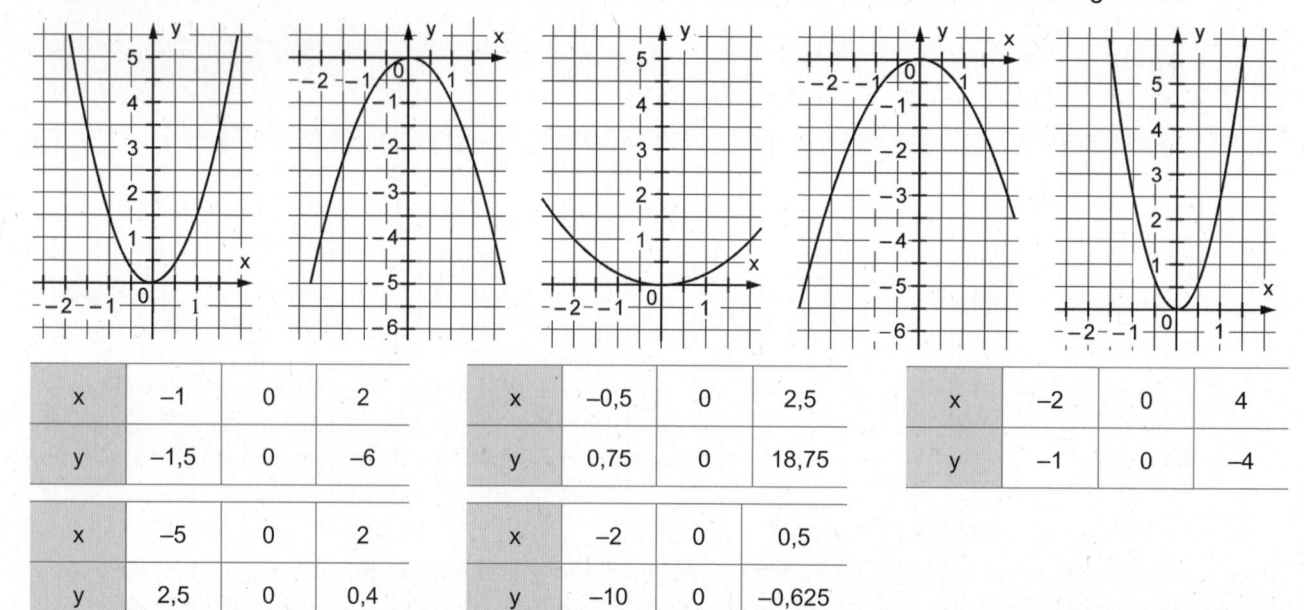

x	−1	0	2
y	−1,5	0	−6

x	−0,5	0	2,5
y	0,75	0	18,75

x	−2	0	4
y	−1	0	−4

x	−5	0	2
y	2,5	0	0,4

x	−2	0	0,5
y	−10	0	−0,625

Jeder übernimmt eine Parabel und eine Wertetabelle. Sucht die zugehörige Funktionsgleichung und überprüft dies am GTR. Erklärt euch dann gegenseitig, wie ihr zur Funktionsgleichung gekommen seid.

3 Vorbereitung der Ergebnispräsentation
Jeder muss in seiner Stammgruppe die hier erarbeiteten Lerninhalte präsentieren können.
Dazu ist notwendig, dass ihr
- eine übersichtliche Musterlösung der Aufgaben erstellt,
- die wesentlichen Schritte eurer Lösung erläutern und für Rückfragen zur Verfügung stehen könnt und
- einen sinnvollen, klar gegliederten Heftaufschrieb erstellt.

Dieser sollte enthalten:
- eine passende Überschrift,
- eine Beschreibung, was der Faktor a in der allgemeinen Funktionsgleichung $y = ax^2$ bewirkt,
- die Scheitelkoordinaten,
- je ein Beispiel mit Kurve und Funktionsgleichung für
  a) eine nach oben geöffnete, schlanke Parabel, b) eine nach oben geöffnete, breite Parabel,
  c) eine nach unten geöffnete, schlanke Parabel, d) eine nach unten geöffnete, breite Parabel.

III Quadratische und andere Funktionen

Lernzirkel: Funktionen

Mit diesem Lernzirkel kannst du den Lernstoff für das Kapitel „Quadratische und andere Funktionen" selbst üben und vertiefen. Bei jeder Station bearbeitest du ein anderes Thema. Dieses Blatt hilft dir bei der Arbeit. In der ersten Spalte der unteren Tabelle sind die Stationen angekreuzt, die du auf jeden Fall bearbeiten solltest (Pflichtstationen). Die anderen Stationen sind ein zusätzliches Angebot (Kürstationen).

Reihenfolge der Stationen
Bevor du die Station 3 bearbeitest, solltest du zuvor an den Stationen 1 und 2.1 trainiert haben. Übe danach an den Stationen 4 und 5. Zur Station 2.2 kannst du dann immer gehen, z. B., wenn keine andere frei ist.

Stationen abhaken
Wenn du eine Station bearbeitet hast, kannst du sie auf diesem Blatt abhaken.
So weißt du immer, was du noch bearbeiten musst. Anschließend solltest du deine Lösung kontrollieren. Danach kannst du hinter der Station in der Übersicht das letzte Häkchen machen.

Zeitrahmen
Natürlich musst du auch die Zeit im Auge behalten. Überlege dir, wie lange du für eine Station einplanen kannst.
Am Ende solltest du auf jeden Fall die Pflichtstationen erledigt und deren Themen verstanden haben.

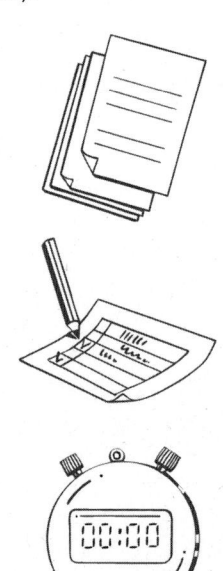

Viel Spaß!

Pflichtaufgaben	Kür	Station	bearbeitet	korrigiert
		1. Funktionen zeigen verschiedene Gesichter		
		2.1 Parabeldomino (1) – spezielle quadratische Funktionen		
		2.2 Parabeldomino (2) – allgemeine quadratische Funktionen		
		3. Bist du fit beim Thema „Funktionen"?		
		4. Quadratische Funktionen (ohne GTR)		
		5. Scheitelform – Normalform (ohne GTR)		

III Quadratische und andere Funktionen

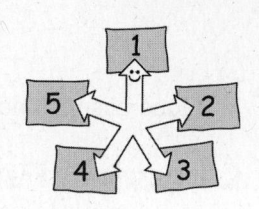

Lernzirkel: 1. Funktionen zeigen verschiedene Gesichter

Hier sind vier Situationen aus dem Alltag beschrieben, die als Funktionen ausgedrückt werden können.

1 Die Grundfläche eines Kaninchenstalls hat die Form eines Quadrates mit der Seitenlänge x dm. Der Flächeninhalt beträgt y dm².

2 Ich kaufe x kg Mehl. 1 kg kostet 90 Cent. Ich bezahle y Cent.

3 Ein Rasenstück hat die Form eines Rechtecks mit der Länge x m und der Breite y m. Der Flächeinhalt beträgt 30 m².

4 Ich kaufe ein Brötchen für x Cent. Ich gebe 1 € und erhalte y Cent zurück.

Ergänze passend.

	Situation 1	Situation 2	Situation 3	Situation 4
Bildliche Darstellung				
Tabelle				x: 10, 20, 30 / y: 90, 80, 70
Beschreibung in Worten	Dem doppelten x-Wert wird der 4fache y-Wert zugeordnet.		Dem doppelten x-Wert ...	Bei Zunahme der x-Werte um 1 ...
Funktionsgleichung		$y = 90x$		
Graph				

Einzelarbeit

III Quadratische und andere Funktionen

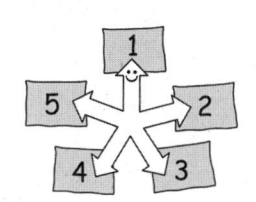

Lernzirkel: 2.1 Parabeldomino (1) – spezielle quadratische Funktionen

Schneide entlang der fett gedruckten Linien und lege passend aneinander.

Start	Die Parabel der speziellen quadratischen Funktion geht durch P(-2|4).	$y = 2x^2$	Die Parabel der speziellen quadratischen Funktion geht durch R(-3|6).
$y = -x^2$	[Parabel nach oben geöffnet]	[Parabel nach oben geöffnet, schmaler]	Für die spezielle quadratische Funktion gilt: $y(2) = -6$.
[Parabel nach unten geöffnet]	Der Punkt Q(-1,5|4,5) liegt auf der Parabel der speziellen quadratischen Funktion.	$y = -4x^2$	[Parabel nach oben geöffnet, breit]
$y = x^2$	Der Faktor vor x^2 ist eine Zahl größer als 4.	$y = \frac{2}{3} x^2$	Für die spezielle quadratische Funktion gilt: $y(-1) = -4$.
[Parabel nach unten geöffnet, schmal]	Der Faktor vor x^2 ist eine Zahl zwischen -1 und 0.	$y = 4x^2$	[Parabel nach oben geöffnet, sehr flach]
$y = 0,2x^2$	Der Graph der speziellen quadratischen Funktion ist eine nach unten geöffnete Normalparabel.	$y = \frac{1}{100} x^2$	Ziel

III Quadratische und andere Funktionen

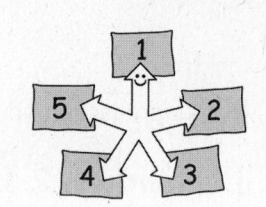

Lernzirkel: 2.2 Parabeldomino (2) – allgemeine quadratische Funktionen

Schneide entlang der fett gedruckten Linien und lege passend aneinander.

Start		$y = -x^2 - 1$	Die oben offene Parabel der allgemeinen quadratischen Funktion ist um 1 nach rechts verschoben und geht durch den Punkt B(2|2).	$y = \frac{1}{2}(x + 1)^2 - 2$
Der Graph der allgemeinen quadratischen Funktion ist eine um 2 nach links verschobene, nach oben geöffnete Normalparabel.	$y = -\frac{1}{2}(x + 1)^2$		(Graph einer nach unten geöffneten Parabel)	$y = (x - 2)^2$
(Graph einer nach oben geöffneten Parabel mit Scheitel bei (2|1))	$y = -(x - 1)^2 + 2$		Die Normalparabel der allgemeinen quadratischen Funktion ist nach unten geöffnet und hat den Scheitel S(0|-1).	$y = -\frac{1}{2}x^2 + 1$
Der Punkt A(4|4) liegt auf der Normalparabel der allgemeinen quadratischen Funktion, die nur in x-Richtung verschoben ist.	$y = 2(x + 2)^2 - 1$		(Graph einer nach unten geöffneten Parabel mit Scheitel bei (-2|1))	$y = 2(x - 2)^2 + 1$
(Graph einer nach oben geöffneten Parabel mit Scheitel bei (-2|0))	$y = (x + 2)^2$		Der Graph der allgemeinen quadratischen Funktion ist eine um 1 nach rechts und 2 nach oben verschobene, nach unten geöffnete Normalparabel.	$y = 2(x - 1)^2$
Die Parabel der allgemeinen quadratischen Funktion geht durch die Punkte S(-1|0) und T(2|-4,5).	$y = -\frac{1}{2}(x + 2)^2 + 2$		(Graph einer nach oben geöffneten Parabel)	Ziel

III Quadratische und andere Funktionen

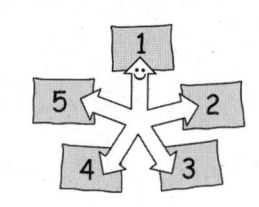

Lernzirkel: 3. Bist du fit beim Thema „Funktionen"?

Der folgende Text stammt aus dem Merkheft von Lisa Liederlich. Leider ist Lisas Heftaufschrieb sehr unvollständig. Ergänze die fehlenden Wörter und ordne den Textteilen die passenden Überschriften zu. Nutze zur Kontrolle die unten aufgelisteten Silben.

1 _____ **Funktionen**

Die Funktion y = 3x + 5 ist ein Beispiel für eine _____ Funktion. Der Graph einer

solchen Funktion ist eine _____. Je größer die Zahl vor dem x ist, desto stärker neigt sich der Graph

der __-Achse entgegen. Wenn der Graph von links nach rechts fallend verläuft, dann ist die Zahl

vor dem x _____.

2 _____ **Funktionen**

Die Funktion y = 0,5x² ist eine spezielle _____ Funktion. Den Graphen dieser

Funktion nennt man _____. Liegt der Faktor vor dem x² zwischen 0 und 1, neigt sich der Graph

stärker der _____-Achse zu. Im Beispiel ist der Faktor vor dem x² größer als null, deshalb ist die

_____ nach _____ geöffnet. Ist der Faktor vor dem x² negativ, wird der Graph an

der _____-Achse _____, das heißt, die _____ ist nach _____ geöffnet.

Der höchste bzw. tiefste Punkt dieses Graphen heißt _____.

3 _____ **-funktionen**

Man nennt Funktionen der Form y = −4x⁵ _____ -funktionen _____ Grades.

Den Grad erkennt man dabei an der _____.

Ist diese Zahl ungerade, gilt für die Funktionswerte: _____.

Ist diese Zahl gerade, gilt für die Funktionswerte: _____.

Die Graphen dieser Funktionsart gehen alle durch den _____.

Im Beispiel ist der Faktor vor x⁵ kleiner als null, deshalb ist der Graph im Vergleich zur Funktion y = 4x⁵ an der

_____-Achse _____.

---

a – a – Al – bei – bel – bel – bel – ben – ben – che – chen – chen – das – de – di – dra – dra – fünf – ga – Ge – ge – ge – gelt – gelt – glei – ha – Hoch – Ko – le – Li – li – na – ne – ne – ne – o – or – Pa – Pa – Pa – Po – Po – Qua – qua – ra – ra – ra – ra – re – re – sche – sche – Schei – sel – spie – spie – sprung – tel – ten – ten – ten – tenz – tenz – ti – ti – tiv – un – Ur – Vor – Vor – wech – x – x – x – x = 0 – y – zei – zei – zahl

III Quadratische und andere Funktionen

Lernzirkel: 4. Quadratische Funktionen (ohne GTR)

Wanted – Funktionsgleichungen und Graphen gesucht!
Welche Funktionsgleichungen gehören zu den Graphen Nr. 1–5? Bei richtiger Zuordnung ergibt sich in der Reihenfolge der Graphen ein Lösungswort. Zeichne dann die Graphen der Funktionen, die du nicht den Graphen 1–5 zuordnen konntest, in das untere Koordinatensystem.

Nr.:

A $\quad y = -\frac{1}{4}(x+5)^2$ _____

C $\quad y = -\frac{1}{2}(x-3)^2 + 2$ _____

E $\quad y = -(x-3)^2 + 4$ _____

G $\quad y = -3(x+5)^2 - 3$ _____

K $\quad y = \frac{1}{4}(x-5)^2$ _____

L $\quad y = 3(x-5)^2 - 3$ _____

M $\quad y = (x-3)^2 + 4$ _____

N $\quad y = \frac{3}{2}(x+3)^2 + 2$ _____

P $\quad y = \frac{1}{8}(x+2)^2 - 4$ _____

U $\quad y = \frac{1}{4}(x+2)^2 - 4$ _____

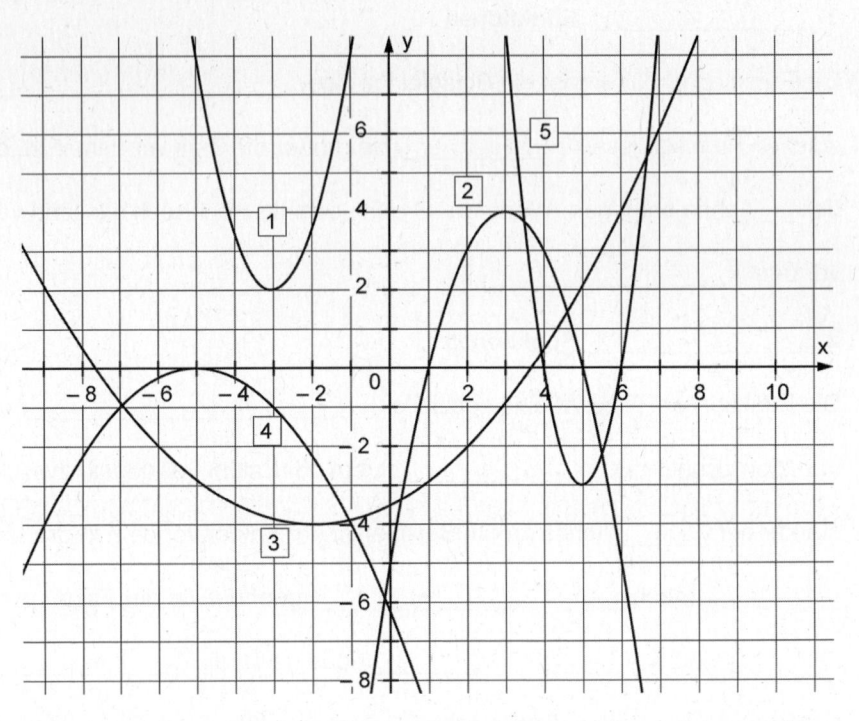

Lösungswort: _____

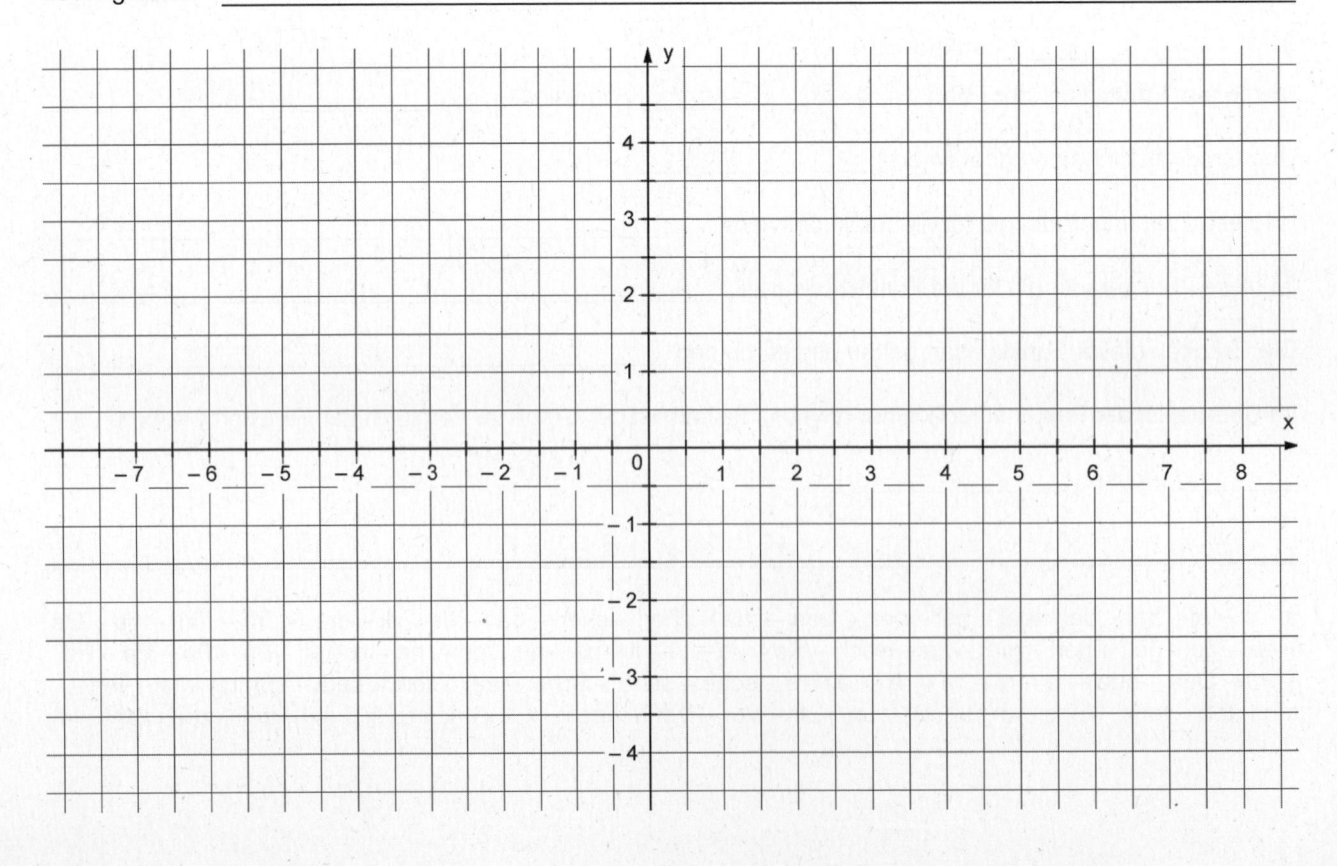

III Quadratische und andere Funktionen

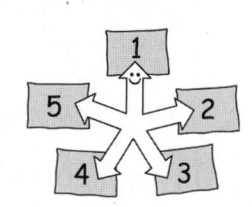

Lernzirkel: 5. Scheitelform – Normalform (ohne GTR)

1 „Wandertag"
Die Graphen der quadratischen Funktionen sollen „wandern". Bestimme jeweils die neue Funktionsgleichung.

	S(0|0)	S(0|3)	S(2|0)	S(1,5|–2)
a) $y = 4x^2$				

	S(2|–0,5)	S(–4|0)	S(0|–4)	S(0|0)
b)			$y = 1,5x^2 - 4$	

	S(0,5|0)	S(0|0)	S(0|2,5)	S(–3|–1)
c) $y = -\frac{2}{3}(x - 0,5)^2$				

2 „Hausnummer" und Outfit

Funktionsgleichung	Scheitel	Faktor vor der Klammer bzw. x^2	Parabel geöffnet nach	Verschiebung
a) $y = -(x + 3)^2$				
b) $y = 4x^2 - 2$				
c) $y = -2(x - 2)^2 - 1,5$	(2|–1,5)	–2		
d) $y = 3(x + 1,5)^2 + 3$		3		um 1,5 nach links und 3 nach oben

3 „Verwandlung"

Normalform	Nebenrechnung	Scheitel	Scheitelform
a) $y = x^2 - 2x + 3$	$x(x - 2)$ $x = 0, x = 2$		
b) $y = 3x^2 + 6x - 1,5$			
c) $y = \frac{1}{4}x^2 - x + 1$			
d) $y = -4x^2 + 2x - 2$			

III Quadratische und andere Funktionen

„Mathe ärgert mich nicht!" – Aufgabenkarten

Gehört dieser Graph zu einer Funktion? Begründe. ☺	Nein. Dort, wo die „Schleife" ist, werden einem x-Wert zwei y-Werte zugeordnet.	Bei einer speziellen quadratischen Funktion (Typ $y = ax^2$) wird dem 2- bzw. 3Fachen der ersten Größe das ...- bzw. ...Fache der zweiten Größe zugeordnet. ☺☺	das 4- bzw. 9Fache
Liegt der Punkt P(2|3) auf der Parabel mit $y = x^2 - 4x + 5$? ☺	Ja. y(2) = 3	Gib die Koordinaten des Scheitels der Parabel mit $y = 2(x - 3)^2 + 4$ an. ☺☺	S(3|4)
Eine Parabel hat ihren Scheitel bei S(3|–2) und schneidet die x-Achse im Punkt $N_1(-1\|0)$. Wo befindet sich der zweite Schnittpunkt mit der x-Achse? ☺☺☺	$N_2(7\|0)$	Eine in y-Richtung verschobene Normalparabel geht durch den Punkt P(2|2). Bestimme eine Funktionsgleichung. ☺☺☺	$y = x^2 - 2$
Bestimme den x-Wert des Scheitelpunktes einer Parabel, wenn sie durch die beiden Punkte P(–1|0) und Q(3|0) geht. ☺☺	x = 1	Gib eine Funktionsgleichung an ☺☺☺	$y = -(x - 2)^2 + 3$
Der Punkt P(3|y) liegt auf dem Graphen der Potenzfunktion $y = 2x^3$. Bestimme die y-Koordinate von P. ☺	y = 54	Bei einem Handytarif kostet eine Gesprächsminute 39 ct. Ist die Zuordnung **Gesprächskosten in ct ↦ Gesprächsdauer in s** ein Funktion? Begründe. ☺☺	Nein. Zum Gesprächspreis von z. B. 39 ct gehören Gespräche von 1s, 2s, 3s ... 59s.

† Partner-/Gruppenarbeit

IV Verallgemeinerungen bei Funktionen und Gleichungen

Drei Puzzles zu Termumformungen

Materialbedarf: Schere

Schneide zunächst die 18 gleichseitigen und die 12 rechtwinkligen Dreiecke aus.
- Trainiere dann zuerst das Umstellen von Formeln mit allen Puzzleteilen, die grau und teilweise grau gefärbt sind. Stelle dabei alle gegebenen Formeln nach der Variablen a um. Ein Parallelogramm ergibt sich.
- Mit den weißen und den zuvor schon benutzten grau-weißen Puzzleteilen kannst du das Vereinfachen von Termen üben. Es entsteht ein sechszackiger Stern.
- Ein Rechteck entsteht, wenn du die kleineren rechtwinkligen Dreiecke passend aneinander legst und dabei durch Ausmultiplizieren oder Ausklammern das Distributivgesetz richtig anwendest.

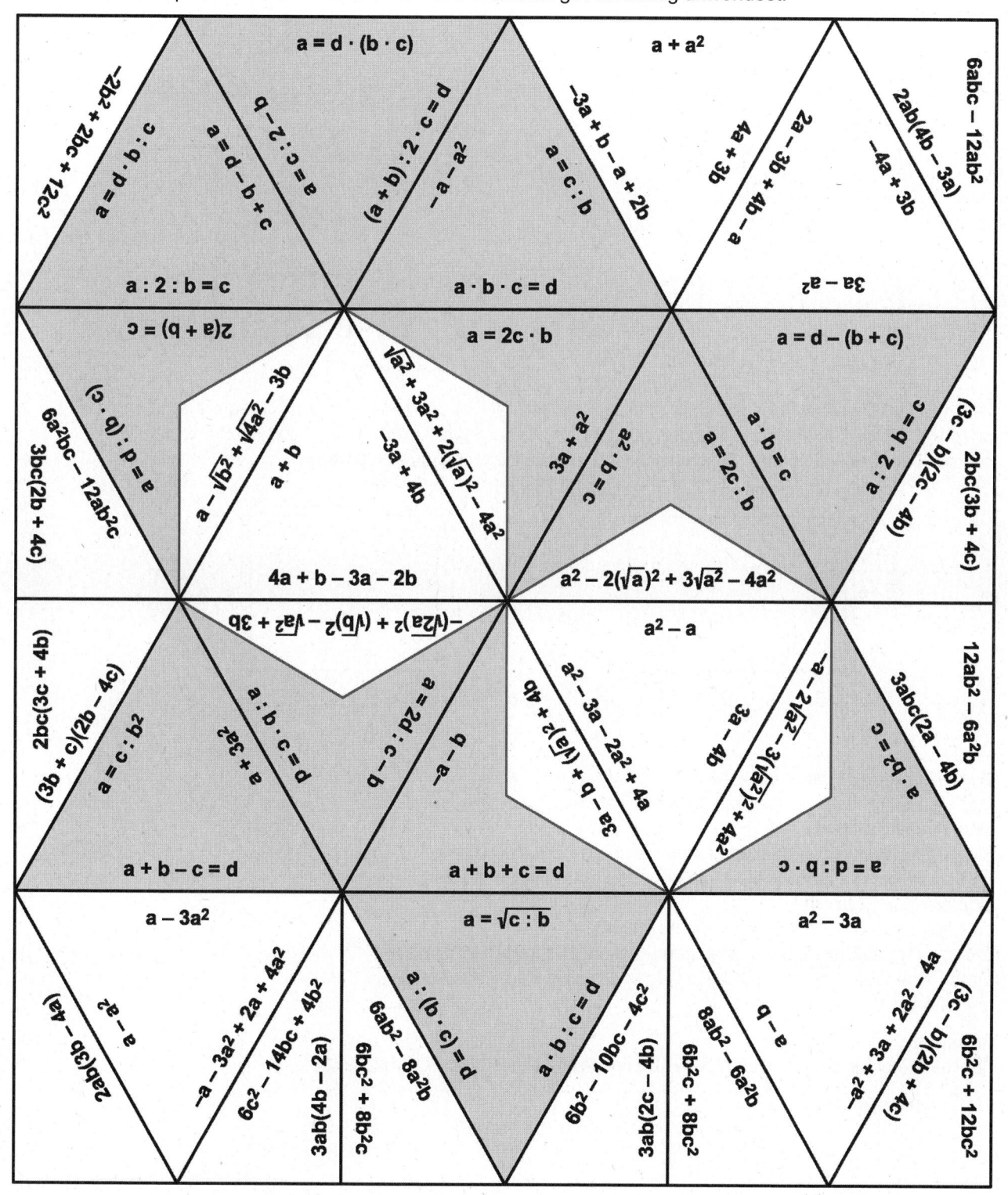

45 min   Einzel-/Partnerarbeit

IV Verallgemeinerungen bei Funktionen und Gleichungen

Binomische Formeln – Ein Arbeitsplan

Arbeitszeit
2 Schulstunden + Hausaufgaben

Vorüberlegungen

1 Berechne den Flächeninhalt des nebenstehenden Quadrates mit der Seitenlänge $(a + b)$ auf zwei verschiedene Arten:
– als Produkt der Seitenlängen des Quadrates,
– als Summe der Flächeninhalte der Teilflächen.

Zeige durch Ausmultiplizieren, dass die beiden für den Flächeninhalt gefundenen Terme äquivalent sind.

2 Bestimme durch Ausmultiplizieren einen äquivalenten Term für $(a - b)^2$.
Versuche, die Äquivalenz der Terme in der nebenstehenden Figur zu veranschaulichen.

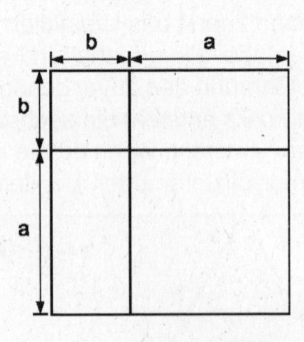

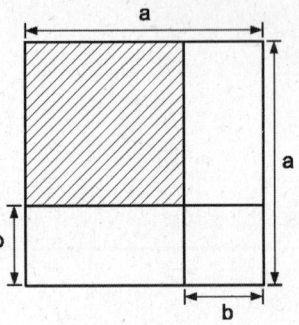

3 Betrachtet man ein Rechteck mit den Seitenlängen $(a + b)$ und $(a - b)$, so erhält man durch Umlegen eines Rechtecks mit den Seitenlängen $(a - b)$ und b eine neue Figur mit gleichem Flächeninhalt. Welche Termäquivalenz ergibt sich hieraus? Überprüfe durch Ausmultiplizieren.

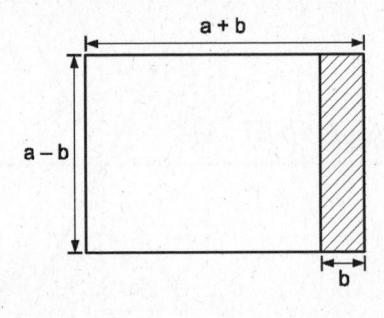

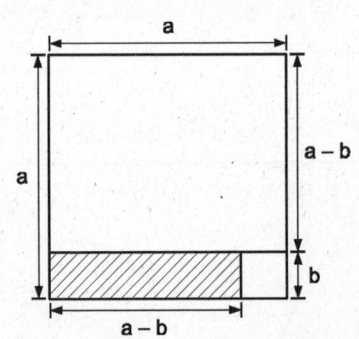

Erarbeitung und Heftaufschrieb
Die in den Vorüberlegungen erarbeiteten Termäquivalenzen nennt man binomische Formeln.
Sie ermöglichen ein schnelles Multiplizieren von Summen.
Im Schülerbuch auf der Seite 102 findest du eine Infobox zu den binomischen Formeln.
Lies sie durch und kontrolliere deine Ergebnisse.
Erstelle nun einen Heftaufschrieb zum Thema „Binomische Formeln".
Er soll eine Überschrift, einen Merksatz und einige Rechenbeispiele enthalten.

Übungen
Bearbeite nun im Schülerbuch Seite 102 die Aufgaben Nr.16, 17, 21a, 19, 20.

Für schnelle Rechner
Berechne mithilfe der binomischen Formeln folgende Terme:
a) $(ruck - zuck) \cdot (ruck + zuck)$ b) $(halli - galli)^2$ c) $(a + b)^3$ d) $(a + b)^4$

IV Verallgemeinerungen bei Funktionen und Gleichungen

Binotortenpuzzle

Materialbedarf: Schere

Schneide die 16 Puzzleteile aus und lege sie dann so zusammen, dass der Klammerausdruck auf dem einen Puzzleteil durch Ausmultiplizieren bzw. durch Anwenden der binomischen Formeln in den Summenterm des angrenzenden Teils überführt werden kann.

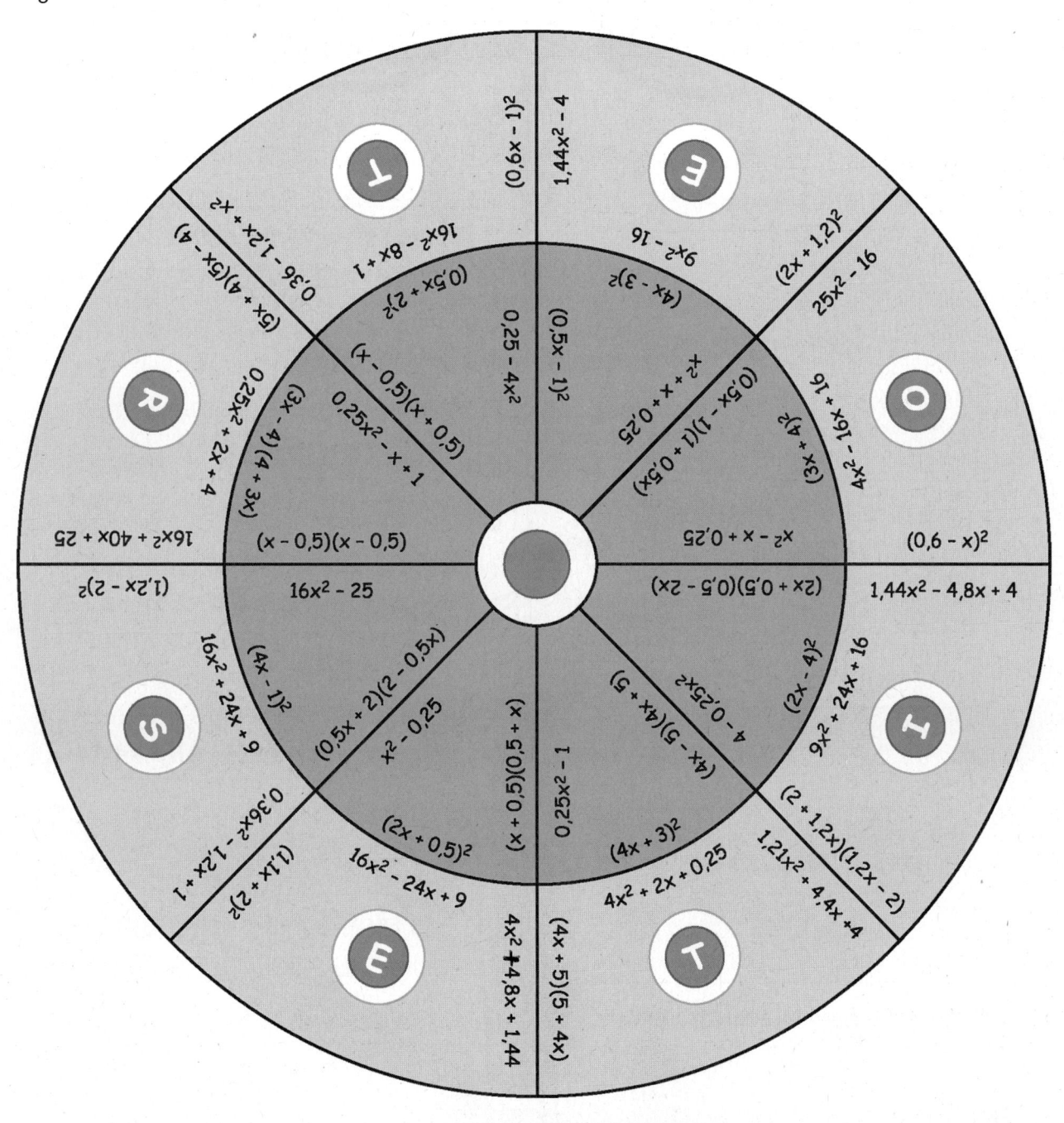

(Puzzle-Scheibe mit 16 Teilen, enthält u. a. folgende Ausdrücke:)

Äußerer Ring:
- $(0{,}6 - x)^2$
- $1{,}44x^2 - 4$
- $9x^2 - 16$
- $(2x + 1{,}2)^2$
- $25x^2 - 16$
- $4x^2 - 16x + 16$
- $(0{,}6 - x)^2$
- $1{,}44x^2 - 4{,}8x + 4$
- $(2x - 4)^2$
- $9x^2 + 24x + 16$
- $(2 + 1{,}2x)(1{,}2x - 2)$
- $1{,}21x^2 + 4{,}4x + 4$
- $4x^2 + 2x + 0{,}25$
- $4x^2 + 4{,}8x + 1{,}44$
- $16x^2 - 24x + 9$
- $(1{,}1x + 2)^2$
- $0{,}36x^2 - 1{,}2x + 1$
- $16x^2 + 24x + 9$
- $(4x - 1)^2$
- $(1{,}2x - 2)^2$
- $16x^2 + 40x + 25$
- $0{,}25x^2 + 2x + 4$
- $(5x - 4)(5x + 4)$
- $0{,}36 - 1{,}2x + x^2$
- $16x^2 - 8x + 1$
- $(0{,}9 - x)^2$

Innerer Ring:
- $(0{,}5x - 1)^2$
- $(4x - 3)^2$
- $0{,}25 + x + x^2$
- $(0{,}5x + 1)(1 + 0{,}5x)$
- $x^2 - x + 0{,}25$
- $(2x + 0{,}5)(0{,}5 - 2x)$
- $0{,}25x^2 - 1$
- $(4x - 5)(4x + 5)$
- $4 - 0{,}25x^2$
- $(2x + 0{,}5)^2$
- $(4x + 3)^2$
- $(x + 0{,}5)(x - 0{,}5)$
- $x^2 - 0{,}25$
- $(0{,}5x + 2)(2 - 0{,}5x)$
- $0{,}25x^2 - x + 1$
- $(3x - 4)(4 + 3x)$
- $(x - 0{,}5)(x + 0{,}5)$
- $0{,}25 - 4x^2$
- $(x - 0{,}5)(x - 0{,}5)$
- $16x^2 - 25$

Buchstaben auf den Teilen: T, E, O, I, T, E, S, R

⏱ 30 min · Einzel-/Partnerarbeit

IV Verallgemeinerungen bei Funktionen und Gleichungen

Gleichungstennis mit binomischen Formeln

Spielt euch die Lösungen zu. Die Lösungen der einen Seite werden in die Gleichungen auf der anderen Seite eingesetzt. Mithilfe der Tabelle unten könnt ihr die Lösungen der Gleichungen auf jeder Seite übersetzen. Es ergibt sich jeweils ein Lösungswort.

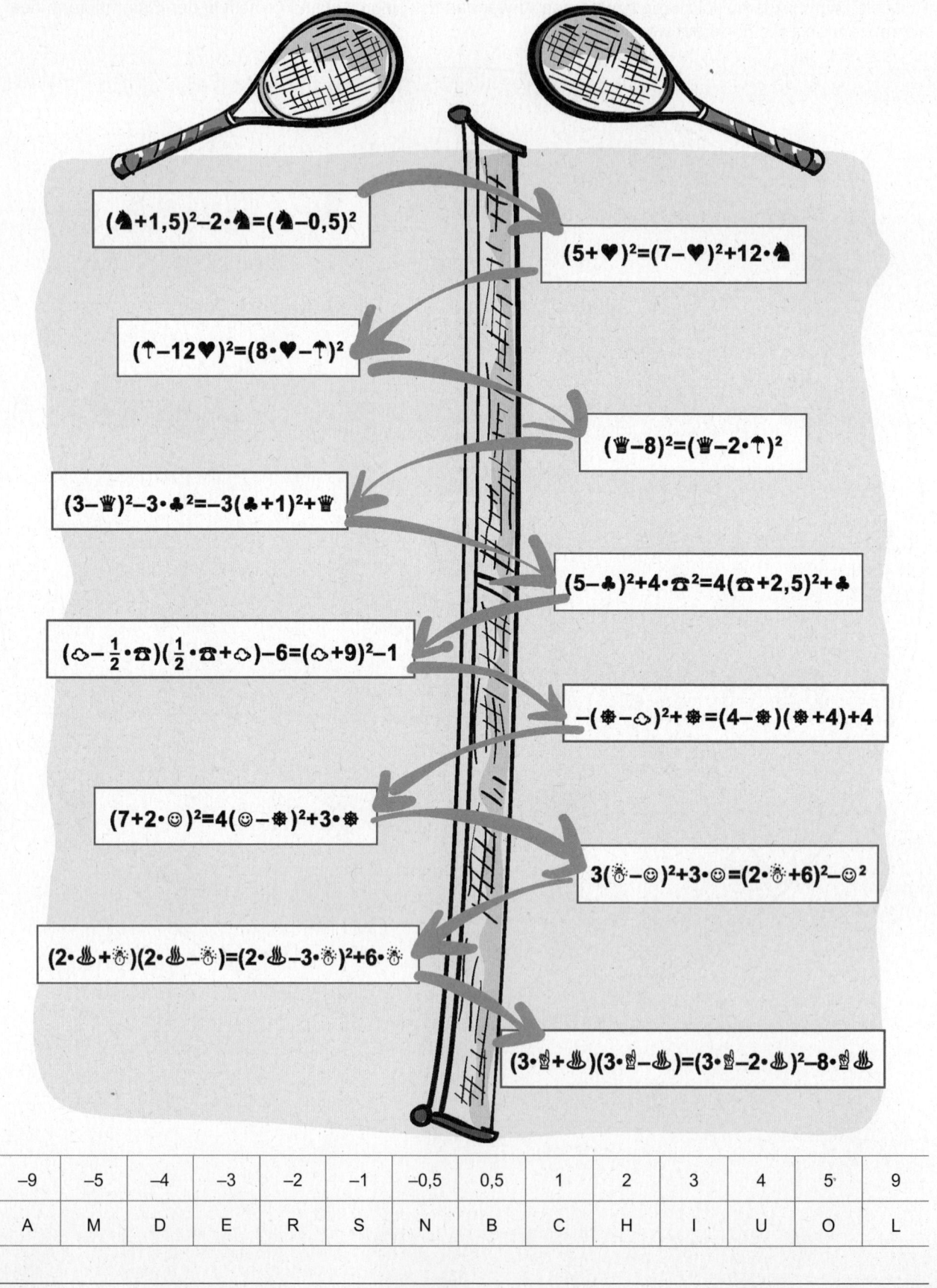

Linke Seite:

$(\spadesuit+1{,}5)^2-2\cdot\spadesuit=(\spadesuit-0{,}5)^2$

$(\uparrow-12\heartsuit)^2=(8\cdot\heartsuit-\uparrow)^2$

$(3-\text{♛})^2-3\cdot\clubsuit^2=-3(\clubsuit+1)^2+\text{♛}$

$(\varocircle-\tfrac{1}{2}\cdot\text{☎})(\tfrac{1}{2}\cdot\text{☎}+\varocircle)-6=(\varocircle+9)^2-1$

$(7+2\cdot\smiley)^2=4(\smiley-\text{❋})^2+3\cdot\text{❋}$

$(2\cdot\text{♨}+\text{🕷})(2\cdot\text{♨}-\text{🕷})=(2\cdot\text{♨}-3\cdot\text{🕷})^2+6\cdot\text{🕷}$

Rechte Seite:

$(5+\heartsuit)^2=(7-\heartsuit)^2+12\cdot\spadesuit$

$(\text{♛}-8)^2=(\text{♛}-2\cdot\uparrow)^2$

$(5-\clubsuit)^2+4\cdot\text{☎}^2=4(\text{☎}+2{,}5)^2+\clubsuit$

$-(\text{❋}-\varocircle)^2+\text{❋}=(4-\text{❋})(\text{❋}+4)+4$

$3(\text{🕷}-\smiley)^2+3\cdot\smiley=(2\cdot\text{🕷}+6)^2-\smiley^2$

$(3\cdot\text{🕸}+\text{♨})(3\cdot\text{🕸}-\text{♨})=(3\cdot\text{🕸}-2\cdot\text{♨})^2-8\cdot\text{🕸}\cdot\text{♨}$

−9	−5	−4	−3	−2	−1	−0,5	0,5	1	2	3	4	5	9
A	M	D	E	R	S	N	B	C	H	I	U	O	L

⏱ 30 min • Einzel-/Partnerarbeit

IV Verallgemeinerungen bei Funktionen und Gleichungen

Iterationen bei linearen Funktionen

Die Meteorologen messen Wetterdaten (Temperatur, Luftdruck, Luftfeuchtigkeit, Windgeschwindigkeit ...) und versuchen daraus die Werte für die folgenden Tage vorherzusagen. Dazu wird zum Beispiel ein Messwert für die Temperatur in eine Funktion eingesetzt, der Funktionswert ist dann der Temperaturwert für den nächsten Tag. Für längere Vorhersagen wird wiederholt aus einem x-Wert der Funktionswert berechnet, das Ergebnis wieder als x-Wert in die Funktion eingesetzt usw. Das nennt man Iteration. Dabei kann man Überraschungen erleben wie die folgenden Untersuchungen an Funktionen zeigen.

Das Verfahren
Erläuterung des Vorgehens am Beispiel
$y = 0,5 x + 1$.
Zur Eingabezahl 6 gehört die Ergebniszahl 4.
Die Ergebniszahl 4 wird wieder zur Eingabezahl gemacht, dann heißt die neue Ergebniszahl 3.

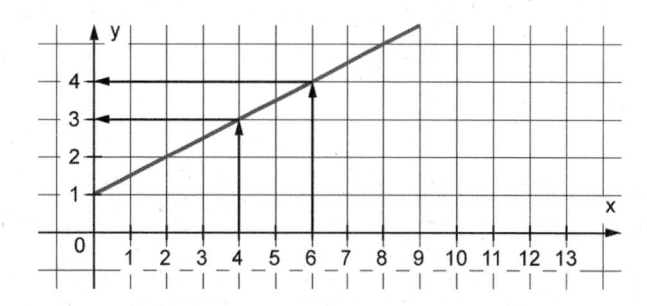

In der Zeichnung geht das geschickt so:
Die Ergebniszahl wird an der Geraden mit $y = x$ auf die x-Achse übertragen.
Damit ist sie wieder Eingabezahl und das Spiel beginnt von vorn.

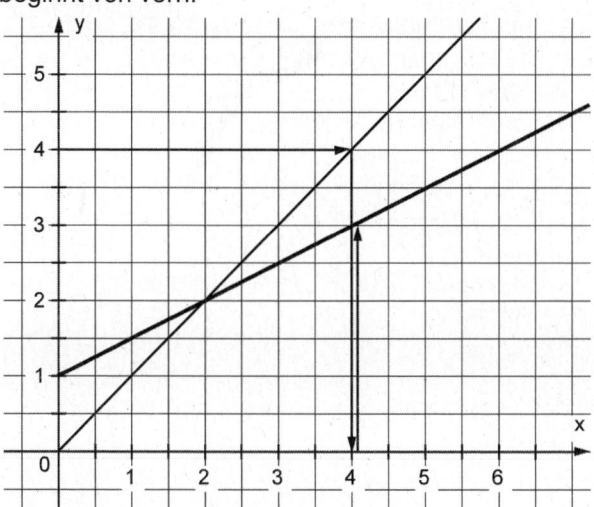

Wiederholungen des Verfahrens ergeben einen Pfad.

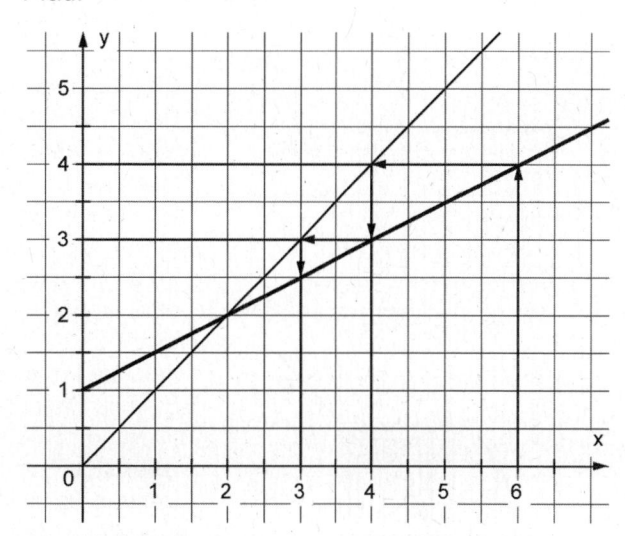

Was sagt das Bild über die Entwicklung dieses Wetterwertes aus?

Eigene Untersuchungen
Führe dieses Verfahren nun selbst an folgenden Funktionen aus:

Funktion	Zeichenbereich	Startwerte
(1) $y = 0,75x + 0,5$	$0 < x < 4$	0,2; 3,5
(2) $y = 1,5x - 3$	$-1 < x < 12$	5; 8
(3) $y = -0,5x + 4$	$-2 < x < 8$	7; -1
(4) $y = -1,25x + 3,75$	$-3 < x < 7$	1
(5) $y = x + 1$	$-1 < x < 5$	0,5
(6) $y = -x + 6$	$-1 < x < 7$	1; 4

Beschreibe deine Erfahrungen:
– Bei welchen Funktionen nähern sich die Werte immer mehr einer festen Zahl („Fixpunkt")?
– Wann wachsen die Ergebnisse über alle Grenzen?
– Es gibt noch eine andere Möglichkeit!

Du hast Treppen, Spiralen und quadratische Pfade gezeichnet. Was bedeuten diese zum Beispiel für den Wetterwert Temperatur?

IV Verallgemeinerungen bei Funktionen und Gleichungen

Iterationen bei quadratischen Funktionen

Dass das Wettergeschehen nicht unbedingt linearen Funktionen folgt, ist klar. Deshalb sind auch höhere Funktionen eine Untersuchung wert. Dabei findest du noch ganz neue Verhaltensweisen.

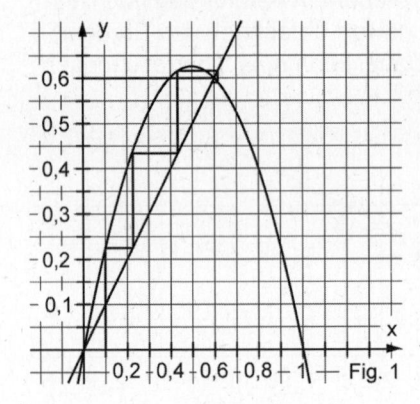

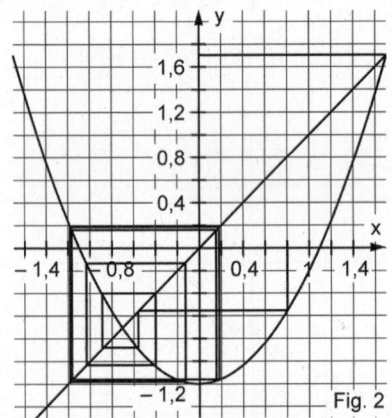

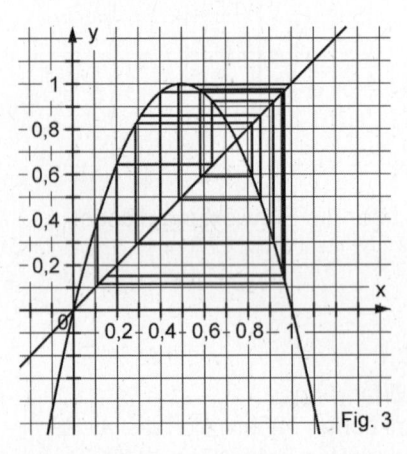

Fixpunkt
In Fig. 1 ist das Verfahren an der Parabel mit der Gleichung $y = -2{,}5x^2 + 2{,}5x$ mit dem Startwert $x_0 = 0{,}1$ durchgeführt.
Der Pfad $x_0 \mapsto y(x_0) = x_1 \mapsto y(x_1) = x_2 \mapsto y(x_2) \ldots$
führt auf den Fixpunkt mit $x = 0{,}6$.

Untersuche ebenso die Funktion $y = x^2 - 0{,}5$ im Intervall $-0{,}8 < x < 0{,}8$. Wähle 10 cm für eine Einheit. Nach 10–12 Iterationsschritten mit dem Startwert 0,2 siehst du das Verhalten. Lies den x-Wert des Fixpunktes ab.

Mehrere Fixpunkte
In Fig. 2 wurden an der Parabel mit der Funktionsgleichung $y = x^2 - 1{,}2$ mit dem Startwert $x_0 = 0{,}8$ so viele Iterationsschritte durchgeführt, bis erkennbar ist, dass der Pfad schließlich zwischen zwei Punkten wechselt. Es gibt also zwei Fixpunkte.

Chaotisches Verhalten
Bei der Parabel in Fig. 3 mit der Funktionsgleichung $y = -4x^2 + 4x$ führen die Iterationsschritte zu immer neuen Werten. Dieses Verhalten nennt man chaotisch.
Untersuche selbst dieses Verhalten an folgenden Beispielen:
a) $y = -3x^2 + 3x$
Zeichne im Intervall $0 < x < 1$ acht Schritte. Lies ab. Wähle 10 cm für eine Einheit.
b) $y = x^2 - 2$
Zeichne im Intervall $-2 < x < 2$ acht Schritte. Wähle 4 cm für eine Einheit. Beschreibe das Verhalten.

Überblick
Bei den Parabeln mit den Gleichungen $y = x^2 - c$ hat sich bis jetzt Folgendes gezeigt:
$c = 0{,}5$: ein Fixpunkt,
$c = 1{,}2$: zwei Fixpunkte,
$c = 2$: chaotisches Verhalten.
Die Parabeln mit den negativen Verschiebungen zwischen 1,2 und 2 bergen noch weitere Überraschungen: Lässt man c schrittweise wachsen, so ergeben sich zuerst 4 Fixpunkte, dann 8 Fixpunkte und bei $c = 1{,}4$ schon 16 Fixpunkte.

Um das zu erkennen, sind viele Iterationsschritte erforderlich. Dafür eignet sich z. B. der GTR, der die Pfade zeichnen kann.
Gut erkennen kann man die Fixpunkte auch an den Funktionswerten in einer Tabellenkalkulation (Fig. 4). Hier kann man leicht die Verschiebung c ändern und nach Wiederholungen in der Spalte der Funktionswerte suchen.
Beispiel: $y = x^2 - c$ mit $c = 1{,}3$ und dem Startwert $x = 0{,}2$.

	A	B
1	c	1,3
2		
3	x	y=x^2–c
4	0,2	=A4*A4–B$1
5	=B4	=A5*A5–B$1
6	=B5	=A6*A6–B$1
7	=B6	=A7*A7–B$1
8		

Fig. 4

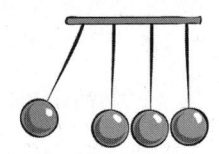

IV Verallgemeinerungen bei Funktionen und Gleichungen

Der Sprung ins kalte Wasser

Wer springt an einem heißen Sommertag nicht gern ins kühle Wasser?
Vor allem vom Sprungturm im Schwimmbad macht das großen Spaß. Dieser Meinung sind auch Harald und Silvia. Dass ein solcher Sprung auch etwas mit Mathe zu tun hat, wissen die beiden jedoch nicht.

1 Zuerst springt Harald. Er geht bis ganz vor an die Kante des 5-m-Brettes und lässt sich dann einfach fallen. Hierbei gilt für die Funktion *Fallzeit t* (in Sekunden) $\mapsto$ *Fallweg s* (in Metern) angenähert $s = 5t^2$.
a) Fülle die Tabelle für Haralds Sprung aus.

Fallzeit t in s	0,2	0,4	0,6	0,8
Fallweg s in m				

b) In welcher Höhe über der Wasseroberfläche befindet sich Harald nach einer Fallzeit von 0,3 s? Wo wäre er nach dieser Zeit bei einem Sprung vom 3-m-Brett?
c) Berechne, zu welchem Zeitpunkt Harald auf die Wasseroberfläche trifft.

2 Silvia nimmt Anlauf und springt vom Brett. Ihre Flugbahn wird dann durch folgende Parabel beschrieben:
$y = -\frac{5}{v^2}x^2 + h$.

x: horizontale Entfernung vom Absprungsort in m
y: Höhe in m
v: Anlaufgeschwindigkeit in $\frac{m}{s}$ h: Höhe des Sprungturms in m

a) Zeichne Silvias Flugbahn für die Anlaufgeschwindigkeit v = 2 beim Sprung vom 5-m-Brett in das unten abgebildete Koordinatensystem. Bestimme die dazu nötige Wertetabelle mit dem GTR.

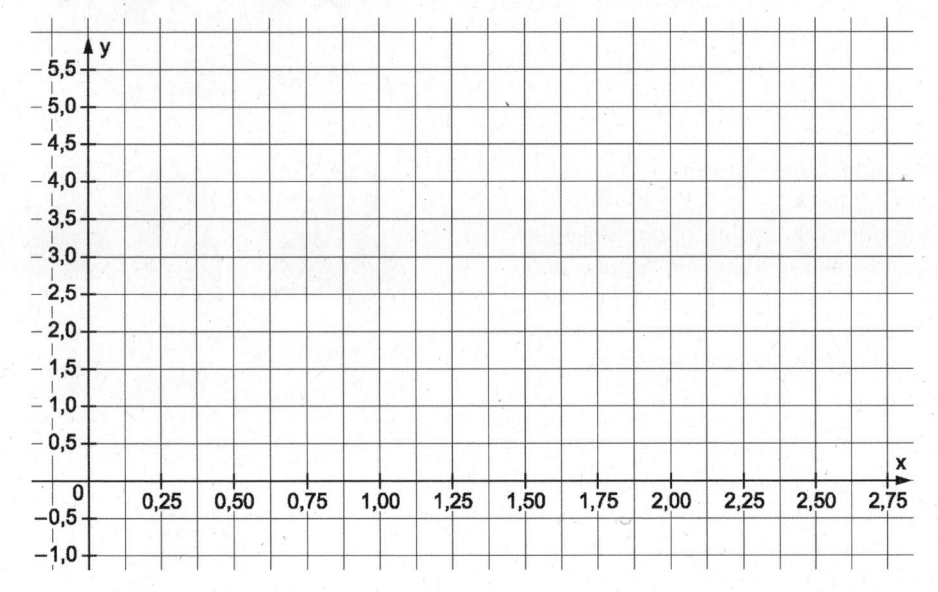

x	y
0	
0,25	
0,5	
0,75	
1	
1,25	
1,5	
1,75	

b) Berechne, in welcher horizontalen Entfernung vom Absprungsort Silvia ins Wasser eintaucht.
c) Betrachte mit dem GTR gleichzeitig die Flugbahnen für die Anlaufgeschwindigkeiten v = 2, v = 1 und v = 0,5.
Was ändert sich bei kleinerer Anlaufgeschwindigkeit? Notiere deine Beobachtungen.
Wie müsste also Haralds Flugbahn aussehen?

3 Harald behauptet, dass er bei gleichzeitigem Absprung schneller auf der Wasseroberfläche auftrifft als Silvia, da sein Fallweg kürzer ist. Hat er Recht?
Diskutiert darüber und versucht, durch Experimente, z. B. mit fallenden Kugeln, eine Antwort zu finden.

IV Verallgemeinerungen bei Funktionen und Gleichungen

Gruppenpuzzle: Lösen von quadratischen Gleichungen

Problemstellung
Mit diesem Gruppenpuzzle sollt ihr verschiedene Möglichkeiten kennen lernen, mit denen man quadratische Gleichungen der Form $ax^2 + bx + c = 0$ lösen kann.

Ablaufplan
Es gibt insgesamt drei Teilthemen:
- Möglichkeit 1: zeichnerische Näherungslösung mithilfe einer allgemeinen Parabel.
- Möglichkeit 2: zeichnerische Näherungslösung mithilfe der Normalparabel und einer Geraden.
- Möglichkeit 3: rechnerische (exakte) Lösung mithilfe einer Formel.

Bildung von Stammgruppen (10 min)
Teilt eure Klasse zunächst in Stammgruppen mit mindestens drei Mitgliedern auf.
Bestimmt in eurer Stammgruppe mindestens einen Schüler bzw. eine Schülerin pro Teilthema. Sie werden zu Experten für dieses Teilthema.

Erarbeitung der Teilthemen in den Expertengruppen (20 min)
Die Stammgruppe löst sich auf und die Experten zu jedem Teilthema bilden die Expertengruppe.
Dort wird anhand der Expertengruppenblätter das jeweilige Teilthema erarbeitet.

Ergebnispräsentation in den Stammgruppen (30 min)
Kehrt wieder in eure Stammgruppen zurück.
Dort informiert jeder Experte die anderen Stammgruppenmitglieder über sein Teilthema, steht ihnen für Rückfragen zur Verfügung und schlägt einen Heftaufschrieb vor, den die anderen (eventuell noch verbessert) übernehmen.
Am Ende sollte jeder von euch alle Teilthemen verstanden haben.

Ergebniskontrolle und Übungen in den Stammgruppen (30 min)
Im Schülerbuch auf Seite 110 findet ihr Informationen zu den verschiedenen Lösungsverfahren.
Lest sie durch und kontrolliert so euren Heftaufschrieb.
Diskutiert kurz die Vor- und Nachteile der drei verschiedenen Verfahren.
Bearbeitet anschließend in den Stammgruppen bzw. als Hausaufgabe im Schülerbuch auf Seite 112 die Aufgaben Nr. 1a, d, g, 2 a, d, g, 3 und 7.

IV Verallgemeinerungen bei Funktionen und Gleichungen

Gruppenpuzzle: Expertengruppe 1: Anzahl der Lösungen und zeichnerische Näherungslösung

Problemstellung
Die Suche nach Lösungen der quadratischen Gleichung $ax^2 + bx + c = 0$ ist gleichbedeutend mit der Frage, wann eine Funktion f mit einer Funktionsgleichung $y = ax^2 + bx + c$ den Wert 0 annimmt, d. h., wo die Nullstellen der Funktion sind.

Erarbeitung

1 Betrachtet nacheinander mithilfe des GTR die Graphen der Funktionen mit
a) $y = 2x^2 + 3x - 2$,   b) $y = x^2 + 2x + 4$ sowie   c) $y = 3x^2 - 12x + 12$
und übertragt die Graphen in drei verschiedene Koordinatensysteme in euer Heft.

2 a) Was lässt sich in den drei Fällen jeweils über die Anzahl der Nullstellen und damit über die Anzahl der Lösungen der zugehörigen quadratischen Gleichung sagen?
b) Formuliert drei Sätze nach dem folgenden Muster:
Liegt der Scheitel einer nach oben geöffneten Parabel ..., so hat die Funktion ... Nullstellen und die zugehörige quadratische Gleichung ...

3 Man kann die Lösungen der quadratischen Gleichungen jeweils am Graphen der Funktion ablesen. Gebt in allen drei Fällen die Lösungen näherungsweise an.

4 Bestimmt Näherungslösungen für die quadratischen Gleichungen. Benutzt nicht den GTR, sondern erstellt zum Zeichnen des Graphen eine Wertetabelle.
a) $3x^2 - 2x + 1 = 0$ b) $x^2 - 5x + 1 = 0$ c) $0 = 4x^2 - 2x - 3$

Vorbereitung der Ergebnispräsentation
Jeder von euch muss in seiner Stammgruppe die hier erarbeiteten Lerninhalte präsentieren.
Dazu ist notwendig, dass ihr
– eine übersichtliche Musterlösung der Aufgaben erstellt,
– die wesentlichen Schritte eurer Lösung erläutern und für Rückfragen zur Verfügung stehen könnt und
– einen sinnvollen, klar gegliederten Heftaufschrieb erstellt. Dieser sollte eine Überschrift, Beispiele von quadratischen Funktionen mit keiner, einer und zwei Nullstellen sowie die zugehörigen Merksätze (siehe 2b) enthalten.

IV Verallgemeinerungen bei Funktionen und Gleichungen

Gruppenpuzzle: Expertengruppe 2: Zeichnerische Näherungslösung mithilfe der Normalparabel

Problemstellung
Die Suche nach Lösungen der quadratischen Gleichung $ax^2 + bx + c = 0$ kann durch geschickte Umformungen auf ein Schnittpunktproblem zurückgeführt werden. Dabei werden die Schnittstellen der Normalparabel mit einer Geraden betrachtet. Die Gleichung der Geraden erhält man durch Umformen der Ausgangsgleichung.

Erarbeitung

1 Hannah hat die Gleichung $6x^2 + 3x - 3 = 0$ so umgeformt, dass auf der linken Seite nur noch x^2 steht. Übertragt die Schritte in euren Aufschrieb und schreibt jeweils hinter jede Zeile, welche Umformung Hannah durchgeführt hat.

$$6x^2 + 3x - 3 = 0$$
$$6x^2 + 3x = 3$$
$$6x^2 = -3x + 3$$
$$x^2 = -0{,}5x + 0{,}5$$

2 Formt die untenstehenden Gleichungen wie in Aufgabe 1 um.
a) $2x^2 - 7x + 3 = 0$ b) $-x^2 + 4x - 5 = 0$ c) $4x + 2x^2 + 2 = 0$

3 Nun können beide Seiten der umgeformten Gleichung als Funktionsgleichung angesehen werden. Also im Beispiel aus Aufgabe 1: $y = x^2$ und $y = -0{,}5x + 0{,}5$.
a) Zeichnet die Graphen beider Funktionen in ein gemeinsames Achsenkreuz ein. Verwendet für die Normalparabel nach Möglichkeit eine Schablone. Nun lest ihr die x-Werte der Schnittpunkte ab. Sie sind die Lösung der Gleichung $6x^2 + 3x - 3 = 0$. Diese Werte sind aufgrund von Ungenauigkeiten beim Zeichnen und beim Ablesen natürlich nur Näherungswerte. Je exakter ihr arbeitet, desto besser sind eure Lösungen.
b) Findet auf die gleiche Art und Weise die Lösungen der Gleichungen aus Aufgabe 2. Was fällt euch dabei auf?

4 Bestimmt Näherungslösungen für die quadratischen Gleichungen. Benutzt das oben erarbeitete Verfahren.
a) $3x^2 - 2x + 1 = 0$ b) $x^2 - 5x + 1 = 0$ c) $0 = 4x^2 - 2x - 3$

Vorbereitung der Ergebnispräsentation 
Jeder von euch muss in seiner Stammgruppe die hier erarbeiteten Lerninhalte präsentieren. Dazu ist notwendig, dass ihr
– eine übersichtliche Musterlösung der Aufgaben erstellt,
– die wesentlichen Schritte eurer Lösung erläutern und für Rückfragen zur Verfügung stehen könnt und
– einen sinnvollen, klar gegliederten Heftaufschrieb erstellt. Dieser sollte eine Überschrift und eine ausführlich kommentierte Musteraufgabe enthalten.

IV Verallgemeinerungen bei Funktionen und Gleichungen

Gruppenpuzzle: Expertengruppe 3: Rechnerische (und damit exakte) Lösung

Problemstellung
Bei der quadratischen Gleichung $ax^2 + bx + c = 0$ kann man nicht durch geschicktes Umformen, so wie etwa bei linearen Gleichungen, die Lösungsvariable x auf eine Seite des Gleichheitszeichens bringen und die Lösung auf diese Weise berechnen. Es gibt jedoch eine Lösungsformel.

Erarbeitung

1 a) Übertragt den folgenden Satz in euren Aufschrieb.
Bei einer quadratischen Gleichung der Form $ax^2 + bx + c = 0$ kann man die Lösungen mit den Formeln
$x_1 = \dfrac{-b + \sqrt{b^2 - 4ac}}{2a}$; $x_2 = \dfrac{-b - \sqrt{b^2 - 4ac}}{2a}$ berechnen.

b) Bei der quadratischen Gleichung $2x^2 - 7x + 3 = 0$ ist a = 2; b = –7 und c = 3. Berechnet mithilfe der Lösungsformeln die beiden Lösungen der quadratischen Gleichung.

2 Wendet ebenfalls die Lösungsformeln an, um die folgenden quadratischen Gleichungen zu lösen. Was fällt euch dabei auf?
a) $4x^2 - 2x - 7 = 0$
b) $3x^2 + 2x + 2 = 0$
c) $5x^2 + 30x + 45 = 0$

3 In Aufgabe 2 ist euch aufgefallen, dass die Lösungsformeln nicht immer zu zwei verschiedenen Lösungen führen. Der Term unter der Wurzel ($b^2 - 4ac$) heißt Diskriminante. Überlegt, wie man an der Diskriminante ablesen kann, ob es zwei verschiedene, eine oder keine Lösung bei einer quadratischen Gleichung gibt. Formuliert einen Merksatz.

4 Bestimmt mithilfe der Formeln die Lösungen der quadratischen Gleichungen.
a) $3x^2 - 2x + 1 = 0$
b) $x^2 - 5x + 1 = 0$
c) $0 = 4x^2 - 2x - 3$

Vorbereitung der Ergebnispräsentation
Jeder von euch muss in seiner Stammgruppe die hier erarbeiteten Lerninhalte präsentieren.
Dazu ist notwendig, dass ihr
- eine übersichtliche Musterlösung der Aufgaben erstellt,
- die wesentlichen Schritte eurer Lösung erläutern und für Rückfragen zur Verfügung stehen könnt und
- einen sinnvollen, klar gegliederten Heftaufschrieb erstellt.
  Dieser sollte eine Überschrift, einen Merksatz mit den Formeln aus Aufgabe 1 und mit einem Hinweis auf die Anzahl der Lösungen in Abhängigkeit von der Diskriminante (siehe Aufgabe 3) sowie ein Beispiel enthalten.

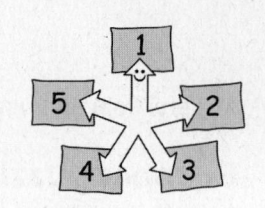

IV Verallgemeinerungen bei Funktionen und Gleichungen

Lernzirkel: Funktionen und Gleichungen

Mit diesem Lernzirkel kannst du den Lernstoff für das Kapitel „Verallgemeinerungen bei Funktionen und Gleichungen" selbst üben und vertiefen. Bei jeder Station bearbeitest du ein anderes Thema. Dieses Blatt hilft dir bei der Arbeit. In der ersten Spalte der unteren Tabelle sind die Stationen angekreuzt, die du auf jeden Fall bearbeiten solltest (Pflichtstationen). Die anderen Stationen sind ein zusätzliches Angebot (Kürstationen).

Reihenfolge der Stationen
Bevor du die Station 3 bearbeitest, solltest du zuvor an den ersten beiden Stationen trainiert haben. Löse Station 6 in jedem Fall zuletzt.

Stationen abhaken
Wenn du eine Station bearbeitet hast, solltest du sie auf diesem Blatt abhaken. So weißt du immer, was du noch bearbeiten musst. Anschließend solltest du deine Lösung kontrollieren. Danach kannst du hinter der Station in der Übersicht das letzte Häkchen machen.

Zeitrahmen
Natürlich musst du auch die Zeit im Auge behalten. Überlege dir, wie lange du für eine Station einplanen kannst.
Am Ende solltest du auf jeden Fall die Pflichtstationen erledigt und deren Themen verstanden haben.

Viel Spaß!

Pflicht	Kür	Station	bearbeitet	korrigiert
		1. Von Termen und Formeln		
		2. K(l)ammermusik		
		3. Binomania		
		4. Parade der Parameter		
		5. Formel-ABC		
		6. Keine Probleme mit Problemen!		

IV Verallgemeinerungen bei Funktionen und Gleichungen

Lernzirkel: 1. Von Termen und Formeln

1 Vereinfache die folgenden Terme so weit wie möglich.
Berechne anschließend ihre Werte für x = 1, y = 2, a = 3, b = -2, s = 4 und t = - 0,5.

a) $6x + 7y - 2x$
b) $4b - b^2 + 3b + 2b^2$
c) $2xy - (7y - 5yx) + y$
d) $2\sqrt{s} + 9t - 3\sqrt{s}$

e) $a - 3(b + a) + 5b$
f) $4x^2 - x \cdot 7 + x \cdot x + 3x$
g) $1,2ts - 2t(0,1s + t) + 0,2t^2$
h) $\frac{3}{4}(\sqrt{x})^2 + x(y - 2)$

2 Gib jeweils einen Term an für
a) die Gesamtkantenlänge des Körpers,
b) die Fläche der Figur,
c) das Volumen des Quaders.

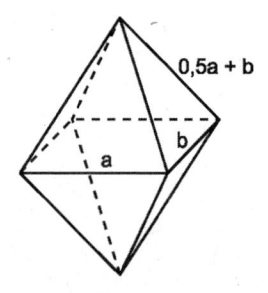

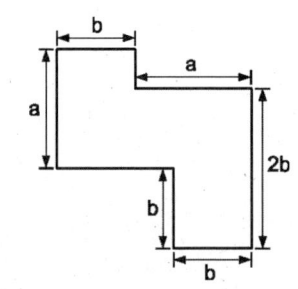

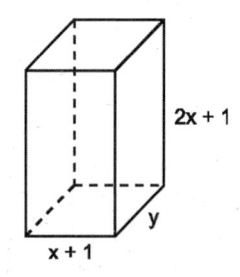

3 Bei den folgenden Termumformungen ist es zu Fehlern gekommen. Korrigiere sie.

$-(s + t) + 7t + 2s = s - 8t$

$a + a(b^2 - a) = b^2 - a$

$xy^2 + 8\sqrt{x} - 8 - x = y^2 - \sqrt{x}$

4 Für Körper mit ebenen Oberflächen, wie sie hier abgebildet sind, fand der Mathematiker Leonhard Euler (1707-1783) folgenden Zusammenhang:

„Addiert man die Anzahl der Ecken und die Anzahl der Flächen des Körpers und subtrahiert dann 2, so erhält man die Anzahl der Kanten des Körpers."

a) Stelle eine Formel für die Anzahl der Kanten eines Körpers auf. Führe dazu passende Variablen ein.
b) Zähle die Ecken und Flächen der abgebildeten Körper und berechne dann mit der Formel die Anzahl ihrer Kanten.
c) Stelle die Formel so um, dass man mit ihr die Anzahl der Ecken berechen kann.

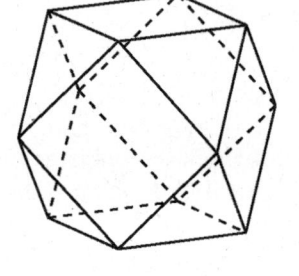

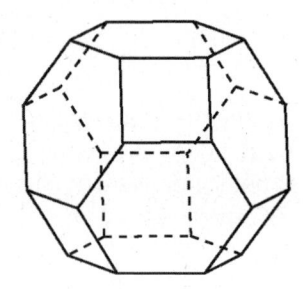

5 a) Belege in dem 3x3-Feld die Variable a mit 1, b mit 2 und c mit 3. Ergibt sich so ein magisches Quadrat?
b) Zeige, dass unabhängig von der Variablenbelegung immer ein magisches Quadrat vorliegt, indem du die Summe der Terme jeder Zeile und jeder Spalte berechnest.
c) Versuche selbst ein solches magisches Termquadrat zu finden. Beginne der Einfachheit halber mit einem 2x2-Feld und nur zwei Variablen.

a + b	a – b + c	a – c
a – (b + c)	a	a + b + c
a + c	a + b – c	–(b – a)

$n^2 - n + 41$

6 Eine Zeit lang ist man davon ausgegangen, dass man aus jeder natürlichen Zahl n mit der nebenstehenden Formel eine Primzahl erhalten kann.
a) Prüfe, ob sich für n = 1, 2, 3 tatsächlich eine Primzahl ergibt.
b) Obwohl sich die Formel auf einige natürliche Zahlen erfolgreich anwenden lässt, ist sie z.B. für n = 41 falsch. Wieso?

IV Verallgemeinerungen bei Funktionen und Gleichungen

Lernzirkel: 2. K(l)ammermusik

1 Multipliziere zuerst die Klammern aus und fasse dann zusammen.

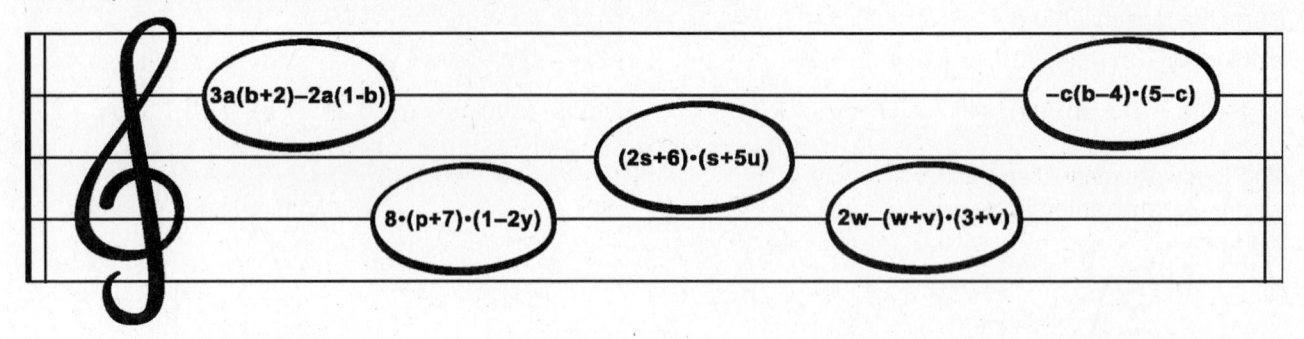

- $3a(b+2) - 2a(1-b)$
- $-c(b-4) \cdot (5-c)$
- $(2s+6) \cdot (s+5u)$
- $8 \cdot (p+7) \cdot (1-2y)$
- $2w - (w+v) \cdot (3+v)$

2 Berechne alle Produkte, bei denen ein Faktor vom Klavierspieler und der andere von der Sängerin stammt.

Klavierspieler: $(4 - 2x)$, $(x - y)$, $(5x - 3y^2)$

Sängerin: $(x - y)$, $(7x^2 - y)$, $(2x + 3)$, $(x + y)$

3 Klammere so weit wie möglich aus. Ordne dann die Lösungen der Reihe nach und du erhältst den Namen eines berühmten Komponisten.

a) $16xy - 4y^2$
b) $3c \cdot (a + b) - d \cdot (2b + 2a)$
c) $x^2 - 4x + 4yx$
d) $-3a + 9b - 24cd$
e) $y(4 - x) - x(x - 4)$
f) $\sqrt{4a^2 - 6ac + 16da}$

Lösungen
R: $-3(a - 3b + 8cd)$
A: $(4 - x)(x + y)$
O: $x(x - 4 + 4y)$
D: $4y(4x - y)$
V: $(a + b) \cdot (3c - 2d)$
K: $2a(1 - 3c + 8d)$

4 Berechne den Flächeninhalt der einzelnen Teilflächen.

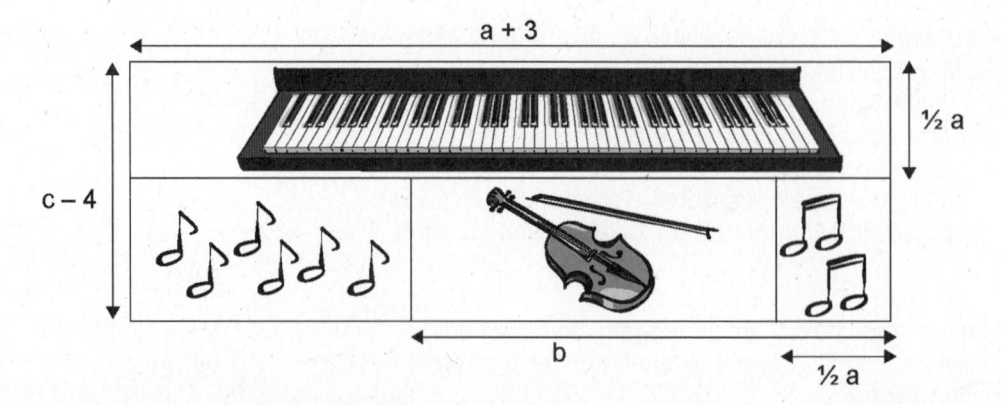

(Abmessungen: oben $a + 3$ breit, $\frac{1}{2}a$ hoch; unten $c - 4$ hoch, mit Breiten b und $\frac{1}{2}a$)

5 Löse folgendes Rätsel:
„Ich denke mir eine Zahl. Multipliziere ich die um 4 vergrößerte Zahl mit der um 1 verkleinerten Zahl, so erhalte ich dasselbe, wie wenn ich zum Quadrat der Zahl 5 addiere." Wie lautet die Zahl?

IV Verallgemeinerungen bei Funktionen und Gleichungen

Lernzirkel: 3. Binomania

1 Bilde mithilfe der binomischen Formeln ein Produkt.

a) $0{,}81x^2 + 9x + 25 =$

b) $-2x + \frac{1}{16} + 16x^2 =$

c) $4x^2 - 256 =$

d) $1 - 2a^2 =$

2 Ergänze zur binomischen Formel.

a) $x^2 + 3x + \_\_\_ = \_\_\_$

b) $\_\_\_ - 10x + 4x^2 = \_\_\_$

c) $9a^2 - a + \_\_\_ = \_\_\_$

d) $\frac{1}{4}x^2 + \_\_\_ + 4 = \_\_\_$

3 Fülle die Lücken.

a) $(\_\_\_ + \frac{1}{2}x)^2 = \_\_\_ + \frac{1}{4}x + \_\_\_$

b) $(\_\_\_ - 1{,}5)(\_\_\_) = 3a^2$

c) $(\sqrt{2} - \_\_\_)^2 = \_\_\_ - 8a + 8a^2$

d) $-5x + x^2 + \_\_\_ = (\_\_\_)^2$

4 Das binomische Kreuz
Fülle die Lücken im Kreuz. Zur Kontrolle dienen dir die Summanden aus den kleinen grauen Quadraten. Schreibe dann als Produkt.

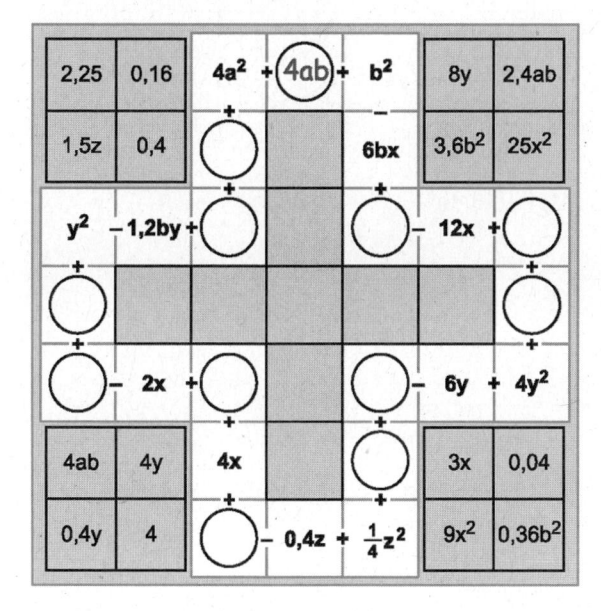

1. $(2a + b)^2$

5 Kontrolliere die Hausaufgaben von Leo Leichtsinn. Wo haben sich Fehler eingeschlichen? Korrigiere.

a) $(3y + 2)^2 = 9y^2 + 6y + 4$
b) $0{,}25 + 4x^2 - 2x = (00{,}5 + 2x)^2$
c) $(4 - x)(4 + x) = 16 + x^2$
d) $9z^2 - 16 = (3z - 4)^2$
e) $(-3 + a)(3 + a) = 9 - x^2$

IV Verallgemeinerungen bei Funktionen und Gleichungen

Lernzirkel: 4. Parade der Parameter

1 a) Gesucht sind lineare Funktionen. Wie viele Möglichkeiten gibt es, mithilfe von jeweils zwei der Angaben (Punkte P, Q, R ; Parameter m und c) Funktionsgleichungen aufzustellen?
b) Bestimme fünf verschiedene Gleichungen für lineare Funktionen.
c) Gesucht sind quadratische Funktionen. Wie viele Möglichkeiten gibt es mit jeweils drei der Angaben (Punkte P, Q, R; Parameter a, b und c) Funktionsgleichungen aufzustellen?
d) Bestimme fünf verschiedene Gleichungen für quadratische Funktionen in Normalform. Bestimme anschließend die Scheitelpunkte der zu den Funktionen gehörenden Parabeln.

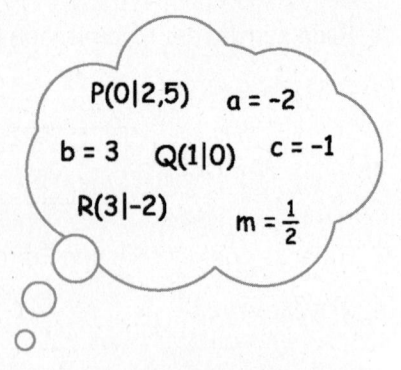

$P(0|2,5) \quad a = -2$
$b = 3 \quad Q(1|0) \quad c = -1$
$R(3|-2) \quad m = \frac{1}{2}$

2 Die Gesichter von Lori und Anton bestehen aus Funktionsgraphen, die jeweils nur für bestimmte x-Werte gezeichnet wurden. Bestimme die verwendeten Funktionsgleichungen und den jeweiligen Bereich wie im Beispiel. Schreibe dann zu den quadratischen Funktionen in Scheitelform die Normalform im Heft auf.

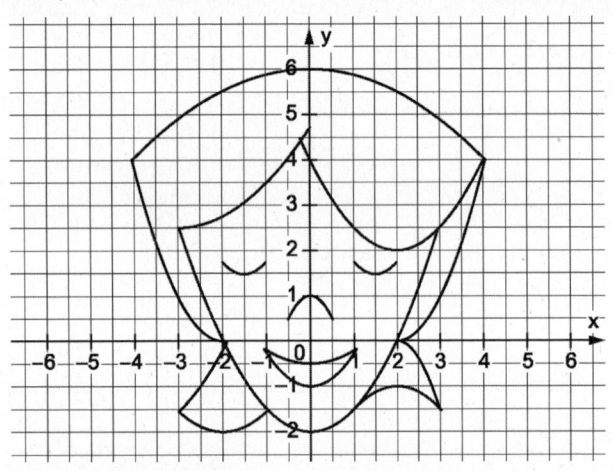

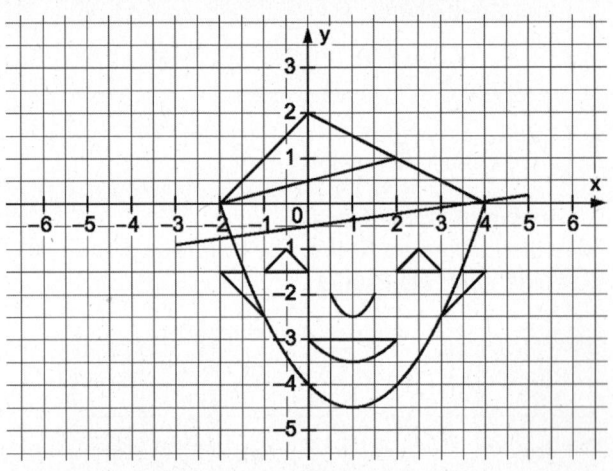

Funktionsgleichung	Bereich	Funktionsgleichung	Bereich
$y = -2x^2 + 1$	$-0,5 \leq x \leq 0,5$		

IV Verallgemeinerungen bei Funktionen und Gleichungen

Lernzirkel: 5. Formel-ABC

1 Warm-up
Löse die folgenden Gleichungen. Hier geht es auch ohne Formel.
a) $x^2 - 6{,}25 = 0$
b) $x^2 + \frac{4}{9} = 0$
c) $0 = 7x^2 - 112$
d) $0 = \frac{2}{5}x^2 - 40$
e) $0 = 3x^2 - 4{,}32$
f) $\frac{1}{3}x^2 - 12 = 0$
g) $2x^2 - 51 = 47$
h) $9x^2 + 13 = 62$

2 Runde 1
Löse die folgenden Gleichungen zeichnerisch in deinem Heft.
a) $0 = x^2 - 2x - 3$
b) $-4x^2 + 4x + 15 = 0$
c) $0 = -\frac{1}{2}x^2 - \frac{1}{2}x + 1$
d) $8x^2 - 8x - 6 = 0$

3 Runde 2
Löse die folgenden Gleichungen rechnerisch.
a) $0 = x^2 + 18x + 56$
b) $x^2 + \frac{3}{4}x + \frac{1}{8} = 0$
c) $0 = -x^2 + 11{,}8x + 2{,}4$
d) $-2x^2 - 16x - 32 = 0$
e) $0 = 3x^2 - 18x + 15$
f) $0{,}1x^2 + 0{,}8x + 1{,}2 = 0$
g) $0 = -\frac{5}{4}x^2 + x + \frac{1}{4}$
h) $-2{,}5x^2 + 30x - 100 = 0$

Boxenstopp
Lösungen zu den Gleichungen der Aufgaben 1–3:

10   12   -6   1,2   -2,5   -4   6   -7
-4   -10   -0,2   1   -2   -1   1,5   3 $-\frac{7}{3}$
4   2,5   keine Lösung   -1,5   -0,5
-1,2   -6   -4   -0,25   1   -2   5   7   2,5
keine Lösung   -14 $\frac{7}{3}$ -0,5   1   -0,2

4 Runde 3
Forme die Gleichungen zunächst um. Löse dann rechnerisch im Heft.
a) $x^2 + 19x + 20 = x + 3$
b) $-3x(x + 2) + 3 = 27 + 12x$
c) $(x - 3)^2 = 2(x^2 - 9)$
d) $(x - 3)^2 + 8 = 3(3 - x)$
e) $6x - (x - 4)^2 = 104 - 3x^2$
f) $10 - (0{,}5x - 1)^2 - x(x - 0{,}5) = 7$

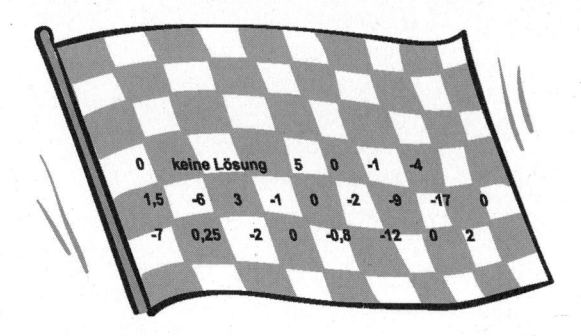

0   keine Lösung   5   0   -1   -4
1,5   -6   3   -1   0   -2   -9   -17   0
-7   0,25   -2   0   -0,8   -12   0   2

5 Speed up
Löse die folgenden Gleichungen geschickt.
a) $x^2 + 7x = 0$
b) $2x^2 - 3x = 0$
c) $-1{,}5x^2 - 9x = 0$
d) $8x^2 = 2x$
e) $-3x^2 = 2x - x^2$
f) $\frac{1}{4}x^2 = -\frac{1}{2}x$

6 Finish
Kann man t so wählen, dass die Gleichung zwei, eine bzw. keine Lösung besitzt? Falls ja, welche Bedingungen muss t erfüllen?
a) $4x^2 + 3x + t = 0$
b) $-4x^2 + tx + 8 = 0$
c) $tx^2 + 3x + 5 = 0$

IV Verallgemeinerungen bei Funktionen und Gleichungen

Lernzirkel: 6. Keine Probleme mit Problemen!

1 Zahlenrätsel

a) Vermindert man das Fünffache einer Zahl um ihr Quadrat, so erhält man –6.

b) Das Produkt aus einer Zahl und ihrer um 6 verminderten Gegenzahl beträgt –16.

c) Bei welchen beiden aufeinander folgenden ganzen Zahlen ist das Produkt um 41 größer als die Summe?

d) Wähle eine Zahl und multipliziere sie mit der um 2 kleineren Zahl, so dass dieses Produkt –3 ergibt.

2 Geometrie

a) Der Umfang eines Rechtecks beträgt 50 cm. Der Flächeninhalt dieses Rechtecks beträgt 154 cm². Wie lang sind die Rechteckseiten?

b) Das Volumen eines 15 cm hohen Quaders beträgt 720 cm³. Die Länge der Grundfläche ist um 2 cm größer als ihre Breite. Wie lang und wie breit ist der Quader?

c) An den Ecken eines rechteckigen Kartons werden vier kongruente gleichschenklige Dreiecke abgeschnitten. Wie lang müssen die Schenkel gewählt werden, damit der Flächeninhalt des Kartons 25 % kleiner wird? (18 cm × 16 cm)

3 Vermischtes aus dem Alltag

a) In A-Stadt gibt es 30 000 Telefonanschlüsse. Wie viele verschiedene Telefonverbindungen mit je zwei Teilnehmern sind in dieser Stadt möglich? In B-Stadt sind 1 124 250 verschiedene Telefonverbindungen mit je zwei Teilnehmern möglich. Wie viele Telefonanschlüsse gibt es in B-Stadt?

b) Eine quaderförmige Blumenvase hat eine Grundfläche von 54 cm². Sie ist 3 cm länger als breit. Die Höhe beträgt das Dreifache der Breite. Passt ein Liter Wasser in die Vase hinein?

c) Ein 6 m langer und 9 m breiter rechteckiger Swimmingpool soll mit einem überall gleich breiten Kiesrand versehen werden. Wie breit wird der Rand, wenn Kies für eine Fläche von 34 m² zur Verfügung steht?

d) Ein Ball wird aus 3 m Höhe mit einer Anfangsgeschwindigkeit von $6\,\frac{m}{s}$ senkrecht nach oben geworfen. Die Funktion $f(t) = -5t^2 + 6t + 3$ beschreibt den Wurf des Balles. Wann erreicht er seinen höchsten Punkt, wie hoch liegt dieser und nach wie vielen Sekunden trifft der Ball wieder auf dem Boden auf?

IV Verallgemeinerungen bei Funktionen und Gleichungen

„Mathe ärgert mich nicht!" – Aufgabenkarten

Forme nach r um. $A = \pi r^2$ ☺	$r = \sqrt{\dfrac{A}{\pi}}$	Gib eine möglichst einfache Formel zur Berechnung des Volumens an. ☺☺	$V = 3a^3$
Der Bogen einer Brücke hat eine Spannweite von 120 m und lässt sich durch $y = -\dfrac{1}{90}x^2$ beschreiben. Wie hoch ist er? ☺☺☺	$h = 40\,m$	Multipliziere aus und fasse soweit wie möglich zusammen. $(3a + 2b)(2a - 3b)$ ☺	$6a^2 - 5ab - 6b^2$
Wahr oder falsch? $(x + 2y)x - (2y + x)2y = x^2 + 4y^2$ ☺☺	Falsch, denn $(x + 2y)(x - 2y) = x^2 - 4y^2$	Forme in eine Summe um. $(12e - 0{,}5f^2)^2$ ☺	$144e^2 - 12ef^2 + 0{,}25f^4$
Forme in eine Summe um. $(3x + 13)^2$ ☺	$9x^2 + 78x + 169$	Ermittle, für welche Zahlen von x der Term den Wert 0 annimmt. $27x + 3x^2$ ☺☺	0 und −9
Bestimme die Nullstellen der Funktion $y = x^2 + 6x - 7$. ☺☺	$x_1 = 1$ und $x_2 = -7$	Multipliziert man eine natürliche Zahl mit ihrem Nachfolger, erhält man 132. Wie heißt sie? ☺☺☺	11

V Definieren, Ordnen, Beweisen

Zahlen-Domino: Zu welcher Zahlenart gehört die Zahl x?

Schneide entlang der fett gedruckten Linien aus und lege die Teile dann passend aneinander.

Start	x kann in der Form $\frac{p}{q}$ mit einer ganzen Zahl p und q = 1, 2, 3 ... dargestellt werden.	x kommt vor in 0, 1, 2, 3 ...	x ist eine irrationale Zahl.
x ist eine natürliche Zahl.	Es gilt x = n² mit n = 1, 2, 3 ...	x hat die Form x = 7n mit n = 1, 2, 3 ...	x hat keine periodische Dezimaldarstellung.
x kann als abbrechende Dezimalzahl ohne Nachkommastellen geschrieben werden.	x hat die Form 2n + 1 mit n = 0, 1, 2, 3 ...	x ist eine Quadratzahl.	x hat nur sich selbst und die Zahl 1 als Teiler.
x ist eine Primzahl.	x ist eine ganze Zahl.	x ist ein Vielfaches von 7.	x ist eine ungerade natürliche Zahl.
x ist eine negative reelle Zahl.	Für x gilt $\sqrt{x^2} \neq x$.	x ist eine rationale Zahl.	Ziel

V Definieren, Ordnen, Beweisen

Definition gespeichert? (1)

Materialbedarf: Karton für Kopiervorlage, Schere

Vorbereitung: Karten längs der Linien ausschneiden

Spielbeschreibung: Die Klasse wird in Gruppen zu 2–4 Personen eingeteilt. Jede Gruppe benötigt einen Kartensatz, der aus 18 Begriffskarten (?) und 18 Definitionskarten besteht. Die Karten werden gemischt und verdeckt auf dem Tisch ausgebreitet. Der erste Spieler deckt zwei Karten auf. Handelt es sich hierbei um einen Begriff und seine zugehörige Definition, so hat er die Karten gewonnen und darf noch einmal spielen. Gehören die beiden Karten jedoch nicht zusammen, werden sie wieder verdeckt und der nächste Spieler ist an der Reihe. Sieger ist, wer die meisten Kartenpaare finden konnte.

Tipp: Das Spiel kann erweitert werden, indem Schüler selbst Begriffs- und Definitionskarten gestalten.

Parallelogramm ?	spitzer Winkel ?	Mittelsenkrechte einer Strecke ?	Gegenzahl einer Zahl ?
Rechteck ?	überstumpfer Winkel ?	Winkelhalbierende eines Winkels ?	Primzahl ?
Raute ?	gleichschenkliges Dreieck ?	Tangente ?	Quotient ?
Quadrat ?	gleichseitiges Dreieck ?	Sekante ?	Produkt ?

V Definieren, Ordnen, Beweisen

Definition gespeichert? (2)

Definition:	Definition:	Definition:	Definition:
Viereck mit parallelen Gegenseiten.	Winkel der Winkelweite $0° < α < 90°$.	Gerade, die die Strecke halbiert und senkrecht zu ihr ist.	Zahl mit gleichem Betrag, aber anderem Vorzeichen.
Definition:	**Definition:**	**Definition:**	**Definition:**
Viereck, dessen benachbarte Seiten orthogonal sind.	Winkel der Winkelweite $180° < \ < 360°$.	Gerade, die den Winkel in zwei gleich große Teilwinkel teilt.	eine natürliche Zahl mit genau zwei Teilern.
Definition:	**Definition:**	**Definition:**	**Definition:**
Parallelogramm mit vier gleich langen Seiten.	Dreieck mit zwei gleich langen Seiten.	Gerade, die einen Kreis in einem Punkt berührt.	Ergebnis einer Division.
Definition:	**Definition:**	**Definition:**	**Definition:**
Viereck mit vier rechten Winkeln und vier gleich langen Seiten.	Dreieck mit drei gleich langen Seiten.	Gerade, die einen Kreis in zwei Punkten schneidet.	Ergebnis einer Multiplikation.
		?	?

30 min — Gruppen-/Partnerarbeit

V Definieren, Ordnen, Beweisen

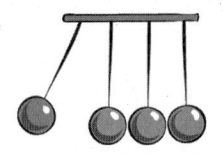

Verwandtschaften

In der ersten Spalte der Tabelle findest du Eigenschaften, mit denen sich Funktionsgraphen beschreiben lassen.
a) Kreuze an, welche Eigenschaften auf den jeweiligen Graphen zutreffen.
b) Finde weitere Eigenschaften, mit denen sich Graphen beschreiben lassen, und untersuche, für welche Graphen sie zutreffen.

Eigenschaften	A	B	C	D	E	F	G	H	I
zunehmend									
gleichmäßig zunehmend									
dem doppelten x-Wert wird der doppelte y-Wert zugeordnet									
linear									

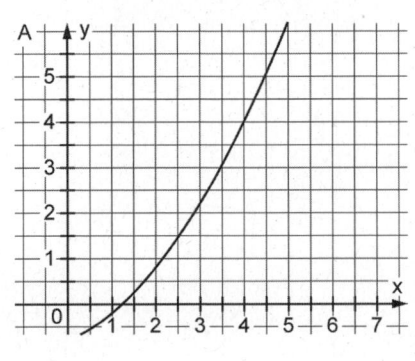

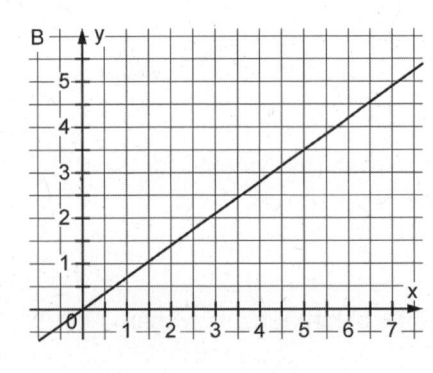

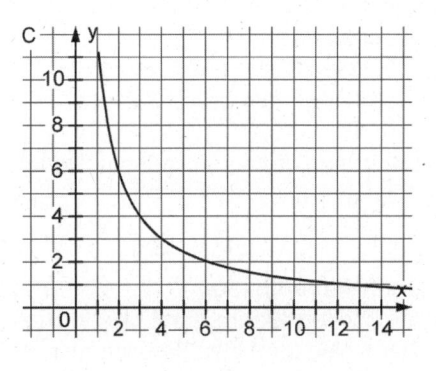

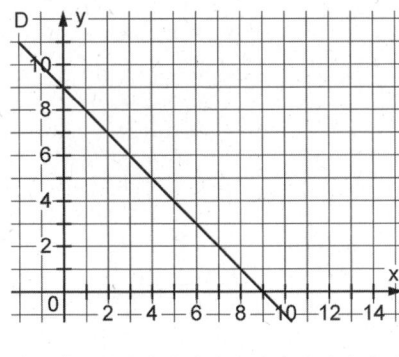

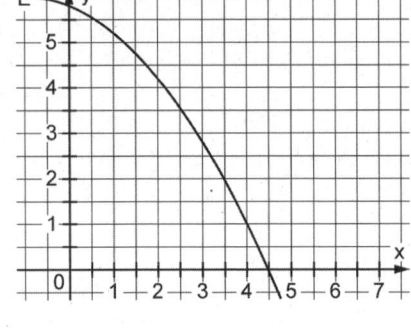

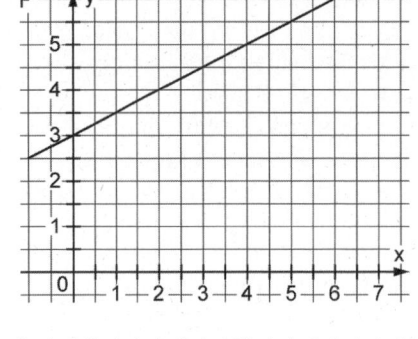

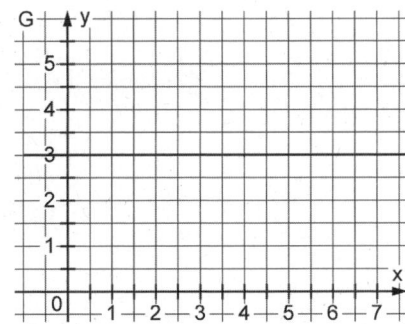

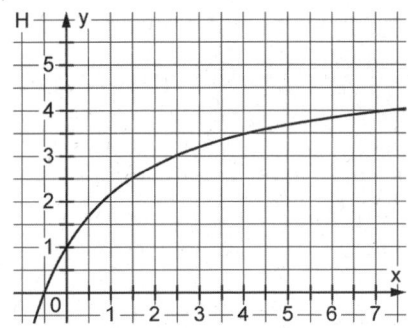

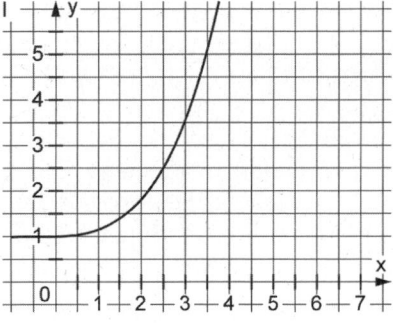

⏱ 15 min † Einzelarbeit

V Ordnen, Definieren, Beweisen

Für Nussknacker

Der Würfeltrick
Eine Person wirft drei Würfel verdeckt und merkt sich die oberen Zahlen in der Reihenfolge. Die zweite Person, der Hellseher, will die Zahlen erfahren. Dazu stellt er der ersten Person Rechenaufgaben: Multipliziere die Zahl des ersten Würfels mit 2, addiere dann 5 und multipliziere das Ergebnis mit 5. Addiere die Zahl des zweiten Würfels dazu und multipliziere die Summe mit 10. Addiere schließlich die Zahl des dritten Würfels dazu.
Die erste Person nennt das Ergebnis. Der Hellseher subtrahiert davon 250 und liest dann die Würfelzahlen als Hunderter-, Zehner- und Einerziffer ab.

Begründe dieses Vorgehen. Stelle dazu einen Rechenterm für die drei Zahlen auf.

Die geheime Hausnummer
Oliver will die dreistellige Hausnummer von Sina erfahren. Sina will die Zahl nicht direkt nennen, deshalb schlägt Oliver eine Rechnung vor. Er fordert Sina auf:
Bilde die Summe aus dem 11Fachen der ersten Ziffer und dem 2Fachen der zweiten Ziffer. Multipliziere das Ergebnis mit 10 und addiere dann das 11Fache der um 1 vergrößerten dritten Ziffer. Multipliziere die Summe mit 2. Subtrahiere nun noch das 20Fache der Quersumme.
Oliver lässt sich das Endergebnis nennen. Er erfährt die Hausnummer, wenn er die genannte Zahl halbiert und dann noch 11 subtrahiert.

Begründe dieses Vorgehen. Stelle dazu einen Rechenterm für die drei Zahlen auf.

Der Pferdeflüsterer
Beim Pferderennen will Mister Scott einen hohen Einsatz wagen. Auf dem Weg zum Wettbüro versucht er noch einen Tipp vom besten Pferdekenner der Umgebung zu erhalten. Dieser nennt ihm gegen Gewinnbeteiligung die Startnummern 2, 5 und 6 als seine Favoriten und versteckt die Reihenfolge dieser drei Erstplazierten in einem schwierigen Rätsel:
Ich bilde das Quadrat der Summe der Startnummern des 1. und 2. Siegers. Davon subtrahiere ich das Quadrat der Summe aus den Startnummern des Zweit- und des Drittplazierten.
Und schließlich addiere ich das Quadrat der Differenz aus den Nummern des 1. und 3. Platzes. Jetzt halbiere ich das Ganze noch und erhalte das Ergebnis −7.
Die Nummer des Drittplazierten ergibt sich dann so: Ich dividiere die Gegenzahl des Ergebnisses durch die Summe der Nummern des 1. und 2. Platzes und addiere anschließend die Nummer des 1. Platzes.

Schafft Mister Scott die Rechnung in den bis zum Rennbeginn verbleibenden 15 Minuten?

Stelle einen Rechenterm für die drei Startnummern auf. Den musst du geschickt umformen und dann noch etwas knobeln.

V Definieren, Ordnen, Beweisen

Da steckt der Wurm drin!

Ein fragwürdiger Beweis des Satzes von der Winkelsumme im Dreieck

Behauptung: In jedem Dreieck beträgt die Winkelsumme 180°.

Beweis: Im Innern eines beliebigen Dreiecks ABC wird ein beliebiger Punkt P gewählt.
Verbindet man diesen Punkt mit den Ecken A, B und C, entstehen drei Dreiecke. Für die unbekannte Winkelsumme wird S gesetzt. Dann gilt:
$\alpha + \beta + \gamma = S$ (1)   und $\alpha_1 + \beta_1 + \delta_1 = S$ (2)
$\beta_2 + \gamma_2 + \delta_2 = S$ (3)
$\gamma_3 + \alpha_3 + \delta_3 = S$ (4)

Die Summe (2) + (3) + (4) ergibt geordnet:

$\underbrace{(\alpha_1 + \alpha_3)}_{} + \underbrace{(\beta_1 + \beta_2)}_{} + \underbrace{(\gamma_2 + \gamma_3)}_{} + \underbrace{(\delta_1 + \delta_2 + \delta_3)}_{} = 3S$

$\underbrace{\quad \alpha \quad + \quad \beta \quad + \quad \gamma \quad}_{} + \quad 360° \quad = 3S$

mit (1)   S   +   360°   = 3S
                                    360°   = 2S
                                        S = 180°

Fragen:
a) Welche unzulässige Annahme wird beim „Beweis" des Satzes verwendet?
b) Was wird hier eigentlich bewiesen?

Ein korrekter Beweis des Satzes von der Winkelsumme im Sechseck
Benutze die obige Beweisidee, um herauszufinden, wie groß die Summe der Innenwinkel im Sechseck ist.
Schreibe einen Beweis dazu auf.
Überlege dann: Ist auch dieser Beweis fragwürdig? Begründe.

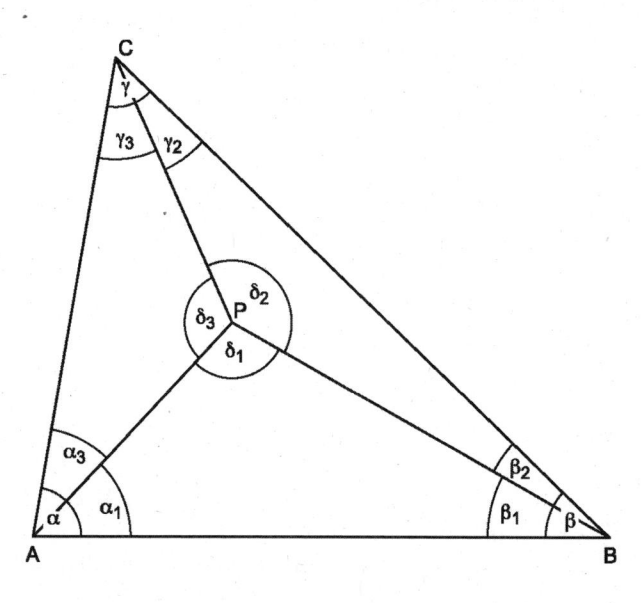

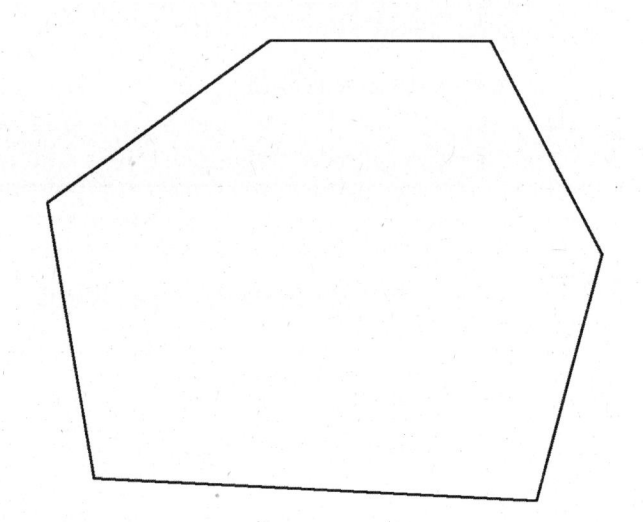

30 min   Einzelarbeit

V Definieren, Ordnen, Beweisen

Der Beweis des Satzes von Thales

Materialbedarf: Schere

In der nebenstehenden Abbildung erkennst du eine geometrische Gesetzmäßigkeit, die nach Thales benannt ist, der im 6. Jahrhundert v. Chr. in Milet lebte. Sie wird ihm zu Ehren als der „Satz des Thales" bezeichnet.
Formuliere den Satz des Thales in der Wenn-Dann-Form.

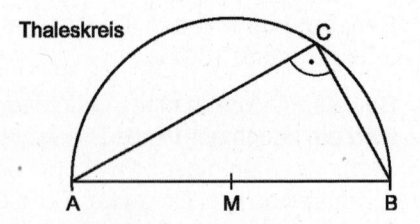

Nun kannst du den Satz des Thales mithilfe der unten stehenden Beweiskärtchen beweisen. Dazu musst du sie allerdings zunächst ausschneiden und in die richtige Reihenfolge bringen. Schreibe dann den Beweis übersichtlich auf.

Beweiskärtchen

Stelle die Gleichung für die Winkelsumme des Dreiecks ABC auf.

Beweiskärtchen

Bezeichne die Winkel der Dreiecke AMC und BCM mit griechischen Buchstaben, wobei gleich weite Winkel gleiche Buchstaben erhalten sollen.

Beweiskärtchen

Zeichne die Strecke $\overline{MC}$.

Beweiskärtchen

Durch Umformen der Gleichung erhältst du nun den gesuchten Satz.

Beweiskärtchen

So entstehen die beiden Dreiecke AMC und BCM.
Überlege und notiere: Welche Besonderheit weisen sie auf?

Beweiskärtchen

Zeichne die oben abgebildete Figur mit Thaleskreis ab, ohne jedoch den rechten Winkel bei C als solchen zu kennzeichnen.

V Definieren, Ordnen, Beweisen

Der Satz vom Mittelpunktswinkel

Materialbedarf: Schere

Führe die folgenden Schritte durch, um die Aussage des Satzes vom Mittelpunktswinkel zu erhalten.

1 Formuliere eine Überschrift. Zeichne darunter einen Kreis mit Mittelpunkt M und Radius r = 5 cm.

2 Markiere auf der Kreislinie zwei Punkte A und B (so, dass M nicht auf $\overline{AB}$ liegt) und zeichne das Dreieck ABM.

3 Wähle nun einen Punkt C auf der Kreislinie (so, dass M im Inneren des Dreiecks ABC liegt) und zeichne das Dreieck ABC.

4 Miss mit dem Geodreieck den Innenwinkel δ des Dreiecks ABM bei M (Mittelpunktswinkel) und den Innenwinkel ε des Dreiecks ABC bei C (Umkreiswinkel). Vergleiche die beiden Messergebnisse. Was vermutest du? Wenn du nicht sicher bist, zeichne ein weiteres Dreieck oder benutze ein Geometrieprogramm.

5 Formuliere einen mathematischen Satz, der den von dir vermuteten Sachverhalt beschreibt.

Nun kannst du deine Vermutung mithilfe der unten stehenden Kärtchen beweisen. Dazu musst du sie zunächst ausschneiden und in die richtige Reihenfolge bringen. Schreibe dann den Beweis übersichtlich auf. Prüfe anschließend, ob deine Vermutung auch dann gilt, wenn M auf einer Dreiecksseite oder außerhalb des Dreiecks liegt. Halte dein Ergebnis als den Satz vom Mittelpunktswinkel fest.

Beweiskärtchen
Stelle eine Gleichung auf, die besagt, dass die Summe der drei Innenwinkel bei M 360° beträgt.

Beweiskärtchen
So entstehen die beiden Dreiecke MCA und MBC.
Überlege: Welche Besonderheiten weisen die Dreiecke auf?

Beweiskärtchen
Durch mehrfaches Umformen der Gleichung erhältst du nun den gesuchten Satz.

Beweiskärtchen
Zeichne die Ausgangsfigur (Schritte 1 bis 3 der vorherigen Konstruktionsbeschreibung).

Beweiskärtchen
Zeichne die Strecke $\overline{MC}$.

Beweiskärtchen
Bezeichne Mittelpunkts- und Umfangswinkel mit den griechischen Buchstaben δ und ε und drücke die noch fehlenden Winkel bei M unter Verwendung der Winkelsumme im Dreieck mit den Basiswinkeln aus.

Beweiskärtchen
Bezeichne die Basiswinkel der Dreiecke MAB, MBC und MCA mit den griechischen Buchstaben α, β und γ (wobei gleich weite Winkel gleiche Buchstaben erhalten sollen).

V Definieren, Ordnen, Beweisen

Euklids erstaunlicher Satz

Am 1. April 2006 veröffentlichte Aegidius Lambacher im Helvetic Weekly einen Artikel über einen lange Zeit verschollen geglaubten Satz des Altmeisters der Geometrie, Euklid.

Der Satz lautet:

Jeder stumpfe Winkel ist ein rechter.

Nachfolgend ist Schritt für Schritt der „Beweis" für diesen Satz geführt. Versuche den Beweis nachzuvollziehen und vermute schon einmal, an welcher Stelle der entscheidende Fehler passiert sein könnte.

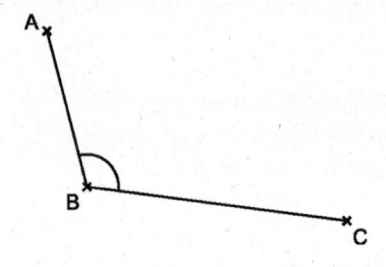

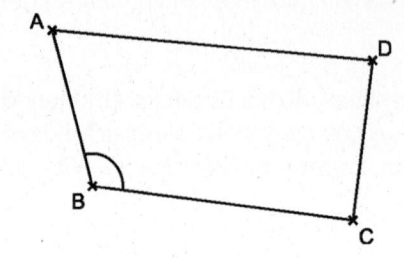

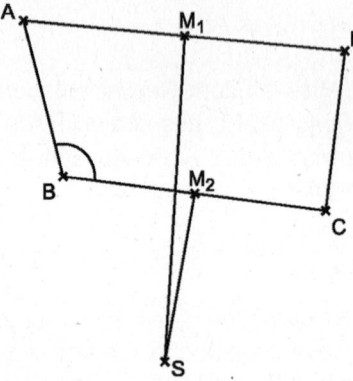

Gegeben ist ein beliebiger stumpfer Winkel CBA.

In C wird eine Senkrechte auf $\overline{BC}$ mit der Länge $\overline{AB}$ konstruiert. Der Endpunkt D der Senkrechten wird mit A verbunden.

Die Mittelsenkrechten der Strecken $\overline{AD}$ und $\overline{BC}$ werden konstruiert. Ihr Schnittpunkt sei der Punkt S.

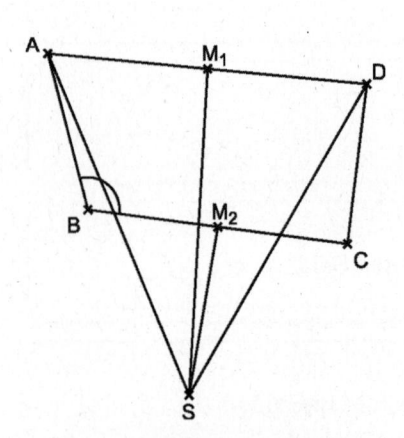

Da S auf der Mittelsenkrechten von $\overline{AD}$ liegt, sind die Strecken $\overline{SA}$ und $\overline{SD}$ gleich lang.

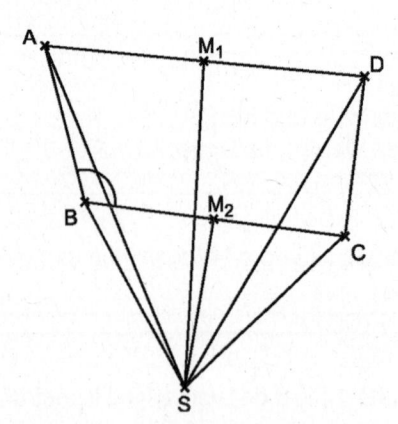

Wegen der gleichen Mittelsenkrechteneigenschaft sind auch die Strecken $\overline{SB}$ und $\overline{SC}$ gleich lang.

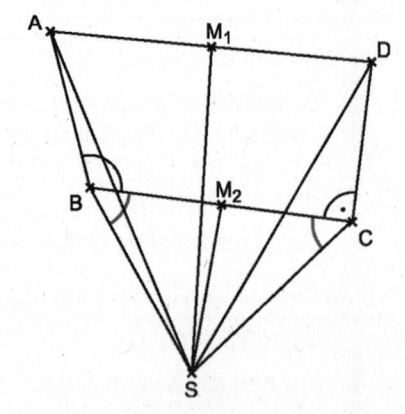

Weitere Beweisführung: siehe unten.

Damit sind die Dreiecke SAB und SCD zueinander kongruent nach dem Kongruenzsatz sss. Folglich sind auch die Winkel SBA und DCS gleich groß. Da die Basiswinkel im gleichschenkligen Dreieck SCB ebenfalls gleich groß sind, muss der ursprüngliche stumpfe Winkel CBA ebenso groß sein wie DCB. Dieser Winkel war aber nach Konstruktion ein rechter Winkel. Also ist der Winkel CBA ein rechter Winkel.

Führe die entsprechenden Konstruktionen mit einem Geometrieprogramm aus und entlarve so den Fehler, der im oben stehenden Beweis gemacht wurde.

V Definieren, Ordnen, Beweisen

Entdeckungen am Parallelogramm

Gezeichnet ist ein Parallelogramm ABCD.
Dazu sind weitere Linien eingezeichnet:
DF ist die Winkelhalbierende des Winkels
∢ ADC, HG ist die Winkelhalbierende des
Außenwinkels des Parallelogramms bei D.

In dieser Figur lassen sich viele Beziehungen zwischen Winkeln und Streckenlängen entdecken.
Folgende Beispiele sollen dich auf Ideen bringen:

(1) $\angle CDG = \frac{1}{2} \angle DCB$

(2) $\overline{HB} = \overline{AB} + \overline{BC}$

(3) $\triangle EDA$ ist gleichschenklig

Beweise die Aussagen (1)–(3).

Gehe dann auf Entdeckungsreise in der Figur und notiere deine Ergebnisse mit den zugehörigen Begründungen.

Eine spezielle Aufgabe:
Gib die Streckenlänge $\overline{FB}$ in Abhängigkeit von den Seitenlängen des Parallelogramms an.

V Definieren, Ordnen, Beweisen

Experimente mit Umecken

Zeichne selbst so ein Sechseck wie nebenan. Bei diesem Sechseck $A_1A_2A_3A_4A_5A_6$ werden die Seitenmitten bestimmt und zum Sechseck $B_1B_2B_3B_4B_5B_6$ verbunden. Das Sechseck $A_1A_2A_3A_4A_5A_6$ heißt Umeck von Sechseck $B_1B_2B_3B_4B_5B_6$. Es ist also leicht, zu einem gegebenen Sechseck das Mittelpunktseck zu finden.
Jetzt ist die Umkehrung gefragt:
Wie findet man von einem gegebenen Mittelpunktseck $B_1B_2B_3$ ... zum zugehörigen Umeck?
Im Folgenden kannst du geometrische Sätze vermuten, entdecken und begründen.

1 Umeck eines Dreiecks

Gegeben ist das Dreieck $B_1B_2B_3$, gesucht ist ein Umeck $A_1A_2A_3$.
Probiere aus.
Ein bewährter Trick: Das Gesuchte als gegeben aufzeichnen und daran den Weg suchen.
Zeichne also ein Dreieck und dann dessen Mittelpunktsdreieck. Diese Figur und ihre Eigenschaften kennst du.
Siehst du den umgekehrten Weg? Wenn das Dreieck $B_1B_2B_3$ gegeben ist, wie findet man dann A_1, A_2, A_3? Zeichne also ein neues Dreieck $B_1B_2B_3$, dann die Parallele zu B_1B_2 durch B_3 und zu B_2B_3 durch B_1. Lege die Punkte A_2 und A_3 so fest, dass B_1 und B_3 Mittelpunkte sind.
Beschreibe die Konstruktion. Nachträglich musst du mithilfe von Kongruenzen jetzt begründen, dass B_2 dann Mittelpunkt von A_2A_3 ist.
Ist die Lösung eindeutig?

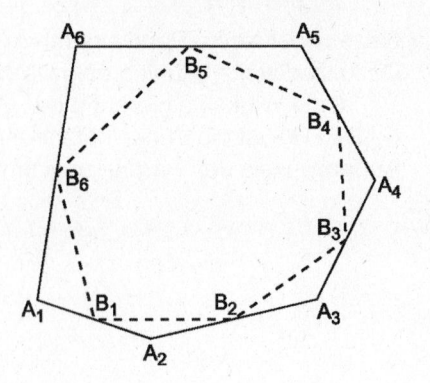

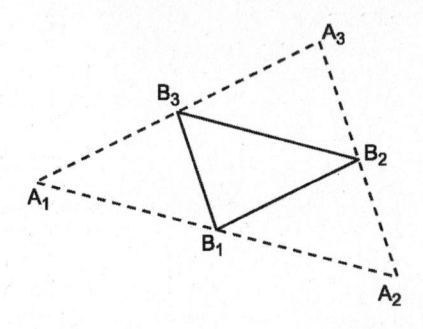

2 Umeck eines Vierecks

Hat jedes Viereck ein Umeck? Das ist nicht so leicht zu beantworten wie beim Dreieck. Zeichne mehrere verschiedene Vierecke, auch mit einspringenden Ecken, und konstruiere ihre Mittenvierecke. Notiere eine Vermutung. Begründe diese Vermutung.

Tipp: Zeichne die Diagonalen der Ausgangsvierecke ein.

Nun zur Umkehrung:
Zeichne ein Parallelogramm $B_1B_2B_3B_4$ und suche dessen Umeck.
In der unteren Figur ist der Beginn der Konstruktion mit beliebigem A_1 gezeichnet. Setze dies fort. Wenn du den Punkt A_4 gezeichnet hast, kommt die Frage, ob B_4 auf A_4A_1 liegt und die Strecke A_4A_1 auch halbiert. Mithilfe der Überlegungen aus Aufgabe 1 kannst du diese Frage beantworten. Damit hast du einen Satz gefunden, der aussagt, welche Vierecke ein Umeck haben und wie viele Lösungen es gibt.
Experimentiere nun mit verschiedenen Lagen des Anfangspunktes A_1.
Beschreibe die Art der entstehenden Umvierecke, wenn A_1
- unterhalb der Geraden B_1B_2,
- auf der Geraden B_1B_4,
- auf der Geraden B_1B_2,
- im Innern des Vierecks $B_1 B_2 B_3 B_4$ liegt.

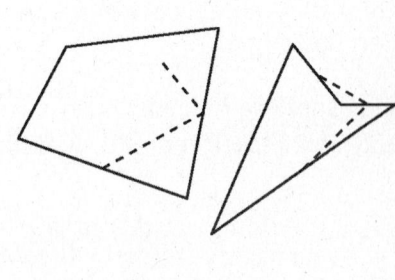

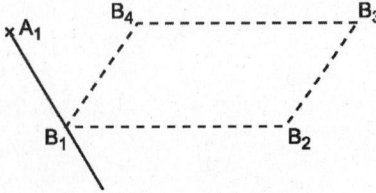

3 Ausblick: Umeck eines Fünfecks

Hier führen reine Beobachtungen wie beim Viereck weder zu Vermutungen noch zu Konstruktionshinweisen. Der Weg zur Lösung führt auch über die Umkehrung: Vom Umeck wird ein Dreieck abgetrennt und im verbleibenden Viereck ein geeignetes Parallelogramm bestimmt. Damit kann man die Ergebnisse von oben nutzen. Probier es aus.

V Definieren, Ordnen, Beweisen

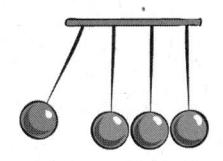

Variationen eines Satzes

Mit dieser Anleitung kannst du selbst mathematische Sätze und Behauptungen formulieren und dann versuchen sie zu begründen und zu beweisen.

1 Grundaufgabe
Es fängt mit einer ganz einfachen Aufgabe an:
Addiere drei aufeinanderfolgende natürliche Zahlen, zum Beispiel 14 + 15 + 16.
Die Eigenschaft dieser Summe kennst du vielleicht schon:
Satz 1: Die Summe von drei aufeinanderfolgenden Zahlen ist durch 3 teilbar.
Sieh dir den Beweis im Schülerbuch Seite 136 an und erarbeite dann noch andere Beweisideen.

2 Erste Abwandlung
Gilt obiger Satz entsprechend auch, wenn du
4, 5, 6 ... aufeinanderfolgende Zahlen addierst?
Nach einigen Beispielen wirst du eine Vermutung
formulieren können.
Schreibe diese ins Heft.

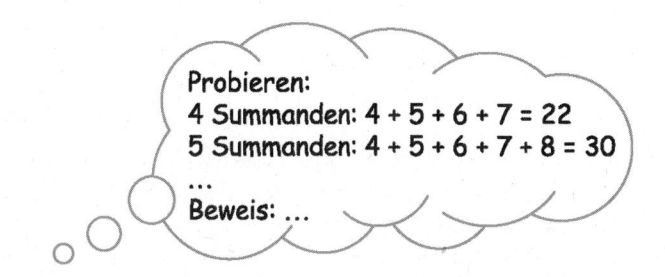

Probieren:
4 Summanden: 4 + 5 + 6 + 7 = 22
5 Summanden: 4 + 5 + 6 + 7 + 8 = 30
...
Beweis: ...

Gibt es dann einen allgemeinen Satz für k Summanden? $n + n+1 + n+2 + n+3 + \ldots + n+k-1 = \ldots$

Tipp: Schreibe die Summe wie im Schülerbuch um. Dann musst du einen Ausdruck für die Summe
$1 + 2 + 3 + \ldots + k - 1$ finden. Das Ausklammern ist davon abhängig, ob k gerade oder ungerade ist.

3 Zweite Abwandlung
Nun sollen es keine aufeinanderfolgenden, sondern
Zahlen mit gleichem Abstand sein. Formuliere
wieder eine Vermutung.
Schreibe diese ins Heft.

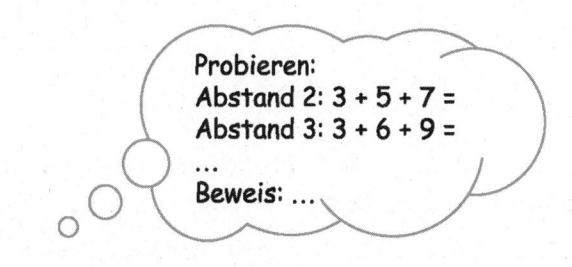

Probieren:
Abstand 2: 3 + 5 + 7 =
Abstand 3: 3 + 6 + 9 =
...
Beweis: ...

Jetzt kommt die Verallgemeinerung: Drei Summanden mit Abstand d. $n + n + d + \ldots$
Schreibe die Summe allgemein wie in Aufgabe 1 oder 2 und führe den Beweis.

4 Beweisvariante
Einen Beweis kannst du auch auf ganz anderem
Weg finden.
Tick, Trick und Track bekommen von Onkel Donald
zum Frühstück frisch gepressten Orangensaft.
Selbstverständlich sind sie nicht damit zufrieden,
wie Donald den Orangensaft eingeschenkt hat. Hilf
ihnen, den Saft gerecht zu verteilen.
Was hat diese Geschichte mit der Grundaufgabe zu
tun?

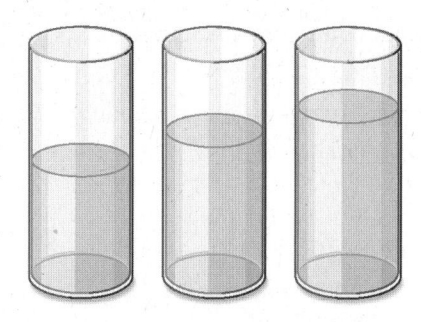

5 Variationen ohne Ende?
Du hast gesehen: Die Abwandlung von zwei Worten, d. h. Bedingungen, im Satz 1 führt zu interessanten mathematischen Aussagen.
Unterstreiche in Aufgabe 1 die bisher variierten Bedingungen und erforsche dann:
Es stehen noch andere Bedingungen im Aufgabentext. Kann man diese Bedingungen auch so abwandeln, dass sinnvolle Aufgaben entstehen? Schreibe deine Ideen auf.

V Definieren, Ordnen, Beweisen

Schnellrechner

1 Höhere Potenzen

Beeindrucke deine Nachbarin oder deinen Nachbarn durch hohe Rechenkunst:
Lass ihn eine Zahl wählen, mit dem TR die dritte Potenz berechnen und dir das Ergebnis nennen. Du findest ohne TR die Ausgangszahl.
Deine Vorbereitung:
Du solltest die dritte Potenz der Zahlen 1, ..., 10 auswendig lernen, denn aus der letzen Ziffer der Potenz kannst du eindeutig auf die letzte Ziffer der Ausgangszahl schließen.

Beispiele: Endziffer 8 → Ausgangszahl 2
Endziffer 3 → Ausgangszahl 7

Der Rechengang:
Die Zahl, die dir dein Nachbar nennt, hat vier bis sechs Stellen. Von den letzten drei Stellen brauchst du nur die Endziffer. Ist diese zum Beispiel 7, so ist die Endziffer der gesuchten Zahl sicher 3.
Dann schneidest du diese drei Ziffern ab. Die verbleibende Zahl ordnest du in die a^3-Spalte nebenstehender Tabelle ein. Entweder passt sie oder liegt zwischen zwei Zahlen.
Im letzteren Fall nimmst du die kleinere von beiden und hast damit links davon die Zehnerziffer der gesuchten Zahl.

a	a^3
1	1
2	8
3	27
4	64
5	125
6	216
7	343
8	512
9	729
10	1000

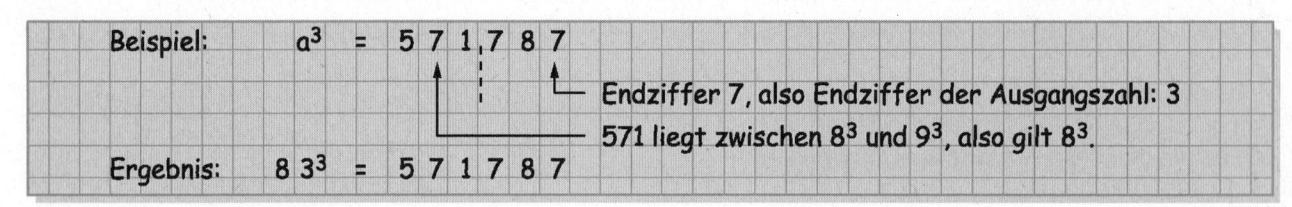

Beispiel: $a^3 = 571\,787$

Endziffer 7, also Endziffer der Ausgangszahl: 3
571 liegt zwischen 8^3 und 9^3, also gilt 8^3.

Ergebnis: $83^3 = 571\,787$

Versuche mit deiner Partnerin oder deinem Partner das Verfahren zu begründen.
Anleitung: $83^3 = (80 + 3)^3 = \ldots$

Von der fünften Potenz auf die Ausgangszahl zu schließen ist noch leichter.
Entwickle die Methode ähnlich wie oben. Die Zuordnung der Endziffer ist besonders einfach. Wie viele Stellen du abschneiden kannst, erfährst du durch Probieren oder aus der entsprechenden Begründung.

2 Kurioses von Quadratwurzeln

Stimmt das? $\sqrt{49} = 4 + \sqrt{9}$

Diese Umformung passt nicht zu den Rechenregeln für Quadratwurzeln, die du in Kapitel II gelernt hast, wie du schnell an anderen Beispielen siehst: $\sqrt{59} \neq 5 + \sqrt{9}$, aber bei einigen wenigen Zahlen geht das. Findest du diese?

Es gilt auch: $\sqrt{144} = 14 - \sqrt{4}$

Es gibt auch noch weitere Beispiele, bei denen das Wurzelziehen so einfach geht.

Bei größeren Zahlen können kuriose Umformungen zum Ziel führen:

$\sqrt{196} = \sqrt{180 + 16} = 18 - \sqrt{16}$

$\sqrt{225} = \sqrt{200 + 25} = 20 - \sqrt{25}$

Führe diese Beispiele fort.

Vorsicht: Verallgemeinere diese Beispiele nicht.

V Definieren, Ordnen, Beweisen

„Mathe ärgert mich nicht!" – Aufgabenkarten

Gib eine Definition für das Rechteck an. ☺	Ein Viereck mit gleich großen Winkeln.	Ein Viereck mit zwei zueinander senkrechten Symmetrieachsen heißt ... ☺☺	Raute
Ein punktsymmetrisches Viereck heißt ... ☺	Parallelogramm	Welche Eigenschaft kommt zum oberen Viereck dazu? ☺☺	Ein weiteres Paar paralleler Gegenseiten.
Wie heißen die drei Schritte in einem ausführlichen Beweis? ☺	Voraussetzung Behauptung Beweis	Formuliere in einen Wenn ..., dann ...-Satz um: Ein Dreieck mit drei gleich großen Winkeln ist gleichseitig. ☺☺	Wenn ein Dreieck drei gleich große Winkel hat, dann ist es gleichseitig.
Widerlege durch ein Gegenbeispiel: Ein Viereck mit einer Symmetrieachse hat ein Paar paralleler Gegenseiten. ☺☺	Drachen	Vertausche Voraussetzung und Behauptung: Eine durch 6 teilbare Zahl ist durch 3 und 2 teilbar. ☺☺	Eine durch 2 und 3 teilbare Zahl ist durch 6 teilbar.
Welche Strecken sind gleich lang? ☺☺☺	$\overline{MA} = \overline{MB} = \overline{MC}$	Welchen Satz lässt diese Figur vermuten? ☺☺☺	In einem Viereck mit Umkreis ergänzen sich gegenüberliegende Winkel zu 180°.

15 min Partnerarbeit

VI Wahrscheinlichkeitsrechnung

Gruppenpuzzle: Auf was würdest du wetten?

Problemstellung
Mit diesem Gruppenpuzzle sollt ihr euer bisheriges Wissen über das Rechnen mit Wahrscheinlichkeiten auffrischen. Dazu bekommt ihr verschiedene Wettsituationen, dir ihr beurteilen sollt. Dieses Arbeitsblatt gibt euch einen Überblick über den Ablauf des Gruppenpuzzles.

Ablaufplan
Es gibt insgesamt vier Teilthemen (Wettsituationen):
– Die Gummibärenwette
– Die Basketballwette
– Die Legosteinwette
– Die Tenniswette

Bildung von Stammgruppen (10 min)
Teilt eure Klasse zunächst in Stammgruppen mit mindestens vier Mitgliedern auf.
Bestimmt in eurer Stammgruppe mindestens eine Schülerin bzw. einen Schüler pro Teilthema. Sie werden zu Experten für dieses Teilthema.

Erarbeitung der Teilthemen in den Expertengruppen (45 min)
Die Stammgruppe löst sich auf und die Experten zu jedem Teilthema bilden die Expertengruppe.
Dort wird anhand der Blätter für die Expertengruppen das jeweilige Teilthema erarbeitet.

Ergebnispräsentation in den Stammgruppen (45 min)
Kehrt wieder in eure Stammgruppen zurück. Dort informiert jeder Experte die anderen Stammgruppenmitglieder über sein Teilthema, steht ihnen für Rückfragen zur Verfügung und schlägt einen Heftaufschrieb vor, den die anderen (ggf. noch verbessert) übernehmen.
Am Ende sollte jeder von euch alle Teilthemen verstanden haben.

Ergebniskontrolle und Übungen in den Stammgruppen (35 min)
Im Schülerbuch auf Seite 159 findet ihr zwei Beispiele. Lest sie aufmerksam durch, klärt auftretende Fragen und bearbeitet im Buch auf Seite 160 die Aufgabe Nr. 5 und auf Seite 161 Nr. 9.
Anschließend sollte jeder von euch alleine die Aufgabe 6 auf Seite 160 bearbeiten.
Kontrolliert eure Ergebnisse.

VI Wahrscheinlichkeitsrechnung

Gruppenpuzzle: Expertengruppe 1: Die Gummibärenwette

Problemstellung
In einer kleinen Gummibären-Packung befinden sich 6 rote, 3 grüne und 1 weißes Gummibärchen. Benni und Maike haben fünf solcher Packungen. Nachdem beide zwei bekommen haben, wollen sie um die letzte Packung knobeln …
Maike: Wir machen Folgendes: Du ziehst aus jeder deiner beiden Packungen blind ein Gummibärchen. Wenn beide die gleiche Farbe haben, bekommst du die fünfte Packung.
Benni: Nee, da mache ich nicht mit. Aber ich wette, dass bei den beiden gezogenen Gummibärchen mindestens ein grünes dabei ist.
Maike: Okay, das machen wir. Das dürfte einigermaßen fair sein …

Aufgaben
1 Vervollständigt das unten stehende Baumdiagramm für das Ziehen von zwei Gummibärchen aus zwei verschiedenen Packungen. Bestimmt dann mit der Pfadregel die Wahrscheinlichkeiten für die einzelnen Ergebnisse und füllt die Tabelle aus. Falls ihr nicht weiterkommt, lest im Schülerbuch das Beispiel 1 auf Seite 159 durch.

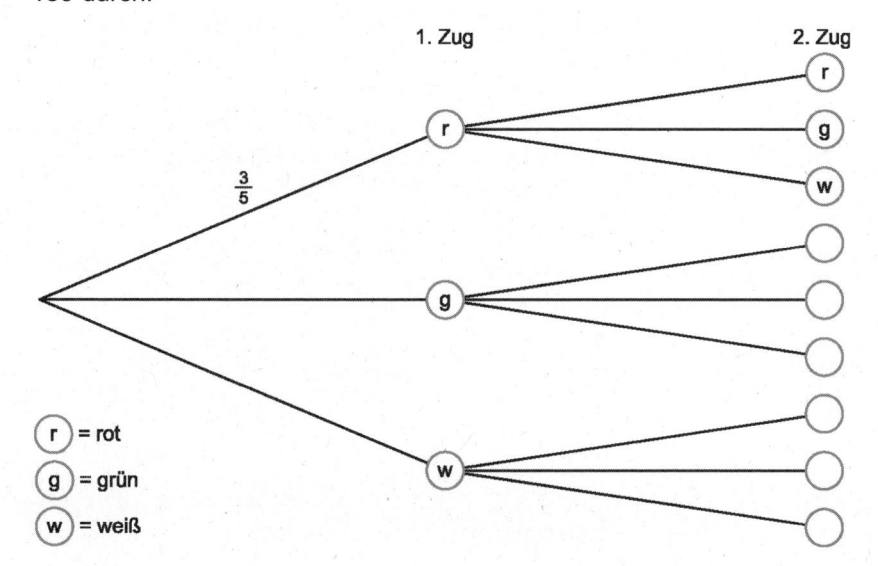

Ergebnis	Wahrscheinlichkeit
rr	
rg	

2 Berechnet die Wahrscheinlichkeit, mit der Benni zwei Gummibärchen gleicher Farbe zieht. War es richtig, dass er Maikes ersten Vorschlag abgelehnt hat?

3 Wie hoch ist die Wahrscheinlichkeit, dass Benni seine Wette gewinnt? Ist sein Vorschlag fairer als der von Maike?

4 Macht selbst einen möglichst fairen Vorschlag für eine Gummibärchenziehung.

5 Wie ändern sich die Wahrscheinlichkeiten bei Aufgabe 2 und 3, wenn Benni beide Gummibärchen aus der gleichen Tüte zieht und das zuerst gezogene Gummibärchen nicht mehr in die Packung zurücklegt? Erstellt dazu wie in Aufgabe 1 zunächst ein Baumdiagramm und eine Wahrscheinlichkeitsverteilung.

Vorbereitung der Ergebnispräsentation
Jeder von euch wird in seiner Stammgruppe die hier erarbeiteten Ergebnisse präsentieren. Dazu ist notwendig, dass ihr
– eine übersichtliche Musterlösung der Aufgaben erstellt,
– die wesentlichen Schritte eurer Lösung erläutern und Rückfragen beantworten könnt und
– einen sinnvollen, klar gegliederten Heftaufschrieb erstellt.

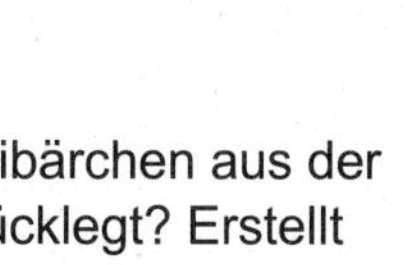

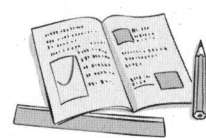

VI Wahrscheinlichkeitsrechnung

Gruppenpuzzle: Expertengruppe 2: Die Basketballwette

Problemstellung

Paul und Francis spielen in der C-Jugend ihres Basketballvereins. Nachmittags treffen sie sich häufig auf dem Schulhof und trainieren Freiwürfe. Paul hat eine Trefferquote von 40 %, Francis von 80 %.

Francis: Wetten, dass ich die nächsten drei Würfe alle treffe?

Paul: Alter Angeber, dass schaffst du nie. Die Wette gilt.

Francis trifft seinen ersten Wurf. Doch bevor er weiter werfen kann, kommen Jana und Alice vorbei, die sich mit den beiden zum Eisessen verabredet haben. Sie spielen im gleichen Basketballverein. Jana hat von der Freiwurflinie eine Trefferquote von 70 %, Alice trifft im Schnitt jeden zweiten Wurf.

Alice: Kommt, lasst uns ein Spiel machen. Wir gegen euch. Jeder wirft einmal von der Freiwurflinie. Die Mannschaft mit den meisten Treffern hat gewonnen. Die Verlierermannschaft muss das Eis bezahlen.

Francis: Wenn ihr unbedingt verlieren wollt! Kein Problem ... Ich muss nur noch kurz meine Wette gegen Paul gewinnen.

Aufgaben

1 Wie groß ist die Wahrscheinlichkeit, dass Francis nach dem ersten auch die beiden folgenden Freiwürfe trifft?

2 Mit welcher Wahrscheinlichkeit erzielen Paul und Francis bei ihrer Wette gegen die Mädchen 0, 1 bzw. 2 Treffer? Vervollständigt dazu das unten stehende Baumdiagramm und bestimmt mit der Pfadregel die Wahrscheinlichkeiten für die einzelnen Ergebnisse. Füllt dann die beiden Tabellen aus.

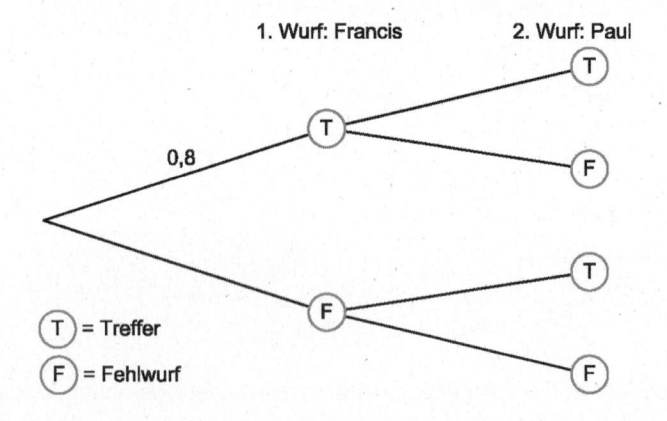

Ergebnis	Wahrscheinlichkeit
TT	
TF	
FT	
FF	

Trefferzahl	0	1	2
Wahrscheinlichkeit			

(T) = Treffer
(F) = Fehlwurf

3 Erstellt auch für das Mädchenteam ein Baumdiagramm und Tabellen, wie bei Nr. 2.

4 Mit welcher Wahrscheinlichkeit endet die Wette zwischen den Jungen und den Mädchen unentschieden?

5 Mit welcher Wahrscheinlichkeit gewinnen die Jungen (die Mädchen) die Wette?

Vorbereitung der Ergebnispräsentation

Jeder von euch wird in seiner Stammgruppe die hier erarbeiteten Ergebnisse präsentieren. Dazu ist notwendig, dass ihr
- eine übersichtliche Musterlösung der Aufgaben erstellt,
- die wesentlichen Schritte eurer Lösung erläutern und Rückfragen beantworten könnt und
- einen sinnvollen, klar gegliederten Heftaufschrieb erstellt.

VI Wahrscheinlichkeitsrechnung

Gruppenpuzzle: Expertengruppe 3: Die Legosteinwette

Materialbedarf: pro Person einen Legostein (oder einen ähnlichen Quader), TR

Problemstellung
Jonas und Verena spielen für ihr Leben gerne Gesellschaftsspiele. Da sie gerade keinen Würfel finden können, behelfen sie sich mit einem Legostein, den sie wie abgebildet mit Zahlen beschriften (gegenüberliegende Seiten haben die Augensumme sieben).

Jonas: Mit diesem „Würfel" können wir unmöglich spielen, Verena! Da wirft man ja nie eine Sechs!
Verena: Stell dich nicht so an, Jonas. Ich wette, dass ich bei zehn Würfen mindestens eine Sechs werfe.
Jonas: Okay, ich wette dagegen.

Aufgaben

1 Um beurteilen zu können, mit welcher Wahrscheinlichkeit Verena ihre Wette gewinnt, müsst ihr zunächst wissen, mit welcher Wahrscheinlichkeit der Legostein bei einem Wurf eine Sechs anzeigt. Dies erfahrt ihr nur durch Probieren: Jeder von euch beschriftet einen Legostein, wie oben abgebildet, und macht eine Versuchsreihe von 100 Würfen. Die Ergebnisse tragt ihr dann in die folgenden Tabellen ein.

	1	2	3	4	5	6
1. Versuchsreihe						
2. Versuchsreihe						
3. Versuchsreihe						
4. Versuchsreihe						

Nun könnt ihr die Wahrscheinlichkeiten für die einzelnen Augenzahlen abschätzen.

Augenzahl	1	2	3	4	5	6
Geschätzte Wahrscheinlichkeit						

2 Berechnet mit euren Ergebnissen aus Aufgabe 1, mit welcher Wahrscheinlichkeit Verena bei zehn Würfen mindestens eine Sechs erzielt. Lest als Hilfe zunächst Beispiel 2 im Schülerbuch auf Seite 159 sorgfältig durch.

3 Berechnet die Wahrscheinlichkeit, mit der Verena beim nächsten Zug keine der beiden (dunklen) Spielfiguren von Jonas schlagen kann.

4 Verena hat durch Zufall drei Mal hintereinander eine Sechs gewürfelt. Ändert sich dadurch die Wahrscheinlichkeit für eine Sechs im folgenden Wurf?

Vorbereitung der Ergebnispräsentation
Jeder von euch wird in seiner Stammgruppe die hier erarbeiteten Ergebnisse präsentieren. Dazu ist notwendig, dass ihr
– eine übersichtliche Musterlösung der Aufgaben erstellt,
– die wesentlichen Schritte eurer Lösung erläutern und Rückfragen beantworten könnt und
– einen sinnvollen, klar gegliederten Heftaufschrieb erstellt.

VI Wahrscheinlichkeitsrechnung

Gruppenpuzzle: Expertengruppe 4: Die Tenniswette

Problemstellung

Thorsten, Lisa und Robin haben sich nachmittags zum Tennisspielen verabredet. Sie beschließen, dass sie ein kleines Turnier machen. Dabei soll jeder gegen jeden einen Satz spielen. Alle drei wollen gerne das erste Spiel bestreiten …

Thorsten: Wir spielen einfach Stein-Schere-Papier. Zuerst Lisa mit mir und dann der Verlierer noch einmal mit dir, Robin.
Robin: Äh, das ist aber nicht gerecht. Wetten, dass ich zuerst aussetzen muss?
Lisa: Mensch Robin, das ist doch egal. Jetzt lass uns endlich das erste Spiel ausknobeln.
Robin: Na gut, von mir aus.

> Bei dem Spiel „Stein-Schere-Papier" spielen zwei Spieler gegeneinander.
> Es gilt: Schere schlägt Papier, Stein schlägt Schere, Papier schlägt Stein.
> Gleiche Ergebnisse zählen nicht.
> Wer zuerst seinen Gegner dreimal schlägt, hat gewonnen.

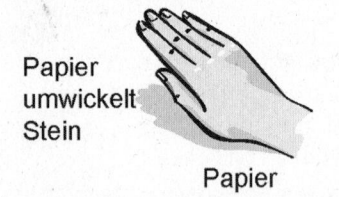

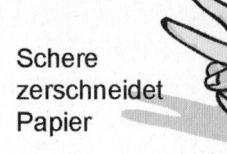

Papier umwickelt Stein
Papier

Stein macht die Schere stumpf 
Stein

Schere zerschneidet Papier 
Schere

Aufgaben

1 Mit welcher Wahrscheinlichkeit spielen Thorsten und Lisa das erste Tennismatch gegeneinander, mit welcher Wahrscheinlichkeit Lisa und Robin bzw. Thorsten und Robin? Vervollständigt dazu das unten stehende Baumdiagramm und bestimmt mit der Pfadregel die Wahrscheinlichkeiten für die einzelnen Ergebnisse. Füllt dann die beiden Tabellen aus.

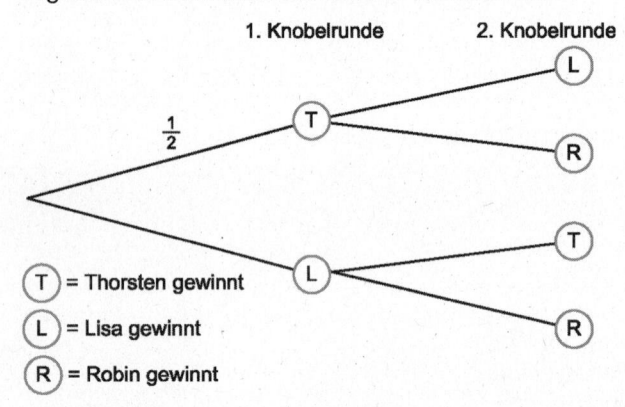

Ergebnis	Wahrscheinlichkeit
TL	
TR	
LT	
LR	

1. Spielpaarung	TL	TR	LR
Wahrscheinlichkeit			

T = Thorsten gewinnt
L = Lisa gewinnt
R = Robin gewinnt

2 Mit welcher Wahrscheinlichkeit ist Thorsten (bzw. Lisa bzw. Robin) im ersten Tennismatch dabei?

3 Lisa hat beim Knobeln mit „Schere" begonnen, Thorsten mit „Papier". Sie führt nun 1:0. Mit welcher Wahrscheinlichkeit wird Thorsten noch gegen sie gewinnen? Zeichnet dazu ein geeignetes Baumdiagramm.

4 Lisa hat Thorsten mit 3:0 besiegt. Erhöhen sich dadurch Thorstens Chancen beim Knobeln gegen Robin?

Vorbereitung der Ergebnispräsentation

Jeder von euch wird in seiner Stammgruppe die hier erarbeiteten Ergebnisse präsentieren. Dazu ist notwendig, dass ihr
- eine übersichtliche Musterlösung der Aufgaben erstellt,
- die wesentlichen Schritte eurer Lösung erläutern und Rückfragen beantworten könnt und
- einen sinnvollen, klar gegliederten Heftaufschrieb erstellt.

VI Wahrscheinlichkeitsrechnung

Das Gesetz der großen Zahlen

Materialbedarf: pro Person ein Würfel und ein Reißnagel, TR

Du weißt bereits, dass die Wahrscheinlichkeit für eine Sechs bei einem Wurf mit einem Würfel $\frac{1}{6}$ beträgt.

Bei einem gezinkten Würfel kann man nicht so einfach die Wahrscheinlichkeit für eine Augenzahl angeben. Man kann sie jedoch näherungsweise ermitteln (schätzen), wenn man eine genügend große Zahl von Würfen durchführt. Wie zuverlässig ein solcher Schätzwert ist, soll folgendes Klassenexperiment zeigen:

1 Führe 25 Würfe mit einem ungezinkten Würfel durch und notiere die Ergebnisse.

25 x Werfen	Absolute Häufigkeit	Relative Häufigkeit	Relative Häufigkeit in %
Augenzahl 6			

2 Sammle nun die Ergebnisse deiner Mitschüler. Trage in die erste Spalte dein eigenes Ergebnis ein. In die zweite Spalte kommt dann das Ergebnis eines Mitschülers plus deines hinein; addiere in den nächsten Spalten jeweils das Ergebnis eines Mitschülers hinzu.

Wurfzahl	25	50	75	100	125	150	175	200	225	250
Absolute Häufigkeit										
Relative Häufigkeit										
Wurfzahl	275	300	325	350	375	400	425	450	475	500
Absolute Häufigkeit										
Relative Häufigkeit										

3 Trage die Ergebnisse auch in folgendes Schaubild ein und kommentiere es.

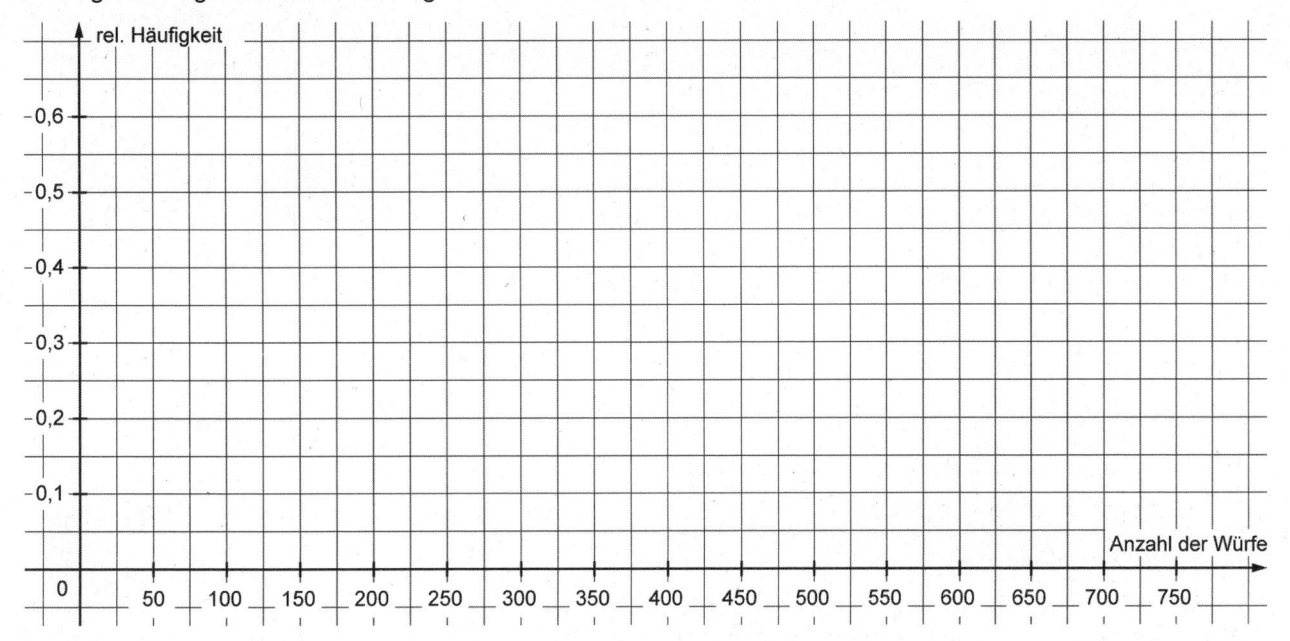

4 Betrachte nun die absoluten Häufigkeiten: Nähern sie sich ihrem voraussagbaren theoretischen Wert?

5 Bestimme in deiner Klasse wie in den Aufgaben 1 bis 3 die Wahrscheinlichkeit für den Ausgang „Kopf" beim Wurf eines Reißnagels.

VI Wahrscheinlichkeitsrechnung

Gruppenpuzzle: Wahrscheinlich knifflige Probleme

Problemstellung
Mit diesem Gruppenpuzzle sollt ihr euer Wissen über Wahrscheinlichkeitsrechnung vertiefen. Dazu sollt ihr euch mit einigen etwas kniffligen Problemen auseinandersetzen. Dieses Blatt gibt euch einen Überblick über den Ablauf des Gruppenpuzzles.

Ablaufplan
Es gibt insgesamt vier Teilthemen (Probleme):
− Das Tennis-Problem
− Das Taxi-Problem
− Das Elfmeterschützen-Problem
− Das Boten-Problem

Bildung von Stammgruppen (10 min)
Teilt eure Klasse zunächst in Stammgruppen mit mindestens vier Mitgliedern auf.
Bestimmt in eurer Stammgruppe mindestens eine Schülerin bzw. einen Schüler pro Teilthema. Sie werden zu Experten für dieses Teilthema.

Erarbeitung der Teilthemen in den Expertengruppen (45 min)
Die Stammgruppe löst sich auf, und die Experten zu jedem Teilthema bilden die Expertengruppe.
Dort wird anhand der Blätter für die Expertengruppen das jeweilige Teilthema erarbeitet.

Ergebnispräsentation in den Stammgruppen (45 min)
Kehrt wieder in eure Stammgruppen zurück. Dort informiert jeder Experte die anderen Stammgruppenmitglieder über sein Teilthema, steht ihnen für Rückfragen zur Verfügung und schlägt einen Heftaufschrieb vor, den die anderen (ggf. noch verbessert) übernehmen.
Am Ende sollte jeder von euch alle Teilthemen verstanden haben.

Ergebniskontrolle und Übungen in den Stammgruppen (35 min)
Löst nun das Geburtstagsproblem (Schülerbuch Seite 172 Aufgabe 16) sowie das Zollhundproblem (Seite 173 Aufgabe 18).
Kontrolliert eure Ergebnisse.

VI Wahrscheinlichkeitsrechnung

Gruppenpuzzle: Expertengruppe 1: Das Tennis-Problem

Problemstellung

Lynn und Sophie haben das Finale der Vereinsmeisterschaften ihres Tennisvereins erreicht. Laut Reglement findet das Finale über drei Gewinnsätze statt, d. h., die Spielerin, die zuerst drei Sätze gewonnen hat, ist Vereinsmeisterin. Wenn beide Finalistinnen einverstanden sind, kann das Finale allerdings auf zwei Gewinnsätze verkürzt werden.

Lynn und Sophie sind langjährige Rivalinnen. Aus Erfahrung wissen sie, dass Lynn 40 % aller Sätze gegen Sophie gewinnt.

Aufgaben

1 Lynn ahnt, dass die Anzahl der Gewinnsätze ihre Chancen auf die Vereinsmeisterschaft ein wenig beeinflusst. Soll sie Sophie vorschlagen, das Finale über zwei Gewinnsätze auszutragen? Begründet eure Antwort.

2 Nehmt Stellung zu folgender Aussage: Je mehr Gewinnsätze zum Sieg notwendig sind, desto geringer sind Lynns Chancen, Sophie zu schlagen.

Vorbereitung der Ergebnispräsentation

Jeder von euch wird in seiner Stammgruppe die hier erarbeiteten Ergebnisse präsentieren. Dazu ist notwendig, dass ihr
- eine übersichtliche Musterlösung der Aufgaben erstellt,
- die wesentlichen Schritte eurer Lösung erläutern und Rückfragen beantworten könnt und
- einen sinnvollen, klar gegliederten Heftaufschrieb erstellt.

VI Wahrscheinlichkeitsrechnung

Gruppenpuzzle: Expertengruppe 2: Das Taxi-Problem

Problemstellung
Ein alter Mann wird Zeuge eines Autounfalls mit Fahrerflucht und berichtet, dass das flüchtende Auto ein blaues Taxi gewesen sei. In der Stadt gibt es zwei Taxiunternehmen. Das eine Unternehmen besitzt 15 blaue, das andere 85 grüne Autos. Zur Tatzeit sind alle Taxen mit der gleichen Wahrscheinlichkeit am Unfallort gewesen.
Aufgrund seines hohen Alters wird die Sehfähigkeit des Mannes in der Verhandlung geprüft. Es stellt sich heraus, dass er in einer vergleichbaren Situation in 80 % der Fälle die richtige Farbe zuordnen kann.

Aufgaben
1 Man könnte annehmen, dass die Wahrscheinlichkeit dafür, dass ein blaues Taxi den Unfall verursacht hat, 80 % beträgt. Dass dies falsch ist, könnt ihr euch folgendermaßen klar machen: Angenommen, es gäbe nur ein blaues und 10 000 grüne Autos. Dann ist es wahrscheinlicher, dass eines der vielen grünen Autos den Unfall begangen und der Zeuge sich geirrt hat, als dass das eine blaue Taxi am Unfallort war und der Zeuge dieses richtig erkannt hat.

Berechnet nun die Wahrscheinlichkeit dafür, dass tatsächlich ein blaues Taxi in den Autounfall verwickelt war. Geht dazu in folgenden Schritten vor.
a) Ergänzt das unten stehende Baumdiagramm.
b) Berechnet mit der Pfadregel, in wie viel Prozent aller Fälle der Zeuge sagt, dass er ein blaues Auto gesehen hat.
c) Berechnet ebenfalls mit der Pfadregel, in wie viel Prozent der Fälle das Unfallauto blau war und der Zeuge aussagt, ein blaues gesehen zu haben.
d) Benutzt b und c, um die ursprüngliche Frage zu beantworten: Wie hoch ist die Wahrscheinlichkeit, dass tatsächlich ein blaues Taxi in den Unfall verwickelt war?

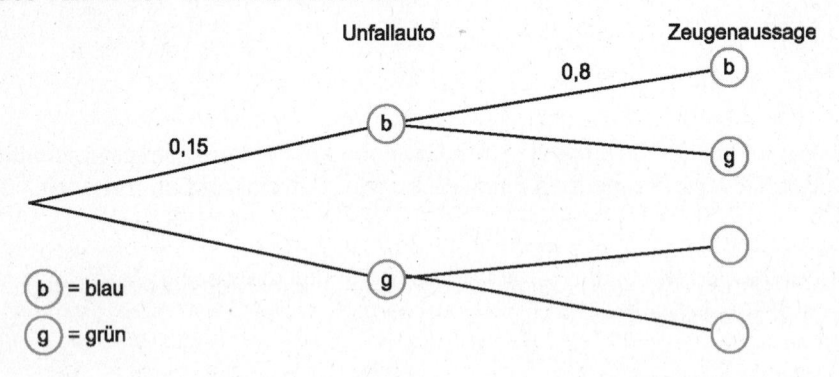

2 Angenommen, der Zeuge hätte geantwortet, dass er ein grünes Taxi gesehen hätte. Mit welcher Wahrscheinlichkeit hätte dann ein blaues Taxi den Unfall verursacht?

Vorbereitung der Ergebnispräsentation
Jeder von euch wird in seiner Stammgruppe die hier erarbeiteten Ergebnisse präsentieren. Dazu ist notwendig, dass ihr
– eine übersichtliche Musterlösung der Aufgaben erstellt,
– die wesentlichen Schritte eurer Lösung erläutern und Rückfragen beantworten könnt und
– einen sinnvollen, klar gegliederten Heftaufschrieb erstellt.

VI Wahrscheinlichkeitsrechnung

Gruppenpuzzle: Expertengruppe 3: Das Elfmeterschützen-Problem

Problemstellung

Die Freunde Florian und Friedrich spielen gemeinsam Fußball in der C-Jugend ihres Vereins. Florian spielt im linken Mittelfeld und ist Mannschaftskapitän, Friedrich spielt Innenverteidiger und gewinnt fast jeden Zweikampf. Zu Beginn der letzten Saison war Friedrich der Strafstoßschütze seiner Mannschaft, bis er sich einen Bänderriss zuzog und Florian diese Aufgabe übernahm. Vor dem Start in die neue Spielzeit diskutieren sie, wer zukünftig als Elfmeterschütze antreten soll.

Friedrich: Ich werde in Zukunft wieder die Elfer schießen, denn ich habe einfach besser getroffen als du.
Florian: Das kann gar nicht sein, ich habe von den fünf Elfmetern auswärts vier getroffen. Das macht eine Trefferquote von 80 %. Wenn ich mich richtig erinnere, hast du auswärts von zehn Elfmetern gerade sieben Mal getroffen.
Friedrich: Ja schon, aber du musst das insgesamt sehen! Zu Hause hast du immerhin sechs Mal verschossen, davon sogar zweimal hoch über das Tor hinaus.
Florian: Ja, aber ich habe zu Hause auch neun Treffer gelandet, das macht eine Trefferquote von 60 %. Deine Quote ist geringer, denn du hast zu Hause einmal getroffen und einmal vorbei geschossen.
Friedrich: Moment mal, Flori, ich habe aber …
Florian: Vergiss es, Friedrich! Ich habe auswärts eine höhere Trefferquote als du und zu Hause ebenfalls. Du hast keine Chance. Ich bin einfach der bessere Schütze.
…

Aufgaben

1 Berechnet die Trefferquoten von Florian und Friedrich und füllt die folgenden Tabellen aus.

Florian			
Elfmeter	Treffer	Verschossen	Trefferquote
Zuhause			
Auswärts			
Gesamt			

Friedrich			
Elfmeter	Treffer	Verschossen	Trefferquote
Zuhause			
Auswärts			
Gesamt			

2 Führt den Dialog von Florian und Friedrich zu Ende. Versucht auch eine Erklärung für das überraschende Ergebnis der Gesamttrefferquoten zu geben.

3 Beim jährlichen Vereinsfest des Fußballvereins gibt es eine Lotterie. Florian und Friedrich verkaufen insgesamt 500 Lose. Aufgrund der Vereinsfarben bekommen beide einen roten und einen weißen Hut mit Losen. Der Vereinsvorsitzende gibt seiner Tochter 2 Euro, damit sie bei Florian und Friedrich je ein Los kaufen kann. Da er bei der Verteilung der Gewinne und Nieten auf die vier Hüte dabei war, sagt er zu seiner Tochter, dass sie bei beiden Jungs jeweils ein Los aus dem roten Hut ziehen soll. „Geht nicht", entgegnet diese, „Florian und Friedrich wollten jeder nur einen Hut halten, deshalb haben sie alle Lose aus den weißen Hüten zusammengeschüttet und alle aus den roten" – „Okay", sagt der Vereinsvorsitzende, „dann ziehe bitte zwei Lose aus dem weißen Hut!"
Gebt eine mögliche Verteilung von Gewinnlosen und Nieten für die vier Hüte an!

Vorbereitung der Ergebnispräsentation

Jeder von euch wird in seiner Stammgruppe die hier erarbeiteten Ergebnisse präsentieren. Dazu ist notwendig, dass ihr
– eine übersichtliche Musterlösung der Aufgaben erstellt,
– die wesentlichen Schritte eurer Lösung erläutern und Rückfragen beantworten könnt und
– einen sinnvollen, klar gegliederten Heftaufschrieb erstellt.

VI Wahrscheinlichkeitsrechnung

Gruppenpuzzle: Expertengruppe 4: Das Boten-Problem

Problemstellung

Timon will einen wichtigen Brief absenden, der den Empfänger unbedingt am nächsten Morgen erreichen soll. Der Botendienst „Sack und Pack" verlangt für die Überbringung des Briefes 10 €, behauptet jedoch, dass bei ihm nur halb so viele Briefe verlorengehen wie bei der Konkurrenz „Eile die Meile", die für dieselbe Dienstleistung lediglich 5 € verlangt.

Timon überlegt: Statt „Sack und Pack" den Brief überbringen zu lassen, könnte er für den gleichen Preis zwei Kopien des Briefs von zwei Boten von „Eile die Meile" befördern lassen …

Aufgaben

1 „Sack und Pack" hat eine Statistik veröffentlicht, aus der hervorgeht, dass lediglich 1 % aller beförderten Briefe nicht ankommen. Entscheidet, ob Timon besser einen Brief mit „Sack und Pack" oder zwei Briefe mit „Eile die Meile" überbringen lassen soll.

2 Ein Bote von „Sack und Pack" möchte am nächsten Morgen mehrere Briefe in verschiedene Stadtbezirke bringen. Sowohl mit dem Fahrrad als auch mit dem Auto wäre er den ganzen Morgen unterwegs. Laut Wettervorhersage wird es in der fraglichen Zeit regnen. Im Internet findet der Bote folgende Informationen: Die Vorhersagen des Wetterinstituts bezüglich Regens am folgenden Morgen stimmen zu 80 %. Im langjährigen Durchschnitt regnet es in dieser Jahreszeit an etwa jedem zehnten Morgen.

Wie groß ist die Wahrscheinlichkeit, dass der Bote nass wird, wenn er das Fahrrad wählt (ergänzt zunächst das abbgebildete Baumdiagramm)?

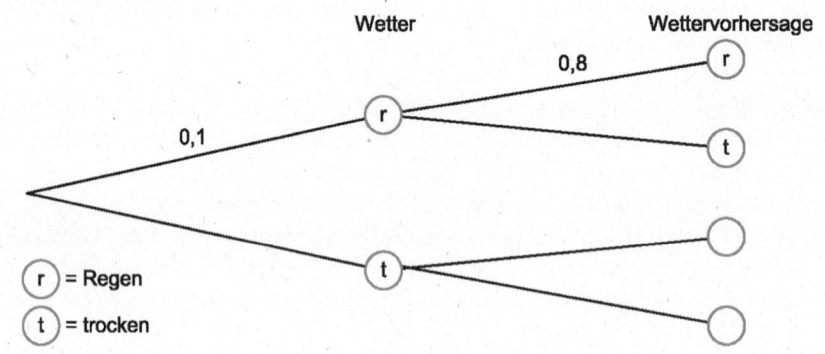

r = Regen
t = trocken

Vorbereitung der Ergebnispräsentation

Jeder von euch wird in seiner Stammgruppe die hier erarbeiteten Ergebnisse präsentieren. Dazu ist notwendig, dass ihr
- eine übersichtliche Musterlösung der Aufgaben erstellt,
- die wesentlichen Schritte eurer Lösung erläutern und Rückfragen beantworten könnt und
- einen sinnvollen, klar gegliederten Heftaufschrieb erstellt.

VI Wahrscheinlichkeitsrechnung

Simulation mit einer Tabellenkalkulation (1)

Materialbedarf: Computer mit Tabellenkalkulationsprogramm

Dieses Blatt soll dir dabei helfen, zukünftig Simulationen mit einem Tabellenkalkulationsprogramm auszuführen. Verfolge dazu zunächst die einzelnen Schritte zur Lösung folgender Musteraufgabe und führe sie mit deinem Tabellenkalkulationsprogramm aus. Die Musteraufgabe wurde hier mit Excel gelöst. Andere Tabellenkalkulationsprogramme besitzen nahezu identische Funktionen.

Ein Veranstalter von Tagesausflügen mit Bussen weiß aus Erfahrung, dass 85 % der angemeldeten Personen ihre Reise auch wirklich antreten. Aus diesem Grund vergibt er 56 Plätze, obwohl er im Bus lediglich 50 Plätze zur Verfügung hat. Mit welcher Wahrscheinlichkeit bekommt er bei dieser Vorgehensweise Probleme?

1. Schritt: Einmaliges Simulieren

Das Erscheinen einer angemeldeten Person zu 85 % kann am Computer durch Zufallszahlen simuliert werden.
Beachte: Bei jeder abgeschlossenen Eingabe von Daten (oder Drücken der F9-Taste) werden neue Zufallszahlen ermittelt.

C2	▼	f_x	= WENN(B2>0,85;"Nein";"Ja")
	A	B	C	D
1			Kommt?	
2	1. Person	0,614	Ja	
3	2. Person	0,897	Nein	

Feld	Eingabe	Kommentar
B2	= Zufallszahl()	Erzeugt eine Zufallszahl zwischen 0 und 1
C2	= Wenn(B2>0,85; „Nein"; „Ja")	Wenn die Zufallszahl größer als 0,85 ist, kommt die Person nicht, sonst kommt sie. Die WENN-Funktion schreibt im ersten Fall „Nein" in die betreffende Zelle, sonst „Ja". Die allgemeine Syntax der WENN-Funktion lautet: = WENN(Prüfung; Dann_Wert; Sonst_Wert).
Zeile 4 bis 57		Die Formel in den Zellen A2 bis C3 werden durch Ziehen mit gedrückter linker Maustaste bis zur 56. Person kopiert (siehe unten stehenden Screenshot)
F2	= ZÄHLENWENN(C2:C57; „Ja")	Zählt alle Zellen im Bereich C2 bis C57, wenn in ihnen „Ja" steht.

	A	B	C	D	E	F
1			Kommt?		Gesamtzahl der Personen	2
2	1. Person	0,555	Ja			
3	2. Person	0,173	Ja			
4						
5						
6						
7				5. Person		

Nun ist die Simulation für die Personenzahl einer Busfahrt fertig. Wenn du die Simulation (mit F9) genügend oft startest und den Anteil der Simulationen ermittelst, in denen die Personenzahl größer als 50 ist, hast du einen guten Schätzwert für die gesuchte Wahrscheinlichkeit und damit die Aufgabe gelöst.

Führe nun nacheinander 100 Simulationen durch und mache für jede Simulation einen Strich in der nebenstehenden Tabelle.

Die Plätze im Bus reichen	
Die Plätze im Bus reichen nicht	

Ergebnis: _____

VI Wahrscheinlichkeitsrechnung

Simulation mit einer Tabellenkalkulation (2)

Materialbedarf: Tabellenkalkulationsprogramm

2. Schritt: Gleichzeitige Durchführung mehrerer Simulationen

Nun soll die Lösung insofern verbessert werden, dass gleichzeitig mehrere (200) Simulationen durchgeführt werden und der prozentuale Anteil der Simulationen angezeigt wird, bei denen der Bus überfüllt ist.

Erstelle ein neues Datenblatt und fülle die Zellen B1, A2 und B2 wie rechts dargestellt aus (in B2 eine Zufallszahl zwischen 0 und 1).
Markiere B1 und B2 und fülle die Zeilen 1 und 2 nach rechts bis zur 56. Person aus.

	A	B	C	D
1		1. Person		
2	Simulation 1	0,218		
3				
4				3. Person
5				
6				

Gib die auf der unten stehenden Abbildung abgebildete Formel in BF2 ein, um die Gesamtzahl der Personen einmalig zu zählen. Markiere danach A2 bis BF2 und fülle die Zeilen bis „Simulation 200" nach unten aus.

BF2 f_x = ZÄHLENWENN(B2:BE2;"<=0,85")

	BC	BD	BE	BF
1	54. Person	55. Person	56. Person	Personenzahl
2	0,138	0,363	0,011	48
3				
4				
5				

	BC	BD	BE	BF
1	54. Person	55. Person	56. Person	Personenzahl
2	0,756	0,765	0,163	48
3				
4				
5				
6				Simulation 3
7				

Nun musst du noch zählen, bei wie vielen der durchgeführten Simulationen der Bus überbelegt wäre. Dazu ist lediglich die Anzahl der Simulationen zu zählen mit einer Gesamtpersonenzahl größer als 50.
Da dieses Endergebnis sofort einsehbar sein soll, fügst du jetzt vier neue Zeilen über Zeile 1 ein (markiere dazu Zeile 1 und wähle den Menüpunkt „Einfügen/Zeilen") und verfahre wie auf der unten stehenden Abbildung (in C2 trägst du = B2/200 ein und wählst im Menü „Format/Zellen" die Kategorie „Prozent").

B2 f_x = ZÄHLENWENN(BF6:BF205;"<=50")

	A	B	C	D	E	F	G	H	I
1		200 Simulationen							
2	Genug Plätze	178	89,0%		Neustart mit der F9-Taste				
3	Zu wenig Plätze	22	11,0%						
4									
5		1. Person	2. Person	3. Person	4. Person	5. Person	6. Person	7. Person	8. Person	9. P
6	Simulation 1	0,277	0,858	0,671	0,188	0,258	0,707	0,174	0,305
7	Simulation 2	0,947	0,727	0,393	0,814	0,503	0,854	0,686	0,919
8	Simulation 3	0,348	0,742	0,341	0,855	0,432	0,232	0,551	0,506

Zu guter Letzt solltest du deine Tabelle noch optisch ein wenig verschönern. Dazu gehören eine Überschrift sowie das Hervorheben der wichtigsten Zellen durch Farb- oder Schriftformatierungen.

Übungsaufgaben

1 Löse mit der Hilfe-Funktion des Tabellenkalkulationsprogramms:
a) Wie erzeugt man eine Zufallszahl zwischen 10 und 100?
b) Wie erzeugt man eine ganzzahlige Zufallszahl zwischen 1 und 100?

2 Der Linkshänderanteil in Deutschland wird auf 10% bis 15% geschätzt. Mit welcher Wahrscheinlichkeit sind in eurer Klasse mindestens fünf Linkshänder, wenn du einen deutschlandweiten Linkshänderanteil von 12,5% annimmst?

VI Wahrscheinlichkeitsrechnung

Ein Näherungswert für Pi mit der Monte-Carlo-Methode (1)

Materialbedarf: Generator für Zufallszahlen (GTR, Tabellenkalkulation …)

Welchen Wert hat π eigentlich ganz genau?
Ganz exakt kann kein Mensch den Wert von π angeben, denn man weiß heute, dass π unendlich viele Dezimalen hat, die sich nicht nach bestimmtem Muster wiederholen (π ist irrational).
Der derzeitige Rekord der Berechnung von π wird von Yasumasa Kanada gehalten, der mit einem HITACHI Supercomputer 1.241.100.000.000 Dezimalen von π berechnet hat (Stand: August 2005).

> Den Flächeninhalt A eines Kreises erhält man, indem man den Radius r quadriert und mit der Kreiszahl π multipliziert.
>
> $A = \pi \cdot r^2$ mit $\pi \approx 3{,}14$

Wie kann man einen Näherungswert für π bestimmen?
Es gibt viele ganz unterschiedliche Möglichkeiten dazu. Ein modernes Verfahren ist die so genannte „Monte-Carlo-Methode". Die Grundidee: Man betrachtet zunächst ein Quadrat mit Seitenlänge 1 und einen darin enthaltenen Viertelkreis (siehe Abb.).
Der Flächeninhalt des Quadrats beträgt: $\quad 1 \cdot 1 = 1$
Der Flächeninhalt des Viertelkreises beträgt: $\quad \frac{1}{4} \cdot \pi \cdot r^2 = \frac{1}{4} \cdot \pi \cdot 1^2 = \frac{\pi}{4}$

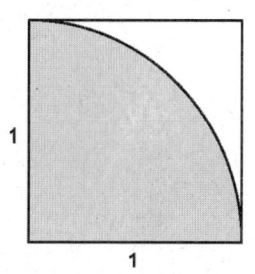

Nun lässt man zufällig verteilte Punkte in das Quadrat regnen und prüft, ob sie innerhalb oder außerhalb des Viertelkreises liegen. Bei einer genügend großen Anzahl von solchen Punkten gilt:

$$\frac{\text{Anzahl der Punkte im Viertelkreis}}{\text{Anzahl der Punkte im Quadrat}} \approx \frac{\text{Flächeninhalt des Viertelkreises}}{\text{Flächeninhalt des Quadrats}} = \frac{\frac{\pi}{4}}{1} = \frac{\pi}{4} \quad \text{bzw.} \quad \pi \approx 4 \cdot \frac{\text{Anzahl der Punkte im Viertelkreis}}{\text{Anzahl der Punkte im Quadrat}}$$

Umsetzung
1. Zufallspunkte erzeugen
Zunächst führst du ein Koordinatensystem ein (siehe Abb.). Jetzt kannst du einen Punkt an einer zufälligen Position im Quadrat erzeugen, indem du für den x-Wert und den y-Wert des Punktes Zufallszahlen zwischen 0 und 1 verwendest. Verwende hierfür deinen GTR oder eine Tabellenkalkulation.

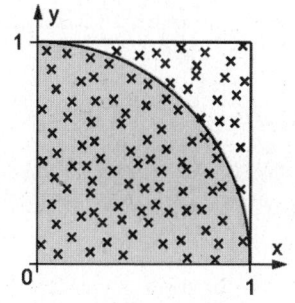

2. Lage der Zufallspunkte überprüfen
In einer Formelsammlung kann man nachlesen, dass für die Punkte P(x|y) auf der Kreislinie gilt: $x^2 + y^2 = 1$ bzw. $y^2 = 1 - x^2$.
Damit ein Punkt mit vorgegebenem x-Wert auf der Kreisfläche liegt, muss also gelten: $y^2 \leq 1 - x^2$. Diese Ungleichung muss für jeden Punkt überprüft werden.

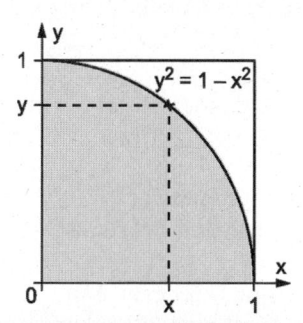

3. Verhältnis bestimmen
Schließlich wird die Zahl der Punkte, welche im Kreis liegen, gezählt und damit das oben angegebene Verhältnis als Näherungswert für π bestimmt.

Pkt-Nr.	x	y	$1 - x^2$	y^2	liegt P im Kreis?
1	0,078	0,077	0,994	0,006	✓
2	0,868	0,701	0,242	0,491	—
3	0,943	0,146	0,111	0,021	✓

> Zahl der Punkte im Kreis: 11

VI Wahrscheinlichkeitsrechnung

Ein Näherungswert für Pi mit der Monte-Carlo-Methode (2)

Materialbedarf: Tabellenkalkulationsprogramm oder GTR

GTR oder Computer sparen Arbeit

Wenn man schnell eine große Anzahl von Punkten nach der Monte-Carlo-Methode auf ein Quadrat regnen lassen möchte, um damit einen Näherungswert für Pi zu bestimmen, so kann man eine Tabellenkalkulation benutzen.

Orientiere dich für deine Tabelle am unten abgebildeten Screenshot. Verwende die Kopieren-Funktion, um dir möglichst viel Tipp-Arbeit zu sparen.

Nachfolgend wird dir am Beispiel von Excel erklärt, welche speziellen Funktionen du in den einzelnen Zellen benötigst.

	G28 ▼	fx	=MITTELWERT(G17;G27)				
	A	B	C	D	E	F	G
1	**Bestimmung eines Näherungswertes für Pi mit der Monte-Carlo-Methode**						
2							
3		Koordinaten		Liegt P(x|y) im Kreis?			
4		x	y				
5	1. Punkt	0,078	0,077	Ja		Zahl der Punkte im Kreis:	77
6	2. Punkt	0,868	0,701	Nein		Zahl der Punkte im Quadrat:	100
7	3. Punkt	0,389	0,526	Ja			
8	4. Punkt	0,826	0,014	Ja		Schätzwert für π:	3,080
9	5. Punkt	0,090	0,135	Ja			
10	6. Punkt	0,905	0,088	Ja			
11	7. Punkt	0,404	0,123	Ja		**Neustart mit der F9-Taste**	
12	8. Punkt	0,688	0,973	Nein			
13	9. Punkt	0,398	0,097	Ja			
14	10. Punkt	0,757	0,368	Ja			
15	11. Punkt	0,916	0,856	Nein		Mittelwert mehrerer Schätzwerte	
16	12. Punkt	0,198	0,512	Ja			
17	13. Punkt	0,852	0,428	Ja		1. Schätzwert	3,200
18	14. Punkt	0,394	0,308	Ja		2. Schätzwert	3,040
19	15. Punkt	0,672	0,061	Ja		3. Schätzwert	3,240
20	16. Punkt	0,648	0,872	Nein		4. Schätzwert	
21	17. Punkt	0,113	0,123	Ja		5. Schätzwert	
22	18. Punkt	0,245	0,746	Ja		6. Schätzwert	
23	19. Punkt	0,088	0,932	Ja		7. Schätzwert	
24	20. Punkt	0,389	0,276	Ja		8. Schätzwert	
25	21. Punkt	0,113	0,207	Ja		9. Schätzwert	
26	22. Punkt	0,947	0,265	Ja		10. Schätzwert	
27	23. Punkt	0,175	0,172	Ja			
28	24. Punkt	0,544	0,747	Ja		Mittelwert	3,160
29	25. Punkt	0,006	0,347	Ja			

Spalte B und C:	Zufallszahlen zwischen 0 und 1 werden erzeugt mit dem Befehl = ZUFALLSZAHL()
Spalte D:	Die Wenn-Funktion überprüft, ob der Punkt im Kreis liegt, und gibt Ja oder Nein aus: = WENN(C5^2<=1-B5^2; „JA"; „NEIN")
Zelle G5:	Hier werden alle Zellen gezählt, bei denen in Spalte D Ja steht: = ZÄHLENWENN(D5:D104: „JA")
Zellen G17 bis G26:	Hier werden von Hand die Schätzwerte verschiedener nacheinander ausgeführter Simulationen eingetragen. Eine neue Simulation startet mit der F9-Taste.
Zelle G28:	Hier wird der Mittelwert der zehn vorher eingetragenen Schätzwerte bestimmt. Das besorgt die Funktion MITTELWERT.

Zusatz für Profis

Man kann sich die zufällig erzeugten Punkte auch in einem Diagramm anzeigen lassen.

GTR (nur TI 83 bzw. 84)

Die ganze Simulation kann der GTR mit einem einzigen Befehl durchführen. Auf der Hilfekarte kannst du nachlesen, wie man bei einer Versuchsreihe mit 10 Wiederholungen alle Zufallszahlen zählt, die kleiner als 0,4 sind (siehe Screenshot).

Du kannst nun die Zahl der Versuchswiederholungen auf 100 erhöhen, die Zufallszahlen links vom Ungleichheitszeichen quadrieren und rechts vom Ungleichheitszeichen ebenfalls mit der Rand-Funktion arbeiten. Du erhältst dann die Zahl der Punkte, die im Kreis gelandet sind.

VI Wahrscheinlichkeitsrechnung

„Mathe ärgert mich nicht!" – Aufgabenkarten

Aufgabe	Lösung	Aufgabe	Lösung
Beim Zahlenlotto „6 aus 49" wurde die Zahl 38 in 13,4 %, die Zahl 13 in 10,8 % aller Ziehungen gezogen, (Stand: August 2005). Sollte man auf seinem Tippschein eher die 38 oder die 13 ankreuzen? ☺☺	Das ist egal. Alle Zahlen sind gleich wahrscheinlich.	Wie groß ist die Wahrscheinlichkeit, dass bei einem Wurf mit drei Würfeln alle Würfel eine „6" anzeigen? ☺	$\frac{1}{6} \cdot \frac{1}{6} \cdot \frac{1}{6} = \frac{1}{216}$
In einer Schreibtischschublade liegen 6 blaue und 4 schwarze Kugelschreiber. Du holst ohne hinzusehen zwei Kulis heraus. Mit welcher Wahrscheinlichkeit haben sie die gleiche Farbe? ☺☺	$\frac{6}{10} \cdot \frac{5}{9} + \frac{4}{10} \cdot \frac{3}{9} = \frac{42}{90} = \frac{7}{15}$	In welchen Fällen lässt sich eine gesuchte Wahrscheinlichkeit mit der Pfadregel ermitteln? ☺☺☺	Bei mehrstufigen Zufallsversuchen, d.h. Zufallsversuche, deren Ergebnisse aus mehreren unabhängigen Teilversuchen bestehen. (Beispiel: Wurf von 3 Münzen)
Wie groß ist die Wahrscheinlich, dass man nacheinander weiß, schwarz, weiß zieht, wenn man die gezogenen Kugeln nicht zurücklegt? ☺☺	$\frac{4}{9} \cdot \frac{5}{8} \cdot \frac{3}{7} = \frac{5}{42}$	Svenja bastelt aus dem Netz einen Würfel und wirft ihn dreimal hintereinander. Mit welcher Wahrscheinlichkeit ist ihre Augensumme gleich 6? ☺☺☺	$\frac{1}{6} \cdot \frac{1}{6} \cdot \frac{1}{6} + 3 \cdot \frac{1}{6} \cdot \frac{2}{3} \cdot \frac{2}{3}$ $= \frac{1}{216} + \frac{12}{54} = \frac{49}{216}$
Ein Medikament wirkt bei 90 % aller Patienten. Wie groß ist die Wahrscheinlichkeit, dass es bei mindestens einem von drei Patienten wirkt? ☺☺	Wahrscheinlichkeit für das Gegenteil: $\frac{1}{10} \cdot \frac{1}{10} \cdot \frac{1}{10} = 0,1\%$ Es wirkt zu 99,9 % bei mindestens einem der drei Patienten.	Wie ändert sich die Wahrscheinlichkeit für das Ziehen einer schwarzen Kugel, wenn man in das Gefäß zusätzlich eine schwarze und eine weiße Kugel hineingibt? ☺☺	Sie steigt von $\frac{5}{9}$ auf $\frac{6}{10}$, d.h. von $\frac{30}{90}$ auf $\frac{60}{90}$.
Mareike geht heute Mittag ins Schwimmbad. Saskia sagt, dass sie zu 90 % ebenfalls kommt, Sina meint, bei ihr stehen die Chancen fifty:fifty. Mit welcher Wahrscheinlichkeit sind alle drei heute im Schwimmbad? ☺☺	$\frac{9}{10} \cdot \frac{1}{2} = \frac{9}{20} = 45\%$	Arne trifft beim Basketball von der Freiwurflinie 60 % aller Freiwürfe. Im heutigen Spiel bekam er vier Freiwürfe. Mit welcher Wahrscheinlichkeit hat er mindestens ein Mal getroffen? ☺☺	Wahrscheinlichkeit für das Gegenteil: $\frac{2}{5} \cdot \frac{2}{5} \cdot \frac{2}{5} \cdot \frac{2}{5} = \frac{16}{625}$ Er hat zu $\frac{609}{625}$ mindestens einen Korb erzielt.

Sachthema: Mathematik in der Kunst

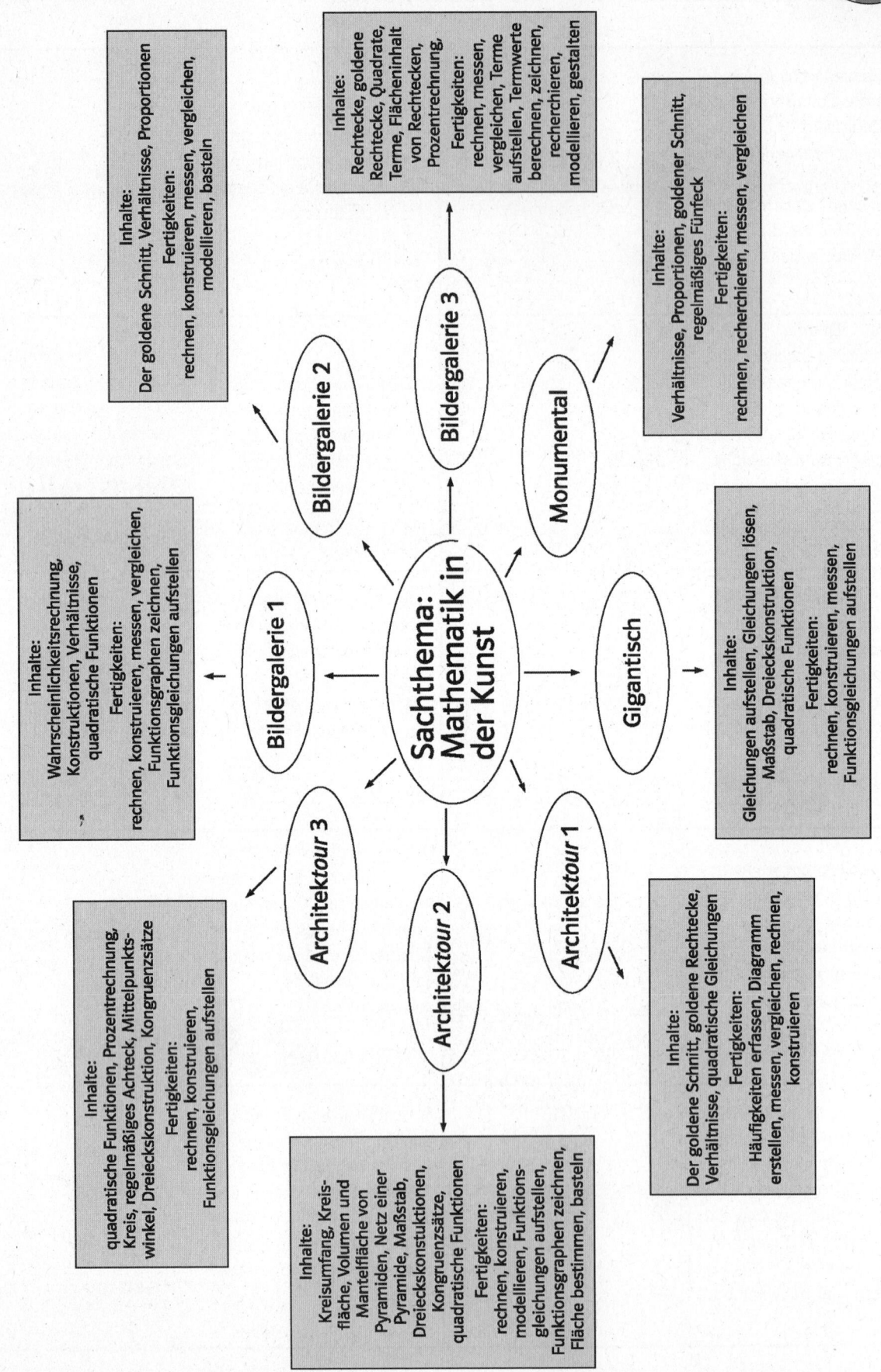

Sachthema: Mathematik in der Kunst (Zentrum)

Verzweigungen:

- **Bildergalerie 1**
  - Inhalte: Wahrscheinlichkeitsrechnung, Konstruktionen, Verhältnisse, quadratische Funktionen
  - Fertigkeiten: rechnen, konstruieren, messen, vergleichen, Funktionsgraphen zeichnen, Funktionsgleichungen aufstellen

- **Bildergalerie 2**
  - Inhalte: Der goldene Schnitt, Verhältnisse, Proportionen
  - Fertigkeiten: rechnen, konstruieren, messen, vergleichen, modellieren, basteln

- **Bildergalerie 3**
  - Inhalte: Rechtecke, goldene Rechtecke, Quadrate, Terme, Flächeninhalt von Rechtecken, Prozentrechnung
  - Fertigkeiten: rechnen, messen, vergleichen, Terme aufstellen, Termwerte berechnen, zeichnen, recherchieren, modellieren, gestalten

- **Monumental**
  - Inhalte: Verhältnisse, Proportionen, goldener Schnitt, regelmäßiges Fünfeck
  - Fertigkeiten: rechnen, recherchieren, messen, vergleichen

- **Gigantisch**
  - Inhalte: Gleichungen aufstellen, Gleichungen lösen, Maßstab, Dreieckskonstruktion, quadratische Funktionen
  - Fertigkeiten: rechnen, konstruieren, messen, Funktionsgleichungen aufstellen

- **Architektour 1**
  - Inhalte: Der goldene Schnitt, goldene Rechtecke, Verhältnisse, quadratische Gleichungen
  - Fertigkeiten: Häufigkeiten erfassen, Diagramm erstellen, messen, vergleichen, rechnen, konstruieren

- **Architektour 2**
  - Inhalte: Kreisumfang, Kreisfläche, Volumen und Mantelfläche von Pyramiden, Netz einer Pyramide, Maßstab, Dreieckskonstruktionen, Kongruenzsätze, quadratische Funktionen
  - Fertigkeiten: rechnen, konstruieren, modellieren, Funktionsgleichungen aufstellen, Funktionsgraphen zeichnen, Fläche bestimmen, basteln

- **Architektour 3**
  - Inhalte: quadratische Funktionen, Prozentrechnung, Kreis, regelmäßiges Achteck, Mittelpunktswinkel, Dreieckskonstruktion, Kongruenzsätze
  - Fertigkeiten: rechnen, konstruieren, Funktionsgleichungen aufstellen

30 min — Einzel-/Partnerarbeit

Sachthema: Mathematik in der Kunst

Architek*tour* 1

A
Das menschliche Auge empfindet bestimmte Streckenverhältnisse und Flächenaufteilungen als besonders ausgewogen und harmonisch.

? Welche der Rechtecke, die die Rahmen auf dieser Seite bilden, gefallen dir besonders gut?

? Befrage möglichst viele Personen, welche Rechtecke ihnen am angenehmsten erscheinen und werte ihre Antworten in einem Diagramm aus.

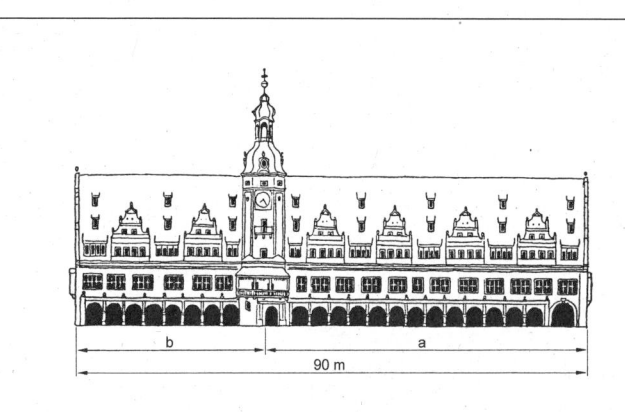

B
Altes Rathaus in Leipzig
(b, a, 90 m)

C
Parthenontempel in Athen

D
Info: **Goldener Schnitt**
Eine Strecke ist im goldenen Schnitt geteilt, wenn die größere Teilstrecke zur kleineren im gleichen Verhältnis steht wie die Gesamtstrecke zur größeren Teilstrecke.

E
? Überprüfe die Gebäude auf den Fotos auf Verhältnisse im goldenen Schnitt. Suche Abbildungen von weiteren Gebäuden und überprüfe sie ebenfalls.

F
? Berechne für dieses Rechteck das Verhältnis der kürzeren zur längeren Seite und das Verhältnis der längeren Seite zur Summe der beiden Seitenlängen. Warum bezeichnet man Rechtecke dieser Art als goldene Rechtecke?

G
Meisterhaus von Walter Gropius

H
? Von einem goldenen Rechteck ist nur die Seitenlänge $a = 9\,cm$ bekannt. Wie lang ist die Seite b dieses Rechtecks, wenn a die längere Seite ist? Berechne näherungsweise auf zwei Nachkommastellen. Konstruiere das goldene Rechteck, wenn a die kürzere Seite ist. Beschreibe kurz die Konstruktion.

I
? Wie weit ist die Längsachse des Turmes des Alten Leipziger Rathauses von der Mitte des Gebäudes entfernt?

J
? Zeichne ein goldenes Rechteck mit den Seitenlängen $a = 7{,}8\,cm$ und $b = 12{,}7\,cm$. Teile dann ein Quadrat ab mit der Seitenlänge a. Handelt es sich wieder um ein goldenes Rechteck? Teile wieder ein Quadrat ab. Was für ein Rechteck entsteht? Funktioniert das Verfahren bei jedem goldenen Rechteck?

30 min — Einzel-/Partnerarbeit

Sachthema: Mathematik in der Kunst

Architek*tour* 2

Der Idealplan der barocken Schlossanlage von Versailles, der Schloss, Gärten und Stadt einer streng symmetrischen Ordnung einfügt, regte die Stadtanlage von Karlsruhe an.
Markgraf Karl Wilhelm von Baden Durlach legte 1715 den Grundstein für Schloss und Stadt Karlsruhe.

? Der Turm des Schlosses ist der Mittelpunkt eines Kreises mit einem Durchmesser von ungefähr 900 m. Wie lang ist der große Rundweg?
Welche Fläche nimmt die Schlossanlage innerhalb dieses Weges ein?
Wie lange braucht man, wenn man auf diesem Weg einen Rundgang mit 3 km/h macht?

Gemäß der geplanten Stadtentwicklung im 18. Jahrhundert sollte dem Schloss ein bürgerliches Stadtzentrum gegenübergestellt werden. Ab 1802 realisierte dann Friedrich Weinbrenner die bis heute das Zentrum prägende Anlage. Die Pyramide über dem Grab des Stadtgründers bestimmt das Zentrum des Marktplatzes.

? Die Pyramide besteht aus Sandstein. Sie ist 6,81 m hoch und hat eine Grundkantenlänge von 6,05 m bei quadratischer Grundfläche. Wie schwer ist das Bauwerk, wenn 1 dm^3 Sandstein 1,8 kg wiegt? Gib das Ergebnis in Tonnen an.

? Gib die Länge der Diagonalen der Grundfläche mithilfe einer Dezimalzahl auf drei Stellen nach dem Komma genau an. Überprüfe deine Lösung zeichnerisch. Gib den Maßstab für deine Zeichnung an.

? Ermittle zeichnerisch die Kantenlänge s der Pyramide. Bestimme den kürzesten Weg, den eine Schnecke von der Mitte einer Grundkante bis zur Spitze der Pyramide zurücklegen müsste.
Zeichne ein Netz der Pyramide in geeignetem Maßstab. Ergänze nötige Klebefalze und bastele daraus ein Modell der Pyramide.
Wenn Christo und Jean Claude die Pyramide „verhüllen" würden – wie 1995 das Berliner Reichstagsgebäude – wie viel m^2 Spezialstoff müssten sie dann mindestens anfertigen lassen?

? Ein anderes Projekt des Künstlerehepaares Christo und Jean Claude ist auf dem nebenstehenden Foto dargestellt. Die Vorbereitung des Projektes „Valley Curtain" – Talvorhang in der Rifleschlucht in Colorado – dauerte 28 Monate. Am 11. August 1972, nur 28 Stunden nach seiner Fertigstellung, erzwang ein Sturm den vorzeitigen Abbau. Der rund 400 m breite orangefarbene Vorhang aus Nylongewebe war an den Enden in einer Höhe von ungefähr 100 m und in der Mitte in einer Höhe von rund 50 m an Drahtseilen aufgehängt. Den Vorhang kann man sich näherungsweise als Fläche zwischen zwei Parabeln vorstellen. Gib für diese beiden Parabeln möglichst einfache Funktionsgleichungen an. Zeichne dann die beiden Graphen in ein Koordinatensystem (1 LE = 20 m) in dein Matheheft. Bestimme näherungsweise den Flächeninhalt zwischen den beiden Parabeln. Wie viel m^2 Stoff brauchten Christo und Jean Claude demzufolge ungefähr für ihren „Valley Curtain"?

Sachthema: Mathematik in der Kunst

Architek*tour* 3

Von 1927 bis 1929 erbaute der Architekt Josef Franke die Heilig-Kreuz-Kirche in Gelsenkirchen.
Diese Kirche ist etwas Besonderes – sie ist ein Parabelbau, eine Spezialität der expressionistischen Architektur. Weltweit wurden etwa zehn Parabelkirchen zu Anfang des 20. Jahrhunderts errichtet.

? Das Kirchenmittelschiff ist etwa 10 m breit und in der Mitte etwa 15 m hoch. Im Querschnitt hat es die Form einer Parabel. Gib eine möglichst einfache Funktionsgleichung für diese Parabel an.

„Zitronenpresse" nennt der Kölner Volksmund liebevoll-ironisch die 1932 geweihte und von Dominikus Böhm entworfene Pfarrkirche St. Engelbert in Köln-Riehl.
Die parabelförmigen und konvex gebogenen Außenwände sind mit Backstein verkleidet und weit oben von einem Rundfenster durchbrochen. Die Parabel ist die dominierende Form des Gebäudes. Sie soll die Überwindung der Schwere, das Loslösen von der Erde versinnbildlichen.
Die Grundfläche des Kirchenraumes ist ein achtteiliger Kreis.
Die kühne Rippenkonstruktion des rund 25 m hohen Innenraumes aus eisenverstärktem Beton bildet die tragenden Teile, während die parabelförmigen und innen konkav gebogenen Wände die nichttragende Umhüllung des Raumes formen.

? Nimm für die folgenden Berechnungen an, dass die Höhe der parabelförmigen Außenwände 75 % der Innenraumhöhe beträgt und der kreisrunde Kircheninnenraum 1,5-mal so breit wie hoch ist. Vernachlässige dabei die Stärke der Wände und der Strebepfeiler zwischen den Bögen. Gib für die Parabeln der Außenwände näherungsweise eine Funktionsgleichung an. Bestimme zuvor die fehlende Größe durch Konstruktion. Runde auf ganze Meter auf. Welcher Kongruenzsatz ist hilfreich? Gib den Maßstab deiner Zeichnung an.

Der „Gateway-Arch" in St. Louis, Missouri, wurde von 1959 bis 1965 aus rostfreiem Stahl gebaut. Der Bogen ist 630 Fuß hoch und an seiner breitesten Stelle ebenso breit. Er soll als „Tor zum Westen" an den nach 1800 einsetzenden Siedlerstrom nach Westen in den USA erinnern.

? Fasse den Bogen näherungsweise als Parabel auf und gib eine möglichst einfache Funktionsgleichung an.

? Rechne die Längenangaben in Meter um (1 ft = 30,48 m) und bestimme erneut eine Funktionsgleichung für die Parabel.

? Bei einer Flugshow soll ein Flugzeug mit einer Flügelspannweite von 18 m unter dem Bogen hindurchfliegen. Welche Maximalflughöhe muss der Pilot einhalten, wenn in vertikaler und horizontaler Richtung ein Sicherheitsabstand zum Bogen von 10 m eingehalten werden muss?

Sachthema: Mathematik in der Kunst

Bildergalerie 1

Albrecht Dürer: Selbstbildnis mit Pelzrock, 1500, 67 cm x 49 cm

Henri Matisse: Madame Matisse, 1905

Alexej Jawlenski: Frost, 1929

? Stell dir vor, den abgebildeten Porträts wären nicht wie oben der Name des Malers, der Bildtitel und das Entstehungsjahr zugeordnet, sondern diese Daten wären in beliebiger Reihenfolge aufgelistet. Mit welcher Wahrscheinlichkeit kannst du die richtige Zuordnung für ein Bild erraten?

? Angenommen, du erkennst mit 45 % Wahrscheinlickeit den Künstler eines Gemäldes. Im Kunsttest werden dir acht Gemälde gezeigt. Wie groß ist die Wahrscheinlichkeit, dass du alle Maler richtig zuordnen kannst? Mit welcher Wahrscheinlichkeit hast du mindestens einmal den Maler richtig erkannt?
Dein Nachbar erkennt den Maler eines Bildes mit einer Wahrscheinlichkeit von 0,6. Wie groß sind die Wahrscheinlichkeiten, dass ihr zusammen keine, eine oder zwei richtige Antworten gebt, wenn ihr zu einem Gemälde den Künstler nennen sollt?

? Die ganze Komposition des Selbstporträts von Albrecht Dürer ist in geometrischen Grundformen (Kreis, Dreieck, Quadrat) aufgebaut. Die auf sich selbst hinweisende Hand bildet mit der Nase genau die Mittelsenkrechte; der Brustkorb beschreibt mit den Armen zusammen ein Rechteck und der Kopf mit den schulterlangen Haaren ein gleichseitiges Dreieck.
Überprüfe, ob das beschriebene Rechteck im Bild ein goldenes Rechteck ist.
Konstruiere das Kompositionsschema mit einem Kreisradius von 6 cm und einer Dreiecksseitenlänge von 16 cm. Zeichne dann mithilfe deiner Konstruktion ein Selbstporträt.

Albrecht Dürer verwendete in seinen Werken folgende Längenverhältnisse für die Darstellung von Menschen:
Kopflänge zur Körperlänge 1:8; Länge der Hand zur Körperlänge 1:10, Länge der Hand zur Armlänge 1:4, Länge des Beines zur Körperlänge 1:2.

? Berechne die entsprechenden Längen für einen 1,80 m großen Menschen und für eine 24 cm große gezeichnete Figur. Ermittle in Dürers Selbstporträt das Verhältnis von Nasenlänge zu Kopflänge.
Berechne dann die Längen von Kopf, Arm, Bein, Nase und Hand nach den Längenverhältnissen von Dürer für deine Körperlänge und vergleiche mit deinen Maßen. Bedenke dabei, dass es sich bei diesen Verhältnissen um eine Idealvorstellung handelt, der vermutlich kein Körper voll entspricht.

? Zeichne nach dem Bild von Matisse oder dem von Jawlenski ein „Porträt" mithilfe von Funktionswerten für bestimmte x-Werte in ein Koordinatensystem. Gib die Gleichungen der verwendeten Funktionen an.

Sachthema: Mathematik in der Kunst

Bildergalerie 2

Die nebenstehende Abbildung ist dir bestimmt schon begegnet, ob auf deiner Krankenversichertenkarte oder auf der Rückseite der italienischen 1-€-Münze. Sie zeigt den weltberühmten „Homo ad Circulum" von Leonardo da Vinci, mit dem er seine Erkenntnisse des Studiums der Schriften des Marcus Vitruvius (Architekt im 1. Jh. v. Chr.) veranschaulichte:

> „Der Baumeister Vitruvius behauptet in seinem Werk über die Baukunst, dass die Maße des Menschen von der Natur derart angeordnet seien, dass vier Finger eine Handbreite, vier Handbreiten einen Fuß, sechs Handbreiten eine Elle, vier Ellen die Größe des Menschen ... ausmachen ...
>
> Wenn du die Beine so weit spreizt, dass du um ein Vierzehntel deiner Größe abnimmst, und wenn du dann deine Arme ausbreitest und hebst, bis du die Scheitellinie des Kopfes mit deinen Mittelfingern berührst, so musst du wissen, dass der Mittelpunkt des Kreises, der durch die Enden der gestreckten Glieder gebildet wird, der Nabel ist, und dass der Zwischenraum zwischen den Beinen ein gleichseitiges Dreieck bildet. Die Spanne der ausgebreiteten Arme des Menschen ist gleich seiner Höhe (Größe)."

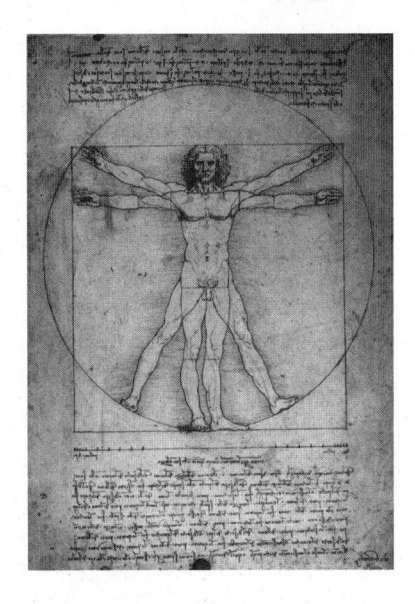

Leonardo da Vinci: Der Mensch des Vitruvins, 1485/90

? Überprüfe dieses Schema an dir selbst, z. B. gemeinsam mit einem Partner. Lege dich dazu auf den Boden und lass um dich herum wie im Bild von da Vinci mit Kreide Kreis und Quadrat zeichnen.
Du kannst aber auch mit entsprechenden Fotos von dir eine Fotomontage erstellen oder dazu den Computer benutzen.

? Leonardo da Vinci war auch der Meinung, dass die Proportionen des menschlichen Körpers im Idealfall an einigen Stellen den Regeln des goldenen Schnitts entsprechen. So soll das Knie das Bein oder der Nabel den ganzen Körper im goldenen Schnitt teilen. Veranschauliche dies an einer entsprechenden Zeichnung einer menschlichen Figur. Miss die angegebenen Strecken an deinem Körper und prüfe da Vincis Vorstellungen. Vergleiche mit deinen Mitschülern und Mitschülerinnen. Findet ihr noch andere solche Verhältnisse an euren Körpern?

? Überprüfe die Proportionen an den Figuren in den Gemälden von Parmigianino und Botero. Was fällt dir auf?
Wie würde ein Proportionsschema nach Botero und Parmigianino aussehen? Zeichne.

? Informiere dich über Leben und Werk des Universalgenies Leonardo da Vinci. Nenne zwei weltberühmte Gemälde, die er schuf.

_____

_____

_____

_____

Fernando Botero: Rubens und seine Frau; 1965

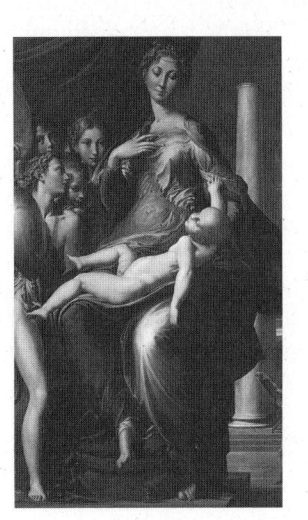

Parmigionino: Madonna mit dem langen Hals; 1535–1540

Sachthema: Mathematik in der Kunst

Bildergalerie 3

Seit Beginn des 20. Jahrhunderts gestalten Maler Bilder, die nicht die Natur abbilden wollen, sondern die „Musterharmonie der Welt". Sie konstruieren ihre Bilder nur aus geometrischen Formen.
Der holländische Maler Piet Mondrian schuf viele Bilder, in denen er geometrische Farbfelder in Rot, Gelb, Blau, Schwarz, Weiß und Grau in einem schwarzen Liniengitter anordnete.

? Wie viele Rechtecke kannst du in Fig. 1 entdecken? Sind darunter auch goldene Rechtecke, wenn gilt:
a = 2,1 cm, b = 3,4 cm und c = 1,3 cm?

? Stelle mithilfe der Variablen a, b und c einen Term für die Berechnung des Flächeninhalts des Bildes auf. Forme diesen Term dann in eine Summe um und vereinfache soweit wie möglich. Gib auch eine möglichst einfache Formel zur Berechnung der gefärbten Flächen als Gesamtfläche an. Welchen prozentualen Anteil haben dann die gefärbten Flächen an der Gesamtbildfläche?
Wie groß ist die Fläche, wenn du diesen Anteil in einem Kreisdiagramm (r = 3 cm) veranschaulichen müsstest? Welcher Winkel gehört zu diesem Kreisteil?

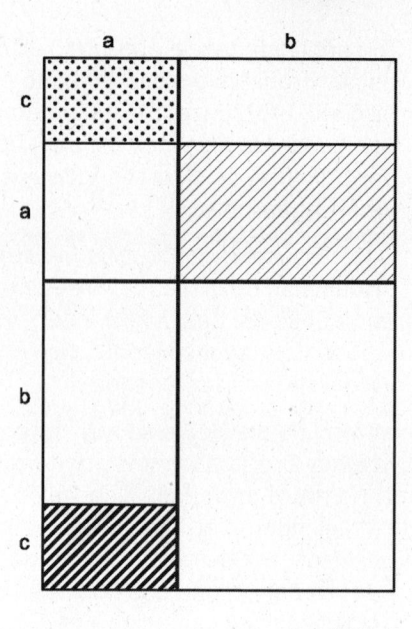

Fig. 1

? Der Flächeninhalt des Bildes soll nun A = 117 cm² betragen und b sei 5 cm lang. Bestimme die Längen für a und c, wenn a doppelt so lang ist wie c.

? Stelle selbst mithilfe von drei Variablen einen Term auf und gestalte ihn als Bild nach Piet Mondrian.

Der Maler Josef Albers gestaltete zum Thema „Homage to the Square" eine ganze Serie von Bildern. Diese bestanden immer gleich aus drei oder vier ineinander geschachtelten Quadraten verschiedener Farben. Er mischte dabei seine Farben nie selbst, sondern verwendete industriell hergestellte Farbtöne. Damit wollte er zeigen, dass ein und dieselbe Farbe je nach Umgebung völlig unterschiedlich auf den Betrachter wirken kann.

? Teste selbst diese unterschiedliche optische Wahrnehmung an dir. Zeichne zunächst die Quadrate wie in Fig. 2 mehrfach in dein Matheheft (Maße in cm). Male dann die Quadrate mit Farbstiften aus. Wähle dabei für das kleinste Quadrat immer die gleiche Farbe, verändere jeweils nur die anderen Flächen (z. B. nur warme oder kalte, nur dunkle oder helle Farbtöne). Was stellst du fest? Vergleiche deine Erfahrungen mit deiner Nachbarin oder deinem Nachbarn.

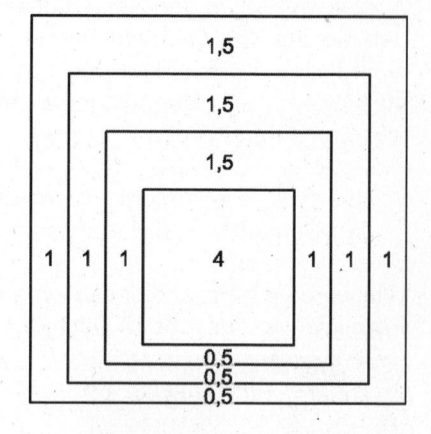

Fig. 2

? Welchen prozentualen Anteil haben jeweils die kleineren Quadratflächen an den größeren (Fig. 2)?

? Auch der Maler Max Bill bemühte sich um eine mathematische Denkweise in der Kunst. Die Geometrie lieferte ihm das Material für seine Bilder. Recherchiere zum Leben und Werk von Max Bill. Wähle ein Gemälde von ihm aus und erfinde selbst Aufgaben zu diesem Bild. Gestalte dann ein Arbeitsblatt für deine Mitschülerinnen und Mitschüler.

Sachthema: Mathematik in der Kunst

Monumental

Nase putzen beim Präsidenten

Mit einem Hochdruckreiniger wird die Nase eines der in Stein gemeißelten Präsidentenporträts am Mount Rushmore im US-Bundesstaat South Dakota geputzt – von einem Mitarbeiter einer baden-württembergischen Hochdruckreiniger-Firma. Das nationale Monument soll in den nächsten sechs Wochen von Flechten, Algen und Moosen befreit werden. Insgesamt sind sechs Facharbeiter im Putz-Einsatz.

Thüringer Allgemeine 12.07.05

? Informiere dich über die Bedeutung des „Mount Rushmore National Memorial". Suche in Büchern oder im Internet nach einer Abbildung der gesamten Skulptur. Wie viele und welche ehemaligen Präsidenten der USA sind dargestellt? Wann entstand sie? Kannst du feststellen, wessen Nase auf dem Foto gerade geputzt wird? Nimm an, der Mitarbeiter auf dem Foto ist 1,80 m groß, wie lang ist dann der Kopf des Präsidenten, der gerade gereinigt wird? Wie groß wäre eine Statue dieses Präsidenten?

Der Daumen wurde zum Markenzeichen des französischen Bildhauers César. Er schuf mehrere Exemplare in verschiedenen Größen und Materialien. Das Foto zeigt eine Plastik von 1965 aus Bronze, die 185 cm hoch ist. In Paris steht ein Daumen mit einer Höhe von rund 12 m.

? In welchem Verhältnis stehen Daumenlänge und Handlänge ungefähr? Miss dazu bei verschiedenen Personen diese Längen, bestimme jeweils die Verhältnisse und bilde dann den Mittelwert. Vergleiche diesen Wert mit deiner Nachbarin oder deinem Nachbarn.

? Wie groß wären Statuen ungefähr, die die beschriebenen Daumen von César besitzen?

? Als eines der sieben Weltwunder der Antike wird der „Koloss von Rhodos" bezeichnet; eine Bronzestatue, die 33 m hoch gewesen sein soll und nach einem Erdbeben um 225 n. Chr. einstürzte. Bestimme die Längen von Kopf, Nase, Hand und Daumen der Riesenstatue.

Ein Bankhaus in Frankfurt liefert den Beweis: Kunst am Bau muss nicht langweilig sein. Blickfang vor dem Gebäude ist die 12 m hohe Skulptur einer umgedrehten und in die Luft gehenden Krawatte von Claes Oldenburg und Coosje van Bruggen. Sie ist eine Anspielung auf die „Kragen und Schlips"-tragenden Passanten auf dem Weg ins Büro. Über sieben Tonnen wiegt der Binder aus Kunststoff.

? Wie groß wäre der Riese, dem diese Krawatte „passt"?

? Knote aus einem schmalen Papierstreifen den abgebildeten Knoten. Ziehe ihn vorsichtig zusammen und streiche ihn glatt. Welche Figur entsteht? Zeichne in diese Figur die Diagonalen ein. Welche Eigenschaften stellst du fest?

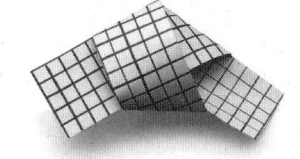

Sachthema: Mathematik in der Kunst

Gigantisch

Höchste Autobahnbrücke der Welt
Im Dezember 2004 wurde die 2460 m lange Schrägseilbrücke bei Millau nach drei Jahren Bauzeit fertiggestellt. Sie ist die höchste Autobahnbrücke der Welt mit 270 m Höhe über dem Tarntal. Die aus 36000 t Stahl gebaute Fahrbahn ist an sieben Pfeilern, der höchste ist höher als der Eiffelturm, mit insgesamt 154 Tragseilen aufgehängt. Der Abstand der Pfeilerspitzen zur Fahrbahn beträgt dabei ca. 90 m.

? Berechne die Spannweite zwischen den Pfeilern, wenn die äußersten Pfeiler jeweils zu den beiden Enden der Brücke einen Abstand von 204 m besitzen.
Wie viele Schrägseile sind an jedem Pfeiler gespannt?
Die niedrigste Spannhöhe der Seile beträgt rund 45 m über der Fahrbahn. Bestimme durch eine Zeichnung in geeignetem Maßstab die Länge des längsten Seiles, wenn dieses 20 m von der Pfeilerspitze entfernt befestigt ist. In welchem Abstand voneinander sind die Seiten am Pfeiler montiert?

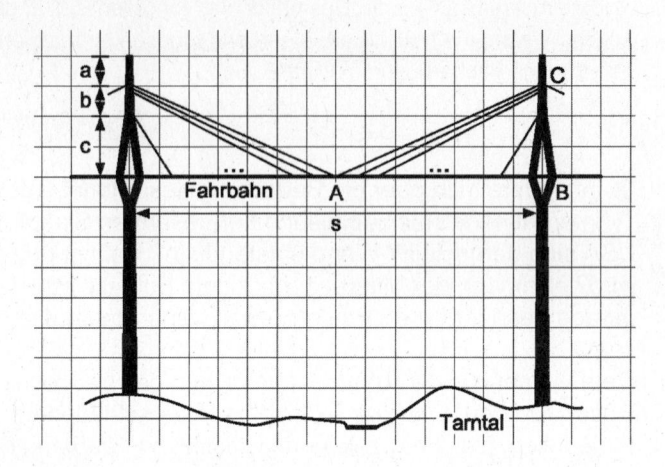

? Vor dem Bau der Brücke konnte die Fahrt durch die engen, kurvigen Straßen des Tarntals Stunden dauern, häufige Staus eingeschlossen. Die Millaubrücke verkürzt die Strecke nun um 100 km. Die Höchstgeschwindigkeit, die auf der Brücke gefahren werden darf, beträgt 130 h/km. Wie lange dauert die Überquerung des Tarntals nach dem Bau der Brücke nun im günstigsten Fall?

? Die 394 Millionen Euro Baukosten der Brücke sollen über Mautgebühren nachfinanziert werden. Eine Überfahrt kostet 4,90 Euro, im Juli und August 6,50 Euro. Für Lastwagen sind 24,30 Euro ganzjährig pro Überfahrt zu zahlen. Man rechnet damit, dass im Jahresdurchschnitt rund 10 000 Autos pro Tag über die Brücke fahren (im Juli und August ca. 25 000). Könnte die Betreibung der Brücke bereits nach zehn Jahren Gewinn einbringen, wenn man davon ausgeht, dass etwa viermal so viele Pkws wie Lkws täglich die Brücke nutzen? Begründe deine Meinung.

Größte Hängebrücke der Welt
2006 soll Baubeginn für eine 5070 m lange Brücke (vorläufiger Projektname: Ponte di Messina) sein, die das italienische Festland mit Sizilien verbindet und schon von den alten Römern in der Antike erwogen worden war. Die Spannweite zwischen den Brückenpfeilern ist mit geplanten 3,3 km fast dreimal so groß wie die der Golden Gate-Brücke in San Francisco und über 1,5-mal größer als die der derzeitigen Rekordhalterin in Japan (siehe Schülerbuch Seite 79). Die Fertigstellung der dann größten Hängebrücke der Welt ist für 2012 geplant. Ihre Brückenpfeiler, an denen die Fahrbahn in einer Höhe von 65 m über dem Meer aufgehängt ist, sollen mit 383 m höher als der Eiffelturm sein.

? Gib eine möglichst einfache Funktionsgleichung für den parabelförmigen Bogen an.

Zum Knobeln
? Das Prinzip der Bauart dieser Brücke entwickelte Leonardo da Vinci bereits Ende des 15. Jahrhunderts. Allein durch die Lage der Hölzer zueinander stützen sich diese gegenseitig. Benutze für den Bau dieser Leonardo-Brücke am besten lange Streichhölzer; auch mit stabilen Strohhalmen funktioniert es. Arbeite mit deiner Nachbarin oder deinem Nachbarn zusammen. Überlege zuerst, in welcher Reihenfolge die Bretter zusammengebaut werden müssen.

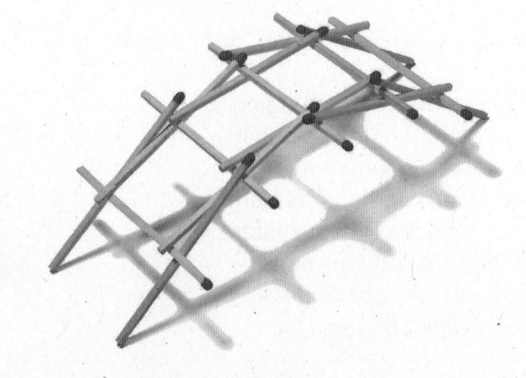

Rückspiegel

Funktionen

Markiere alle richtigen Aussagen. Zu jeder Aufgabe gibt es mindestens eine richtige Antwort. Als Lösungswort ergibt sich der Name eines berühmten Künstlers.

1 Welche Funktionsgleichung gehört nicht zu einem der Graphen in Fig. 1?
A: $y = \frac{3}{2}x + 1$ C: $y = -1,5x + 1$ R: $y = \frac{2}{3}x - 1$ L: $y = \frac{3}{2}x - 1$ D: $y = -1,5x - 1$

2 Von einer linearen Funktion ist bekannt, dass die Punkte P(5|−3) und Q(0|−4) auf ihrem Graphen liegen. Welche Funktionsgleichung gehört zur gesuchten Funktion?
B: $y = 0,2x + 4$ C: $y = 5x - 4$ D: $y = -2(-0,1x - 2)$ E: $y = \frac{1}{5}x - 4$ F: $y = -4x + 5$

3 Der Graph einer linearen Funktion geht durch die Punkte A(4|3) und B(5|5). Welcher der folgenden Punkte liegt ebenfalls auf diesem Graphen?
C: (0|5)   O: (2|−1)   G: (8|9)   K: (3|0)   N: (6|7)

4 Welche Werte für a und b ergänzen die Tabelle (Fig. 2) zu einer proportionalen Zuordnung?
D: a = 22, b = 11   H: a = 13,5, b = 11   M: a = 11, b = 14   A: a = 12, b = 13,5   E: a = 14, b = 12

5 Eine Funktion der Form $y = ax^2 + c$ hat für
E: a > 0 und c < 0 keine Nullstellen   R: a < 0 und c > 0 zwei Nullstellen   W: a < 0 und c < 0 eine Nullstelle   D: a < 0 und c = 0 eine Nullstelle   B: a > 0 und c > 0 zwei Nullstellen

6 Der Graph der Funktion $y = -\frac{1}{2}x^2 - 2x + 1,5$
F: schneidet die y-Achse bei −1,5   O: ist nach unten offen   U: ist symmetrisch zur y-Achse   A: schneidet die x-Achse nicht   D: der x-Wert des Scheitels ist −2

7 Der Graph der Funktion $y = (x - 3)^2 - 2$
G: hat S(−3|−2) als Scheitel   E: geht durch den Punkt (−1|2)   J: geht durch den Ursprung   A: ist eine verschobene Normalparabel   Q: hat einen größten Funktionswert

8 Welche Funktionsgleichung gehört zur verschobenen Normalparabel mit dem Scheitel S(−1|2)?
H: $y = (x - 1)^2 + 2$ V: $y = (x + 1)^2 + 2$ I: $y = x^2 + 2x + 3$ N: $x(x + 5) - 3(x - 1) = y$ O: $2x^2 + 4x + 6 = y$

9 Welche Funktionsgleichung gehört nicht zu einem der Graphen in Fig. 3?
I: $y = x^2 - 1$ H: $y = -\frac{1}{2}x^3$ F: $y = \frac{1}{2}(x + 1)^2$ D: $y = -2x^2 + 1$ C: $y = 2x^3$

10 Von einer quadratischen Funktion ist bekannt, dass der Scheitel ihrer Normalparabel auf der Parallelen zur y-Achse liegt, die durch den Punkt A(4|0) geht. Der Punkt B (6|7) liegt auch auf dieser Parabel, welcher der folgenden Punkte nicht?
J: (3|4)   K: (4|3)   I: (4|5)   E: (5|4)   L: (2|7)

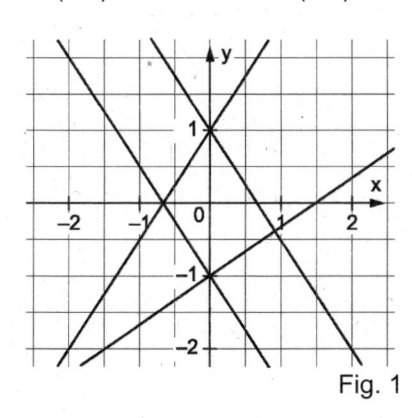

x	4	6	a
y	9	b	27

Fig. 2

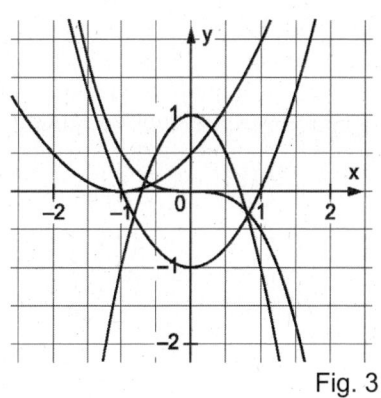

Fig. 1

Fig. 3

Rückspiegel

Geometrie

Markiere jeweils die richtige Antwort. Als Lösungswort ergibt sich der Name eines berühmten Physikers.

1 Im abgebildeten Dreieck ABC sind die Winkel 1 und 2 bekannt. Welche Winkel kannst du damit ausrechnen?
C: nur β   G: nur γ   T: nur β und γ   F: α, β und γ

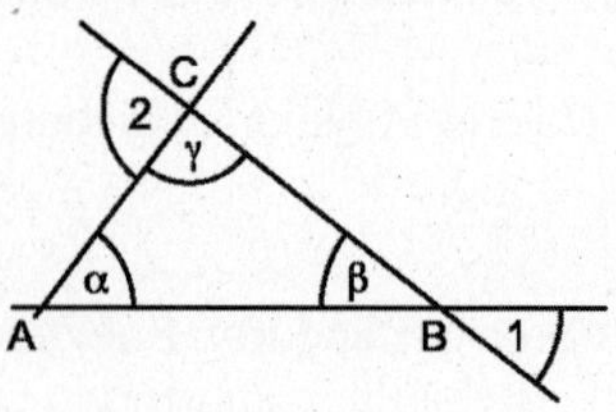

2 In dem Parallelogramm sind die Diagonalen und die beiden Winkelhalbierenden der Diagonalen gezeichnet. Diese Winkelhalbierenden schneiden die Seiten des Parallelogramms in vier Punkten. Welche Figur bilden die vier Punkte?
A: Raute   H: Drachen   O: Trapez   E: Quadrat

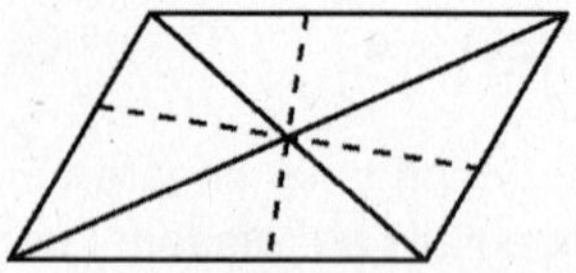

3 In der abgebildeten Figur ist $\overline{AB} = \overline{AC}$ und $\overline{AD} = \overline{DC}$ und für die Winkel gilt ∢ABC = 75° und ∢CDA = 50°. Wie groß ist ∢DAB?
U: 115°   L: 105°   R: 95°   O: 90°

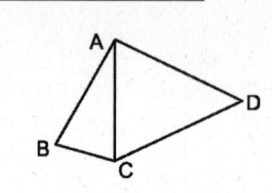

4 In dem spitzwinkligen Dreieck ABC sind die Höhen mit ihrem Schnittpunkt M eingezeichnet. Es gilt: $\overline{AB} = \overline{MC}$. Wie groß ist der Winkel γ?

L: 22,5°   I: 30°   A: 45°   M: 60°

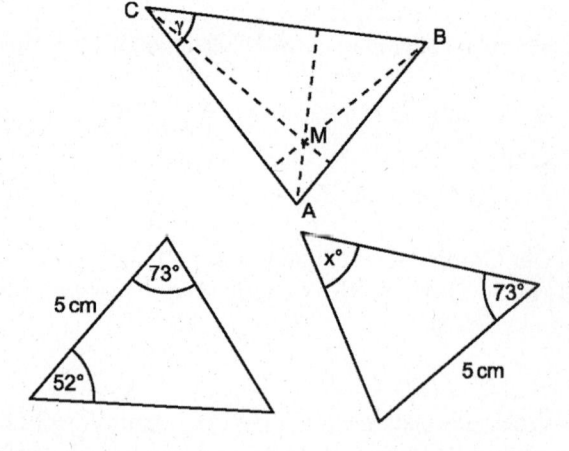

5 Die beiden Dreiecke sind kongruent, die Maße einiger Seiten und Winkel sind angegeben. Wie groß ist x?
O: 52   D: 55   L: 65   S: 75

6 Ein Würfel wird mit einer Ebene geschnitten. Die Kanten der ebenen Schnittfigur sind mit gestrichelten Linien auf das Würfelnetz gezeichnet. Welche Form hat die Schnittfigur?

A: Gleichseitiges Dreieck   M: Quadrat
E: Rechtwinkliges Dreieck   O: Sechseck

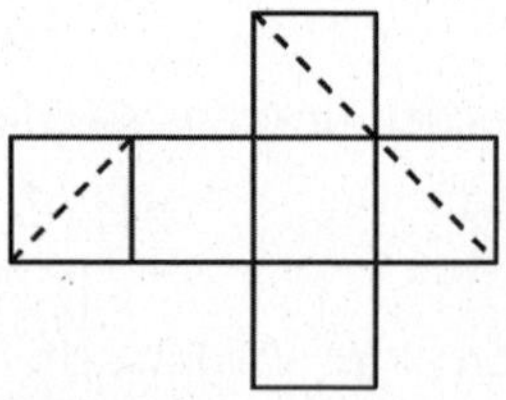

7 Gegeben ist das gleichseitige Dreieck ABC. Die Seite $\overline{AB}$ ist über B hinaus um $\overline{AB}$ verlängert bis B', die Seite $\overline{BC}$ entsprechend bis C' und auch $\overline{CA}$ bis A'.
Zeige, dass das Dreieck A'B'C' ebenfalls gleichseitig ist. Mit Kongruenzüberlegungen kannst du herausfinden, wie sich durch die Verlängerungen der Flächeninhalt vervielfacht hat.

B: 4fach   I: 5,5fach   Y: 7fach   N: 8,5fach

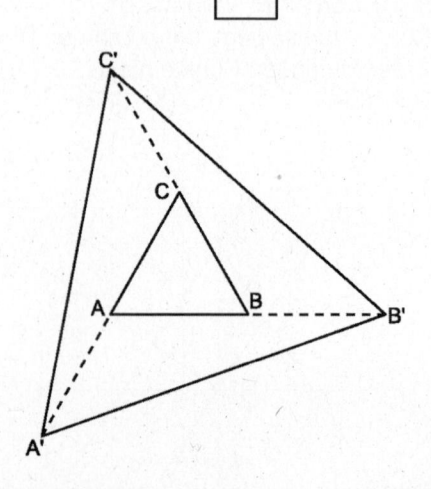

Rückspiegel

Terme und Gleichungen

1 Finde den Wert des Terms in der ersten Spalte für $x = 1$, $y = 2$, $a = -0{,}5$ und $b = 4$. Von oben nach unten gelesen ergibt sich ein Lösungswort.

Term							Lösung
$(x - 1) \cdot (xy + 2)$	0	E	2	M	-1	A	
$a^2 - 2ab + b^2$	20,5	D	20,25	I	22,5	U	
$ax^2 - bx$	-4	L	4,5	L	$-4{,}5$	N	
$y \cdot (x + a) - \sqrt{b}$	2,5	S	-1	E	$-0{,}5$	R	

2 Klammere aus und ermittle dann, für welche Zahlen der Term den Wert 0 annimmt. Von oben nach unten gelesen ergibt sich ein Lösungswort.

Term					Lösung
$6x - 12x^2$	$x_1 = 0, x_2 = \frac{1}{2}$	R	$x_1 = 0, x_2 = -2$	T	
$(x - 1) \cdot x + 4(x - 1)$	$x_1 = -4, x_2 = 1$	A	$x_1 = 1$	L	
$\sqrt{3}x - 3x^2$	$x_1 = 0, x_2 = \sqrt{3}$	M	$x_1 = 0, x_2 = \frac{1}{\sqrt{3}}$	U	
$5x - 15x^2 + 25x$	$x_1 = 2, x_2 = 0$	T	$x_1 = 0, x_2 = 5$	G	
$2x \cdot (2 - x) + 4(x - 2)$	$x_1 = 2, x_2 = -2$	N	$x_1 = 2$	E	

3 Finde den zum Term in der ersten Spalte äquivalenten Term. Von oben nach unten gelesen ergeben sich zwei Lösungsworte.

Term					Lösung
$5sr - 5s + 8rs + 5(s + 1)$	$5 + 13sr$	I	$5 + 10s + 13rs$	D	
$-b(a + 1) + 3ab - b$	$2ab$	A	$2ab - 2b$	S	
$(xy + y) \cdot (2 + x)$	$3yx + x^2y + 2y$	T	$2xy + x^2y + 3y$	M	
$(2\sqrt{a} - 3b) \cdot (2\sqrt{a} + 3b)$	$4\sqrt{a} + 9ab^2$	U	$4a - 9b^2$	E	
$0{,}5 \cdot (2x + y)^2$	$2x^2 + 2xy + 0{,}5y^2$	I	$x^2 + xy + 0{,}5y^2$	R	
$-(s - 5r)^2$	$s^2 - 10sr + r^2$	L	$-s^2 + 10sr - 25r^2$	N	

4 Finde jeweils die zur Gleichung in der ersten Spalte gehörenden Lösungen. Von oben nach unten gelesen ergibt sich ein Lösungswort.

Gleichung					Lösung
$3x^2 - 5x - 2 = 0$	$x_1 = 2, x_2 = -\frac{1}{2}$	M	$x_1 = 2, x_2 = -\frac{1}{3}$	T	
$x^2 + 8x - 9 = 0$	$x_1 = -9, x_2 = 1$	R	$x_1 = 1, x_2 = 3$	E	
$-5x^2 + 10x - 5 = 0$	$x_1 = 1$	A	$x_1 = 2, x_2 = \frac{1}{5}$	L	
$(x + 1) \cdot (2x + 3) = 4x^2 - 22$	$x_1 = -5, x_2 = \frac{1}{4}$	R	$x_1 = 5, x_2 = -\frac{5}{2}$	P	
$3x = 5x^2 + 6$	keine Lösung	E	$x_1 = -2$	O	
$x^2 + 4x = 0$	$x_1 = 0, x_2 = 4$	N	$x_1 = 0, x_2 = -4$	Z	

5 Die Lösungsworte der Aufgaben 1 bis 4 ergeben einen Satz mit mathematischem Inhalt. Entscheide, ob er wahr oder falsch ist, und begründe deine Meinung!

⏱ 40 min   ♦ Einzel-/Partnerarbeit

Lösungen der Serviceblätter

I Kongruenz

Zur Deckung gebracht, Seite S 9

Puzzleteile: 1 und 5 sind kongruent
Schlüssel: 1 und 6 sind kongruent
Fußabdrücke: 2 und 7 sind kongruent
Dreiecke: 1 und 6 sind kongruent
Drachen: 1 und 4 sind kongruent
Skylines: 1 und 6 sind kongruent
Vierecke: 1 und 7 sind kongruent
Fische: 2 und 7 sind kongruent

Gruppenpuzzle Kongruenzsätze Expertengruppe 1: Kongruenzsatz sss, Seite S 11

1 a) $c_1 = 6\,cm$, $b_1 = 3\,cm$, $a_1 = 4\,cm$

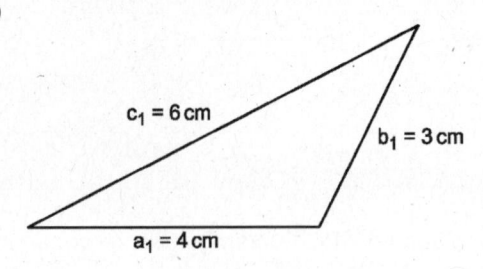

b) $c_2 = 3\,cm$, $b_2 = 4\,cm$, $a_2 = 6\,cm$

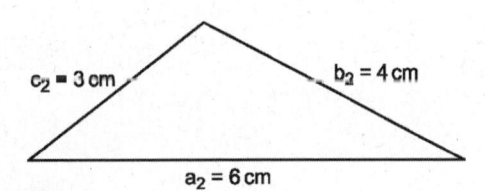

c) $c_3 = 6\,cm$, $b_3 = 6\,cm$, $a_3 = 3\,cm$

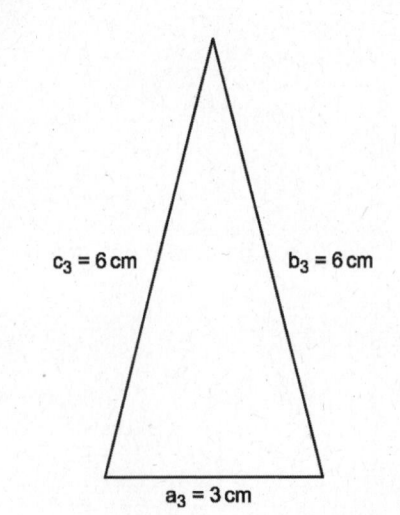

d) $c_4 = 6\,cm$, $b_4 = 3\,cm$, $a_4 = 4\,cm$

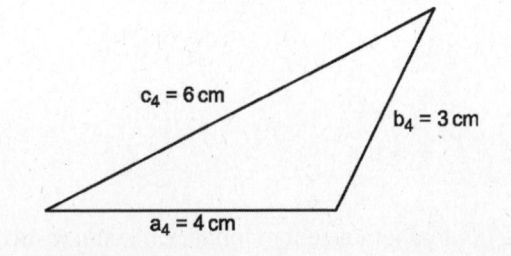

Die Dreiecke a, b und d sind kongruent zu Tinas Dreieck, da sie mit diesem in allen drei Seiten übereinstimmen.

2 Tina müsste auch die dritte Seite des Dreiecks angeben. Zwei Dreiecke sind kongruent, wenn sie in drei Seiten übereinstimmen (Kongruenzsatz sss).

3 a) kongruent   b) nicht kongruent
c) nicht kongruent

Expertengruppe 2: Kongruenzsatz sws, Seite S 12

1 a) $c_1 = 4{,}5\,cm$, $\alpha_1 = 100°$, $b_1 = 6\,cm$

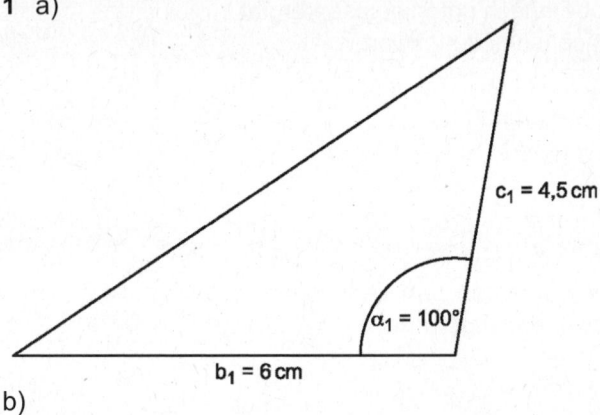

b) $b_2 = 6\,cm$, $\beta_2 = 100°$, $c_2 = 4{,}5\,cm$

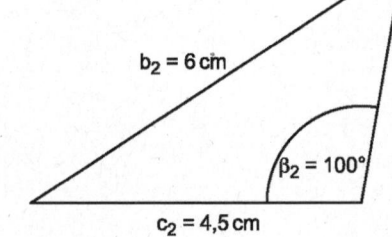

c) $b_3 = 4{,}5\,cm$, $\gamma_3 = 100°$, $a_3 = 6\,cm$

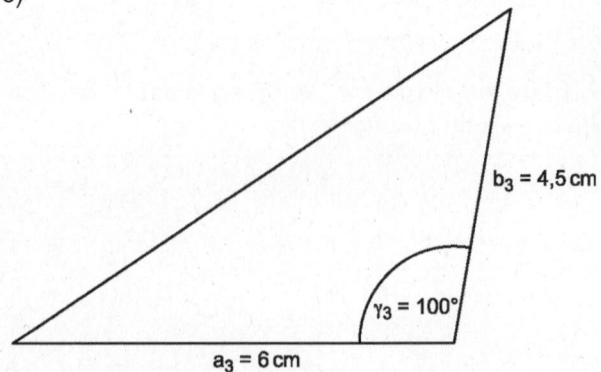

d)

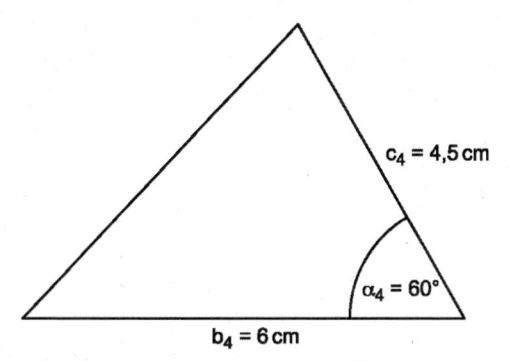

$c_4 = 4{,}5$ cm
$\alpha_4 = 60°$
$b_4 = 6$ cm

Die Dreiecke a und c sind kongruent, da sie in zwei Seiten und dem eingeschlossenen Winkel übereinstimmen.

2 Die Ingenieure müssten zusätzlich den Winkel bei P messen. Zwei Dreiecke sind kongruent, wenn sie in zwei Seiten und dem eingeschlossenen Winkel übereinstimmen (Kongruenzsatz sws).

3 a) kongruent   b) nicht kongruent
c) nicht kongruent

Expertengruppe 3:
Kongruenzsatz wsw, Seite S 13

1 a)

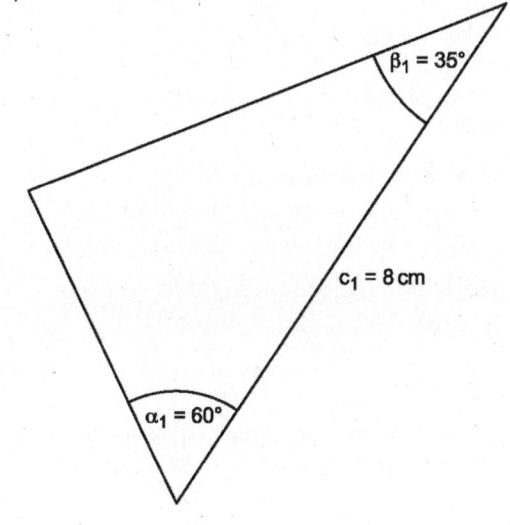

$\beta_1 = 35°$
$c_1 = 8$ cm
$\alpha_1 = 60°$

b)

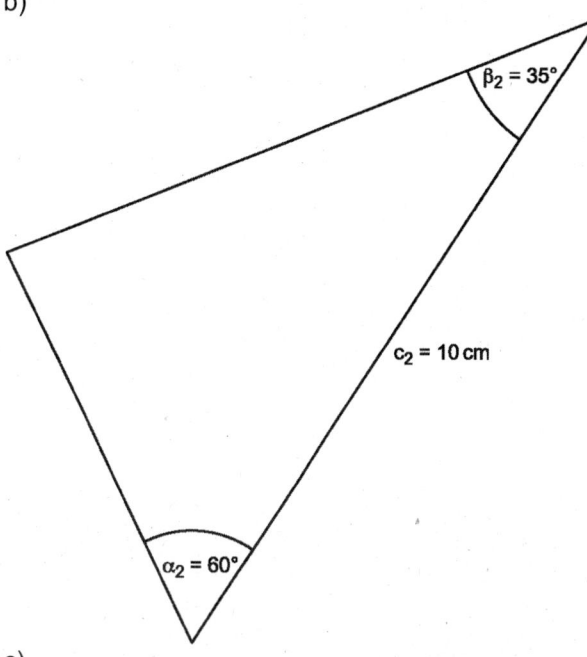

$\beta_2 = 35°$
$c_2 = 10$ cm
$\alpha_2 = 60°$

c)

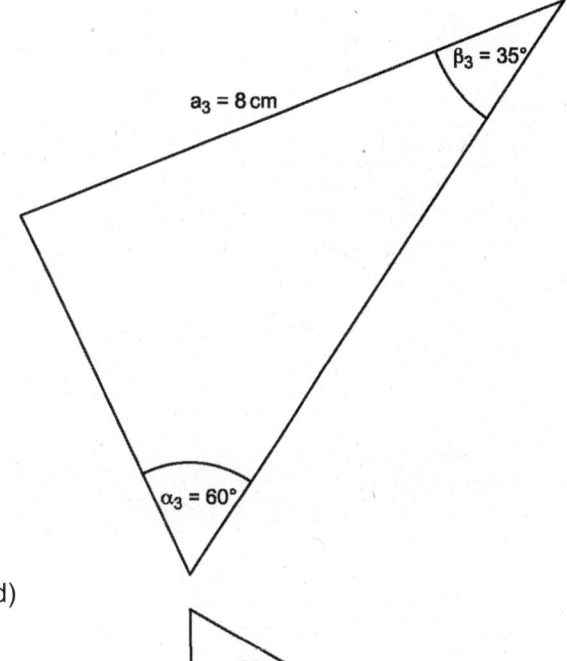

$a_3 = 8$ cm
$\beta_3 = 35°$
$\alpha_3 = 60°$

d)

$\gamma_4 = 60°$
$b_4 = 8$ cm
$\alpha_4 = 35°$

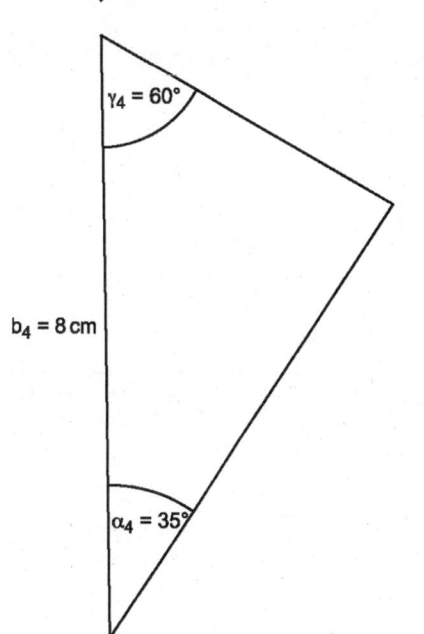

Die Dreiecke a und d sind kongruent, da sie in zwei Winkeln und der eingeschlossenen Seite übereinstimmen.

2 Die Baubehörde müsste zusätzlich die Breite des Giebels vorschreiben.
Zwei Dreiecke sind kongruent, wenn sie in zwei Winkeln und der eingeschlossenen Seite übereinstimmen (Kongruenzsatz wsw).

3 a) kongruent b) nicht kongruent
c) kongruent

Expertengruppe 4:
Kongruenzsatz Ssw, Seite S 14

1 a)

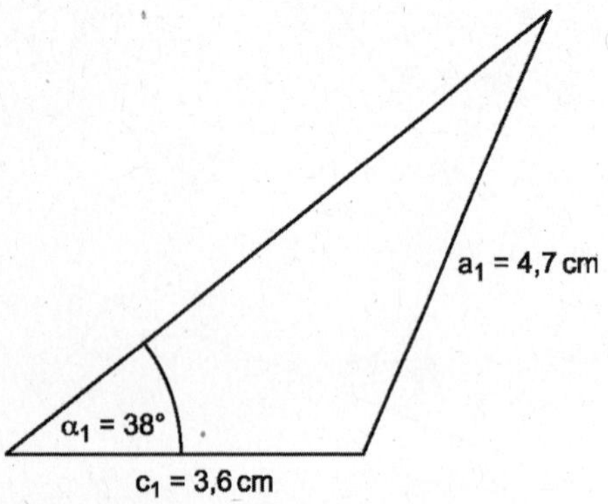

Übereinstimmung in zwei Seiten und dem Gegenwinkel der längeren Seite.

b)

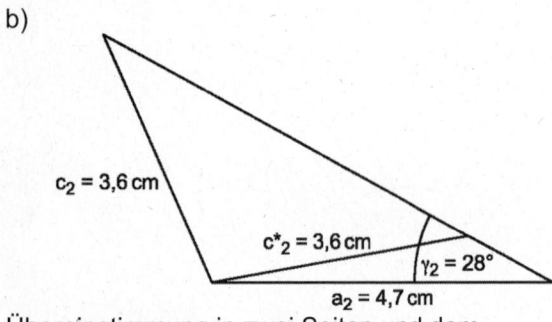

Übereinstimmung in zwei Seiten und dem Gegenwinkel der kürzeren Seite.

c)

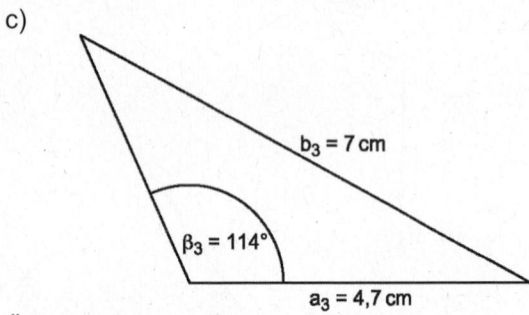

Übereinstimmung in zwei Seiten und dem Gegenwinkel der längeren Seite.

d)

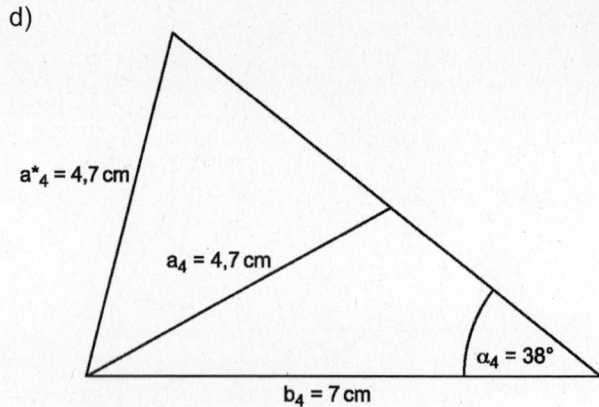

Übereinstimmung in zwei Seiten und dem Gegenwinkel der kürzeren Seite.

Bei der Konstruktion von a und c ergibt sich nur ein zum abgebildeten Dreieck kongruentes Dreieck.

Bei der Konstruktion von b und d ergeben sich jeweils zwei Lösungsdreiecke, wovon je eines zum abgebildeten Dreieck nicht kongruent ist.

2 Zwei Dreiecke sind kongruent, wenn sie in zwei Seiten und dem Gegenwinkel der längeren Seite übereinstimmen (Kongruenzsatz Ssw).

3 a) kongruent b) keine Aussage möglich
c) nicht kongruent

Dreieckskonstruktionen am Computer,
Seite S 15

1 a) eigene Beobachtungen
b) Damit ein Dreieck vorliegt, muss die Dreiecksungleichung $\overline{AB} - \overline{AC} < \overline{AC} < \overline{AB} + \overline{BC}$ erfüllt sein.
Hier also $4 \text{ cm} < \overline{AC} < 14 \text{ cm}$.

2 a) $\gamma = 100°$
b) Die Winkelweiten bleiben gleich, die Dreiecksseiten verändern sich.
Da die entstehenden Dreiecke nicht kongruent sind, kann es keinen Kongruenzsatz www geben.

3 a) Sie sind nicht kongruent, da sie nur in zwei Seiten und dem Gegenwinkel der kürzeren Seite übereinstimmen.
b) Für $r \geq 7 \text{ cm}$.
c) Mit dieser Figur kann der Kongruenzsatz Ssw veranschaulicht werden.

Das Chamäleon-Viereck, Seite S 18

1

e = 7,25 cm; α = 51,7°

2

e in cm	α in °	e in cm	α in °
4,2	78,2	5,5	76,5
4,3	79,6	6	71,3
4,5	81	7	56,5
5	80,1	8	32,4

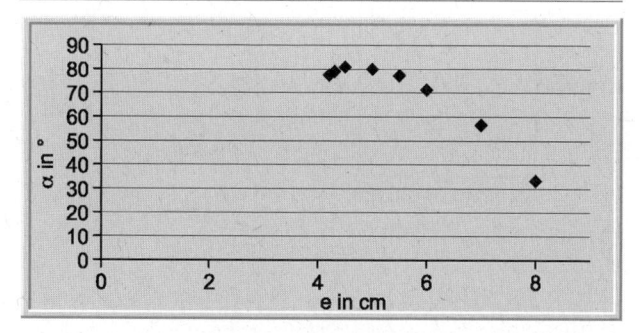

3 Im Extremfall fällt das Viereck zu einem Dreieck zusammen. Das ist der Fall, wenn die Länge der Diagonalen a + b = 8,3 cm oder a − b = 4,1 cm beträgt.

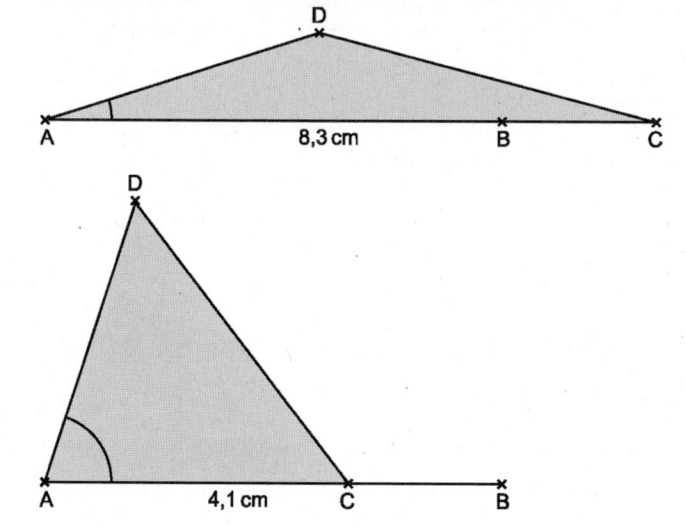

4

γ in °	α in °	γ in °	α in °
20	19,1	120	69,1
40	29,2	140	75,6
60	40,1	160	79,7
80	50,8	180	81,2
100	60,6	200	79,7

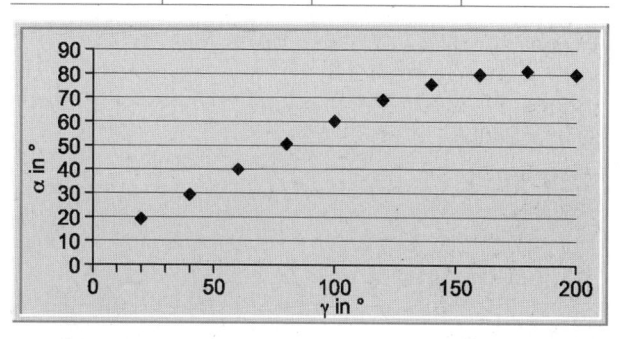

5 Minimaler Wert: ca. 14,2°
Maximaler Wert ca. 81,2°

II Reelle Zahlen

Pi und kein Ende – Informatives und Kurioses (2), Seite S 21

1 $a = \frac{8}{9}d = \frac{16}{9}r$

Flächeninhalt des Kreises $a^2 = (\frac{16}{9})^2 r^2$

$\rightarrow$ Näherungswert von $\pi = (\frac{16}{9})^2$

2 $\frac{(\text{Näherungswert} - \text{TR-Wert}) \cdot 100}{\text{TR-Wert}}$

Angabe mit zwei geltenden Ziffern (mit gerundeter zweiter Ziffer)

Ahmes (Ägypten)	$(\frac{16}{9})^2$	0,60 %
Platon (Griechenland)	$\sqrt{2}+\sqrt{3}$	0,15 %
Archimedes (Griechenland)	$3\frac{1}{7}$	0,040 %
Ptolemäus (Griechenland)	$3\frac{17}{120}$	0,0024 %
Tsu Ch'ung Chi (China)	$\frac{355}{113}$	0,0000085 %
Brahmagupta (Indien)	$\sqrt{10}$	0,66 %
Leonardo di Pisa (Italien)	$3\frac{39}{275}$	0,0072 %
François Viète gen. Vieta (Frankreich)	$1{,}8+\sqrt{1{,}8}$	0,0015 %

3 Die Frage, ob alle Dezimalziffern von π im Durchschnitt gleich oft vorkommen, ist bis heute ungelöst. Die Ziffern der angegebenen 350 Dezimalstellen verteilen sich wie folgt:

0	1	2	3	4	5	6	7	8	9
32	35	41	34	41	33	37	23	40	34

Der Druchschnittswert ist 35. Mann kann natürlich nicht sagen: „Im Dezimalbruch für π kommt die Ziffer 7 seltener vor als alle anderen Ziffern."

Quadratzahlen-Domino: x^2 oder $2x$? Seite S 22

START | $0{,}36 = 0{,}6^2$ | $1 = (-1)^2$ | $2\frac{1}{4} = 1{,}5^2$ | $0{,}01 = (\frac{1}{10})^2$ | $-2{,}4 = 2\cdot(-1\frac{1}{5})$ | $289 = 17^2$ | $3 = 2\cdot\frac{3}{2}$ | $2{,}56 = 1{,}6^2$ | $\frac{1}{4} = (-0{,}5)^2$ | $5 = 2\cdot 2{,}5$ | $\frac{1}{9} = (\frac{1}{3})^2$ | $\frac{4}{25} = 0{,}4^2$ | $1\frac{5}{11} = 2\cdot\frac{8}{11}$ | $3\frac{4}{5} = 2\cdot 1{,}9$ | $-1 = 2\cdot(-0{,}5)$ | $196 = (-14)^2$ | $6{,}25 = 2{,}5^2$ | $\frac{81}{100} = (-0{,}9)^2$ | $\frac{2}{3} = 2\cdot\frac{1}{3}$ | $-1{,}8 = 2\cdot(-\frac{9}{10})$ | $324 = 18^2$ | $3{,}61 = 1{,}9^2$ | $1{,}2 = 2\cdot\frac{3}{5}$ | $\frac{64}{121} = (\frac{8}{11})^2$ | $\frac{4}{5} = 2\cdot 0{,}4$ | $\frac{1}{5} = 2\cdot 0{,}1$ | $169 = 13^2$ | $3{,}2 = 2\cdot\frac{8}{5}$ | $1{,}44 = (-1{,}2)^2$ | ZIEL

Geometrische Konstruktion von Wurzeln, Seite S 23

1 Quadrat mit doppelter Seitenlänge:
Zwei solche Quadrate zusammengelegt ergibt
$16\,cm^2 + 16\,cm^2 = 32\,cm^2 = d^2$; $5{,}6\,cm < d < 5{,}7\,cm$
a) $d^2 = 4{,}5\,cm^2$ b) $d^2 = 50\,cm^2$
 $2{,}1\,cm < d < 2{,}2\,cm$ $7{,}0\,cm < d < 7{,}1\,cm$
c) $d^2 = 162\,cm^2$; $12{,}7\,cm < d < 12{,}8\,cm$
d) $18\,cm^2 = 9\,cm^2 + 9\,cm^2$

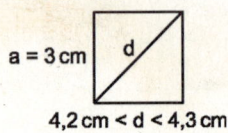

$a = 3\,cm$
$4{,}2\,cm < d < 4{,}3\,cm$

e) $72\,cm^2 = 36\,cm^2 + 36\,cm^2$

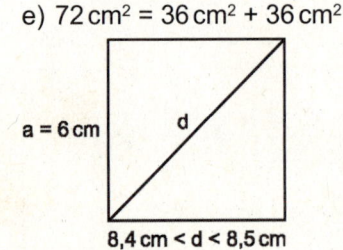

$a = 6\,cm$
$8{,}4\,cm < d < 8{,}5\,cm$

f) $12{,}5\,cm^2 = 6{,}25\,cm^2 + 6{,}25\,cm^2$
$a = 2{,}5\,cm$
$3{,}5\,cm < d < 3{,}6\,cm$

2 Zu $r = 3{,}0\,cm$ gehört $d = 6{,}0\,cm$.
$d^2 = 36\,cm^2 = 2a^2$, also $a^2 = 18\,cm^2$;
abgelesen: $4{,}1\,cm < a < 4{,}2\,cm$
a) $a^2 = 32\,cm^2$; $r = 4\,cm$

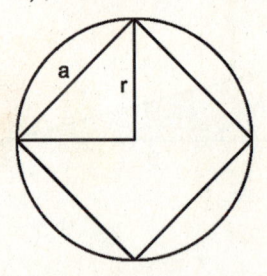

b) $r^2 = 18\,cm^2$; $a = 6\,cm$

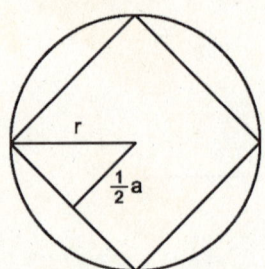

c) Zu $a_1^2 = 12{,}5\,cm^2$ gehört $r_1 = 2{,}5\,cm$,
zu $r_2^2 = 12{,}5\,cm^2$ gehört $a_2 = 5\,cm$.

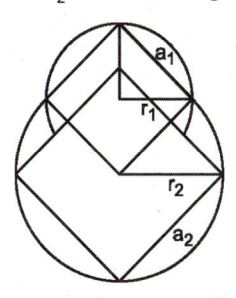

3. Schritt: Seitenlänge a_2 wird zum Radius r_3.
Zu $r_3 = 5\,cm$ gehört a_3 mit $a_3^2 = 50\,cm^2$.

Irrationale Zahlen in die Enge getrieben, Seite S 24

Intervall-Nr.	linke Grenze	rechte Grenze	Mitte	Mitte quadriert
1	3	4	3,5	12,25
2	3	3,5	3,25	10,5625
3	3	3,25	3,125	9,765625
4	3,125	3,25	3,1875	10,16016
5	3,125	3,1875	3,15625	9,96191

Formeln für die zweite Tabellenzeile (andere Formeln analog):
Zelle A7: =A6+1
Zelle B7: =WENN(E6<D$3;D6;B6)
Zelle C7: =WENN(E6<D$3;C6;D6) oder
=WENN(E6>=D$3;D6;C6)
Zelle D7: =MITTELWERT(B7;C7) oder
=(B7+C7)/2
Zelle E7: =D7^2

Die Quadratur des Rechtecks, Seite S 25

Rechteck Nr.	Seite a	Seite b	Mitte
1	1	10	5,5
2	5,5	1,81818	3,65909
3	3,65909	2,73292	3,19601
4	3,19601	3,12891	3,16246
5	3,16246	3,16210	3,16228

Formeln für die zweite Tabellenzeile (andere Formeln analog):
Zelle A8: =A7+1
Zelle B8: =D7
Zelle C8: =D$4/B8
Zelle D8: =MITTELWERT(B8;C8) oder
=(B8+C8)/2

Quadratwurzel-Puzzle: Radixt noch mal!, Seite S 26/27

$(-\sqrt{0{,}25})^2$	$-\sqrt{0{,}81}$	$\sqrt{\sqrt{10000}}$	$\sqrt{3\frac{1}{16}}$	$\sqrt{1{,}96}$	$\sqrt{256}$
$-(\sqrt{0{,}75})^2$	$\sqrt{6{,}25}$	$(-\sqrt{2{,}25})^2$	$\sqrt{\frac{4}{25}}$	$\sqrt{-4}$	$-(\sqrt{2{,}5})^2$
$\sqrt{0{,}25}$	$\sqrt{64}$	$\sqrt{0{,}01}$	$\sqrt{1{,}21}$	$\sqrt{3\frac{6}{25}}$	$\sqrt{2\frac{1}{4}}$
$\sqrt{(-49)^2}$	$(\sqrt{1{,}44})^2$	$\sqrt{0{,}49}$	$\sqrt{361}$	$\sqrt{400}$	$\sqrt{1{,}69}$
$\sqrt{1}$	$\sqrt{289}$	$\sqrt{1{,}44}$	$\sqrt{0{,}0025}$	$\sqrt{0{,}36}$	$\sqrt{-0{,}09}$
$\sqrt{32400}$	$(\sqrt{6{,}4})^2$	$-\sqrt{\frac{49}{196}}$	$\sqrt{1000000}$	$\sqrt{(4{,}9)^2}$	$-(\sqrt{2{,}25})^2$
$-\sqrt{121}$	$\sqrt{\frac{9}{16}}$	$\sqrt{0{,}04}$	$\sqrt{0}$	$\sqrt{\sqrt{625}}$	$\sqrt{\sqrt{81}}$

Rechnen mit Intervallschachtelungen (1, 2), Seite S 28/29

1 $\sqrt{\dfrac{3}{5}} = \begin{pmatrix} 0; 1 \\ 0{,}7; 0{,}8 \\ 0{,}77; 0{,}78 \\ 0{,}774; 0{,}775 \end{pmatrix}$

2 a) $\sqrt{2} + \sqrt{5} = \begin{pmatrix} 1+2 < x < 2+3 \\ 1{,}4 + 2{,}2 < x < 1{,}5 + 2{,}3 \\ 1{,}41 + 2{,}23 < x < 1{,}42 + 2{,}24 \\ 1{,}414 + 2{,}236 < x < 1{,}415 + 2{,}237 \end{pmatrix} = \begin{pmatrix} 3 < x < 5 \\ 3{,}6 < x < 3{,}7 \\ 3{,}64 < x < 3{,}66 \\ 3{,}650 < x < 3{,}652 \end{pmatrix} \begin{bmatrix} 2 \\ 0{,}2 \\ 0{,}02 \\ 0{,}002 \end{bmatrix}$

Bedingungen:
Die beiden Summanden der Grenzen unterscheiden sich weiterhin um $1 \cdot 10^{-n}$ bei jedem Schritt (n = 0, 1, ...). Die linken Grenzen nehmen zu, da die Summanden zunehmen, die rechten Grenzen nehmen entsprechend ab.

$\sqrt{7} + \sqrt{\dfrac{3}{5}} = \begin{pmatrix} 2 < x < 3 \\ 2{,}6 < x < 2{,}7 \\ 2{,}64 < x < 2{,}65 \\ 2{,}645 < x < 2{,}646 \end{pmatrix} + \begin{pmatrix} 0 < x < 1 \\ 0{,}7 < x < 0{,}8 \\ 0{,}77 < x < 0{,}78 \\ 0{,}774 < x < 0{,}775 \end{pmatrix} = \begin{pmatrix} 2+0 < x < 3+1 \\ 2{,}6 + 0{,}7 < x < 2{,}7 + 0{,}8 \\ 2{,}64 + 0{,}77 < x < 2{,}65 + 0{,}78 \\ 2{,}645 + 0{,}774 < x < 2{,}646 + 0{,}775 \end{pmatrix} = \begin{pmatrix} 2 < x < 4 \\ 3{,}3 < x < 3{,}5 \\ 3{,}41 < x < 3{,}43 \\ 3{,}419 < x < 3{,}421 \end{pmatrix}$

Bedingungen wie oben.

b) $\sqrt{19} - \sqrt{3} = \begin{pmatrix} 4 < x < 5 \\ 4{,}3 < x < 4{,}4 \\ 4{,}35 < x < 4{,}36 \\ 4{,}358 < x < 4{,}359 \end{pmatrix} - \begin{pmatrix} 1 < x < 2 \\ 1{,}7 < x < 1{,}8 \\ 1{,}73 < x < 1{,}74 \\ 1{,}732 < x < 1{,}733 \end{pmatrix} = \begin{pmatrix} 4 - 2 < x < 5 - 1 \\ 4{,}3 - 1{,}8 < x < 4{,}4 - 1{,}7 \\ 4{,}35 - 1{,}74 < x < 4{,}36 - 1{,}73 \\ 4{,}358 - 1{,}733 < x < 4{,}359 - 1{,}732 \end{pmatrix} = \begin{pmatrix} 2 < x < 4 \\ 2{,}5 < x < 2{,}7 \\ 2{,}61 < x < 2{,}63 \\ 2{,}625 < x < 2{,}627 \end{pmatrix}$

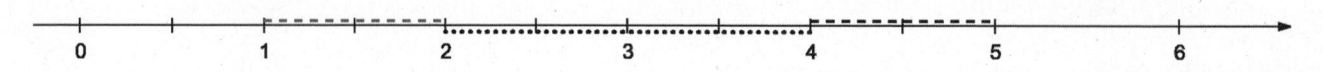

Bedingungen wie oben.

$\sqrt{5} - \sqrt{21} = \begin{pmatrix} 2 < x < 3 \\ 2{,}2 < x < 2{,}3 \\ 2{,}23 < x < 2{,}24 \\ 2{,}236 < x < 2{,}237 \end{pmatrix} - \begin{pmatrix} 4 < x < 5 \\ 4{,}5 < x < 4{,}6 \\ 4{,}58 < x < 4{,}59 \\ 4{,}582 < x < 4{,}583 \end{pmatrix} = \begin{pmatrix} 2 - 5 < x < 3 - 4 \\ 2{,}2 - 4{,}6 < x < 2{,}3 - 4{,}5 \\ 2{,}23 - 4{,}59 < x < 2{,}24 - 4{,}58 \\ 2{,}236 - 4{,}583 < x < 2{,}237 - 4{,}582 \end{pmatrix} = \begin{pmatrix} -3 < x < -1 \\ -2{,}4 < x < -2{,}2 \\ -2{,}36 < x < -2{,}34 \\ -2{,}347 < x < -2{,}345 \end{pmatrix}$

Bedingungen wie oben.

c) $\sqrt{5} \cdot \sqrt{19} = \begin{pmatrix} 2 < x < 3 \\ 2{,}2 < x < 2{,}3 \\ 2{,}23 < x < 2{,}24 \\ 2{,}236 < x < 2{,}237 \end{pmatrix} - \begin{pmatrix} 4 < x < 5 \\ 4{,}3 < x < 4{,}4 \\ 4{,}35 < x < 4{,}36 \\ 4{,}358 < x < 4{,}359 \end{pmatrix} = \begin{pmatrix} 2 \cdot 4 < x < 3 \cdot 5 \\ 2{,}2 \cdot 4{,}3 < x < 2{,}3 \cdot 4{,}4 \\ 2{,}23 \cdot 4{,}35 < x < 2{,}24 \cdot 4{,}36 \\ 2{,}236 \cdot 4{,}358 < x < 2{,}237 \cdot 4{,}359 \end{pmatrix} = \begin{pmatrix} 8 < x < 15 \\ 9{,}4 < x < 10{,}2 \\ 9{,}70 < x < 4{,}77 \\ 9{,}744 < x < 9{,}751 \end{pmatrix}$

$\sqrt{5} \cdot \sqrt{5} = \begin{pmatrix} 2; 3 \\ 2{,}2; 2{,}3 \\ 2{,}23; 2{,}24 \end{pmatrix} \cdot \begin{pmatrix} 2; 3 \\ 2{,}2; 2{,}3 \\ 2{,}23; 2{,}24 \end{pmatrix} = \begin{pmatrix} 4; 9 \\ 4{,}8; 5{,}3 \\ 4{,}97; 5{,}02 \end{pmatrix} = 5 \quad \sqrt{3} \cdot \sqrt{12} = \begin{pmatrix} 1; 2 \\ 1{,}7; 1{,}8 \\ 1{,}73; 1{,}74 \end{pmatrix} \cdot \begin{pmatrix} 3; 4 \\ 3{,}4; 3{,}5 \\ 3{,}46; 3{,}47 \end{pmatrix} = \begin{pmatrix} 3; 8 \\ 5{,}7; 6{,}3 \\ 5{,}98; 6{,}04 \end{pmatrix} = 6$

Regeln: $\sqrt{a} \cdot \sqrt{a} = a$ und $\sqrt{a} \cdot \sqrt{b} = \sqrt{a \cdot b}$

d) Der Quotient ist sicher größer als 4:3 und kleiner als 5:2.

$\sqrt{19} : \sqrt{5} = \begin{pmatrix} 4; 5 \\ 4{,}3; 4{,}4 \\ 4{,}35; 4{,}36 \\ 4{,}358; 4{,}359 \end{pmatrix} : \begin{pmatrix} 2; 3 \\ 2{,}2; 2{,}3 \\ 2{,}23; 2{,}24 \\ 2{,}236; 2{,}237 \end{pmatrix} = \begin{pmatrix} 4:3; 5:2 \\ 4{,}3:2{,}3; 4{,}4:2{,}2 \\ 4{,}35:2{,}24; 4{,}36:2{,}23 \\ 4{,}358:2{,}237; 4{,}359:2{,}236 \end{pmatrix} = \begin{pmatrix} 1; 3 \\ 1{,}8; 2{,}0 \\ 1{,}94; 1{,}96 \\ 1{,}948; 1{,}950 \end{pmatrix}$

$\sqrt{3} : \sqrt{\dfrac{3}{5}} = \begin{pmatrix} 1; 2 \\ 1{,}7; 1{,}8 \\ 1{,}73; 1{,}74 \end{pmatrix} : \begin{pmatrix} 0; 1 \\ 0{,}7; 0{,}8 \\ 0{,}77; 0{,}78 \end{pmatrix} = \begin{pmatrix} 1; ? \\ 2{,}1; 2{,}6 \\ 2{,}21; 2{,}26 \end{pmatrix} = \sqrt{5} \quad \sqrt{20} : \sqrt{5} = \begin{pmatrix} 4; 5 \\ 4{,}4; 4{,}5 \\ 4{,}47; 4{,}48 \end{pmatrix} : \begin{pmatrix} 2; 3 \\ 2{,}2; 2{,}3 \\ 2{,}23; 2{,}24 \end{pmatrix} = \begin{pmatrix} 1; 3 \\ 1{,}9; 2{,}1 \\ 1{,}99; 2{,}01 \end{pmatrix} = 2$

$\sqrt{\dfrac{2}{3}} : \sqrt{\dfrac{3}{2}} = \begin{pmatrix} 0; 1 \\ 0{,}8; 0{,}9 \\ 0{,}81; 0{,}82 \end{pmatrix} : \begin{pmatrix} 1; 2 \\ 1{,}2; 1{,}3 \\ 1{,}22; 1{,}23 \end{pmatrix} = \begin{pmatrix} 0; 1 \\ 0{,}6; 0{,}8 \\ 0{,}65; 0{,}68 \end{pmatrix} = \dfrac{2}{3} \quad$ Regel: $\sqrt{a} : \sqrt{b} = \sqrt{a:b}$

Rechnen mit reellen Zahlen, Seite S 30

1 Gleichwertige Terme in gleicher Farbe
$\sqrt{3} \cdot \sqrt{12} = 6$, $\sqrt{72} : \sqrt{2} = 6$, $\sqrt{30} \cdot \sqrt{1{,}2} = 6$,

$\sqrt{18} : \sqrt{50} = 0{,}6$, $\sqrt{0{,}1} \cdot \sqrt{3{,}6} = 0{,}6$, $\dfrac{\sqrt{27}}{\sqrt{15} \cdot \sqrt{5}} = 0{,}6$,

$\sqrt{8} \cdot \sqrt{0{,}5} = 2$, $\sqrt{180} : \sqrt{45} = 2$,

$\sqrt{15} \cdot \sqrt{\dfrac{5}{12}} = 2{,}5$, $\sqrt{50} \cdot \sqrt{\dfrac{1}{8}} = 2{,}5$,

$\sqrt{7} \cdot \sqrt{28} = 14$, $\sqrt{4{,}9} \cdot \sqrt{0{,}4} = 1{,}4$, $\sqrt{21} \cdot \sqrt{\dfrac{2}{3}} = \sqrt{14}$

2 Lösung: UEBUNG MACHT DEN MEISTER.

3 $\sqrt{3} \cdot (\sqrt{12} - \sqrt{3}) = 3$
$11\sqrt{7} - 4\sqrt{7} = 7\sqrt{7}$
$\sqrt{2} \cdot (\sqrt{32} + \sqrt{18}) = 14$
$3\sqrt{5} + \sqrt{20} = 5\sqrt{5}$
$10\sqrt{3} - 3\sqrt{12} = 4\sqrt{3}$
$\sqrt{2} \cdot (\sqrt{12{,}5} + \sqrt{24{,}5}) = 12$
$5\sqrt{18} - 2\sqrt{8} = 11\sqrt{2}$
$\sqrt{7} \cdot (\sqrt{28} - \sqrt{7}) = 7$
$\sqrt{5} \cdot (\sqrt{45} - \sqrt{20}) = 5$
$\sqrt{45} + \sqrt{5} = 4\sqrt{5}$
$\sqrt{6} \cdot (\sqrt{24} + \sqrt{13{,}5}) = 21$
$\sqrt{28} - \sqrt{7} = \sqrt{7}$

Folgende Buchstaben blieben übrig:
AUS und Ende!

Quadromino – Rechnen mit Wurzeln, Seite S 31

Lösung: Zum Rechteck (4 x 5 Kärtchen; mit „Rahmen") gelegt, ergeben die Buchstaben in der Mitte der Kärtchen nacheinander gelesen die drei Namen: ANTONIA, BENNI, CLARISSA

DIN-Formate, Seite S 32

2 $a_5 = b_4$; $b_5 = \dfrac{1}{2} a_4$

Die neue Länge ist die alte Breite, die neue Breite ist die halbe alte Länge.
Die lange Seite a ist die Diagonale im Quadrat aus der kurzen Seite b, also
$a = b\sqrt{2}$. Dann ist $a : b = \sqrt{2} : 1$.

$\sqrt{2} \cdot b_0 \cdot b_0 = 1\,000\,000$ mm

$b_0 = \sqrt{\dfrac{1\,000\,000\,\text{mm}}{\sqrt{2}}} = 841$ mm;

$a_0 = b_0 \cdot \sqrt{2} = 1189$ mm

$b_1 = \dfrac{1}{2} a_0 = 594$ mm; $a_1 = b_0 = 841$ mm

DIN	Länge	Breite
A0	1189 mm	841 mm
A1	841 mm	594 mm
A2	594 mm	420 mm
A3	420 mm	297 mm
A4	297 mm	210 mm
A5	210 mm	148 mm
A6	148 mm	105 mm
A7	105 mm	74 mm

3

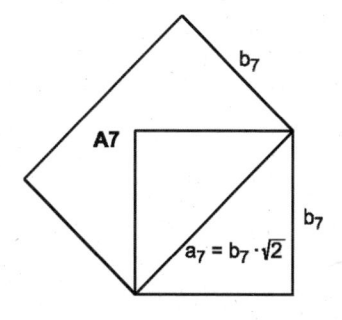

Es handelt sich um das Format A7.

4 a) $324 : 297 = 229 : 210 \approx 1\dfrac{1}{11}$
b) C5: $a_5 = 229$ mm; $b_5 = 162$ mm
C6: $a_6 = 162$ mm; $b_6 = 114$ mm

III Quadratische und andere Funktionen

Volle Kanne, Seite S 34

1 a) Linke Vase: Die Wasserhöhe steigt zu Beginn relativ schnell an, danach wird der Anstieg immer langsamer. Mittlere Vase: Auf den ersten 15 cm steigt die Wasserhöhe gleichmäßig an. Dann wird der Anstieg immer langsamer. Rechte Vase: Der Anstieg der Wasserhöhe wird zunächst langsamer, dann schneller und schließlich wieder langsamer.
b)

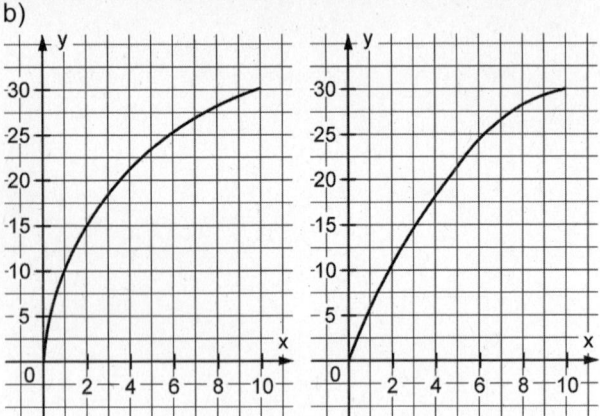

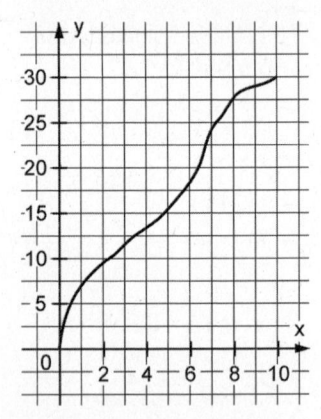

c) Individuelle Lösung.

2 a) Zum mittleren Graph existiert keine Vase, denn die Wasserhöhe kann bei zulaufendem Wasser nicht abnehmen.
b) Linker Graph: Rechter Graph:

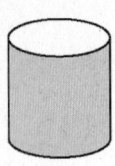

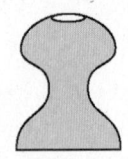

c) In die Vase zum linken Graph, da das Wasser länger zulaufen muss, bis die Vase voll ist.
d) Je steiler die Kurve, desto enger die Vase bzw. desto höher die Geschwindigkeit des Wasseranstiegs. Sie entspricht zu jedem Zeitpunkt der Steigung der Tangente an den Graphen.

Eigenschaften linearer Funktionen, Seite S 35

Funktionsgleichung ihre Graphen

1

	Graph		Änderungsverhalten
(1)		$y = 2x - 1$	Wenn der x-Wert um 1 zunimmt, dann nimmt der y-Wert um 2 zu.
(2)		$y = \frac{1}{2}x + 2$	Wenn der x-Wert um 2 zunimmt, dann nimmt der y-Wert um 1 zu.
(3)		$y = x^2$	Dem doppelten x-Wert wird der vierfache y-Wert zugeordnet.
(4)		$y = \frac{3}{4}x$	Wenn der x-Wert um 4 zunimmt, dann nimmt der y-Wert um 3 zu.
(5)		$y = \frac{1}{x}$	Dem doppelten x-Wert wird der halbe y-Wert zugeordnet.

(6)	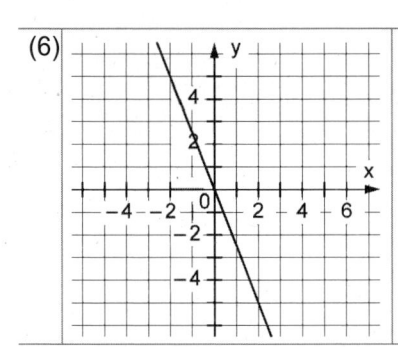	$y = -\frac{5}{2}x$
		Wenn der x-Wert um 2 zunimmt, dann nimmt der y-Wert um 5 ab.

2 Eigenschaften
1. (1), (2), (4), (6)
2. Er wird steiler.
3. Der Graf wird an der y-Achse gespiegelt.
4. Statt der Zahl –2 eine größere/kleinere Zahl einsetzen.

Pobier's mal mit Punkten, Seite S 36

Start	$\notin$	$\in$	(2|2,5)	(–3|1)	$\notin$
$\notin$	$\notin$	(0|0)	(–6|4)	(4|2)	$\notin$
$\in$	(–0,25|1,25)	$\in$	$\notin$	(10|950)	(2|32)
$\in$	$\notin$	(–2,5|2)	(0,5|–0,5)	(8|–32)	(–10|130)
$\in$	(5|–100)	(2|3)	nicht definiert	(2|–1)	$\in$
(–2|0)	$\notin$	(–3|4,5)	nicht definiert	(5|75)	$\notin$
(0,5|1,25)	(–16|10)	$\in$	(0|–15)	(2|8)	Zurück zum Start

Potenzfunktionen – Ein Arbeitsplan, Seite S 37

1 a) 8   b) 0,36   c) $\frac{1}{16}$ d) –1
e) 25   f) –64   g) $-\frac{27}{125}$ h) 9
i) 9

2 a)

x	x^2
–2	4
–1	1
0	0
1	1
2	4

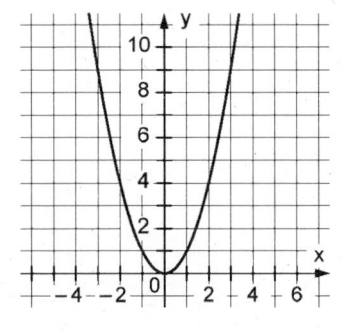

x	x^3
–2	–8
–1	–1
0	0
1	1
2	8

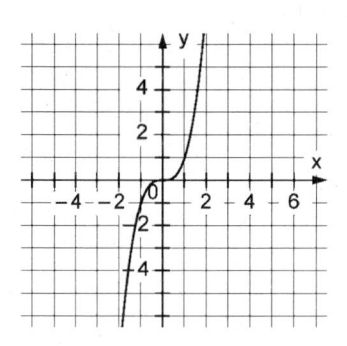

b)

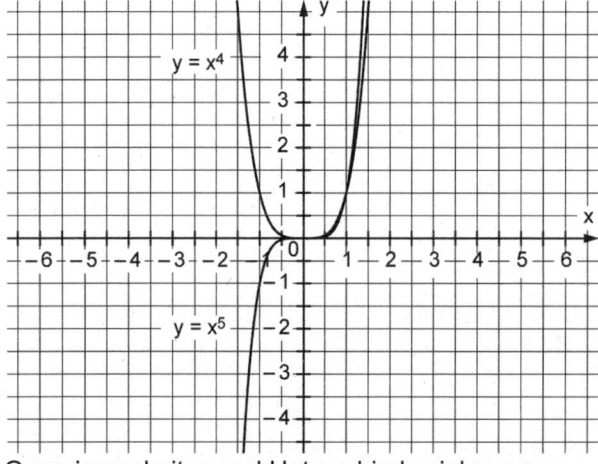

Gemeinsamkeiten und Unterschiede siehe c.

c)

Potenzfunktion mit $y = x^n$	gerade Hochzahl n	ungerade Hochzahl n
Definitionsbereich	$\mathbb{R}$	$\mathbb{R}$
Wertebereich	$\mathbb{R}_0^+$	$\mathbb{R}$
Symmetrie des Graphen	Symmetrie zur y-Achse	Punktsymmetrie zu (0|0)
Nullstelle	$x_0 = 0$	$x_0 = 0$
Punkte P(1|?) und Q(–1|?) des Graphen	P(1|1) Q(–1|1)	P(1|1) Q(–1|–1)

$c > 1$: Graph wird schmaler.
$0 < c < 1$: Graph wird breiter.
$c < 0$: Graph wird an x-Achse gespiegelt.

Gruppenpuzzle Parabeln: Arbeitsblatt für die Stammgruppe, Seite S 39

2 Verknüpfung des Expertenwissens

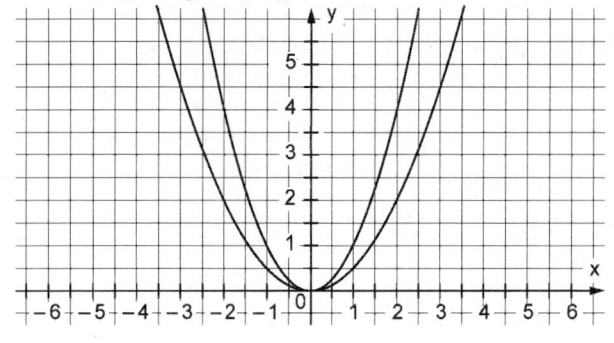

(1) $y = x^2$
(2) $y = 0,5x^2$
(3) $y = 0,5(x-3)^2$
(4) $y = 0,5(x-3)^2 - 2$

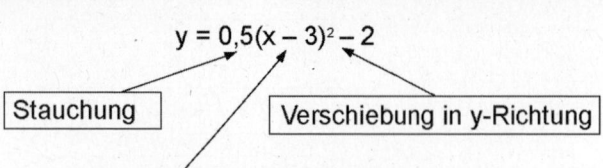

$y = 0,5(x-3)^2 - 2$

Stauchung → Verschiebung in y-Richtung
Verschiebung in x-Richtung

3 Testaufgaben
a)

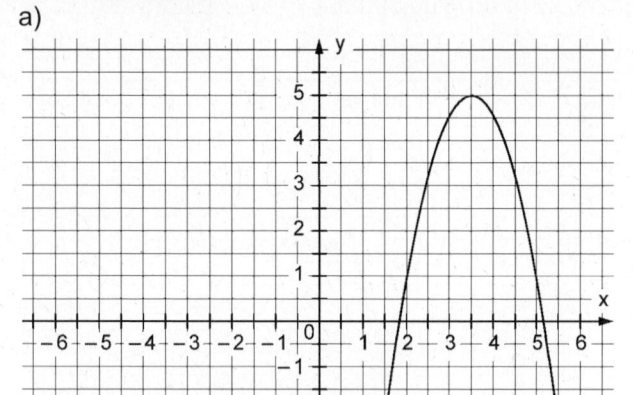

$S(3,5|5)$
$y = -1,8(x-3,5)^2 + 5$

b)

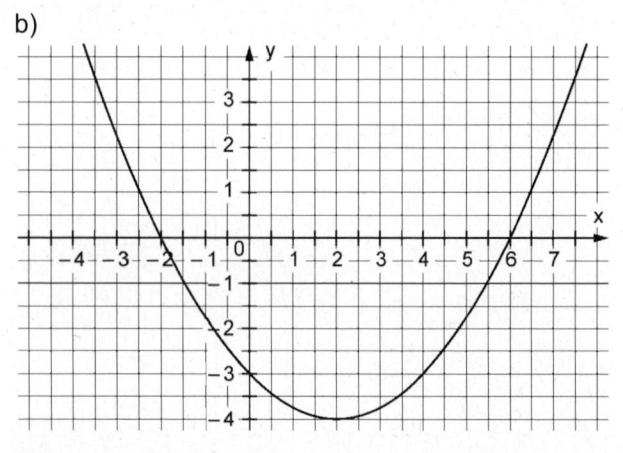

Die x-Koordinate des Scheitels ist der Mittelwert von x_1 und x_2. $S(2|-4)$
$y = 0,25(x-2)^2 - 4$

Gruppenpuzzle Parabeln:
Expertenblatt 1, Seite S 40

1 Die neue Funktionsgleichung

x	-3	-1	0	1	2
y	9	1	0	1	4

Die zweite Tabelle entsteht, indem zu den y-Werten der ersten Tabelle 3 addiert wird.

x	-2	-1	0	2	3
y	7	4	3	7	12

Funktionsgleichung: $y = x^2 + 3$

2 Rauf und runter

x	-2,5	-1	0	1	2	3
y	7,75	2,5	1,5	2,5	5,5	10,5

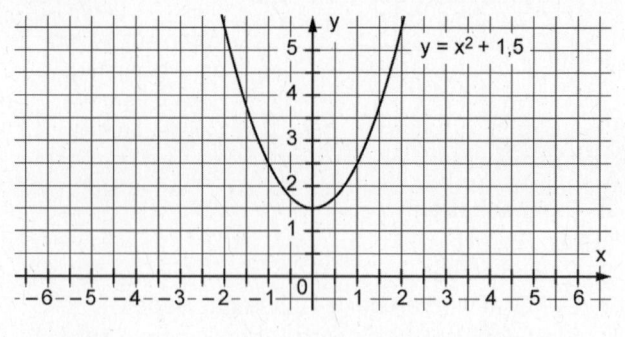

$y = x^2 + 1,5$

x	-4	-3	-1	0	2	4,5
y	$\frac{67}{4}$	$\frac{39}{4}$	$\frac{7}{4}$	$\frac{3}{4}$	$\frac{19}{4}$	21

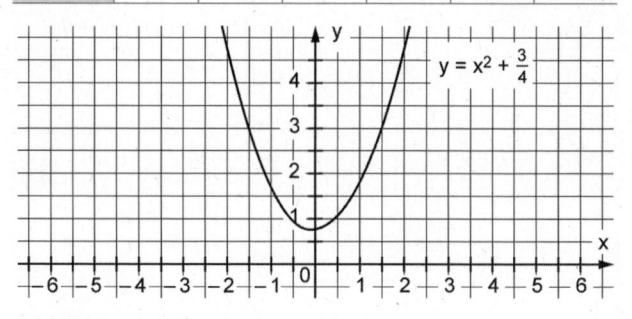

$y = x^2 + \frac{3}{4}$

x	-2,5	-2	0	0,5	1	3
y	$12\frac{1}{4}$	10	6	$6\frac{1}{4}$	7	15

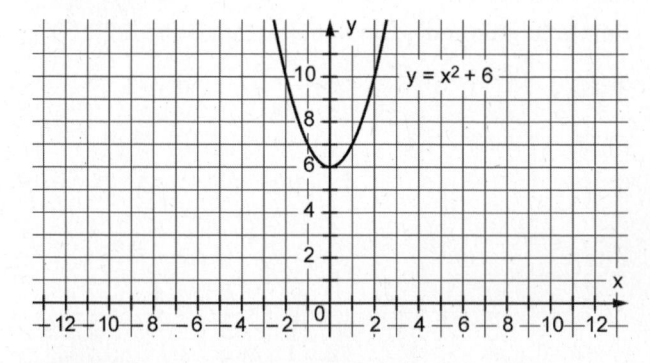

$y = x^2 + 6$

x	-3	-2	0	1,5	2	4
y	6,5	1,5	-2,5	-0,25	1,5	13,5

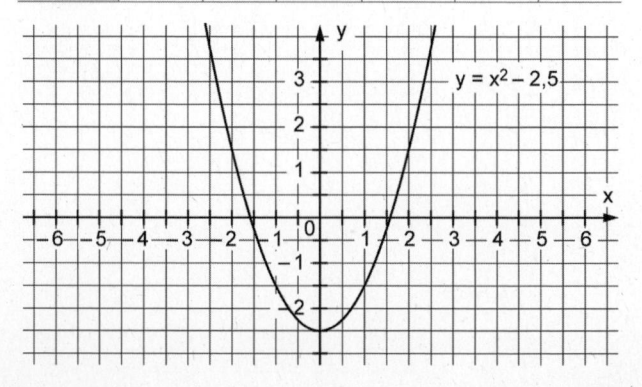

$y = x^2 - 2,5$

x	−4	−2	−1,5	0	3	5
y	$\frac{53}{3}$	$\frac{17}{3}$	$\frac{47}{12}$	$\frac{5}{3}$	$\frac{32}{3}$	$\frac{80}{3}$

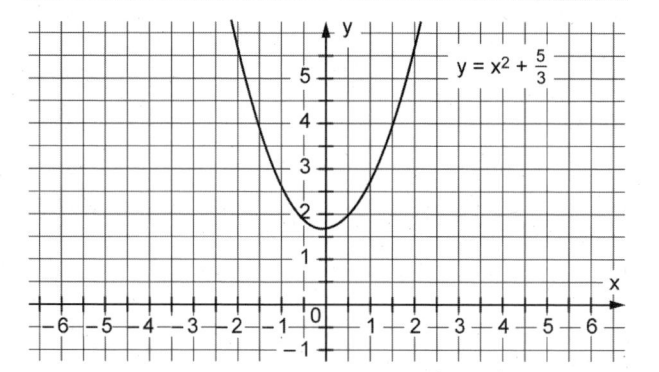

$y = x^2 + \frac{5}{3}$

Gruppenpuzzle Parabeln: Expertenblatt 2, Seite S 41

1 Die neue Funktionsgleichung
Markierte Werte: Der Funktionswert von y_1 an der Stelle $x = -1$ ist gleich dem Funktionswert von y_2 an der Stelle $x = 2$, der Kurvenpunkt ist also um 3 nach rechts verschoben. Der Funktionswert von y_2 ergibt sich so: Den x-Wert um 3 verkleinern, dann quadrieren. Funktionsgleichung: $y = (x - 3)^2$

2 Hin und her

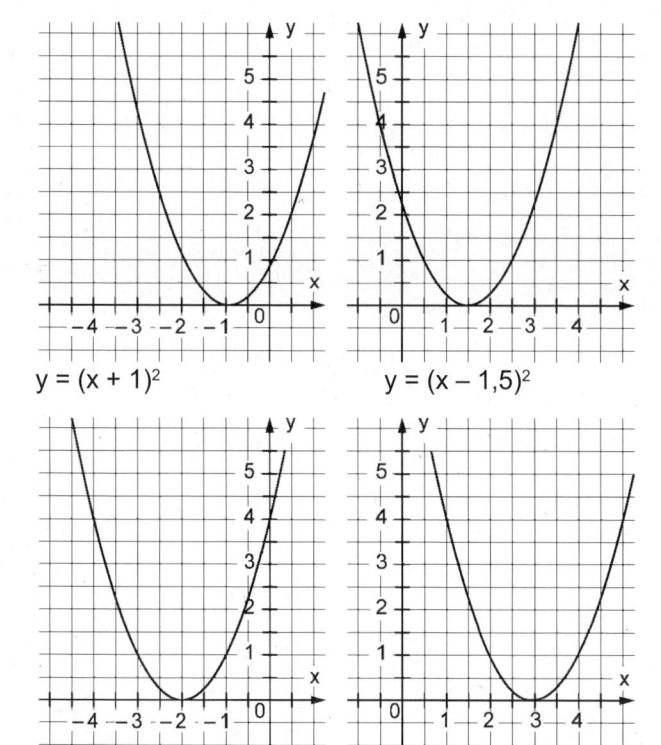

$y = (x + 1)^2$

$y = (x - 1,5)^2$

$y = (x + 2)^2$

$y = (x - 3)^2$

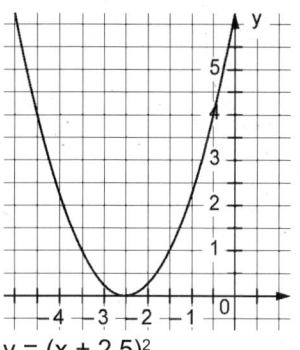

$y = (x + 2,5)^2$

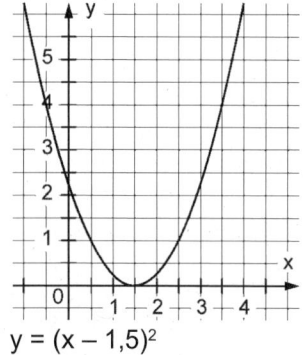

$y = (x - 1,5)^2$

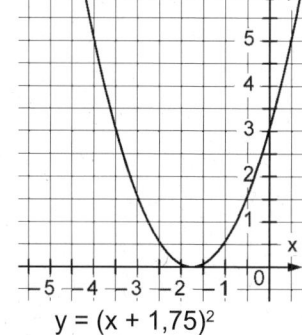

$y = (x + 1,75)^2$

x	−1	0	2
y	6,25	2,25	0,25

x	−3	0
y	1,5625	3,0625

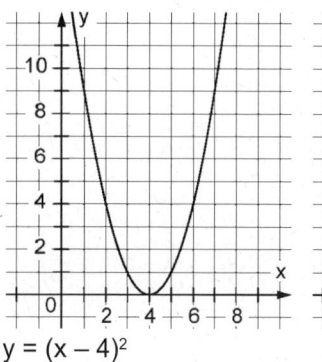

$y = (x - 4)^2$

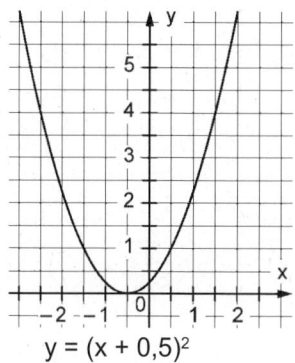

$y = (x + 0,5)^2$

x	0	2	3	5
y	16	4	1	1

x	−1	1
y	0,25	2,25

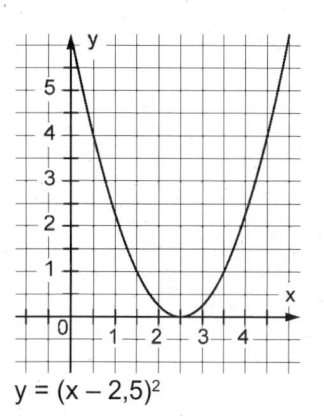

$y = (x - 2,5)^2$

x	0	1	3,5
y	6,25	2,25	1

Gruppenpuzzle Parabeln: Expertenblatt 3, Seite S 42

1 Die neue Funktionsgleichung

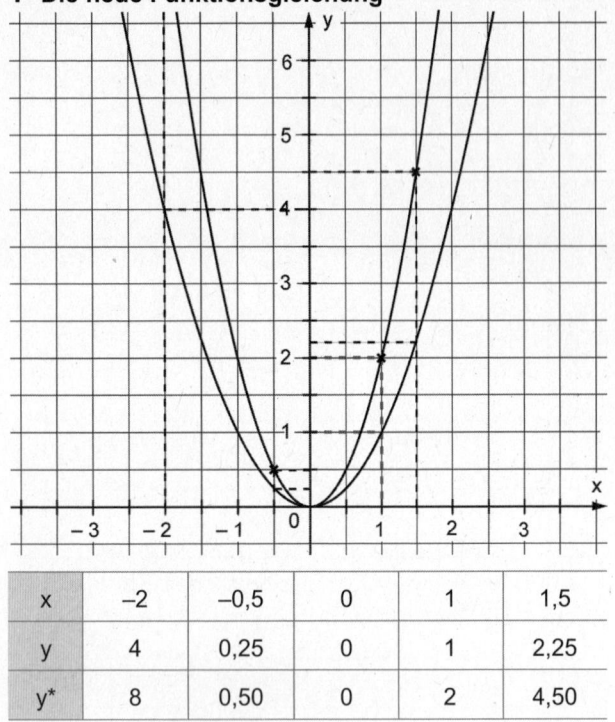

x	−2	−0,5	0	1	1,5
y	4	0,25	0	1	2,25
y*	8	0,50	0	2	4,50

Funktionsgleichung: $y = 2x^2$

2 Die Form ändert sich

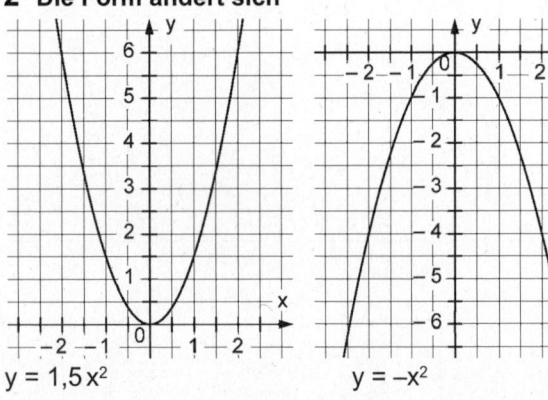

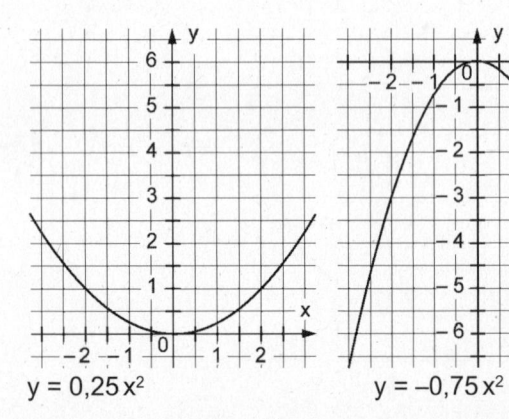

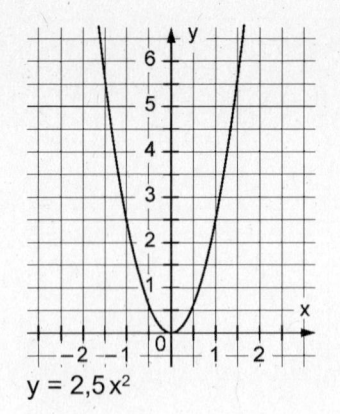

$y = 1,5x^2$

$y = -x^2$

$y = 0,25x^2$

$y = -0,75x^2$

$y = 2,5x^2$

x	−1	0	2
y	−1,5	0	−6

$y = -1,5x^2$

x	−0,5	0	2,5
y	0,75	0	18,75

$y = 3x^2$

x	−2	0	4
y	−1	0	−4

$y = -0,25x^2$

x	−5	0	2
y	2,5	0	0,4

$y = 0,1x^2$

x	−2	0	0,5
y	−10	0	−0,625

$y = -2,5x^2$

Lernzirkel: 1. Funktionen zeigen verschiedene Gesichter, Seite S 44

	Situation 1	Situation 2	Situation 3	Situation 4
Bildliche Darstellung	(Quadrat mit kleinerem Quadrat)	(Mehl-Pakete mit Münzen)	(Rechtecke)	(Säule mit 100 ct, y, x)
Tabelle	x: 4, 5, 6 y: 16, 25, 36	x: 2, 3, 4 y: 180, 270, 360	x: 3, 5, 12 y: 10, 6, 2,5	x: 10, 20, 30 y: 90, 80, 70
In Worten	Dem doppelten x-Wert wird der 4fache y-Wert zugeordnet.	Bei der Zunahme der x-Werte um 1 nehmen die y-Werte um 90 zu.	Dem doppelten x-Wert wird der halbe y-Wert zugeordnet.	Bei Zunahme der x-Werte um 1 nehmen die y-Werte um 1 ab.
Funktionsgleichung	$y = x^2$	$y = 90x$	$y = \dfrac{30}{x}$	$y = 100 - x$
Graph	(Parabel)	(Gerade durch Ursprung)	(Hyperbel)	(fallende Gerade)

Lernzirkel: 2.1 Parabeldomino (1) – spezielle quadratische Funktionen, Seite S 45

START	Die Parabel der speziellen quadratischen Funktion geht durch P(−2|4).	$y = x^2$	Der Faktor vor x^2 ist eine Zahl größer als 4.
[Graph: nach oben geöffnete Parabel]	Für die spezielle quadratische Funktion gilt: $y(2) = -6$.	*[Graph: nach unten geöffnete Parabel]*	Der Faktor vor x^2 ist eine Zahl zwischen −1 und 0.
[Graph: nach unten geöffnete Parabel]	Der Punkt Q(−1,5|4,5) liegt auf der Parabel der speziellen quadratischen Funktion.	$y = 2x^2$	Die Parabel der speziellen quadratischen Funktion geht durch R(−3|6).
$y = \frac{2}{3} x^2$	Für die spezielle quadratische Funktion gilt: $y(-1) = -4$.	$y = -4x^2$	*[Graph: nach oben geöffnete Parabel, breit]*
$y = 0,2 x^2$	Der Graph der speziellen quadratischen Funktion ist eine nach unten geöffnete Normalparabel.	$y = -x^2$	*[Graph: nach oben geöffnete schmale Parabel]*
$y = 4 x^2$	*[Graph: sehr flache Parabel]*	$y = \frac{1}{100} x^2$	ZIEL

Lernzirkel: 2.2 Parabeldomino (2) – allgemeine quadratische Funktionen, Seite S 46

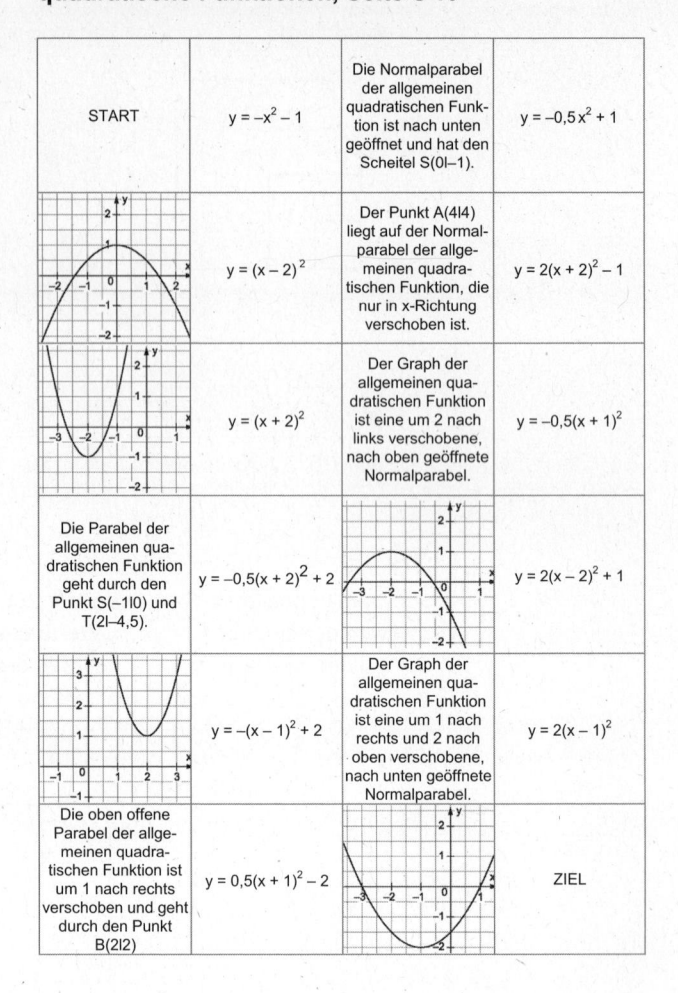

START	$y = -x^2 - 1$	Die Normalparabel der allgemeinen quadratischen Funktion ist nach unten geöffnet und hat den Scheitel S(0|−1).	$y = -0,5 x^2 + 1$
[Graph: nach unten geöffnete Parabel]	$y = (x - 2)^2$	Der Punkt A(4|4) liegt auf der Normalparabel der allgemeinen quadratischen Funktion, die nur in x-Richtung verschoben ist.	$y = 2(x + 2)^2 - 1$
[Graph: nach oben geöffnete Parabel]	$y = (x + 2)^2$	Der Graph der allgemeinen quadratischen Funktion ist eine um 2 nach links verschobene, nach oben geöffnete Normalparabel.	$y = -0,5(x + 1)^2$
Die Parabel der allgemeinen quadratischen Funktion geht durch den Punkt S(−1|0) und T(2|−4,5).	$y = -0,5(x + 2)^2 + 2$	*[Graph: nach unten geöffnete Parabel]*	$y = 2(x - 2)^2 + 1$
[Graph: nach oben geöffnete Parabel]	$y = -(x - 1)^2 + 2$	Der Graph der allgemeinen quadratischen Funktion ist eine um 1 nach rechts und 2 nach oben verschobene, nach unten geöffnete Normalparabel.	$y = 2(x - 1)^2$
Die oben offene Parabel der allgemeinen quadratischen Funktion ist um 1 nach rechts verschoben und geht durch den Punkt B(2|2)	$y = 0,5(x + 1)^2 - 2$	*[Graph: nach oben geöffnete Parabel]*	ZIEL

Lernzirkel: 3. Bist du fit beim Thema „Funktionen"? Seite S 47

1 Lineare Funktionen
Die Funktion y = 3x + 5 ist ein Beispiel für eine **lineare** Funktion. Der Graph einer solchen Funktion ist eine **Gerade**. Je größer die Zahl vor dem x ist, desto stärker neigt sich der Graph der y-Achse entgegen. Wenn der Graph von links nach rechts fallend verläuft, dann ist die Zahl vor dem x **negativ**.

2 Quadratische Funktionen
Die Funktion y = 0,5x² ist eine spezielle **quadratische** Funktion. Den Graphen dieser Funktion nennt man **Parabel**. Liegt der Faktor vor dem x² zwischen 0 und 1, neigt sich der Graph stärker der **x-Achse** zu. Im Beispiel ist der Faktor vor dem x² größer als null, deshalb ist die **Parabel** nach **oben** geöffnet. Ist der Faktor vor dem x² negativ, wird der Graph an der **x-Achse gespiegelt**, das heißt, die **Parabel** ist nach **unten** geöffnet. Der höchste bzw. tiefste Punkt dieses Graphen heißt **Scheitel**.

3 Potenzfunktionen
Man nennt Funktionen der Form y = –4x⁵ **Potenz**funktionen **fünften** Grades. Den Grad erkennt man dabei an der **Hochzahl**.
Ist diese Zahl ungerade, gilt für die Funktionswerte: **Vorzeichenwechsel bei x = 0**.
Ist diese Zahl gerade, gilt für die Funktionswerte: **Alle haben das gleiche Vorzeichen**.
Die Graphen dieser Funktionsart gehen alle durch den **Koordinatenursprung**. Im Beispiel ist der Faktor vor x⁵ kleiner als null, deshalb ist der Graph im Vergleich zur Funktion y = 4x⁵ an der **x-Achse gespiegelt**.

Lernzirkel: 4. Quadratische Funktionen (ohne GTR), Seite S 48

Funktionsgraphen 1–5 ergeben das Lösungswort: NEPAL
Darstellung der restlichen Funktionen:

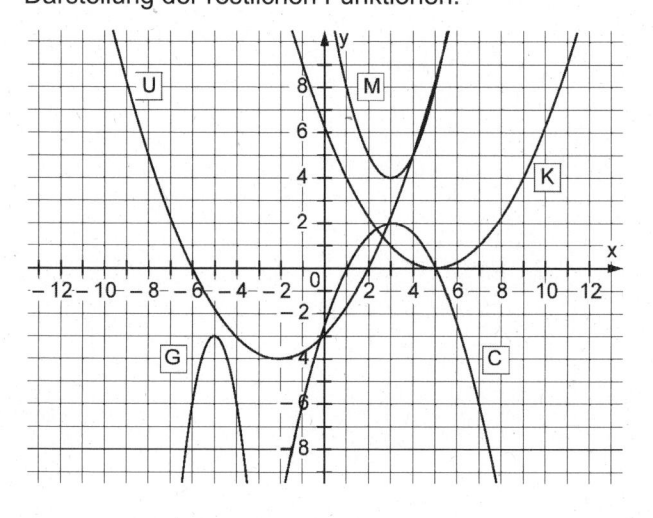

Lernzirkel: 5. Scheitelform – Normalform, Seite S 49

1 „Wandertag"
a)

S(0|0)	S(0|3)	S(2|0)	S(1,5|–2)
y = 4x²	y = 4x² + 3	y = 4(x – 2)²	y = 4(x – 1,5)² – 2

b)

S(2|–0,5)	S(–4|0)	S(0|–4)	S(0|0)
y = 1,5(x – 2)² – 0,5	y = 1,5(x + 4)²	y = 1,5x² – 4	y = 1,5x²

c)

S(0,5|0)	S(0|0)	S(0|2,5)	S(–3|–1)
y = –$\frac{2}{3}$(x – 0,5)²	y = –$\frac{2}{3}$x²	y = –$\frac{2}{3}$x² + 2,5	y = –$\frac{2}{3}$(x + 3)² – 1

2 „Hausnummer" und Outfit

Funktionsgleichung	S	Faktor vor der Klammer bzw. x²	Parabel geöffn. nach	Verschiebg.
a) y = –(x + 3)²	(–3|0)	–1	unten	nur um 3 nach links
b) y = 4x² – 2	(0|–2)	4	oben	nur um 2 nach unten
c) y = –2(x – 2)² – 1,5	(2|–1,5)	–2	unten	um 2 nach rechts u. 1,5 nach unten
d) y = 3(x + 1,5)² + 3	(–1,5|3)	3	oben	um 1,5 nach links u. 3 nach oben

3 „Verwandlung"

Normalform		S	Scheitelform
a) y = x² – 2x + 3	x(x – 2); x = 0; x = 2	(1|2)	y = (x – 1)² + 2
b) y = 3x² + 6x – 1,5	3x(x + 2); x = 0; x = –2	(–1|–4,5)	y = 3(x + 1)² – 4,5
c) y = $\frac{1}{4}$x² – x + 1	0,25x(x – 4); x = 0; x = 4	(2|0)	y = $\frac{1}{4}$(x – 2)²
d) y = –4x² + 2x – 2	–4x(x – 0,5); x = 0; x = 0,5	($\frac{1}{4}$|–1,75)	y = –4(x – $\frac{1}{4}$)² – 1,75

IV Verallgemeinerungen bei Funktionen und Gleichungen

Drei Puzzles zu Termumformungen, Seite S 51

Parallelogramm:

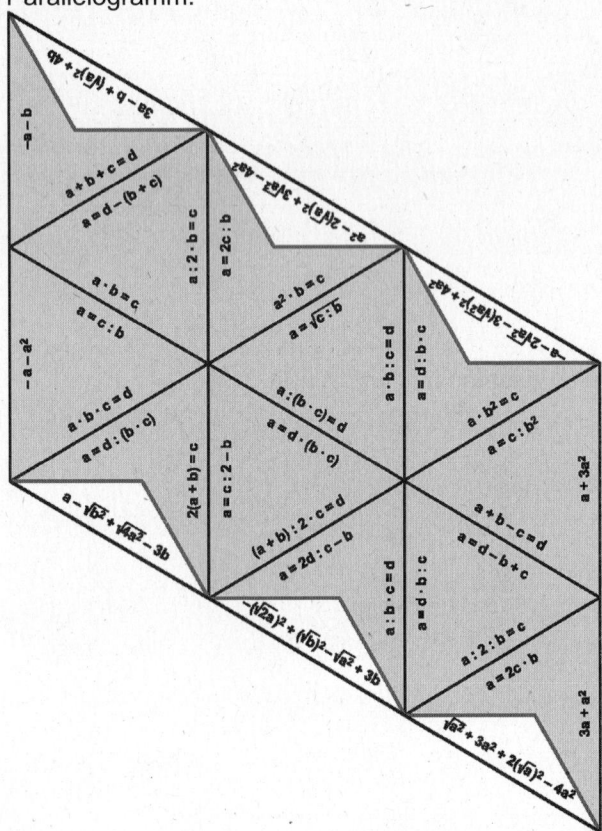

Rechteck:

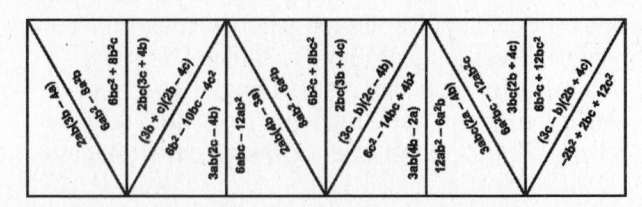

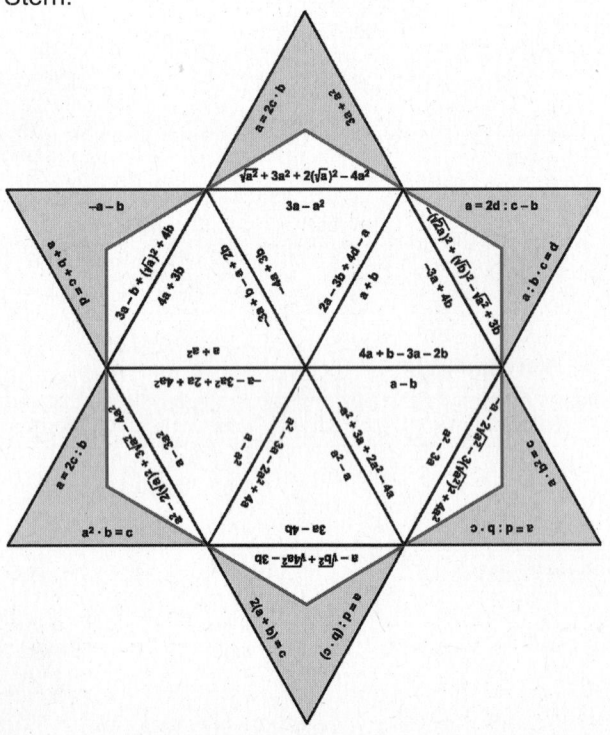

Binomische Formeln – Ein Arbeitsplan, Seite S 52

1 $(a + b)^2 = (a + b) \cdot (a + b) = a^2 + 2ab + b^2$
$a \cdot a + a \cdot b + a \cdot b + b \cdot b = a^2 + 2ab + b^2$

2 Möglichkeit 1 zur Berechnung der schraffierten Fläche: $a^2 - (ab - b^2) - ab = a^2 - 2ab + b^2$
Möglichkeit 2 zur Berechnung der schraffierten Fläche: $(a - b)^2 = (a - b) \cdot (a - b) = a^2 - 2ab + b^2$

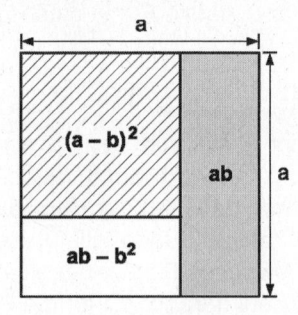

3 Figur 1: $(a + b) \cdot (a - b) = a^2 - ab + ab - b^2$
$= a^2 - b^2$
Figur 2: $a^2 - b^2$

Für schnelle Rechner
a) $ruck^2 - zuck^2$
b) $halli^2 - 2halligalli + galli^2$
c) $a^3 + 3a^2b + 3ab^2 + b^3$
d) $a^4 + 4a^3b + 6a^2b^2 + 4ab^3 + b^4$

Stern:

Binotortenpuzzle, Seite S 53

Lösungswort: EISTORTE

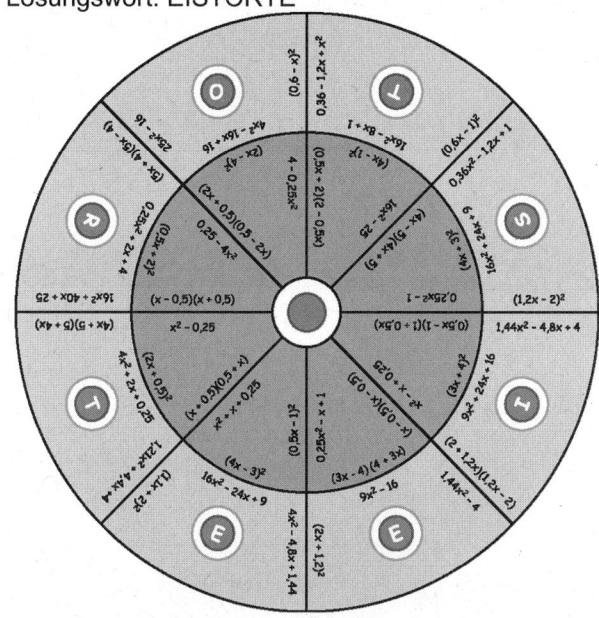

Gleichungstennis mit binomischen Formeln, Seite S 54

♞ = −1   ♥ = 0,5   ☂ = 5   ♛ = 9
♣ = −5   ☎ = 4   ☁ = −5   ✿ = −5
☺ = −3   ☀ = −3   ♨ = −2   ☞ = −0,5

Die beiden Lösungswörter heißen:
linke Seite: SOMMER   rechte Seite: BLUMEN

Iterationen bei linearen Funktionen, Seite S 55

Im gezeichneten Beispiel entwickelt sich der Wetterwert in immer kleineren Schritten auf einen stabilen Wert hin.

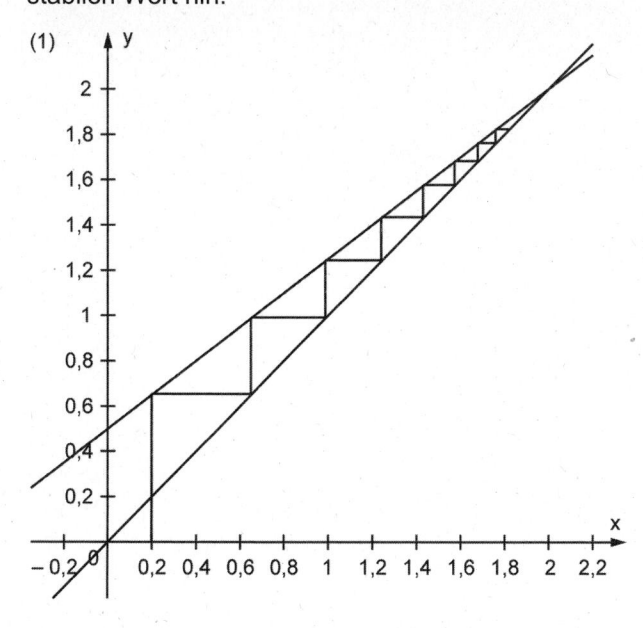

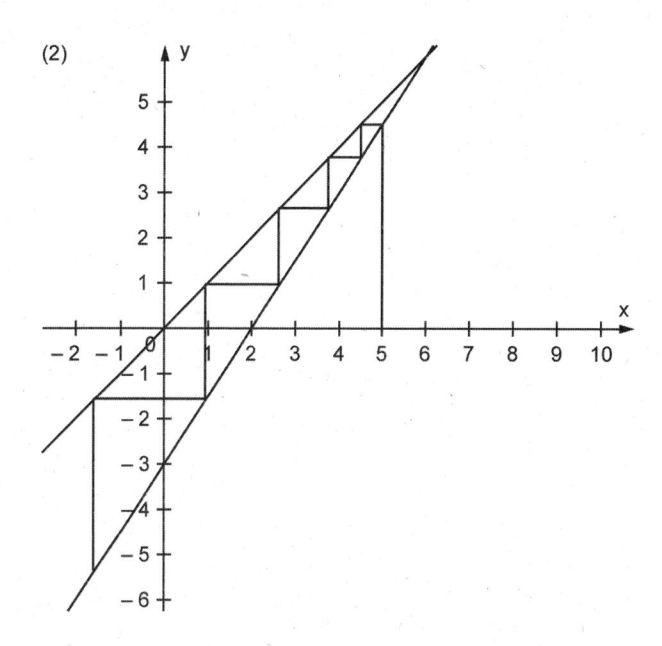

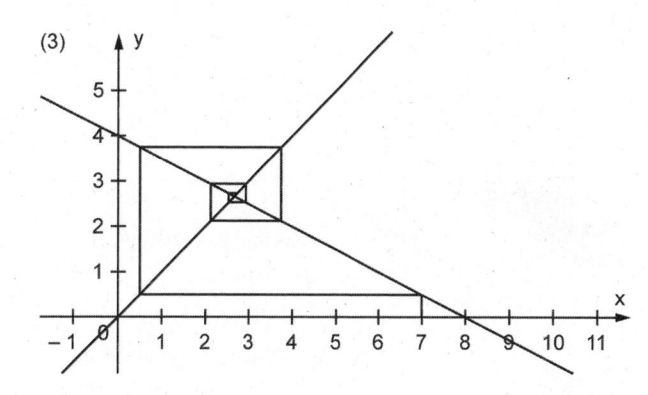

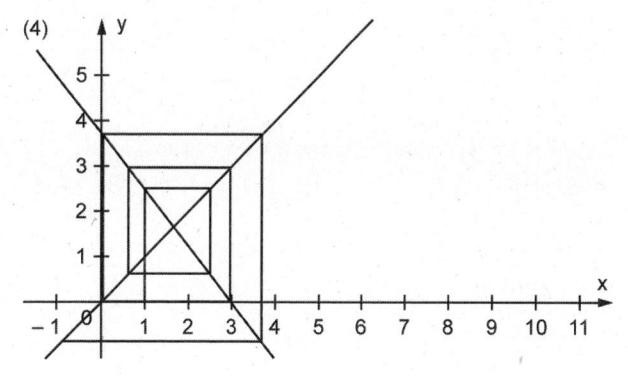

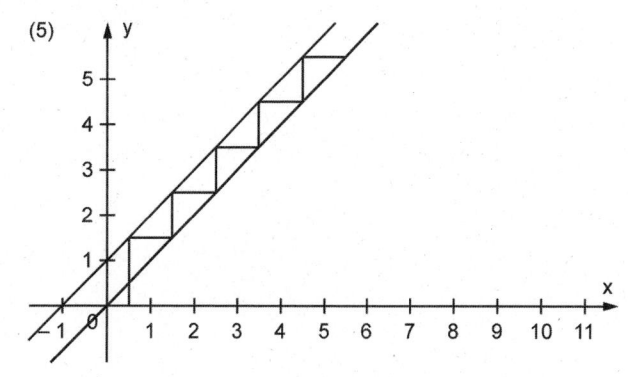

S129

(6)

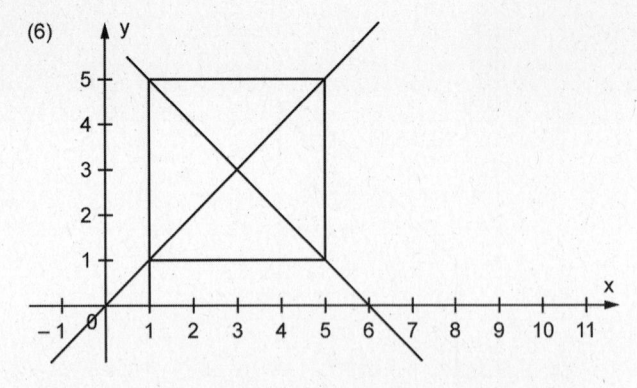

Erfahrungen: Bei (1) und (3) führt die Iteration auf einen Fixpunkt, unabhängig vom Startwert. Bei (2) und (4) führt die Iteration in größer werdenden Schritten weg vom Startwert. Die Ergebnisse wachsen schnell über alle Grenzen. Bei (5) wachsen die Werte auch über alle Grenzen, aber in gleichen Schritten. Bei (6) springt das Ergebnis zwischen zwei Werten, abhängig vom Startwert, hin und her.

Iterationspfad	Wetterwert Temperatur
Einwärtstreppe (1), Einwärtsspirale (3)	Stabilisiert sich
Auswärtstreppe (2), Auswärtspirale (4)	Entfernt sich immer schneller vom Ausgangswert
Treppe (5)	Entfernt sich gleichmäßig vom Ausgangswert
Quadratischer Pfad (6)	Schwankt zwischen zwei Werten

Iterationen bei quadratischen Funktionen, Seite S 56

Fixpunkt
$y = x^2 - 0,5$
Fixpunkt bei $x = -0,37$

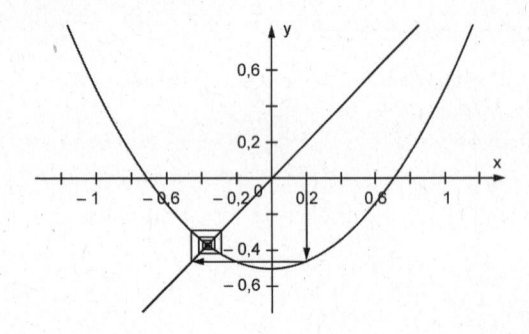

Mehrere Fixpunkte
a) $y = -3x^2 + 3x$
2 Fixpunkte

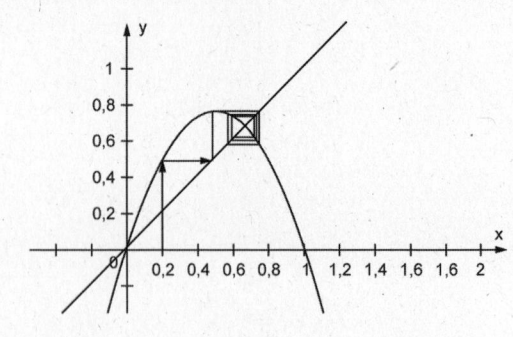

b) $y = x^2 - 2$
chaotisch

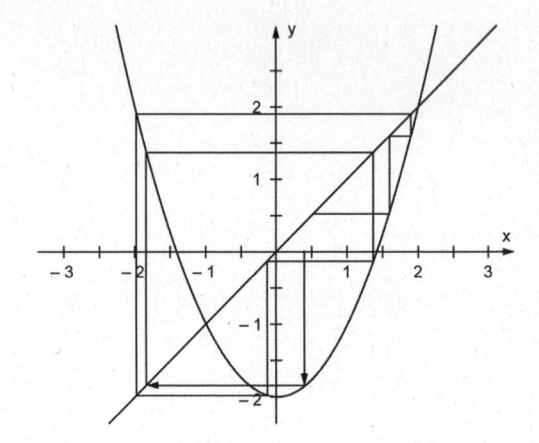

Beispiel mit Tabellenkalkulation:

	A	B	C
1	c	1,3	
2	x	y=x^2-c	
3	0,2	-1,26	
4	-1,26	0,2876	
5	0,2876	-1,21728624	
6	-1,21728624	0,18178579	
7	0,18178579	-1,26695393	
8	-1,26695393	0,30517225	
9	0,30517225	-1,2068699	
10	-1,2068699	0,15653495	
11	0,15653495	-1,27549681	
12	-1,27549681	0,32689211	
13	0,32689211	-1,19314155	
14	-1,19314155	0,12358675	
15	0,12358675	-1,28472632	
16	-1,28472632	0,35052171	
17	0,35052171	-1,17713453	
18	-1,17713453	-0,08564571	
19	0,08564571	-1,29266481	
20	-1,29266481	0,37098232	1.
21	0,37098232	-1,16237212	2.
22	-1,16237212	0,05110895	3.
23	0,05110895	-1,29738788	4.
24	-1,29738788	0,3832153	1.
25	0,3832153	-1,15314603	2.
26	-1,15314603	0,02974578	3.
27	0,02974578	-1,29911519	4.
28	-1,29911519	0,38770027	1.
29	0,38770027	-1,1496895	2.
30	-1,1496885	0,02178364	3.
31	0,02178364	-1,29952547	4.

Bei der Iteration $y = x^2 - 1,3$ lassen sich die vier Fixpunkte 1., 2., 3., 4. erkennen.

Der Sprung ins kalte Wasser, Seite S 57

1 a)

Fallzeit t in s	0,2	0,4	0,6	0,8
Fallweg s in m	0,2	0,8	1,8	3,2

b) Der Fallweg nach 0,3 s beträgt s = 0,45 m. Die Höhe beim Sprung vom 5-m-Brett ist dann h = 4,55 m. Die Höhe beim Sprung vom 3-m-Brett wäre h = 2,55 m.
c) Harald trifft nach 1 s auf der Wasseroberfläche auf, da der Fallweg zu diesem Zeitpunkt s = 5 m ist.

2 a) $y = -\frac{5}{4}x^2 + 5$

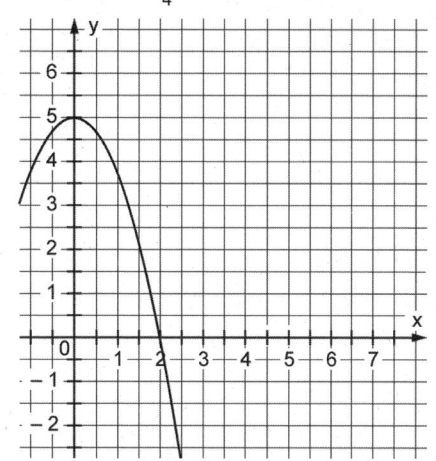

x	y
0	5
0,25	4,92
0,5	4,69
0,75	4,30
1	3,75
1,25	3,05
1,5	2,19
1,75	1,17

b) Silvia taucht bei x = 2 ins Wasser ein, da hier y = 0 ist. Dies entspricht einer horizontalen Entfernung von 2 m.

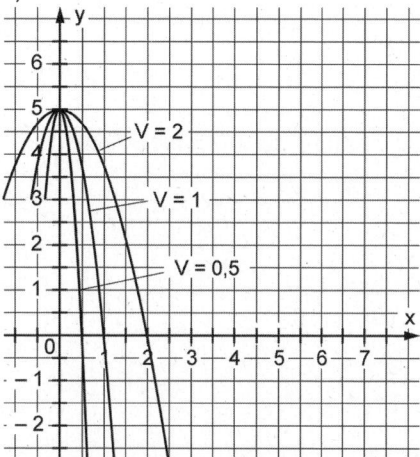

c)

Je kleiner v, desto schmaler wird die Flugbahn. Haralds Flugbahn verläuft demnach längs der y-Achse senkrecht nach unten.

3 Harald hat nicht Recht. Die Fallzeit hängt nicht von der Flugbahn, sondern nur von der Absprunghöhe ab.

Gruppenpuzzle: Lösen von quadratischen Gleichungen
Expertengruppe 1: Anzahl der Lösungen und zeichnerische Näherungslösung, Seite S 59

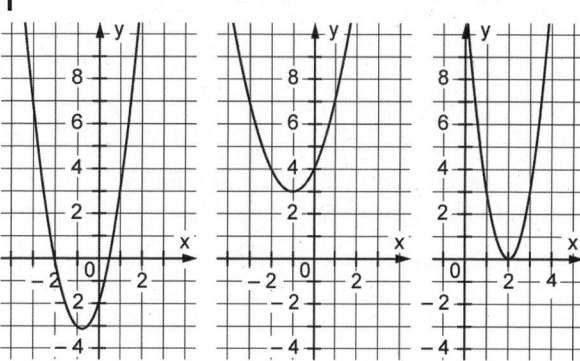

1

2 a) Die erste Funktion hat zwei Nullstellen, die zweite keine und die dritte eine. Die Zahl der Nullstellen entspricht der Zahl der Lösungen der quadratischen Gleichungen.
b) Liegt der Scheitel einer nach oben geöffneten Parabel unterhalb der x-Achse, so hat die Funktion zwei Nullstellen und die zugehörige quadratische Gleichung zwei Lösungen.
Liegt der Scheitel einer nach oben geöffneten Parabel auf der x-Achse, so hat die Funktion eine Nullstelle und die zugehörige quadratische Gleichung eine Lösung.
Liegt der Scheitel einer Parabel oberhalb der x-Achse, so hat die Funktion keine Nullstellen und die zugehörige quadratische Gleichung keine Lösung.

3 a) $x_1 \approx -2$; $x_2 \approx 0{,}5$ b) keine Lösung c) $x \approx 2$

4 a) keine Lösung b) $x_1 \approx 0{,}2$; $x_2 \approx 4{,}8$
c) $x_1 \approx -0{,}7$; $x_2 \approx 1{,}2$

Expertengruppe 2: Zeichnerische Näherungslösung mithilfe der Normalparabel, Seite S 60

1 $6x^2 + 3x - 3 = 0$ | +3
$6x^2 + 3x = 3$ | −3x
$6x^2 = -3x + 3$ | : 6
$x^2 = -0{,}5x + 0{,}5$

2 a) $x^2 = 3{,}5x - 1{,}5$ b) $x^2 = 4x - 5$ c) $x^2 = -2x - 1$

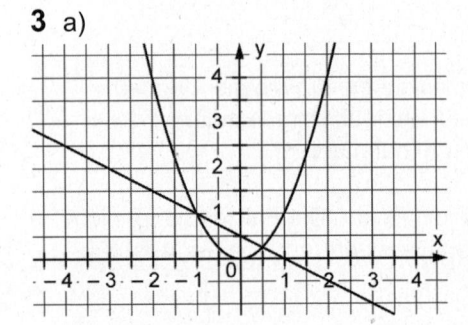

3 a)

$x_1 \approx -1$; $x_2 \approx 0{,}5$
a) $x_1 \approx 0{,}5$; $x_2 \approx 3$ b) keine Lösung c) $x \approx -1$
Die Gerade und die Normalparabel haben entweder zwei gemeinsame Punkte oder einen oder gar keinen.

4 a) keine Lösung b) $x_1 \approx 0{,}2$; $x_2 \approx 4{,}8$
c) $x_1 \approx -0{,}7$; $x_2 \approx 1{,}2$

Expertengruppe 3: Rechnerische (und damit exakte) Lösung, Seite S 61

1 b) $x_1 = \dfrac{-(-7) + \sqrt{49 - 4 \cdot 2 \cdot 3}}{2 \cdot 2} = \dfrac{7 + \sqrt{25}}{4} = \dfrac{12}{4} = 3$

$x_1 = \dfrac{-(-7) - \sqrt{49 - 4 \cdot 2 \cdot 3}}{2 \cdot 2} = \dfrac{7 - \sqrt{25}}{4} = \dfrac{2}{4} = 0{,}5$

2 a) i) $x_1 = \dfrac{2 - \sqrt{116}}{8} \approx -1{,}10$; $x_2 = \dfrac{2 + \sqrt{116}}{8} \approx 1{,}60$
b) Die Zahl unter der Wurzel ist negativ (−20), deshalb kann man den Quotienten nicht berechnen. Es gibt keine Lösung.
c) $x_1 = \dfrac{-30 + \sqrt{900 - 4 \cdot 5 \cdot 45}}{10} = \dfrac{-30 + \sqrt{0}}{10} = -3$
$x_2 = \dfrac{-30 - \sqrt{900 - 4 \cdot 5 \cdot 45}}{10} = \dfrac{-30 - \sqrt{0}}{10} = -3$
Da die Wurzel 0 ergibt, fallen beide Lösungen zusammen, es gibt nur eine Lösung.

3 Bei der Lösungsformel für quadratische Gleichungen bezeichnet man den Term unter der Wurzel als Diskriminante D: $D = \sqrt{b^2 - 4ac}$. Für die Zahl der Lösungen der quadratischen Gleichung gilt:
Ist D > 0, so gibt es zwei Lösungen.
Ist D = 0, so gibt es eine Lösung.
Ist D < 0, so gibt es keine Lösung.

4 a) keine Lösung b) $x_1 \approx 0{,}2$; $x_2 \approx 4{,}8$
c) $x_1 \approx -0{,}7$; $x_2 \approx 1{,}2$

Lernzirkel: 1. Von Termen und Formeln, Seite S 63

1 a) $4x + 7y$; 18 b) $7b + b^2$; −10
c) $7xy - 6y$; 2 d) $-\sqrt{s} + 9t$; −6,5
e) $-2a + 2b$; −10 f) $5x^2 - 4x$; 1
g) $ts - 1{,}8t^2$; −2,45 h) $-\frac{5}{4}x + xy$; $\frac{3}{4}$

2 a) $8 \cdot (0{,}5a + b) + 2a + 2b = 6a + 10b$
b) $b^2 + ab + ab = b^2 + 2ab$
c) $(x + 1) \cdot y \cdot (2x + 1) = 2x^2y + 3xy + y$

3 $-(s + t) + 7t + 2s = s + 6t$
$a + a(b^2 - a) = a + ab^2 - a^2$
$xy^2 + 8\sqrt{x} - 8 - x = x(y^2 - 1) + 8(\sqrt{x} - 1)$

4 a) $k = e + f - 2$
b) Körper 1: $k = 12 + 14 - 2 = 24$
Körper 2: $k = 24 + 14 - 2 = 36$
c) $e = k - f + 2$

5 a) Magisches Quadrat mit magischer Zahl 3

3	2	−2
−4	1	6
4	0	−1

b) Als Zeilen- bzw. Spaltensumme ergibt sich jeweils 3a.
c) Individuelle Lösung.

6 a) Für n = 1 ergibt sich die Primzahl 41.
Für n = 2 ergibt sich die Primzahl 43.
Für n = 3 ergibt sich die Primzahl 47.
b) Für n = 41 ergibt sich die Zahl $41^2 = 1681$.
Diese ist keine Primzahl, da sie durch 41 teilbar ist.

Lernzirkel: 2. K(l)ammermusik, Seite S 64

1 $3a(b + 2) - 2a(1 - b) = 5ab + 4a$
$8(p + 7) \cdot (1 - 2y) = 8p - 16py + 56 - 112y$
$(2s + 6) \cdot (s + 5u) = 2s^2 + 10su + 6s + 30u$
$2w - (w + v) \cdot (3 + v) = -w + w \cdot v + 3v + v^2$
$-c(b - 4) \cdot (5 - c) = -5bc + bc^2 + 20c - 4c^2$

2 $(4 - 2x) \cdot (x - y) = 4x - 4y - 2x^2 + 2xy$
$(4 - 2x) \cdot (7x^2 - y) = 28x^2 - 4y - 14x^3 + 2xy$
$(4 - 2x) \cdot (2x + 3) = 2x + 12 - 4x^2$
$(4 - 2x) \cdot (x + y) = 4x + 4y - 2x^2 - 2xy$

$(x - y) \cdot (x - y) = x^2 - 2xy + y^2$
$(x - y) \cdot (7x^2 - y) = 7x^3 - xy - 7yx^2 + y^2$
$(x - y) \cdot (2x + 3) = 2x^2 + 3x - 2yx - 3y$
$(x - y) \cdot (x + y) = x^2 - y^2$

$(5x - 3y^2) \cdot (x - y) = 5x^2 - 5xy - 3y^2x + 3y^3$
$(5x - 3y^2) \cdot (7x^2 - y) = 35x^3 - 5xy - 21y^2x^2 + 3y^3$
$(5x - 3y^2) \cdot (2x + 3) = 10x^2 + 15x - 6y^2x - 9y^2$
$(5x - 3y^2) \cdot (x + y) = 5x^2 + 5xy - 3y^2x - 3y^3$

3 Lösungswort: DVORAK

4 Keyboard: $(a + 3) \cdot \frac{1}{2}a = \frac{1}{2}a^2 + \frac{3}{2}a$

$\frac{1}{8}$-Noten: $(a + 3 - b) \cdot (c - 4 - \frac{1}{2}a) =$
$-\frac{11}{2}a + 4b + 3c + \frac{1}{2}ab + ac - bc - 12 - \frac{1}{2}a^2$

$(b - \frac{1}{2}a) \cdot (c - 4 - \frac{1}{2}a) =$
Geige: $bc - 4b - \frac{1}{2}ab - \frac{1}{2}ac + 2a + \frac{1}{4}a^2$

$\frac{1}{16}$-Noten: $\frac{1}{2}a \cdot (c - 4 - \frac{1}{2}a) = \frac{1}{2}ac - 2a - \frac{1}{4}a^2$

5 $(x + 4) \cdot (x - 1) = x^2 + 5$
$\mapsto x^2 + 3x - 4 = x^2 + 5$
$\mapsto 3x - 4 = 5$
$\mapsto x = 3$

Lernzirkel: 3. Binomania, Seite S 65

1 a) $(0,9x + 5)^2$ b) $(\frac{1}{4} - 4x)^2$
c) $(2x + 16)(2x - 16)$ d) $(1 + \sqrt{2}a)(1 - \sqrt{2}a)$

2 a) $x^2 + 3x + 2,25 = (x + 1,5)^2$
b) $6,25 - 10x + 4x^2 = (2,5 - 2x)^2$
c) $9a^2 - a + \frac{1}{36} = (3a - \frac{1}{6})^2$
d) $\frac{1}{4}x^2 + 2x + 4 = (\frac{1}{2}x + 2)^2$

3 a) $(\frac{1}{4} + \frac{1}{2}x)^2 = \frac{1}{16} + \frac{1}{4}x + \frac{1}{4}x^2$
b) $(\sqrt{3}a - 1,5)(\sqrt{3}a + 1,5) = 3a^2 - 2,25$
c) $(\sqrt{2} - \sqrt{8}a)^2 = 2 - 8a + 8a^2$
d) $-5x + x^2 + 6,25 = (x - 2,5)^2$

4 Das binomische Kreuz:

	Ergänzung	Produkt
1.	4ab	$(2a + b)^2$
2.	$9x^2$	$(b - 3x)^2$
3.	4	$(3x - 2)^2$
4.	8y	$(2 + 2y)^2$
5.	2,25	$(1,5 - 2y)^2$
6.	1,5z	$(1,5 + 0,5z)^2$
7.	0,16	$(0,4 - 0,5z)^2$
8.	$25x^2$	$(5x + 0,4)^2$
9.	0,04	$(0,2 - 5x)^2$
10.	0,4y	$(y + 0,2)^2$
11.	$0,36b^2$	$(y - 0,6b)^2$
12.	2,4ab	$(2a + 0,6b)^2$

5 Korrigierte Lösungen:
a) $(3y + 2)^2 = 9y^2 + 12y + 4$
b) $0,25 + 4x^2 - 2x = (0,5 - 2x)^2$
c) $(4 - x)(4 + x) = 16 - x^2$
d) $9z^2 - 16 = (3z - 4)(3z + 4)$
e) $(-3 + a)(3 + a) = a^2 - 9$

Lernzirkel: 4. Parade der Parameter, Seite S 66

1 a) Es gibt zehn Möglichkeiten, mit jeweils zwei der Angaben Gleichungen für lineare Funktionen aufzustellen. Da sich aber die Angaben P(0|2,5) und c = −1 ausschließen, ergeben sich neun verschiedene Funktionsgleichungen.
b) P, Q: y = −2,5x + 2,5
  R, Q: y = −x + 1
  P, R: y = −1,5x + 2,5
  m, c: y = 0,5x − 1
  P, m: y = 0,5x + 2,5
  Q, m: y = 0,5x − 0,5
  Q, c: y = x − 1
  R, m: y = 0,5x − 3,5
  R, c: y = −$\frac{1}{3}$x − 1

c) Es gibt 20 Möglichkeiten, mit jeweils drei der Angaben Gleichungen für quadratische Funktionen aufzustellen. Auch hier liefern Kombinationen mit P und c keine Funktionsgleichungen. Vier Angaben-kombinationen liefern dieselbe Funktionsgleichung. Deshalb ergeben sich 13 verschiedene Gleichungen für quadratische Funktionen.

d)

Angaben	Normalform	Scheitelform
P, Q, R	$y = 0{,}5x^2 - 3x + 2{,}5$	$y = 0{,}5(x-3)^2 - 2$
a, b, c Q, a, b Q, b, c Q, a, c	$y = -2x^2 + 3x - 1$	$y = -2(x - \frac{3}{4})^2 + \frac{1}{8}$
P, Q, a	$y = -2x^2 - 0{,}5x + 2{,}5$	$y = -2(x + \frac{1}{8})^2 + 2\frac{17}{32}$
P, R, a	$y = -2x^2 - \frac{35}{6}x + 2{,}5$	$y = -2(x + \frac{35}{24})^2 + 6\frac{217}{288}$
Q, R, a	$y = -2x^2 + 7x - 5$	$y = -2(x - 1\frac{3}{4})^2 + 1\frac{1}{8}$
P, Q, b	$y = -5{,}5x^2 + 3x + 2{,}5$	$y = -5{,}5(x - \frac{6}{22})^2 + 2\frac{10}{11}$
P, R, b	$y = -1{,}5x^2 + 3x + 2{,}5$	$y = -1{,}5(x-1)^2 + 4$
Q, R, b	$y = -x^2 + 3x - 2$	$y = -(x - 1{,}5)^2 + \frac{1}{4}$
Q, R, c	$y = -\frac{7}{6}x^2 + \frac{13}{6}x - 1$	$y = -\frac{7}{6}(x - \frac{13}{14})^2 + \frac{1}{168}$
P, a, b	$y = -2x^2 + 3x + 2{,}5$	$y = -2(x - \frac{3}{4})^2 + \frac{29}{8}$
R, a, b	$y = -2x^2 + 3x + 7$	$y = -2(x - \frac{3}{4})^2 + 8\frac{1}{8}$
R, a, c	$y = -2x^2 + \frac{17}{3}x - 1$	$y = -2(x - \frac{17}{12})^2 + 3\frac{1}{72}$
R, b, c	$y = -\frac{10}{9}x^2 + 3x - 1$	$y = -\frac{10}{9}(x - \frac{27}{20})^2 + \frac{41}{40}$

2 a) Gesicht von Lori:

		Funktionsgleichung	Bereich
1.	Nase	$y = -2x^2 + 1$	$-\frac{1}{2} \leq x \leq \frac{1}{2}$
2.	Mund	$y = \frac{1}{4}x^2 - \frac{1}{2}$	$-1 \leq x \leq 1$
3.		$y = \frac{3}{4}x^2 - 1$	$-1 \leq x \leq 1$
4.	Kinn/Gesicht	$y = \frac{1}{2}x^2 - 2$	$-3 \leq x \leq 3$
5.	Augen	$y = (x - 1{,}5)^2 + 1{,}5$	$1 \leq x \leq 2$
6.		$y = (x + 1{,}5)^2 + 1{,}5$	$-2 \leq x \leq -1$
7.	Haare Stirn li	$y = \frac{1}{4}(x + 3)^2 + 2{,}5$	$-3 \leq x \leq 0$
8.	Haare Stirn re	$y = \frac{1}{2}(x - 2)^2 + 2$	$-\frac{1}{4} \leq x \leq 4$
9.	Haare oben	$y = -\frac{1}{8}x^2 + 6$	$-4 \leq x \leq 4$
10.	Haare li	$y = (x + 2)^2$	$-4 \leq x \leq -2$
11.	Haare re	$y = (x - 2)^2$	$2 \leq x \leq 4$
12.	Kragen li unten	$y = \frac{1}{2}(x + 2)^2 - 2$	$-3 \leq x \leq -1$
13.	Kragen li oben	$y = 1{,}5(x + 3)^2 - 1{,}5$	$-3 \leq x \leq -2$
14.	Kragen re unten	$y = -\frac{1}{2}(x - 2)^2 - 1$	$1 \leq x \leq 3$
15.	Kragen re oben	$y = -1{,}5(x + 2)^2$	$2 \leq x \leq 3$

Normalform zu:

5.	$y = (x - 1{,}5)^2 + 1{,}5$	$y = x^2 - 3x + 3{,}75$
6.	$y = (x + 1{,}5)^2 + 1{,}5$	$y = x^2 + 3x + 3{,}75$
7.	$y = \frac{1}{4}(x + 3)^2 + 2{,}5$	$y = \frac{1}{4}x^2 + 1{,}5x + 4{,}75$
8.	$y = \frac{1}{2}(x - 2)^2 + 2$	$y = \frac{1}{2}x^2 - 2x + 4$
10.	$y = (x + 2)^2$	$y = x^2 + 4x + 4$
11.	$y = (x - 2)^2$	$y = x^2 - 4x + 4$
12.	$y = \frac{1}{2}(x + 2)^2 - 2$	$y = \frac{1}{2}x^2 + 2x$
13.	$y = 1{,}5(x + 3)^2 - 1{,}5$	$y = 1{,}5x^2 + 9x + 12$
14.	$y = -\frac{1}{2}(x - 2)^2 - 1$	$y = -\frac{1}{2}x^2 + 2x - 3$
15.	$y = -1{,}5(x - 2)^2$	$y = -1{,}5x^2 + 6x + 6$

b) Gesicht von Anton:

		Funktionsgleichung	Bereich
1.	Nase	$y = (x-1)^2 - 2{,}5$	$\frac{1}{2} \leq x \leq 1{,}5$
2.	Mund	$y = \frac{1}{2}(x-1)^2 - 3{,}5$	$0 \leq x \leq 2$
3.		$y = -3$	$0 \leq x \leq 2$
4.	Kinn/ Gesicht	$y = \frac{1}{2}(x-1)^2 - 4{,}5$	$-2 \leq x \leq 4$
5.	Augen	$y = -1{,}5$	$-1 \leq x \leq 0$
			$2 \leq x \leq 3$
6.	li	$y = x - 0{,}5$	$-1 \leq x \leq -0{,}5$
7.		$y = -x - 1{,}5$	$-0{,}5 \leq x \leq 0$
8.	re	$y = x - 3{,}5$	$2 \leq x \leq 2{,}5$
9.		$y = -x + 1{,}5$	$2{,}5 \leq x \leq 3$
10.	Ohren li	$y = -x - 3{,}5$	$-2 \leq x \leq -1$
11.	re	$y = x - 5{,}5$	$3 \leq x \leq 4$
		$y = -1{,}5$	$-2 \leq x \leq -1{,}5$
			$3{,}5 \leq x \leq 4$
12.	Hut unten	$y = \frac{1}{8}x - 0{,}5$	$-3 \leq x \leq 5$
13.	mitte	$y = \frac{1}{4}x + 0{,}5$	$-2 \leq x \leq 2$
14.	oben li	$y = x + 2$	$-2 \leq x \leq 0$
15.	oben re	$y = -\frac{1}{2}x + 2$	$0 \leq x \leq 4$

Normalform zu:

1.	$y = (x-1)^2 - 2{,}5$	$y = x^2 - 2x - 1{,}5$
2.	$y = \frac{1}{2}(x-1)^2 - 3{,}5$	$y = \frac{1}{2}x^2 - x - 3$
4.	$y = \frac{1}{2}(x-1)^2 - 4{,}5$	$y = \frac{1}{2}x^2 - x - 4$

Lernzirkel: 5. Formel-ABC, Seite S 67

1 Warm-up
a) 2,5 ; –2,5 b) keine Lösung c) 4 ; –4
d) 10 ; –10 e) 1,2 ; –1,2 f) 6 ; –6
g) 7 ; –7 h) $\frac{7}{3}$; $-\frac{7}{3}$

2 Runde 1
a) 3 ; –1 b) 2,5 ; –1,5
c) 1 ; –2 d) 1,5 ; –0,5

3 Runde 2
a) –4 ; –14 b) $-\frac{1}{2}$; $-\frac{1}{4}$ c) –0,2 ; 12
d) –4 e) 1 ; 5 f) –6 ; –2
g) –0,2 ; 1 h) keine Lösung

4 Runde 3
a) –17 ; –1 b) –2 ; –4 c) 3 ; –2
d) $\frac{7}{5}$ e) $\frac{-2+2\sqrt{73}}{3}$; $\frac{-2-2\sqrt{73}}{3}$ f) 2,5 ; 2

5 Speed up
a) 0 ; –7 b) 0 ; 1,5 c) 0 ; –6
d) 0 ; 0,25 e) 0 ; –1 f) 0 ; –2

6 Finish
a) $4x^2 + 3x + t = 0$
$\Rightarrow \sqrt{b^2 - 4ac} = \sqrt{9 - 16t}$
$\Rightarrow 9 - 16t = 0$
$\Rightarrow$ für $t = \frac{9}{16}$ eine Lösung
$\Rightarrow$ für $t > \frac{9}{16}$ keine Lösung
$\Rightarrow$ für $t < \frac{9}{16}$ zwei Lösungen

b) $-4x^2 + tx + 8 = 0$
$\Rightarrow \sqrt{b^2 - 4ac} = \sqrt{t^2 + 128}$
$\Rightarrow t^2 + 128$ ist immer größer null
$\Rightarrow$ immer zwei Lösungen

c) $tx^2 + 3x + 5 = 0$
$\Rightarrow \sqrt{b^2 - 4ac} = \sqrt{9 - 20t}$
$\Rightarrow 9 - 20t = 0$
$\Rightarrow$ für $t = \frac{9}{20}$ eine Lösung
$\Rightarrow$ für $t > \frac{9}{20}$ keine Lösung
$\Rightarrow$ für $t < \frac{9}{20}$ zwei Lösungen

**Lernzirkel: 6. Keine Probleme mit Problemen!
Seite S 68**

1 Zahlenrätsel
a) $5x - x^2 = -6$
$x^2 - 5x - 6 = 0$ $\Rightarrow x_1 = 6$; $x_2 = -1$
b) $x(-x + 6) = -16$
$x^2 - 6x - 16 = 0$ $\Rightarrow x_1 = -2$; $x_2 = +8$
c) $x(x + 1) = x + (x + 1) + 41$
$x^2 - x - 42 = 0$ $\Rightarrow x_1 = 7$; $x_2 = -6$
Die aufeinanderfolgenden ganzen Zahlen 7 und 8 sowie –6 und –5 erfüllen die Bedingung.
d) $x(x - 2) = -3$
$x^2 - 2x + 3 = 0$ $\Rightarrow x_{1/2} = 1 \pm \sqrt{1 - 3}$
Es gibt keine Zahl, die die Bedingung erfüllt.

2 Geometrie
a) Rechteckseiten: x; y
$50 = 2(x + y)$ $\Rightarrow y = 25 - x$
$154 = x \cdot y$
$154 = x(25 - x)$
$0 = x^2 - 25x + 154$ $\Rightarrow x_1 = 14$; $x_2 = -11$

Nur die Lösung x = 14 ist hier sinnvoll.
$$\Rightarrow y = 25 - 14 = 11$$
Die Rechteckseiten sind 14 cm und 11 cm lang.
b) Quader: Länge x, Breite y, Höhe z
$$V = x \cdot y \cdot z$$
$$720 = (y + 2) \, y \cdot 15$$
$$0 = y^2 + 2y - 48 \quad \Rightarrow y_1 = 6; y_2 = -8$$
Nur die Lösung y = 6 ist hier sinnvoll.
Der Quader ist 8 cm lang und 6 cm breit.
c) Flächeninhalt des Kartons: $18 \cdot 16 \, cm^2 = 288 \, cm^2$
Der Flächeninhalt der vier abzuschneidenden Dreiecke beträgt davon 25 %, also 72 cm².
Die vier Dreiecke können zu zwei Quadraten mit der Seitenlänge x zusammengelegt werden. Diese Seitenlänge entspricht der Schenkellänge der Dreiecke.
$$2x^2 = 72 \quad \Rightarrow \quad x_1 = 6 \, ; \, x_2 = -6$$
Nur die Lösung x = 6 ist sinnvoll.
Die Länge der Schenkel muss also 6 cm betragen.

3 Vermischtes aus dem Alltag
a) Mögliche Telefonverbindungen in A-Stadt:
$$x = \frac{1}{2} \cdot 30\,000 \cdot 29\,999 = 449\,985\,000$$

Telefonanschlüsse in B-Stadt:
$$\frac{1}{2} x(x - 1) = 1\,124\,250$$
$$x^2 - x - 2\,248\,500 = 0 \quad \Rightarrow \quad x = 1500$$
b) quaderförmige Vase: Länge x, Breite y, Höhe z
$$V = x \cdot y \cdot z \qquad 54 = x \cdot y$$
$$y = x - 3$$
$$z = 3y$$
$$\Rightarrow 54 = x(x - 3)$$
$$0 = x^2 - 3x - 54 \quad \Rightarrow \quad x_1 = 9; x_2 = -6$$
Nur die Lösung x = 9 ist hier sinnvoll.
$$\Rightarrow y = 6 \Rightarrow z = 18$$
$$\Rightarrow V = 9 \cdot 6 \cdot 18$$
$$V = 972 \, cm^3 = 0{,}972 \, dm^3 = 0{,}972 \, l$$
Die Vase ist für einen Liter Wasser zu klein.
c) rechteckiger Pool
Breite des Kiesrandes: x
Fläche Pool:
$A = 6 \cdot 9 \, m^2 = 54 \, m^2$
Fläche Kiesrand: 34 m²
$$(9 + 2x)(6 + 2x) - 54 = 34$$
$$4x^2 + 30x - 34 = 0$$
$$\Rightarrow x_1 = 1; x_2 = -8{,}5$$
Nur die Lösung x = 1 ist hier sinnvoll.
Der Kiesrand um den Pool ist 1 m breit.
d) $f(t) = -5t^2 + 6t + 3$ \qquad Normalform
$\quad\; = -5(t - 0{,}6)^2 + 4{,}8$ \qquad Scheitelform
Der höchste Punkt wird nach 0,6 Sekunden mit einer Höhe von 4,8 m erreicht.
$$0 = -5t^2 + 6t + 3 \quad \Rightarrow t_1 \approx 1{,}579 \, ; \, t_2 \approx -0{,}38$$
Der Ball schlägt nach ca. 1,58 Sekunden wieder auf.

V Definieren, Ordnen und Beweisen

Zahlen-Domino: Zu welcher Zahlenart gehört die Zahl x? Seite S 70

START	x kommt vor in 0, 1, 2, 3 ...	x ist eine natürliche Zahl.	x kann in der Form $\frac{p}{q}$ mit einer ganzen Zahl p und q = 1, 2, 3 ... dargestellt werden.
x ist eine rationale Zahl.	Es gilt x = n² mit n = 1, 2, 3 ...	x ist eine Quadratzahl.	x hat keine periodische Dezimaldarstellung.
x ist eine irrationale Zahl.	x hat die Form 2n + 1 mit n = 0, 1, 2, 3 ...	x ist eine ungerade natürliche Zahl.	x hat nur sich selbst und die Zahl 1 als Teiler.
x ist eine Primzahl.	x hat die Form x = 7n mit n = 1, 2, 3 ...	x ist ein Vielfaches von 7.	x kann als abbrechende Dezimalzahl ohne Nachkommastellen geschrieben werden.
x ist eine ganze Zahl.	Für x gilt $\sqrt{x^2} \neq x$	x ist eine negative reelle Zahl.	ZIEL

Verwandtschaften, Seite S 73

Eigenschaften	A	B	C	D	E	F	G	H	I
zunehmend	x	x				x		x	x
gleichmäßig zunehmend		x				x			
Dem doppelten x-Wert wird der doppelte y-Wert zugeordnet.		x							
linear		x		x		x	x		
Dem doppelten x-Wert wird der halbe y-Wert zugeordnet.			x						
Die y-Werte sind unabhängig von den x-Werten.							x		
Wenn x schrittweise um 1 zunimmt, nehmen die y-Werte immer um den gleichen Betrag zu.		x				x			
Wenn x schrittweise um 1 zunimmt, nehmen die y-Werte um einen wachsenden Betrag zu oder ab.	x				x				x

Für Nussknacker, Seite S 74

Würfeltrick:

$\{(2a + 5)\cdot 5 + b\}\cdot 10 + c = (10a + 25 + b)\cdot 10 + c$
$= 100a + 10b + c + 250$

Hausnummer:

$\{(11a + 2b)\cdot 10 + 11\cdot(c + 1)\}\cdot 2 - 20\cdot(a + b + c)$
$= (110a + 20b + 11c + 11)\cdot 2 - 20\cdot(a + b + c)$
$= 220a + 40b + 22c + 22 - 20a - 20b - 20c$
$= 200a + 20b + 2c + 22$
$(200a + 20b + 2c + 22):2 - 11 = 100a + 10b + c$

Pferdeflüsterer:
1. Platz Startnummer a
2. Platz Startnummer b
3. Platz Startnummer c

$\{(a+b)^2 - (b+c)^2 + (a-c)^2\} : 2$
$= \{a^2 + 2ab + b^2 - b^2 - 2bc - c^2 + a^2 - 2ac + c^2\} : 2$
$= \{2a^2 + 2ab - 2bc - 2ac\} : 2$
$= a^2 + ab - bc - ac = a(a + b) - c(a + b)$
$= (a - c)(a + b)$

$(a-c)(a+b) = -7$

$a - c = \dfrac{-7}{a+b} \rightarrow c = \dfrac{7}{a+b} + a$

Da $\dfrac{7}{a+b}$ eine ganze Zahl sein muss,

ist $a + b = 2 + 5$ oder $5 + 2$.
Dann ist $c = 1 + a = 6$, also $a = 5$.
Reihenfolge: $5 - 2 - 6$

Da steckt der Wurm drin! Seite S 75

Winkelsumme im Dreieck
In der Setzung „Für die unbekannte Winkelsumme wird S gesetzt" steckt die Annahme, dass die Winkelsumme in jedem Dreieck gleich ist.
Es wird der Satz bewiesen:
Wenn die Winkelsumme in jedem Dreieck gleich ist, dann beträgt sie 180°.

Winkelsumme im Sechseck
Behauptung: Die Winkelsumme im Sechseck beträgt 720°.

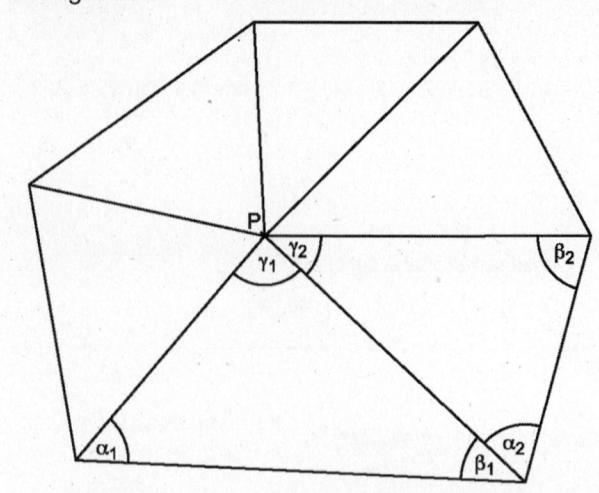

Beweis: Im Innern eines beliebigen Sechsecks wird ein beliebiger Punkt P gewählt. Verbindet man diesen Punkt mit den Ecken, so entstehen sechs Dreiecke. Wenn die Winkelsumme in jedem Dreieck 180° ist, dann gilt:

$(\alpha_1 + \beta_1 + \gamma_1) + (\alpha_2 + \beta_2 + \gamma_2) + (\alpha_3 + \beta_3 + \gamma_3) + (\alpha_4 + \beta_4 + \gamma_4) + (\alpha_5 + \beta_5 + \gamma_5) + (\alpha_6 + \beta_6 + \gamma_6) = 6 \cdot 180°$

umgeordnet:

$\underbrace{\alpha_1 + \beta_1 + \alpha_2 + \beta_2 + \alpha_3 + \beta_3 + \alpha_4 + \beta_4 + \alpha_5 + \beta_5 + \alpha_6 + \beta_6}_{\text{Summe der Innenwinkel}}$
$+ \underbrace{\gamma_1 + \gamma_2 + \gamma_3 + \gamma_4 + \gamma_5 + \gamma_6}_{360°} = 1080°$

Summe der Innenwinkel = 1080° − 360° = 720°

Unter der angegebenen Bedingung ist der Beweis nicht fragwürdig.

Der Beweis des Satzes von Thales, Seite S 76

Satz des Thales:
Wenn C ein Punkt auf dem Halbkreis über der Strecke $\overline{AB}$ ist, dann hat das Dreieck ABC bei C einen rechten Winkel.
Beweis:

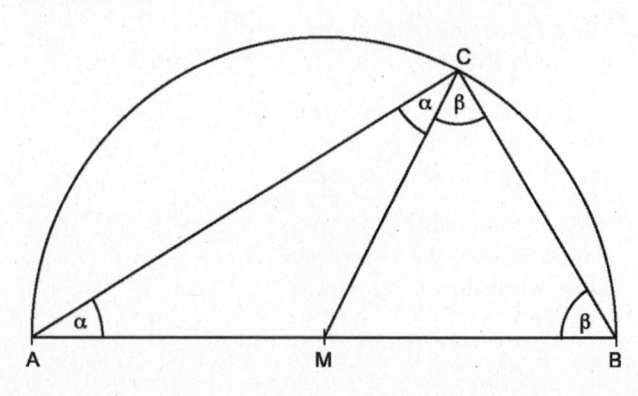

Die Dreiecke AMC und MBC sind gleichschenklig, sie haben also zwei gleich weite Basiswinkel.
Die Winkelsumme im Dreieck ABC beträgt 180°.
Demnach gilt $2\alpha + 2\beta = 180°$ bzw. $\alpha + \beta = 90°$.
Damit ist der Satz des Thales bewiesen.
(Reihenfolge der Beweiskärtchen: 6; 3; 5; 1; 2; 4)

Der Satz vom Mittelpunktswinkel, Seite S 77

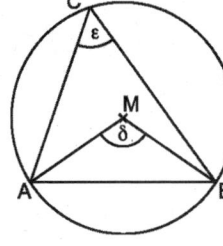

Messergebnis: $\delta = 2 \cdot \varepsilon$

Vermutung:
Unabhängig davon, an welcher Stelle man A, B und C auf der Kreislinie wählt, gilt stets $\delta = 2 \cdot \varepsilon$.

Satz:
Wenn A, B und C auf einem Kreis um M liegen und M im Inneren des Dreiecks ABC liegt, dann gilt:
∡ AMB = 2 · ∡ ACB

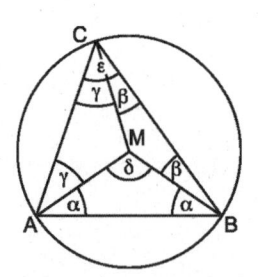

Beweis:
Die Dreiecke MAB, MBC und MCA sind gleichschenklig, sie haben also zwei gleich weite Basiswinkel.
Die Summe der drei Innenwinkel bei M beträgt 360°, demnach gilt:

$\delta + (180° - 2\beta) + (180° - 2\gamma) = 360°$

$\delta + 180° - 2\beta + 180° - 2\gamma = 360°$ $\quad |-360°$

$\delta - 2\beta - 2\gamma = 0°$ $\quad |+2\beta + 2\gamma$

$\delta = 2\beta + 2\gamma$

$\delta = 2(\beta + \gamma)$

$\delta = 2\varepsilon$

(Reihenfolge der Beweiskärtchen: 4; 5; 2; 7; 1; 6; 3)

2. Fall: M auf einer Dreiecksseite (z. B. a):

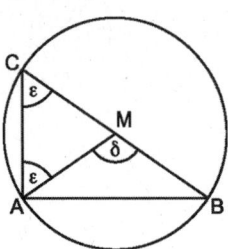

Winkelsumme im Dreieck AMC:
$2\varepsilon + 180° - \delta = 180°$
$2\varepsilon - \delta = 0$
$2\varepsilon = \delta$

3. Fall: M liegt außerhalb des Dreiecks ABC auf der gleichen Seite von $\overline{AB}$ wie C:
Winkelsumme im Dreieck ABC:

$(\alpha + \varepsilon + \gamma) + (\alpha - \gamma) + \varepsilon = 180°$

$2\alpha + 2\varepsilon = 180°$

$2\varepsilon = 180° - 2\alpha$

$2\varepsilon = \delta$

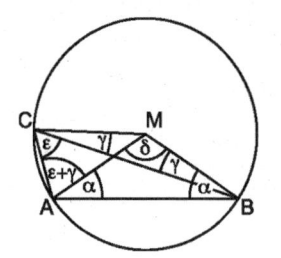

4. Fall: M liegt außerhalb des Dreiecks ABC auf der anderen Seite von $\overline{AB}$ wie C:
$2\varepsilon = \delta$ gilt nicht (Ergebnis durch Messung).

Satz vom Mittelpunktswinkel:
Alle Umfangswinkel, die zur gleichen Sehne gehören und die auf der gleichen Seite der Sehne liegen wie der Kreismittelpunkt, sind halb so groß wie der zugehörige Mittelpunktswinkel.

Euklids erstaunlicher Satz, Seite S 78

Die in Schritt 3 der Beweisführung eingezeichneten Mittelsenkrechten sind in Wirklichkeit keine Mittelsenkrechten. Damit sind die Behauptungen in Schritt 4 und 5 falsch.

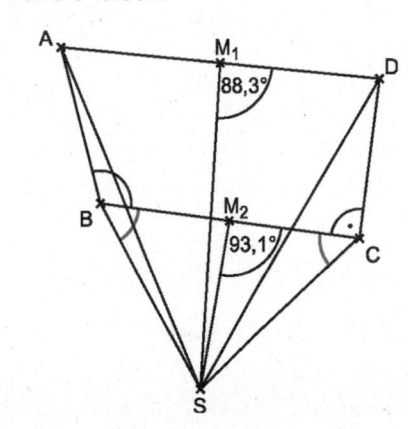

Entdeckungen am Parallelogramm, Seite S 79

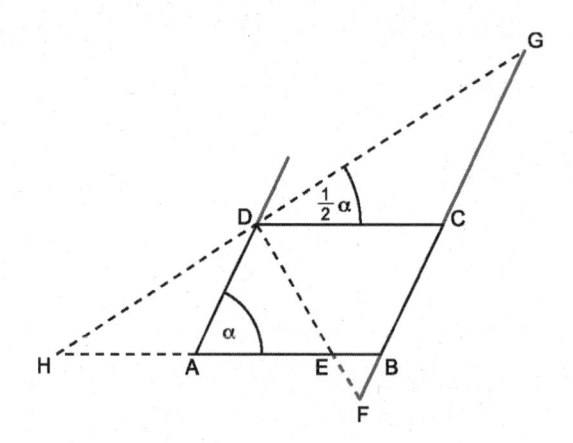

(1) Behauptung ∡ CDG = $\frac{1}{2}$ ∡ DCB

Beweis: ∡ DCB ist Wechselwinkel zum Außenwinkel bei D, also ist der halbe Außenwinkel bei D gleich dem halben Innenwinkel bei C.

(2) Behauptung: $\overline{HB} = \overline{AB} + \overline{BC}$

Beweis: $\triangle$ DHA ist gleichschenklig, denn

$\sphericalangle$ AHD = $\frac{1}{2}$ $\sphericalangle$ α (Stufenwinkel)

= $\sphericalangle$ HDA (halber Außenwinkel),

also $\overline{HA} = \overline{AD}$.

Da $\overline{AD} = \overline{BC}$ ist,

gilt: $\overline{AB} + \overline{BC} = \overline{AB} + \overline{AD} = \overline{AB} + \overline{HA} = \overline{HB}$.

(3) Behauptung: $\triangle$ EDA ist gleichschenklig

Beweis: Die beiden Winkelhalbierenden sind orthogonal, damit ist

$\sphericalangle$ DEA = $180° - \alpha - (90° - \frac{1}{2}\alpha) = 90° - \frac{1}{2}\alpha$ = $\sphericalangle$ ADE.

Damit ist $\overline{AE} = \overline{AD}$

Weitere Entdeckungen:

1. Behauptung: $\triangle$ GDC ist gleichschenklig

Beweis: Da $\sphericalangle$ CDG = $\frac{1}{2}\alpha$ und $\sphericalangle$ GCD = $180° - \alpha$ folgt

DGC = $180° - \frac{1}{2}\alpha - (180° - \alpha) = \frac{1}{2}\alpha$ = $\sphericalangle$ CDG,

also ist $\overline{CD} = \overline{CG}$ (1)

2. Behauptung: $\triangle$ FCD ist gleichschenklig

Beweis: Da $\sphericalangle$ FDC = $90° - \frac{1}{2}\alpha$ und $\sphericalangle$ DCF = α folgt

$\sphericalangle$ CFD = $180° - \alpha - (90° - \frac{1}{2}\alpha) = 90° - \frac{1}{2}\alpha$ = $\sphericalangle$ FDC, also ist $\overline{CD} = \overline{CF}$ (2)

Weitere Folgerung: (1) und (2) ergeben: $\overline{CF} = \overline{CG}$

Spezielle Aufgabe:

Im $\triangle$ EFB gilt: $\sphericalangle$ EFB = $\sphericalangle$ CFD = $90° - \frac{1}{2}\alpha$ (s.o.)

und $\sphericalangle$ FEB = $90° - \frac{1}{2}\alpha$ (Stufenwinkel),

also ist $\triangle$ EFB gleichschenklig und somit gilt $\overline{BE} = \overline{BF}$ (3).

(2) und (3) ergeben: $\overline{DC} = \overline{AB} = \overline{CF} = \overline{CB} + \overline{BF}$ und daraus $\overline{FB} = \overline{AB} - \overline{BC}$

Experimente mit Umecken, Seite S 80

1 Umeck eines Dreiecks

Eigenschaft dieser Figur: B_2B_3 ist Mittelparallele,

also gilt $2\overline{B_2B_3} = \overline{A_1A_2}$ (1)

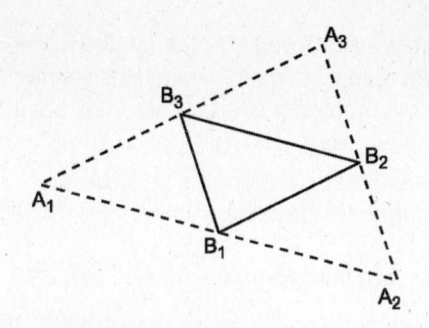

Konstruktionsbeschreibung:

Die beiden Parallelen schneiden sich in A_1.

Verdopple A_1B_1 bis A_2 und A_1B_3 bis A_3. Verbinde A_2 und A_3.

Behauptung: B_2 ist Mittelpunkt von A_2A_3.

Begründung: $\triangle B_1A_2B_2 \cong \triangle B_3B_2A_3$ nach wsw,

denn $\overline{B_3B_2} = \overline{B_1A_2}$ wegen (1)

$\sphericalangle A_2B_1B_2 = \sphericalangle B_2B_3A_3$ Stufenwinkel

$\sphericalangle B_1A_2B_2 = \sphericalangle B_3B_2A_3$ Stufenwinkel

2 Umeck eines Vierecks

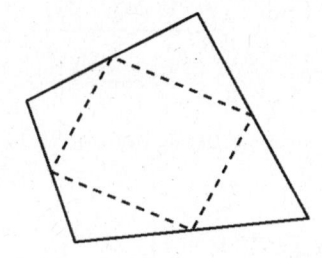

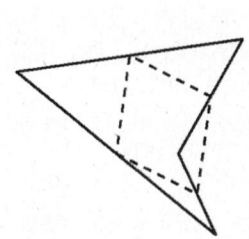

Vermutung: Das Mittelpunktseck eines Vierecks ist ein Parallelogramm.

Begründung: Gegenüberliegende Seiten des Mittelpunktsecks sind Mittelparallelen zur gleichen Basis (Diagonale), also parallel.

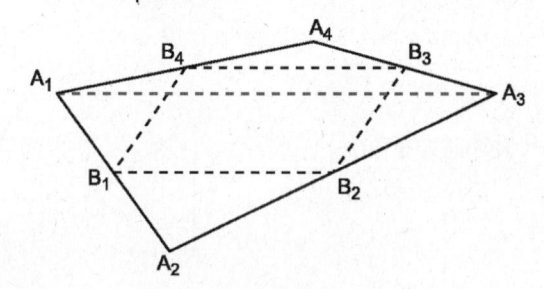

Konstruktion des Umecks eines Parallelogramms:

Wähle A_1 beliebig, zeichne A_2, A_3, A_4 wie oben.

Behauptung: B_4 ist Mittelpunkt von $A_1 A_4$.

Begründung: Zeichne die Diagonale $A_1 A_3$.

B_1B_2 ist Mittelparallele in $\triangle A_1A_2A_3$,

B_3B_4 ist parallel zu B_1B_2 und damit parallel zu A_1A_3.

B_3 ist Mittelpunkt von $A_3 A_4$, deshalb ist B_3B_4 Mittelparallele im $\triangle A_1A_3A_4$, also ist B_4 Mitte von $A_1 A_4$.

Satz: Ein Parallelogramm hat beliebig viele Umecke.

Verschiedene Lagen des Anfangspunktes A_1:

Unterhalb B_1B_2

Umeck hat einspringende Ecke

auf B_1B_4

Drei Ecken auf einer Geraden

auf B_1B_2

Umeck ist ein Dreieck

im Innern von $B_1B_2B_3B_4$

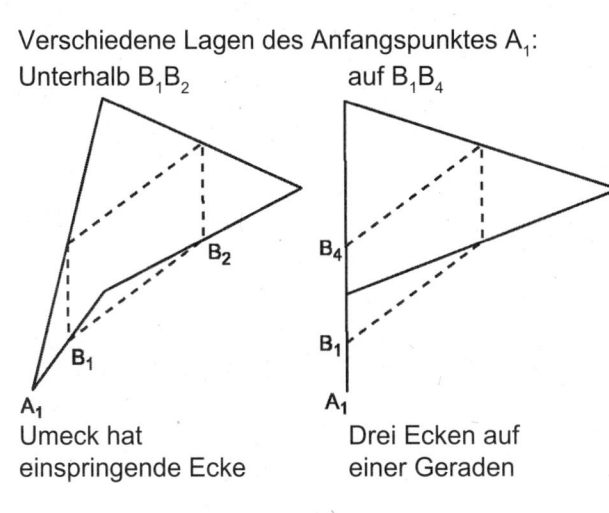

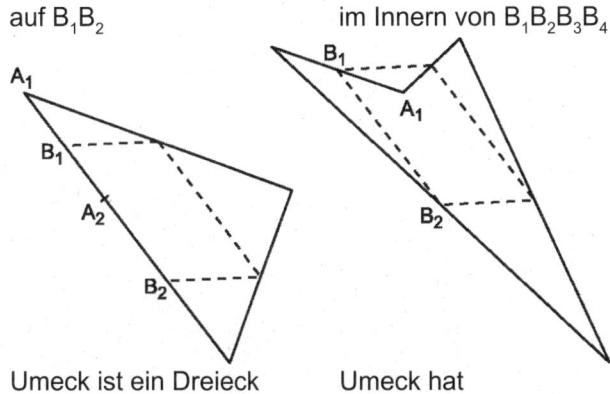

Umeck hat einspringende Ecke

Variationen eines Satzes, Seite S 81

1 Anderer Ansatz: $a - 1 + a + a + 1 = 3a$

2

Summanden	4
	$1 + 2 + 3 + 4 = 10$
	$7 + 8 + 9 + 10 = 34$
Vermutung	durch 2 teilbar
Beweis	$n + n + 1 + n + 2 + n + 3 =$ $4n + 6 = 2(2n + 3)$ enthält Faktor 2

Summanden	5
	$1 + 2 + 3 + 4 + 5 = 15$
	$7 + 8 + 9 + 10 + 11 = 45$
Vermutung	durch 5 teilbar
Beweis	$n + n + 1 + ... + n + 4 =$ $5n + 10 = 5(n + 2)$ enthält Faktor 5

Summanden	6
	$1 + 2 + 3 + 4 + 5 + 6 = 21$
	$7 + 8 + 9 + 10 + 11 + 12 = 57$
Vermutung	durch 3 teilbar
Beweis	$n + n + 1 + ... + n + 5 =$ $6n + 15 = 3(2n + 3)$ enthält Faktor 3

k Summanden: $n + n+1 + n+2 + n+3 + ... + n+k-1 =$
$kn + (1+2+3+...+k-1)$ mit $1+2+3+...+k-1 = \frac{k(k-1)}{2}$

k gerade: $kn + \frac{k(k-1)}{2} = \frac{k}{2}(2n + k - 1)$, die Summe ist also teilbar durch $\frac{k}{2}$.

k ungerade: $kn + \frac{k(k-1)}{2} = k(n+\frac{k-1}{2})$, die Summe ist also teilbar durch k, da $\frac{k-1}{2}$ eine ganze Zahl ist.

Satz: Die Summe von k aufeinanderfolgenden natürlichen Zahlen ist für gerade Zahlen k durch $\frac{k}{2}$ und für ungerade Zahlen k durch k teilbar.

3

Abstand	2
	$3 + 5 + 7 = 15$
	$4 + 6 + 8 = 18$
Vermutung	durch 3 teilbar
Beweis	$n + n + 2 + n + 4 =$ $3n + 6 = 3(n + 2)$ enthält Faktor 3

Abstand	3
	$3 + 6 + 9 = 18$
	$4 + 7 + 10 = 21$
Vermutung	durch 3 teilbar
Beweis	$n + n + 3 + n + 6 =$ $3n + 9 = 3(n + 3)$ enthält Faktor 3

Abstand	4
	$3 + 7 + 11 = 21$
	$4 + 8 + 12 = 24$
Vermutung	durch 3 teilbar
Beweis	$n + n + 4 + n + 8 =$ $3n + 12 = 3(n + 4)$ enthält Faktor 3

Verallgemeinerung: Abstand d
$n + n + d + n + 2d = 3n + 3d = 3(n + d)$
Satz: Die Summe von drei natürlichen Zahlen mit Abstand d ist durch 3 teilbar.

4 Was Track mehr im Glas hat als Trick, das hat Tick weniger als Trick. Onkel Donald hat also insgesamt drei Mal die Portion in Tricks Glas ausgeschenkt.
Die Summe von 3, 5, 7, ... Summanden mit gleichem Abstand ist gleich dem 3, 5, 7, ...-fachen der mittleren Zahl, ist also durch 3, 5, 7, ... teilbar.

5 Satz: Die Summe von **drei aufeinanderfolgenden** natürlichen Zahlen ist **durch 3** teilbar.
Bedingung „Summe" abwandeln: Gilt der Satz auch für Differenz, Produkt, Quotient?
Produkt: $n \cdot (n+1) \cdot (n+2)$ ist immer durch 3 teilbar, da eine der drei Zahlen eine Dreierzahl ist. Differenz: $n - (n+1) - (n+2) = -n - 3$ ist nicht durch 3 teilbar.
…
Bedingung „natürliche Zahlen" abwandeln:
Negative ganze Zahlen:
$n + n+1 + n+2 = 3n + 3 = 3(n + 1)$ gilt unabhängig vom Vorzeichen der Zahl n.
…

Schnellrechner, Seite S 82

1 Höhere Potenzen
Begründung des Verfahrens:
$83^3 = (80 + 3)^3 = 80^3 + 9 \cdot 80^2 + 27 \cdot 80 + 3^3$
$= 512\,000 + 57\,600 + 2160 + 27$
Die Endziffern der Summanden sind alle Null außer beim letzten Summanden, also ist der Schluss von der Endziffer 7 auf die Endziffer 3 der Ausgangszahl eindeutig. Der zweite und die folgenden Summanden sind zu klein, um den ersten Summanden über oder unter die benachbarten Potenzen zu bringen, denn zu
$70^3 = 34\,300$ und $90^3 = 72\,900$ ist die Differenz zu groß.

Die fünfte Potenz: Die Endziffer der Potenz ist immer gleich der Endziffer der Ausgangszahl.
Von der gegebenen Zahl werden fünf Stellen abgeschnitten und die verbleibenden Ziffern in die Tabelle eingeordnet.
Am Beispiel: 17 210 36**8**
Endziffer 8
172 liegt in der Tabelle zwischen 2 und 3
Ergebnis: 28^5

a	a^5
1	1
2	32
3	243
4	1024
5	3125
6	7776
7	16807
8	32768
9	59049
10	100000

Begründung:
$28^5 = (20 + 8)^5 =$
$20^5 + 5 \cdot 20^4 \cdot 8 + 10 \cdot 20^3 \cdot 8^2 + 10 \cdot 20^2 \cdot 8^3 +$
$5 \cdot 20 \cdot 8^4 + 8^5 = 32 \cdot 10^5 + 64 \cdot 10^5 +$
$51{,}2 \cdot 10^5 + 20{,}48 \cdot 10^5 + 4{,}096 \cdot 10^5 + 32768$
$\approx 172 \cdot 10^5$
Die Endziffer ist wie oben eindeutig. Der Vergleich mit den benachbarten Potenzen $10^5 = 1 \cdot 10^5$ und $30^5 = 243 \cdot 10^5$ zeigt, dass die letzten fünf Ziffern bei der Einordnung in die Tabelle keine Rolle spielen.

2 Kurioses von Quadratwurzeln
$\sqrt{49} = 4 + \sqrt{9} = 4 + 3 = 7$
$\sqrt{64} = 6 + \sqrt{4} = 6 + 2 = 8$
$\sqrt{81} = 8 + \sqrt{1} = 8 + 1 = 9$
$\sqrt{144} = 14 - \sqrt{4} = 14 - 2 = 12$
$\sqrt{121} = 12 - \sqrt{1} = 12 - 1 = 11$
$\sqrt{169} = 16 - \sqrt{9} = 16 - 3 = 13$
$\sqrt{196} = \sqrt{180 + 16} = 18 - \sqrt{16} = 18 - 4 = 14$
$\sqrt{225} = \sqrt{200 + 25} = 20 - \sqrt{25} = 20 - 5 = 15$
$\sqrt{256} = \sqrt{220 + 36} = 22 - \sqrt{36} = 22 - 6 = 16$
$\sqrt{289} = \sqrt{240 + 49} = 24 - \sqrt{49} = 24 - 7 = 17$
$\sqrt{324} = \sqrt{260 + 64} = 26 - \sqrt{64} = 26 - 8 = 18$
$\sqrt{361} = \sqrt{280 + 81} = 28 - \sqrt{81} = 28 - 9 = 19$

VI Wahrscheinlichkeitsrechnung

Gruppenpuzzle: Auf was würdest du wetten?

Expertengruppe 1: Die Gummibärenwette, Seite S 85

1

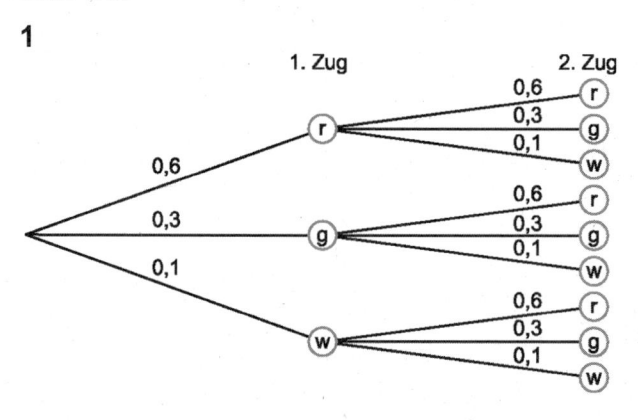

Ergebnis	Wahrscheinlichkeit
rr	36 %
rg	18 %
rw	6 %
gr	18 %
gg	9 %
gw	3 %
wr	6 %
wg	3 %
ww	1 %

2 Die Wahrscheinlichkeit für zwei Gummibären gleicher Farbe beträgt 36 % + 9 % +1 % = 46 %.

3 Die Wahrscheinlichkeit dafür, dass mindestens ein grünes Gummibärchen gezogen wird, beträgt 18 % + 18 % + 9 % + 3 % + 3 % = 51 %. Bennis Vorschlag ist fairer, wie der Vorschlag von Maike.

4 Individuelle Lösung.

5

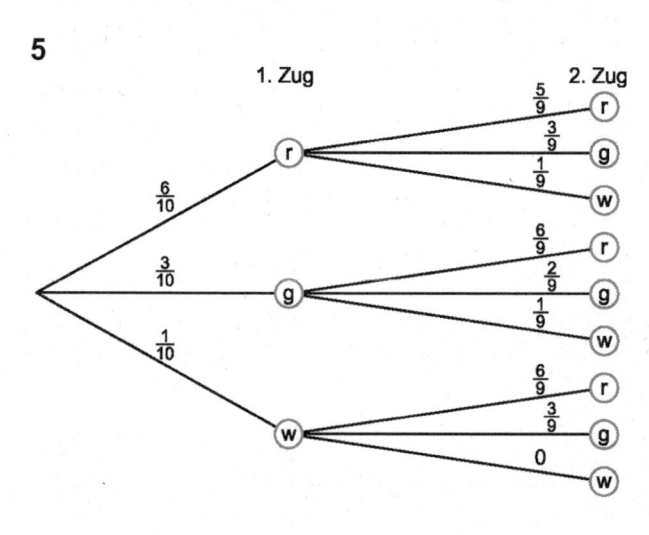

Ergebnis	Wahrscheinlichkeit
rr	$\frac{10}{30}$
rg	$\frac{6}{30}$
rw	$\frac{2}{30}$
gr	$\frac{6}{30}$
gg	$\frac{2}{30}$
gw	$\frac{1}{30}$
wr	$\frac{2}{30}$
wg	$\frac{1}{30}$
ww	0

Die Wahrscheinlichkeit für zwei Gummibärchen gleicher Farbe sinkt von 46 % auf 40 %. Die Wahrscheinlichkeit, dass man mindestens ein grünes Gummibärchen zieht, steigt von 51 % auf $53\frac{1}{3}$ %.

Expertengruppe 2: Die Basketballwette, Seite S 86

1 Die Wahrscheinlichkeit beträgt 0,8 · 0,8 = 64 %

2

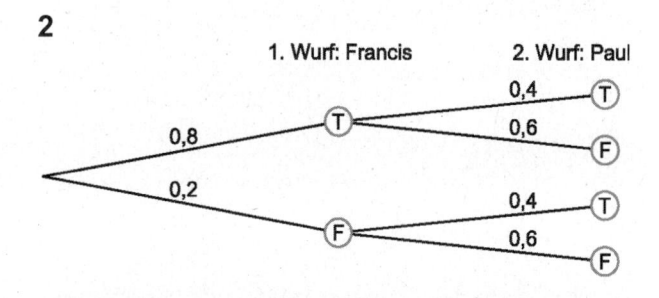

Ergebnis	Wahrscheinlichkeit
TT	32 %
TF	48 %
FT	8 %
FF	12 %

Trefferzahl	0	1	2
Wahrscheinlichkeit	12 %	56 %	32 %

S143

3

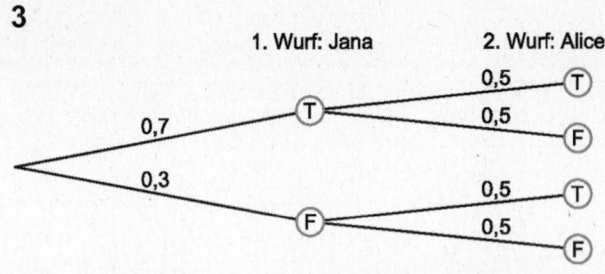

1. Wurf: Jana — 2. Wurf: Alice

Baumdiagramm: 0,7 → T (0,5 → T, 0,5 → F); 0,3 → F (0,5 → T, 0,5 → F)

Ergebnis	Wahrscheinlichkeit
TT	35%
TF	35%
FT	15%
FF	15%

Trefferzahl	0	1	2
Wahrscheinlichkeit	15%	50%	35%

4 $0{,}12 \cdot 0{,}15 + 0{,}56 \cdot 0{,}5 + 0{,}32 \cdot 0{,}35 = 41\%$

5 Wahrscheinlichkeit für einen Sieg der Jungen:
$0{,}32 \cdot 0{,}65 + 0{,}56 \cdot 0{,}15 = 29{,}2\%$
Wahrscheinlichkeit für einen Sieg der Mädchen:
$1 - 41\% - 29{,}2\% = 29{,}8\%$

Expertengruppe 3: Die Legosteinwette, Seite S 87

1 Beispiel:

Augenzahl	1	2	3	4	5	6
Geschätzte Wahrscheinlichkeit	1%	10%	39%	39%	10%	1%

2 Für obiges Beispiel: Wahrscheinlichkeit für keine 6 bei 10 Würfen: $0{,}99^{10} \approx 90\%$. Die Wahrscheinlichkeit, dass Verena mindestens eine 6 wirft, beträgt etwa 10%.

3 Für obiges Beispiel: 51%

4 Nein, denn die einzelnen Würfe sind voneinander unabhängig.

Expertengruppe 4: Die Tenniswette, Seite S 88

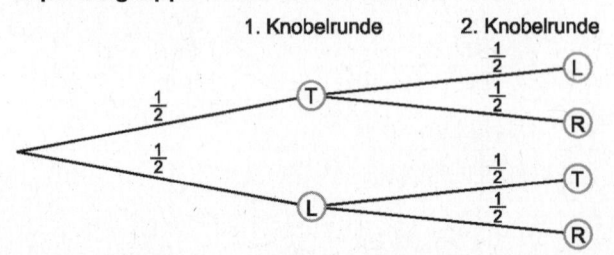

1. Knobelrunde — 2. Knobelrunde

Baumdiagramm: $\frac{1}{2}$ → T ($\frac{1}{2}$ → L, $\frac{1}{2}$ → R); $\frac{1}{2}$ → L ($\frac{1}{2}$ → T, $\frac{1}{2}$ → R)

Ergebnis	Wahrscheinlichkeit
TL	25%
TR	25%
LT	25%
LR	25%

1. Spielpaarung	TL	TR	LR
Wahrscheinlichkeit	50%	25%	25%

2 Thorsten und Lisa sind mit einer Wahrscheinlichkeit von 75% im ersten Spiel dabei, Robin nur zu 50%.

3 Die Wahrscheinlichkeit dafür, dass Thorsten noch gewinnt, beträgt $\frac{5}{16} = 31{,}25\%$.

4 Nein, die einzelnen Knobelrunden sind voneinander unabhängige Ereignisse.

Das Gesetz der großen Zahlen, Seite S 89

Individuelle Lösungen.

Gruppenpuzzle: Wahrscheinlich knifflige Probleme
Expertengruppe 1: Das Tennis-Problem, Seite S 91

1 Gewinnmöglichkeiten für Lynn bei 2 Gewinnsätzen: LL, LSL, SLL
Lynn siegt also mit einer Wahrscheinlichkeit von
$0{,}4 \cdot 0{,}4 + 2 \cdot 0{,}6 \cdot 0{,}4 \cdot 0{,}4 = 35{,}2\%$

Gewinnmöglichkeiten für Lynn bei 3 Gewinnsätzen: LLL, LLSL, LSLL, SLLL, LLSSL, LSLSL, LSSLL, SLLSL, SLSLL, SSLLL
Lynn siegt also mit einer Wahrscheinlichkeit von
$0{,}4^3 + 3 \cdot 0{,}6 \cdot 0{,}4^3 + 6 \cdot 0{,}6^2 \cdot 0{,}4^3 = 31{,}744\%$
Lynn sollte Sophie vorschlagen, das Finale über zwei Gewinnsätze auszutragen.

2 Die Aussage ist richtig, denn nach dem Gesetz der großen Zahl wird es bei vielen gespielten Sätzen immer unwahrscheinlicher, dass Lynn gegenüber Sophie in Führung liegt.
Der Anteil der Sätze, die Lynn gewinnt, strebt nämlich gegen 40%.

Expertengruppe 2: Das Taxi-Problem, Seite S 92

1 a)

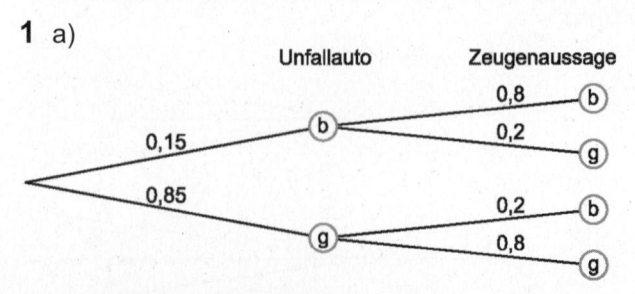

Unfallauto — Zeugenaussage

Baumdiagramm: 0,15 → b (0,8 → b, 0,2 → g); 0,85 → g (0,2 → b, 0,8 → g)

b) Wahrscheinlichkeit, dass der Zeuge aussagt, ein blaues Auto gesehen zu haben:
$0{,}15 \cdot 0{,}8 + 0{,}85 \cdot 0{,}2 = 0{,}29 = 29\%$.
c) Wahrscheinlichkeit, dass ein blaues Auto den Unfall begangen hat und der Zeuge blau aussagt:
$0{,}15 \cdot 0{,}8 = 0{,}12 = 12\%$.

d) Wahrscheinlichkeit, dass bei der Zeugenaussage blau ein blaues Auto in den Unfall verwickelt war:
$\frac{12}{29} \approx 41{,}4\,\%$.

2 Wahrscheinlichkeit, dass der Zeuge aussagt, ein grünes Auto gesehen zu haben:
$0{,}15 \cdot 0{,}2 + 0{,}85 \cdot 0{,}8 = 0{,}71 = 71\,\%$.
Wahrscheinlichkeit, dass ein blaues Auto den Unfall begangen hat und der Zeuge grün aussagt:
$0{,}15 \cdot 0{,}2 = 0{,}03 = 3\,\%$.
Wahrscheinlichkeit, dass bei der Zeugenaussage grün ein blaues Auto in den Unfall verwickelt war:
$\frac{3}{71} \approx 4{,}2\,\%$.

Expertengruppe 3: Das Elfmeterschützen-Problem, Seite S 93

1

Florian			
Elfmeter	Treffer	Verschossen	Trefferquote
Zuhause	9	6	60 %
Auswärts	4	1	80 %
Gesamt	13	7	65 %

Friedrich			
Elfmeter	Treffer	Verschossen	Trefferquote
Zuhause	1	1	50 %
Auswärts	7	3	70 %
Gesamt	8	4	$66\frac{2}{3}\,\%$

2 Friedrich: Nein, ich bin der bessere Schütze. Ich habe insgesamt 8 von 12 Elfmetern verwandelt, also $66{,}\overline{6}\,\%$. Du hast in 13 von 20 Versuchen getroffen, also nur zu 65 %.
Florian: Wie kann das sein, dass du insgesamt die höhere Trefferquote hast, obwohl ich zu Hause und auch auswärts die höhere Quote habe?
Friedrich: Keine Ahnung, aber eines ist sicher: Ich werde künftig wieder die Elfer schießen …

Erklärung:
Florian hat die meisten seiner Elfer zuhause geschossen. Seine Gesamttrefferquote weicht also nur geringfügig von seiner Heimquote (60 %) ab.
Friedrich hat die meisten Elfer auswärts geschossen. Seine Gesamttrefferquote weicht also nur geringfügig von seiner Auswärtsquote (70 %) ab.

3 Beispiel:

Rote Hüte			
Verkäufer	Gewinne	Nieten	Gewinnquote
Florian	90	60	60 %
Friedrich	40	10	80 %
Gesamt	130	70	65 %

Weiße Hüte			
Verkäufer	Gewinne	Nieten	Gewinnquote
Florian	10	10	50 %
Friedrich	210	70	75 %
Gesamt	220	80	$73\frac{1}{3}\,\%$

Expertengruppe 4: Das Boten-Problem, Seite S 94

1 Die Wahrscheinlichkeit, dass beide von „Eile die Meile" beförderten Briefe verloren gehen beträgt lediglich $0{,}02 \cdot 0{,}02 = 0{,}0004 = 0{,}04\,\%$. Timon sollte also den Botendienst „Eile die Meile" beauftragen.

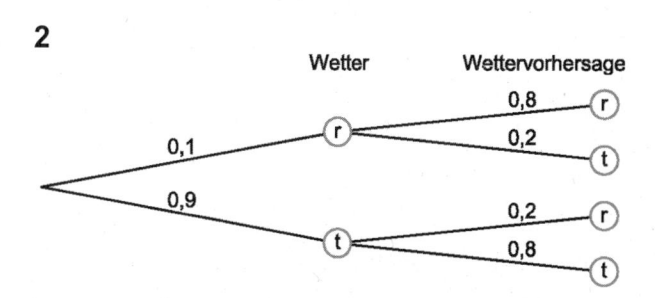

2

Wahrscheinlichkeit, dass der Wetterbericht für morgen Regen ankündigt:
$0{,}1 \cdot 0{,}8 + 0{,}9 \cdot 0{,}2 = 0{,}26 = 26\,\%$
Wahrscheinlichkeit, dass es morgen regnet und der Wetterbericht für morgen Regen ankündigt
$0{,}1 \cdot 0{,}8 = 0{,}08 = 8\,\%$
Wahrscheinlichkeit, dass vorhergesagtem Regen, es auch wirklich regnet: $\frac{8}{26} \approx 30{,}8\,\%$.
Der Bote wird zu etwa 31 % nass, wenn er das Fahrrad wählt.

Simulation mit einer Tabellenkalkulation, Seite S 95/96

Beispielaufgabe:
Der Veranstalter bekommt in rund 13,6 % der Fälle Schwierigkeiten.

1 Individuelle Lösungen.

2 Individuelle Lösungen.

Ein Näherungswert für Pi mit der Monte-Carlo-Methode, Seite S 97/98

Individuelle Lösungen.

Screenshot TI 83:

Sachthema: Mathematik in der Kunst

Architek*tour* 1, Seite S 101

(A): Individuelle Lösungen.
Erfahrungsgemäß wird das Rechteck, das dem goldenen Schnitt am meisten angenähert ist, von der Mehrzahl der Testpersonen als das angenehmste empfunden. Hier: Rechteck F, gefolgt von C.
Bei ganzzahligen Maßzahlen: Rechtecke mit den Seitenverhältnissen 2:3, 21:34 und 13:23.

(E): Der Turm des Alten Leipziger Rathauses teilt die Länge des Rathauses im goldenen Schnitt.
Im Parthenontempel von Athen findet man den goldenen Schnitt im Verhältnis von Gesamthöhe zur Breite und am Haus von Walter Gropius im Verhältnis von Höhe zur Breite des Haupthauses.

(F): Bei diesem Rechteck sind die beiden beschriebenen Verhältnisse fast gleich.
$4 : 6,5 \approx 0,615$
$6,5 : 10,5 \approx 0,619$
Die beiden Rechteckseiten stehen im goldenen Schnitt zueinander. Der Wert des Verhältnisses beträgt näherungsweise 0,62 und wird als **goldene Zahl** bezeichnet.

(H): $\quad b : a = a : (a + b)$
$\qquad b : 9 = 9 : (9 + b)$
$\qquad b(9 + b) = 81$
$\qquad b^2 + 9b - 81 = 0 \quad \rightarrow b_1 \approx 5,56, b_2 \approx -14,56$
Die kürzere Seite ist ungefähr 5,56 cm lang. Wenn a die kürzere Seite ist, ist die längere Seite ungefähr 14,56 cm lang.
Konstruktion:

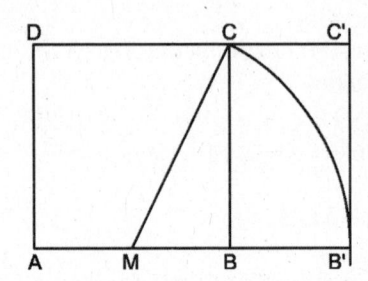

- Konstruiere zunächst ein Quadrat, dessen Seitenlänge a der kürzeren Seite des goldenen Rechtecks entspricht. Bezeichne die Eckpunkte des Quadrates mit A, B, C und D.
- Halbiere die Strecke AB. Der Mittelpunkt von AB ist M.
- Verlängere die Strecke AB über B hinaus.
- Zeichne um M einen Kreisbogen mit dem Radius MC. Benenne den Schnittpunkt, den dieser Kreisbogen mit der Geraden AB bildet, mit B'.
- Die Strecke AB' bildet die längere Seite des goldenen Rechtecks. Ergänze den Eckpunkt C' des Rechtecks. Errichte dazu eine Senkrechte zu AB' durch B' und trage die Länge der Strecke BC ab.
- Das goldene Rechteck hat die Eckpunkte AB'C'D.

(I): $\qquad b : a = a : 90 \qquad a = 90 - b$
$\qquad b : (90 - b) = (90 - b) : 90$
$\qquad 90b = (90 - b)^2$
$\qquad 0 = b^2 - 270b + 8100$
$\Rightarrow b_1 = 35, b_2 = 235$
Abschnitt b ist 35 m lang, Strecke a = 55 m.
Die Längsachse des Turmes des Alten Leipziger Rathauses ist um 10 m von der Mitte des Gebäudes entfernt.

(J): Das neue Rechteck hat die Seitenlängen
$a_1 = 12,7\,cm - 7,8\,cm = 4,9\,cm$ und
$b_1 = a = 7,8\,cm$.
Als Verhältnis ergibt sich $a_1 : b_1 \approx 0,628$. Es handelt sich also um ein goldenes Rechteck. Beim nächsten entstandenen Rechteck ergeben sich $a_2 = 2,9\,cm$ und $b_2 = 4,9\,cm$; Verhältnis $a_2 : b_2 = 0,59$; man erhält erneut ein goldenes Rechteck. Das Verfahren funktioniert bei jedem goldenen Rechteck.
Allgemein gilt:
Bei einem goldenen Rechteck haben die Seiten eine Länge von $a = m \cdot 0,62$ und $b = m$. Trennt man ein Quadrat ab, so hat dieses die Länge $a' = m \cdot 0,62$. Das verbleibende Rechteck hat die Seitenlängen $a' = m - m \cdot 0,62 = m(1 - 0,62)$ und $b' = m \cdot 0,62$.
Das Verhältnis der Seitenlängen des neuen Rechtecks beträgt

$$\frac{m(1-0,62)}{m \cdot 0,62} = 0,62.$$

Architek*tour* 2, Seite S 102

Länge des großen Rundwegs:
$U = \pi d = \pi \cdot 900\,m \approx 2830\,m \approx 2,83\,km$
Fläche der Schlossanlage (einschließlich Schlossgarten): $A = \frac{1}{4} \pi r^2 = \frac{1}{4} \pi \cdot 450^2\,m^2 \approx 159\,000\,m^2 \approx 15,9\,ha$
Dauer des Rundgangs mit 3 km/h:
$t = s : v = 2,38\,km : 3\,km/h \approx 1\,h$

Volumen der Pyramide:
$V = \frac{1}{3} \cdot 6,05^2\,m^2 \cdot 6,81\,m \approx 83,1\,m^3$
Masse der Pyramide:
$m = 83\,100\,dm^3 \cdot 1,8\,kg/dm^3 = 149\,580\,kg = 149,58\,t$

? Länge der Grundflächendiagonalen:

d ist die Seitenlänge eines doppelt so großen Quadrates

$d = \sqrt{2 \cdot 6{,}05^2}$ m ≈ 8,556 m

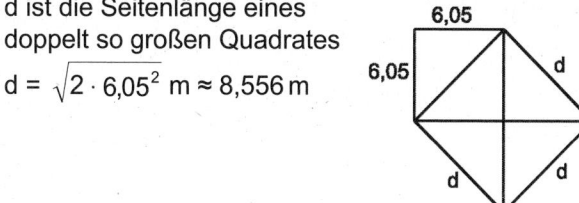

Zeichnerische Lösung: Maßstab z. B.: 1 : 100

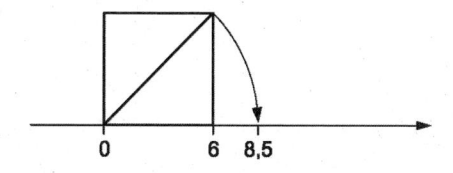

? Zeichnerische Lösung: Maßstab z. B.: 1 : 100
Kantenlänge s der Pyramide:

$AM = \frac{1}{2}d ≈ 4{,}3$ cm

$MS = h = 6{,}05$ cm

$\Rightarrow AS = s ≈ 8$ cm

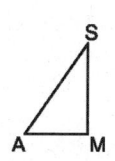

Die Pyramide hat eine Kantenlänge s ≈ 8 m.

Die kürzeste Strecke, die die Schnecke von der Grundkantenmitte zur Spitze der Pyramide zurücklegt, ist die Höhe im gleichschenkligen Dreieck ABS.

Zeichnerische Lösung: Maßstab z. B.: 1 : 100

Konstruktion nach Ssw

$AM = \frac{1}{2} AB ≈ 3$ cm

$AS = s ≈ 8$ cm

$\Rightarrow MS = h ≈ 7{,}5$ cm

Die Schnecke müsste eine Strecke von 7,5 m zurücklegen.

Netz der Pyramide im Maßstab z. B. 1 : 100, z. B.

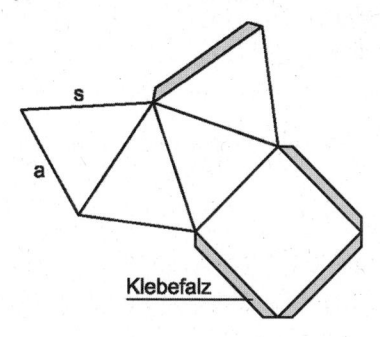

? Mindeststoffmenge zum „Verhüllen" der Pyramide:

$A = 4 \cdot A_{ABS} = 4 \cdot \frac{1}{2} \cdot 6{,}05$ m $\cdot 7{,}5$ m ≈ 90,75 m²

? Skizze zur Veranschaulichung des Sachverhaltes:

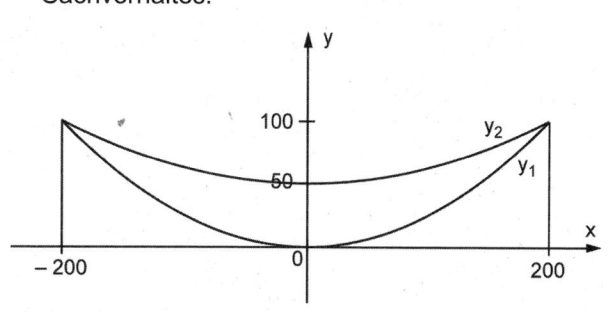

$y_1(200) = a \cdot 200^2$
$100 = 40\,000 a$
$a = \frac{1}{400}$
$\Rightarrow y_1 = \frac{1}{400} x^2$

$y_2(200) = a \cdot 200^2$
$50 = 40\,000 a$
$a = \frac{1}{800}$
$\Rightarrow y_2 = \frac{1}{800} x^2 + 50$

Darstellung der Graphen von y_1 und y_2 im Koordinatensystem (1 LE = 20 m):
Näherungsweise Bestimmung der Größe der Fläche zwischen den Parabeln z. B. durch Auszählen bzw. Abschätzen der Anzahl der Kästchen im Matheheft. Da die Fläche symmetrisch zur y-Achse ist, kann das Auszählen auf eine Hälfte beschränkt werden.
Die Fläche zwischen den Parabeln entspricht ca. 136 Kästchen, das sind 136 · 0,25 cm² = 34 cm².
Der Talvorhang hatte demzufolge eine Größe von ungefähr 136 · 100 m² = 13 600 m².

Architektour 3, Seite S 103

? Skizze zur Veranschaulichung des Sachverhaltes:

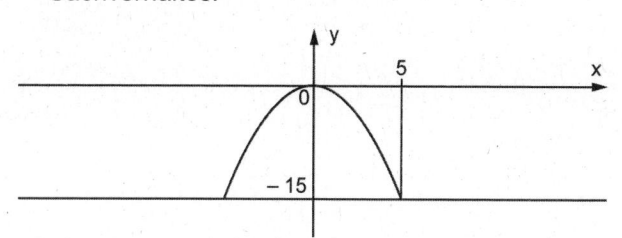

$y = ax^2 \quad \Rightarrow \quad y(5) = a \cdot 5^2$
$-15 = a \cdot 25 \quad \Rightarrow \quad a = -\frac{3}{5}$

$y = -\frac{3}{5} x^2$

? Innenraumhöhe: 25 m
Höhe der Außenwände: 75 % von 25 m $\Rightarrow$ 18,75 m
Breite des Innenraumes: 1,5 · 25 m = 37,5 m = d
Radius des Grundflächenkreises: r = 18,75 m
Mittelpunktswinkel $\alpha = 360° : 8 = 45°$
Noch benötigte Größe: Seitenlänge des regelmäßigen Achtecks a $\Rightarrow$ Konstruktion eines gleichschenkligen Dreiecks nach sws mit r = 18,75 m und α = 45°, z. B. im Maßstab 1 : 100

⇒ konstruktiv ermittelter
Wert für a:
a ≈ 14,5 m
⇒ gerundet auf ganze
Meter a = 15 m

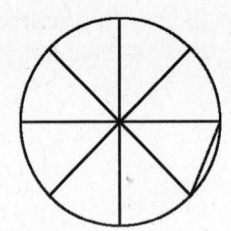

Skizze zur Veranschaulichung des Sachverhaltes:

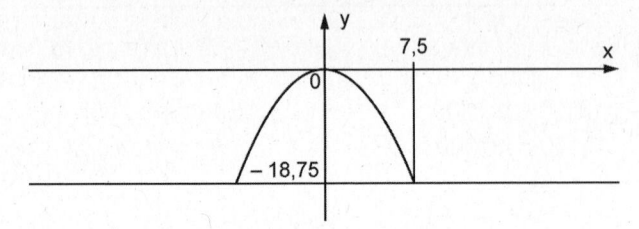

$y = ax^2 \Rightarrow y(7,5) = a \cdot 7,5^2$
$-18,75 = a \cdot 56,25 \Rightarrow a = -\frac{1}{3}$

$y = -\frac{1}{3} x^2$

? Skizze zur Veranschaulichung des Sachverhaltes: Maße in Fuß (foot):

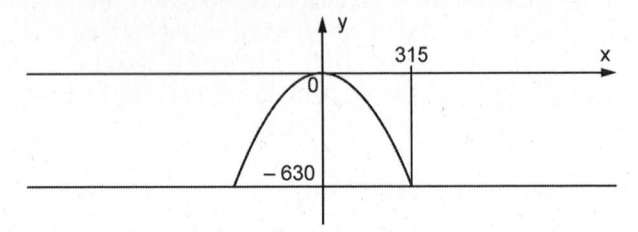

$y = ax^2 \Rightarrow y(315) = a \cdot 315^2$
$-630 = a \cdot 99225 \Rightarrow a = -\frac{2}{315}$

$y = -\frac{2}{315} x^2$

? Maße in Meter:
630 ft = 192,024 m ≈ 192 m
$y = ax^2 \Rightarrow y(96) = a \cdot 96^2$
$-192 = a \cdot 9216 \Rightarrow a = -\frac{1}{48}$

$y = -\frac{1}{48} x^2$

? Flügelspannweite: 18 m
Sicherheitsabstand in x- und y-Richtung: 10 m
Geht man zunächst von einem 10-m-Abstand des Flugzeuges vom Scheitel des Bogens in y-Richtung aus, erhält man bei einer Flughöhe von 182 m für den Abstand in x-Richtung:
$-10 = -\frac{1}{48} x^2 \Rightarrow x \approx 21,9$

$\Rightarrow x > 9 + 10$

Der Sicherheitsabstand der Flügelspitzen zum Bogen von 10 m in x-Richtung wäre gewährleistet, die Flügelspitzen hätten aber in y-Richtung keinen Abstand von 10 m zum Bogen:

$y(9) = -\frac{1}{48} \cdot 9^2 = -1,69$

⇒ Abstand nur 10 m − 1,69 m = 8,31 m

Deshalb beträgt die Maximalflughöhe:
192 − 10 − 1,69 = 180,31

Das Flugzeug kann maximal in einer Höhe von rund 180 m durch den Bogen fliegen.

Bildergalerie 1, Seite S 104

? Wahrscheinlichkeit für das Erraten der richtigen Zuordnung: $\frac{1}{3} \cdot \frac{1}{3} \cdot \frac{1}{3} = \frac{1}{27} \approx 0,037 = 3,7\%$

? Wahrscheinlichkeit für 8 „Treffer":
$0,45^8 \approx 0,00168 \approx 0,17\%$
Wahrscheinlichkeit für mindestens einen „Treffer":
$1 − 0,55^8 \approx 0,9916 = 99,16\%$

Wahrscheinlichkeit für
− keinen „Treffer": 0,55 · 0,4 = 0,22 = 22%
− einen „Treffer": 0,45 · 0,4 + 0,55 · 0,6 = 0,51 = 51%
− zwei „Treffer": 0,45 · 0,6 = 0,27 = 27%

? Länge der Rechteckseiten in der Abbildung abmessen; 2,1 : 4,7 ≈ 0,45 (≠ der goldenen Zahl ≈ 0,62) ⇒ kein goldenes Rechteck

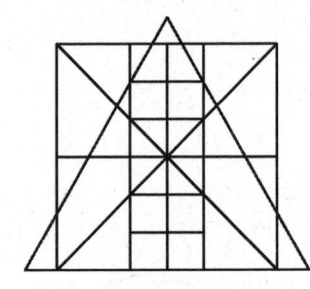

Porträt im Schema: individuelle Lösung.

?
Körperlänge	1,80 m	24 cm
Kopflänge	22,5 cm	3 cm
Handlänge	18 cm	2,4 cm
Armlänge	72 cm	9,6 cm
Beinlänge	90 cm	12 cm

Verhältnis Nasenlänge zur Kopflänge: 1 : 4

Vergleich mit eigenen Körpermaßen: individuelle Lösung.

? „Porträt" mit Funktionsgraphen: individuelle Lösung, vgl. auch Seite S 66.

Bildergalerie 2, Seite S 105

❓ Individuelle Lösungen.

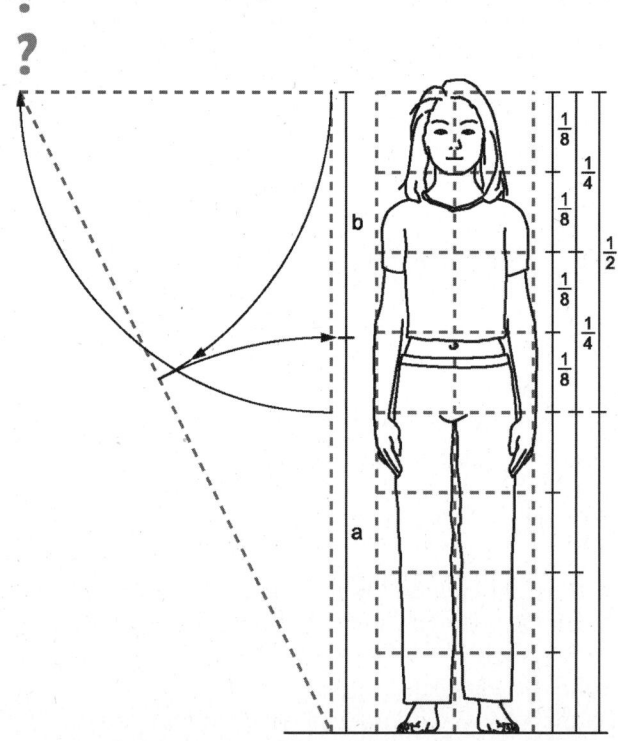

❓

Bei den meisten Menschen teilt die Nasenspitze die Strecke zwischen Kinn und Haaransatz im Verhältnis des goldenen Schnitts. Überprüft werden kann auch, ob die Augenbrauen die Strecke zwischen Haaransatz und Nasenspitze im goldenen Schnitt teilen.

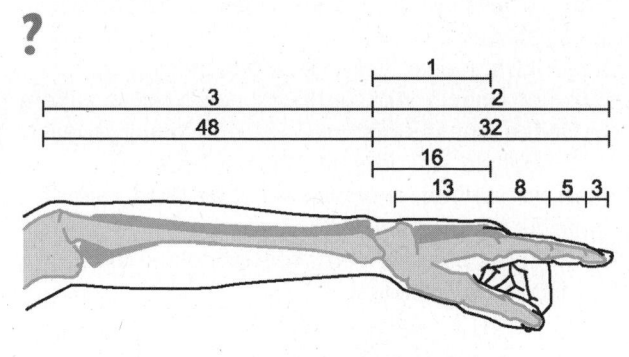

❓

❓ Botero: Kompression/Stauchung
Parmigianino: Dehnung/Streckung
Abweichung vom Schönheitsideal war Absicht der Künstler.

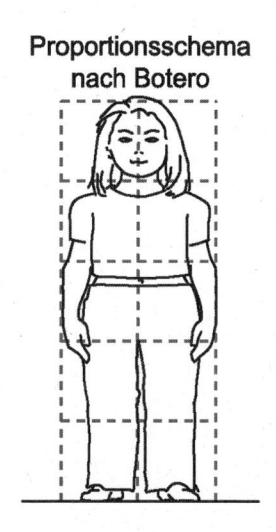

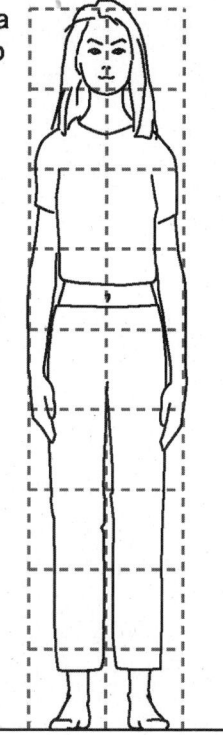

Bildergalerie 3, Seite S 106

❓ Im Bild nach Mondrian sind 20 Rechtecke zu entdecken.

Darunter sind 7 goldene Rechtecke
$(a + c) : (a + b) = 3{,}4 : 5{,}5 \approx 0{,}618$
$a : (a + c) = 2{,}1 : 3{,}4 \approx 0{,}618$
$c : a = 1{,}3 : 2{,}1 \approx 0{,}619$ (2 Rechtecke)
$a : b = 2{,}1 : 3{,}4 \approx 0{,}618$ (2 Rechtecke)
$b : (b + c) = 3{,}4 : 5{,}5 \approx 0{,}618$
Das Bild selbst kommt dem goldenen Rechteck sehr nahe:
$(a + b) : (a + b + 2c) = 5{,}5 : 8{,}1 \approx 0{,}679$

❓ Term für den Flächeninhalt des gesamten Bildes:
als Produkt als Summe
$(a + b) \cdot (a + b + 2c) = a^2 + b^2 + 2(ab + ac + bc)$

Term für die gefärbten Flächen als Gesamtfläche:
$2ac + ab$

$A = 5{,}5\,\text{cm} \cdot 8{,}1\,\text{cm} = 44{,}55\,\text{cm}^2$
$A_1 = 12{,}6\,\text{cm}^2$

$12{,}6\,\text{cm}^2$ von $44{,}55\,\text{cm}^2$ sind rund $28{,}28\,\%$

Ein Kreis mit dem Radius $r = 3\,\text{cm}$ hat einen Flächeninhalt von $A = \pi \cdot 3^2\,\text{cm}^2 \approx 28{,}27\,\text{cm}^2$.
Die Fläche, die den gefärbten Anteil im Kreis veranschaulicht, ist dann rund $8\,\text{cm}^2$ groß.
Dieser Kreisteil hat einen Mittelpunktswinkel von rund $102°$.

? $117 = a^2 + 25 + 2(5a + ac + 5c)$ $\quad\quad$ a = 2c
$117 = 4c^2 + 25 + 20c + 4c^2 + 10c$
$117 = 8c^2 + 30c + 25$
$0 = 8c^2 + 30c - 92 \quad \Rightarrow \quad c_1 = 2, c_2 = -5{,}75$
Nur die Lösung c = 2 ist hier sinnvoll.
$\Rightarrow$ a = 4
Die gesuchten Längen sind a = 4 cm und c = 2 cm.

? Individuelle Lösungen.

? Individuelle Lösungen.

? Kleinstes Quadrat $A_1 = 16\,cm^2$
$\quad$ 2. Quadrat $\quad A_2 = 36\,cm^2$
$\quad$ 3. Quadrat $\quad A_3 = 64\,cm^2$
$\quad$ 4. Quadrat $\quad A_4 = 100\,cm^2$

$\frac{A_1}{A_2} = \frac{16}{36} = 44\frac{4}{9}\%$; $\frac{A_1}{A_3} = \frac{16}{64} = 25\%$

$\frac{A_1}{A_4} = \frac{16}{100} = 16\%$; $\frac{A_2}{A_3} = \frac{36}{64} = 56\frac{1}{4}\%$

$\frac{A_2}{A_4} = \frac{36}{100} = 36\%$; $\frac{A_3}{A_4} = \frac{64}{100} = 64\%$

? Individuelle Lösungen.

Monumental, Seite S 107

? Das „Mount Rushmore National Memorial" ist eine Gedenkstätte, die aus monumentalen in den Mount Rushmore (Berg in den Black Hills im US-Bundesstaat South Dakota) geschlagenen Porträtköpfen von vier bedeutenden und symbolträchtigen US-Präsidenten besteht. Dieses gewaltige Monument wurde in den Jahren 1927–1941 erst mit Sprengstoff, dann mit Pressluftbohrer und zuletzt mit Hammer und Meißel von insgesamt fast 400 Arbeitern und Helfern geschaffen.
Die Skulptur der Köpfe der Präsidenten (v. l. n. r.): George Washington, Thomas Jefferson, Theodore Roosevelt und Abraham Lincoln ist fast 50 m hoch und über 110 m breit und liegt in ca. 150 m Höhe. Die Gesichter sind über 18 m lang.
Im Vergleich mit Fotos der gesamten Skulptur und der Betrachtung der verschiedenen Nasenformen lässt sich vielleicht zuerst George Washington ausschließen. Wenn man weiterhin überlegt, aus welcher Position das Foto aufgenommen wurde und was man im Hintergrund jeweils erkennen müsste, könnte man vermuten, dass die Nase Theodore Roosevelt gehört. Es ist das tiefste Porträt und bei den anderen Nasen müsste man im Hintergrund Teile anderer Porträts erkennen können.

Im Bild gemessen: Nasenlänge ≈ 4,5 cm
Körperlänge des Arbeiters (aufgerichtet) ≈ 1,7 cm
Angenommene Körperlänge des Arbeiters: 1,80 m
$\Rightarrow$ Nasenlänge in der Skulptur: ≈ 4,8 m (ca. $\frac{1}{4}$ von 18 m Gesichtslänge)

Vermutliche Höhe der Statue (Standbild; vollplastisch gestaltete Einzelfigur) des Präsidenten: über 150 m

? Individuelle Lösung.

Verhältnis Daumenlänge : Handlänge: ungefähr 1 : 3

? Verhältnis Daumenlänge : Körperlänge: 1 : 30

Daumenlänge	Statuenhöhe
185 cm	5550 cm = 55,5 m
12 m	360 m (höher als der Eiffelturm)

? Statue „Koloss von Rhodos": ca. 33 m hoch
Kopf ($\frac{1}{8}$): über 4 m

Nase ($\frac{1}{32}$): über 1 m

? Eine gebundene Krawatte reicht ca. vom Hals bis zum Bauchnabel; Krawattenlänge ca. $\frac{1}{4}$ der Körperlänge.
Höhe der Plastik: 12 m
Da die Krawatte „in die Luft geht" und dadurch in Bewegung erfasst wurde, müssen ca. 2–3 m dazugegeben werden.
Länge der Riesenkunststoffkrawatte: ca. 14–15 m
$\Rightarrow$ Körperlänge des „Riesen": ca. 60 m

? Es entsteht ein regelmäßiges Fünfeck.
Man beachte: Die Kanten des Papierstreifens liegen jeweils auf den Kanten oder den Diagonalen des Fünfecks.
Die fünf Diagonalen teilen sich gegenseitig im goldenen Schnitt. Alle fünf Diagonalen bilden zudem die Seiten eines Fünfsterns. Außerdem teilt jeweils die Diagonale, die parallel zu einer Seite des Fünfecks verläuft, die entsprechende Höhe des Fünfecks im goldenen Schnitt.
Ein weiteres Streckenverhältnis im goldenen Schnitt: siehe Abbildung.

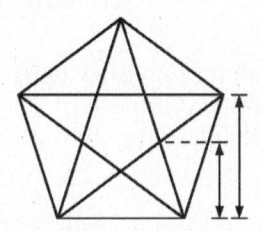

Gigantisch, Seite S 108

? Höchste Autobahnbrücke der Welt
$2 \cdot 204 + 6 \cdot s = 2460$
$\quad\quad\quad\quad s = (2460 - 2 \cdot 204) : 6$
$\quad\quad\quad\quad s = 342\,m$
Die Spannweite zwischen den Pfeilern beträgt 342 m.

154 Seile : 7 $\Rightarrow$ 22 Seile pro Pfeiler, je 11 Seile auf jeder Seite.
a + b + c = 90, da c = 45 m und a = 20 m, ist b = 25 m.
Auf der Strecke b = 25 m sind in gleichmäßigen Abständen auf jeder Seite 11 Seile gespannt.
$\Rightarrow$ Die Seile sind in 2,5 m Abstand gespannt auf der Strecke b.

Konstruktion des Dreiecks ABC
Maßstab z. B.: 1 : 1000

Ermittlung der Streckenlänge in der Zeichnung
Längstes Seil: AC ≈ 185 m

? s = 2,46 km, v = 130 h/km
t = 2,46 : 130 h ≈ 0,019 h ≈ 1,1 min
In nur etwas über 1 Minute kann man nun das Tarntal über die Brücke überqueren.

? Anzahl Lkws: x   Anzahl Pkws: y = 4x
   pro Tag   pro Tag (Juli/August)
   x + 4x = 10 000   x + 4x = 25 000
$\Rightarrow$ x = 2000   x = 5000
$\Rightarrow$ y = 8000   y = 20 000

Anzahl der Tage Juli/August: 62
Anzahl der Tage im restlichen Jahr: 303

Ganzjährige Einnahmen (ohne Juli/August):
E_1 = 303 · (8000 · 4,90 € + 2000 · 24,30 €)
    = 26 603 400 €

Einnahmen Juli/August pro Jahr:
E_2 = 62 · (20 000 · 6,50 € + 5000 · 24,30 €)
    = 15 593 000 €

Einnahmen pro Jahr: E = E_1 + E_2 = 42 196 400 €
Gesamtkosten : Einnahmen pro Jahr = Anzahl der benötigten Jahre, um vorfinanzierte Kosten zu decken: 394 000 000 : 42 196 400 ≈ 9,34
Antwort: Ja, bereits nach rund 9 Jahren und 4 Monaten könnten die Mauteinnahmen Gewinn einbringen, da keine Angaben dazu gemacht wurden, ob und in welcher Höhe für den Gesamtbetrag Zinsen gezahlt werden müssen.
(Berechnet man noch die 2 Schaltjahre, die in dieser Zeitspanne liegen, mit 87 800 € pro Tag Mehreinnahmen, ergibt sich ein nur unwesentlich abweichender Wert von ≈ 9,30 Jahren.)

? **Größte Hängebrücke der Welt**
Spannweite: 3300 m
Höhe der Brückenpfeiler über der Fahrbahn:
383 m – 65 m = 318 m (bei Vernachlässigung der Fahrbahnhöhe)
Skizze zur Veranschaulichung des Sachverhaltes:

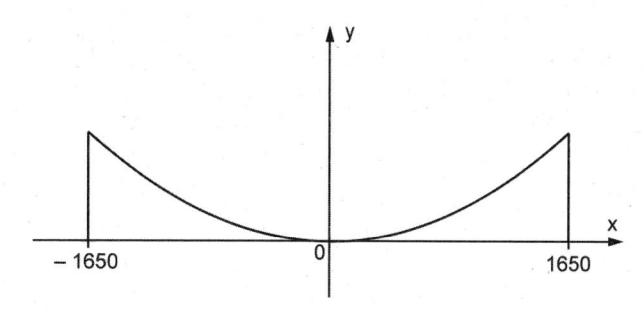

$y = ax^2$ $\Rightarrow$ $y(1650) = a \cdot 1650^2$
              $318 = a \cdot 2722500$
         $\Rightarrow$ $a = \frac{53}{453750} \approx 0,00012$
$y = 0,00012\, x^2$

? **Zum Knobeln**
Die Abbildung zeigt die ineinander greifende Lage der Hölzer. Das Aufstellen der Brücke gelingt nur, wenn man von der Mitte aus anfängt!

Rückspiegel

Rückspiegel: Funktionen, Seite S 109

1 bis 10 Lösungswort:
Leonardo da Vinci

Rückspiegel: Geometrie, Seite S 110

1 $\beta = 1$; $\gamma = 180° - 2$; $\alpha = 180° - (\gamma + \beta)$;
F: α, β und γ

2 Die vier Punkte bilden ein Viereck mit orthogonalen Diagonalen, die sich halbieren, also Symmetrieachsen sind. Das Viereck ist eine Raute.
A: Raute

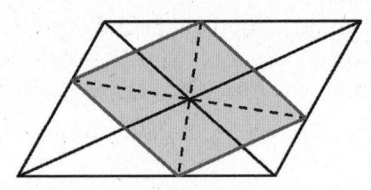

3 $\triangle$ BCA ist gleichschenklig,
dann ist $\angle$ ACB = $\angle$ ABC = 75°
und $\angle$ BAC = 180° − 2 · 75° = 30°

$\triangle$ ACD ist gleichschenklig,
dann ist $\angle$ CAD = $\frac{1}{2}$(180° − 50°) = 65°
zusammen $\angle$ DAB = $\angle$ BAC + $\angle$ CAD = 30° + 65° = 95°
R: 95°

4 $\triangle$ CMF $\cong$ $\triangle$ ABF, weil $\overline{AB} = \overline{MC}$,
alle Winkel sind gleich (da die Seiten paarweise orthogonal sind), also ist $\overline{CF} = \overline{FA}$, $\triangle$ CAF ist gleichschenklig-rechtwinklig mit Basiswinkel 45°;
A: 45°

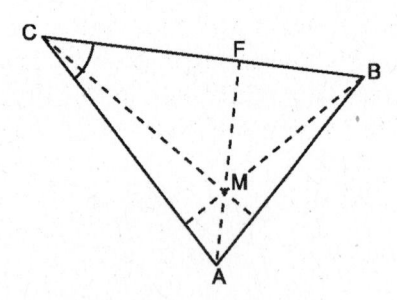

5 x = 180° − (52° + 73°) = 55°; D: 55°

6 Dreieck aus drei Flächendiagonalen
A: Gleichseitiges Dreieck

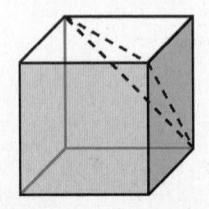

7 $\triangle$ A'B'A $\cong$ $\triangle$ B'C'B $\cong$ $\triangle$ C'A'C
weil: $\angle$ A'A B' = $\angle$ B'B C' = $\angle$ C'C A' = 120° (Nebenwinkel)

$\overline{AA'} = \overline{BB'} = \overline{CC'} = \overline{AB}$

$\overline{AB'} = \overline{BC'} = \overline{CA'} = 2\overline{AB}$

also $\overline{A'B'} = \overline{B'C'} = \overline{C'A'}$ (gleichseitig)

Flächeninhalt:
Die Höhe A'F' des Dreiecks A'B'A ist gleich der Höhe CF des Dreiecks ABC, weil $\triangle$ A F'A' $\cong$ $\triangle$ AFC,
denn $\angle$ F'A A' = $\angle$ FAC (Scheitelwinkel),
$\overline{AA'} = \overline{AC}$ nach Konstuktion und rechte Winkel bei F bzw. F'.
Damit hat Dreieck A'B'A die gleiche Höhe wie Dreieck ABC, aber doppelte Grundseite, also doppelten Flächeninhalt. Entsprechendes gilt für die Dreiecke B'C'B und C'A'C.
Flächeninhalt von $\triangle$ A'B'C':
A($\triangle$ A'B'A) + A($\triangle$ B'C'B) + A($\triangle$ C'A'C) + A($\triangle$ ABC)
= (2 + 2 + 2 + 1) A($\triangle$ ABC) = 7 A($\triangle$ ABC)
Y: 7fach

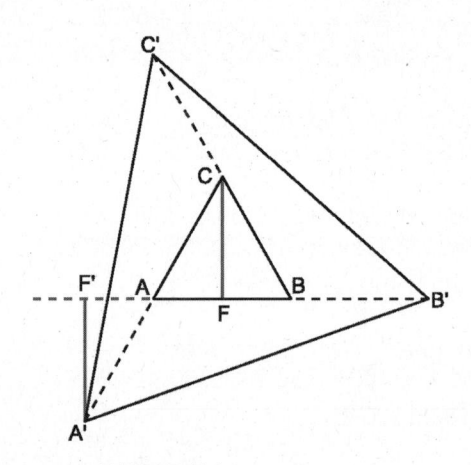

Lösungswort: FARADAY

Rückspiegel: Terme und Gleichungen, Seite S 111

1 bis 4 Lösungssatz: Eine Raute ist ein Trapez.

5 Wahre Aussage.
Eine Raute ist ein Spezialfall eines Trapezes.

I Kongruenz

1 Kongruente Figuren

Seite 11

1 Im VW-Zeichen sind einander entsprechende Zwischenräume jeweils zueinander kongruent.
Im Wappen von Bayern sind alle Rauten im Innern zueinander kongruent.
Das Mitsubishi-Markenemblem besteht aus drei zueinander kongruenten Rauten.
Im Yin- und Yang-Zeichen sind die schwarzen und die weißen Flächen jeweils zueinander kongruent.
b) und c) Individuelle Lösung.

2 a) Folgende Figuren sind zueinander kongruent:
A, C und D
E und G
F und J
b) Individuelle Lösung

3 a) $H_1(8|7)$, $H_2(4|11)$
b) $F_1(6|6)$, $F_2(4|6)$, $F_3(4|0)$, $F_4(6|0)$

4 Individuelle Lösungen

Seite 12

5 zwei Figuren:

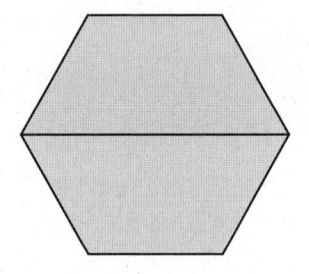

Trapez 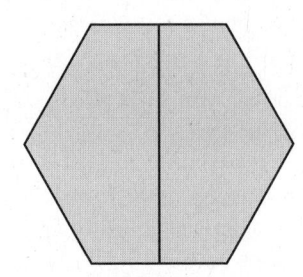   Fünfeck

drei Figuren: sechs Figuren:

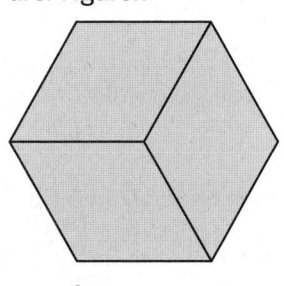

Raute   Dreieck

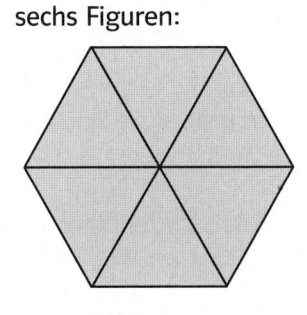

6 a) Erste Möglichkeit: beide Diagonalen einzeichnen. Zweite Möglichkeit: beide Seitenhalbierenden einzeichnen.

b) Idee: Das Rechteck wird zunächst in eine bestimmte Anzahl zueinander kongruenter Rechtecke zerlegt (z.B. durch wiederholtes Einzeichnen von Mittelsenkrechten). Wenn in diesen Rechtecken jeweils eine Diagonale eingezeichnet wird, entstehen zueinander kongruente Dreiecke.

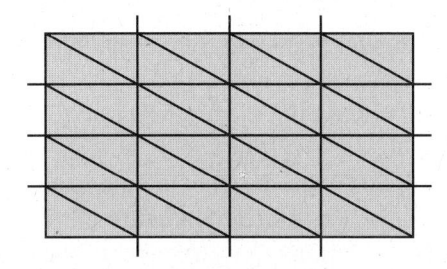

c) Idee: Man konstruiert ein gleichseitiges Dreieck und führt an zwei Seitenmitten eine Punktspiegelung durch.

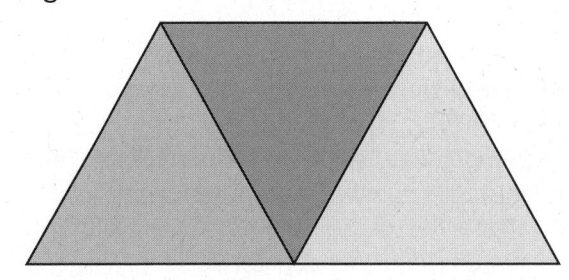

7 a) Im linken Bild von Escher sind alle Echsen zueinander kongruent.
Im Bild von Vasarely sind die Hintergrundquadrate zueinander kongruent. Außerdem die beiden abgeschnittenen blauen Kreise. Der pinke abgeschnittene Kreis ist etwas kleiner und somit nicht kongruent zu den anderen beiden. Die Parallelogramme sind ebenfalls nicht zueinander kongruent.
Im rechten Bild von Escher unterscheiden sich die Echsen in der Größe. Und auch ineinander passende Echsen sind nicht exakt zueinander kongurent.
b)

—— rot   ---- blau

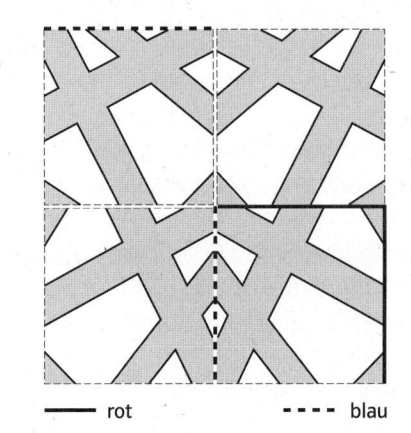

Rand: Individuelle Lösungen
Z.B. haben Klee, Kandinsky und Albers in ihren Kunstwerken häufig geometrische Formen benutzt. In vielen Fällen sind die Figuren jedoch nicht zueinander kongruent, sondern nur ähnlich (gleiche Proportionen aber unterschiedliche Größe). So z.B. in Albers' „Hommage to square."

Seite 13

8 a) Die Spiegelachse geht durch die Punkte mit den Koordinaten (11|0) und (0|11).
b) Der Spiegelpunkt hat die Koordinaten (5|5).

9 a) Das linke F wird durch eine Spiegelung an der Geraden, welche durch die Punkte mit den Koordinaten (−2|0) und (−2|6) geht, auf das rote F abgebildet.
Die Spiegelachse für das rechts unterhalb liegende F geht durch die Punkte mit den Koordinaten (3|0) und (4|1).
Für das links unterhalb liegende F benötigt man eine Punktspiegelung mit dem Zentrum im Ursprung O(0|0).
b) Ein Wenden der Folie wäre bei den blauen Fs erforderlich, die durch Achsenspiegelung auf das rote F abgebildet werden. Die Achsenspiegelung entspricht also dem Wenden der Folile.

2 Kongruente Dreiecke

Seite 15

1 a) Zueinander kongruent nach dem KGS wsw.
b) Zueinander kongruent nach dem KGS wsw.
c) Nicht notwendig zueinander kongruent. Der KGS Ssw ist nicht erfüllt.
d) Kongruent nach dem KGS sws.
e) Kongruent nach dem KGS sss.
f) Individuelle Lösung.

2 a) Das Dreieck ist eindeutig konstruierbar nach dem KGS sss.
Man zeichnet zunächst die Strecke c = 8,4 cm und dann einen Kreis um B mit Radius a = 7 cm und um A mit Radius b = 4,8 cm. Die beiden Schnittpunkte der Kreise sind mögliche Eckpunkte C des Dreiecks.
Restliche Größen: α = 56°; β = 35° und γ = 89°.
b) Das Dreieck ist eindeutig konstruierbar nach dem KGS wsw.
Man zeichnet zunächst die Strecke b = 3,8 cm und trägt dort die beiden anliegenden Winkel ab. Dort, wo sich die Schenkel schneiden, befindet sich der Punkt B.
Restliche Größen: a = 6,4 cm; c = 9,1 cm; β = 20°.

c) Das Dreieck ist eindeutig konstruierbar nach dem KGS wsw.
Man zeichnet zunächst die Strecke a = 5,5 cm. Dort trägt man die beiden anliegenden Winkel β = 63° und γ = 65° ab (γ kann man berechnen). Dort, wo sich die beiden Schenkel schneiden, befindet sich der Punkt A.
Restliche Größen: b = 6,2 cm; c = 6,3 cm und γ = 65°.
d) Das Dreieck ist eindeutig konstruierbar nach dem KGS Ssw.
Man zeichnet die Strecke c = 3,9 cm und trägt im Punkt A den Winkel α = 40° ab. Man zeichnet um B einen Kreis mit Radius a = 5,3 cm. Dort, wo der Kreis den freien Schenkel schneidet, befindet sich der Punkt C.
Restliche Größen: b = 7,7 cm; β = 112°; γ = 28°.

3 a) Individuelle Lösung.
b) Individuelle Lösung, z.B. β = 50° oder γ = 70°.
c) Individuelle Lösung, z.B. c = 7 cm.

4 Individuelle Lösung.

5 a) Man erhält zwei zueinander nicht kongruente Dreiecke. Die dritte Seite misst 2,8 cm bzw. 7,2 cm.
b) Die Seite, welche dem gegebenen Winkel gegenüberliegt ist die kürzere Seite, damit ist der KGS Ssw nicht erfüllt.
c) Man muss die Länge der ersten Seite auf weniger als 6 cm verkürzen oder die Länge der zweiten Seite auf mehr als 7,5 cm erhöhen.

Seite 16

6 a) Da das Dreieck gleichschenklig ist, sind die Strecken $\overline{AC}$ und $\overline{BC}$ gleich lang. Außerdem sind die Basiswinkel a und b gleich groß. Schießlich gehört noch die Seite $\overline{CD}$ zu beiden Dreiecken.
b) Der gegebene Winkel liegt jeweils nicht gegenüber der längeren Seite, sondern er liegt dort an.

7 Wenn die gegenüberliegende Seite 5,4 cm (Lot) oder größer als 7 cm ist, kann man genau ein Dreieck konstruieren.

8 Den dritten Winkel kann man berechnen (53°). Es gibt dann drei verschiedene Möglichkeiten, je zwei der drei bekannten Winkel an der vorgegebenen Seite abzutragen. Für die Dreiecke ergeben sich folgende weitere Seitenlängen:
Dreieck 1: 3,1 cm und 2,2 cm;
Dreieck 2: 2 cm und 1,8 cm;
Dreieck 3: 3,5 cm und 2,8 cm.

9 a) Es gibt zwei verschiedene nicht kongruente Dreiecke als Lösung:
Wenn die gegebenen Seiten die Schenkel des Dreiecks sind, ergibt sich für die dritte Seite eine Länge von 5,8 cm.
Liegt der rechte Winkel gegenüber der längeren Seite, so erhält man 4 cm als Länge für die letzte Seite.
b) Nach dem KGS wsw kann es hier nur ein Lösungsdreieck geben. Die Seitenlängen betragen 10 cm, 8,7 cm und 5,0 cm.
c) Es gibt nur eine Lösung. Die Seitenlängen des Lösungsdreiecks betragen 5 cm, 4 cm und 6,4 cm.
d) Es gibt zwei Lösungen.
Seitenlängen Dreieck 1: 5 cm; 4,5 cm; 2,2 cm
Seitenlängen Dreieck 2: 5,4 cm; 5 cm; 2 cm.

10 a) Die Aussage ist richtig, wenn man weiß, welche Größen gemeint sind, z.B. *Schenkel, Basis, Basiswinkel* (vgl. Aufgabe b)). Zu der Aufgabe „Konstruiere ein gleichschenkliges Dreieck, bei dem eine Seite 3 cm und eine andere 4 cm lang ist" gibt es zwei Lösungen.
b) Zwei gleichschenklige Dreiecke sind zueinander kongruent, wenn sie in folgenden Größen übereinstimmen:
(1) Basis und Basiswinkel,
(2) Schenkel und Basis,
(3) Schenkel und Basiswinkel.
c) Individuelle Lösung.
d) Es genügt eine Angabe, nämlich die Seitenlänge.

Seite 17

11 a) London – Zürich: 730 km
b) Amsterdam – Paris: 410 km

12 160,6 m

13 a) 76,8 m
b) Das Boot hat eine Strecke von etwa 210 m zurückgelegt. Das entspricht einer Geschwindigkeit von 6,3 km/h.

Seite 18

14 Der Ballon befindet sich in einer Höhe von 1100 m.

15 Die Entfernung Luftlinie beträgt etwa 24,5 km, ist also 3,5 km kürzer, das entspricht 12,5 %.

16 Individuelle Lösungen.

17 Das zugehörige Dreieck ist nicht eindeutig konstruierbar. Es ergeben sich zwei mögliche Fundorte.

18 a) Man bringt die Brüche auf den gemeinsamen Nenner 21 und addiert dann die Zähler.
$\frac{2}{3} + \frac{8}{7} = \frac{14}{21} + \frac{24}{21} = \frac{38}{21}$.
b) 1,35 kg

19 a) $\frac{3}{5}$; $\frac{5}{8}$; $\frac{7}{11}$; $\frac{2}{3}$
b) Zum Beispiel $\frac{1}{4}$; $\frac{2}{7}$; $\frac{3}{11}$; $\frac{11}{40}$; $\frac{21}{80}$

3 Figuren im Raum

Seite 20

1 Der Zauberstab darf höchstens 39,7 cm lang sein. Da 14 Zoll 35 cm entsprechen, passt der Stab in den Hut.

2 a) Man kann Gegenstände bis zu einer Länge von etwa 2,15 m in dem Schrank verstauen. Der Besen ist aber 227,5 cm lang.
b) Wäre der Schrank rund 2 m hoch, so könnte man den Besen darin verstauen.

3 a) In dem Trichter befinden sich 333 l, wenn er bis zum oberen Rand gefüllt ist.
b) Halbe Höhe: 42 l. Das entspricht einem Anteil von 12,6 %.

4 a) Flugstrecke: 87 cm, Krabbelstrecke: 112 cm
b) Die Krabbelstrecke ist rund 29 % länger.

Seite 21

5 a) 67,4 m
b) M_1 sei die Mitte der Strecke $\overline{BC}$ in Fig. 2, Seite 21. Man konstruiert mithilfe des Dreiecks BCS das Dreieck BM_1S und erhält für die Strecke $\overline{M_1S}$ 187 m. Nun konstruiert man das Dreieck M_1MS und erhält für die Strecke $\overline{MS}$ 148 m.
c) Neigungswinkel: 51,3°; Kantenlänge: 217 m.

6 a) Kantenlänge: 32,4 m
b) Gesamtfläche: etwa 1900 m².
c) Glasgewicht: 80,75 t. Damit ergibt sich ein Gesamtgewicht von 180,75 t.
d) Beide Pyramiden sind quadratisch. Für den Quotienten $\frac{\text{Höhe}}{\text{Grundkantenlänge}}$ ergibt sich bei der Cheopspyramide und der Glaspyramide in etwa der gleiche Wert (0,63 bzw. 0,64).
e) Höhe ca. 4,8 m.
Marginalie: Glasanteil etwa 45 %.

Seite 22

7 Oktaeder: 9,6 cm
Tetraeder: 5,6 cm
„Haus": 15,2 cm
Fünfeckspyramide: 3,6 cm, wenn die Seitenflächen gleichseitig sind (blaues Dreieck), ansonsten 7,8 cm (gelbes Dreieck).

8 Inhalt einer dreieckigen Dachfläche: 8,5 m².
Inhalt einer trapezförmigen Dachfläche: 40,3 m².
Gesamtfläche: 97,6 m²
b) Man benötigt rund 1630 Ziegel.

9 Länge der Stangen: 3,20 m

10 a) −77,85 °C.
b) 329,15 K
c) C: Temperatur in °C, K Temperatur in K.
C = K − 273,15
K = C + 273,15
d) Es gibt keine negativen Temperaturen. Man muss nicht auf das Vorzeichen achten.

4 Konstruktion von Vierecken

Seite 24

1 a) Das Dreieck ABC ist eindeutig konstruierbar nach dem KGS sss. Das Dreieck ABD ist eindeutig konstruierbar nach dem KGS sws. Damit sind alle Punkte festgelegt.

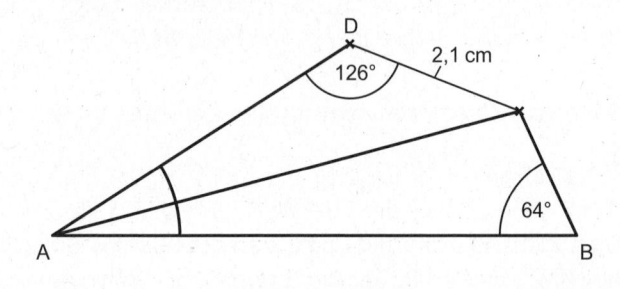

b) γ kann berechnet werden. Dann ist das Dreieck BCD eindeutig konstruierbar nach dem KGS Ssw. Danach können mithilfe von β und δ die Winkel $β_1$ und $δ_1$ im Dreieck ABD berechnet werden. Damit ist dieses Dreieck eindeutig konstruierbar nach dem KGS wsw.

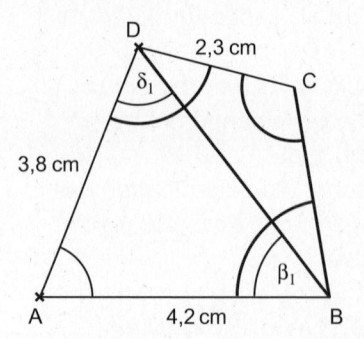

c) Dreieck ABC: KGS sws, Dreieck ACD: KGS wsw
(Die Strecke $\overline{AC}$ und der Winkel DCA sind durch das Dreieck ABC eindeutig gegeben, die anderen Winkel kann man berechnen.)

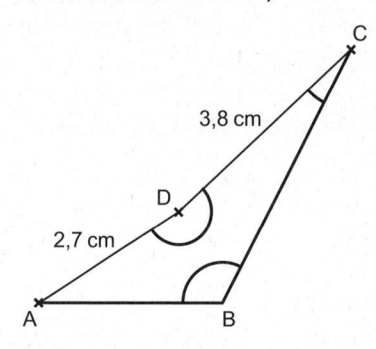

2 a) Das Dreieck ABC ist nach dem KGS sss eindeutig konstruierbar. Vom Dreieck ACD sind die Seite $\overline{AC}$ und die Seite $\overline{CD}$ sowie der Winkel bei A gegeben. Da die Seite $\overline{CD}$ kürzer ist, als die Seite $\overline{AC}$, gilt der KGS Ssw nicht und es gibt zwei Lösungsdreiecke. Für eine eindeutige Lösung müsste man c verlängern auf mehr als e = 4,9 cm oder e entsprechend verkürzen.

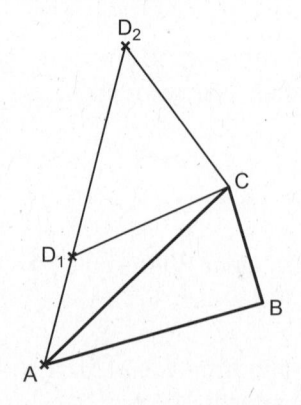

L4 I Kongruenz

b) Die Dreiecke BC_1D unf BC_2D sind zueinander kongruent. Je nachdem, welches der beiden Dreiecke man wählt, erhält man ein Viereck mit einspringender Ecke oder nicht.

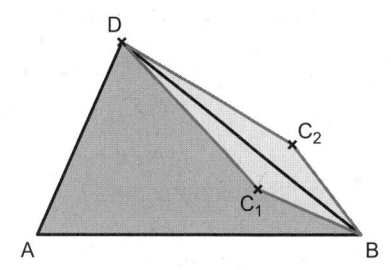

c) Für Dreieck ABD gilt der KGS Ssw nicht, deshalb gibt es zwei Lösungsdreiecke ABD_1 und ABD_2. Das Dreieck $BCD_{1/2}$ ist nach dem KGS sss zwar eindeutig konstruierbar, kann aber jeweils so konstruiert werden, dass die Ecke bei C einspringt oder nicht. So erhält man insgesamt vier verschiedene Vierecke.

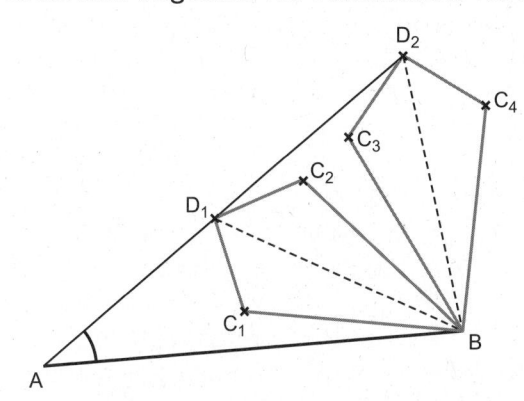

3 a) Man wählt z. B. α, a, b, d und e. Dann ist das Dreieck ABC nach dem KGS sss eindeutig konstruierbar und das Dreieck ABD nach dem KGS sws. Weitere Lösungen sind möglich.
b) Wählt man z. B. a, b, c, d und f, so erhält man neben dem abgebildeten Viereck noch ein Viereck mit einspringender Ecke, obwohl die Teildreiecke BCD und ABD durch den KGS sss eindeutig festgelegt sind (vgl. Aufgabe 2b)).

Seite 25

4 a) Falsch. Es gibt z. B. unendlich viele Rechtecke, die in zwei Seitenlängen übereinstimmten. Damit stimmten sie in den vier rechten Winkeln und einer Seitenlänge überein.
b) Richtig. Zwei Dreiecke sind nach dem KGS sws eindeutig konstruierbar.
c) Richtig. Sind z. B. die Seiten a und d sowie die Winkel α, β und δ gegeben, so ist das Dreieck ABD eindeutig konstruierbar nach dem KGS sws und das Dreieck DBC ist eindeutig konstruierbar nach dem KGS wsw.
d) Falsch. Vergleiche z. B. Aufgabe 2b).

5 Individuelle Lösungen.

6 a) Es sind zwei Angaben notwendig.
KGS: Zwei Rauten sind zueinander kongruent, wenn sie in einer Seite und einem Winkel übereinstimmen.
Aufgabenbeispiel: Konstruiere eine Raute mit einer Seitenlänge von 4 cm und einem Winkel von 40°.
b) Zwei Trapeze sind zueinander kongruent, wenn sie in zwei Seiten, einem eingeschlossenen Winkel und einem anliegenden Winkel, übereinstimmen.
Aufgabenbeispiel: Konstruiere ein Trapez mit a = 5 cm, b = 4,5 cm, α = 60° und β = 70°.

7 a) Das Parallelogramm ist eindeutig festgelegt. Es gilt a = c = 5 cm, b = d = 4 cm und α = γ = 78,5°.
b) Der Drachen ist eindeutig festgelegt. Es gilt a = d = 5 cm und b = c = 4 cm sowie α = 68°, β = δ = 102° und γ = 88°.
c) Man kann kein Rechteck mit diesen Maßen konstruieren.
d) Es gibt unendlich viele Trapeze mit diesen Maßen. Der Punkt D liegt auf einer Halbgeraden mit dem Anfangspunkt C, die parallel zur Seite a ist.

8 a) Böschungslänge: 6,3 m, Böschungswinkel 37,2°.
b) Böschungslänge: 5,6 m, Dammkrone: 4,9 m
c) Dammsohle: 15,2 m, Dammhöhe: 4,5 m

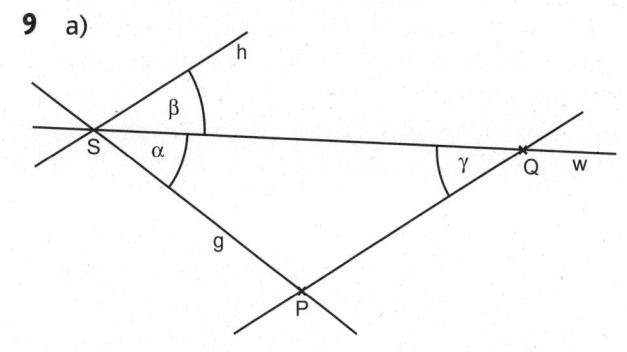

9 a)

b) Es handelt sich um ein gleichschenkliges Dreieck.
c) In der Zeichnung gilt α = β, weil w die Winkelhalbierende ist. γ ist Wechselwinkel zu β, weil h und die Gerade durch P und Q zueinander parallel sind. Also gilt immer α = γ, damit ist das Dreieck SPQ immer gleichschenklig.
d) Man wählt einen rechten Winkel (90°) für den Ausgangswinkel.

Seite 26

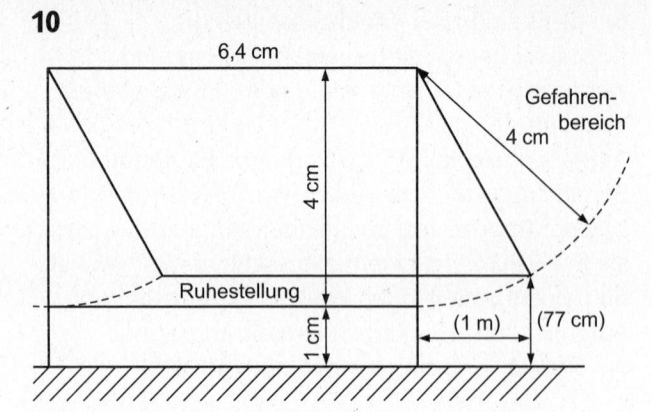

10

(Die Maßangaben in Klammern entsprechen den realen Abmessungen.)

11 Der Abstand beträgt etwa 9,8 km.

12 Die Höhe beträgt 69 cm.

13 Individuelle Lösung.
Beispielaufsatz:
Stabile Vierecke kommen z. B. bei der Konstruktion von Gartenhäusern, im Gerüstbau und bei Regalen zum Einsatz. Weil ein Viereck durch seine vier Seitenlängen nicht eindeutig festgelegt ist, ist eine Konstruktion, die einfach aus vier zusammengeschraubten Latten besteht, nicht stabil. Man hat in diesem Fall ein Gelenkviereck. Die Stabilität kann man erreichen, indem man eine Diagonale „einbaut" oder einen oder mehrere Winkel so blockiert, dass das Viereck starr wird.
In einigen Fällen ist es sogar erwünscht, dass Vierecke beweglich sind. Dies ist vor allem der Fall bei Teleskoparmen, wie man sie am Scheibenwischer oder an der Schreibtischlampe findet. Diese Vierecke sind gewöhnlich Parallelogramme und besitzen an allen vier Ecken Gelenke, so dass man die Vierecke in ihrer Form verändern kann. Auch der Wagenheber aus Aufgabe 12 ist ein Beispiel hierfür.

Seite 27

14 a) $\alpha = 124°$, $\beta = 76°$.
Der Winkel α wird zunächst größer, wenn man sich mit C dem Punkt A nähert. Sobald das Viereck aber eine eingesprungene Ecke bei C aufweist, wird der Winkel wieder kleiner. Wenn man das Dreieck ABD mit den Seitenlängen a, b + c und d konstruiert, erhält man diesen Grenzfall.
Ebenso verhält es sich mit β. Man muss das Dreieck ABC mit den Seitenlängen a, b und c + d konstruieren und erhält den zweiten Grenzfall.
b) $\alpha = 99°$

c) $\alpha = 112°$, $\delta = 68°$. Es gilt $\alpha + \delta = 180°$. Verlängert man die Seite d, so erhält man den Nebenwinkel zu δ, δ'. Wenn $\overline{AB}$ parallel zu $\overline{CD}$ ist, sind α und δ' Stufenwinkel und es gilt $\alpha = \delta'$. Da $\delta + \delta' = 180°$ ist, gilt damit auch $\delta + \alpha = 180°$.
d) Die Konstruktion ist eindeutig.

15 a) Die Länge der Diagonalen e kann zwischen 2 cm und 12 cm liegen. Für e = 2 cm kommt die Strecke $\overline{BC}$ auf der Strecke $\overline{AB}$ zu liegen, weil a − b = 2 cm. Für e = 12 cm existiert das Dreieck ABC nicht mehr, weil a + b = 12 cm (Dreiecksungleichung).
b) e muss größer als 10,5 cm und kleiner als 12 cm sein.
c) Im Grenzfall liegt die Strecke $\overline{BC}$ genau auf der Strecke $\overline{CD_2}$. Deshalb konstruiert man zuerst das Dreieck AD_2B, mit $\overline{AD_2} = d = 6$ cm, $\overline{AB} = b = 7$ cm und $\overline{D_2B} = c − d = 2$ cm (vgl. Buch, Fig. 4). Dann verlängert man die Strecke $\overline{D_2B}$ auf c = 8 cm und erhält so die Strecke $\overline{D_2C}$. Die Diagonalenlänge e ist dann gerade die Länge der Strecke $\overline{AC}$.

16 a) siehe Buch, Fig. 5
b) $\beta = 101°$, $63°$, $47°$ oder $9°$.
c) Das ist genau dann der Fall, wenn der Kreis um B mit Radius f = 4,5 cm den freien Schenkel bei α nicht schneidet, sondern nur berührt. Also muss man eine Tangente an den oben genannten Kreis konstruieren. Man erhält $\alpha = 40°$.

5 Begründen mit Kongruenzsätzen

Seite 29

1

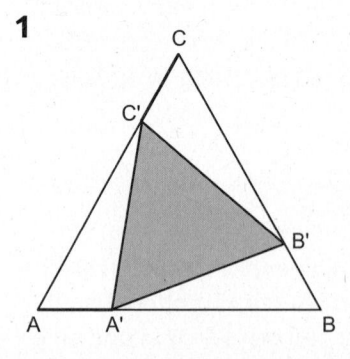

Fig. 1

Mit den Bezeichnungen aus Fig. 1 gilt:
Die Dreiecke A'BB', B'CC' und C'AA' sind nach dem KGS sws zueinander kongruent.
Damit sind auch die Strecken $\overline{A'B'}$, $\overline{B'C'}$ und $\overline{C'A'}$ gleich lang und das Dreieck A'B'C' somit gleichseitig.

2 Es wird jeweils gezeigt, dass die Strecke $\overline{AA'}$ parallel ist zu $\overline{B'B}$ (vgl. Fig. 1, L7 und 2, L7). Die

Begründung für das andere Streckenpaar verläuft genauso.
a)

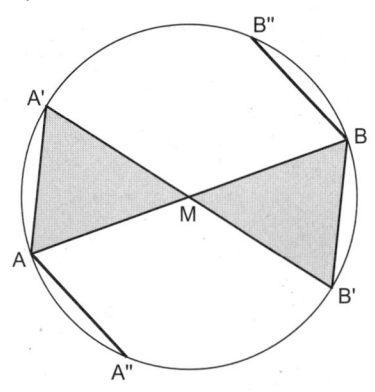

Fig. 1

Die Dreiecke MB'B und MA'A sind nach dem KGS sss zueinander kongruent. Also sind die Winkel bei A und B bzw. bei A' und B' gleich groß. Da diese Winkel bezüglich der beiden Durchmesser und der Geraden durch $\overline{AA'}$ und $\overline{BB'}$ zueinander liegen wie Wechselwinkel, müssen die Strecken parallel zueinander sein.

b)

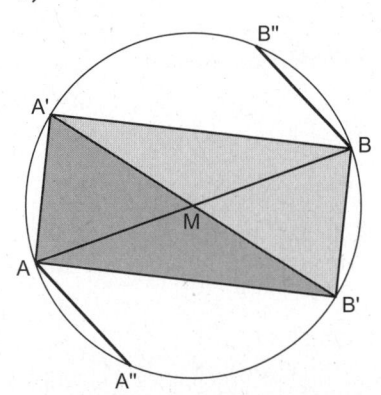

Fig. 2

Die Dreiecke A'B'B und AB'A' sind nach dem Satz des Thales rechtwinklig und damit nach dem KGS Ssw zueinander kongruent. Damit sind alle vier Winkel im Viereck AB'BA' rechte und das Viereck ist ein Rechteck und in einem Rechteck sind gegenüberliegende Seiten parallel.

3 a) Es ist ein Parallelogramm.
b) Zeichnet man in einem solchen Viereck eine Diagonale ein, so sind die beiden Teildreiecke nach dem KGS sss zueinander kongruent. Weil sich die gegenüberliegenden Winkel jeweils aus entsprechenden Winkeln der zueinander kongruenten Dreiecke zusammensetzen, sind diese gleich groß.
c) Im Viereck gilt $\alpha + \beta + \gamma + \delta = 360°$. Da nach Aufgabe b) $\alpha = \gamma$ und $\beta = \delta$ ist, gilt $2\alpha + 2\beta = 360°$ bzw. $\alpha + \beta = 180°$. Für den Nebenwinkel β' von β gilt dann β' = α und damit β' = γ. Da β' und γ Wechselwinkel sind, sind die Geraden durch $\overline{AB}$ und durch $\overline{CD}$ zueinander parallel. Die Argumentation für das andere Geradenpaar läuft genauso (vgl. Fig. 3).

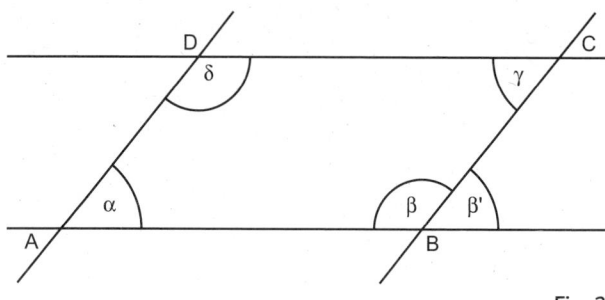

Fig. 3

4 Die Dreiecke ABF und ABE stimmen in der Strecke $\overline{AB}$, in der Strecke $\overline{AE}$ bzw. $\overline{AF}$ sowie im rechten Winkel bei E bzw. F (Satz des Thales) überein. Also sind sie nach dem KGS Ssw zueinander kongruent. Die Dreiecke EBC und AFC sind nach dem KGS wsw zueinander kongruent, weil sie im rechten Winkel bei E bzw. F und im Winkel an der Spitze bei C sowie in der Strecke $\overline{EB}$ bzw. $\overline{AF}$ übereinstimmen. Also gilt $\overline{CE} = \overline{CF}$ und damit dank der Voraussetzung $\overline{AE} = \overline{BF}$ auch $\overline{AC} = \overline{BC}$.

5 a) Die Eckpunkte des Innendreiecks seien A', B' und C'. Die Dreiecke ABE, BCF und CAD sind zueinander kongruent nach dem KGS sws. Die Dreiecke ADA', BEB' und CFC' sind zueinander kongruent nach dem KGS wsw. Damit setzen sich die gleich langen Strecken $\overline{AE}$, $\overline{BF}$ und $\overline{CD}$ aus jeweils gleich langen Teilstrecken sowie den Seiten des Innendreiecks A'B'C' zusammen. Also sind auch die Seiten des Dreiecks A'B'C' gleich lang.
b)

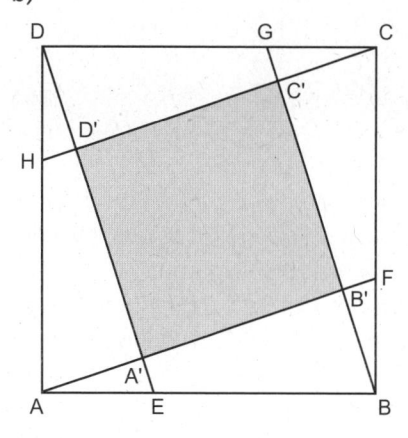

Fig. 4

Die Dreiecke ABF, BCG, CDH und DAE sind zueinander kongruent nach dem KGS sws. Die Dreiecke AEA', BFB', CGC' und DHD' sind nach dem KGS wsw zueinander kongruent. Also sind die Strecken $\overline{A'B'}$, $\overline{B'C'}$, $\overline{C'D'}$ und $\overline{D'A'}$ gleich lang. Außerdem sind die Winkel an den Ecken alle gleich groß. Damit ist das Viereck ein Quadrat.

6 a) Der Schnitt läuft immer durch den Schnittpunkt der Diagonalen.
b) Die Teilflächen sind zueinander kongruent.

c)

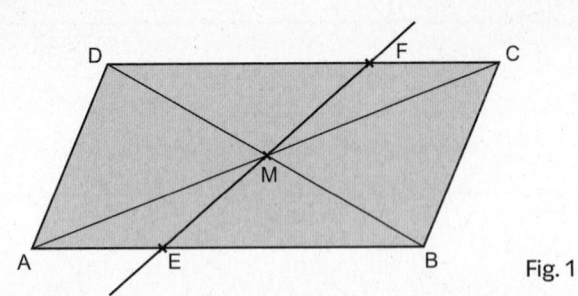

In einem Parallelogramm halbiert der Diagonalenschnittpunkt M die Diagonalen. In Fig. 1 sind deshalb die Dreieckspaare EBM und DMF, BCM und AMD bzw. MCF und AEM jeweils nach dem KGS sws zueinander kongruent. Damit sind die beiden Teilflächen zueinander kongruent.

Wiederholen – Vertiefen – Vernetzen

Seite 30

1 b)

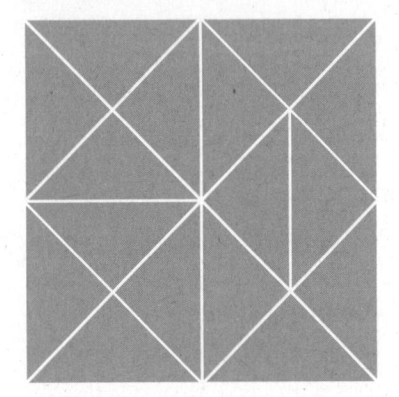

Fig. 2

2 a) Der Mittelpunkt des Quadrats halbiert die inneren Begrenzungslinien der Figuren. Damit stimmen die Vierecke in allen Seiten und einem Winkel überein, sind also zueinander kongruent.
b) Der Flächeninhalt des gesamten Quadrats beträgt 64 cm². Da alle Teilvierecke zueinander kongruent sind, beträgt ihr Flächeninhalt jeweils 16 cm². Die Länge der roten Strecke spielt dabei keine Rolle.

3 a) Die Länge der dritten Seite muss zwischen 1,4 cm und 12,2 cm liegen.
b) Die Summe der beiden kleineren Seitenlängen muss größer sein als die größte Seitenlänge (Dreiecksungleichung).

4 a) Dreieck 1: $b = 7{,}3$ cm, $\alpha = 29°$, $\beta = 119°$, $\gamma = 32°$.
Dreieck 2: $b = 4{,}3$ cm, $\alpha = 54°$, $\beta = 61°$, $\gamma = 65°$.
b) Dreieck 1: $a = 4{,}6$ cm, $c = 3{,}1$ cm, $\alpha = 73°$, $\beta = 67°$.
Dreieck 2: $a = 7{,}8$ cm, $c = 5{,}2$ cm, $\alpha = 107°$, $\beta = 33°$.
c) Dreieck 1: $c = 0{,}6$ cm, $\alpha = 66°$, $\beta = 107°$, $\gamma = 7°$.
Dreieck 2: $c = 3{,}2$ cm, $\alpha = 66°$, $\beta = 41°$, $\gamma = 73°$.
d) Dreieck 1: $b = 4{,}7$ cm, $c = 1{,}8$ cm, $\beta = 109°$, $\gamma = 21°$.
Dreieck 2: $b = 4{,}7$ cm, $c = 4{,}2$ cm, $\beta = 71°$, $\gamma = 59°$.

5 Man berechnet zunächst eine passende Höhe.
a) $a = 5{,}0$ cm, $b = 8{,}0$ cm, $\beta = 126°$, $\gamma = 24°$.
b) Dreieck 1: $c = 6{,}1$ cm, $\alpha = 119°$, $\beta = 19°$, $\gamma = 42°$.
Dreieck 2: $c = 10{,}4$ cm, $\alpha = 31°$, $\beta = 11°$, $\gamma = 138°$.

6 Der Flächeninhalt wird maximal, wenn der Winkel zwischen den gegebenen Seiten ein rechter ist. Dann beträgt der Flächeninhalt 9 cm².
Der Flächeninhalt kann beliebig klein werden, aber nicht negativ oder null.

7 a) 44,6 m
b) 53,1°

8 a) 2,29 m
b) Um 10.00 Uhr.
c) Sonnenstand in Berlin am 20. Dezember 2005 um 10.00 Uhr: 9,4°. Der Schatten ist 9,7 m lang. Sonnenstandinfos z. B. unter:
http://de.WiKipedia.org/WiKi/Hauptseite

Seite 31

9 a) 31,2 %
b) 2881 m, wenn das Seil nicht durchhängen würde, tatsächlich etwas mehr.

10 a) Falsch: Gegenbeispiel:

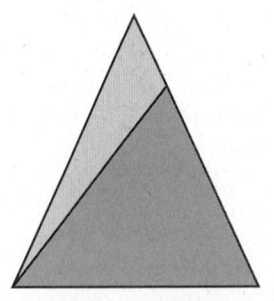

Fig. 3

b) Wahr. Alle Höhen im gleichseitigen Dreieck sind gleich groß und die beiden Teildreiecke, die sich durch das Einzeichnen der Höhe ergeben, sind nach dem KGS wsw eindeutig konstruierbar.
c) Falsch. Gegenbeispiel:

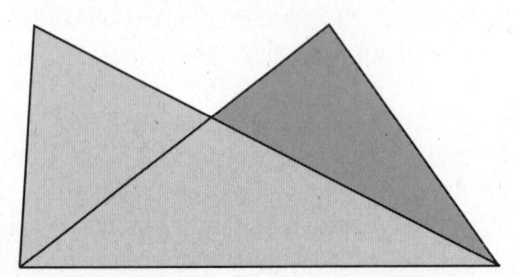

Fig. 4

d) Falsch. Gegenbeispiel:

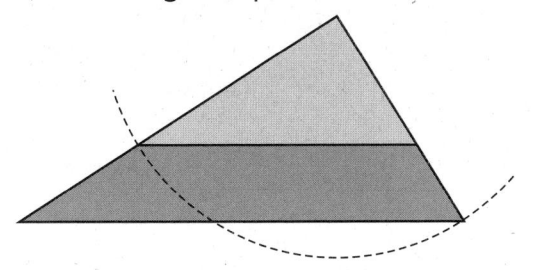

Fig. 1

e) Wahr. Man kann den dritten Winkel berechnen. Dann ergibt sich die Kongruenz z.B. aus dem KGS wsw.

11 Die beiden Dreiecke sind nicht zueinander kongruent. Zwar stimmen sie in zwei Seiten und einem (rechten) Winkel überein, doch die Lage des rechten Winkels ist unterschiedlich. So kann man weder den KGS sws noch Ssw anwenden.

12 a) P muss auf dem Schnittpunkt der Strecke $\overline{CB}$ mit der Winkelhalbierenden von α liegen.
b) Die Strecken $\overline{AQ}$, $\overline{QP}$, $\overline{PR}$ und $\overline{AR}$ sind alle gleich lang, also sind die Dreiecke ARP und APQ zueinander kongruent. Also sind auch alle Winkel gleich groß, insbesondere halbiert die Strecke $\overline{AP}$ den Winkel bei A.

13 a) Herr Geiger hat das Ziel nach 2:58:50 erreicht.
b) s ↦ t mit t = 180 + 250 s

14 Thorsten ist 10 Runden gelaufen, Reinhard 15.

Exkursion: Entdeckungen – Die platonischen Körper

Seite 32

1

Körper	Ecken	Flächen	Kanten
Tetraeder	4	4	6
Hexaeder	8	6	12
Oktaeder	6	8	12
Dodekaeder	20	12	30
Ikosaeder	12	20	30

2 a) Es gilt die Formel **E**ckenzahl + **F**lächenzahl = **K**antenzahl + 2.
b) Die Formel gilt für alle Polyeder.

3 a) 60°   b) 180°, 240°, 300° und 360°
c) Es kann nur drei platonische Körper geben, dies sind das Tetraeder, das Oktaeder und das Ikosaeder.

4 a) 108°
b) Legt man drei Fünfecke in der Ebene aneinander, so erhält man eine Winkelsumme von 324°. Der zugehörige Körper ist das Dodekaeder. Bei vier Fünfecken erhält man eine Winkelsumme von mehr als 360°, es kann also kein Körper daraus entstehen.

5 a) 120°
b) Bei drei Sechsecken erhält man bereits eine Winkelsumme von 360°. Damit kann keine Ecke mehr entstehen.
c) Mit der Anzahl der Ecken wächst auch die Größe der Winkel. Deshalb erhält man bei drei Vielecken des gleichen Typs immer eine Winkelsumme von mehr als 360°. Daraus kann höchstens noch eine einspringende Ecke entstehen.

6 Siehe Buch, Seite 34, Fig. 1.
Es entsteht ein Würfel.

7 Das Ikosaeder ist dual zum Dodekaeder.
Das Tetraeder ist dual zu sich selbst.

8 a) Die Achtecke und die Dreiecke haben eine Seitenlänge von 1,7 cm.
b) Die Quadrate und Dreiecke haben eine Seitenlänge von 2,8 cm.

9 Von links nach rechts: Würfel, Dodekaeder, Ikosaeder, Tetraeder, Oktaeder.

10 a) Würfel und Dodekaeder.
b) Kuboktaeder und Ikosidodekaeder.

II Reelle Zahlen

1 Von bekannten und neuen Zahlen

Seite 41

1 a) Jeder Zufallsexperiment, das nacheinander verschiedene Ziffern erzeugt.
b) Individuelle Ergebnisse
c) Da in b) rationale Zahlen notiert werden, ist das Ergebnis eine rationale Zahl.

2 a) 0,101 001 000 100 001 000 00...
b) Diese Dezimalzahl hat unendlich viele Nachkommastellen und wegen ihres Aufbaues keine Periode, also kann man sie nicht als Bruchzahl schreiben.
c) Individuelle Lösungen

Seite 42

3 a) 0,102 003 000 400 005 000 006 000 000 700...
b) An der 110. Stelle steht „4".
c) An der 55. Stelle der Summe steht „2".

4 a) 0,101 001 000 1... + 0,010 110 111 0... + 0,111 111 111 1... = $0,\overline{1}$ = $\frac{1}{9}$
b) Individuelle Lösungen

5 Es muss passen
– in das Püppchen „reelle Zahlen": alle anderen Püppchen
– in das Püppchen „rationale Zahlen": alle Püppchen bis auf „irrationale Zahlen" und „reelle Zahlen"
– in das Püppchen „abbrechende Dezimalzahlen: die Püppchen „natürliche Zahlen" und „ganze Zahlen"
– in das Püppchen „ganze Zahlen": das Püppchen „natürliche Zahlen"

6 a) Die beiden Radien sind gleich groß. Der Mittelpunkt der roten Strecke ist deshalb auch die Mitte zwischen den beiden Kreismittelpunkten (aus Symmetriegründen). Die Strecke zwischen den Kreismittelpunkten ist 5 Längeneinheiten lang. Also gehört der Mittelpunkt der roten Strecke zur Zahl –0,5, denn (–3) + 2,5 = –0,5 bzw. 2 – 2,5 = –0,5.
b) Tobias hat nicht Recht. Denn man kann immer eine irrationale Zahl ähnlich wie in Aufgabe 4 erfinden, deren Punkt zur roten Strecke gehört; ggf. beginnt die sich aufbauende Serie von Nullen und Einsen „sehr weit" hinter dem Komma.

7 a) Individuelle Lösungen
b) Das arithmetische Mittel zweier reeller Zahlen liegt zwischen diesen beiden Zahlen und ist stets wieder eine reelle Zahl.
c) Zwischen einer (beliebig) gewählten (noch so kleinen) positiven reellen Zahl a und der Zahl 0 liegt die positive reelle Zahl $\frac{a}{2}$ mit $\frac{a}{2}$ < a; deshalb gibt es keine kleinste positive reelle Zahl.
d) Zwischen einer (beliebig) gewählten (noch so großen) negativen reellen Zahl a und der Zahl 0 liegt die Zahl $\frac{a}{2}$, mit $\frac{a}{2}$ > a; deshalb gibt es keine größte negative reelle Zahl.

2 Streckenlängen und irrationale Zahlen

Seite 44

1 a) x ≈ 2,236; x ≈ –2,236
b) x ≈ 4,123; x ≈ –4,123   c) x = 16; x = –16
d) x = 25; x = –25   e) x ≈ 31,623; x ≈ –31,623

2 a) 7   b) 20   c) 66

3 a) und b) Individuelle Lösungen

Seite 45

4 a) 2,828 m   b) 4,243 m   c) 5,657 m
Die jeweiligen Überlegungen, die in einem kleinen Aufsatz zu dokumentieren sind, können sich an den Überlegungen des Lehrtextes orientieren.

5 1 Morgen entspricht 0,0025 km².
100 Morgen entsprechen 0,25 km².
Eine Seite des Feldes ist somit 0,5 km lang und der gesamte Spaziergang ist 2 km lang. Ein Spaziergänger mit einer durchschnittlichen Geschwindigkeit von ca. 4 $\frac{km}{h}$ wäre somit etwa $\frac{1}{2}$ Stunde unterwegs.

6

	natürliche Zahl	ganze Zahl	negative Zahl
–5	nein	ja	ja
173	ja	ja	nein
2,67	nein	nein	nein
–8,4	nein	nein	ja
$\frac{2}{3}$	nein	nein	nein
x > 0 mit x² = 100	ja	ja	nein
x < 0 mit x² = 7	nein	nein	ja
$-3\frac{11}{12}$	nein	nein	ja
x mit x² = –16	nein	nein	nein
x < 0 mit x² = 16	nein	ja	ja

	positive Zahl	rationale Zahl	irrationale Zahl	reelle Zahl
−5	nein	ja	nein	ja
173	ja	ja	nein	ja
2,67	ja	ja	nein	ja
−8,4	nein	ja	nein	ja
$\frac{2}{3}$	ja	ja	nein	ja
x > 0 mit x^2 = 100	ja	ja	nein	ja
x < 0 mit x^2 = 7	nein	nein	ja	ja
$-3\frac{11}{12}$	nein	ja	nein	ja
x mit x^2 = −16	nein	nein	nein	nein
x < 0 mit x^2 = 16	nein	ja	nein	ja

7 Die Katze ist ca. 2,8 m ($\sqrt{8}$ m) hoch auf den Baum geklettert.

Seite 46

8 a) 1. Gesucht wird eine Zahl x, die quadriert 5 ergibt. Da $2^2 = 4$ und $3^2 = 9$ ist, muss x zwischen 2 und 3 liegen.
2. Wäre die gesuchte Zahl x eine Bruchzahl, so könnte man x als vollständig gekürzten Bruch $\frac{a}{b}$ schreiben.
3. Da $\frac{a}{b}$ zwischen 2 und 3 liegt, ist $\frac{a}{b}$ keine ganze Zahl. Also ist b ≠ 1.
4. Multipliziert man $\frac{a}{b}$ mit sich selbst, dann erhält man $\frac{a \cdot a}{b \cdot b}$.
5. Da $\frac{a}{b}$ nicht mehr kürzen lässt, lässt sich auch $\frac{a \cdot a}{b \cdot b}$ nicht mehr kürzen.
6. Da b ≠ 1 ist, ist auch b · b ≠ 1.
7. Weil der Nenner des Bruches $\frac{a \cdot a}{b \cdot b}$ nicht 1 ist, kann $\frac{a \cdot a}{b \cdot b}$ nicht 5 sein.
8. Es gibt keine Bruchzahl, die quadriert 5 ergibt.
9. Die Zahl x, die quadriert 5 ergibt, ist keine rationale Zahl.
b) 1. Gesucht wird eine Zahl x, die quadriert eine Primzahl ergibt.
2. Wäre die gesuchte Zahl x eine Bruchzahl, so könnte man x als vollständig gekürzten Bruch $\frac{a}{b}$ schreiben.
3. Da x^2 und somit auch $\frac{a \cdot a}{b \cdot b}$ eine Primzahl ist, ist $\frac{a}{b}$ keine ganze Zahl. Also ist b ≠ 1.
4. Da sich $\frac{a}{b}$ nicht mehr kürzen lässt, lässt sich auch $\frac{a \cdot a}{b \cdot b}$ nicht mehr kürzen.
5. Da b ≠ 1 ist, ist auch b · b ≠ 1.
6. Weil der Nenner des Bruches $\frac{a \cdot a}{b \cdot b}$ nicht 1 ist, kann $\frac{a \cdot a}{b \cdot b}$ keine ganze Zahl und somit keine Primzahl sein.
7. Es gibt keine Bruchzahl, die quadriert eine Primzahl ergibt.
8. Eine Zahl x, die quadriert eine Primzahl ergibt, ist keine rationale Zahl.

c) Man soll erkennen, dass z. B. schon der Punkt 1 in Aufgabenteil a) nicht übertragbar ist, weil x = 2 schon eine der gesuchten Zahlen ist.

9 a) Lösungsidee zu:
Multipliziert man b^2 mit 10, dann endet das Ergebnis rechts mit einer ungeraden Anzahl von Nullen, also mit einer oder drei oder fünf ... Nullen.[*]
Falls b ein Vielfaches von 10 ist, dann endet b^2 (s. unten) auf eine gerade Anzahl von Nullen und $10 b^2$ endet auf eine ungerade Anzahl von Nullen.
Falls b kein Vielfaches von 10 ist, dann endet b^2 mit einer Ziffer ungleich Null (s. unten) und $10 b^2$ endet mit einer Null.
Lösungsidee zu:
Es gibt keine natürliche Zahl a mit dieser Eigenschaft (d. h. mit der Eigenschaft a^2 endet rechts mit einer ungeraden Anzahl von Nullen).[*]
Falls a kein Vielfaches von 10 ist, dann endet a^2 mit einer Ziffer ungleich Null, weil die Quadrate 1^2, 2^2, ..., 9^2 kein Vielfaches von 10 sind.
Falls a ein Vielfaches von 10 ist, dann endet a^2 auf eine gerade Anzahl von Nullen, weil sich bei einer Multiplikation die Anzahl der End-Nullen der Faktoren beim Ergebnis addieren.
b) Es gibt keine rationale Zahl x mit $x^2 = 1000$, denn: Wäre x eine rationale Zahl, dann könnte man x als vollständig gekürzten Bruch $\frac{a}{b}$ schreiben. Es wäre dann $(\frac{a}{b})^2 = 1000$. Also wäre $a^2 = 1000 b^2$.
Multipliziert man b^2 mit 1000, dann endet das Ergebnis rechts mit einer ungeraden Anzahl von Nullen, also mit drei oder fünf ... Nullen.
Weil $a^2 = 1000 b^2$ ist müsste auch a^2 rechts mit einer ungeraden Anzahl von Nullen enden.
Es gibt keine natürliche Zahl a mit dieser Eigenschaft. Also ist x keine rationale Zahl.

10 a) Idee der Erläuterung:
Das Quadrat hat die Seitenlänge 2 (LE) und den Flächeninhalt 4 (FE). Zeichnet man ein Quadrat über der Diagonalen, so hat es den Flächeninhalt 8 (FE). Für die Länge d der Diagonalen des Ausgangsquadrates gilt $d^2 = 8$ (LE). Zeichnet man einen Kreis um den Ursprung des Koordinatensystems mit dem Radius d, so schneidet er die x-Achse, bei der Zahl, die zur Länge von d gehört.
b) Es ist wie in Fig. 1 ein Quadrat zu zeichnen, jetzt mit Seitenlänge 3 (LE), denn $4 \cdot (0,5 \cdot 3^2) = 18$.
Die Länge der Diagonalen beträgt ca. 4,24 (LE).

11 a) Das Quadrat wurde „nach links über den negativen Bereich der x-Achse" gezeichnet.
b) Länge der Diagonale: 7,071 (auf drei Nachkommastellen gerundet)
c) Zahl im Kästchen: −7,071 (auf drei Nachkommastellen gerundet)

3 Quadratwurzeln

Seite 48

1 a) 8 b) 11 c) 15 d) 16
e) 25 f) 30

2 a) 1,1 b) 0,3 c) 0,4 d) 2,1
e) 0,9 f) 0,02 g) $\frac{1}{2}$ h) $\frac{1}{3}$
i) $\frac{8}{3}$ j) $\frac{3}{10}$ k) $\frac{4}{5}$ l) $\frac{7}{4}$

3 a) 16 b) 1,73 c) $\frac{17}{19}$ d) 7
e) 11 f) 23

4 a) 3,5 m b) 2,2 m (gerundet)
c) 317,8 m (gerundet) d) 30 cm
e) 9,5 cm (gerundet) f) 1 km

5 Johanna kann höchstens 11 mal 11 Covers, also 121 Covers anbringen.

Seite 49

6 Kern der Geschichte:
Einmal wurde die Wurzel aus 2 gezogen und anschließend sofort quadriert. Man erhielt das Ergebnis 2, weil der TR mit wesentlich mehr Nachkommastellen rechnet, als er anzeigt. Beim Quadrieren erhält man deshalb das gerundete Ergebnis 2.
Gibt man in den TR das angezeigte Ergebnis von Wurzel aus 2 (mit exakt 8 Nachkommastellen) direkt ein und quadriert anschließend, so zeigt der TR das gerundete Ergebnis 1,999 999 99 an.

7 a) 13 und −13 b) 0,3 und −0,3 c) 2,9 und −2,9
d) 1 und −1 e) 0

8 Individuelle Lösung

9 Gerundete Ergebnisse:
a) 4,5 cm b) 0,9 cm c) 12,9 cm

10 Bei der Aufgabe I: $x^2 + 7 = 7$

11 Idee: Im Kopf zu bestimmen sind die Aufgaben, bei denen der Radikant eine gerade Anzahl von Nachkommastellen besitzt.

12 a) s = 0,625 t

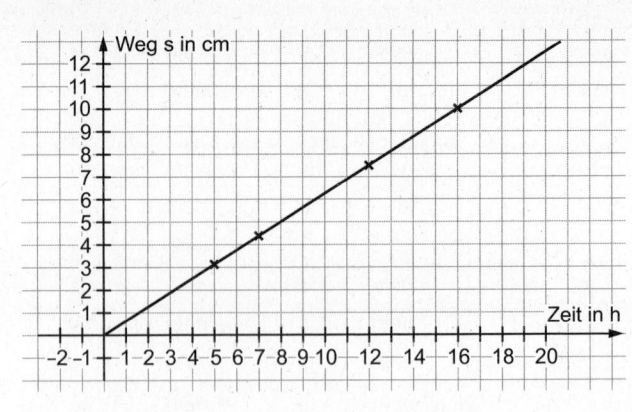

b) 3,125 cm (4,375 cm) c) 4,8 h (16 h)

13 40 €

4 Rechnen mit Näherungswerten

Seite 51

1 Gerundete Ergebnisse
a) 13,1 kg b) 129,2 m c) 13 l d) 27,1 t
e) 30,3 m² f) 88 m

2 Gerundete Ergebnisse
a) 8,6 m² b) 4,9 km² c) 43 cm² d) 11 m²
e) 6,9 m f) 2 cm g) 3 m h) 5,56 cm

3 Gerundete Ergebnisse
a) 2 l b) 0,2 kg c) 1,3 m d) 0,095 t

4 Wegen der unterschiedlichen Genauigkeiten der Waagen sind die Überlegungen falsch.

5 a) u ≈ 14,8 km; A ≈ 9,3 km²
b) u ≈ 34,5 m; A ≈ 60 m²
c) u ≈ 46,1 m; A ≈ 101 m²
d) u ≈ 179,2 cm; A ≈ 590 cm²

6 Individuelle Lösung

Seite 52

7 Individuelle Lösung
(Durchmesser 2-Euro-Stück: ca. 2,6 mm;
Durchmesser 1-Euro-Stück: ca. 2,3 mm)

8 Länge der Diagonale des Bodenquadrates: ca. 8,5 m
Länge des Seiles: ca. 10,9 m
Max. Anzahl der Wimpel pro Seil: 54
(Achtung: untere Wimpel liegen dann auf dem Boden …)

9 a) $A = 1{,}5\,\text{cm} \cdot 1{,}5\,\text{cm} + 2{,}5\,\text{cm} \cdot 2{,}5\,\text{cm} - 1\,\text{cm} \cdot 1\,\text{cm}$
$= 7{,}5\,\text{cm}^2$
b) $d_1 = 2{,}12\,\text{cm}$; $d_2 = 3{,}54\,\text{cm}$; $A = 7{,}5048\,\text{cm}^2$

5 Ordnen und Vereinfachen – Terme mit Quadratwurzeln

Seite 54

1 a) $(7 + 4)\sqrt{3} = 11\sqrt{3}$ b) $(8 - 5)\sqrt{2} = 3\sqrt{2}$
c) 0 d) $(1 - 7)\sqrt{10} = -6\sqrt{10}$

2 a) $2\sqrt{5} - \sqrt{5} - 3\sqrt{2} = (2 - 1)\sqrt{5} - 3\sqrt{2} = \sqrt{5} - 3\sqrt{2}$
b) $\sqrt{2} + \sqrt{2} - \sqrt{3} = 2\sqrt{2} - \sqrt{3}$
c) $(3 + 1)\sqrt{10} + (1 + 1)\sqrt{5} = 4\sqrt{10} + 2\sqrt{5}$
d) $(4 + 5 - 1)\sqrt{7} + (7 - 8 + 6)\sqrt{13} = 8\sqrt{7} + 5\sqrt{13}$

3 a) $\sqrt{2 \cdot 4} + \sqrt{2} = 2\sqrt{2} + \sqrt{2} = 3\sqrt{2}$
b) $\sqrt{12} - \sqrt{3} = \sqrt{3 \cdot 4} - \sqrt{3} = 2\sqrt{3} - \sqrt{3} = \sqrt{3}$
c) $6\sqrt{3 \cdot 16} - \sqrt{3 \cdot 9} = 24\sqrt{3} - 3\sqrt{3} = 21\sqrt{3}$
d) $4\sqrt{2 \cdot 25} - \sqrt{2 \cdot 49} = 20\sqrt{2} - 7\sqrt{2} = 13\sqrt{2}$
e) $\sqrt{3 \cdot 0{,}25} - \sqrt{3 \cdot 0{,}01} = 0{,}5\sqrt{3} - 0{,}1\sqrt{3} = 0{,}4\sqrt{3}$
f) $\sqrt{\tfrac{1}{2}} - 3\sqrt{\tfrac{1}{2}} = -2\sqrt{\tfrac{1}{2}} = -\sqrt{\tfrac{4}{2}} = -\sqrt{2}$
g) $4\sqrt{\tfrac{1}{3}}$
h) $2\sqrt{5 \cdot 0{,}01} + \tfrac{1}{3}\sqrt{5} = 0{,}2\sqrt{5} + \tfrac{1}{3}\sqrt{5} = \tfrac{8}{15}\sqrt{5}$

4 a) $\sqrt{2} + \sqrt{2 \cdot 4} - \sqrt{2 \cdot 16} = (1 + 2 - 4)\sqrt{2} = -\sqrt{2}$
b) $\sqrt{3 \cdot 4} + 3\sqrt{3 \cdot 9} - \sqrt{3 \cdot 16} = (2 + 9 - 4)\sqrt{3} = 7\sqrt{3}$
c) $\sqrt{5 \cdot 9} + 3\sqrt{2} - \sqrt{5 \cdot 16} = 3\sqrt{5} + 3\sqrt{2} - 4\sqrt{5}$
$= 3\sqrt{2} - \sqrt{5}$
d) $\sqrt{7 \cdot 4} - \sqrt{2 \cdot 25} + \sqrt{9 \cdot 7} = 2\sqrt{7} + 3\sqrt{7} - 5\sqrt{2}$
$= 5\sqrt{7} - 5\sqrt{2}$

5 a) $2\sqrt{5} + 5$ b) $7 - 3\sqrt{7}$
c) $\sqrt{15} - 5$ d) $6 - \sqrt{30}$
e) $\sqrt{36} + \sqrt{225} = 6 + 15 = 21$
f) $\sqrt{196} - \sqrt{441} = 14 - 21 = -7$

6 a) b) analog c)
c) Wenn ein Quadrat die Seitenlänge a hat, dann hat das Quadrat über der Diagonalen den Flächeninhalt $2 \cdot a^2$ und es ist $\sqrt{2 \cdot a^2} = a \cdot \sqrt{2}$.

7 Länge der Diagonalen einer großen Platte
$d_1 = \sqrt{911} \cdot \sqrt{2}\,\text{cm}$
Länge der Diagonalen einer mittleren Platte
$d_2 = \sqrt{370} \cdot \sqrt{2}\,\text{cm}$
Länge der Diagonalen einer kleinen Platte
$d_3 = \sqrt{120} \cdot \sqrt{2}\,\text{cm}$

Länge des Weges der Ameise: $3 \cdot d_1 + 7 \cdot d_2 + 12 \cdot d_3$
$= \sqrt{2} \cdot (3 \cdot \sqrt{911} + 7 \cdot \sqrt{370} + 14 \cdot \sqrt{120}) \approx 535\,\text{cm}$

8 Seitenkanten: $\sqrt{20}\,\text{dm}$; $\sqrt{10}\,\text{dm}$; $\sqrt{5}\,\text{dm}$
Kriechspur: $\sqrt{20}\,\text{dm} + (\sqrt{20}\,\text{dm} - \sqrt{10}\,\text{dm})$
$+ \sqrt{10}\,\text{dm} + (\sqrt{10}\,\text{dm} - \sqrt{5}\,\text{dm}) + \sqrt{5}\,\text{dm} + \sqrt{5}\,\text{dm}$
$= 2\sqrt{20}\,\text{dm} + \sqrt{10}\,\text{dm} + \sqrt{5}\,\text{dm} = 14{,}3\,\text{dm}$

Seite 55

9 Mögliche Argumentation (mit entsprechenden Maßzahlen bzw. Einheiten): In Fig. 1 erkennt man:
Wenn das kleine grüne Quadrat den Flächeninhalt a hat, dann hat es die Seitenlänge $\sqrt{a}$.
Wenn das kleine gelbe Quadrat den Flächeninhalt b hat, dann hat es die Seitenlänge $\sqrt{b}$.
Das große Quadrat hat dann die Seitenlänge $\sqrt{a} + \sqrt{b}$.
Man denkt sich nun ein viertes Quadrat, dessen Flächeninhalt so groß ist, wie die Flächeninhalte der beiden kleinen Quadrate zusammen.
Der Flächeninhalt dieses vierten Quadrates ist $a + b$; deshalb hat es die Seitenlänge $\sqrt{a + b}$.
Der Flächeninhalt des großen Quadrates in Fig. 1 ist größer als die Flächeninhalte der beiden kleinen Quadrate zusammen.
Das gedachte vierte Quadrat hat deshalb einen kleineren Flächeninhalt als das große Quadrat in Fig. 1. Somit ist auch die Seitenlänge des vierten Quadrates kleiner als die Seitenkänge des großen Quadrates in Fig. 1. Also gilt: $\sqrt{a} + \sqrt{b} > \sqrt{a + b}$.

10 Individuelle Lösungen und
a) 0,7   b) 1,34   c) 1,51   d) 0,82   e) 1,55
f) 0,58   g) 0,4   h) 0,87   i) 0,4   j) 0,045

11 16 von 20 sind 80 %, 10 von 12 sind $83\tfrac{1}{3}$ %.

12 a) $a = b = 3{,}9\,\text{cm}$; $\beta = \alpha = 50°$; $\gamma = 80°$
b) $a = b = 4\,\text{cm}$; $c = 7{,}3\,\text{cm}$; $\alpha = \beta = 25°$
c) $a = b = c = 6\,\text{cm}$; $\alpha = \beta = \gamma = 60°$

Wiederholen – Vertiefen – Vernetzen

Seite 56

1 a) $1{,}\overline{5}$; $1{,}\overline{6}$; $1{,}581139$; $1{,}6$

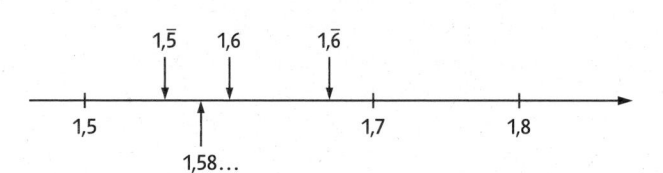

b) 0,3; 0,$\overline{3}$; 0,$\overline{3}$; 0,3; 0,316228

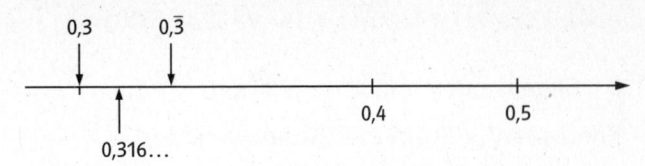

(Zahlenstrahl mit 0,316...; 0,3; 0,$\overline{3}$; 0,4; 0,5)

2 a) $\sqrt{2} < 1,414\overline{2}$
b) $\sqrt{3} < 1,732332233\,3222...$
c) $\sqrt{8} > \frac{31}{11}$

3 Es wurde die Zahl $1 - \sqrt{2} \approx -0,4142$ bestimmt.

4 Der mit den Maßen von Fig. 2 berechnete Flächeninhalt beträgt 1,6318 m², der durch die Messung berechnete 1,6 m². Die Abweichung beträgt 0,0318 m²; dies entspricht ca. 2% des tatsächlichen Flächeninhalts.

5 $0,496 + 0,13 \approx 0,63$; $0,496 \cdot 0,13 \approx 0,064$; $0,496 : 0,13 \approx 3,8$

6 a) $(\sqrt{8} + \sqrt{2})\sqrt{2} = \sqrt{16} + \sqrt{4} = 4 + 2 = 6$
b) $\sqrt{5}(\sqrt{125} - \sqrt{80}) = \sqrt{625} - \sqrt{400} = 25 - 20 = 5$
c) $(\sqrt{80} + \sqrt{20}) : \sqrt{5} = \sqrt{\frac{80}{5}} + \sqrt{\frac{20}{5}} = \sqrt{16} + \sqrt{4} = 4 + 2 = 6$
d) $(\sqrt{108} - \sqrt{48}) : \sqrt{3} = \sqrt{36} - \sqrt{16} = 6 - 4 = 2$
e) $2 \cdot \sqrt{3}(\sqrt{24} - \sqrt{32}) = \sqrt{288} - \sqrt{384} = 12\sqrt{2} - 8\sqrt{6}$
f) $(\sqrt{28} - \sqrt{7}) : \sqrt{7} = \sqrt{4} - \sqrt{1} = 2 - 1 = 1$

7 a) Mögliche Begründungsidee:
Man kann von zwei rationalen Zahlen stets das arithmetische Mittel bilden. Dieses liegt dann zwischen den beiden Zahlen.
b) Mögliche Begründungsidee:
Hat die rationale Zahl nur endlich viele Nachkommastellen, so „spielen ab einer bestimmten Nachkommastelle nur noch die Ziffern der irrationalen Zahl eine Rolle".
Hat die rationale Zahl unendlich viele Nachkommastellen, so wiederholen sich diese Ziffern regelmäßig (Periode). Die irrationale Zahl hat unendlich viele Nachkommastellen ohne periodische Wiederholungen, deshalb hat auch die entsprechende Summe unendlich viele Nachkommastellen ohne periodische Wiederholungen.

8 Individuelle Lösung

9 a) $\frac{22}{90} = \frac{11}{45}$ b) $\frac{122}{99}$
c) $\frac{4341}{999} = \frac{1447}{333}$ d) $\frac{4017}{990} = \frac{1339}{330}$

Seite 57

10 a) $0,0\overline{7}$ b) $0,0\overline{57}$ c) $0,01\overline{8}$ d) $0,01\overline{38}$

11 Gegebenenfalls gerundete Ergebnisse
a) $\frac{5}{6} \approx 0,83$ b) $-0,3$ c) $2,7$
d) $\frac{67}{140} \approx 0,48$ e) $\frac{161}{300} \approx 0,54$ f) $2,74$
g) $\frac{11}{8} \approx 1,38$ h) $\frac{943}{30} \approx 31,43$

12 Die Begründungsidee kann darauf basieren, dass für die Diagonale d eines Quadrates mit der Seitenlänge a gilt $d = a \cdot \sqrt{2}$ und somit d irrational ist.

13 a) Gerundete Ergebnisse
3-m-Brett: 0,8 Sekunden
5-m-Brett: 1 Sekunde
10-m-Brett: 1,4 Sekunden
b)

Fallhöhe in Meter	Falldauer in Sekunden (gerundet)
0	0
1	0,45
5	1
10	1,4
15	1,7
20	2
100	4,5

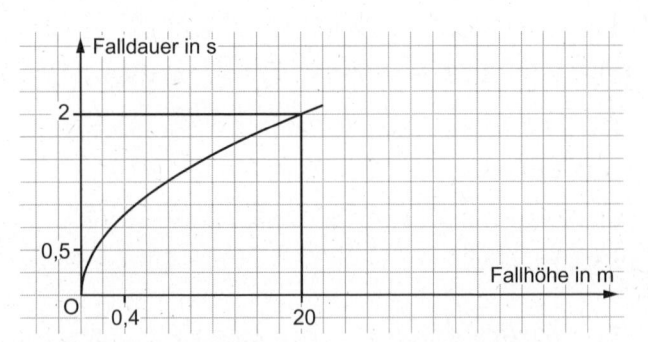

(Diagramm: Falldauer in s gegen Fallhöhe in m)

c) Idee: Die Falldauer nimmt nicht im gleichen Maße zu wie die Fallhöhe .... Erklärung dieses Effektes über die vermutete Zunahme der Geschwindigkeit.

14 a) $1:5 = 0,2$; $10:8 = 1,25$; $20:125 = 0,16$
b) Bei der Division durch 7 können die Reste 1, 2, ..., 6 auftreten.
c) Bei der Division durch 9 können die Reste 1, 2, ..., 8 auftreten.
Bei der Division durch 11 können die Reste 1, 2, ..., 10 auftreten.
Bei der Division durch 25 können die Reste 1, 2, ..., 24 auftreten.

Bei der Division durch 112 können die Reste 1, 2, ..., 111 auftreten.

d) Begründungsidee:
Bei der Division durch eine natürliche Zahl n können die Reste 1, 2, ..., n − 1 auftreten. Deshalb „geht" die Division „auf" oder es tritt eine Periode auf.

Seite 58

15 Es ist $(\sqrt{a} : \sqrt{b})^2 = \frac{\sqrt{a}}{\sqrt{b}} \cdot \frac{\sqrt{a}}{\sqrt{b}} = \frac{\sqrt{a} \cdot \sqrt{a}}{\sqrt{b} \cdot \sqrt{b}} = \frac{(\sqrt{a})^2}{(\sqrt{b})^2} = \frac{a}{b}$
und $(\sqrt{a:b})^2 = a:b = \frac{a}{b}$, also ist $\sqrt{a}:\sqrt{b} = \sqrt{a:b}$.

16 Vom oberen Ende des Halses entfernt muss sein
der erste Steg ca. 3,65 cm
der zweite Steg ca. 7,09 cm
der dritte Steg ca. 10,34 cm
der vierte Steg ca. 13,41 cm usw.
Das heißt, die Abstände der Stege werden kleiner.

17 Der Durchmesser des Reifens beträgt 50 cm, der Radius 25 cm.
Der Reifenumfang beträgt ca. 157 cm.
Der Reifen muss bei einer Fahrt von 1 km Länge ca. 636,6 volle Umdrehungen durchführen.

18 a sei die Kantenlänge des Würfels.
Flächeninhalt der blauen Fläche: a^2
Flächeninhalt der roten Fläche: $\frac{1}{2} \cdot a \cdot a \cdot \sqrt{2} = \frac{\sqrt{2}}{2} a^2$
Anteil: $\frac{\frac{\sqrt{2}}{2} a^2}{a^2} = \frac{\sqrt{2}}{2} = 0{,}707 = 70{,}7\%$.
Die rote Fläche ist um 29,3 % kleiner als die blaue Fläche.

III Quadratische und andere Funktionen

1 Funktionen

Seite 67

1 a) Die Zuordnung ist keine Funktion, da es zu jeder Parkgebühr mehrere Parkdauern geben kann.
b) Die Zuordnung ist eine Funktion, da es zu jedem Umfang eines Quadrates genau eine Seitenlänge gibt.
c) Die Zuordnung ist eine Funktion, da es zu jeder Seitenlänge eines Quadrates genau einen Umfang gibt.

2 Die Zuordnung *englische Vokabel → deutsche Übersetzung* ist keine Funktion, da es englische Wörter mit mehreren verschiedenen deutschen Übersetzungen gibt. Daraus folgt, dass Übersetzungen häufig nicht eindeutig sein können.

3 Bei den Graphen von Fig. 4 und Fig. 7 gibt es zu jedem x-Wert jeweils nur einen y-Wert, sie gehören deshalb zu Funktionen. Bei den Graphen von Fig. 5 und Fig. 6 gibt es zu einigen x-Werten zwei y-Werte, die Graphen gehören nicht zu einer Funktion.

4 Mögliches Beispiel:

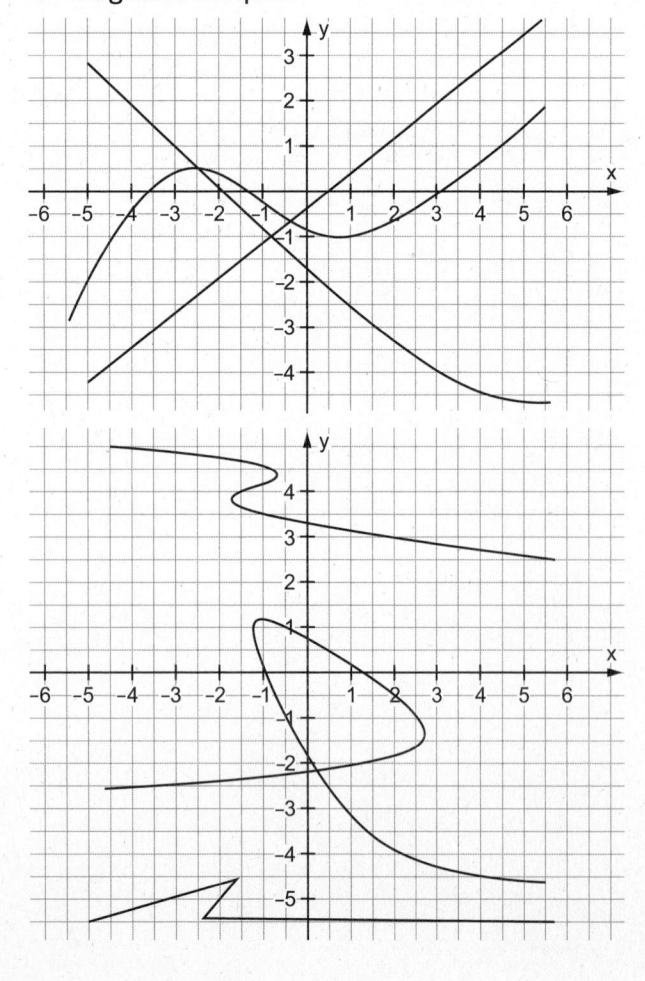

5 a) f: $y(3) = 11$ und g: $y(-10) = 3$
b) Mögliches Beispiel: h: $y = 3x + 1$, i: $y = x$ und j: $y = 1$

6 Es ergeben sich die vier Lösungswörter „Haus", „Golf", „Müll" und „Meer".

2 Spezielle quadratische Funktionen

Seite 69

1

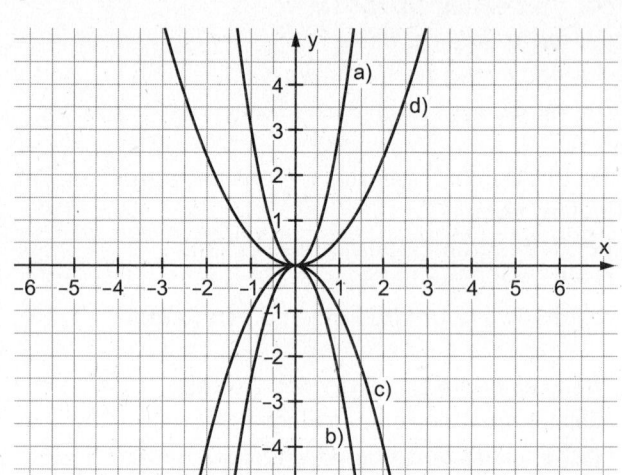

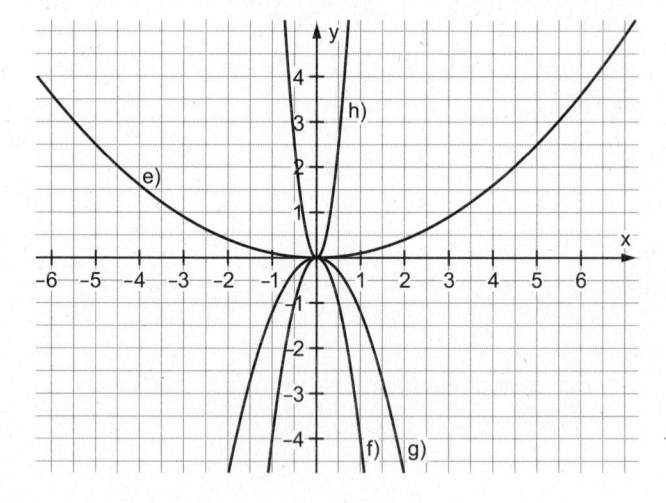

2 Individuell

Seite 70

3 Die Punkte $A(2|10)$, $B(-2|10)$, $D(4|40)$ und $E(\sqrt{2}|5)$ liegen auf der Parabel.

4 a) $y = 3x^2$ b) $y = 1{,}5x^2$
c) $y = 0{,}5x^2$ d) $y = -2x^2$

5 a) P(4|12) b) P$\left(-1|\frac{3}{4}\right)$
c) P(0|0) d) P(2|3) oder P(-2|3)

6 a) $y = 3x^2$ b) $y = -2x^2$
c) $y = \frac{1}{4}x^2$ d) $y = -\frac{1}{2}x^2$

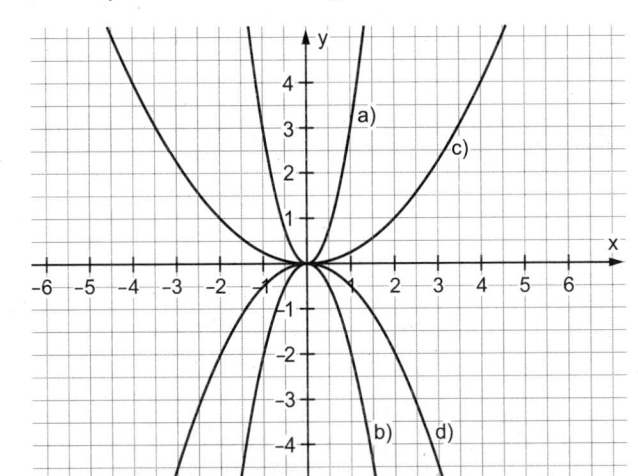

7 a) Die Punkte P(2|0,4) und Q(-3|0,9) liegen auf derselben Parabel ($y = 0,1x^2$).
b) Die Punkte P(-1|3), Q(5|75) und R(11|360) liegen nicht auf derselben Parabel.
P und Q liegen auf der Parabel $y = 3x^2$.
R liegt auf der Parabel $y = \frac{360}{121}x^2 \approx 2,975x^2$.

8 a) Der Funktionswert der speziellen quadratischen Funktion mit $y = x^2$ an der Stelle $x = 1$ ist 1. Ist der Funktionswert einer speziellen quadratischen Funktion an der Stelle $x = 1$ z.B. 5, so steht in der dazugehörigen Funktionsgleichung vor dem x der Faktor 5:
$y = 5x^2$.
b) Ist der Funktionswert einer speziellen quadratischen Funktion an der Stelle $x = -2$ z.B. 5 ist, so bestimmt man zunächst den Funktionswert der speziellen quadratischen Funktion mit $y = x^2$ an der Stelle $x = -2$ und erhält $y(-2) = 4$. Setzt man in der Funktionsgleichung vor dem x den Faktor $\frac{5}{4}$, so erhält man die gesuchte Funktionsgleichung:
$y = \frac{5}{4}x^2$.

9 a) Wenn der Faktor vor dem x^2 positiv ist, dann gilt für die zugehörige Parabel: Je größer der Faktor vor dem x^2 ist, desto enger ist die dazugehörige Parabel.
b) Wenn der Faktor vor dem x^2 negativ ist, dann gilt für die zugehörige Parabel: Je größer der Faktor vor dem x^2 ist, desto breiter ist die dazugehörige Parabel.
c) Wenn der Faktor vor dem x^2 positiv ist, dann ist der Scheitelpunkt der tiefste Punkt der Parabel.

d) Wenn der Faktor vor dem x^2 negativ ist, dann ist der Scheitelpunkt der höchste Punkt der Parabel.

10 a) Die Funktionswerte von g sind für $x > 4,5$ größer als 9.
b) Die Funktionswerte von f sind für $x > 30$ und für $x < -30$ größer als 9.
c) Die Funktionswerte von f sind für $x < 0$ und für $x > 200$ größer als die von g.

Seite 71

11 a) Das Fassungsvermögen der Regenrinne würde sich vervierfachen.
b) Bei einer Höhe und Breite mit der Länge $l = \sqrt{2}$ dm $\approx 1,41$ dm würde sich das Fassungsvermögen der Regenrinne verdoppeln.

12 a) Der Turm ist 45 m hoch.
b) Das obere Fenster befindet sich in einer Höhe von 40 m, das mittlere in einer Höhe von 25 m.
c) Der Eiffelturm in Paris ist ca. 300 m hoch. Mit der Formel würde ein Stein in etwa 7,7 s bis zum Boden fallen.
d) Nach der Formel würde ein Stein in weniger als einer halben Sekunde von einem Tisch mit der Höhe 1 m zum Boden fallen. Da es sehr schwer ist, so kurze Zeiten exakt zu messen, eignet sich diese Methode nicht zur Höhenbestimmung des Tisches.

13 a) Legt man den Ursprung eines Koordinatensystems (Maße in cm) bei der Wasserdüse, so erhält man für die Funktionsgleichung $y = -0,0005x^2$.
Mit $y = -0,0005 \cdot 500^2 = 125$ folgt: Kerstin hält das Schlauchende etwa 1,25 m hoch.
b) Der Strahl würde etwa 6 m von Kerstins Fuß entfernt auftreffen.
c) Individuell

14 Individuell

15 a) $\frac{1}{3} \approx 0,33 = 33\%$ b) $\frac{1}{4} = 0,25 = 25\%$

16 a) $3m \cdot \sqrt{3} = 5,20$ m b) $3m : \sqrt{3} = 1,73$ m

17 a) (0,5|3) b) (4|-2)
c) (-2,5|-8) d) $\left(-6|\frac{2}{3}\right)$

3 Potenzfunktionen

Seite 73

1

a)

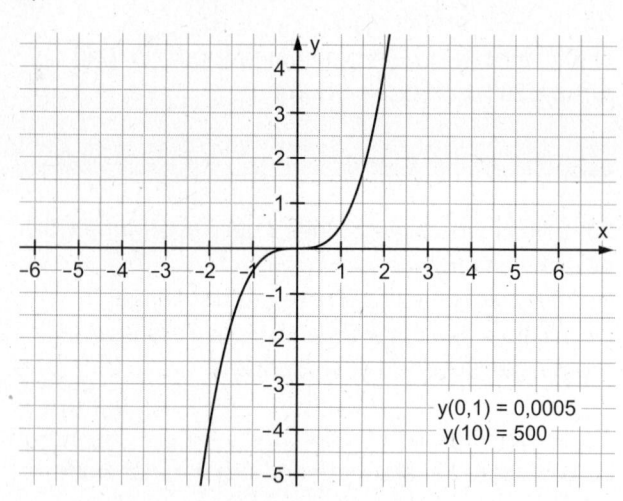

y(0,1) = 0,0005
y(10) = 500

b)

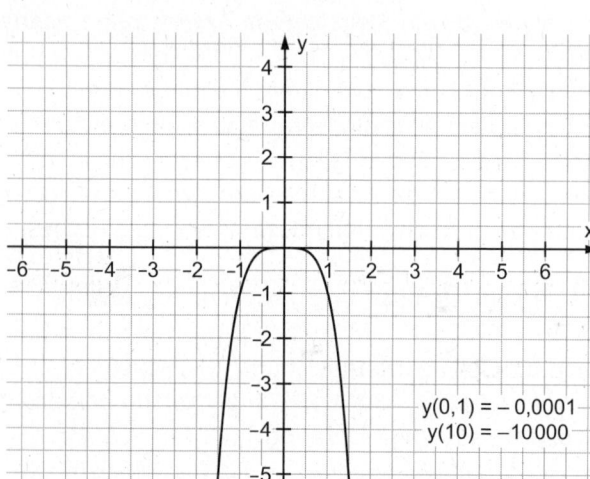

y(0,1) = −0,0001
y(10) = −10000

c)

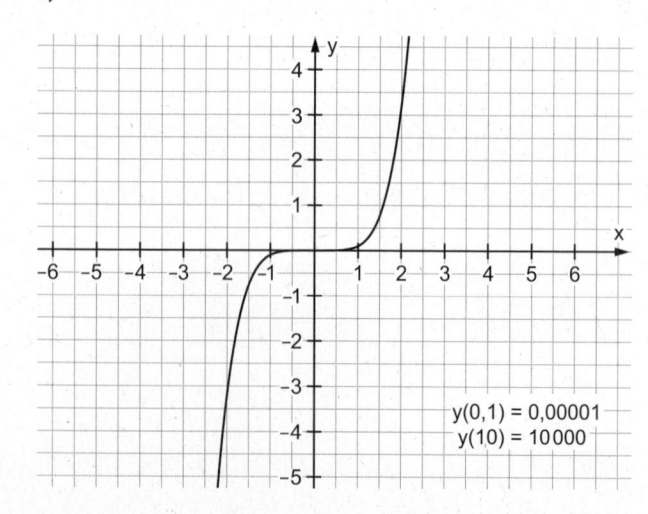

y(0,1) = 0,00001
y(10) = 10000

d)

y(0,1) = 0,00025
y(10) = 250

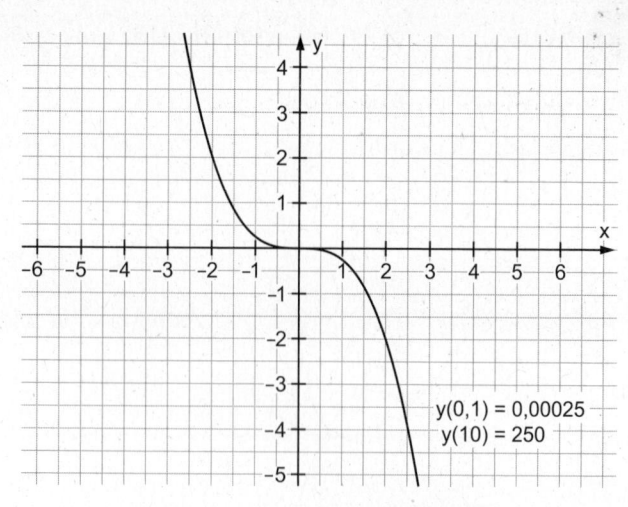

2 a) Die Funktionswerte versechzehnfachen sich.
b) Die Funktionswerte vervierfachen sich.
c) Die Funktionswerte verachtfachen sich.
d) Die Funktionswerte verzweiunddreißigfachen sich.

3 a) Graph C b) Graph D
c) Graph B d) Graph A

4 a) $y = x^3$ b) $y = \frac{1}{2}x^3$ c) $y = -\frac{1}{4}x^4$

5 a) Individuell, z.B. $(0|0)$; $\left(1|-\frac{1}{2}\right)$; $(2|-8)$; $\left(-1|-\frac{1}{2}\right)$; $(-2|-8)$

b) $P(2|64)$; $Q(-1|-2)$; $R(0,1|0,00002)$; $S(-2|-64)$

Seite 74

6 a) Die Funktionswerte von g und h sind für $x = 0$ und für $x = 0,1$ gleich groß.
b) Die Funktionswerte von h sind für $0 < x < 40$ kleiner als die von f.
c) Die Funktionswerte von f sind für $0 < x < 2$ und für $x < -2$ größer als die von g.

7 a) $y = x^3$ b) $y = 0,5x^3$ c) $y = -2x^4$

a)

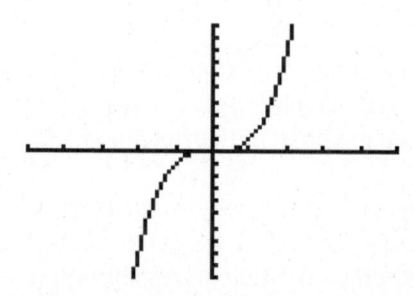

b)

c)

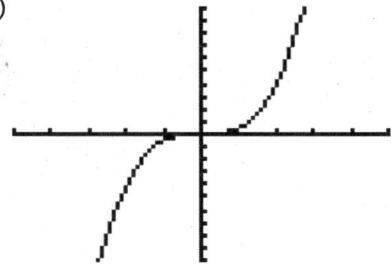

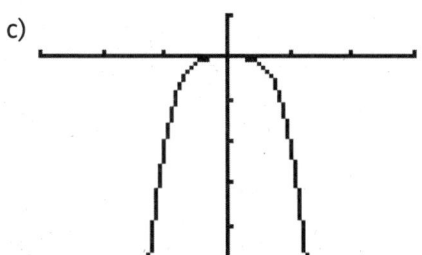

8 a)

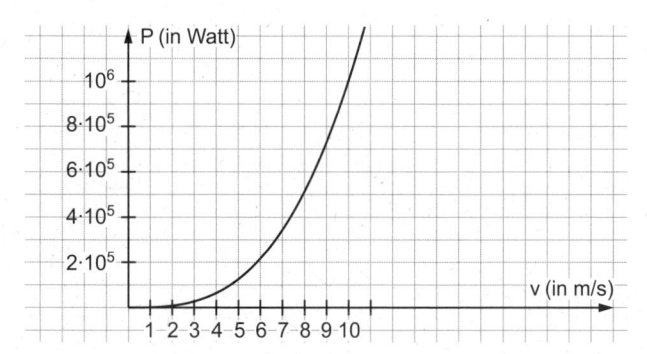

b) Bei einer Windgeschwindigkeit von knapp 8 m/s beträgt die Leitung etwa $P = 5 \cdot 10^5$.
c) Individuell
d) Vorteile der Windenergie (z. B.):
– Es werden keine Rohstoffe verbraucht.
– Keine Umweltverschmutzung.
– Sie ist ungefährlich.
Nachteile der Windenergie (z. B.):
– Bei Windstille wird keine Energie geliefert.
– Starker Eingriff in die Landschaft.

9 a) Durch eine Verdopplung des Gewichtes würde die Straßenschädigung auf das Sechzehnfache ansteigen.
b) Durch die vorgenommene Erhöhung steigen die Schädigungen um etwa 75 %.
c) Bei einer Erhöhung der Achslast auf 119 000 N würde sich die Schädigung der Straße gegenüber früher etwa verdoppeln.

10 Individuell

4 Quadratische Funktionen

Seite 77

1
a)

b)

c)

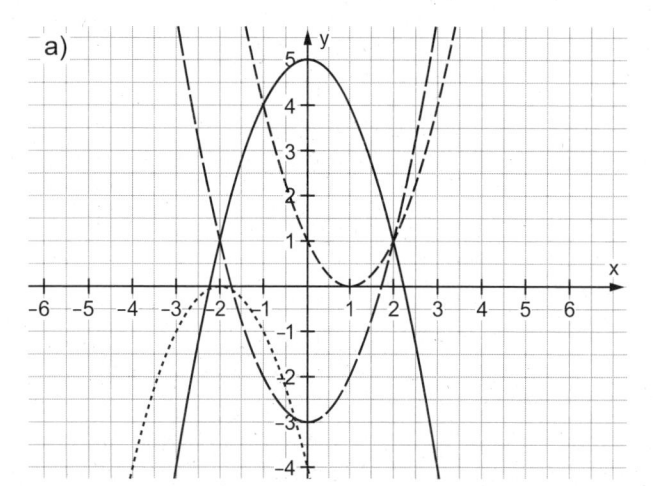

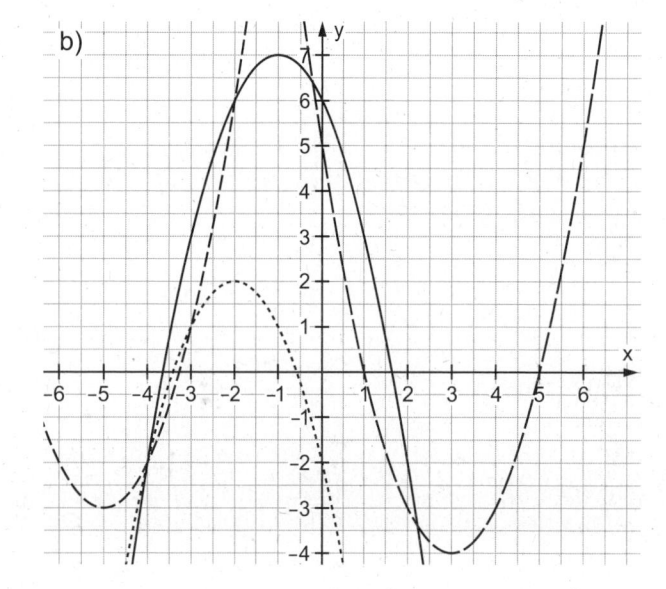

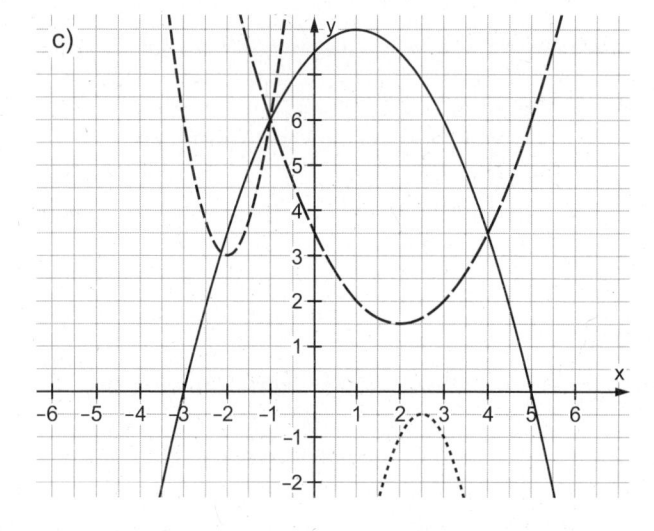

2 Bei einer verschobenen Normalparabel geht man vom Scheitelpunkt um eine Einheit nach rechts oder links und dann eine Einheit nach oben und erhält zwei weitere Punkte der Parabel.

Anschließend geht man vom Scheitelpunkt zwei Einheiten nach rechts oder links und dann vier Einheiten nach oben und erhält erneut zwei Punkte der Parabel. In gleicher Weise erhält man weitere Punkte. Zum Schluss werden die Punkte zu einer Parabel verbunden.

3 a) S(0|5), die dazugehörige Parabel ist nach oben geöffnet.
b) S(2|0), die dazugehörige Parabel ist nach oben geöffnet.
c) S(−2,5|−1,1), die dazugehörige Parabel ist nach unten geöffnet.
d) S($\frac{1}{2}$|1), die dazugehörige Parabel ist nach oben geöffnet.

4 Mögliche Beispiele:
a) $y = (x − 1)^2 + 1$
$y = 2(x − 1)^2 + 1$
b) $y = (x + 5)^2 − 6$
$y = −3(x + 5)^2 − 6$
c) $y = \left(x + \frac{2}{5}\right)^2 + \frac{3}{5}$
$y = -\left(x + \frac{2}{5}\right)^2 + \frac{3}{5}$
d) $y = 2(x + 4,5)^2$
$y = 10(x + 4,5)^2$

5 a) $y = (x + 1)^2 − 2$ b) $y = (x − 1)^2 + 1,5$
c) $y = −(x − 2,5)^2 + 1$ d) $y = 2(x + 5)^2 − 4$
e) $y = 0,5(x − 2)^2 + 3$

6 a) $y = (x + 2)^2 + 1$ b) $y = (x − 3)^2 − 5$
c) $y = −2(x + 1)^2 + 5$

7 Individuell

8 a) Zum Beispiel: $y = (x − 4)^2$, $y = 2(x − 4)^2$ und $y = −(x − 4)^2$.
b) Zum Beispiel: $y = x^2 − 1$, $y = −x^2 + 1$ und $y = 2x^2 − 2$.

Seite 78

9 a) Der x-Wert des Scheitelpunktes ist 1.
b) Die dazugehörige Parabel ist nicht in y-Richtung verschoben.
c) Die dazugehörige Funktionsgleichung ist $y = −(x + 4)^2 + 1$.

10 a) Ursprung des Koordinatensystems im Punkt A: $y = (x − 4)^2$.
Ursprung des Koordinatensystems im Punkt B: $y = x^2 − 7$.
Ursprung des Koordinatensystems im Punkt C: $y = (x + 6)^2 − 5$. (Eine Kästchenlänge wurde als Längeneinheit gewählt.)
b) Der Ursprung würde 2 Längeneinheiten oberhalb vom Punkt A liegen (Fig. 1).

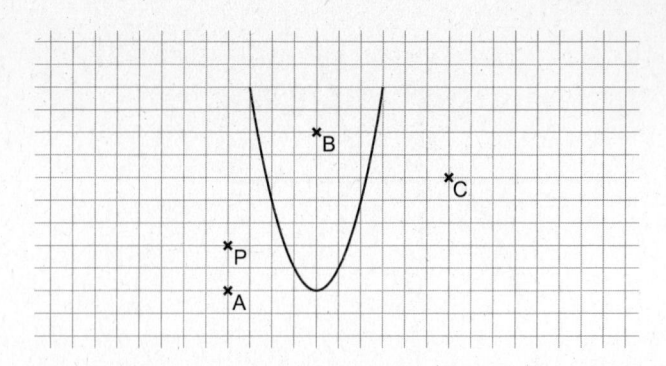

11 $A = x^2 − 4$.

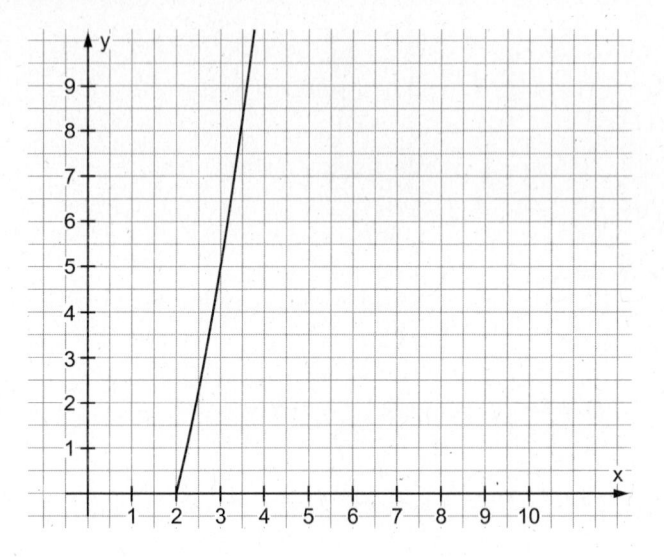

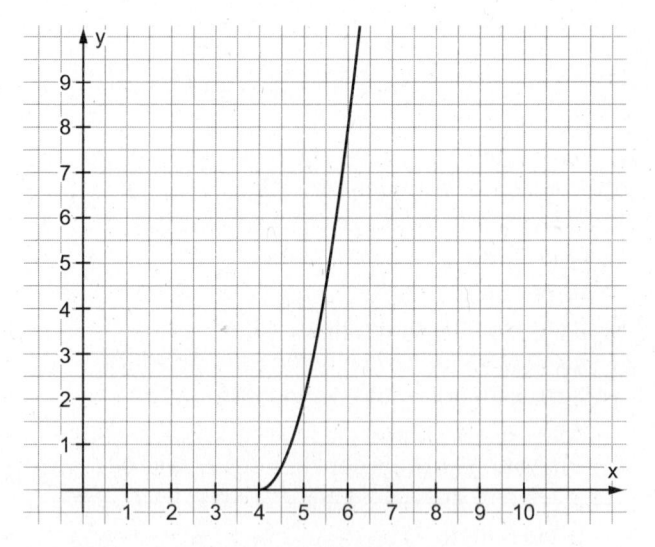

12 a) $A = 2(x − 4)^2$.

b) Bei einer Seitenlänge von 50 cm = 5 dm erhält man ein Volumen von 2 dm³ = 2 l, bei einer Seitenlänge von 2 m = 20 dm erhält man ein Volumen von 512 dm³ = 512 l.

Seite 79

13 a) Nach einem Meter beträgt die Höhe des Balles etwa 24 cm.
b) Nach einer Strecke von 20 m hat der Fußball mit 2,5 m seine größte Höhe erreicht.

c) Da der Ball nach 10 Metern eine Höhe von etwa 1,88 m hat, kann der Spieler ihn köpfen.
d) Nach etwa 11 m hat der Ball eine Höhe von 2 m.
e) Der Ball würde weiter fliegen. Seine größte Höhe würde er mit 2,5 m nach 25 m erreichen.

14 a) Die größte Höhe des Bogens gegenüber der Straße beträgt am Pfeiler 216 m, die kleinste Höhe 15 m.
b) $y = 0{,}000\,203\,x^2$
c) Individuelle Lösungen

15 a) Es sind die Punkte auf der Mittelsenkrechten der Strecke $\overline{AB}$.
b) Da die Gerade durch A und B parallel zur Geraden durch C und D ist, liegen die gesuchten Punkte auf der Mittelparallelen.
c) Die gesuchten Punkte liegen auf den beiden Winkelhalbierenden.
d) Die gesuchten Punkte haben die Koordinaten $(-2{,}4\,|\,1{,}7)$ und $(0{,}1\,|\,-5{,}8)$.
e) Die gesuchten Punkte haben die Koordinaten $(-1{,}9\,|\,1{,}9)$ und $(2{,}7\,|\,3{,}5)$.

16 a) $x = 9$ b) $x = 20$ c) $x > 2$
d) $x > -\frac{4}{3}$ e) $x = \sqrt{3}$

5 Scheitelform und Normalform

Seite 81

1 a) $S(2\,|\,5)$ b) $S(-5\,|\,1)$ c) $S(3\,|\,-2)$
d) $S(1\,|\,6)$ e) $S(4\,|\,1)$ f) $S(1\,|\,5)$
g) $S(-105\,|\,-20)$ h) $S(3\,|\,-2)$

2 a) Um eine möglichst hohe Leistung zu erzielen, sollte die Turbine bei einer Drehzahl von $n = 187{,}5$ betrieben werden.
b) Die Turbine muss mindestens mit einer Drehzahl von etwa $n = 37$ drehen, damit sie eine Leistung von 10 000 W erzielt.

3 a) Noel ist von einer Höhe von 3 m abgesprungen.
b) Noel erreicht etwa eine Höhe von 3,2 m.
c) Zum Beispiel $h(x) = -5x^2 + 2x + 4$.

4 a) Der Ball fliegt etwa 91,5 m weit und erreicht eine Höhe von 24 m.
b) Zum Beispiel $h = -\frac{1}{100}s^2 + s + 1{,}5$.

5 a) Bei einer Fluggeschwindigkeit von etwa 96 Meilen pro Stunde konnte er mit dem Treibstoff am weitesten fliegen.

b) Charles Lindbergh musste mindestens mit einem Gesamtverbrauch von 1783 Litern rechnen.
c) Bei einer Fluggeschwindigkeit von 96 Meilen pro Stunde hätte Lindbergh für die Strecke 37,5 Stunden benötigt. Bei einer so langen Zeit ist die Gefahr groß, dass er einschläft. Er wird daher vermutlich schneller geflogen sein.
d) Individuell

Seite 82

6 a) Wenn das Unternehmen bei der Rabattaktion immer noch einen Gewinn erzielt, darf es den Verkaufspreis um höchstens 48,7 % auf 20 € senken.
b) Individuell. (Bei einer Erhöhung des Verkaufspreises würde der Gewinn geringer. Den größten Gewinn würde das Unternehmen bei einem Verkaufspreis von 35 € erzielen.)

7 a) Die Funktion f hat einen kleinsten, die anderen Funktionen einen größten Funktionswert.
b) Der Graph einer quadratischen Funktion ist eine Parabel. Ist die Parabel nach oben geöffnet, so nimmt die Funktion einen kleinsten Wert an. Andernfalls nimmt die Funktion einen größten Wert an.
c) Steht bei einer Funktionsgleichung einer quadratischen Funktion vor dem x^2 oder vor der Klammer, die quadriert wird, ein positiver Faktor, so ist die Parabel nach oben geöffnet und die dazugehörige Funktion nimmt einen kleinsten Funktionswert an. Bei einem negativen Faktor ist die dazugehörige Parabel nach unten geöffnet und die Funktion nimmt einen größten Funktionswert an.

8 a) $x = 2{,}5$ b) $x = 1$
c) $x = \frac{3}{8}$ d) $x = 6$

9 Bestimme jeweils den Scheitelpunkt der quadratischen Funktion ohne GTR.
a) $S(3\,|\,-1)$ b) $S\left(-2\,\big|\,\tfrac{1}{2}\right)$ c) $S(-5\,|\,-4)$ d) $S\left(\tfrac{1}{2}\,\big|\,\tfrac{7}{4}\right)$

10 Bei den Funktionen handelt es sich um quadratische Funktionen. Dies lässt sich z. B. durch Ausmultiplizieren nachweisen.
b) Aus den Funktionsgleichungen in dieser Darstellung lassen sich unmittelbar die Nullstellen ablesen.

11 Zum Beispiel: $y = -0{,}01x \cdot (x - 150)$. Die maximale Höhe wäre dann etwa 56 m.

6 Optimierungsaufgaben

Seite 84

1 Wenn man die Metallplatte in der Breite jeweils um 6,25 cm hochbiegt, wird das Fassungsvolumen der Rinne maximal.

2 a) Wenn beide Seiten des Rechtecks 5,5 m betragen (Quadrat), ist der Flächeninhalt des Rechtecks mit 30,25 m² am größten. Das heißt, das Haus und die Garage müssen mindestens 20 m lang sein.
b) Wenn sie die 3 Meter lange Mauer verwenden, ist das Rechteck mit einer Seitenlänge von 3,5 m am größten. Die andere Rechtecksseite ist dann auch 3,5 m lang. Das Rechteck ist ein Quadrat.

3 Damit das Volumen des Regals maximal wird, muss das Regal etwa 83 cm hoch und etwa 125 cm breit sein.

4 Der Flächenanteil für die Einlegearbeiten wird für zwei Quadrate mit der Seitenlänge 1 m am kleinsten.

5 a) Das Viereck EFGH ist ein Parallelogramm.
b) Der Flächeninhalt des Vierecks ist für die Länge x = 5,5 cm am kleinsten.

6 Das Gebäude mit dem größten Flächeninhalt grenzt 60 m an die Schlossallee und 30 m an die Parkstraße.

Wiederholen – Vertiefen – Vernetzen

Seite 85

1 a) Damit man für jede Gesprächsdauer eindeutig die Telefonkosten benennen kann, darf es zu jeder Gesprächsdauer nur einen Kostenwert geben. Die Zuordnung *Gesprächsdauer → Kosten in €* muss also eine Funktion sein. Der nicht ausgefüllte Kreis am rechten Ende der Strecken im Graphen drückt aus, dass die Funktionswerte (die Kosten) für Gesprächsdauer, die kleiner als 10 Sekunden sind, 0,10 € betragen. Ab einer Gesprächsdauer von 10 Sekunden muss der Kunde 0,20 € zahlen. Dass an der Stelle 10 der Funktionswert 0,20 € ist, wird durch einen ausgefüllten Kreis dargestellt.
b) Die Zuordnung *Kosten → Gesprächsdauer* ist keine Funktion. Zu den Telefonkosten von 0,10 € kann es mehrere Gesprächsdauern geben, z. B. 2 Sekunden, 3 Sekunden oder 8 Sekunden.

2 Der Punkt P liegt auf der Parabel mit $y = x^2 - 2$. Bestimme die fehlende Koordinate.
a) P(0|−2) b) P(0,3|−1,91)
c) P(4|14) d) P(1,5|0,25)

3 a) *1. Möglichkeit:* Für jeden Graphen lässt sich mit einem abgelesenen Wert eine Funktionsgleichung bestimmen. Diese kann mit weiteren abgelesenen Werten überprüft werden.
2. Möglichkeit: Für verschiedene Geschwindigkeiten kann überprüft werden, ob sich bei einer Verdopplung der Geschwindigkeit der Bremsweg vervierfacht.
b) Individuell

4 (Mögliche Lösungen)
a) $y = x^2 + 5{,}7$ b) $y = (x - 2{,}5)^2 - 5$
c) $y = \left(x - \frac{5}{4}\right)^2 + 1{,}1$ d) $y = (x + 2{,}5)^2 - \frac{3}{7}$

5 (Mögliche Lösungen)
a) $y = -x^2 - 3$ b) $y = 2x^2$
c) $y = (x + 120)^2 - 250$ d) $y = x^2 - 9$

6 (Mögliche Lösungen)
a) $y = x^2 - 1{,}5$ b) $y = x^2 + 4$
c) $y = x^2 - 1$ d) $y = x^2 + 4$

7 Individuell

Seite 86

8 a) Zunächst zeichnet man den Scheitelpunkt der Parabel in ein Koordinatensystem. Von diesem ausgehend zeichnet man wie in LE 2 auf Seite 69 beschrieben die Parabel.
b) Wenn bei einer quadratischen Funktion der Faktor vor dem x^2 oder vor der Klammer, die quadriert wird, zwischen −1 und 1 ist, dann ist die Parabel weiter als die Normalparabel. Wenn der Faktor positiv und größer als 1 oder negativ und kleiner als −1 ist, dann ist die Parabel enger als die Normalparabel.
c) Wenn bei einer quadratischen Funktion der Scheitel der Parabel auf der y-Achse liegt, dann hat die Funktion genau eine Nullstelle.
Wenn bei einer quadratischen Funktion das Vorzeichen vom x-Wert des Scheitels und das Vorzeichen vom Faktor vor dem x^2 oder vor der Klammer, die quadriert wird, gleich sind, hat die Funktion keine Nullstelle. Wenn die Vorzeichen verschieden sind, hat die Funktion zwei Nullstellen.

9 a) Individuell
b) Die Scheitelpunkte liegen auf der Parabel mit der Funktionsgleichung $y = -(x - 1)^2 + 2$.

10 a) $y = 2(x-3)^2$ b) $y = 3x^2 - 1$
c) $y = -(x+2)^2 - 1$ c) $y = (x-2)^2 - 2$

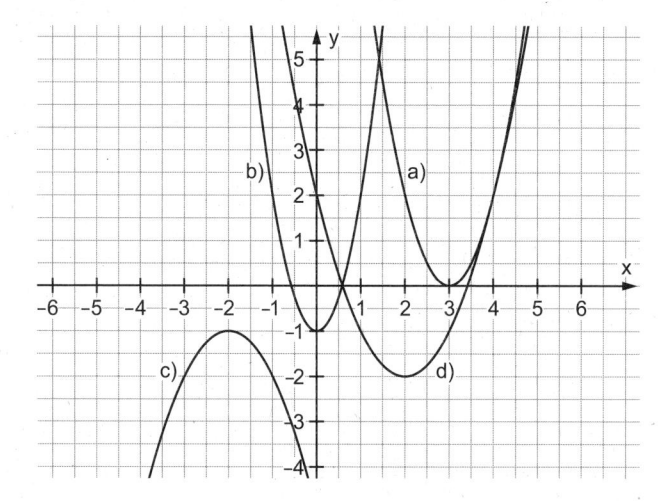

11 a) $y = \frac{1}{2}(x-2)^2 - 3$ b) $y = \frac{1}{2}(x+3)^2 - 4$
c) $y = -\frac{1}{2}(x+2)^2 + 3$ d) $y = -\frac{1}{2}(x-2)^2 + 3$

12 a) S(2|1)   b) S(-1|3)
c) S(6|-10)   d) S(-0,5|1,5)

13 a) Für eine Seitenlänge von 25 m erhält man eine größtmögliche Hausfläche von 256 m², für eine Seitenlänge von 32 m erhält man 529 m².
b) Für die Funktion Seitenlänge x (in m) → größtmögliche Hausfläche A (in m²) gilt die Funktionsgleichung $A = (x-9)^2$. Das Grundstück muss eine Seitenlänge haben, die länger als 9 m ist.
c) Die Seitenlänge des Grundstücks muss mindestens 19 m betragen.

14 Höhe der Schräge: 2,50 m; Breite der Schräge: 5 m. Der Rauminhalt des Schrankes wird maximal, wenn er eine Breite von 2,50 m und eine Höhe von 1,25 m hat.

15 $y = x^2 + 1$

Seite 87

16 Die Wahrscheinlichkeit, dass die Nullstellen der dazugehörigen Parabel irrational sind, beträgt $\frac{2}{5}$ bzw. 40 %.

17 a) Die dazugehörige Funktionsgleichung lautet $y = x^2 - 4$, die Nullstellen sind −2 und 2.
b) Die Nullstellen sind $-\sqrt{5}$ und $\sqrt{5}$.
c) Der Abstand des Schnittpunkts ist zunächst 4, nach dem Verschieben dann 3. Die dazugehörige Funktionsgleichung lautet $y = x^2 - 2,25$.

18 a) $y = -x + 2,5$
b) Zum Beispiel: $y = 0,5(x-1)^2 + 2$ oder $y = 0,5(x-2)^2 + 3$. Es gibt unendlich viele Parabeln mit dieser Eigenschaft. Die Scheitel der Parabeln liegen auf einer Gerade mit der Funktionsgleichung $y = x + 1$.
c) Zum Beispiel: $y = -0,5 \cdot x^2 + 4$ oder $y = -0,5(x-1)^2 + 5$.

19 a) Die Kurve ist eine Parabel.
b) Verringert man den Abstand des Punktes P zur Gerade g, so wird die Parabel enger. Vergrößert man den Abstand des Punktes P zur Gerade g, so wird die Parabel weiter. Außerdem verändert sich der Scheitelpunkt.

20 a) Der Ursprung des Koordinatensystems wurde in den Abwurfpunkt gelegt.
b) Die Kugel würde etwa 2,14 m weit fliegen.
c) Die Kugel müsste mit einer Geschwindigkeit von etwa 9,36 m/s geworfen werden.

Exkursion: Mit Graphen und Diagrammen mogeln

Seite 88

1 Alle sechs Graphen und Diagramme geben die Werte richtig wieder.

2 Fig. 1 vermittelt den Eindruck, dass die Verkaufszahlen während der Jahre konstant geblieben sind.
In Fig. 2 entsteht durch eine geänderte Skalierung der Hochachse der Eindruck, die Verkaufszahlen hätten insgesamt stark zugenommen.
Fig. 3 zeigt lediglich einen Ausschnitt der letzten Jahre von Fig. 2; es sieht so aus, als ob die Verkaufszahlen durchgehend abnehmen.
In Fig. 4 wird eine Prognose gemacht, die zwar möglich, aber unter Berücksichtigung aller Werte eher unwahrscheinlich ist.
In Fig. 5 ist die Skalierung auf der Rechtsachse unterschiedlich. Dadurch könnte man meinen, die Verkaufszahlen wären zwischen 2002 und 2005 durchgehend gefallen.
In Fig. 6 entsprechen die Höhen der Würfel den Verkaufszahlen. Da man hier aber eher auf die Rauminhalte der Würfel achtet, wird optisch ein größerer Unterschied der Verkaufszahlen erzeugt.

3 Individuell

Seite 89

4 In Fig. 1 beginnt die Hochachse bei 300 000. Dadurch gewinnt der Betrachter den Eindruck, die Anzahl der tatverdächtigen Frauen wären in dem angegebenen Zeitraum dramatisch gestiegen.
In Fig. 2 entsprechen die Höhen der Wolken den dazugehörigen Werten. Die Wolke für Braunkohle ist doppelt so hoch wie die Wolke für Erdgas. Allerdings ist der Flächeninhalt der Braunkohlewolke viermal so groß wie der der Erdgaswolke.
In Fig. 3 wird wie in Fig. 2 mit den Höhen der Kinderwagen gemogelt.
Bei Fig. 4 wird eine sehr gewagte Prognose dargestellt.
In Fig. 5 entsteht im Diagramm durch die unterschiedliche Skalierung der Rechtsachse der Eindruck, die Autoproduktion hätte zwischen 1972 und 1980 viel schneller abgenommen als sie zwischen 1986 und 1987 zugenommen hätte.
In Fig. 6 erzeugt die unterschiedliche Skalierung der Hochachsen der beiden Graphen den Eindruck, die Erwerbsquote für Männer sei fast genauso hoch wie die der Männer.

5 und **6** Individuell.

IV Verallgemeinerungen bei Funktionen und Gleichungen

1 Umgang mit Formeln

Seite 95

1 a) $3b + 3a$ b) 0
c) $2a^2 - 2b^2 + 3b$ d) $-2b^2 + 6b$
e) $-14s^2 + 7s$ f) $-11g^2 + 9g$
g) $-s^2 + 6s$ h) $-7a^2 + 5a$

2 a) $11a - 5s$; 3 b) $-3a - 5s$; -39
c) $t + 5b$; 21 d) $-16r + 2t$; 34
e) $8r^2 - 8r$; 48 f) $a^2 + a - 6b$; -12
g) $2s + \sqrt{t}$; 13 h) $\sqrt{b}$; $\sqrt{6}$

3 a) $8t - 8s + 16st$ b) $21x + 6x^2$
c) $9{,}2a^2 - 0{,}8at - t$ d) $9a + 5\sqrt{a}$

4 a) $a - 3b + 17ab$; 195 b) $14 - 16x^2 - 6x$; -62
c) $3{,}2at + t^2 + 3at^2 + 1{,}8a^2t$; $35{,}8$
d) $4s^2 + s - 4\sqrt{s}$; 321

Seite 96

5 a) Hier wird die Höhe h_a auf der Seite a berechnet. Die Umformung erfolgte aus der Formel für den Flächeninhalt eines Dreiecks: $A = \frac{1}{2} \cdot a \cdot h_a$.

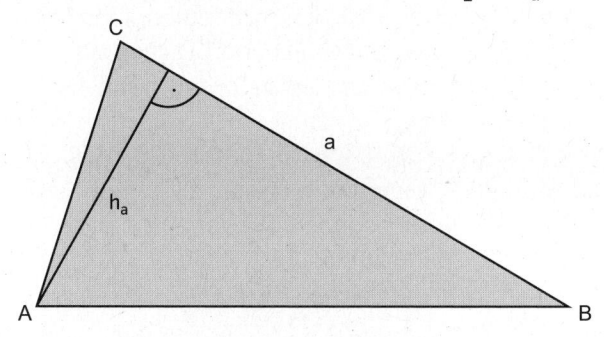

b) Hier wird der Radius bei einem gegebenen Kreis berechnet. Die Umformung erfolgte von der Flächeninhaltsformel für einen Kreis: $A = \pi \cdot r^2$.

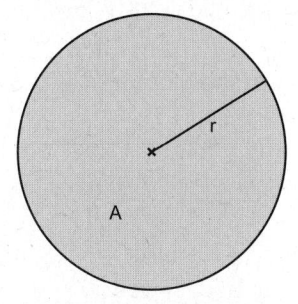

c) Hier wird das arithmetische Mittel von vier Zahlen gebildet. Die Variablen a, b, c und d stehen dabei für die vier Zahlen. Zuerst muss man die vier Zahlen zusammenaddieren und sie dann anschließend durch vier dividieren.

d) Durch diese Formel wird der Zinssatz für ein Kapital K bestimmt, für das die Zinsen bekannt sind. Die Umformung erfolgte aus der Formel $Z = K \cdot \frac{p}{100}$ für die Zinsen.

6 a) Diese Gleichung würde bedeuten, dass auf einen Schüler 15 Lehrer kämen. Denn wenn man für S die Zahl eins einsetzt, würde dort stehen: L = 15·1 = 15. Also hätte das Gymnasium pro Schüler 15 Lehrer. Genau das Umgekehrte ist aber der Fall.
b) Diese Gleichung ist richtig. Setzt man beispielsweise für S die Zahl 15 und für L die Zahl 1 ein, dann erhält man als Ergebnis 15. Somit ist die Gleichung richtig.
c) Auch diese Gleichung ist richtig. Denn um die Anzahl der Schüler zu berechnen, setzt man die Anzahl der Lehrer für L ein. Beispielsweise erhält man für einen Lehrer das Ergebnis S = 15·1 = 15. Somit stimmt die Gleichung.
d) Bei dieser Gleichung gäbe es beispielsweise bei 15 Lehrern nur einen Schüler, damit die Gleichung erfüllt ist. Somit wäre das Verhältnis genau umgekehrt wie beschrieben. Die Gleichung ist demnach falsch.

7 Mögliche Lösungen; es können auch andere Figuren und Körper richtig sein:
a) „Zunächst einmal vereinheitliche ich die Additionsaufgabe, indem ich alle Malzeichen weglasse. Das vereinfacht das äußere Bild: a + 2a + b + 3a + 5b + c. Nun kann man nach Variablen sortieren. Zuerst schreibe ich alle Summanden, in denen ein a vorkommt: a + 2a + 3a + b + 5b + c. Nun kann man leicht zusammenfassen und ist dann auch schon fertig: 6a + 6b + c."

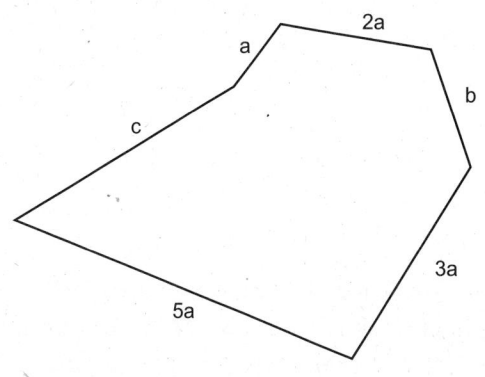

b) „Mit dieser Formel wird der Flächeninhalt dieser Figur bestimmt: $A = x^2 + 3x^2 + 5x^2$. Da alle Summanden als Variable x^2 besitzen, können sie einfach zusammengefasst werden: $A = 9x^2$. Mit dieser Formel kann man viel schneller rechnen."

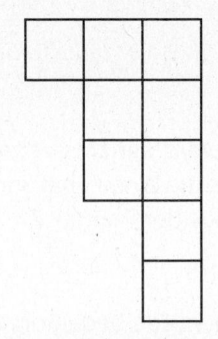

c) „Bei diesem zusammengesetzten Körper handelt es sich um drei unterschiedliche große Würfel und drei Quader. Berechnet wird das Volumen des gesamten Körpers. V = abc + a³ + bca + b³ + cba + c³. Die Summanden werden zunächst einmal sortiert, dass die Variablen in der gleichen Reihenfolge stehen. V = abc + a³ + abc + b³ + abc + c³. Weiteres Ordnen ergibt: V = a³ + b³ + c³ + abc + abc + abc = a³ + b³ + c³ + 3abc. Im letzten Schritt wurde lediglich zusammengefasst."

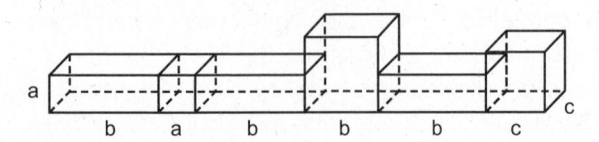

d) „Mit dieser Formel wird eine Fläche bestimmt, die sich aus mehreren Teilstücken zusammensetzt. Zunächst werden wieder die Malzeichen weggelassen. Man erhält die Formel: F = 6ab + 3ab + 2cd – ab + 3cd. Diese ist schon wesentlich übersichtlicher. Man erkennt, dass es nur zwei verschiedenartige Summanden gibt; nämlich ab und cd. Geordnet und zusammengefasst ergibt sich die Formel: F = 8ab + 5cd. Diese kann man auch an der Skizze erkennen."

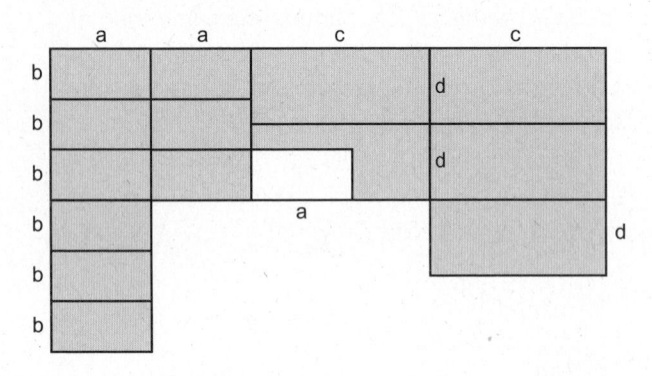

e) „Diese Formel bestimmt die Oberfläche des Körpers. Zunächst werden alle Oberflächen einzeln bestimmt. Danach werden die doppelt gezählten Flächen wieder abgezogen. So entsteht: O = 4·6·a² – 3·2·a·a – a². Zum Vereinfachen ergibt sich ohne Malzeichen und erstes Ausrechnen: O = 24a² – 6a² – a². Zusammengefasst erhält man: O = 17a²."

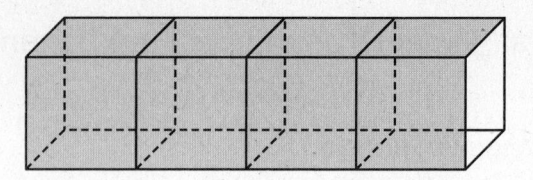

f) „Diese Formel beschreibt das Volumen des aus Würfeln zusammengesetzten Körpers. Mit 9a³ wird das Volumen des ganz gefüllten Körpers bestimmt. Da aber der mittlere Würfel fehlt, muss das Volumen eines Würfels wieder abgezogen werden. V = 9a³ – a³. Zusammengefasst erhält man: V = 8a³."

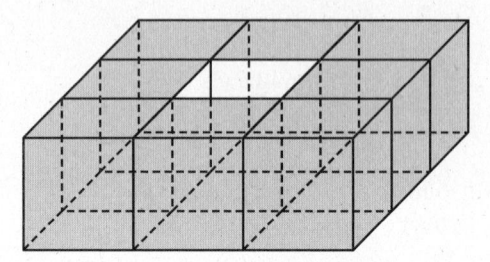

8 a) Die Formel gibt den Zeitaufwand Z in Minuten an, den Tina für ihr Training in etwa veranschlagt. Der Term 6·l berechnet die Zeit, die sie für das Laufen aufbringen muss. Dabei geht sie davon aus, dass sie pro gelaufenen Kilometer 6 Minuten braucht. Die Variable l gibt dabei die gelaufenen Kilometer an. Ähnlich ist es beim Term 2·f, wobei sie pro gefahrenen Kilometer nur 2 Minuten kalkuliert hat. Der Term „+ 20" kann bedeuten, dass Tina ca. 20 Minuten zum Umziehen und Duschen verwendet. Insgesamt erhält sie als Zeitaufwandsterm Z = 6·l + 2·f + 20.
b) l = 15 und f = 20, Z = 6·15 + 2·20 + 20 = 150. Sie benötigt 150 Minuten.
c) Hier sind Z und l gegeben. Die Variable f ist gesucht: f = (Z – 6·l – 20):2.
Es gilt mit l = 8 die Formel f = (Z – 48 – 20):2 = Z:2 – 34.
Tag 1: Z = 150. f = 150:2 – 34 = 41. Sie ist 41 km gefahren.
Tag 2: Z = 120. f = 26. Sie ist 26 km gefahren.
Tag 3: Z = 260. f = 96. Sie ist 96 km mit dem Fahrrad gefahren.
d) Hier ist f = 0. Also gilt: Z = 6·l + 20. Daraus ergibt sich: l = (Z – 20):6.
Mit Z = 3,5 h = 210 min folgt l = $31\frac{2}{3}$. Sie ist also $31\frac{2}{3}$ km gelaufen.

9 a) V = $\frac{1}{3}$·a²·h |:a²·3; also: h = $\frac{3V}{a^2}$ mit V = 150 000 ist dann h = 450 000:a²
a = 5 m → h = 18 000 m. Die Höhe beträgt 18 000 m.
a = 9 m → h ≈ 5555,6 m. Die Höhe beträgt etwa 5555,6 m.
a = 60 m → h = 125 m. Die Höhe beträgt 125 m.
a = 300 m → h = 5 m. Die Höhe beträgt 5 m.

b) $V = \frac{1}{3} \cdot a^2 \cdot h \quad |\cdot 3 : h;$

also $a^2 = \frac{3V}{h} \quad |\sqrt{}$

also $a = \sqrt{\frac{3 \cdot V}{h}} = \sqrt{\frac{450\,000}{h}}$

$h = 8\,m \rightarrow a \approx 237{,}17\,m$. Die Kantenlänge a der Pyramide beträgt etwa 237,17 m.

$h = 15\,m \rightarrow a \approx 173{,}2\,m$. Die Kantenlänge a der Pyramide beträgt etwa 173,2 m.

$h = 45\,m \rightarrow a = 100\,m$. Die Kantenlänge a der Pyramide beträgt 100 m.

Seite 97

10 a) $s = 5t^2 \quad |:5$

$t^2 = \frac{s}{5} \quad |\sqrt{}$

$t = \sqrt{\frac{s}{5}}$

b) $s = 40$, also $t = \sqrt{\frac{40}{5}} = \sqrt{8} \approx 2{,}83$. Der Stein benötigt in etwa 2,83 Sekunden. Es ist darauf zu achten, dass man den Stein nur fallen lässt und nicht mit einer Anfangsgeschwindigkeit nach unten wirft. Dann muss man genau auf der Klippe stehen, weil dieser Punkt im Reiseführer genannt wird. Sollte man sich etwas höher befinden, muss man diese Streckendifferenz zu den 40 m dazu addieren.

c) Aus den fünf Messwerten ergibt sich ein Mittelwert von 3,02 Sekunden. Dieser Wert liegt höher als der theoretische Wert aus b). Dies kann daran liegen, dass Judith und Markus vielleicht aus einem Fenster geworfen haben, das etwas oberhalb der Klippe liegt. Dadurch würde sich die Zeit verlängern. Es kann aber auch sein, dass der Stein etwas nach oben geworfen wurde. Auch das würde die Flugzeit verlängern.

11 Individuelle Lösung

12 a)

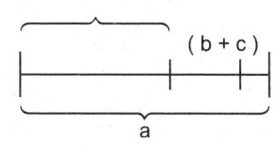

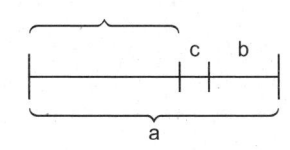

b) In einem Zug sitzen a Personen. Dann steigen aus zwei Abteilen insgesamt (b + c) Personen wieder aus. Zurück bleiben a − (b + c) Personen.
und
In einem Zug sitzen a Personen. Zuerst steigen aus einem Abteil b Personen aus. Es bleiben (a − b) Personen zurück. Dann steigen noch mal c Personen aus. Insgesamt sind dann noch (a − b) − c Personen im Zug.

2 Anwendungen des Distributivgesetzes

Seite 99

1 a) Die eine Seite hat eine Länge von a + 2 und die andere eine von b + 3. Beide Seitenlängen miteinander multipliziert ergibt den Flächeninhalt des ganzen Rechtecks.

b) $A = ab$; $B = 2b$; $C = 3a$ und $D = 6$. Also ergibt sich $A + B + C + D = ab + 2b + 3a + 6$.

c) $(a + 2)(b + 3) = ab + 3a + 2b + 6$. Dies entspricht dem Term aus b).

2 a) $ab + 8a + 7b + 56$
b) $15s + 6v + 3sv + 30$ oder $3sv + 6v + 15s + 30$
c) $6p + 5q + pq + 30$ oder $5q + 30 + pq + 6p$
d) $30r + 20t + 5rt + 120$ oder $20t + 120 + 5rt + 30r$
e) $16x + 3x^2 + 5$ oder $3x^2 + 16x + 5$
f) $2s^2 − 5s − 12$
g) $13a + 12a^2 − 35$ oder $12a^2 + 13a − 35$
h) $b^2 − 8b + 15$

3 a) $2ab + 16ac + b^2 + 8bc$ oder $b^2 + 2ab + 16ac + 8bc$
b) $2sv + 7v + 10sw + 35w$
c) $4q + 20p − 6pq − 30p^2$
d) $5x^2 − 27xy − 18y^2$
e) $2bc − b^2$
f) $ab − a^2 + b^2 = b^2 + ab − a^2$
g) $c^2 − 10c + 25$
h) $8a^2 − 84a + 244$

Seite 100

4 a) $14a + 5a^2 + 10$ oder $5a^2 + 14a + 10$
b) $16b − 3b^2 − 5$ oder $−3b^2 + 16b − 5$
c) $2p^2 + 5q^2 + 2pq\sqrt{5}$ oder $2p^2 + 2\sqrt{5}pq + 5q^2$
d) $p^2q^2 + r^2s^2$
e) $x^2 + y^2 + x^2y^2 + 1$
f) $2q\sqrt{7}$ oder $2\sqrt{7}q$
g) $4b + ab + a^2 − 16$ oder $a^2 + ab + 4b − 16$
h) $3q − 2p + pq + p^2 − 15$ oder $p^2 + pq − 2p + 3q − 15$

5 a) $a(x − y)$
b) $y(b − 24)$
c) $(−9)(−2x^2 + y^2)$ oder $9 \cdot (2x^2 − y^2)$
d) $v(−4u + 5v)$ oder $v(5v − 4u)$
e) $3(3a − 2b + 4c)$
f) $a(−a + 24b + 5)$ oder $a(5 + 24b − a)$
g) $(−4)u(−8u + 2uv − 1)$ oder $4u(1 − 2uv + 8u)$
h) $(−3)yx(−2x + 3y − 1)$ oder $3xy(2x − 3y + 1)$
i) $(a + b)(−x + 3)$ oder $(a + b)(3 − x)$
j) $(c − d)(a + b)$ oder $(a + b)(c − d)$
k) $(s + t)(−a + 5)$ oder $(s + t)(5 − a)$
l) $(a + 4)(t + 3)$ oder $(t + 3)(4 + a)$

6 a) $7y(1-2y)$, der Term ergibt den Wert 0 für $y = 0$ oder $y = 0,5$
b) $5a(6a - 1)$, der Term ergibt den Wert 0 für $a = 0$ oder $a = \frac{1}{6}$
c) $(x + 3)(x - 2)$, der Term ergibt den Wert 0 für $x = -3$ oder $x = 2$
d) $b(\sqrt{6} \cdot b + 6)$, der Term ergibt den Wert 0 für $b = 0$ oder $b = -\sqrt{6}$

7 a) $A = (c + 10) \cdot b$; also $b = \frac{A}{(c + 10)}$ mit $A = 250 \, m^2$ folgt $b = \frac{250}{(c + 10)}$
$c = 2 \, m \rightarrow b \approx 20,83$; die Breite beträgt etwa 20,83 m.
$c = 5 \, m \rightarrow b \approx 16,67$; die Breite beträgt etwa 16,67 m.
$c = 25 \, m \rightarrow b \approx 7,14$; die Breite beträgt etwa 7,14 m.

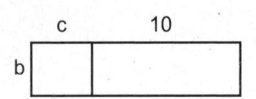

b) $A = 2bc + 5b + ab = b \cdot (2c + 5 + a)$, also
$b = \frac{250}{(2c + 5 + a)} = \frac{250}{(2c + 15)}$
$c = 2 \, m \rightarrow b \approx 13,16$; die Breite beträgt etwa 13,16 m.
$c = 5 \, m \rightarrow b = 10$; die Breite beträgt 10 m.
$c = 25 \, m \rightarrow b \approx 3,85$; die Breite beträgt etwa 3,85 m.

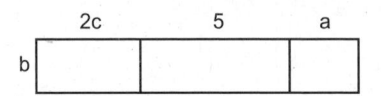

c) $A = 3ab + 20b - cb = b \cdot (3a + 20 - c)$, also
$b = \frac{250}{(3a + 20 - c)} = \frac{250}{(50 - c)}$
$c = 2 \, m \rightarrow b \approx 5,2$; die Breite beträgt etwa 5,2 m.
$c = 5 \, m \rightarrow b \approx 5,56$; die Breite beträgt etwa 5,56 m.
$c = 25 \, m \rightarrow b = 10$; die Breite beträgt 10 m.

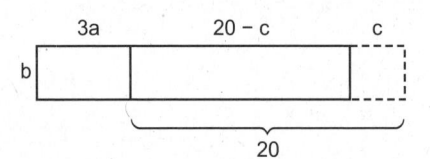

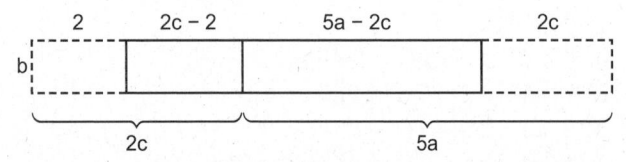

d) $A = (2c - 2)b + b(5a - 2c) =$
$b \cdot (2c - 2 + 5a - 2c) = b \cdot (5a - 2)$,
also $b = \frac{250}{(5a - 2)} = \frac{250}{48}$
$c = 2 \, m$; $c = 5 \, m$ und $c = 25 \, m \rightarrow b \approx 5,2$; die Breite beträgt etwa 5,2 m.

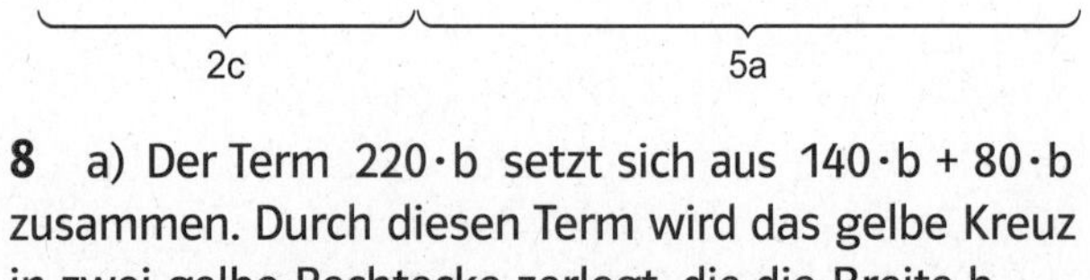

8 a) Der Term $220 \cdot b$ setzt sich aus $140 \cdot b + 80 \cdot b$ zusammen. Durch diesen Term wird das gelbe Kreuz in zwei gelbe Rechtecke zerlegt, die die Breite b und die Längen 140 bzw. 80 cm haben. Nun wurde aber die Mitte des Kreuzes (b^2) doppelt gezählt, weshalb sie wieder abgezogen werden muss.

Es ergibt sich $220 \cdot b - b^2$ als Term für die gelbe Fläche.
Der erste Term setzt sich auch aus mehreren einzelnen Termen zusammen: $(140 - b) \cdot b$ beschreibt die Fläche des längeren gelben Rechtecks nur ohne das mittlere gelbe Quadrat (b^2). Der Term $(80 - b) \cdot b$ beschreibt das hochkant stehende Rechteck ebenfalls ohne die Mitte. Da das mittlere Quadrat aber zur gelben Fläche gehört, muss es noch addiert werden. Insgesamt ergibt sich:
$(140 - b) \cdot b + (80 - b) \cdot b + b^2$.
b) $(140 - b) \cdot b + (80 - b) \cdot b + b^2 = 140b - b^2 + 80b - b^2 + b^2 = 140b + 80b - b^2 - b^2 + b^2 = 220b - b^2$
c) A (rote Fläche) $= 140 \cdot 80 - (220b - b^2) = 11200 - 220b + b^2$
$b = 2 \, cm \rightarrow A = 11200 - 220 \cdot 2 + 2^2 = 10764$; die rote Fläche beträgt 10764 cm²; die gelbe Fläche beträgt dann $(11200 - 10764 = 436)$ 436 cm².
$b = 5 \, cm \rightarrow A = 11200 - 220 \cdot 5 + 5^2 = 10125$; die rote Fläche beträgt 10125 cm²; die gelbe Fläche beträgt dann $(11200 - 10125 = 1075)$ 1075 cm².
$b = 20 \, cm \rightarrow A = 11200 - 220 \cdot 20 + 20^2 = 7200$; die rote Fläche beträgt 7200 cm²; die gelbe Fläche beträgt dann $(11200 - 7200 = 4000)$ 4000 cm².

9 a) Fig. 2 beschreibt den Term $A = 4p - 4$, weil mit dem Term $4p$ die Anzahl der Pfähle auf jeder Zaunseite gezählt wird, wobei die Eckpfähle doppelt gezählt werden. Deshalb müssen sie wieder abgezogen werden. Fig. 3 beschreibt den Term $A = p^2 - (p - 2)^2$. Mit p^2 werden alle abgebildeten Punkte (Pfähle) gezählt. Dies gleicht einem mit Punkten ausgefüllten Quadrat. Das innere kleinere Quadrat muss nun abgezogen werden: Die Seitenlänge dieses kleineren Quadrates ist $(p - 2)$. Daher ergibt sich der gesamte Term.
b) $p^2 - (p - 2)^2 = p^2 - (p^2 - 2p - 2p + 4) = p^2 - p^2 + 4p - 4 = 4p - 4$.
$p = 3 \rightarrow A = 4 \cdot 3 - 4 = 8$. Man benötigt 8 Pfähle.
$p = 5 \rightarrow A = 4 \cdot 5 - 4 = 16$. Man benötigt 16 Pfähle.
$p = 25 \rightarrow A = 4 \cdot 25 - 4 = 96$. Man benötigt 96 Pfähle.
$p = 46 \rightarrow A = 4 \cdot 46 - 4 = 180$. Man benötigt 180 Pfähle.

Seite 101

10 a)

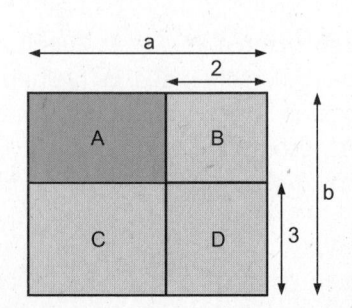

b) $(a - 2)(b - 3) = ab - 2b - 3a + 6$
Der Term ab beschreibt den Flächeninhalt des ganzen Rechtecks (A + B + C + D). Nun werden mit $-2b$ die Flächen B und D abgezogen und mit $-3a$ die Flächen C und D. Durch $+6$ wird die Fläche D, die zweimal abgezogen wurde, wieder einmal addiert, so dass vom ganzen Rechteck insgesamt die Flächen B, C und D abgezogen wurden. Übrig bleibt die Fläche A, welche auch der Multiplikation $(a - 2)(b - 3)$ entspricht.

11 a) Wenn die Seiten $(a + 2)$ und $(a + 8)$ Einheiten lang wären, könnte man den Flächeninhalt A mit $(a + 2)(a + 8) = a^2 + 10a + 16$ bestimmen. Dies entspricht aber nicht dem angegebenen Term $a^2 + 10a + 21$.
b) Mit der Begründung aus a) ergibt hier nun $(a + 1)(a + 21) = a^2 + 22a + 21$ ebenfalls den falschen Term.
c) Durch Ausprobieren kommt man zum Ergebnis: Es können nur die Längen $(a + 3)$ und $(a + 7)$ stimmen, wie das Ausmultiplizieren zeigt.
d) $A = (a + 3)(a + 7) = 45$, also $9 \cdot 5 = 45$ mit $5 = 2 + 3$ und $9 = 2 + 7$. Hier ist $a = 2$.
Die Seiten sind 9 cm und 5 cm lang.

12 I) Hier wurde nicht richtig ausmultipliziert. Nur die äußeren Zahlen miteinander zu multiplizieren reicht nicht aus.
Korrektur: $(x + 4)(x + 7) = x^2 + 4x + 7x + 28 = x^2 + 11x + 28$
II) Hier wurden zwar alle Zahlen miteinander multipliziert, dabei wurde aber das negative Vorzeichen bei der -7 missachtet.
Korrektur: $(3a + b)(2b - 7) = 3a \cdot 2b + b \cdot 2b - 3a \cdot 7 - b \cdot 7 = 6ab + 2b^2 - 21a - 7b$
III) Hier wurden die Zahlen richtig miteinander multipliziert, aber bei der letzten Multiplikation wurde das Vorzeichen falsch bestimmt: $(-4) \cdot (-7) = +28$
Korrektur: $(5x - 4y)(3x - 7y) = 15x^2 - 12xy - 35xy + 28y^2 = 15x^2 - 47xy + 28y^2$
IV) Der erste Schritt ist vollständig richtig. Beim zweiten Ausmultiplizieren wurden wieder Fehler bei den Vorzeichen gemacht.
Korrektur: $(-x - 4)(x + 7) = -x \cdot (x + 7) - 4 \cdot (x + 7) = -x^2 - 7x - 4x - 28 = -x^2 - 11x - 28$
V) Hier wurde aus $(4t) \cdot (4t)$ fälschlicher Weise $4t^2$ berechnet. Man muss aber 4 ebenfalls quadrieren.
Korrektur: $(2s + 4t)^2 = 4s^2 + 16st + 16t^2$

13 a) Wenn die Graphen beider Funktionen aufeinander liegen, müssen die Funktionsgleichungen gleich sein. Dies kann man durch Vereinfachen überprüfen:
$(x + 2)(x + 6) = x^2 + 6x + 2x + 12 = x^2 + 8x + 12$.
Somit hat Georg Recht.

b) Beide Funktionen haben den gleichen Graphen.

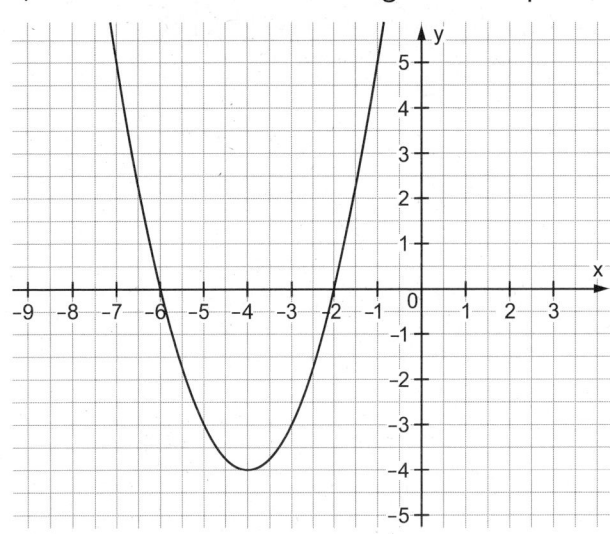

Es fällt auf, dass der Graph bei $x = -2$ und $x = -6$ die x-Achse schneidet. Die Funktionsgleichung enthält beide Zahlen nur mit umgekehrten Vorzeichen bei der Darstellung $(x + 2)(x + 6)$.
c) (mögliche Lösung) Der Graph der Funktionen mit $y = (x - 3)(x - 4)$ bzw. $y = x^2 - 7x + 12$ müsste bei $x = 3$ und bei $x = 4$ die x-Achse schneiden. (Begründung siehe b).)

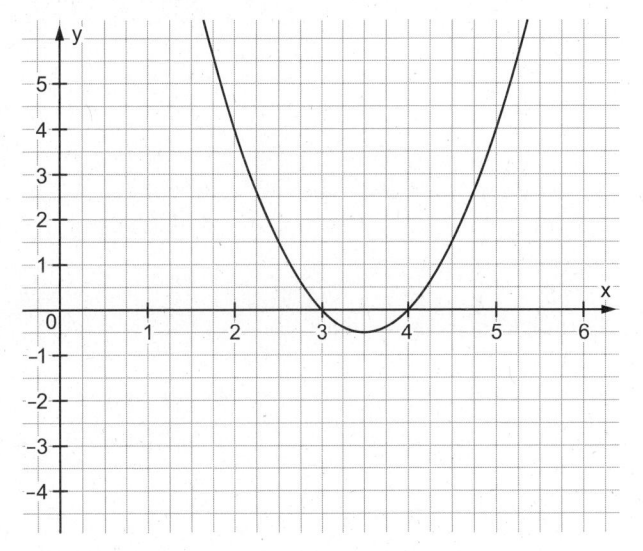

Hier sieht man, dass die Beobachtung stimmt.

14 a) $-0{,}11(x - 80)^2 + 69{,}3 = -0{,}11(x^2 - 160x + 6400) + 69{,}3 = -0{,}11x^2 + 17{,}6x - 704 + 69{,}3 = -0{,}11x^2 + 17{,}6x - 634{,}7$
Nein dem Verlag ist kein Fehler unterlaufen, weil beide Funktionsgleichungen gleich sind.
b) Den Scheitel der Funktion kann man an der unteren Darstellung ablesen. $S(80 | 69{,}3)$. Demnach müsste die Brücke mindestens 69,3 m hoch sein. Sie könnte noch höher sein, je nachdem in welcher Höhe die x-Achse bei der durchgeführten Modellierung verläuft. (Es kommt auf den Ursprung des Achsenkreuzes an, welcher bei der gewählten Dar-

stellung wahrscheinlich im linken Schnittpunkt der Brückenparabel mit dem Erdboden liegt.)

Seite 102

15 1. binomische Formel: $(a + b)^2 = (a + b)(a + b)$
$= a^2 + ab + ba + b^2 = a^2 + 2 \cdot a \cdot b + b^2$
2. binomische Formel: $(a - b)^2 = (a - b)(a - b) = a^2 - ab - ba + b^2 = a^2 - 2 \cdot a \cdot b + b^2$
3. binomische Formel: $(a - b)(a + b) = a^2 + ab - ba - b^2 = a^2 - b^2$

16 a) $(a + 3)^2 = a^2 + 6a + 9$
b) $(6 + a)^2 = 36 + 12a + a^2$
c) $(b - 3)^2 = b^2 - 6b + 9$
d) $(s - k)^2 = s^2 - 2sk + k^2$
e) $(2x + 5)^2 = 4x^2 + 20x + 25$
f) $(7 - x \cdot 3)^2 = 49 - 42x + 9x^2$
g) $(x + 3) \cdot (x - 3) = x^2 - 9$
h) $(2x - 6) \cdot (2x + 6) = 4x^2 - 36$

17 a) $31^2 = (30 + 1)^2 = 30^2 + 2 \cdot 30 \cdot 1 + 1^2 = 961$
b) $44^2 = (40 + 4)^2 = 40^2 + 2 \cdot 40 \cdot 4 + 4^2 = 1600 + 320 + 16 = 1936$
c) $29^2 = (30 - 1)^2 = 30^2 - 2 \cdot 30 \cdot 1 + 1^2 = 841$
d) $58^2 = (60 - 2)^2 = 60^2 - 2 \cdot 60 \cdot 2 + 2^2 = 3600 - 240 + 4 = 3364$
e) $65^2 = (60 + 5)^2 = 60^2 + 2 \cdot 60 \cdot 5 + 5^2 = 3600 + 600 + 25 = 4225$
f) $17 \cdot 23 = (20 - 3)(20 + 3) = 20^2 - 3^2 = 391$
g) $38 \cdot 42 = (40 - 2)(40 + 2) = 40^2 - 2^2 = 1596$
h) $54 \cdot 46 = (50 + 4)(50 - 4) = 50^2 - 4^2 = 2500 - 16 = 2484$

18 Individuelle Lösungen

19 a) Hier ist $x^2 = a^2$ und $4 \cdot x = 2 \cdot a \cdot b$ und $4 = b^2$. Daraus ergibt sich: $a = x$ und $b = 2$. Also: $x^2 + 4x + 4 = (x + 2)^2$
b) Hier handelt es sich um die 2. binomische Formel: $x^2 = a^2$ und $-6x = -2 \cdot a \cdot b$ und $9 = b^2$. Daraus ergibt sich: $a = x$ und $b = 3$. Also: $x^2 - 6x + 9 = (x - 3)^2$
c) Hier handelt es sich um die 3. binomische Formel: $x^2 = a^2$ und $-64 = -b^2$. Daraus ergibt sich: $a = x$ und $b = 8$. Also: $x^2 - 64 = (x - 8)(x + 8)$

20 a) $x^2 + 50x + 625 = (x + 25)^2$
b) $x^2 - 14x + 49 = (x - 7)^2$
c) $x^2 - 121 = (x + 11)(x - 11)$
d) $169x^2 - 52x + 4 = (13x - 2)^2$
e) $9n^2 + 6n + 1 = (3n + 1)^2$
f) $225x^2 - 1 = (15x + 1)(15x - 1)$
g) $-16x + 16 + 4x^2 = 4x^2 - 16x + 16 = (2x - 4)^2$
h) $3x^2 + 2 \cdot \sqrt{6}x + 2 = (\sqrt{3}x + \sqrt{2})^2$

21 a) $(x + 2)^2 = x^2 + 4x + 4$
$x^2 - 4 = (x - 2)(x + 2)$
$x^2 - 10x + 25 = (x - 5)^2$
$9 - 4x^2$ (alleine)
$(3 - 2x)(-2x + 3)$ (alleine)
$9x^2 - 6x + 1 = (3x - 1)^2$
$1 - 4x + 4x^2 = (1 - 2x)^2$
$(3 + 4x)^2 = 16x^2 + 24x + 9$
$4 - 9x^2 = (2 - 3x)(2 + 3x)$
$1 + 6x + 9x^2 = (3x + 1)^2$
b) Individuelle Lösung

Seite 103

22 a)

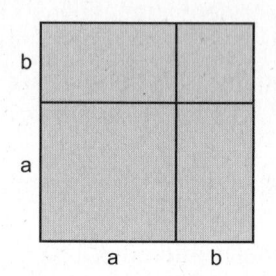

Für den Flächeninhalt ergibt sich $a^2 + 2ab + b^2$ oder $(a + b)^2$
Hier wurde also die 1. binomische Formel geometrisch veranschaulicht.

23 a) $a^2 - b^2$
b) Er passt an die Seite, weil die Höhe des großen Rechtecks $a - b$ beträgt. Dies ist auch die Länge des oberen Streifens. Wenn man den Streifen dreht, „passt" es genau.
$(a + b)(a - b)$ Hiermit wurde also die 3. binomische Formel gezeigt.

24 a) $22 \cdot 18 \rightarrow 22 + 18 = 40$ und $22 - 18 = 4$, die Quadrate sind $40^2 = 1600$ und $4^2 = 16$
$1600 - 16 = 1584$; $1584 : 4 = 396$; also ist $22 \cdot 18 = 396$
$64 \cdot 56 \rightarrow 64 + 56 = 120$ und $64 - 56 = 8$, die Quadrate sind $120^2 = 14400$ und $8^2 = 64$
$14400 - 64 = 14336$; $14336 : 4 = 3584$; also ist $64 \cdot 56 = 3584$
b) $[(a + b)^2 - (a - b)^2] : 4 = [a^2 + 2ab + b^2 - (a^2 - 2ab + b^2)] : 4 = [4ab] : 4 = ab$
c) $(a + b)^2$ entspricht dem Flächeninhalt des ganzen Quadrates.
$(a - b)^2$ entspricht dem Flächeninhalt des kleinen gelben Quadrates in der Mitte.
$(a + b)^2 - (a - b)^2$ entspricht dann den Randrechtecken (rote Fläche). Dies sind genau 4 Rechtecke mit dem Flächeninhalt $a \cdot b$. Deshalb erhält man den Wert für $a \cdot b$, wenn man den Term $(a + b)^2 - (a - b)^2$ durch 4 dividiert.

25 a) Der Satz des Thales besagt: Wenn ein Punkt C auf dem Thaleskreis über einer Strecke AB liegt, dann hat das Dreieck ABC bei C einen rechten Winkel.
b) Tangenten an einen Kreis
Mit dem Thaleskreis kann man von einem Punkt P außerhalb eines Kreises k die beiden Tangenten an einen vorgegebenen Kreis konstruieren. In Fig. 1 schneidet der Thaleskreis über der Strecke PM den Kreis k in den Berührpunkten Q und R dieser Tangenten.

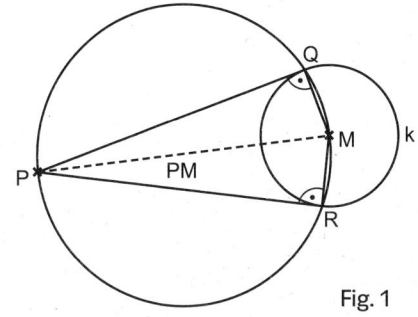

Fig. 1

26 a) $y = -45$ und $x = -13$ $(-13|-45)$
b) $y = 1{,}5$ und $x = 1$ $(1|1{,}5)$
c) $y = -\frac{5}{51}$ und $x = \frac{18}{119}$ $\left(\frac{18}{119}\middle|-\frac{5}{51}\right) \approx (0{,}151|-0{,}098)$
d) $y = 1$ und $x = 2$ $(2|1)$

3 Verallgemeinerung von Funktionen – Parameter

Seite 105

1 a) Der Graph enthält die Punkte $(-1|0)$ und $(0|-1)$. Mit $y = mx + c$ erhält man die beiden Gleichungen $0 = m \cdot (-1) + c$ und $-1 = m \cdot 0 + c$. Es ergeben sich $c = -1$ und $m = -1$, wie man auch am Graphen ablesen kann. Also: $y = -1 \cdot x - 1$
b) Der Graph enthält die Punkte $(0|1)$ und $(2|0{,}5)$. Mit $y = mx + c$ erhält man die beiden Gleichungen $1 = m \cdot 0 + c$ und $0{,}5 = m \cdot 2 + c$. Es ergeben sich $c = 1$ und $m = -0{,}25$, wie man auch am Graphen ablesen kann. Also: $y = -0{,}25 \cdot x + 1$
c) Der Graph enthält die Punkte $(-2|-1)$ und $(-1|3)$. Mit $y = mx + c$ erhält man die beiden Gleichungen $-1 = m \cdot (-2) + c$ und $3 = m \cdot (-1) + c$. Es ergeben sich $c = 7$ und $m = 4$, wie man auch am Graphen ablesen kann. Also: $y = 4 \cdot x + 7$
d) Der Graph enthält die Punkte $(0|2)$ und $(-0{,}5|-1)$. Mit $y = mx + c$ erhält man die beiden Gleichungen $2 = m \cdot 0 + c$ und $-1 = m \cdot (-0{,}5) + c$. Es ergeben sich $c = 2$ und $m = 6$, wie man auch am Graphen ablesen kann. Also: $y = 6 \cdot x + 2$
e) Der Graph enthält die Punkte $(2|0)$ und $(3|-3)$. Mit $y = mx + c$ erhält man die beiden Gleichungen $0 = m \cdot 2 + c$ und $-3 = m \cdot 3 + c$. Es ergeben sich $c = 6$ und $m = -3$, wie man auch am Graphen ablesen kann. Also: $y = -3 \cdot x + 6$

2 a) Aus $y = mx + c$ erhält man mit $m = 3$ die Gleichung $y = 3x + c$. Aus dem Punkt ergibt sich nun die Gleichung $13 = 3 \cdot 2 + c$, also $c = 7$. Damit ist $y = 3x + 7$.
b) Aus $y = mx + c$ erhält man mit $m = -2$ die Gleichung $y = -2x + c$. Aus dem Punkt ergibt sich nun die Gleichung $-2 = -2 \cdot (-1) + c$, also $c = -4$. Damit ist $y = -2x - 4$.
c) Aus $y = mx + c$ erhält man mit $c = 4$ die Gleichung $y = mx + 4$. Aus dem Punkt ergibt sich nun die Gleichung $13 = m \cdot 6 + 4$, also $m = 1{,}5$. Damit ist $y = 1{,}5x + 4$.
d) Aus $y = mx + c$ erhält man mit $c = -1{,}5$ die Gleichung $y = mx - 1{,}5$. Aus dem Punkt ergibt sich nun die Gleichung $16 = m \cdot 2{,}5 - 1{,}5$, also $m = 7$. Damit ist $y = 7x - 1{,}5$.
e) Aus den Punkten erhält man mit $y = mx + c$ die beiden Gleichungen $1 = m \cdot 3 + c$ und $7 = m \cdot 5 + c$. Es ergeben sich $c = -8$ und $m = 3$, wie man auch am Graphen ablesen kann. Also: $y = 3 \cdot x - 8$
f) Aus den Punkten erhält man mit $y = mx + c$ die beiden Gleichungen $4{,}5 = m \cdot 3 + c$ und $8{,}5 = m \cdot (-9) + c$. Es ergeben sich $c = 5{,}5$ und $m = -\frac{1}{3}$, wie man auch am Graphen ablesen kann. Also: $y = -\frac{1}{3}x + \frac{11}{2}$

3 a) Wenn sie den Punkt $(1|1)$ enthalten sollen, muss man dies durch Einsetzen nachprüfen können: Wenn man für x die Zahl 1 einsetzt, müsste für alle Werte für t der Wert 1 herauskommen.
$x^2 - tx + t = 1^2 - t + t = 1^2 = 1$. Stimmt.
b)

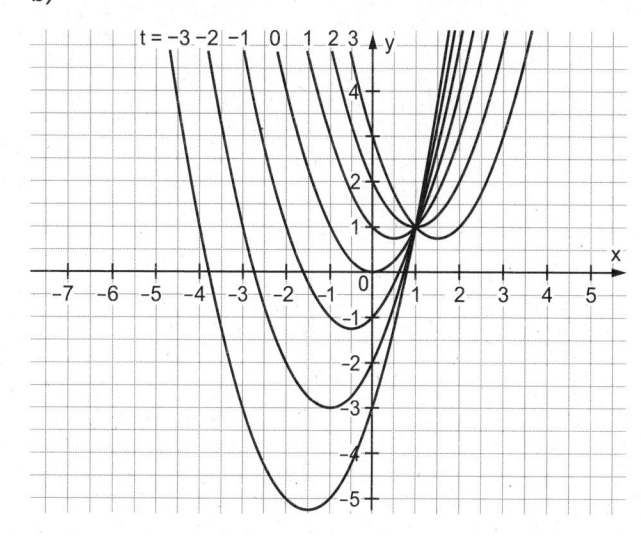

4 In die Funktionsgleichung wird der Punkt $P(3|8)$ eingesetzt und dann nach der Unbekannten umgeformt.
a) $8 = 9a + 12 - 13$, also $a = 1$ und die Funktionsgleichung lautet $y = x^2 + 4x - 13$

b) $8 = 9 + 3b + 5$, also $b = -2$ und die Funktionsgleichung lautet $y = x^2 - 2x + 5$
c) $8 = 18 - 3 + c$, also $c = -7$ und die Funktionsgleichung lautet $y = 2x^2 - x - 7$

Seite 106

5 a) Aus $y = ax^2 + bx + c$ erhält man mit $a = 2$ die Funktionsgleichung $y = 2x^2 + bx + c$. Durch Einsetzen der beiden Punkte erhält man die beiden Gleichungen: $-1 = 2 + b + c$ und $22 = 2 \cdot 3^2 + b \cdot 3 + c = 18 + 3b + c$. Man erhält durch Lösen des linearen Gleichungssystems $b = 3{,}5$ und $c = -6{,}5$. Also lautet die Funktionsgleichung $y = 2x^2 + 3{,}5x - 6{,}5$.
b) Aus $y = ax^2 + bx + c$ erhält man mit $b = 4$ die Funktionsgleichung $y = ax^2 + 4x + c$. Durch Einsetzen der beiden Punkte erhält man die beiden Gleichungen: $-8 = (-1)^2 \cdot a + 4 \cdot (-1) + c = a - 4 + c$ und $-5 = a \cdot 2^2 + 4 \cdot 2 + c = 4a + 8 + c$. Man erhält durch Lösen des linearen Gleichungssystems $a = -3$ und $c = -1$. Also lautet die Funktionsgleichung $y = -3x^2 + 4x - 1$.
c) Aus $y = ax^2 + bx + c$ erhält man mit $c = 3$ die Funktionsgleichung $y = ax^2 + bx + 3$. Durch Einsetzen der beiden Punkte erhält man die beiden Gleichungen: $-8 = a \cdot 2^2 + b \cdot 2 + 3 = 4a + 2b + 3$ und $4 = a \cdot (-1)^2 + b \cdot (-1) + 3 = a - b + 3$. Man erhält durch Lösen des linearen Gleichungssystems $a = -1{,}5$ und $b = -2{,}5$. Also lautet die Funktionsgleichung $y = -1{,}5x^2 - 2{,}5x + 3$.
d) Aus $y = ax^2 + bx + c$ erhält man mit dem Punkt $(0|0)$: $0 = 0a + 0b + c$, also $c = 0$. Durch Einsetzen der beiden anderen Punkte erhält man die beiden Gleichungen: $33 = a \cdot (-2)^2 + b \cdot (-2) = 4a - 2b$ und $795 = a \cdot 10^2 + b \cdot 10 = 100a + 10b$. Man erhält durch Lösen des linearen Gleichungssystems $a = 8$ und $b = -0{,}5$. Also lautet die Funktionsgleichung $y = 8x^2 - 0{,}5x$.

6 a) Der Graph enthält die Punkte $P(-2|4)$, $Q(0|2)$ und $R(1|7)$. Aus Q folgt mit $2 = a \cdot 0^2 + b \cdot 0 + c$, dass $c = 2$ sein muss. Also setzt man die anderen beiden Punkte in $y = ax^2 + bx + 2$ ein und erhält $4 = 4a - 2b + 2$ und $7 = a + b + 2$. Also $a = 2$ und $b = 3$. $y = 2x^2 + 3x + 2$.
b) Der Graph enthält die Punkte $P(-1|3)$, $Q(0|0)$ und $R(2|0)$. Aus Q folgt mit den Überlegungen aus 6a), dass $c = 0$ sein muss. Also setzt man die anderen beiden Punkte in $y = ax^2 + bx$ ein und erhält $3 = 1a - 1b$ und $0 = 4a + 2b$. Also $a = 1$ und $b = -2$. $y = x^2 - 2x$.
c) Der Graph enthält die Punkte $P(-2|5)$, $Q(0|7)$ und $R(2|7)$. Aus Q folgt mit den Überlegungen aus 6a), dass $c = 7$ sein muss. Also setzt man die anderen beiden Punkte in $y = ax^2 + bx + 7$ ein und erhält $5 = 4a - 2b + 7$ und $7 = 4a + 2b + 7$. Also $a = -0{,}25$ und $b = 0{,}5$. $y = -0{,}25x^2 + 0{,}5x + 7$.
d) Der Graph enthält die Punkte $P(-1|-2)$, $Q(0|-1)$ und $R(1|-2)$. Aus Q folgt mit den Überlegungen aus 6a), dass $c = -1$ sein muss. Also setzt man die anderen beiden Punkte in $y = ax^2 + bx - 1$ ein und erhält $-2 = a - b - 1$ und $-2 = a + b - 1$. Also $a = -1$ und $b = 0$. $y = -x^2 - 1$.

7 a) blaue Graphen: $m_1 = \frac{1}{3}$ und $m_2 = \frac{2}{3}$; der y-Achsenabschnitt ist jeweils 0
rote Graphen: $m_3 = -\frac{1}{3}$; $m_4 = -\frac{2}{3}$ und $m_5 = -1$; der y-Achsenabschnitt ist jeweils 0
b) Alle Graphen gehen durch den Ursprung $(0|0)$. Eine allgemeine Funktionsgleichung wäre daher $y = mx$.
c) Die blauen Graphen haben eine positive Steigung und die roten Graphen haben eine negative Steigung.
d) blaue Graphen: $m > 0$
rote Graphen: $m < 0$

Seite 107

8 a) Es sind alles verschobene Normalparabeln mit der Funktionsgleichung $y = x^2 + c$.
b) Die blaue Parabel, deren Scheitel auf dem Ursprung $(0|0)$ liegt, ist die Normalparabel.
c) Man nennt die Verschiebung y-Verschiebung, weil die Normalparabel entlang der y-Achse nach oben bzw. nach unten verschoben wird.
d) blaue Graphen: Der Scheitel liegt im positiven Bereich; also hier $c \geq 0$.
rote Graphen: Der Scheitel liegt im negativen Bereich; also hier $c < 0$.
e) Da der Scheitel immer auf der y-Achse liegt, ist der x-Wert immer 0. Der y-Wert entspricht dann dem c. Daher ist $S(0|c)$ der Scheitel.

9 a) Die Parabeln verschieben sich parallel zur y-Achse.
b) Durch den Faktor a wird der Graph gestaucht bzw. gestreckt. Wenn $a > 1$ gilt, wird der Graph im Vergleich zur Normalparabel gestreckt, das heißt er verläuft schmaler und enger.
Wenn $0 < a < 1$ gilt, wird der Graph gestaucht, das heißt er verläuft flacher und „bauchiger".
Wenn a positiv ist, ist der Graph nach oben geöffnet.
Für negative a sind die beschriebenen Verläufe identisch, nur dass die Parabeln nach unten geöffnet sind. Die Parabeln verlaufen alle durch den Punkt $(0|c)$.
c) Wenn $b = 0$ gilt, liegt der Scheitel der Parabel immer auf der y-Achse. Der Graph ist dann achsensymmetrisch zur y-Achse.

10 a) a = −5; hellblaue und nach unten geöffnete Parabel
a = −4; dunkelblaue, nach unten geöffnete Parabel
a = −0,5; grüne, nach unten geöffnete Parabel
a = −0,2; violette, nach unten geöffnete Parabel
a = 0,2; rot gefärbte, flache und nach oben geöffnete Parabel
a = 0,4; gelbe, nach oben geöffnete Parabel
a = 1; schwarze, nach oben geöffnete Parabel
a = 4; blaue, nach oben geöffnete Parabel
a = 6; hellgrüne, nach oben geöffnete Parabel
b) a > 1; alle Parabeln sind nach oben geöffnet und sind gestreckter als die Normalparabel
a < −1; alle Parabeln sind nach unten geöffnet und sind gestreckter als die Normalparabel
c) a > −1; wenn a < 0 ist, sind alle Parabeln nach unten geöffnet und flacher als die Normalparabel
a < 1; wenn a > 0 ist, sind alle Parabeln nach oben geöffnet und flacher als die Normalparabel
d) a > 0; alle Parabeln sind nach oben geöffnet
a < 0; alle Parabeln sind nach unten geöffnet

Seite 108

11 a) Es gibt zwei Punkte P(0|1500) und Q(24|1503,6). Hieraus lassen sich mit der allgemeinen Gleichung y = mx + c die beiden Gleichungen 1500 = m·0 + c, also c = 1500 und 1503,6 = m·24 + 1500 aufstellen. Es ergibt sich m = 0,15.
$h_{Stalagmiten}$ = 0,15 t + 1500, wobei t die Zeit in Jahren und h die Höhe in mm angeben.
Es gibt zwei Punkte P(0|3300) und Q(24|3291,4). Hieraus lassen sich mit der allgemeinen Gleichung y = mx + c die beiden Gleichungen 3300 = m·0 + c, also c = 3300 und 3291,4 = m·24 + 3300 aufstellen. Es ergibt sich m = $-\frac{43}{120}$ ≈ −0,3583.
$h_{Stalaktiten}$ = −0,3583 t + 3300, wobei t die Zeit in Jahren und h die Höhe in mm angeben.
b) Da die Stalaktiten nach „unten" wachsen, ist die Steigung hier negativ. Um die beiden Werte miteinander zu vergleichen, kann man jeweils die positiven Werte nehmen:
Stalagmiten: 0,15 und Stalaktiten: 0,3583, das heißt pro Jahr wächst ein Stalagmit um 0,15 mm und ein Stalaktit um etwa 0,3583 mm. Das Wachstum der Stalagmiten beträgt also gerade 41,86 % $\left(\frac{0,15}{0,3853}\right)$ des Wachstums der Stalaktiten. Bzw. das Wachstum der Stalaktiten ist um 139 % als das der Stalagmiten $\left(\frac{0,3583}{0,15} \approx 2,39\right)$.
c) Stalagmiten wachsen nach den Schulbuchangaben in einem Jahr 0,15 mm, also in 1000 Jahren 150 mm = 15 cm. Stalaktiten wachsen dementsprechend 358,3 mm ≈ 35,83 cm. Damit liegen die Angaben genau zwischen den beiden Angaben 10 cm und 40 cm. Das Wachstum scheint diesen Schwankungen zu unterliegen.

12 Da es sich um einen freien Fall handelt, kann die Flugbahn als parabelförmig angenommen werden. Daher gilt: h = a·t² + b·t + c, wobei t die Zeit in s und h die Flughöhe in m sind.
Aus der Tabelle kennt man die drei Punkte P(0|45), Q(1|43) und R(2|31). Aus P weiß man sofort, dass c in der Funktionsgleichung gleich 45 ist (45 = a·0² + b·0 + c). Dann erhält man die anderen beiden Gleichungen 43 = a + b + 45 und 31 = 4a + 2b + 45. Es ergeben sich durch Lösen des linearen Gleichungssystems die Werte a = −5 und b = 3. Also ist h(t) = −5t² + 3t + 45. Um zu kontrollieren, ob Carlos 4 Sekunden geflogen ist, muss man für t den Wert 4 einsetzen und kontrollieren, ob die Höhe nach dieser Zeit noch im positiven Bereich liegt. Ist dies der Fall, fliegt Carlos nach 4 Sekunden noch. Ist der Wert negativ, ist Carlos schon im Wasser gelandet. h(4) = −5·4² + 3·4 + 45 = −23. Daher hat Pépe Recht, denn der Flug war kürzer als 4 Sekunden.

13 a) Man kennt die Punkte P(0|2) und den Scheitel S(23|12,5). Da die Parabel zu einer Parallelen zur y-Achse symmetrisch ist, kennt man noch einen dritten Punkt: Q(46|2). Nun kann man mit y = ax² + bx + c die Gleichungen 2 = a·0² + b·0 + c, also c = 2 und 12,5 = a·23² + b·23 + 2 sowie 2 = a·46² + b·46 + 2 aufstellen. Es ergeben sich durch Lösen des linearen Gleichungssystems a = $-\frac{21}{1058}$ ≈ −0,0198 und b = $\frac{21}{23}$ = 0,9130.
Also y = −0,0198 x² + 0,913 x + 2.
b) Mithilfe des GTR erstellt man einen Graphen

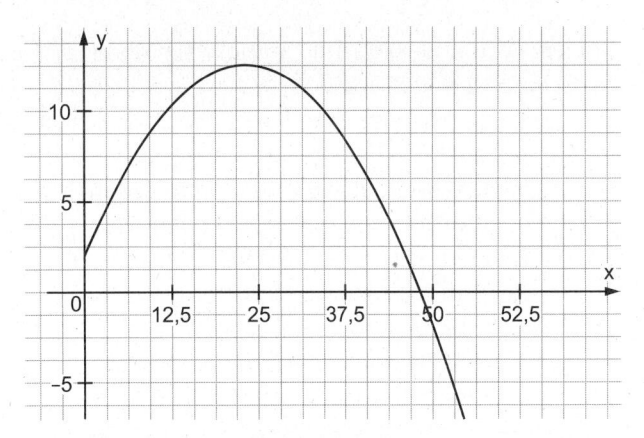

Der Ball fliegt in etwa 48 m weit, wie man am Graphen an der x-Stelle, wo der Graph die x-Achse schneidet, ablesen kann.

Seite 109

14 a) Man setzt allgemein die Formulierung „wenn sich die Geschwindigkeit verdoppelt" in eine Gleichung um: $v_2 = 2 \cdot v_1$. Nun berechnet man den Bremsweg: $B(v_2) = B(2 \cdot v_1) = \frac{(2v_1)^2}{100} = \frac{4v_1^2}{100} = 4 \cdot \frac{v_1^2}{100}$
$= 4 \cdot B(v_1)$. Hieran sieht man, dass der Bremsweg für die Geschwindigkeit v_2 viermal so hoch ist wie der Bremsweg $B(v_1)$ der Geschwindigkeit v_1.

b) Zunächst einmal vereinfacht man $D(v)$, damit man beide Funktionsgleichungen besser vergleichen kann:
$B(v) = \frac{v^2}{100}$ und $D(v) = \frac{(0,27v)^2}{2b} = \frac{0,0729v^2}{2b} = \frac{0,03645}{b} \cdot v^2$.
Es muss gelten: $\frac{0,03645}{b} = \frac{1}{100}$, $b = 3,645$.
Also müsste $b = 3,645$ gelten, damit beide Funktionsgleichungen übereinstimmen.

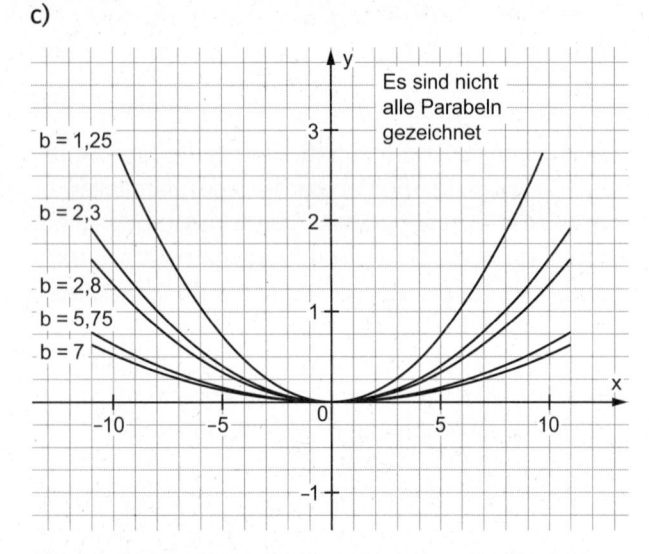

c)

Graphen von unten (flacher Graph) nach oben für b = 7; 5,75; 2,8; 2,3; 1,25.
Man erkennt, dass der Graph umso flacher ist desto größer das b ist.
Für die inhaltliche Deutung sind nur die Graphen für x > 0 interessant, weil es keine negativen Bremsverzögerungen gibt. Das heißt, je höher die Bremsverzögerung b ist, desto kürzer (y-Wert ist klein) ist der Bremsweg.

d) Damit beide Funktionsgleichungen übereinstimmen, müsste $b = 3,645$ sein (siehe b)). Das ist exakt bei keinem Belag der Straße der Fall. Wenn b größer als 3,645 ist, ist die Faustformel gut: Die realen Bremswege sind zwar kürzer als von der Faustformel berechnet (beispielsweise $b = 7,0$, $D(v) < B(v)$; siehe c)), aber aus Sicherheitsgründen ist dies zu vertreten.
Die Faustformel ist nicht anzuwenden, wenn $b < 3,645$ ist. Dies ist bei Neuschnee sowohl ohne als auch mit Winterreifen, sowie bei Hartschnee und Glatteis der Fall. Verkürzt kann man sagen, dass die Faustformel bei Winterwetter nicht gut ist.

e) Wenn man davon ausgeht, dass die Formel $D(v)$ hier anwendbar ist, obwohl ein Fahrrad wesentlich leichter ist, die Straße eine Abwärtsgefälle hat und die Modellierung daher äußerst fraglich ist, kann man b und v in die Formel $D(v)$ einsetzen:
$D(45) = (0,27 \cdot 45)^2 : (2 \cdot \underline{2,5}) \approx 29,524$ und $D(45) = (0,27 \cdot 45)^2 : (2 \cdot \underline{3,5}) \approx 21,09$. Der Bremsweg würde dann zwischen 21,09 m und 29,524 m liegen.

15 a) (mögliche Lösung)

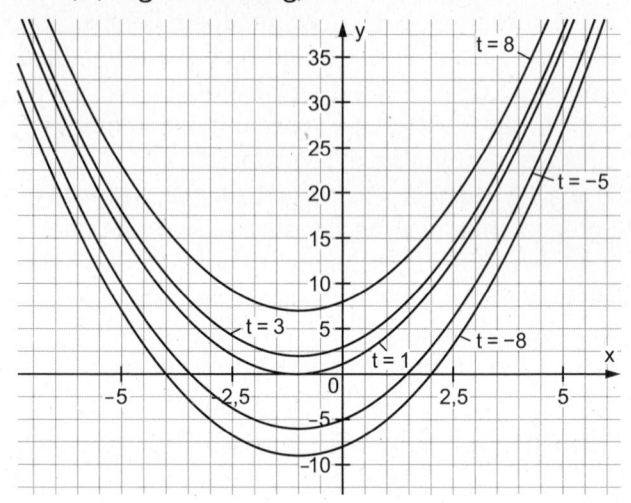

t = 8; 3; 1; –5; –8.
Die Parabeln sind um den Wert von t verschoben.
Der Schnittpunkt mit der y-Achse ist (0|t)

b) $y = x^2 + 2x + t$. Man kennt den Punkt $P(2|7)$.
Durch Einsetzen erhält man die Gleichung
$7 = 2^2 + 2 \cdot 2 + t$. Durch Auflösen nach t sieht man $t = -1$. Also $y = x^2 + 2x - 1$.

c) für $y = x^2 + tx$ und $t = 8; 3; 1; -5; -8$.

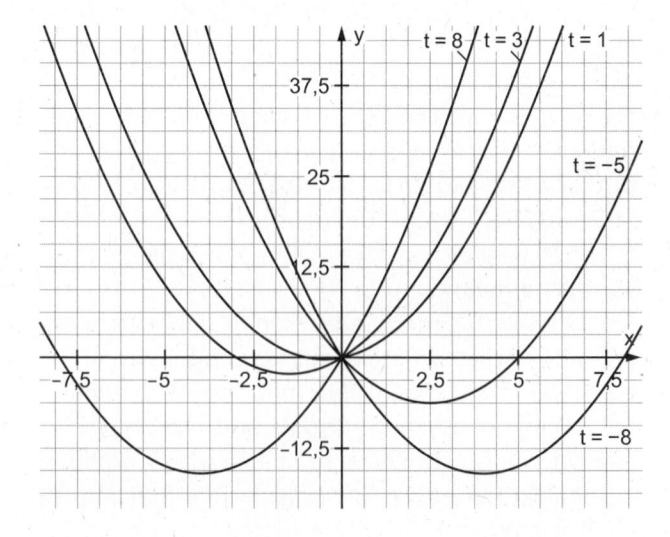

Der linke Graph gehört zu $t = 8$. Der ganz rechts verlaufende Graph gehört zu $t = -8$. Alle Schaubilder gehen durch $(0|0)$ und $(-t|0)$. Die Graphen „wandern" bei fallendem t (von 8 bis –8) in einem Bogen von links nach rechts. Dabei scheint sich der Scheitel auf einem nach unten geöffneten Bogen zu „bewegen".

Wenn P(2|7) gegeben ist, folgt: 7 = 4 + 2t, also
t = 1,5. Man erhält: y = x^2 + 1,5t.
y = x^2 + tx + 1 und t = 8; 3; 1; −5; −8.

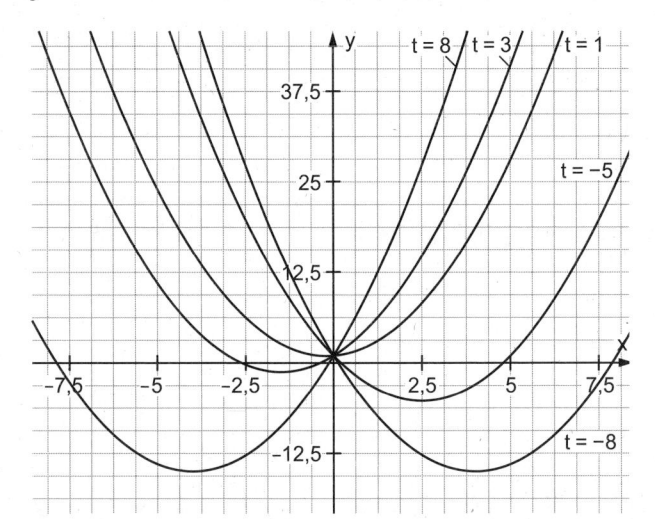

Die Graphen sind ähnlich wie eben, nur dass alle um 1 Einheit nach oben verschoben sind.
Wenn man P(2|7) kennt, ergibt sich 7 = 4 + 2t +1.
Also: t = 1. y = x^2 + x + 1. Alle Schaubilder gehen durch (0|1) und (−t|1).
d) (individuelle Lösungen)
etwa: y = tx^2 + 2x − 5 und t = 8; 3; 1; −5; −8.

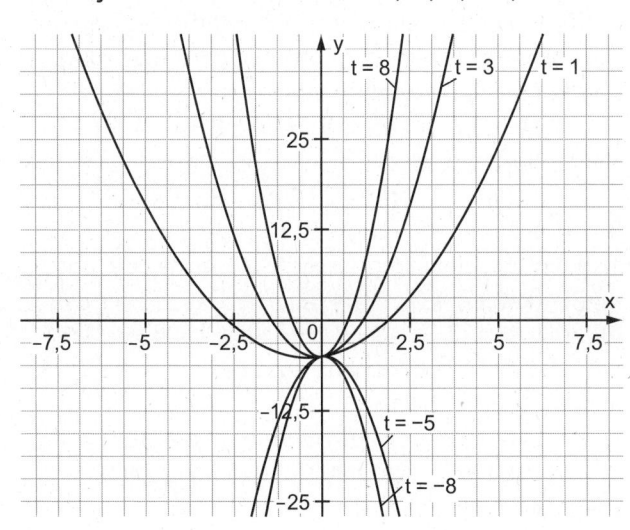

Die Graphen berühren sich alle in einem Punkt (0|−5). Ist t < 0, sind die Parabeln nach unten geöffnet. Ist t > 0, sind die Parabeln nach oben geöffnet.
Wenn man P(2|7) kennt, ergibt sich 7 = 4t + 4 − 5, also t = 2. y = 2x^2 +2x − 5
(weitere individuelle Lösungen möglich)

16 a) V = $\frac{1}{10}$·d^2, wobei V das Volumen des Baumes in m^3 und d der Durchmesser des Baumes in dm ist.

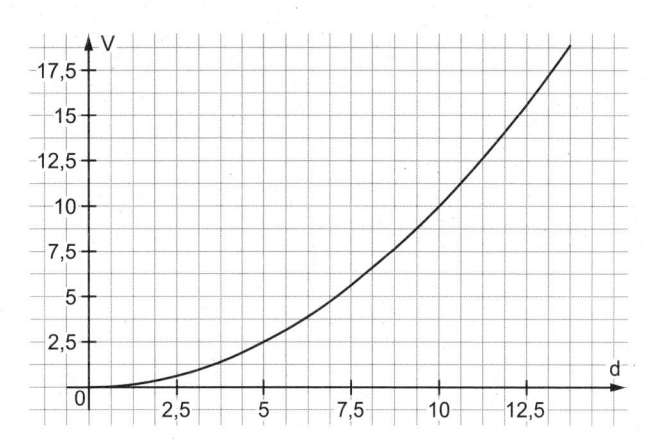

(y ist hier V und x ist hier d)
b) V = $\frac{1}{10}$·d^2 |·10
d^2 = 10·V |$\sqrt{\ }$
d = $\sqrt{10 \cdot V}$
Buche: Wenn nun gilt V = 2,4, ist d = $\sqrt{10 \cdot 2,4}$ = $\sqrt{24}$ ≈ 4,9. Die Buche hat etwa einen Durchmesser von 4,9 dm.
Birke: V = 1,8 m^3 → d = $\sqrt{18}$ ≈ 4,24. Die Birke hat etwa einen Durchmesser von 4,24 dm.
c) Individuelle Lösung

17 Über die Konstruktion der Mittelsenkrechten kann man das Gebiet in Untergebiete einteilen, wobei die Wege zu den Oasen A bis E in den Untergebieten jeweils die kürzesten sind.

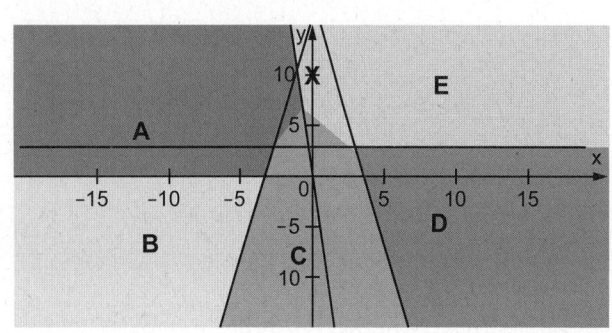

4 Lösen von quadratischen Gleichungen

Seite 112

1 Die Zeichnungen werden nur bei der Aufgabe 1a) ausgeführt. Bei den anderen Teilaufgaben sind nur die Lösungen angegeben.

a)

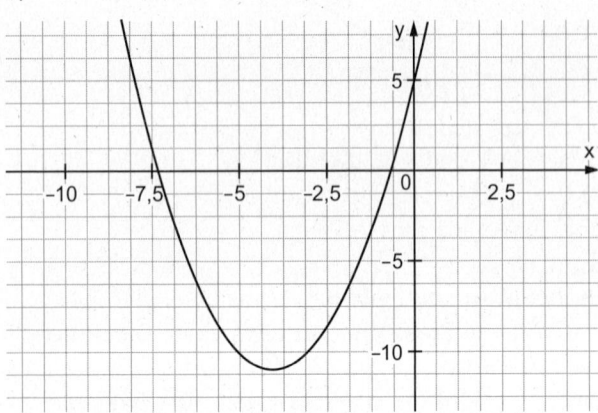

Die Nullstellen liegen etwa bei $x_1 = -0,7$ und $x_2 = -7,3$.

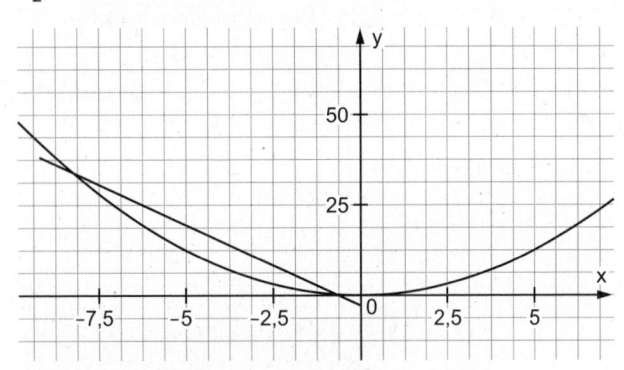

Der Schnittpunkt beider Graphen liegt etwa bei $x_1 = -0,7$ und $x_2 = -7,3$.
Daher sind die Lösungen der Gleichung etwa $x_1 = -0,7$ und $x_2 = -7,3$.

b) Die Lösungen sind etwa $x_1 \approx -6,5$ und $x_2 \approx 0,5$.
c) Die Lösungen sind etwa $x_1 \approx -7,1$ und $x_2 \approx 2,1$.
d) Die Lösungen sind etwa $x_1 \approx -3,4$ und $x_2 \approx 4,4$.
e) Die Lösungen sind etwa $x_1 \approx -2$ und $x_2 = 4$.
f) Die Lösungen sind etwa $x_1 \approx -14,9$ und $x_2 \approx -1,1$.
g) Die Lösungen sind etwa $x_1 \approx -4,3$ und $x_2 \approx 2,3$.
h) Die Lösungen sind etwa $x_1 \approx -6,9$ und $x_2 \approx 2,9$.
i) Die Lösungen sind etwa $x_1 \approx -1$ und $x_2 = 2$.

2 a) Die Lösungen sind $x_1 = -1$ und $x_2 = -5$.
b) Die Lösungen sind $x_1 = 1$ und $x_2 = -9$.
c) Die Lösungen sind $x_1 = 2$ und $x_2 = -\frac{2}{3}$.
d) Die Lösungen sind $x_1 = 6$ und $x_2 = -3,5$.
e) Die Lösungen sind $x_1 = -0,5$ und $x_2 = 6$.
f) Die Lösungen sind $x_1 = 2$ und $x_2 = -\frac{2}{3}$.
g) Die Lösungen sind $x_1 = -1$ und $x_2 = -3,5$.
h) Die Lösungen sind etwa $x_1 \approx -0,2573$ und $x_2 \approx 2,5907$.
i) Die Lösungen sind $x_1 = -1\frac{2}{3}$ und $x_2 = 2$.

3 a) $a = 1$; $b = -8$ und $c = 0 \rightarrow b^2 - 4ac = 64 > 0$; die Gleichung hat demnach zwei Lösungen.
Die Gleichung muss zum Graphen A gehören, weil sie die einzige nach oben geöffnete ($a > 0$) Parabel mit zwei Nullstellen ist.
b) Man formt zunächst um: $0,5x^2 + 50 = 0$. Dann liest man ab: $a = 0,5$; $b = 0$; $c = 50$
$\rightarrow b^2 - 4ac = -100 < 0$; die Gleichung hat keine Lösung.
Die Gleichung gehört zum Graphen B, weil diese der einzige Graph ohne Schnittpunkte mit der x-Achse ist.
c) $a = -1$; $b = 10$; $c = 16 \rightarrow b^2 - 4ac = 100 - 4 \cdot (-1) \cdot 16 = 164 > 0$
Die Gleichung muss zum Graphen D gehören, weil sie neben C die einzige nach unten geöffnete ($a < 0$) Parabel mit zwei Nullstellen ist. D ist flacher (gestauchter) als C (gestreckter), so dass der Faktor a bei D (ohne Berücksichtigung des Vorzeichens) kleiner sein muss: $1 < 2$ (ohne Vorzeichenberücksichtigung).
d) Die Gleichung muss wie in c) begründet zum Graphen D gehören. Zur Kontrolle wird bestimmt, ob die Gleichung wirklich zwei Lösungen besitzt.
$a = -2$; $b = 8$; $c = 160 \rightarrow b^2 - 4ac = 64 - 4 \cdot (-2) \cdot 160 > 0$.

4 a) $a = 1$; $b = 9$; $c = 0 \rightarrow b^2 - 4ac = 81 - 0 = 81$, also hat die Gleichung zwei Lösungen $x_1 = 0$ und $x_2 = 9$ (kürzer: $x(x - 9) = 0$).
b) $a = 1$; $b = 18$; $c = 81 \rightarrow b^2 - 4ac = 324 - 4 \cdot 1 \cdot 81 = 0$, also hat die Gleichung eine Lösung $x = -9$ (kürzer: $(x + 9)^2 = 0$).
c) $a = 1$; $b = -10$; $c = -24 \rightarrow b^2 - 4ac = 100 - 4 \cdot 1 \cdot (-24) = 196 > 0$, also hat die Gleichung zwei Lösungen; $x_1 = -2$ und $x_2 = 12$.
d) $a = -1$; $b = 10$; $c = 24 \rightarrow b^2 - 4ac = 100 - 4 \cdot (-1) \cdot 24 = 196 > 0$, also hat die Gleichung zwei Lösungen; $x_1 = -2$ und $x_2 = 12$.

5 a) $3x^2 - 6x = -3$ wird umgeformt zu $3x^2 - 6x + 3 = 0$; $b^2 - 4ac = 0$, also hat die Gleichung eine Lösung: $x = 1$.
b) $3x + 1 = 4x^2$ wird umgeformt zu $3x + 1 - 4x^2 = 0$. $a = -4$; $b = 3$ und $c = 1 \rightarrow b^2 - 4ac = 25$, also hat die Gleichung zwei Lösungen: $x_1 = -0,25$ und $x_2 = 1$.
c) $12x = -6x^2 - 7$ wird umgeformt zu $12x + 6x^2 + 7 = 0$. $a = 6$; $b = 12$ und $c = 7 \rightarrow b^2 - 4ac = -24$, also hat die Gleichung keine Lösung.
d) $0 = 5x^2 - 3 + x - 8$ wird vereinfacht zu $0 = 5x^2 + x - 11$. $a = 5$; $b = 1$ und $c = -11 \rightarrow b^2 - 4ac$

= 221 > 0, die Gleichung hat zwei Lösungen: $x_1 \approx 1{,}3866$ und $x_2 \approx -1{,}5866$.

e) $12x^2 = 24x - 144$ wird umgeformt zu $12x^2 - 24x + 144 = 0$. $a = 12$; $b = -24$ und $c = 144 \to b^2 - 4ac = -6336 < 0$, die Gleichung hat keine Lösung.

f) $13x - 39 = 6{,}5x^2$ wird umgeformt zu $13x - 39 - 6{,}5x^2 = 0$. $a = -6{,}5$; $b = 13$ und $c = -39 \to b^2 - 4ac = -845$, die Gleichung hat keine Lösung.

g) $3(5 - 2x) = 9x^2 + 9$ wird umgeformt zu $6 - 9x^2 - 6x = 0$. $a = -9$; $b = -6$ und $c = 6 \to b^2 - 4ac = 252$, die Gleichung hat zwei Lösungen: $x_1 \approx 0{,}5486$ und $x_2 \approx -1{,}2153$.

h) $-36 = x^2 - 12x$ wird umgeformt zu $0 = 36 + x^2 - 12x$. $a = 1$; $b = -12$ und $c = 36 \to b^2 - 4ac = 0$, die Gleichung hat eine Lösung: $x = 6$.

i) $(x - 3)^2 = 2x^2 - 18$ wird umgeformt zu $27 - x^2 - 6x = 0$. $a = -1$; $b = -6$ und $c = 27 \to b^2 - 4ac = 144 > 0$, die Gleichung hat zwei Lösungen: $x_1 = -9$ und $x_2 = 3$.

6 a)

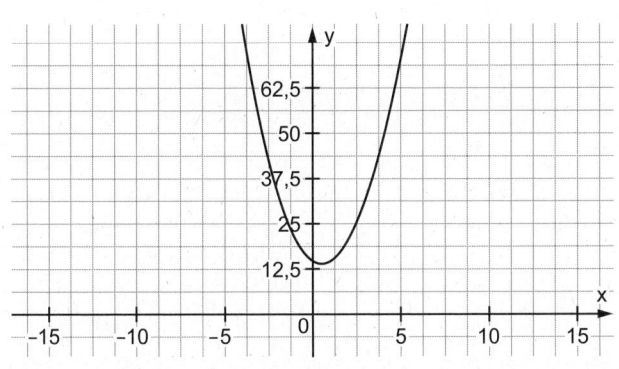

keine Lösung

b)

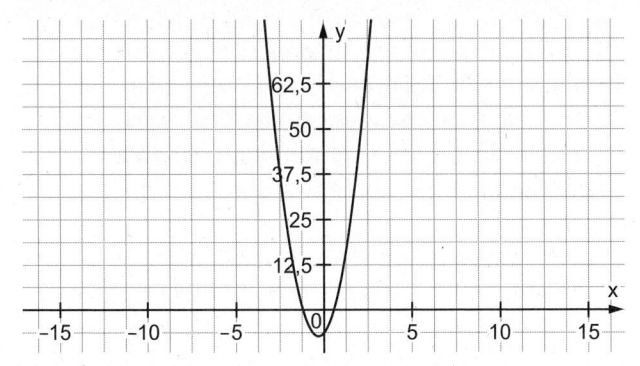

zwei Lösungen: $x_1 \approx -1$ und $x_2 \approx 0{,}5$

c)

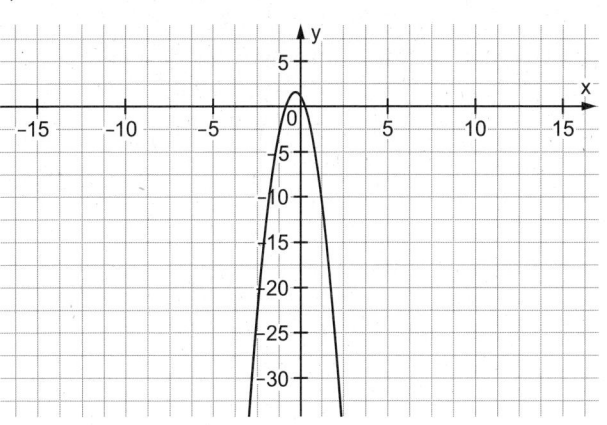

zwei Lösungen: $x_1 \approx 0{,}2$ und $x_2 \approx -0{,}9$

d)

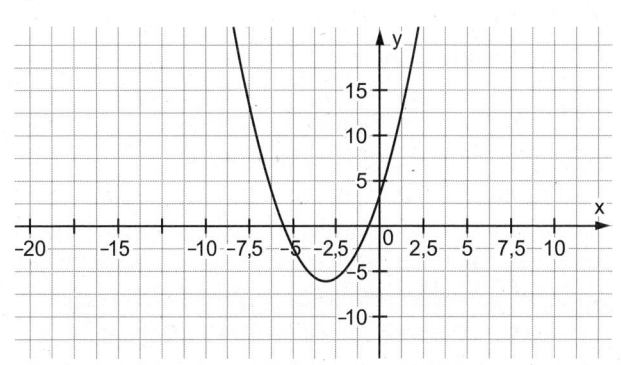

zwei Lösungen: $x_1 \approx -0{,}6$ und $x_2 \approx -5{,}6$

e)

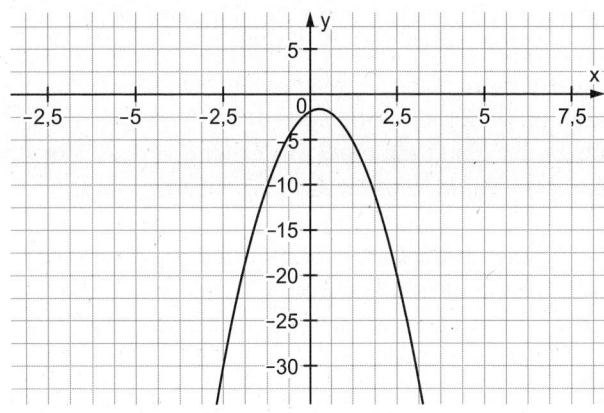

keine Lösung

f)

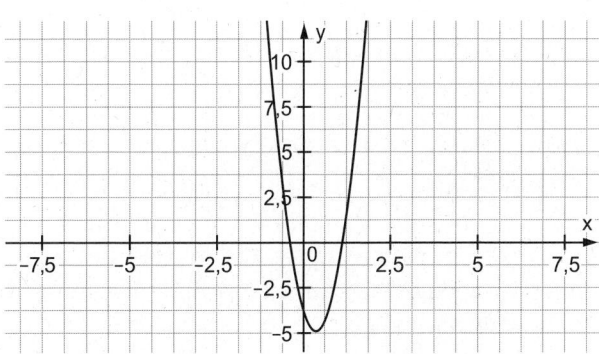

zwei Lösungen: $x_1 \approx -0{,}5$ und $x_2 \approx 1$.

7 a) $x_1 = 0$ und $x_2 = -6$; $x_1 = 0$ und $x_2 = 15$; $x_1 = 0$ und $x_2 = 7,5$; $x_1 = 0$ und $x_2 = -0,8$
b) $x(x + 8) = 0$, also $x_1 = 0$ und $x_2 = -8$; $x(x - 13) = 0$, also $x_1 = 0$ und $x_2 = 13$; $x(x - 5,5) = 0$, also $x_1 = 0$ und $x_2 = 5,5$; $x(x + 0,5) = 0$, also $x_1 = 0$ und $x_2 = -0,5$.
Das Faktorisieren in b) geht bei quadratischen Gleichungen, die keinen additiven Summanden haben ($c = 0$ bei $ax^2 + bx + c = 0$) meistens schneller, weil man aufgrund des Zusammenhangs $A \cdot B = 0$, wenn $A = 0$ oder $B = 0$, die Lösungen schnell ablesen kann.

Seite 113

8 a) Der höchste Punkt des Graphen ist der Scheitelpunkt. Wenn man die Nullstellen der Funktion kennt, weiß man, dass der Scheitelpunkt genau in der Mitte zwischen beiden Nullstellen liegen muss. Mit diesem x-Wert kann man dann den y-Wert (die Höhe) berechnen und kontrollieren.
$a = -0,488$; $b = 24,4$ und $c = 0,5 \to x_1 \approx -0,02$ und $x_2 \approx 50,02$. Der mittlere Wert liegt etwa bei $x \approx 25,02$. Dann ist $y(25,02) \approx 305,5$. Damit ist die Höhenangabe von mindestens 300 m korrekt. Die Angabe von 7 Sekunden ist hier nicht verwertbar, weil die Funktionsgleichung die Zeit nicht als Größe enthält.
b) In a) wurden bereits die Nullstellen berechnet. Da die Funktionsgleichung die Flugbahn der Rakete beschreibt, ist die x-Achse in diesem Modell der Boden. Daher sind die Nullstellen mögliche Landepunkte. Daher kann man aus a) ablesen, dass die Reste der Rakete in einer Entfernung von ca. 50 m landen können. Dies ist auch realistisch.

9 a) Die Parabel muss nach unten geöffnet sein, weil hier $a = -0,0015 < 0$ gilt.

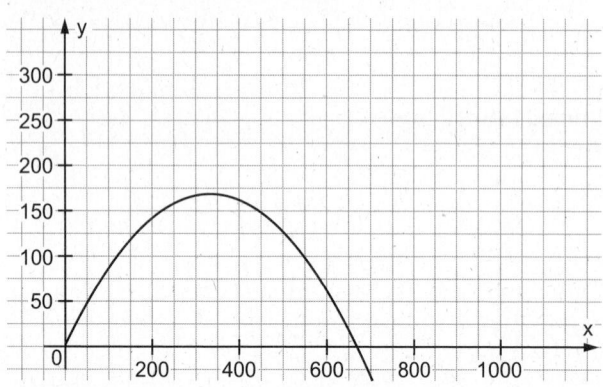

b) Der Schlagmann trifft den Ball in einer Höhe von 2 feet, wobei dies 62,8 cm entspricht ($y = x - 0,0015 x^2 + 2$).
c) $y(85) = 76,1625$ feet. Der Ball hat bei dem Feldspieler eine Höhe von $76,1625$ feet $\approx 23,915$ m.
d) Am Graphen kann man schon sehen, dass der Ball etwa 650 feet weit fliegt (Nullstellen der Funktion). Mithilfe der abc-Formel kann man aber den genauen Wert bestimmen: $a = -0,0015$; $b = 1$ und $c = 2 \to x_1 \approx -2$ und $x_2 \approx 668,7$. Da es keine „negative Höhe" geben kann, ist x_2 als Lösung realistisch. Der Ball fliegt etwa 669 feet (≈ 210 m) weit.
e) Das Ergebnis in d) ist nur ein ungefährer Wert, weil hier Faktoren wie der Luftwiderstand oder Windböen nicht mit berücksichtigt wurden.
f) Aus dem Graphen von a) kann man ablesen, dass der Ball nach ca. 335 feet eine Höhe von ca. 165 feet hat.
g) Am Graphen kann man auch ablesen, wann der Ball eine ungefähre Höhe von 90 feet hat.

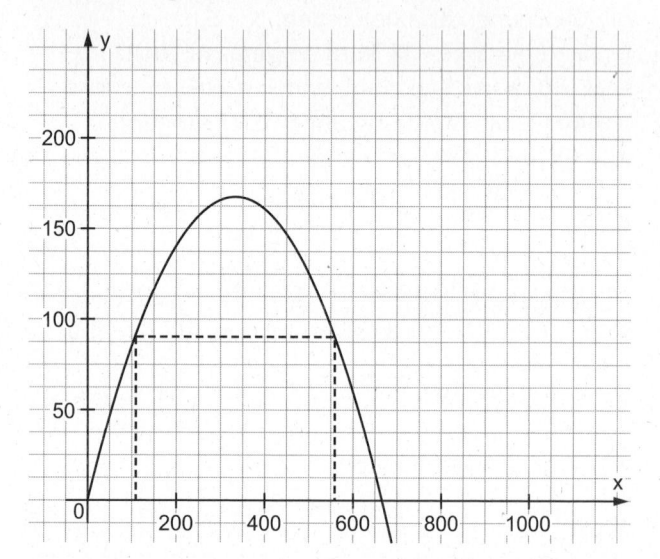

Man erkennt, dass der Ball nach ca. 104 feet ≈ 33 m oder 562 feet ≈ 177 m horizontaler Entfernung zum Schlagmann eine Höhe von 90 feet hat.

10 Um Gleichungen aufzustellen, die eine bzw. zwei bzw. keine Lösung besitzen, kann man die Bedingung $b^2 - 4ac$ verwenden. Man legt einen Parameter fest und bestimmt dann die anderen beiden damit $b^2 - 4ac$ entweder „= 0" oder „> 0" oder „< 0" ist.
Will man beispielsweise eine quadratische Gleichung aufstellen, die eine Lösung hat, und setzt man beispielsweise $b = 6$, dann muss $4ac$ den Wert von $b^2 = 36$ annehmen, damit $b^2 - 4ac = 0$ erfüllt ist. Hier könnte $a = 1$ und $c = 9$ sein. Also $x^2 + 6x + 9 = 0$ hat genau eine Lösung. Ebenso muss dann $x^2 - 6x + 9 = 0$ eine Lösung haben. (Warum?)

11 a) $y = x(x - 4)$ erfüllt die Forderung wegen des Zusammenhangs $A \cdot B = 0$, wenn $A = 0$ oder $B = 0$. Genauso erfüllt $y = 2x(x - 4)$ die Forderung. Alle Gleichungen der Form $y = t \cdot x(x - 4)$ erfüllen die Forderung.

b) Wie in Aufg. 10 kann man hier die Bedingung $b^2 - 4ac < 0$ verwenden. Wenn a und c im Vergleich zu b recht groß sind und das Vorzeichen bei $-4ac$ insgesamt negativ bleibt, findet man solche quadratische Funktionen. Etwa
$y = 100x^2 + 2x + 36$ oder $y = 25x^2 + x + 100$ oder
$y = -9x^2 + 2x - 15$

Seite 114

12 a) $x^2 + bx + c = 0$. Da der Faktor vor dem x^2 mit $a = 1$ immer größer 0 ist, wird das Produkt $-4ac$ immer positiv, wenn c negativ ist. Deshalb ist $b^2 - 4ac$ ebenfalls immer größer 0, da b^2 auch immer positiv ist.
b) $ax^2 + bx + c = 0$. Wenn a und c verschieden Vorzeichen haben, ist das Produkt $-4ac$ immer positiv (hier kann man sich auch alle einzelnen Fälle anschauen), weshalb $b^2 - 4ac$ auch immer > 0 ist, womit es immer zwei Lösungen gibt.

13 Um die Funktionsgleichung $y = ax^2 + bx + c$ in die so genannte Scheitelform umzuformen, betrachtet man zunächst die Funktionsgleichung $y = ax^2 + bx = x(ax + b)$. Durch diese „Verschiebung" hat sich der x-Wert des Scheitels nicht verändert. Aus der faktorisierten Darstellung der Funktionsgleichung kann man die Nullstellen mit $x_1 = 0$ und $x_2 = -\frac{b}{a}$ ermitteln. Da der Scheitel genau in der Mitte liegen muss, ist der x-Wert des Scheitels $-\frac{b}{2a}$. Nun kann man diesen x-Wert in die erste Funktionsgleichung einsetzen und den y-Wert des Scheitels ermitteln:
$y\left(-\frac{b}{2a}\right) = a\left(-\frac{b}{2a}\right)^2 + b\left(-\frac{b}{2a}\right) + c = a \cdot \frac{b^2}{4a^2} - \frac{b^2}{2a} + c = \frac{b^2}{4a} - \frac{2b^2}{4a} + c = -\frac{b^2}{4a} + c$.
Es ergeben sich der Scheitelpunkt $S\left(-\frac{b}{2a} \mid -\frac{b^2}{4a} + c\right)$ und die Scheitelform $y = a \cdot \left(x + \frac{b}{2a}\right)^2 - \frac{b^2}{4a} + c$.

14 a) $x^2 + px + q = 0$. Man betrachtet wie in Aufg. 13 die Funktion $y = x^2 + px = x(x + p)$ und erhält die Nullstellen $x_1 = 0$ und $x_2 = -p$. Der x-Wert des Scheitelpunktes liegt also bei $-\frac{p}{2}$.
$y\left(-\frac{p}{2}\right) = \left(-\frac{p}{2}\right)^2 + p \cdot \left(-\frac{p}{2}\right) + q = \frac{p^2}{4} - \frac{p^2}{2} + q = -\frac{p^2}{4} + q$.
Also ist $S\left(-\frac{p}{2} \mid -\frac{p^2}{4} + q\right)$ und die Scheitelform ist
$y = \left(x + \frac{p}{2}\right)^2 - \frac{p^2}{4} + q$.
b) Da $x^2 + px + q = \left(x + \frac{p}{2}\right)^2 - \frac{p^2}{4} + q = 0$ gilt, kann man die quadratische Gleichung nach x auflösen:
$\left(x + \frac{p}{2}\right)^2 - \frac{p^2}{4} + q = 0 \quad \mid + \frac{p^2}{4} - q$
$\left(x + \frac{p}{2}\right)^2 = \frac{p^2}{4} - q \quad \mid \sqrt{}$
$x + \frac{p}{2} = \pm\sqrt{\frac{p^2}{4} - q} \quad \mid -\frac{p}{2}$
$x = -\frac{p}{2} \pm \sqrt{\frac{p^2}{4} - q}$.

c) $x^2 - 12x + 8 = 0$:
abc-Formel: $a = 1$; $b = -12$ und $c = 8$
$\rightarrow x_1 = \frac{-(-12) + \sqrt{(-12)^2 - 4 \cdot 1 \cdot 8}}{2 \cdot 1} \approx 11{,}29$ und
$x_2 = \frac{-(-12) - \sqrt{(-12)^2 - 4 \cdot 1 \cdot 8}}{2 \cdot 1} \approx 0{,}71$.
p-q-Formel: $p = -12$ und $q = 8$
$\rightarrow x_1 = -\frac{-12}{2} + \sqrt{\frac{(-12)^2}{4} - 8} \approx 11{,}29$ und
$x_2 = -\frac{-12}{2} - \sqrt{\frac{(-12)^2}{4} - 8} \approx 0{,}71$.
$\left(x_{1,2} = 6 \pm 2\sqrt{7}\right)$
Es fällt auf, dass die Formeln nach dem Einsetzen der entsprechenden Werte identisch sind. Bei der abc-Formel ist im Unterschied zur p-q-Formel alles auf den Hauptnenner 2 gebracht worden. Das heißt, es gilt: $p = b$ und $q = c$, wenn $a = 1$ ist.
$x^2 + 6x - 9 = 0$. Entsprechend wie bei dem anderen Beispiel: $x_1 \approx 1{,}24$ und $x_2 \approx -7{,}24$.

15 a) Ja, Fritz hat Recht.
An der Scheitelform $y = a \cdot \left(x + \frac{b}{2a}\right)^2 - \frac{b^2}{4a} + c$ kann man leicht den Scheitel ablesen. Wenn man diesen kennt und gleichzeitig über das Vorzeichen beim Faktor a weiß, ob die Parabel nach unten oder nach oben geöffnet ist, kann man sehr schnell die Anzahl der Nullstellen bestimmen.
1. Fall: Der Scheitel liegt oberhalb der x-Achse und
– die Parabel ist nach oben geöffnet, dann hat die quadratische Gleichung $ax^2 + bx + c = 0$ keine Lösung.
– die Parabel ist nach unten geöffnet, dann hat die quadratische Gleichung $ax^2 + bx + c = 0$ zwei Lösungen.
2. Fall: Der Scheitel liegt unterhalb der x-Achse und
– die Parabel ist nach oben geöffnet, dann hat die quadratische Gleichung $ax^2 + bx + c = 0$ zwei Lösungen.
– die Parabel ist nach unten geöffnet, dann hat die quadratische Gleichung $ax^2 + bx + c = 0$ keine Lösung.
3. Fall: Der Scheitel liegt auf der x-Achse. Dann hat die quadratische Gleichung $ax^2 + bx + c = 0$ eine Lösung.
b) Die Behauptung ist richtig.
Bei der Bedingung $b^2 - 4ac$ geht b als Quadrat und c „nur" als einfacher Faktor mit ein, so dass die Behauptung korrekt ist.

16 Bei $K = 1600$ €.
$Z = K \cdot \left(\frac{p}{100}\right) = 1600 \cdot \left(\frac{3{,}5}{100}\right) = 56$, also nach dem ersten Jahr 1656 €. Daraus ergibt sich, dass das Kapital nach 5 Jahren auf ca. 1900 € angewachsen ist (Zinseszins). Das Kapital ist ca. um 18,8 % $\left(\frac{300}{1600}\right)$ angewachsen.
Bei $K = 25\,000$ €.
Nach 5 Jahren ist das Kapital um ca. 4692 € auf

29 692 € angestiegen. Dies entspricht ebenfalls einem Zuwachs von ca. 18,8 %.
Eleganter: $(1{,}035)^5 = 1{,}188$, Zuwachs: 18,8 %.

5 Probleme lösen mit System

Seite 117

1 a) In fünfeinviertel Minuten ist der Wasserspiegel um (4,8 − 3,75 = 1,05) 1,05 m gestiegen, das heißt, dass er pro Minuten um (1,05 : 5,25 = 0,2) 0,2 m steigt. Wenn die Anfangshöhe 3,75 m beträgt, lautet daher die Formel für die Höhe h (in m):
$h = 0{,}2 \cdot t + 3{,}75$, wobei t die Zeit in Minuten angibt. Der Zusammenhang ist linear.
b) Anhand des Graphen der Funktion h mit $h = 0{,}2 \cdot t + 3{,}75$ kann man ablesen, nach welcher Zeit die Höhe von 7,05 erreicht ist:

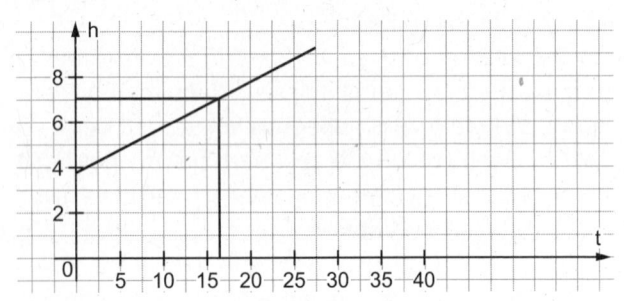

Nach ca. 17 Minuten sind die 7,05 m Höhe erreicht. Rechnerisch muss man ermitteln, für welchen x-Wert die Funktionsgleichung den Wert 7,05 annimmt. $7{,}05 = 0{,}2 \cdot t + 3{,}75$, also $t = 16{,}5$. Genau sind sie bei gleichbleibendem Wasserzustrom nach 16,5 Minuten oben angekommen.
c) (individuelle Lösungen)
Z.B.: Mithilfe des GTR ist die graphische Lösung schneller, aber dafür auch ungenauer. Durch die rechnerische Lösung erhält man den exakten Wert.

2 a) Die Höhe (in m) kann für die ersten vier Sekunden Flugzeit mit der quadratischen Funktion $h_1 = -5t^2 + h_0$ berechnet werden, wobei t die Zeit in s angibt und h_0 der empfohlenen Abspringhöhe entspricht. Danach kann die Höhe (in m) mit der linearen Funktion $h_2 = -34t + h_{1(\text{nach 4s})}$, wobei $h_{1(\text{nach 4s})}$ der Höhe nach den ersten vier Sekunden Flugzeit entspricht, die man durch h_1 berechnet hat und t die Zeit nach Ablauf der ersten 4 Sekunden ist.
Fortgeschrittener:
$h_1 = -5t^2 + 2000 = -5 \cdot 4^2 + 2000 = 1920$
$h_2 = -34t + 1920$
Da die Mindesthöhe zum Öffnen des Schirms 1200 m betragen soll, kann man nun mithilfe von h_2 die Zeit berechnen, bis diese Höhe erreicht wird.
$1200 = -34t + 1920$, also $t \approx 21{,}18$. Der Fortgeschrittene muss etwa nach $21{,}18 + 4 \approx 25{,}18$ Sekunden den Schirm öffnen.
Experte: $h_1 = -5t^2 + 4000 = -5 \cdot 4^2 + 4000 = 3920$
$h_2 = -34t + 3920$
Da die Mindesthöhe zum Öffnen des Schirms 700 m betragen soll, kann man nun mithilfe von h_2 die Zeit berechnen, bis diese Höhe erreicht wird.
$700 = -34t + 3920$, also $t \approx 94{,}7$. Der Experte muss etwa nach $94{,}7 + 4 = 98{,}7$ Sekunden den Schirm öffnen. Damit hat der Experte sogar eine $\left(\frac{98{,}7}{25{,}18} \approx 3{,}9\right)$ 3,9fach solange Freifallzeit wie der Fortgeschrittene.
b) In den ersten vier Sekunden haben alle drei einen Höhenverlust von $(5 \cdot 4^2 = 80)$ 80 m. Danach können sie noch 6 Sekunden weiterfliegen, in denen alle einen Höhenverlust von $(34 \cdot 6 = 204)$ 204 m. Zusammen ergibt sich in 10 Sekunden ein Höhenverlust von 284 m.
Daher müsste ein Anfänger in (1200 + 284) 1484 m Höhe abspringen (wäre knapp nicht empfehlenswert, da die empfohlene Absprunghöhe 1500 m beträgt), ein Fortgeschrittener ebenfalls in (1200 + 284) 1484 m (wäre auch hier nicht empfehlenswert, da mindestens die Höhe des Anfängers eingehalten werden müsste) und ein Experte in (700 + 284) 984 m Höhe (wäre ebenfalls wie beim Fortgeschrittenen knapp nicht empfehlenswert).
c) Da die Fallschirmspringer nach 4 Sekunden konstant 34 Meter pro Sekunde fliegen, haben sie eine Geschwindigkeit von $34\,\frac{m}{s} = 122{,}4\,\frac{km}{h}$ (da 1 m = 0,001 km und 1 s = $\frac{1}{3600}$ h = kann man durch Einsetzen die Umrechnung der Einheiten ermitteln: $34\,\frac{m}{s} = 34 \cdot 0{,}001 \cdot 3600\,\frac{km}{h} = 122{,}4\,\frac{km}{h}$).
d) Aufgrund des Luftwiderstandes kann man nicht über die ganze Flugzeit von einem freien Fall sprechen. Nach 4 s tritt ein Kräftegleichgewicht zwischen Gewichtskraft und Luftwiderstand ein.

3 Sei z die gedachte Zahl. $z \cdot (z + 1) = 306 \rightarrow$ durch Umformen erhält man die quadratische Gleichung $z^2 + z - 306 = 0$. Mit der abc-Formel erhält man: $z_1 = 17$ und $z_2 = -18$. Werner hat sich entweder die Zahl 17 oder die Zahl −18 gedacht.
Wählt man als Nachbarzahl die Vorgängerzahl, erhält man als Ansatz die Gleichung $z \cdot (z - 1) = 306$ und die Lösungen $z_1 = -17$ und $z_2 = 18$. Daher ist nicht eindeutig zu sagen, welche Zahl sich Werner gedacht hat. Es gibt theoretisch vier Möglichkeiten.

Seite 118

4 Mithilfe der gemessenen Punkte (Angaben in m) wird für den parabelförmigen Brückenbogen die Funktionsgleichung bestimmt und danach der Scheitelpunkt bestimmt.
Aus den Punkten ergeben sich aus $y = ax^2 + bx + c$

die Gleichungen $0 = a \cdot 0^2 + b \cdot 0 + c$, also $c = 0$ und $2,2 = a \cdot 1^2 + b \cdot 1$ sowie $0 = a \cdot 11^2 + b \cdot 11$. Beim Lösen des linearen Gleichungssystems ergeben sich $a = -0,22$ und $b = 2,42$. Also ist $y = -0,22x^2 + 2,42x$.

Der x-Wert des Scheitelpunktes liegt in der Mitte der beiden Nullstellen, also bei $\frac{11}{2} = 5,5$. Nun bestimmt man den y-Wert bei $x = 5,5$, also $y(5,5) = -0,22 \cdot 5,5^2 + 2,42 \cdot 5,5 = 6,655$.

Wenn der Brückenbogen parabelförmig ist, würde der höchste Punkt ca. 6,65 m betragen. Dies sind keine 7 m. Damit ist die Angabe im Reiseführer strenggenommen falsch.

5 Individuelle Lösung

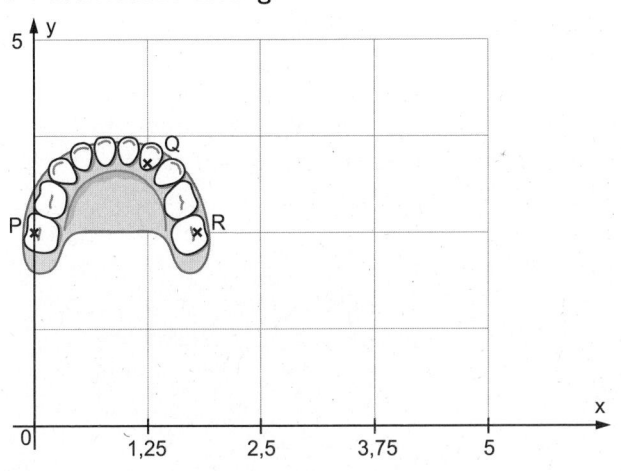

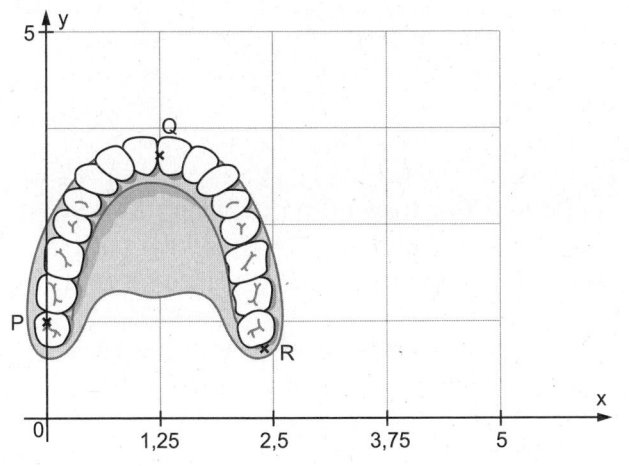

Bei dem Milchgebiss kann man durch Anlegen eines Koordinatensystems und Ausmessen die Punkte $P(0|2,5)$, $Q(1,25|3,4)$ und $R(1,8|2,5)$ ermitteln. Daraus ergeben sich unter der Annahme, dass die Form des Gebisses parabelförmig ist, die Gleichungen $2,5 = a \cdot 0^2 + b \cdot 0 + c$, also $c = 2,5$ und $3,4 = a \cdot 1,25^2 + b \cdot 1,25 + 2,5$ sowie $2,5 = a \cdot 1,8^2 + b \cdot 1,8 + 2,5$ → durch das Lösen des linearen Gleichungssystems $a \approx -1,309$ und $b \approx 2,3563$. Also: $y = -1,309x^2 + 2,3563x + 2,5$. Um zu kontrollieren, ob es sich wirklich um eine parabelförmige Form handelt, kann man nun einen anderen Punkt berechnen: etwa für $x = 1$ ergibt sich $y(1) = 3,5473$, was in etwa der Zeichnung entspricht (●).

Bei dem Erwachsenengebiss kann man die Punkte $P(0|1,25)$, $Q(1,25|3,4)$ und $R(2,4|0,9)$ messen. Daraus ergeben sich unter der Annahme, dass die Form des Gebisses parabelförmig ist, die Gleichungen $1,25 = a \cdot 0^2 + b \cdot 0 + c$, also $c = 1,25$ und $3,4 = a \cdot 1,25^2 + b \cdot 1,25 + 1,25$ sowie $0,9 = a \cdot 2,4^2 + b \cdot 2,4 + 1,25$ → durch das Lösen des linearen Gleichungssystems $a \approx -1,622$ und $b \approx 3,748$. Also: $y = -1,622x^2 + 3,748x + 1,25$. Um zu kontrollieren, ob es sich wirklich um eine parabelförmige Form handelt, kann man nun einen anderen Punkt berechnen: etwa für $x = 1$ ergibt sich $y(1) = 3,376$, was in etwa der Zeichnung entspricht (●).

6 a)

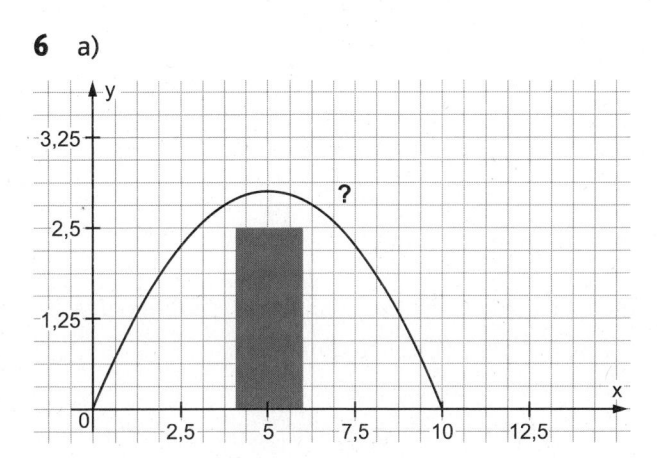

b) Um die optimalste Situation zu betrachten, kann man annehmen, dass das Känguru in einem Sprung sowohl die maximale Weite von 10 m als auch die maximale Höhe von bis zu drei Meter erreicht. Dann liegt der Scheitelpunkt in 3 m Höhe und 5 m vom Absprungsort entfernt [$S(5|3)$]. Ein weiterer Punkt der Flugbahn ist der Startpunkt $P(0|0)$ und der Landepunkt $Q(10|0)$. Aus diesen Daten kann man die Funktionsgleichung bestimmen, die die Flugbahn beschreiben soll, wenn man davon ausgeht, dass die Flugbahn parabelförmig ist. $0 = a \cdot 0^2 + b \cdot 0 + c$, also $c = 0$. $3 = a \cdot 5^2 + b \cdot 5$ und $0 = a \cdot 10^2 + b \cdot 10$ → $a = -0,12$ und $b = 1,2$, also $y = -0,12x^2 + 1,2x$. Wenn der Sprung über das Wohnmobil gehen soll, muss das Wohnmobil unterhalb der Flugkurve gezeichnet werden können. Die beste Position ist im Bereich, wo die Flugbahn sehr hoch ist; also in der Mitte. Da das Wohnmobil zwei Meter breit ist, müssen die Höhen jeweils ein Meter rechts und links von x-Wert des Scheitels (höchster Punkt) mindestens zweieinhalb Meter betragen. Die x-Werte sind: $x_1 = 5 + 1 = 6$ und $x_2 = 5 - 1 = 4$. Also: $y(6) = -0,12 \cdot 6^2 + 1,2 \cdot 6 = 2,88$ und $y(4) = -0,12 \cdot 4^2 + 1,2 \cdot 4 = 2,88$.

Damit ist gezeigt, dass das Känguru über das Wohnmobil springen kann, wenn es die beiden maximalen Angaben (maximale Weite und Höhe) in einem Sprung springen kann.

7 $h = -5t^2 + 35$ beschreibt die Flughöhe des Steines. Wenn er auf dem Boden auftrifft, beträgt die Höhe 0, also $-5t^2 + 35 = 0$. Diese Gleichung muss man nun nach t auflösen: $t \approx \sqrt{7} \approx 2{,}646$. Also ist die Flugzeit etwa 2,6 Sekunden lang.

Seite 119

8 Individuelle Lösungen

9 Das Startkapital ist 400 €. Nach dem ersten Jahr kommen die Zinsen hinzu. Danach zahlen die Großeltern 100 € ein. Im zweiten Jahr kommen die Zinsen für das neue Kapital hinzu. Am Ende geben die Großeltern ein zweites Mal 100 € hinzu. Gesucht ist der Zinssatz p.
erstes Jahr:
$Z_{1.\,Jahr} = 400 \cdot \left(\frac{p}{100}\right)$, das Kapital beträgt dann, mit den 100 € der Großeltern
$K + Z_{1.\,Jahr} + 100 = 400 + 400 \cdot \left(\frac{p}{100}\right) + 100$
$= 500 + 400 \cdot \left(\frac{p}{100}\right)$.
zweites Jahr:
$Z_{2.\,Jahr} = \left[500 + 400 \cdot \left(\frac{p}{100}\right)\right] \cdot \left(\frac{p}{100}\right)$, das Kapital beträgt dann, mit den 100 € der Großeltern
$500 + 400 \cdot \left(\frac{p}{100}\right) + Z_{2.\,Jahr} + 100$
$= 500 + 400 \cdot \left(\frac{p}{100}\right) + \left[500 + 400 \cdot \left(\frac{p}{100}\right)\right] \cdot \left(\frac{p}{100}\right) + 100$
durch Vereinfachen erhält man den quadratischen Term $500 + 400 \cdot \left(\frac{p}{100}\right) + \left[500 + 400 \cdot \left(\frac{p}{100}\right)\right] \cdot \left(\frac{p}{100}\right) + 100$
$= 500 + 4p + 5p + 4p \cdot \left(\frac{p}{100}\right) + 100 = 600 + 9p + 0{,}04p^2$
Dieser quadratische Term soll nun den Endkontostand von 636,64 € ergeben. Also muss man nun die quadratische Gleichung $636{,}64 = 600 + 9p + 0{,}04p^2$ lösen. Mithilfe der abc-Formeln erhält man $x_1 = -229$ und $x_2 = 4$.
Da es keinen negativen Zinssatz gibt, muss der Zinssatz 4 % betragen haben.

10 Mit den Beschriftungen in Fig. 1 gilt: α und ε sind Wechselwinkel an den parallelen Geraden in A und C, also gilt $\alpha = \varepsilon$.
β und δ sind Wechselwinkel an den parallelen Geraden in B und C, also gilt $\beta = \delta$.
Die Winkel δ, γ und ε ergeben zusammen beim Punkt C einen Winkel von 180°. Somit gilt $\varepsilon + \gamma + \delta = 180°$ oder $\alpha + \beta + \gamma = 180°$.

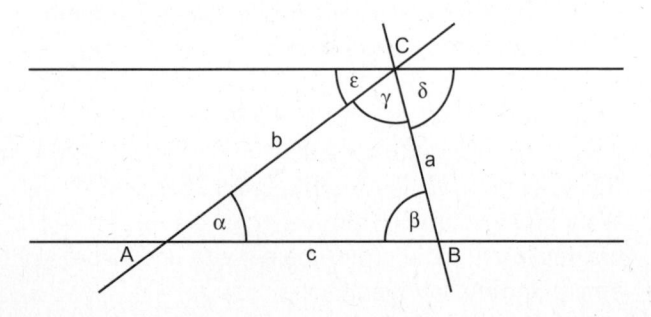

11

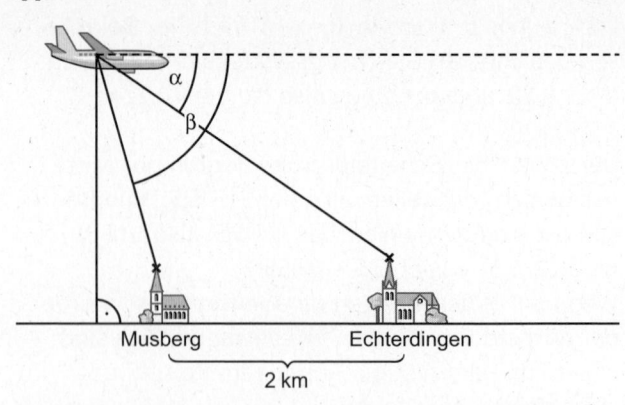

(Diese Zeichnung entspricht nicht exakt dem Maßstab 1 : 20 000. Die 2 km müssten in der Zeichnung exakt 10 cm betragen.)
$\alpha = 34°$ und $\beta = 74°$.
b) In der Zeichnung kann man ablesen, dass die Höhe der Flugzeuges hier 8,35 cm beträgt. Mit dem Maßstab umgerechnet ist also die reale Höhe 1,67 km.

12

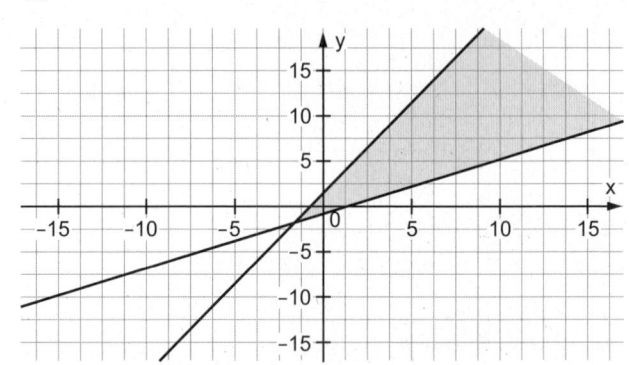

Der flachere Graph gehört zur Gleichung $3x - 5y = 4$ (umgeformt auch $0{,}6x - 0{,}8 = y$) und der steilere gehört zur Gleichung $4x - 2y = -3$ (umgeformt auch $2x + 1{,}5 = y$). Das heißt, der umschriebene Bereich liegt rechts vom Schnittpunkt beider Graphen zwischen den Graphen.

Wiederholen – Vertiefen – Vernetzen

Seite 120

1 a) Beide Pakete zusammen wiegen 15 kg.
b) Das Paket a wiegt 5 kg mehr als das Paket b.
c) Das Paket b ist halb so schwer wie das Paket a.
d) Wenn man zum Paket a noch 3 kg hinzufügen würde, wäre dies doppelt so schwer wie das Paket b.

2 a) $12a + 10a^2 + 10 = 10a^2 + 12a + 10$
b) $16x - 3x^2 - 21 = -3x^2 + 16x - 21$
c) $2x^2 + 2 \cdot \sqrt{5} \cdot x + 5$

d) $x^2 + x^2y^2$
e) $13x + 2x^2 - 25 = 2x^2 + 13x - 25$
f) $2 \cdot \sqrt{7} \cdot a^2 - 7a^2 + 9 \approx -1{,}71a^2 + 9$
g) $5a + x + ax + x^2 - 20 = x^2 + x + ax + 5a - 20$
h) $2a + 11x - ax - 2x^2 - 14 = -2x^2 + 11x - ax + 2a - 14$

3 a) $x(8 - x) = 0$, wenn $x = 0$ oder $x = 8$
b) $5x(3x - 4) = 0$, wenn $x = 0$ oder $x = \frac{4}{3}$
c) $\sqrt{7}x(1 - \sqrt{7}x) = 0$, wenn $x = 0$ oder $x = \frac{1}{\sqrt{7}}$
d) $\sqrt{6} \cdot x(x - \sqrt{6}) = 0$, wenn $x = 0$ oder $x = \sqrt{6}$
e) $(x + 6)(x - 9) = 0$, wenn $x = -6$ oder $x = 9$
f) $(3 - x)(x + 4) = 0$, wenn $x = 3$ oder $x = -4$
g) 0, ist immer 0
h) $(x - 3)x - (3 - x) = (x - 3)x + (x - 3) = (x - 3)(x + 1) = 0$, wenn $x = 3$ oder $x = -1$

4 Auf die zeichnerischen Lösungen wurde hier verzichtet. Am Graphen kann man jeweils die Lösungen als Schnittpunkte mit der x-Achse ablesen.
a) $x^2 + 6x + 9 = 0$; also $a = 1$; $b = 6$ und $c = 9$
→ $b^2 - 4ac = 0$. Es gibt eine Lösung: $x = -3$
b) $x^2 + 5x - 1 = 0$; also $a = 1$; $b = 5$ und $c = -1$
→ $b^2 - 4ac = 29$. Es gibt zwei Lösungen:
$x_1 \approx -5{,}2$ und $x_2 \approx 0{,}2$ $\left(x_{1/2} = \frac{-5 \pm \sqrt{29}}{2}\right)$
c) $5x^2 - 9x - 2 = 0$; also $a = 5$; $b = -9$ und $c = -2$
→ $b^2 - 4ac = 121$. Es gibt zwei Lösungen:
$x_1 = 2$ und $x_2 = -0{,}2$
d) $-5x + x^2 - 42 = 0$; also $a = 1$; $b = -5$ und $c = -42$ → $b^2 - 4ac = 193$. Es gibt zwei Lösungen:
$x_1 \approx -4{,}4$ und $x_2 \approx 9{,}4$ $\left(x_{1/2} = \frac{5 \pm \sqrt{193}}{2}\right)$
e) $-9x + 2x^2 = 5$; also $a = 2$; $b = -9$ und $c = -5$
→ $b^2 - 4ac = 121$. Es gibt zwei Lösungen:
$x_1 = -0{,}5$ und $x_2 = 5$
f) $-6 - 2x = -3x^2$; also $a = 3$; $b = -2$ und $c = -6$
→ $b^2 - 4ac = 76$. Es gibt zwei Lösungen:
$x_1 \approx -1{,}1$ und $x_2 \approx 1{,}8$ $\left(x_{1/2} = \frac{1 \pm \sqrt{19}}{3}\right)$
g) $x^2 + 7 + 9x = 3x - 2$; also $a = 1$; $b = 6$ und $c = 9$
→ $b^2 - 4ac = 0$. Es gibt eine Lösung: $x = -3$
h) $4x^2 = x^2 + 3 - 6x$; also $a = -3$; $b = -6$ und $c = 3$ → $b^2 - 4ac = 72$. Es gibt zwei Lösungen:
$x_1 \approx -2{,}4$ und $x_2 \approx 0{,}4$ $\left(x_{1/2} = -1 \pm \sqrt{2}\right)$

5 Das Kapital beträgt Ende 2004 genau 21 000 €. Nun fügt die Bank die Zinsen hinzu $\left[Z_{1.\,Jahr} = 21\,000 \cdot \left(\frac{p}{100}\right)\right]$. Am Ende hebt Frau Reich noch 1630 € ab. Dann hat sie am Ende des Jahres 2004 ein Restguthaben von
$K + Z - 1630 = 21\,000 + 21\,000 \cdot \left(\frac{p}{100}\right) - 1630$
$= 19\,370 + 21\,000 \cdot \left(\frac{p}{100}\right)$.
Im nächsten Jahr bekommt sie wieder Zinsen mit dem gleichen Zinssatz p:
$Z_{2.\,Jahr} = \left[19\,370 + 21\,000 \cdot \left(\frac{p}{100}\right)\right] \cdot \left(\frac{p}{100}\right)$.

Das Endguthaben ist dann $19\,370 + 21\,000 \cdot \left(\frac{p}{100}\right) + Z_{2.\,Jahr} = 19\,370 + 21\,000 \cdot \left(\frac{p}{100}\right) + \left[19\,370 + 21\,000 \cdot \left(\frac{p}{100}\right)\right] \cdot \left(\frac{p}{100}\right)$
Durch Vereinfachen erhält man den Term
$= 19\,370 + 210p + 193{,}7p + 210p \cdot \left(\frac{p}{100}\right)$
$= 19\,370 + 403{,}7p + 2{,}1p^2$
Dieser Term muss den Wert 20 600 annehmen, weil dies das Endguthaben ist.
Also $19\,370 + 403{,}7p + 2{,}1p^2 = 20\,600$. Nach Umformungen erhält man mit der abc-Formel die Lösungen $p_1 \approx -195$ und $p_2 = 3$.
Da es keinen negativen Zinssatz geben kann, betrug der Zinssatz 3 %.

6 a) Wenn die zwei kürzeren Kanten die Länge k haben, dann hat die andere Kante eine Länge von $k + 12{,}5$. Die Oberfläche setzt sich dann aus zwei Flächen mit dem Flächeninhalt von k^2 und vier Flächen mit dem Flächeninhalt von $k \cdot (k + 12{,}5)$ zusammen. Insgesamt ergibt sich die Formel für die Oberfläche $O = 2k^2 + 4 \cdot k \cdot (k + 12{,}5) = 2k^2 + 4k^2 + 50k = 6k^2 + 50k$.
Die Oberfläche soll 644 cm² betragen. Also sucht man nach dem x-Wert, für den O den Wert 644 annimmt. Es gilt daher, die Gleichung $644 = 6k^2 + 50k$ zu lösen. Nach Umformen in $6k^2 + 50k - 644 = 0$ und Anwenden der abc-Formeln erhält man die Lösungen $k_1 \approx 7$ und $k_2 \approx -15\frac{1}{3}$. Da es keine negativen Längen geben kann, ist nur die positive Lösung sinnvoll. Die kürzeren Kanten sind danach 7 cm und die längere ist etwa $(7 + 12{,}5)$ 19,5 cm lang.
b) $V = k^2 \cdot (k + 12{,}5) = 7^2 \cdot 19{,}5 = 955{,}5$. Das Volumen beträgt 955,5 cm³. Dies entspricht etwa einem Liter. Da die Packung etwas bauchig ist, passt ein ganzer Liter hinein.

7 Alter der Mutter: 51 Jahre
Alter der Tochter: 15 Jahre
In n Jahren ist die Mutter $(51 + n)$ Jahre und die Tochter $(15 + n)$ Jahre alt.
Behauptung der Mutter: $51 + n = n \cdot (15 + n)$
Diese Gleichung muss man umformen und beispielsweise mithilfe der abc-Formel lösen:
$51 + n = n \cdot (15 + n)$
$51 + n = 15n + n^2$
$0 = n^2 + 14n - 51$
Daraus ergeben sich die beiden Lösungen $n_1 = 3$ und $n_2 = -17$.
Die Tochter hat nicht Recht. Zwar gibt es zwei Lösungen. Aber vor 17 Jahren war die Tochter noch gar nicht geboren, so dass die Behauptung der Mutter nur in drei Jahren eintritt.

8 a) Graphische Methode – Nullstellen ablesen

Man erkennt, dass der Graph bei etwa t = 4,2 die x-Achse schneidet. Nach etwa 4,2 Sekunden ist der Stein auf dem Boden.

Graphische Lösung – Schnittpunkte zweier Graphen bestimmen

Aus der Funktionsgleichung $h(t) = 100 - 5t^2 - 3t$ lassen sich über die quadratische Gleichung $100 - 5t^2 - 3t = 0$ (durch Umformung zu $t^2 = 20 - 0{,}6\,t$) die beiden Funktionsgleichungen $y = t^2$ und $y = -0{,}6\,t + 20$ aufstellen und zeichnen.

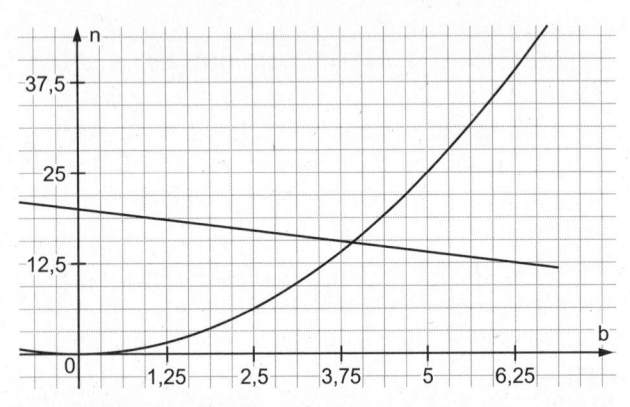

Man erkennt, dass sich beide Graphen bei x ≈ 4,2 schneiden. Der andere Schnittpunkt im negativen x-Bereich ist zu vernachlässigen, da er keine sinnvolle Lösung liefert.

abc-Formel-Methode

$h(t) = 100 - 5t^2 - 3t$. Wenn der Stein auf dem Boden ankommt, ist die Höhe 0. Also muss man die quadratische Gleichung $100 - 5t^2 - 3t = 0$ lösen. Mit der abc-Formel ergibt sich $t_1 \approx 4{,}2$ und $t_2 \approx -4{,}8$ $\left(t_{1/2} = \frac{-3 \pm \sqrt{2009}}{10}\right)$. Da negative Zeiten hier nicht sinnvoll sind, ist t_1 die Lösung. Der Stein ist nach 4,2 Sekunden am Boden.

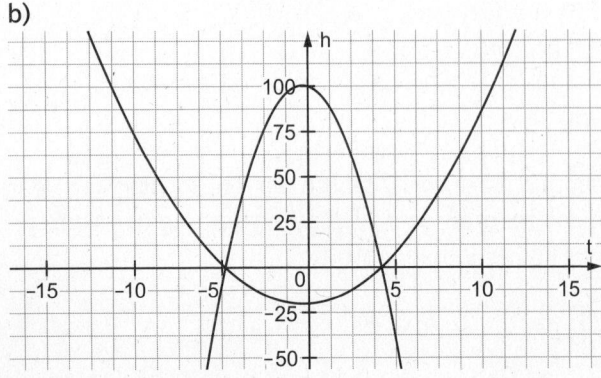

b)

Bei den Funktionen fällt auf, dass sie beide dieselben Nullstellen haben. Man erhält die Funktionsgleichung von f dadurch, dass man die Funktionsgleichung von h durch –5 dividiert. Durch das Dividieren durch eine Zahl bleiben die Nullstellen der Funktionen gleich.

c) Die Anfangsgeschwindigkeit wird in der Funktion h durch den Summanden –3t angegeben. Dieser entsprach einer Geschwindigkeit von 3 m/s. Gesucht ist nun eine Anfangsgeschwindigkeit v_0, bei der der Stein schon nach 4 Sekunden am Boden ankommt. $100 - 5t^2 - v_0 \cdot t = 0$ ist die allgemeine quadratische Gleichung, mit der man für eine beliebige Anfangsgeschwindigkeit die Landung auf dem Boden (= 0) beschreibt. Nun ist t = 4. Dies kann man einsetzen und erhält die Gleichung $100 - 5 \cdot 4^2 - v_0 \cdot 4 = 0$. Diese nach v_0 aufgelöst ergibt $v_0 = 5$. Die Anfangsgeschwindigkeit betrug also 5 m/s.

Seite 121

9 a) Dies weiß man, weil für t = 0 der y-Wert 1,8 ist. Das heißt, bevor der Ball fliegt, ist er auf einer Höhe von 1,8 m.

b) Man ermittelt die Nullstellen der Funktion, um zu bestimmen wie lange der Ball fliegt, bis er landet. Die abc-Formeln liefern: $t_1 \approx 3{,}3$ und $t_2 \approx -0{,}1$. Der Ball fliegt demnach ca. 3,3 Sekunden, bis er landet (negative Zeiten sind hier nicht sinnvoll).

c) In b) sind beide Nullstellen bestimmt worden. Aufgrund der Symmetrie der Parabel kann man den t-Wert zwischen beiden Nullstellen wählen, um den t-Wert des Scheitelpunktes (höchster Punkt) zu erhalten: $3{,}3 + 0{,}1 = 3{,}4 \rightarrow 3{,}4 : 2 = 1{,}7 \rightarrow$ der t-Wert des Scheitels liegt bei t = 1,6 (1,7 – 0,1 = 1,6). Nun kann der y-Wert bestimmt werden: $y(1{,}6) = -5 \cdot 1{,}6^2 + 16 \cdot 1{,}6 + 1{,}8 = 14{,}6$. Der Ball hat auf seinem höchsten Punkt eine Höhe von 14,6 m.

d) Um diese Frage zu beantworten, muss man y = 12,5 in die Gleichung einsetzen: $12{,}5 = -5t^2 + 16t + 1{,}8$. Die abc-Formeln liefern: $t_1 \approx 2{,}25$ und $t_2 \approx 0{,}95$. Beide Zeiten sind sinnvoll. Der Ball hat nach ca. 0,95 Sekunden und nach ca. 2,3 Sekunden eine Höhe von 12,5 m erreicht.

10 a) Die blaue Fläche q besteht aus dem mittleren Quadrat (x^2) und den vier Rechtecken an den Seiten. Eine Seite dieser Rechtecke hat die Länge x und die Breite $\frac{p}{4}$. Wenn man die vier Rechtecke aneinander legt, haben sie die Breite von $4 \cdot \frac{p}{4} = p$. Also ist die gesamte blaue Fläche zusammengesetzt durch $x^2 + px$.

b) Unter der Wurzel steht der Term $q + 4\left(\frac{p}{4}\right)^2$. q beschreibt die ganze blaue Fläche und $\left(\frac{p}{4}\right)^2$ beschreibt ein Eckquadrat; $4 \cdot \left(\frac{p}{4}\right)^2$ beschreibt damit alle vier Eckquadrate. Der Term $q + 4\left(\frac{p}{4}\right)^2$ beschreibt somit den ganzen Flächeninhalt. Wenn nun die Wurzel gezogen wird, erhält man die Länge einer Seite des Quadrates. Wenn man hiervon nun noch zweimal die Seitenlänge der Eckquadrate $2 \cdot \frac{p}{4}$ abzieht, erhält man die Länge x. Also: $x = \sqrt{q + 4\left(\frac{p}{4}\right)^2} - \frac{p}{2}$.

c) Die letzte Gleichung kann man umformen:
$x + \frac{p}{2} = \sqrt{q + \frac{p^2}{4}} = \frac{1}{2}\sqrt{4q + p^2}$.

Beim Vergleichen der Flächen sieht man:
$\left(x + \frac{p}{2}\right)^2 = \frac{1}{4}(4q + p^2)$.

Hieraus folgt:
$x + \frac{p}{2} = (\pm)\frac{1}{2}\sqrt{p^2 + 4q}$
$x = -\frac{p}{2} (\pm) \frac{1}{2}\sqrt{p^2 + 4q}$.

Jetzt stimmt nur das Vorzeichen vor 4q noch nicht. Aber x löst ja die Gleichung aus a):
$x^2 + px = q$ oder $x^2 + px - q = 0$.

11

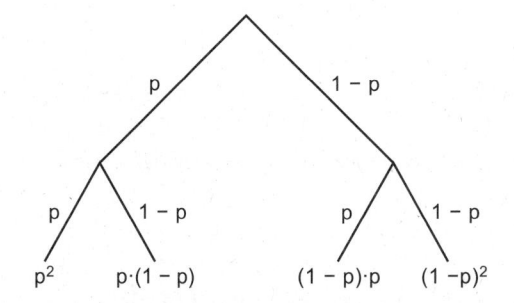

```
         p /   \ 1-p
         /     \
      p / \ 1-p  p / \ 1-p
       /   \     /   \
      p²  p·(1-p) (1-p)·p (1-p)²
```

p ist die Gewinnwahrscheinlichkeit, wenn man einmal zieht, und $1 - p$ ist dann die entsprechende Verlierwahrscheinlichkeit.
Die Gesamtgewinnwahrscheinlichkeit ergibt sich aus den ersten drei mittels der Pfadregel berechneten Gewinnwahrscheinlichkeiten bei zwei Durchgängen: $p^2 + p \cdot (1 - p) + (1 - p) \cdot p$. Diese soll 70% betragen, also 0,70. Um die Gewinnwahrscheinlichkeit p für einen Durchgang zu ermitteln, muss man die Gleichung $p^2 + p \cdot (1 - p) + (1 - p) \cdot p = 0{,}7$ lösen.
$p^2 + p \cdot (1 - p) + (1 - p) \cdot p = 0{,}7$
$p^2 + 2 \cdot (p - p^2) - 0{,}7 = 0$
$-p^2 + 2p - 0{,}7 = 0$
Mit der abc-Formel folgt: $p_1 \approx 1{,}55$ und $p_2 \approx 0{,}45$ $\left(p_{1/2} = 1 \pm \sqrt{0{,}3}\right)$. Da die Gewinnwahrscheinlichkeit nicht über $1 = 100\%$ sein kann, ist p_2 die Lösung. Sie beträgt also 45%. Hansi hat demnach nicht Recht.

12 a) Quadratische Funktionen haben die allgemeine Funktionsgleichung $y = ax^2 + bx + c$. Die Scheitelform lautet allgemein $y = a(x - d)^2 + e$, wobei der Scheitel bei $S(d|e)$ liegt. Man kann die Scheitelform auch mit den Parametern der allgemeine Funktionsgleichung angeben: $y = a \cdot \left(x + \frac{b}{2a}\right)^2 - \frac{b^2}{4a} + c$ (siehe auch Aufgabe 13, S. 114).

b) Einsetzen der Koordinaten des Scheitels in die Scheitelform ergibt $y = a(x - 10)^2 + 15$. Einsetzen des Punktes P ergibt die Gleichung $5 = a(1 - 10)^2 + 15 = 81a + 15$. Auflösen nach a ergibt: $a = -\frac{10}{81}$. Damit ist $y = -\frac{10}{81} \cdot (x - 10)^2 + 15 = -\frac{10}{81}x^2 + \frac{200}{81}x + \frac{215}{81}$.

c) Mit $S(0|0)$ ist $y = a(x - 0)^2 + 0 = ax^2$. Mit $P(3|-2)$ ist $-2 = 9a$, also $a = -\frac{2}{9}$. Die Funktionsgleichung lautet $y = -\frac{2}{9}x^2 \approx -0{,}22x^2$.

Seite 122

13 a) $y = x^2 - k \cdot x + k$. Um den Scheitelpunkt zu bestimmen, kann man die Parabel nach unten verschieben, wodurch sich der x-Wert des Scheitelpunktes nicht ändert: Man erhält dann die neue Funktionsgleichung $y = x^2 - k \cdot x = x \cdot (x - k)$. Die Nullstellen dieser Funktion liegen demnach bei $x_1 = 0$ und $x_2 = k$. Der x-Wert des Scheitels befindet sich dann in der Mitte beider Werte: $\frac{k}{2}$. Nun kann man den y-Wert des Scheitels bestimmen.
$y\left(\frac{k}{2}\right) = \left(\frac{k}{2}\right)^2 - k \cdot \frac{k}{2} + k = \frac{k^2}{4} - \frac{k^2}{2} + k = \frac{k^2}{4} - \frac{2k^2}{4} + k$
$= -\frac{k^2}{4} + k$.

Somit liegt der Scheitelpunkt bei $S\left(\frac{k}{2}\Big|-\frac{k^2}{4} + k\right)$.
Wenn die Scheitelpunkte für jedes beliebige k auf der Parabel der Funktion $y_S = -x^2 + 2x$ liegen, müssen die y_S-Werte für alle $\frac{k}{2}$ (x-Wert des Scheitelpunktes) dem y-Wert des Scheitelpunktes entsprechen: $y_S\left(\frac{k}{2}\right) = -\left(\frac{k}{2}\right)^2 + 2 \cdot \frac{k}{2} = -\frac{k^2}{4} + k$. Dies entspricht dem y-Wert des Scheitelpunktes, womit die Behauptung gezeigt ist.

b) Wie in a) wird zunächst der Scheitelpunkt bestimmt:
Der Graph der Funktion mit $y = x^2 - 2kx + k^2 - k$ wird verschoben und man erhält die neue Funktionsgleichung $y = x^2 - 2kx = x(x - 2k)$. Die Nullstellen sind $x_1 = 0$ und $x_2 = 2k$. Der x-Wert des Scheitelpunktes ist demnach k. Der y-Wert ist $y(k) = k^2 - 2k \cdot k + k^2 - k = -k$. Der Scheitelpunkt liegt also bei $S(k|-k)$.
Einsetzen des x-Werts des Scheitelpunktes in die Geradengleichung $y = -x$ ergibt $y = -k$. Dies entspricht dem y-Wert des Scheitelpunktes. Damit ist die Behauptung gezeigt.

14 Um die Funktionsgleichung $y = x^2 + px + q$ in die Scheitelform umzuformen, betrachtet man zunächst die Funktionsgleichung $y = x^2 + px = x(x + p)$. Durch diese „Verschiebung" hat sich der x-Wert des Scheitels nicht verändert. Aus der faktorisierten Darstellung der Funktionsgleichung kann man die Nullstellen $x_1 = 0$ und $x_2 = -p$ ablesen. Der x-Wert des Scheitelpunktes liegt also bei $-\frac{p}{2}$. Nun berechnet man den y-Wert des Scheitelpunktes:
$y\left(-\frac{p}{2}\right) = \left(-\frac{p}{2}\right)^2 + p \cdot \left(-\frac{p}{2}\right) + q = \frac{p^2}{4} - \frac{p^2}{2} + q = -\frac{p^2}{4} + q$.

Also ist $S\left(-\frac{p}{2}\middle|-\frac{p^2}{4}+q\right)$ und die Scheitelform ist
$y = \left(x + \frac{p}{2}\right)^2 - \frac{p^2}{4} + q$.

15 a) Sei z die Zahl. Dann ist $z - 2$ die um zwei kleinere und $z + 2$ die um zwei größere Zahl.
Dann soll gelten: $(z - 2)(z + 2) = \frac{1}{3}z^2 + 50$.
Durch Umformen erhält man
$z^2 - 4 = \frac{1}{3}z^2 + 50$
$\frac{2}{3}z^2 = 54$
$z^2 = 81$; $z = 9$ oder $z = -9$
Damit ist 9 die gedachte Zahl.
b) Individuelle Lösungen

16 a) Die Lichtstrahlen reflektieren nach dem Gesetz „Einfallswinkel gleich Ausfallswinkel". Bei der Fig. 1 erkennt man dies an den Winkeln α und β.
b) Aufgrund des Winkelsummensatzes in einem Dreieck gilt für das Dreieck ASB die Gleichung $\alpha + \beta + \delta = 180°$. Wenn $\delta = 50°$ groß ist, gilt $\alpha + \beta = 130°$.
In dem Dreieck ABK, wobei K der Punkt ist, wo sich Eingangsstrahl und Ausgangsstrahl kreuzen, gilt ebenfalls der Winkelsummensatz: $\alpha' + \beta' + \gamma = 180°$, da der Scheitelwinkel zu γ im Dreieck ABK liegt. Somit kann man die Formel aufstellen: $\gamma = 180° - (\alpha' + \beta')$. Nun muss man nur noch $\alpha' + \beta'$ bestimmen. Aufgrund der Nebenwinkelsumme von 180° gilt
$\alpha' + \alpha + \alpha = 180°$, also $\alpha' = 180° - 2\alpha$.
Entsprechend erhält man $\beta' = 180° - 2\beta$.
Also ist $\alpha' + \beta' = 180° - 2\alpha + 180° - 2\beta = 360° - 2(\alpha + \beta) = 360° - 2 \cdot 130° = 100°$, da $\alpha + \beta = 130°$.
Damit kann man γ bestimmen mit $\gamma = 180° - (\alpha' + \beta') = 180° - 100° = 80°$.
c) Man erkennt, dass $\alpha' + \beta'$ doppelt so groß ist wie δ. Dies kann man an anderen Beispielen weiter bestätigen. Man kann es auch allgemein zeigen. Hierbei geht man wie in b) vor und führt die Schritte nur allgemein durch:
1. $\alpha + \beta + \delta = 180°$, also $\alpha + \beta = 180° - \delta$.
2. $\alpha' + \alpha + \alpha = 180°$, also $\alpha' = 180° - 2\alpha$ und $\beta' = 180° - 2\beta$.
3. $\alpha' + \beta' = 180° - 2\alpha + 180° - 2\beta = 360° - 2(\alpha + \beta)$
$= 360° - 2 \cdot (180° - \delta) = 360° - 2 \cdot 180° + 2 \cdot \delta = 2 \cdot \delta$.
4. $\gamma = 180° - (\alpha' + \beta') = 180° - 2 \cdot \delta$. Damit ist der Zusammenhang allgemein gezeigt.
d) Individuelle Lösungen

17 a) Man zählt 163 Streichhölzer in den Quadraten.
b) a steht für die Anzahl der Streichhölzer, r für die Anzahl der Randstreichhölzer und q für die Anzahl der Quadrate. Mit dem Term $4 \cdot q$ wird die Anzahl der Streichhölzer aller Quadrate bestimmt (pro Quadrat 4 Hölzer), wenn die Quadrate alle einzeln nebeneinander liegen würden. Nun hat man die Streichhölzer, die zwischen zwei Quadraten liegen (diese also verbinden) doppelt gezählt. Nur die Randstreichhölzer wurden bisher einmal gezählt. Deshalb addiert man diese Randstreichhölzer zu $4 \cdot q$, damit alle Streichhölzer doppelt gezählt werden. Abschließend dividiert man durch 2 und erhält die Anzahl der Streichhölzer, die in der Fig. 2 verwendet wurden.
c) Es geht nicht; in die Formel eingesetzt:
$20 = \frac{r + 4 \cdot 9}{2}$ liefert $r = 4$. Bei 9 Quadraten hat er mindestens 12 Randhölzer.
d) Individuelle Lösung, z. B.:

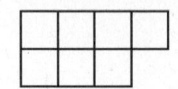

e) r ist gerade: $r = 2a - 4q = 2 \cdot \underbrace{(a - 2q)}_{\text{(natürliche Zahl)}}$

Exkursion: Dem pascalschen Dreieck auf der Spur

Seite 123

Forschungsaufträge I

1 Die Summen sind von oben nach unten:
1; 2; 4; 8; 16; 32; 64 – dies sind die Zweierpotenzen.

2 a) In der zweiten Diagonalen stehen die Zahlen aufsteigend: 1, 2, 3, 4, 5, 6, 7, ...
b) Die Zahlen in der dritten Diagonalen lauten: 1, 3, 6, 10, 15. Sie heißen Dreieckszahlen, weil man mit ihnen Dreiecke wie in der Fig. 2 legen kann. Das ersten Dreieck ist nur ein Punkt. Im zweiten Dreieck sind drei Punkte, im dritten kommen dann in der unteren Reihe 3 Punkte hinzu (3 + 3 = 6), im vierten kommen vier hinzu (6 + 4 = 10), im fünften kommen fünf hinzu (10 + 5 = 15), im sechsten ...

3 In einer Zeile addiert man zwei nebeneinander stehende Zahlen. Das Ergebnis schreibt man in die nächste Zeile unterhalb zwischen die beiden Zahlen, die man addiert hat.
So ergeben sich die einzelnen Reihen.
7. Zeile 1 6 15 20 15 6 1
8. Zeile 1 7 21 35 35 21 7 1
9. Zeile 1 8 28 56 70 56 28 8 1
usw.

4 Es ergeben sich immer interessante Muster. Beispielsweise bedecken die geraden Zahlen eine Fläche, die mehreren Dreiecken entspricht, die jeweils auf der Spitze stehen. Diese Dreiecke sind aber unterschiedlich groß. Alle Zahlen, die durch fünf teilbar sind, ergeben auf der Spitze stehende Dreiecke, die alle gleich groß sind.

Forschungsaufträge II

1 a) das obere Foto beschreibt den Term $(a + b)^3$. Die Kantenlänge $a + b$ setzt sich aus den Teilen a (etwa das längere Kantenstück) und b (das kürzere Kantenstück) zusammen. Mit $(a + b)^3$ berechnet man das Volumen des ganzen Würfels.
Der Term $a^3 + 3a^2b + 3ab^2 + b^3$ beschreibt das Volumen aller Körper des unteren Fotos zusammen. a^3 ist das Volumen des großen Würfels. b^3 entspricht dem Volumen des kleineren Würfels. a^2b beschreibt das Volumen eines Quaders mit zwei längeren Kanten. Weil es davon drei gibt, ist das Gesamtvolumen dieser Quader $3a^2b$. Genauso kann man das Volumen der restlichen drei schmalen Quader mit $3ab^2$ beschreiben.
b) Durch Ausmultiplizieren bestätigt man die Gleichung.
c) Die einzelnen Faktoren vor den Variablenprodukten bei $a^3 + 3a^2b + 3ab^2 + b^3$ sind 1, 3, 3 und 1. Diese lassen sich im pascalschen Dreieck in der vierten Zeile (hoch drei) finden. Entsprechend ist $(a + b)^2 = a^2 + 2ab + b^2$. Hier sind die Faktoren vor den Variablenprodukten 1, 2 und 1. Diese Zahlen stehen in der dritten Zeile (hoch zwei) des Dreiecks. Man muss dabei auf die Reihenfolge der Variablenprodukte achten. Zuerst steht immer eine Variable alleine mit dem höchsten Exponenten. Dann sucht man sich das Variablenprodukt, bei denen der Exponent von a um eines kleiner ist, danach das Variablenprodukt, bei dem der Exponent wiederum um eines kleiner ist. In Aufgabe 2 sind hierzu einige Beispiele.

2 a) $(a + b)^2 = a^2 + 2ab + b^2$
b) $(a + b)^4 = (a + b)^2 \cdot (a + b)^2 = (a^2 + 2ab + b^2) \cdot (a^2 + 2ab + b^2) = a^4 + 4a^3b + 6a^2b^2 + 4ab^3 + b^4$
die Faktoren kann man aus der fünften Reihe ablesen.
c) $(a + b)^5 = (a + b)^4 \cdot (a + b) = (a^4 + 4a^3b + 6a^2b^2 + 4ab^3 + b^4) \cdot (a + b) = a^5 + 5a^4b + 10a^3b^2 + 10a^2b^3 + 5ab^4 + b^5$; die Faktoren kann man aus der sechsten Reihe ablesen.
d) $(a + b)^6 = (a + b)^5 \cdot (a + b) = (a^5 + 5a^4b + 10a^3b^2 + 10a^2b^3 + 5ab^4 + b^5) \cdot (a + b) = a^6 + 6a^5b + 15a^4b^2 + 20a^3b^3 + 15a^2b^4 + 6ab^5 + b^6$; die Faktoren kann man aus der siebten Reihe ablesen.

V Definieren, Ordnen und Beweisen

1 Begriffe festlegen – Definieren

Seite 129

1 a) Das Datum des Tages eines Jahres, in dem eine Person geboren ist, nennt man Geburtstag.
b) Ein Geldbetrag, der Kindern und Jugendlichen regelmäßig von ihren Erziehungsberechtigten zur eigenen Verfügung überlassen wird, heißt Taschengeld.
c) Als (astrologische) Jahreszeiten bezeichnet man die Unterteilung des Jahres in Frühling, Sommer, Herbst und Winter nach dem Stand der Sonne am Himmel. Der Anfang einer Jahreszeit wird durch die Tag und Nachtgleichen am 21. März und 22. oder 23. September (Frühling, Herbst) bzw. durch die Sonnenwenden am 21. Juni und 21. oder 22. Dezember (Sommer, Winter) festgelegt. (Die meteorologischen Jahreszeiten beginnen am 1. März, 1. Juni, 1. September und 1. Dezember.)
d) Weihnachten nennt man das Fest in der christlichen Welt, das an die Geburt von Jesus Christus erinnert.

2 a) Als Weltrekord bezeichnet man die weltweit beste Leistung in einer bestimmten Disziplin zu einem bestimmten Zeitpunkt.
b) Wenn eine Spielerin oder ein Spieler beim Fußball, Eishockey oder anderen Ballsportarten drei aufeinander folgende Tore erzielt, spricht man von einem Hattrick. Der Ausdruck wird aber auch verwendet, wenn eine Mannschaft drei Mal in Serie die gleiche Meisterschaft gewinnt.
c) Zusammenfassung einer Internetrecherche: Beim Basketball darf mit dem Ball in der Hand nicht gelaufen werden. Ein Verstoß gegen diese Regel nennt man Schrittfehler. Ausnahme sind zwei Schritte, die gemacht werden dürfen, wenn der Spieler in der Bewegung den Ball aufnimmt und dann versucht auf den Korb zu werfen (sogenannter Korbleger). Als Schrittfehler gilt auch, wenn man zum Beispiel mit dem Ball in der Hand springt und wieder mit dem Ball in der Hand und beiden Füßen auf dem Boden landet. Kein Schrittfehler ist es, wenn man den Ball hält, einen Fuß fest auf dem Boden stehen lässt und sich mit Hilfe des anderen Beines um die eigene Achse dreht. Dann allerdings darf man nicht das Standbein wechseln.
d) Beim Ballet, beim Tanzen oder in anderen Sportarten nennt man eine Pirouette eine ganze Umdrehung einer Person, die dabei nur auf einem Bein steht.

3 a) Eine Gerade, die senkrecht ist zu einer anderen Gerade, nennt man Lotgerade (zu dieser anderen Geraden).
b) Die Lotgerade durch den Mittelpunkt einer Strecke heißt Mittelsenkrechte (der Strecke).
c) Die Symmetrieachse eines Winkels heißt Winkelhalbierende.
d) Wenn sich zwei Geraden schneiden, entstehen vier Winkel. Winkel, die sich dabei gegenüberliegen, heißen Scheitelwinkel.
e) Wenn zwei parallele Geraden von einer weiteren Geraden geschnitten werden, entsteht eine punktsymmetrische Figur mit insgesamt acht Winkeln. Je zwei Winkel, die dabei Symmetriepartner sind, heißen Wechselwinkel (vgl. Fig. 1).

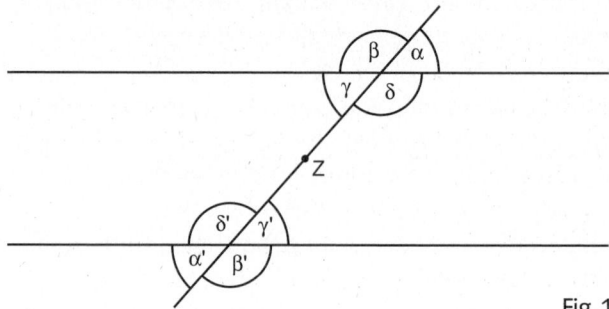

Fig. 1

f) In einem Dreieck heißt das Lot von einem Eckpunkt zu der Geraden durch die beiden anderen Eckpunkte Höhe im Dreieck. Jedes Dreieck hat deshalb drei Höhen.
g) Ein Kreis um den Mittelpunkt einer Strecke, der durch ihre Endpunkte geht, heißt Thaleskreis (zu dieser Strecke).
h) Geraden, die zueinander parallel sind und so liegen, dass benachbarte Geraden immer den gleichen Abstand haben, nennt man eine Parallelenschar.

4 a) Ein Dreieck, das einen rechten Winkel hat, heißt rechtwinkliges Dreieck.
b) Ein Dreieck mit zwei gleich langen Seiten heißt gleichschenkliges Dreieck.
c) Wenn in einem Dreieck alle Winkel gleich groß sind, dann heißt es „gleichwinkliges Dreieck". (Hier wird ein neuer Name vergeben.)
d) Ein Dreieck mit drei gleichgroßen Seiten heißt gleichseitiges Dreieck.

5 Parallelogramm: Viereck mit paarweise parallelen Seiten
Raute: Viereck mit vier gleich langen Seiten
Trapez: Viereck mit einem Paar paralleler Seiten
Quadrat? Raute mit vier rechten Winkeln
Andere Definitionen sind möglich.

6 Individuelle Lösungen

Seite 130

7 Kandidat 1 erhält 3 Punkte, weil er eine kurze und präzise Definition gegeben hat. Kandidat 2 erhält zwei Punkte. Seine Definition ist zwar richtig, aber sie enthält Eigenschaften, die nicht unbedingt angegeben werden müssen. Kandidat 3 erhält 0 Punkte, weil er nur Beispiele und Gegenbeispiele für Säugetiere nennt.

8 a) Die Figuren F_3, V_1, V_2 und V_3 sind Streckenzüge. V_1, V_2 und V_3 sind geschlossene Streckenzüge.
b) Offene Aufgabe ohne Lösungsangabe

9 a) Ein geschlossener Streckenzug aus vier Strecken heißt Viereck.
b) Ein geschlossener Streckenzug aus vier Strecken, die sich nicht schneiden, heißt Viereck.
c) Ein geschlossener Streckenzug aus vier Strecken, die sich nicht schneiden und dessen (innere) Winkel alle kleiner als 180° sind, heißt Viereck.

10 Offene Aufgabe, Lösungen sind z.B.:
Ein Parallelogramm ist ein geschlossener Streckenzug aus vier Strecken, von denen jeweils zwei zueinander parallel sind.
Ein Rechteck ist ein geschlossener Streckenzug aus vier Strecken, die an allen Anschlusspunkten einen rechten Winkel haben.
…

Seite 131

11 und **12** Individuelle Lösungen

13 a) Die ungeraden natürlichen Zahlen.
b) Die Vielfachen der Zahl 5.
c) Die Quadratzahlen.

14 a) Zahlen der Form $2 \cdot n$, mit $n = 1; 2; 3; 4\ldots$ heißen gerade natürliche Zahlen.
b) Zahlen der Form $3 \cdot n$, mit $n = 1; 2; 3; 4\ldots$ heißen durch 3 teilbare Zahlen.

15 In magischen Quadraten müssen die Zeilen-, Spalten- und Diagonalsummen jeweils die gleiche Zahl ergeben.

16 Individuelle Lösung

2 Spezialisieren – Verallgemeinern – Ordnen

Seite 133

1 a) Unter „Gesamte Schülerschaft" versteht man alle Schüler, die an einer Schule den Unterricht besuchen. Spezialisierungen sind z.B. Schüler einer bestimmten Klasse, Schüler eines Jahrgangs, Fahrschüler, Klassensprecher, Schüler mit oder ohne Religionszugehörigkeit.
b) Lösungsvorschläge: ist Schülerin, ist Schüler, ist Klassensprecherin oder Klassensprecher, gehört zu einem Jahrgang, wiederholt die Klasse, ist Fahrschüler, nimmt das Mittagessen in der Mensa ein.

2 a) gleichschenkliges Dreieck
b) rechtwinkliges Dreieck
c) keine Spezialisierung
d) Trapez

3 a) Raute
b) Parallelogramm
c) Viereck
d) Viereck

4 a) Viereck, Trapez, Raute, Parallelogramm, Rechteck, Quadrat.
b) Rot umrandet: Die Vierecke haben parallele Gegenseiten
Blau umrandet: Die Vierecke haben parallele Gegenseiten und vier rechte Winkel. Sie sind achsensymmetrisch zu den Mittelsenkrechten der Seiten und punktsymmetrisch zum Schnittpunkt ihrer Diagonalen.
Gelb umrandet: Das Quadrat hat alle Eigenschaften der rot umrandeten Vierecke und ist achsensymmetrisch zu den Diagonalen.

5 a) Beispiele für weitere Aussagen:
Jedes Quadrat ist auch ein Rechteck.
Jedes Rechteck ist auch ein Parallelogramm.
Jedes Rechteck ist auch eine Raute.
Nicht jede Raute ist ein Recheck.
Nicht jedes Rechteck ist ein Quadrat.
Nicht jedes Trapez ist ein Rechteck.
b) Eine Raute ist ein Viereck mit gleich langen Seiten oder ein Parallelogramm mit gleich langen Seiten. Diese Spezialisierung ist in Fig. 2 nicht gemacht worden.

Seite 134

6

W	S	Eintrag
0	0	Dreieck
0	1	Dreiecke mit einer gleich langen Seite
0	2	Gleichschenklige Dreiecke
0	3	Gleichseitige Dreiecke
1	0	Dreiecke mit einem Winkel der gleichen Größe
1	1	Dreiecke mit einer gleich langen Seite und einem Winkel gleicher Größe
1	2	Gleichschenklige Dreiecke
1	3	Gleichseitige Dreiecke
2	2	Gleichschenklige Dreiecke
2	3	Gleichseitige Dreiecke
3	3	Gleichseitige Dreiecke

Andere Fälle sind nicht möglich.

7 a) Drachen b) Parallelogramm
c) Raute oder Rechteck

8 a)

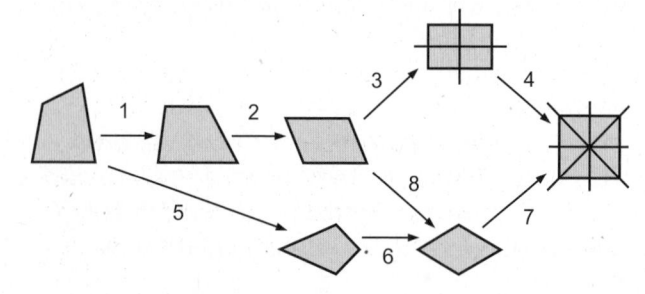

Fig. 1

Lösungsvorschlag:
1: Das Viereck hat zwei parallele Seiten.
2: Das Viereck ist punktsymmetrisch.
3: Das Viereck ist achsensymmetrisch zu den Mittelsenkrechten der Seiten.
4: Das Viereck ist achsensymmetrisch zu den Diagonalen.
5: Das Viereck ist achsensymmetrisch zu einer Diagonalen.
6: Das Viereck ist achsensymmetrisch zu seinen Diagonalen. Das Viereck hat gleich lange Seiten.
7: Das Viereck hat einen rechten Winkel.
8: Das Viereck hat gleich lange Seiten

9 a) Mit dem Baumdiagramm in Fig. 2 ergeben sich die Wahrscheinlichkeiten $\frac{1}{14}$ für das Buchstabenwort AB und $\frac{1}{28}$ für das Wort AA. Am Baumdiagramm sieht man, dass es keine Buchstabenwörter mit einer anderen Wahrscheinlichkeit gibt.

b) Nimmt man AB, AN, AU, NA und NU als sinnvolle Wörter an, ist die Wahrscheinlichkeit für das Auftreten eines sinnvollen Wortes $5 \cdot \frac{1}{14} = \frac{5}{14} \approx 36\%$.

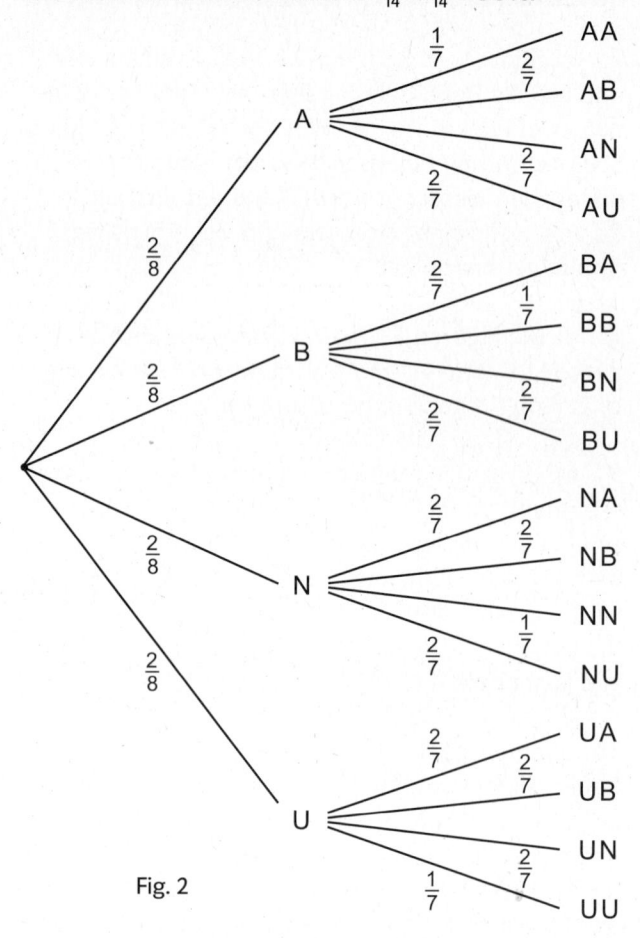

Fig. 2

3 Aussagen überprüfen – Beweisen oder Widerlegen

Seite 137

1 a) Wenn ein Dreieck gleichschenklig ist, dann sind seine Basiswinkel gleich groß.
b) Wenn ein Dreieck drei Winkel mit der gleichen Größe hat, dann ist es gleichseitig.
c) Wenn ein Viereck vier Winkel mit der gleichen Größe hat, dann ist es ein Rechteck.

2 a) Wenn ein Viereck ein Quadrat ist, dann sind seine Seiten gleich lang.
b) Wenn wie in Fig. 1, Seite L51 zwei parallele Geraden g und h von einer Gerade k geschnitten werden, dann haben die Wechselwinkel α und γ′, β und δ′, γ und α′ sowie δ und β′ jeweils die gleiche Größe.

c) Wenn wie in Fig. 1 zwei parallele Geraden g und h von einer Gerade k geschnitten werden, dann haben die Stufenwinkel α und α', β und β', γ und γ' sowie δ und δ' jeweils die gleiche Größe.

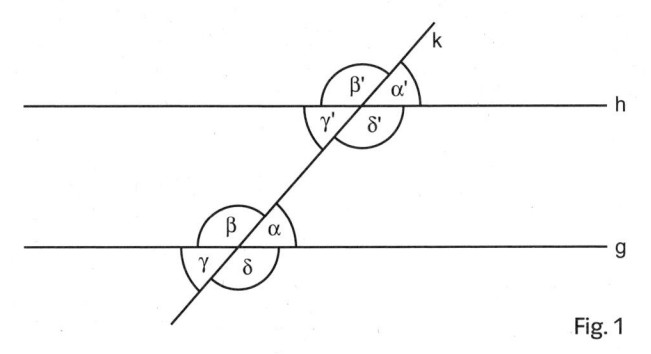

Fig. 1

3 a) Gegenbeispiel: Ein gleichseitiges Dreieck hat drei spitze Winkel.
b) Die Aussage ist richtig. Drei spitze Winkel haben eine Winkelsumme von weniger als 270°. Deshalb muss der fehlende Winkel größer als 90° sein, sonst würde die Summe der vier Winkel nicht 360° ergeben.
c) Die Aussage ist falsch. Man kann z.B. ein Viereck mit drei Winkeln von 100° und einem Winkel von 60° zeichnen (vgl. Fig. 1).

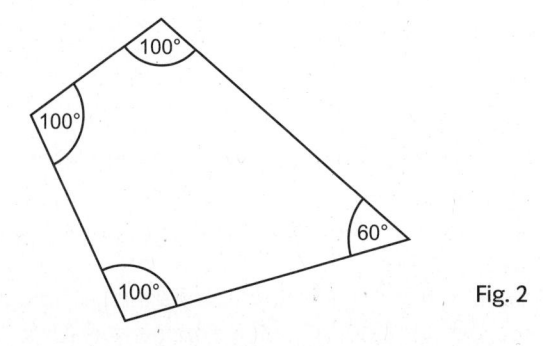

Fig. 2

4 a) Wenn ein Dreieck zwei gleich lange Seiten hat, dann ist auch die dritte Seite gleich lang. Die Aussage ist falsch. Bei gleichschenkligen Dreiecken, hat die Basis im allgemeinen nicht die gleiche Länge wie die Schenkel.
b) Wenn ein Viereck drei gleich lange Seiten hat, dann ist auch die vierte Seite gleich lang. Die Aussage ist falsch. Man kann entsprechend Fig. 2 leicht ein Gegenbeispiel angeben.

5 Mit der Form $a = 2 \cdot n + 1$ ist nach Voraussetzung $b = 2 \cdot n + 3$, mit $n = 0; 1; 2 \ldots$
a) Die Behauptung ist richtig:
Es gilt $a + b = (2 \cdot n + 1) + (2 \cdot n + 3) = 4 \cdot n + 4$.
Da $4 \cdot n$ eine gerade Zahl ist, ist $4 \cdot n + 4$ eine gerade Zahl.
b) Die Behauptung ist richtig:
Es gilt $a \cdot b = (2 \cdot n + 1) \cdot (2 \cdot n + 3) = 4n^2 + 8n + 3$.
Da $4n^2$ stets gerade ist und $8n + 3$ stets ungerade ist (eine gerade und eine ungerade Zahl haben im-

mer eine ungerade Summe), ist das Produkt $a \cdot b$ ungerade.
c) Die Behauptung ist falsch:
Die Zahl b ist ja nach Voraussetzung immer um 2 größer als a. Deshalb gilt stets $b - a = 2$.
d) Die Behauptung ist richtig:
Da b immer um 2 größer ist als a, ist der Quotient $a : b$ kleiner als 1.

6 a) Beweis mithilfe von Termen:
Eine durch 6 teilbare Zahl ist gerade ein Vielfaches von 6. Die Form $6 \cdot n$ (für $n = 1; 2; 3 \ldots$) kann man umformen zu $6n = 2 \cdot (3n) = 3 \cdot (2n)$. Deshalb ist jede durch 6 teilbare Zahl auch durch 2 und durch 3 teilbar.
b) Beweis der Aussage: Das Quadrat einer geraden Zahl kann in der Form $(2n)^2$ für $n = 1; 2; 3 \ldots$ geschrieben werden. Dann gilt: $(2n)^2 = 4n^2 = 2 \cdot (2n^2)$. Jede Quadratzahl einer geraden Zahl ist demnach das doppelte (zweifache) einer anderen natürlichen Zahl und deshalb eine gerade Zahl.
c) Das Gegenbeispiel $3^2 = 9$ widerlegt die Aussage.

Seite 138

7 a) Voraussetzung: Das Dreieck hat drei Winkel der gleichen Größe.
Behauptung: Das Dreieck ist gleichseitig.
Beweis: Nach dem Winkelsummensatz ist die Summe der Winkel im Dreieck stets 180°. Wenn alle drei Winkel die gleiche Größe haben, misst jeder Winkel 60°. Ein Dreieck, bei dem jeder Winkel 60° misst, ist jedoch gleichseitig, weil es drei Symmetrieachsen hat.
b) Voraussetzung: Das Dreieck ist gleichschenklig.
Behauptung: Die Länge der Basis ist nie kleiner als die der Schenkel.
Gegenbeispiel: Man kann ein Dreieck mit der Basis 2 cm und den Schenkeln 4 cm konstruieren.
c) Voraussetzung: Das Dreieck ist gleichschenklig.
Behauptung: Das Dreieck hat keinen rechten Winkel.
Gegenbeispiel: Man konstruiert ein gleichschenkliges Dreieck mit den Winkeln α = 45°; β = 45° und der Basis $\overline{AB}$ = 4 cm. Dann hat γ nach dem Winkelsummensatz die Größe 90°.

8 a) Voraussetzung: Das Dreieck ist gleichseitig.
Behauptung: Das Dreieck ist nicht rechtwinklig.
Beweis: Jedes gleichseitige Dreieck hat drei Winkel der gleichen Größe. Da die Winkelsumme im Dreieck 180° ist, misst jeder Winkel 60°. Deshalb kann es kein gleichseitig-rechtwinkliges Dreieck geben.
b) Voraussetzung: In einem Dreieck ist die Summe zweier Winkel 90°.
Behauptung: Das Dreieck ist rechtwinklig.

Beweis: Die Winkelsumme im Dreieck ist 180°. Wenn zwei Winkel zusammen 90° ergeben, dann muss der fehlende Winkel 90° messen. Sonst wäre die Winkelsumme nicht 180°. Deshalb ist das Dreieck rechtwinklig.

9 a) Die Aussage ist richtig.
Voraussetzung: a ist eine Zahl.
Behauptung: Das Quadrat des Dreifachen von a ist neunmal so groß wie das Quadrat von a.
Beweis: Das Quadrat von a ergibt a^2. Das Dreifache von a ergibt die Zahl 3a. Für ihr Quadrat gilt:
$(3a)^2 = (3a) \cdot (3a) = 9 \cdot a^2$.
In Worten aufgeschrieben ergibt sich daraus die Behauptung.
b) Die Aussage ist falsch. Teilt man z.B. 4 durch 2, so gilt $4^2 = 16$ und $2^2 = 4$. Das Quadrat von 2 ist dann ein Viertel so groß wie das der Ausgangszahl.
Voraussetzung: a ist eine Zahl.
Behauptung: Teilt man a durch 2, so ist das Quadrat der neuen Zahl ein Viertel des Quadrates der Ausgangszahl.
Beweis: Es gilt $\left(\frac{a}{2}\right)^2 = \frac{a}{2} \cdot \frac{a}{2} = \frac{a^2}{4}$. In Wortform ergibt sich daraus die Behauptung.
c) Die Aussage ist richtig.
Voraussetzung: Zwei Zahlen a und b sind Vielfache einer anderen Zahl z.
Behauptung: Die Summe a + b ist ebenfalls ein Vielfaches von z.
Beweis: a und b können in der Form a = n·z und b = m·z geschrieben werden (n und m sind dabei natürliche Zahlen).
Dann gilt: a + b = n·z + m·z = (n + m)·z.
Da n + m eine natürliche Zahl ist, zeigt die Termumformung, dass auch die Summe a + b ein Vielfaches der Zahl z ist.

10 a) Verdoppelt man die Seiten eines Quadrates, so ist der Flächeninhalt des neuen Quadrates viermal so groß wie der des ursprünglichen Quadrates.
Beweis 1: Mithilfe einer Zeichnung
Zeichnet man im neuen Quadrat die Mittelsenkrechten der Seiten ein, so ist das neue Quadrat aus vier Quadraten zusammengesetzt, die zum ursprünglichen Quadrat kongruent sind.
Beweis 2: Mithilfe von Termen
Ist a die Seite des ursprünglichen Quadrates, so ist 2a die Seite des neuen Quadrates. Für die Flächeninhalte gilt $(2a)^2 = 4 \cdot a^2$. In Wortform ergibt sich daraus die Behauptung.
b) Werden bei einem Rechteck die Seiten verdreifacht, so ist der Flächeninhalt des neuen Rechtecks neunmal so groß wie der des ursprünglichen Rechtecks (Beweis entsprechend Teilaufgabe a).
c) Wenn man bei einem Quadrat die Seiten vervierfacht, so ist der Flächeninhalt des neuen Quadrates 16mal so groß wie der des ursprünglichen Quadrates (Beweis entsprechend Teilaufgabe a).

11 a) Offene Aufgabe
b) Sind a, b und c die Seiten eines Quaders und r·a, s·b und t·b die Seiten eines neuen Quaders, so ist das Volumen des neuen Quaders (r·s·t)-mal so groß wie das Volumen des ursprünglichen.
Beweis: Das Volumen des ursprünglichen Quaders ist a·b·c. Für das Volumen des neuen Quaders gilt $(r \cdot a) \cdot (s \cdot b) \cdot (t \cdot c) = (r \cdot s \cdot t) \cdot (a \cdot b \cdot c)$. In Wortform ergibt sich daraus die Behauptung des Satzes.

4 Beweise führen – Strategien

Seite 140

1 Voraussetzung und Behauptung vgl. Bsp. 1, Seite 139. Strategien: Variablen einführen, gleichschenklige Teildreiecke betrachten, Terme aufstellen. Die Beweisführung verwendet Variablen für die Dreiecksseiten und die Winkel. Dadurch kann man den Text des Beweises gut mit der gezeichneten Figur verbinden.

2 a) Voraussetzung: Zwei natürliche Zahlen sind ungerade.
Behauptung: Ihre Summe ist gerade.
Beweis: Zwei ungerade natürliche Zahlen haben die Darstellung 2·n + 1 und 2·m + 1, mit natürlichen Zahlen n und m. Für ihre Summe gilt (2·n + 1) + (2·m + 1) = 2·(n + m) + 2 = 2·(n + m + 1).
Da n + m + 1 eine natürliche Zahl ist, ist die Summe der ungeraden Zahlen eine gerade Zahl.
b) Voraussetzung: Zwei natürliche Zahlen sind ungerade.
Behauptung: Ihre Produkt ist ungerade.
Beweis: Zwei ungerade natürliche Zahlen haben die Darstellung 2·n + 1 und 2·m + 1, mit natürlichen Zahlen n und m. Für ihr Produkt gilt
(2·n + 1)·(2·m + 1) = 4·(n·m) + 2·n + 2·m + 1
= 2·(2·n·m + n + m) + 1. Da der Term (2·n·m + n + m) eine natürliche Zahl darstellt, ist das Produkt der ungeraden Zahlen eine ungerade Zahl.

3 a) Voraussetzung: Man hat vier aufeinander folgende natürliche Zahlen.
Behauptung: Ihre Summe ist niemals durch 4, aber immer durch 2 teilbar.
Beweis: Die Summe der vier Zahlen kann in der Form n + (n + 1) + (n + 2) + (n + 3) geschrieben werden. Damit gilt: n + (n + 1) + (n + 2) + (n + 3) = 4n + 6 = 2·(2n + 3).
Dies zeigt, dass die Summe durch zwei teilbar ist. Wenn die Summe auch durch 4 teilbar wäre, müss-

te man im Term 4n + 6 die Zahl 4 ausklammern können. Das ist jedoch nicht möglich.
b) Voraussetzung: Zwei natürliche Zahlen a und b haben den gleichen Teiler z.
Behauptung: Ihre Summe hat den Teiler z.
Beweis: Aus $a = n \cdot z$ und $b = m \cdot z$ für natürliche Zahlen n und m folgt $a + b = n \cdot z + m \cdot z$ $= (n + m) \cdot z$. Weil n + m eine natürliche Zahl ist, gilt die Behauptung.

Seite 141

4 Wenn man in einem Viereck eine Diagonale zeichnet, wird das Viereck aus zwei Dreiecken zusammengesetzt. Die Winkelsummen der Winkel in den beiden Dreiecken von jeweils 180° ergeben zusammen die Winkelsumme im Viereck.

5 In Fig. 1 sind die Geraden g und h parallel. Deshalb sind die Lote $\overline{CE}$ und $\overline{DF}$ von C und D auf die Gerade g gleich lang. Die Dreiecke AFD und BEC sind kongruent, weil sie in zwei Winkeln und einer Seite übereinstimmen. Der Seite $\overline{AD}$ entspricht dabei die gleich lange Seite $\overline{BC}$.
Satz: Werden bei zwei parallelen Geraden an einer Geraden zwei Winkel der gleichen Größe angetragen, dann sind die Abschnitte auf den Schenkeln zwischen den Parallelen gleich lang.

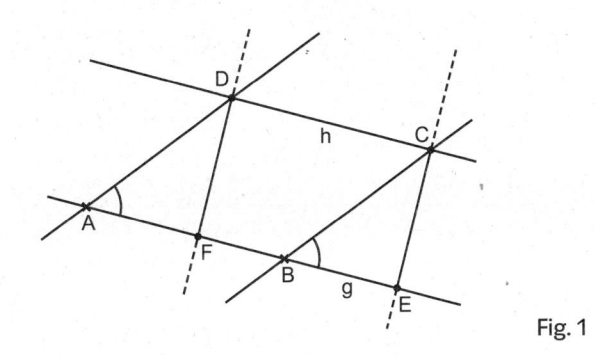

Fig. 1

6 a) Zeichnung siehe Fig. 2.

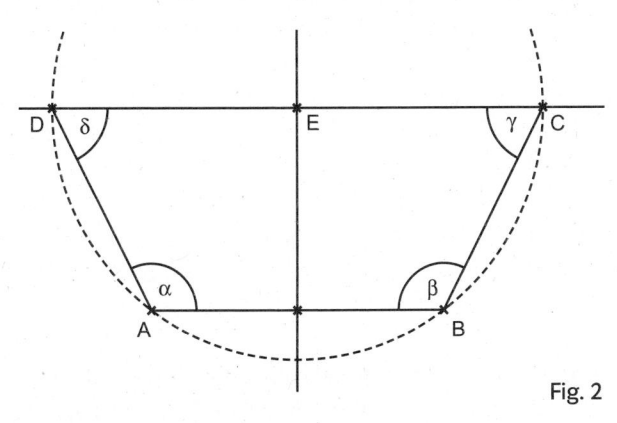

Fig. 2

Konstruktionsbeschreibung:
1. Zeichne die Strecke $\overline{AB} = 6\,\text{cm}$.
2. Zeichne eine dazu parallele Gerade g im Abstand 4 cm.
3. Zeichne die Mittelsenkrechte zu $\overline{AB}$. Beschrifte ihren Schnittpunkt mit g mit E.
4. Zeichne einen Kreis um E mit Radius 5 cm. Beschrifte seine Schnittpunkte mit g mit C und D. Das Trapez ABCD hat die verlangte Eigenschaft.
b) In jedem gleichschenkligen Trapez (vgl. Fig. 2) ist die Mittelsenkrechte zu einer der beiden parallelen Seiten eine Symmetrieachse. Deshalb gibt es zwei Paare jeweils gleichgroßer Winkel. In Fig. 2 sind dies α und β sowie γ und δ.

7 a) Beispiele:
1 + 2 + 3 + 4 + 5 + 6 + 7 = 28
2 + 3 + 4 + 5 + 6 + 7 + 8 = 35
...
In allen Beispielen teilt 7 die Summe der Zahlen.
Vermutung: Die Aussage ist richtig.
Beweis: Die genannte Summe kann dargestellt werden wie folgt (n ist eine natürliche Zahl): n + (n + 1) + (n + 2) + (n + 3) + (n + 4) + (n + 5) + (n + 6) = $7 \cdot n + 21 = 7 \cdot (n + 3)$. Der letzte Term zeigt, dass diese Summe ein Vielfaches von 7 ist.
b) 5 + 3 + 7 + 5 + 13 + 23 = 56.
... Für alle Beispiele ergibt sich eine gerade Zahl als Summe.
Vermutung: Die Aussage ist richtig.
Beweis: Wenn man eine gerade Anzahl von ungeraden Zahlen addiert, kann man jeweils Paare von Summen zweier ungerader Zahlen bilden. Da die Summe von zwei ungeraden Zahlen immer eine gerade Zahl ist und die Summe von geraden Zahlen stets gerade ist, ist das Ergebnis immer eine gerade Zahl. Das nachfolgende Schema verdeutlicht den Sachverhalt:
(u + u) + (u + u) + (u + u) + ... + (u + u) =
   g   +   g   +   g   + ... +   g   = g

8 a)

Fig. 3

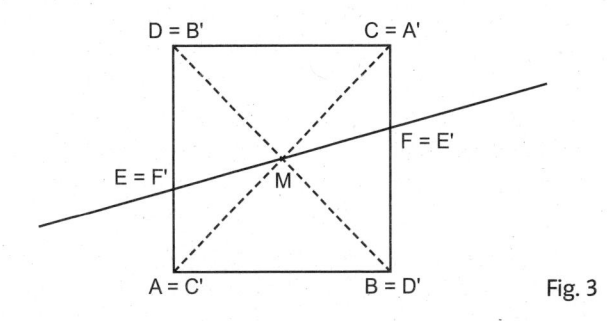

Beweis: Ein Quadrat ist punktsymmetrisch zum Mittelpunkt M der Diagonalen. Jede Gerade durch M teilt das Quadrat in zwei Teilfiguren. Spiegelt man eine dieser Figuren an M, so ist ihr Bild gerade die andere Figur.

b) Die Aussage ist für alle punktsymmetrischen Figuren richtig.

9 a) (Vgl. Fig. 3, Schülerbuchseite 141): Das Dreieck ABC mit Winkeln der Größe 30° und 60° ist wegen der Winkelsumme rechtwinklig. Spiegelt man das Dreieck an der Geraden AB durch die Eckpunkte der Seite mit den Winkeln 30° und 60°, so ergänzen sich das Dreieck und sein Bild zu einem gleichseitigen Dreieck AC'C. Die Spiegelachse AB teilt die Seite $\overline{CC'}$.
Deshalb ist $\overline{BC}$ halb so lang wie $\overline{AC}$.

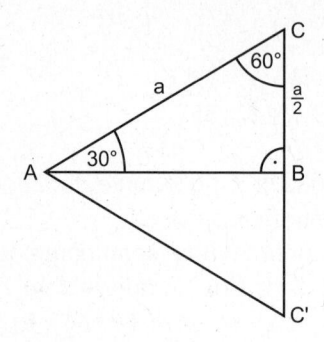

Fig. 1

b) Die Aussage ist falsch. Ein Dreieck mit $\overline{AB} = 4\,cm$ $\overline{BC} = 2\,cm$ und $\beta = 100°$ liefert ein Gegenbeispiel.

10 a) $2(x-3)^2 = 12x = 2(x^2 - 6x + 9) + 12x =$
$2x^2 - 12x + 18 + 12x = 2x^2 + 18$
b) $2(x^2 + 9) - 2(x - 8)^2 =$
$2x^2 + 18 - 2(x^2 - 16x + 64) =$
$2x^2 + 18 - 2x^2 + 32x - 128 = 32x - 110$

5 Sätze entdecken – Beweise finden

Seite 144

1 a) Voraussetzung: Das Viereck ABCD in Fig. 2 hat vier rechte Winkel.

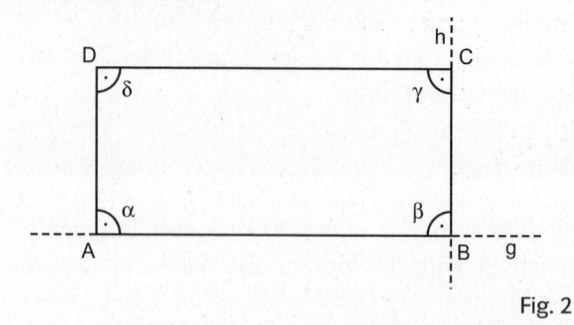

Fig. 2

Behauptung: Gegenüberliegende Seiten des Vierecks sind parallel.
Beweis: In Fig. 2 ist die Gerade g durch die Seite $\overline{AB}$ des Vierecks gezeichnet. Da die Winkel α und β rechte Winkel sind, sind die Strecken $\overline{BC}$ und $\overline{DA}$ senkrecht zu g. Deshalb gilt $\overline{BC} \parallel \overline{AB}$.
Für die Gerade h durch die Eckpunkte B und C folgt mit den entsprechenden Überlegungen $\overline{AB} \parallel \overline{CD}$.
b) Aussage: Wenn in einem Viereck gegenüberliegende Seiten parallel sind (Fig. 3), dann hat das Viereck vier rechte Winkel.

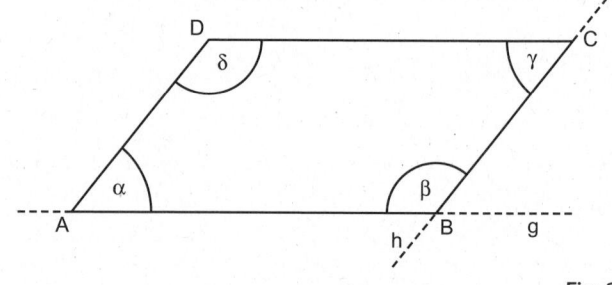

Fig. 3

Gegenbeispiel: Jedes Parallelogramm, das kein Rechteck ist, ist ein Gegenbeispiel.
c) Es wird zusätzlich angenommen, dass das Viereck einen rechten Winkel hat (Fig. 4).

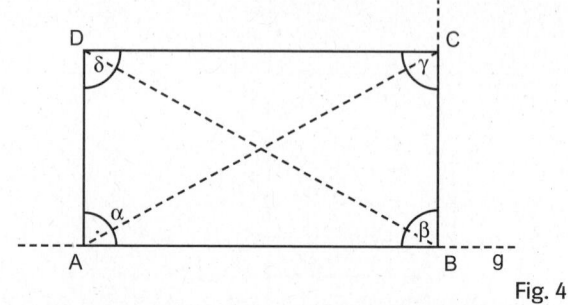

Fig. 4

Beweis: Wenn in einem Parallelogramm z.B. $\alpha = 90°$ gilt, dann gilt auch $\beta = 90°$, weil nach Voraussetzung die Strecken $\overline{AD}$ und $\overline{BD}$ parallel sind und deshalb mit der Geraden g durch die Punkte A und B gleiche Winkel bilden. Da ein Parallelogramm eine punktsymmetrische Figur ist, sind gegenüberliegende Winkel gleich groß. Deshalb gilt α = γ und β = δ. Dies zeigt, dass alle Winkel im Viereck rechte sind.

2 Beispielfigur (Fig. 1)
a) Behauptung: Das Viereck hat zwei Seiten, die parallel sind.

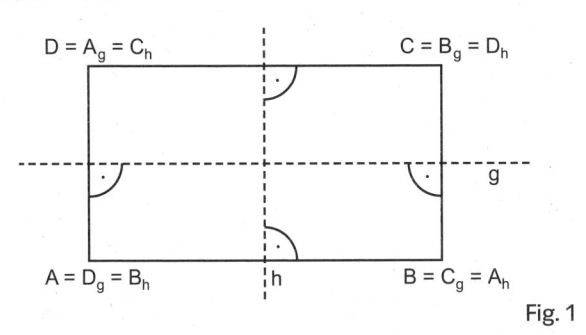

Fig. 1

Beweis: Wenn z.B. in Fig. 1 die Gerade h eine Symmetrieachse des Vierecks ABCD ist, dann gilt $\overline{AB} \parallel \overline{CD}$ (Eigenschaft der Achsenspiegelung).
b) Behauptung: Das Viereck hat zwei Paare gleich langer Seiten.
Beweis: In Fig. 2 ist die Gerade durch die Punkte A und C eine Symmetrieachse. Dann gilt $\overline{AB} = \overline{AD}$ und $\overline{CB} = \overline{CD}$, denn die jeweiligen Strecken werden aufeinander abgebildet und sind deshalb gleich lang.

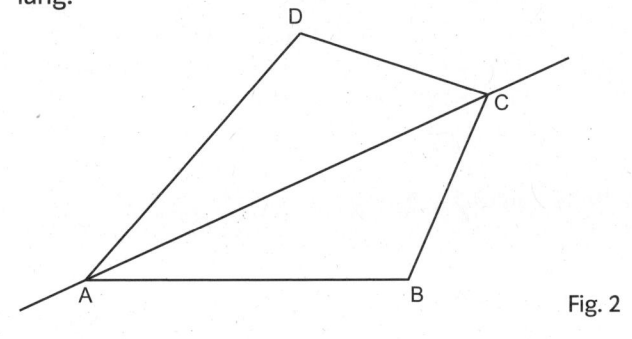

Fig. 2

c) Behauptung: Alle Seiten des Vierecks sind gleich lang.
Beweis: (ohne Beispielfigur)
Zusätzlich zu b) gilt nun auch $\overline{CD} = \overline{DA}$ und $\overline{AB} = \overline{BC}$. Also sind alle Seiten gleich lang.
d) Behauptung: Das Viereck ist ein Quadrat.
Beweis: (ohne Beispielfigur)
Die Symmetrieachse eines Vierecks ist entweder Mittelsenkrechte einer Seite oder sie geht durch zwei gegenüberliegende Eckpunkte des Vierecks. Deshalb werden zwei Fälle betrachtet.
Fall 1: Zwei Symmetrieachsen sind Mittelsenkrechte und eine Achse geht durch gegenüberliegende Eckpunkte A und C. Dann ist das Viereck ein Rechteck mit $\overline{AB} = \overline{AD}$ und $\overline{CB} = \overline{CD}$ (Teilaufgabe b). Da in einem Rechteck gegenüberliegende Seiten parallel sind, gilt nun auch $\overline{AB} = \overline{CD}$ und $\overline{CB} = \overline{AB}$. Ein Rechteck mit gleich langen Seiten ist ein Quadrat.

Fall 2: Zwei Symmetrieachsen gehen durch gegenüberliegende Eckpunkte und eine Achse g ist Mittelsenkrechte der Seite $\overline{AB}$.
Dann ist nach Teilaufgabe c) das Viereck eine Raute mit α = δ und β = γ. Außerdem gilt α = β und γ = δ (Achsenspiegelung an g). Deshalb sind alle Winkel gleich groß, also rechte Winkel.

3 a) Es gilt: $4^2 = 16$; $3^2 = 9$; $5^2 = 25$.
Voraussetzung: n ist eine natürliche Zahl mit der Eigenschaft n^2 ist gerade.
Behauptung: $(n-1)^2$ und $(n+1)^2$ sind ungerade.
Beweis: Es gilt $(n-1)^2 = n^2 - 2n + 1 = (n^2 + 1) - 2n$. Da n^2 gerade ist, ist $n^2 + 1$ ungerade. Zieht man davon die gerade Zahl 2n ab, so ist auch die Differenz eine ungerade Zahl.
Für $(n+1)^2 = n^2 + 2n + 1 = (n^2 + 1) + 2n$ gilt diese Überlegung entsprechend für die Summe.
b) Umkehrung: Wenn die Quadrate zweier natürlicher Zahlen der Form n − 1 und n + 1 beide ungerade Zahlen sind, dann ist n^2 eine gerade Zahl.
Beweis: Die Zahlen n − 1 und n + 1 sind entweder beide gerade oder beide ungerade. Nach Teilaufgabe c) gilt: Nur wenn sie ungerade sind, sind ihre Quadrate ebenfalls ungerade Zahlen. Dann ist aber n eine gerade Zahl.
c) Satz: Wenn eine natürliche Zahl ungerade ist, dann ist ihr Quadrat ebenfalls eine ungerade Zahl.
Beweis: Eine ungerade Zahl hat die Darstellung 2n + 1 mit einer natürlichen Zahl n. Dann gilt $(2n+1)^2 = 4n^2 + 4n + 1 = 2(2n^2 + n) + 1$. Das Doppelte einer Zahl ist aber stets eine gerade Zahl. Addiert man dazu 1, ergibt sich eine ungerade Zahl. *Entsprechend gilt wegen $(2n)^2 = 2(2n^2)$, dass das Quadrat einer geraden Zahl stets eine gerade Zahl ist.*

4 a) Die Kreisteile an den vier Eckpunkten ergänzen sich zu einem Vollkreis. Deshalb gilt
$A = a \cdot b - \pi \cdot r^2$
b) Da in einem Viereck die Winkelsumme stets 360° ist, ergänzen sich die Kreisteile an den Ecken in jedem Viereck zu einem Vollkreis.
c) Geht man von einem Dreieck aus, so ergibt sich wegen der Winkelsumme im Dreieck
A = Flächeninhalt des Dreiecks $-\frac{1}{2} \cdot \pi \cdot r^2$.
d) Kreisteile im Rechteck:
$U = 2 \cdot (a + b) - 8 \cdot r + 2 \cdot \pi \cdot r$.
Kreisteile im Dreieck: $U = a + b + c - 6 \cdot r + \pi \cdot r$.

5 Vermutungen:
1. Die Seiten im Mittenviereck sind jeweils parallel zu einer Grundseite.
2. Die Seiten im Mittenviereck sind jeweils halb so groß wie die dazu parallele Seite des Dreiecks.

Beweisidee: Man zeichnet die Parallelen zu den Grundseiten durch die Seitenmitten und den gegenüberliegenden Eckpunkt. Mit den Sätzen an parallelen Geraden oder mit Symmetrieeigenschaften kann man beweisen, dass die vier Teildreiecke kongruent sind.

Seite 145

6 a) Die rechtwinkligen Dreiecke im Thaleskreis unterscheiden sich in der Höhe h über einer gleichen Grundseite. Die beiden anderen Winkel haben die Winkelsumme 90°. Es gibt speziell ein gleichschenkliges Dreieck mit der Höhe r.
b) Das gleichschenklige Dreieck mit der Höhe r hat auch den größten Flächeninhalt.
c) Im „Thales-Viereck" sind zwei gegenüberliegende Winkel rechte. Die beiden anderen ergänzen sich zu 180°.
d) Im „Thales-Rechteck" mit dem Radius r haben alle Dreiecke den gleichen Flächeninhalt $2r^2$. Nur in einem besonderen Fall ergibt sich ein rechtwinkliges und gleichschenkliges Dreieck.

7 a) Vermutung: Für jede natürliche Zahl n gilt $n \cdot (n + 2) = (n + 1)^2 - 1$ (Beweis durch Umformen der beiden Terme).
b) Vermutung: Für jede natürliche Zahl n gilt $(n + 2)^2 - n^2 = 4 \cdot (n + 1)$ (Beweis durch Umformen des ersten Termes).

8 a) Eigene Tätigkeit
b) $\frac{200 \cdot 201}{2} = 40\,200 : 2 = 20\,100$
c) $\frac{1000 \cdot 1001}{2} = 1\,001\,000 : 2 = 500\,500$;
$1\,000\,000 \cdot 1\,000\,001 = 1\,000\,001\,000\,000 : 2$
$= 500\,000\,500\,000$
d) 10100 und 25250
e) $1 + 2 + 3 + 4 + \ldots + n = \frac{n \cdot (n + 1)}{2}$

Seite 146

9 a) Summenwert $S_2(n) = 2\frac{n \cdot (n + 1)}{2} = n \cdot (n + 1)$;
$S_2(1) = 2$; $S_2(2) = 6$; $S_2(5) = 30$; $S_2(10) = 110$.
b) $S_4(n) = 4\frac{n \cdot (n + 1)}{2} = 2 \cdot n \cdot (n + 1)$; $S_4(1) = 4$;
$S_4(2) = 12$; $S_4(5) = 60$; $S_4(10) = 220$.
$S_{10}(n) = 10\frac{n \cdot (n + 1)}{2} = 5 \cdot n \cdot (n + 1)$; $S_{10}(1) = 10$;
$S_{10}(2) = 30$; $S_{10}(5) = 150$; $S_{10}(10) = 550$.
c) $1 + 3 + 5 + 7 + 9 + \ldots + (2n + 1) = (n + 1)^2$

10 a) Die Mittelsenkrechten der Seiten des Vierecks schneiden sich in einem Punkt M.
Die Strecken $\overline{MA}$, $\overline{MB}$, $\overline{MC}$ und $\overline{MD}$ haben die gleiche Länge.
b) Die Winkelhalbierenden der Winkel des Vierecks schneiden sich in einem Punkt M.
Die Lote von M auf die vier Seiten des Vierecks sind gleich lang.

11 Individuelle Lösungen, z.B.:
a) Wenn sich die Mittelsenkrechten eines Vierecks in einem Punkt schneiden, dann hat das Viereck einen Umkreis.
Wenn sich die Winkelhalbierenden eines Vierecks in einem Punkt schneiden, dann hat das Viereck einen Inkreis.
b) Besondere Sehnenvierecke: Gleichseitiges Trapez, Quadrat und Rechteck.
Besondere Tangentenvierecke: Raute, Quadrat und (Symmetrischer) Drachen
Beweisidee: nutze Symmetrie.

12 a) Eigene Tätigkeit
b) Satz vom Tangentenviereck: Im Tangentenviereck ist die Summe gegenüberliegender Seitenlängen gleich groß.

13 a) Die vier Dreiecke AB_1M und AMB_2, MB_3C und CB_4M sind rechtwinklig.
b) Die Punkte B_1 und B_2 sind die Schnittpunkte des Thaleskreises zur Strecke $\overline{AM}$ mit dem gegebenen Kreis um M. Die Punkte B_3 und B_4 sind die Schnittpunkte des Thaleskreises zur Strecke $\overline{BM}$ mit dem gegebenen Kreis um M.

14 Individuelle Lösung

Wiederholen – Vertiefen – Vernetzen

Seite 147

1 a) Ein Fünfeck mit gleich langen Seiten und einem Umkreis heißt regelmäßiges Fünfeck.
b) Satz: In einem regelmäßigen Fünfeck misst jeder Winkel 108°
Beweis: Der Mittelpunktswinkel eines Dreiecks misst 360°:5 = 72°. Dann ist die Winkelsumme der beiden Basiswinkel 108°. Jeder Winkel im Fünfeck ist aber aus zwei Basiswinkeln kongruenter Dreiecke zusammengesetzt.
c) Im regelmäßigen Sechseck misst jeder Winkel 120°. Die Dreiecke sind gleichseitig.
d) Ein n-Eck mit gleich langen Seiten und einem Umkreis heißt regelmäßiges n-Eck.
Satz: Im regelmäßigen n-Eck misst jeder Winkel 180° – (360°:n) (Beweis entsprechend Aufgabe 1b).

2 a) Vermutung: Das innere Viereck in Fig. 2 ist ein Quadrat.
Beweis: In Fig. 2, im Buch S. 147, ergeben sich vier kongruente rechtwinklige und gleichseitige Dreiecke. Diese haben Basiswinkel der Größe 45°. Deshalb hat das Viereck gleich lange Seiten. In jedem Mittelpunkt ergänzen sich außerdem zwei Basiswinkel und ein Winkel des inneren Vierecks zu 180°. Deshalb hat das innere Viereck vier rechte Winkel. Es ist also ein Quadrat.
b) Vermutung: Wenn man in einem gleichseitigen Trapez die Seitenmitten verbindet, dann ergibt sich eine Raute.
Beweisideen: (vgl. Fig. 3, im Buch S.147) Symmetrieachse m nutzen; Rechteck hinzuzeichnen; Winkel an Parallelen erkennen; kongruente Teildreiecke nachweisen.

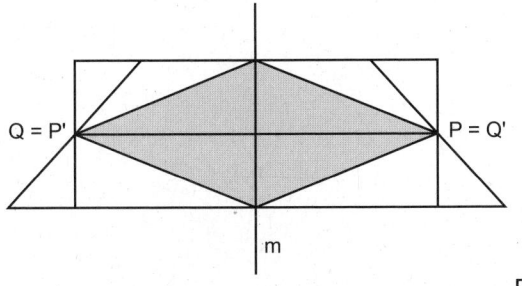

Fig. 1

c) Wenn man in einem Viereck die Seitenmitten verbindet, dann entsteht ein Parallelogramm.
Beweisidee: Diagonalen einzeichnen. Jede Diagonale teilt das Viereck in zwei Dreiecke.

3 (ohne Zeichnung)
Vermutung: Das innere Viereck ist ein Quadrat.
Beweisidee: Die vier Teildreiecke in Fig. 4, im Buch S. 147, sind kongruent und rechtwinklig. Deshalb hat das innere Viereck gleich lange Seiten. Mit dem Satz über Ergänzungswinkel kann man nachweisen, dass das innere Viereck nur rechte Winkel hat.

4 a) Vermutung: Das äußere Viereck ist ein Quadrat. (Beweisidee: entsprechend Aufgabe 3)
b) Vermutung: Das äußere Dreieck ist gleichseitig. (Beweisidee: entsprechend Aufgabe 3)

5 Offene Aufgabe
Beispiele für Sätze:
1. Wenn ein Dreieck Winkel von 30° und 60° hat, dann ist es rechtwinklig und eine Seite ist halb so lang wie die andere.
2. Wenn ein rechtwinkliges Dreieck zwei Seiten hat, von denen die längste doppelt so lang wie eine andere ist, dann hat es Winkel der Größe 30° und 60°.

Seite 148

6 bis **9** Individuelle Lösungen

Seite 149

10 Individuelle Lösung

11

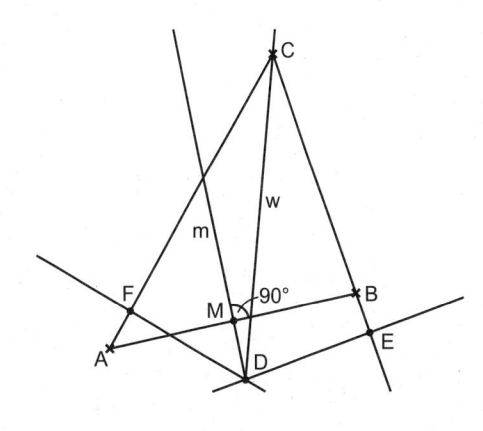

Fig. 2

Wenn man den Sachverhalt zeichnet (vgl. Fig. 2), stellt man fest, dass D immer außerhalb des Dreiecks liegt. Deshalb ist die Argumentation in der Beweisführung falsch. Diese orientiert sich an einer falschen Skizze.

Seite 150

12 Vermutung: Im grau unterlegten Feld steht immer die Zahl 9 (= x + y). Für je zwei Zahlen x und y mit der Eigenschaft x + y = 9 ergibt sich im obersten feld 36.
Beweis: Für die Rechenmauer gilt für den obersten Stein die Bedingung $3x + 3y + 9 = 36$. Mit Äquivalenzumformungen erhält man daraus $x + y = 9$.

13 Allgemein gilt für einstellige Zahlen a und b (anstelle von 3 und 6) die Gleichung:
$3x + 3y + a + b = 10a + b$. Daraus folgt die Bedingung $x + y = 3a$. Das heißt, für die Rechenmauer kann die einstellige Zahl b beliebig gewählt werden.

14 a) Quadrat in der Mitte: b^2; Quadrate an den Ecken: $[(a-b):2]^2$
Rechtecke: $b \cdot [(a-b):2]$
b) Die geometrische Überlegung ergibt sich aus Teilaufgabe a) und die die rechnerische durch Vereinfachen des Termes der linken Seite der Gleichung.
$a^2 - 4b \cdot \frac{a-b}{2} - 4\left(\frac{a-b}{2}\right)^2 =$
$a^2 - 2ab + 2b^2 - a^2 + 2ab - b^2 = b^2$

15 a) $\sqrt{3}\cdot\sqrt{5} = \sqrt{15}$ ist irrational;
$\sqrt{6}\cdot\sqrt{24} = \sqrt{144} = 12$.
b) Jeder Summand ist festgelegt durch eine nichtabbrechende und nichtperiodische Dezimalzahl. Addiert man stellenweise, ergibt sich die rationale Zahl $2{,}3333333333\ldots = 2 + \frac{1}{3} = \frac{7}{3}$.

16 a)

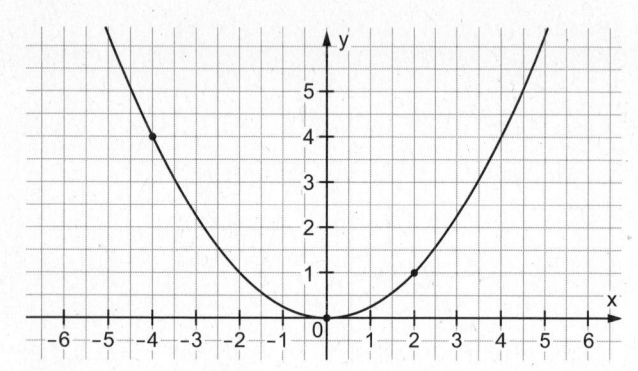

Fig. 1

Mit dem gewählten Koordinatensystem gilt: Die drei Punkte liegen auf der Parabel mit der Gleichung $y = \frac{1}{4}\cdot x^2$.
b) Zeichnerische Lösung: Die Parabel zu $y = x^2 + 4$ verläuft stets oberhalb der x-Achse und die Parabel zu $y = -(x-2)^2$ verläuft stets unterhalb der x-Achse. Deshalb können die Parabeln keinen gemeinsamen Punkt haben.
Der rechnerische Ansatz (Gleichsetzen der y-Werte) ergibt die Gleichung $x^2 + 4 = -(x-2)^2$. Daraus erhält man die äquivalente quadratische Gleichung $x^2 - 2x + 4 = 0$, die keine Lösung hat.

17 a) $a^2\cdot(a-2)^2$ b) $a^2\cdot(a+2)\cdot(a-2)$
c) $a\cdot(a-4)^2$ d) $a^2\cdot(a+8)^2$

VI Wahrscheinlichkeitsrechnung

1 Umgang mit Wahrscheinlichkeiten

Seite 160

1 a)

Ergebnis	rot	grün	blau	gelb
Wahrscheinlichkeit	$\frac{1}{4}$	$\frac{1}{4}$	$\frac{1}{4}$	$\frac{1}{4}$

b) $\frac{1}{2}$ c) $\frac{3}{4}$

d) Der Kreisel bleibt auf dem blauen oder grünen Feld liegen.

2 a) $\frac{2}{3}$ b) $\frac{2}{3}$ c) $\frac{2}{3}$ d) $\frac{2}{3}$

3 $\frac{43}{49}$

4 Die Summe der Wahrscheinlichkeiten ergibt nicht 1.

5 a)

Ergebnis	rr	rg	rb	gr	gg	gb	br	bg	bb
Wahrscheinlichkeit	$\frac{1}{16}$	$\frac{1}{16}$	$\frac{1}{8}$	$\frac{1}{16}$	$\frac{1}{16}$	$\frac{1}{8}$	$\frac{1}{8}$	$\frac{1}{8}$	$\frac{1}{4}$

b) $\frac{1}{16}$ c) $\frac{3}{8}$ d) $\frac{7}{16}$ e) $\frac{1}{2}$

f) ... (z. B.) nicht zweimal blau angezeigt.

6 a) Man geht davon aus, dass die Wahrscheinlichkeit jeweils 50 % für nach links bzw. nach rechts fallen beträgt.

Ergebnis	LLL	LLR	LRL	LRR	RLL	RLR	RRL	RRR
Wahrscheinlichkeit	0,125	0,125	0,125	0,125	0,125	0,125	0,125	0,125

b)

Fach	A	B	C	D
Wahrscheinlichkeit	0,125	0,375	0,375	0,125

c) Bei 1000 Kugeln erwartet man je etwa 125 in den Fächern A und D, je etwa 375 in den Fächern B und C.

d) 16 Ergebnisse mit jeweils Wahrscheinlichkeit 0,0625

Fach	A	B	C	D	E
Wahrscheinlichkeit	0,0625	0,25	0,375	0,25	0,0625

Bei 1000 Kugeln erwartet man je etwa 63 in den Fächern A und E, je etwa 250 in den Fächern B und D und etwa 375 im Fach C.

Seite 161

7 Ergebnisse werden kurz in der Form 11 notiert, lies eins–eins (1. Würfel 1, 2. Würfel 1). Hanna gewinnt bei 16 Ergebnissen: 11, 12, 13, 14, 21, 22, 23, 31, 32, 41, 46, 55, 56, 64, 65, 66, also mit $\frac{16}{36} = \frac{4}{9}$ Wahrscheinlichkeit. Da es insgesamt 36 gleich wahrscheinliche Ergebnisse gibt, ist Christoph im Vorteil; er gewinnt mit $\frac{5}{9}$ Wahrscheinlichkeit.

8 a) $\frac{31}{32}$ b) $\frac{24}{32} = \frac{3}{4}$

c) individuelle Lösung

9 a) $1 - 0{,}9^3 = 0{,}271 = 27{,}1\%$

10 Möglicher Bericht: „Falls man davon ausgeht, dass man den Anteil der übersehenen schadhaften Bauteile nicht senken kann, dann kann man den Anteil von 5 % auch bei nachfolgenden Kontrollen annehmen. Eine doppelte Kontrolle würde dann den Anteil der übersehenen schadhaften Bauteile auf $0{,}05 \cdot 0{,}05 = 0{,}0025$, also auf 0,25 % senken. Unter der obigen Annahme würde eine dreifache Kontrolle den Anteil der übersehenen schadhaften Bauteile sogar auf $0{,}05 \cdot 0{,}05 \cdot 0{,}05 = 0{,}000\,125$, also auf 0,0125 % senken. In Anbetracht der Kosten und des Zeitaufwandes erscheint daher eine doppelte Kontrolle als sinnvolle Lösung."

11 a) Unter Beachtung der Symmetrien kann man die Wahrscheinlichkeiten für die Augenzahlen etwa folgendermaßen schätzen:

Augenzahl	1	2	3	4	5	6
Legostein	0,1	0,01	0,48	0,3	0,01	0,1
Quader	0,15	0,05	0,3	0,3	0,05	0,15

Bei Zugrundelegen der Werte in der Tabelle würfelt man bei den Würfeln mindestens eine 3 mit Wahrscheinlichkeit 0,89 bzw. 0,8

b) Bei Zugrundelegen der Werte in der Tabelle $0{,}045 + 0{,}0005 + 0{,}03 = 0{,}0755$

c) Bei Zugrundelegen der Werte in der Tabelle beträgt z. B. die W. für das Würfeln von Augensumme 6: $0{,}005 + 0{,}003 + 0{,}144 + 0{,}015 + 0{,}0015 = 0{,}1685$

2 Der richtige Blick aufs Baumdiagramm

Seite 163

1 a) $\frac{3}{9} \cdot \frac{2}{9} \cdot \frac{4}{9} = \frac{8}{243} = 3{,}3\%$

b) $\frac{3}{9} \cdot \frac{2}{8} \cdot \frac{4}{7} = \frac{1}{21} = 4{,}8\%$

2 $\frac{1}{2} \cdot \frac{4}{9} + \frac{1}{2} \cdot \frac{2}{9} = \frac{6}{18} = \frac{1}{3} = 33{,}3\%$

3 a) $0{,}3^3 = 0{,}027$ b) $0{,}7^3 = 0{,}343$
c) $3 \cdot 0{,}3 \cdot 0{,}7^2 = 0{,}441$ d) $1 - 0{,}7^3 = 0{,}657$

4 a) $3 \cdot \frac{2}{12} \cdot \frac{1}{11} \cdot \frac{6}{10} = \frac{3}{110} = 2{,}7\%$

b) $\frac{6}{12} \cdot \frac{5}{11} \cdot \frac{4}{10} \cdot \frac{3}{9} = \frac{1}{33} = 3{,}03\%$

c) $6 \cdot \frac{4}{12} \cdot \frac{6}{11} \cdot \frac{2}{10} = \frac{12}{55} = 21{,}8\%$

5 $\frac{4}{9} \cdot \frac{3}{8} \cdot \frac{2}{7} = \frac{1}{21} = 4{,}8\%$

Seite 164

6 $\left(\frac{1}{2}\right)^4 + \frac{1}{2} \cdot \frac{1}{2} \cdot \frac{1}{2} \cdot \frac{1}{4} + \frac{1}{2} \cdot \frac{1}{2} \cdot \frac{1}{4} \cdot \frac{1}{2} + \frac{1}{2} \cdot \frac{1}{4} \cdot \frac{1}{2} \cdot \frac{1}{2} + \frac{1}{4} \cdot \frac{1}{2} \cdot \frac{1}{2} \cdot \frac{1}{2}$
$= \frac{3}{16} = 0{,}1875 = 18{,}75\%$

7 a) Das spielt keine Rolle, denn die Wahrscheinlichkeit beträgt jeweils $\frac{1}{4}$, da
$\frac{1}{4} = \frac{3}{4} \cdot \frac{1}{3} = \frac{3}{4} \cdot \frac{2}{3} \cdot \frac{1}{2} = \frac{3}{4} \cdot \frac{2}{3} \cdot \frac{1}{2} \cdot 1$
b) $\left(\frac{3}{4}\right)^7 = \frac{2187}{16384} = 13{,}3\%$

8 a) $0{,}985^8 = 88{,}6\%$ b) $1 - 0{,}985^8 = 11{,}4\%$

9 individuelle Lösung

10 a) $0{,}98^7 = 86{,}8\%$
b) Mit welcher Wahrscheinlichkeit ist mindestens ein Schwarzfahrer dabei?
c) Es gibt 7 Pfade, die zu „genau ein Schwarzfahrer" gehören, daher muss Niko rechnen:
$0{,}98^7 + 7 \cdot 0{,}98^6 \cdot 0{,}02 = 99{,}2\%$

Seite 165

11 Es wird nur eine Serie von 5 Schüssen betrachtet. Dann ergibt sich:
a) $0{,}9^5 + 5 \cdot 0{,}9^4 \cdot 0{,}1 = 91{,}9\%$
b) $5 \cdot 0{,}9^4 \cdot 0{,}1 = 32{,}8\%$
c) $1 - 0{,}9^5 = 41{,}0\%$
Werden alle 20 Schüsse betrachtet, ergibt sich:
a) $0{,}9^{20} + 20 \cdot 0{,}9^{19} \cdot 0{,}1 = 39{,}2\%$
b) $20 \cdot 0{,}9^{19} \cdot 0{,}1 = 27{,}0\%$
c) $1 - 0{,}9^{20} = 87{,}8\%$

12 a) $0{,}85^5 = 44{,}4\%$
b) Mögliche weitere Fragestellungen:
Mit welcher Wahrscheinlichkeit
b1) zeigt sich bei mindestens einem der Patienten eine unerwünschte Nebenwirkung: $1 - 0{,}98^5 = 9{,}6\%$
b2) wirkt Fibrofort bei allen fünf Patienten: $0{,}87^5 = 49{,}8\%$
b3) wirkt Fibrofort bei mindestens vier Patienten wie gewünscht: $0{,}85^5 + 4 \cdot 0{,}85^4 \cdot 0{,}15 = 75{,}7\%$.

13
W-Verteilung für ein Spiel:

Ergebnis	WW	PP	SS	sonst
Wahrscheinlichkeit	$\frac{1}{36}$	$\frac{1}{9}$	$\frac{1}{4}$	$\frac{11}{18}$

a) Es müssen 3 € ausgegeben werden, damit nach drei Spielen 270 ct als Gewinn übrig bleiben. Dazu muss man dreimal WW erzielen. Also ergibt sich für die gesuchte W.: $\left(\frac{1}{36}\right)^3 \approx 0{,}002\%$.
b) Es müssen 100 ct ausgegeben werden, damit nach drei Spielen 70 ct als Gewinn übrig bleiben. Dazu muss man einmal WW und zweimal „sonst" erzielen. Also ergibt sich für die gesuchte W.:
$3 \cdot \frac{1}{36} \cdot \left(\frac{11}{18}\right)^2 \approx 3{,}1\%$.
c) Es müssen 40 ct ausgegeben werden, damit nach drei Spielen 10 ct als Gewinn übrig bleiben. Dazu muss man einmal PP und zweimal SS erzielen oder zweimal PP und einmal „sonst". Also ergibt sich für die gesuchte W.: $3 \cdot \left(\frac{1}{9}\right) \cdot \left(\frac{1}{4}\right)^2 + 3 \cdot \left(\frac{1}{9}\right)^2 \cdot \frac{11}{18} \approx 4{,}3\%$.
d) Es müssen 30 ct ausgegeben werden, damit nach drei Spielen kein Gewinn (und kein Verlust) übrig bleibt. Dazu muss man dreimal SS oder je einmal PP, SS und „sonst" erzielen. Also ergibt sich für die gesuchte W.: $\left(\frac{1}{4}\right)^3 + 6 \cdot \frac{1}{9} \cdot \frac{1}{4} \cdot \frac{11}{18} \approx 11{,}7\%$.

14 a) $f(x) = \frac{1}{2}(x - 2)^2 - 1$

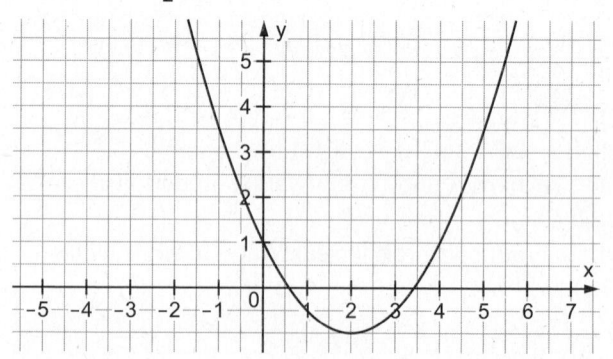

b) $g(x) = \frac{1}{4}x^4$

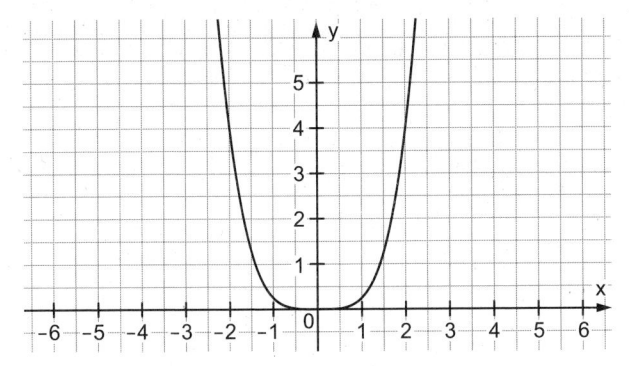

c) $h(x) = \frac{1}{4}x - 1$

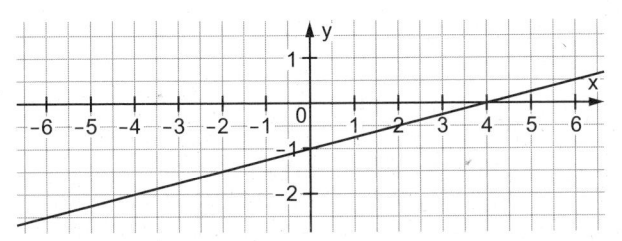

d) $k(x) = -x^3$

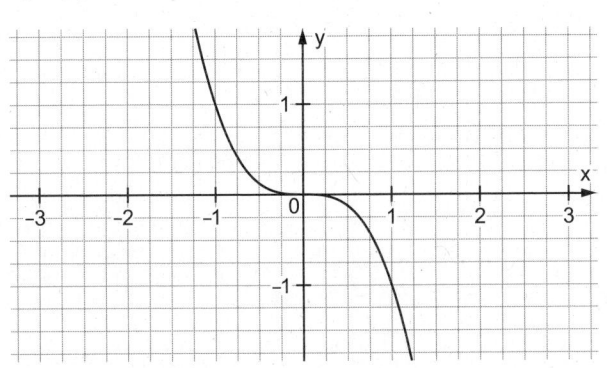

15 a) $x_1 = 2 - \sqrt{2} = 0{,}586$; $x_2 = 2 + \sqrt{2} = 3{,}414$
b) $x = 0$ c) $x = 4$ d) $x = 0$

16
a) $3x + 5 = 7x - 3$
   $x = 2$

b) $4x^2 - 9x + 5 = 0$
   $x_1 = 1$; $x_2 = \frac{5}{4}$

c) $x_1 = -1$; $x_2 = \frac{1}{2}$

d) $x_1 = 1 + \frac{1}{2}\sqrt{2} \approx 1{,}707$
   $x_2 = 1 - \frac{1}{2}\sqrt{2} \approx 0{,}293$

3 Wahrscheinlichkeiten bestimmen durch Simulieren

Seite 167

Die Simulationen können zum großen Teil mit dem GTR durchgeführt werden. Falls möglich, werden Lösungen für den TI83 bzw. TI84 angegeben. Für die verschiedenen Befehle siehe Hilfekarte zum TI84. Außerdem können Excel-Lösungen vom Klett-Server heruntergeladen werden.

1 Individuelle Lösungen, vgl. Beispiel auf Seite 167. Die angegebene Wahrscheinlichkeit von 2,38 % können die Schüler (mithilfe eines Baumdiagramms: 6 Stufen, je eine für jede gezogene Zahl) folgendermaßen berechnen:
Man berechnet die Wahrscheinlichkeiten für 0 bzw. 1 bzw. 2 Richtige und zieht ihre Summe von 1 ab.
Wahrscheinlichkeiten für 0 Richtige: $\frac{39}{45} \cdot \frac{38}{44} \cdot \frac{37}{43} \cdot \frac{36}{42} \cdot \frac{35}{41} \cdot \frac{34}{40} = 0{,}4006$;
Wahrscheinlichkeiten für 1 Richtige: $6 \cdot \frac{39}{45} \cdot \frac{38}{44} \cdot \frac{37}{43} \cdot \frac{36}{42} \cdot \frac{35}{41} \cdot \frac{6}{40} = 0{,}4241$; der Faktor 6 kommt dadurch zustande, dass die eine richtige Zahl als erste, zweite, ... sechste Zahl gezogen werden kann. Daher gehören im Baumdiagramm sechs Pfade zu „1 Richtige".
Wahrscheinlichkeiten für 2 Richtige: $15 \cdot \frac{39}{45} \cdot \frac{38}{44} \cdot \frac{37}{43} \cdot \frac{36}{42} \cdot \frac{6}{41} \cdot \frac{5}{40} = 0{,}1515$; der Faktor 15 kommt dadurch zustande, dass die zwei richtigen Zahlen auf sechs Positionen im Baum verteilt werden können.
Schreibt man z. B. 0 für eine falsche und 1 für eine richtige Zahl, so erhält man folgende 15 Möglichkeiten und damit entsprechende Pfade im Baumdiagramm: 110000, 101000, 100100, 100010, 100001, 011000, 010100, 010010, 010001, 001100, 001010, 001001, 000110, 000101, 000011
Dabei bedeutet z. B. 010100: die erste Kugel ist falsch, die zweite Kugel ist richtig, die dritte Kugel ist falsch, die vierte Kugel ist richtig, die fünfte Kugel ist falsch, die sechste Kugel ist falsch.
Die Wahrscheinlichkeit ist also
ca. $1 - 0{,}4006 - 0{,}4241 - 0{,}1515 = 0{,}0238 \approx 2{,}38\,\%$.

2 a) Zur Simulation bestimmt man z. B. acht Zufallszahlen (für jede Frage eine). Eine richtige Antwort liegt vor, wenn die zugehörige Zufallszahl kleiner als 0,25 ist. Die Zahl der richtigen Antworten wird gezählt und durch 50 geteilt. Bei 50 Durchführungen ergeben sich noch große Schwankungen.
b) Bei (zusammen) 200 Durchführungen kann man etwa 23 Mal mit mindestens vier richtigen Antworten rechnen.
c) Bei (zusammen) 1000 Durchführungen kann man etwa 114 Mal mit mindestens vier richtigen Antworten rechnen. Die theoretische Wahrscheinlichkeit beträgt 11,4 %.

d) Die Durchführung kann analog zu den Teilen a) bis c) verlaufen. Die theoretische Wahrscheinlichkeit beträgt 67,9 %.

3 a) Es werden zwanzig Zufallszahlen erzeugt und gezählt, wie viele davon kleiner als 0,8 bzw. 0,75 sind. Eine Durchführung mit dem TI83 zeigt Fig. 1. Für Lukas ergeben sich bei der durchgeführten Simulation 17, für Mareike 18 Treffer.
b) Man geht z. B. 50 Mal so vor wie in a) und zählt den Anteil der Ergebnisse, die mindestens 15 betragen. Eine Automatisierung mit dem TI83 zeigt Fig. 2. Die theoretische Wahrscheinlichkeit beträgt 80,4 % (61,7 %).
c) Individuelle Lösungen

Fig. 1

Fig. 2

Seite 168

4 a)

Note	1	2	3	4	5
Wahrscheinlichkeit	$\frac{1}{16}$	$\frac{4}{16}$	$\frac{6}{16}$	$\frac{4}{16}$	$\frac{1}{16}$

b), c) individuelle Lösungen
d) Mit der Formel im ersten Display (Fig. 3) kann eine GTR-Simulation durchgeführt werden. Eine Automatisierung für 100 Noten mit dem TI83 zeigt Fig. 4. Das Histogramm in Fig. 5 wird mithilfe von StatPlot erzeugt.

Fig. 3

Fig. 4

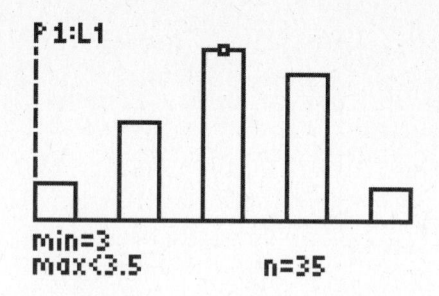

Fig. 5

5 a) $\frac{1}{4}$
b) Zur Simulation bestimmt man z. B. 20 Zufallszahlen für jede Pflanze. Eine Pflanze ist niedrig, wenn die zugehörige Zufallszahl kleiner als 0,25 ist. Die Zahl der niedrigen Pflanzen wird gezählt und durch die Zahl der Durchführungen, z. B. 50 geteilt. Bei 50 Durchführungen ergeben sich noch große Schwankungen. Bei 200 Durchführungen, die in Gruppen durch Zusammentragen wie bei Aufgabe 1 ermittelt werden können, kann man etwa 80 Mal mit höchstens 4 niedrigen Pflanzen rechnen. Bei 1000 Durchführungen kann man etwa 410 Mal mit höchstens 4 niedrigen Pflanzen rechnen. Die theoretische Wahrscheinlichkeit beträgt 41,48 %.

6

Fig. 6

Fig. 7

a) rand · 6 liefert eine Zufallszahl zwischen 0 und 6 (größer als 0 und kleiner als 6), deren Nachkommateil mithilfe von int abgeschnitten wird. Dadurch erhält man eine ganze Zahl im Bereich von 0 bis 5; dabei ist jede Zahl gleich wahrscheinlich. Durch Addition von 1 erhält man eine ganze Zahl im Bereich von 1 bis 6. Der seq-Befehl erzeugt eine Folge von solchen Würfelzahlen, hier 3 Zahlen, da für X die Grenzen 1 und 3 angegeben sind.
b) Individuelle Lösung
c) Individuelle Lösung. Die berechnete Wahrscheinlichkeitsverteilung ist (AS = Augensumme):

AS	3	4	5	6	7	8	9	10
Wahrscheinlichkeit	$\frac{1}{216}$	$\frac{3}{216}$	$\frac{6}{216}$	$\frac{10}{216}$	$\frac{15}{216}$	$\frac{21}{216}$	$\frac{25}{216}$	$\frac{27}{216}$

AS	11	12	13	14	15	16	17	18
Wahrscheinlichkeit	$\frac{27}{216}$	$\frac{25}{216}$	$\frac{21}{216}$	$\frac{15}{216}$	$\frac{10}{216}$	$\frac{6}{216}$	$\frac{3}{216}$	$\frac{1}{216}$

Fig.1 und 2 zeigen eine Simulation mit 500 Würfen, die als Histogramm dargestellt ist.

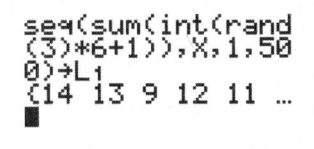

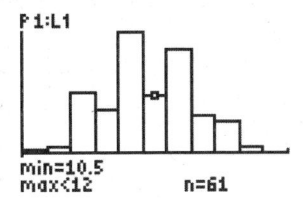

```
seq(sum(int(rand
(3)*6+1)),X,1,50
0)→L1
{14 13 9 12 11 …
■
```

P1:L1

min=10.5
max<12   n=61

Fig.1   Fig. 2

7 Man lässt sich Zufallszahlen ausgeben und legt z. B. fest: Ist die Zahl im Bereich
0,000 … 0,125, so gehe 1 nach rechts,
0,125 … 0,250, so gehe 1 nach rechts und 1 nach oben,
0,250 … 0,375, so gehe 1 nach oben,
0,375 … 0,500, so gehe 1 nach links und 1 nach oben,
0,500 … 0,625, so gehe 1 nach links,
0,625 … 0,750, so gehe 1 nach links und 1 nach unten,
0,750 … 0,875, so gehe 1 nach unten,
0,875 … 1,000, so gehe 1 nach unten und 1 nach rechts.

8 Jedem vorkommenden Anfangsbuchstaben wird eine Nummer von 1 bis 5 zugeordnet. Dann wird für jedes Mädchen eine ganzzahlige Zufallszahl aus dem Bereich 1 bis 5 bestimmt (Kommt eine Zahl schon vor, wird die Ziehung wiederholt.) Der Tanzpartner hat dann den zugehörigen Anfangsbuchstaben.
Die gesuchte Wahrscheinlichkeit beträgt etwa 0,3667.

Seite 169

9 Eine passende Simulation mt Excel ist auf der Excel-Datei zur Simulation angegeben.
Die theoretischen Wahrscheinlichkeiten betragen bei a) 41,59 % und bei b) 17,95 %.

10

Eine passende Simulation mit Excel ist auf der Excel-Datei zur Simulation angegeben.
Eine Berechnung kann man mit einem Baumdiagramm (Fig. 3) folgendermaßen vornehmen: Der Baum beginnt, wenn K fällt. Es sind nur die Pfade angegeben, bei denen es nach dem ersten Ausgang K einen Gewinner gibt. Dabei gewinnt Sonja mit Wahrscheinlichkeit $\frac{1}{4} = \frac{2}{8}$ und Luis mit Wahrscheinlichkeit $\frac{3}{8}$. Die Chancen zu gewinnen sind also für Luis 3 : 2. Es ist also nicht so, dass beide gleiche Chancen haben, obwohl natürlich KKK und KZK für sich genommen gleiche Wahrscheinlichkeit haben. Hier wird aber weitergespielt, dadurch liegt eine andere Situation vor wie beim dreimaligen Münzwurf.

11 Die Simulation am TI83 kann mit sum(seq(rand<rand^2,X,1,100)/100 durchgeführt werden.
Eine passende Simulation mit Excel ist auf der Excel-Datei zur Simulation angegeben.
Die exakten Werte sind bei a) $\frac{1}{3}$, bei b) $\frac{2}{3}$.

12 Eine passende Simulation mit Excel ist auf der Excel-Datei zur Simulation angegeben.
Es ist zu erwarten, dass im Mittel 3,5 Enten überleben.
Das kann man sich folgendermaßen überlegen. Die Wahrscheinlichkeit, dass eine bestimmte Ente von einem der Jäger nicht ausgewählt wird, beträgt $\frac{9}{10}$. Also überlebt die Ente mit Wahrscheinlichkeit $\left(\frac{9}{10}\right)^{10} = 0,35$. Also werden bei 10 Enten durchschnittlich 3,5 Enten überleben. (Die Bestimmung des Erwartungswertes 10 × 0,35 wird hier intuitiv durchgeführt.)
Die Wahrscheinlichkeit, dass alle Enten sterben ist $\frac{10}{10} \cdot \frac{9}{10} \cdot \frac{8}{10} \cdot \ldots \cdot \frac{1}{10} \approx 0,036\,\%$.

13 a)

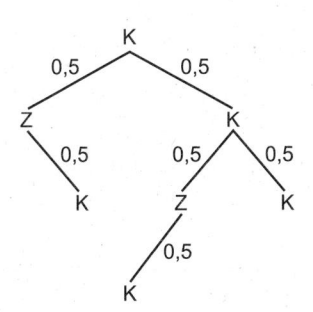

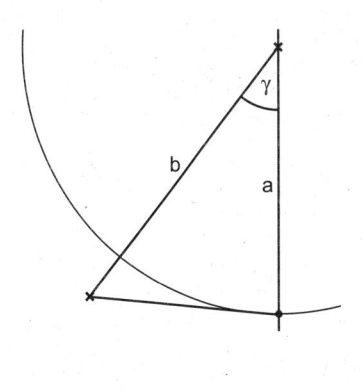

Fig. 3

b)

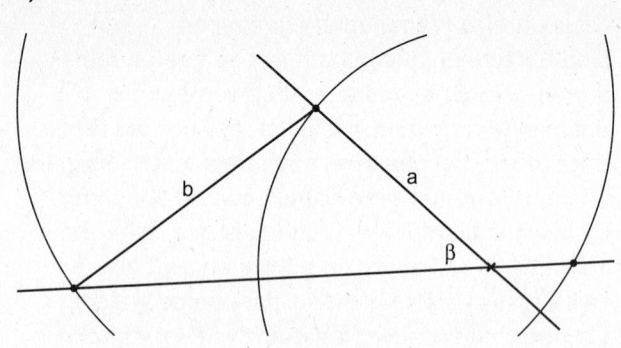

14 Die beiden Dreiecke ADB und BDC sind kongruent nach Kongruenzsatz sws, denn
1) |AD| = |DB|, da D Mittelpunkt von Strecke AB ist;
2) die Strecke CD kommt in beiden Dreiecken vor;
3) der Winkel bei D ist jeweils ein rechter.

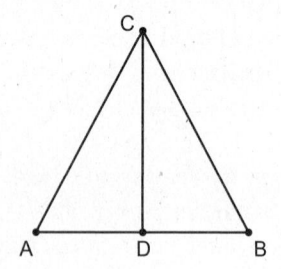

15 Ist a die eine Zahl, so ergibt sich die zweite als 60 − a. Daher ist das Produkt a(60 − a) möglichst groß zu wählen.

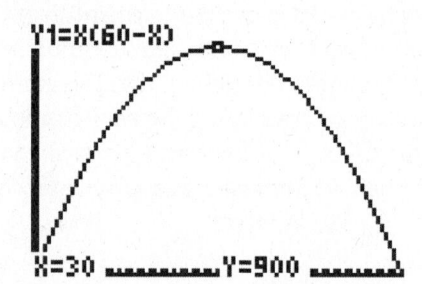

Die Aufgabe kann nun mit dem GTR gelöst werden, indem das Maximum der Funktion f mit f(x) = x(60 − x) bestimmt werden. Man erhält für a = 30 das maximale Produkt 900.
Geometrische Deutung: Ein Rechteck mit Umfang 120 soll möglichst großen Flächeninhalt haben.

Wiederholen – Vertiefen – Vernetzen

Seite 170

1 a)

Ergebnis	g	r	w	b
Winkel	170°	91°	59°	40°
Wahrscheinlichkeit	47,2%	25,3%	16,4%	11,1%

b) 72,5%
c) 41,7%
d) Z.B. gelb wird nicht angezeigt.

2 Wenn man als Ergebnisse die Kugelfarben betrachtet, hat Toni recht. Wenn man jedoch die Kugelnummern als Ergebnisse betrachtet, hat Svenja recht. Bei solchen Zufallsversuchen ist es nötig, die Ergebnismenge vorher festzulegen. Bei den meisten Versuchen ist jedoch nur eine Ergebnismenge denkbar, daher wurde im Lehrtext auf die Problematik verzichtet. Die Thematik wird in LS 5 vertieft.

3 $\frac{4}{12} \cdot \frac{3}{11} + \frac{6}{12} \cdot \frac{5}{11} + \frac{2}{12} \cdot \frac{1}{11} = \frac{1}{3}$.

4 Z.B. Wirkung eines Medikamentes, das dreimal verabreicht wird.

5 $1 − 0{,}95^5 = 22{,}6\%$

6 $0{,}45^{10} + 10 \cdot 0{,}45^9 \cdot 0{,}55 = 0{,}45\%$

7 Man erhält keine Nullstelle, wenn a und c gleiches Vorzeichen haben. Dafür beträgt die Wahrscheinlichkeit: $2 \cdot \frac{4}{8} \cdot \frac{3}{7} = \frac{3}{7}$.
Man erhält zwei Nullstellen, wenn a und c verschiedenes Vorzeichen haben. Dafür beträgt die Wahrscheinlichkeit: $2 \cdot \frac{4}{8} \cdot \frac{4}{7} = \frac{4}{7}$.
Also ist es wahrscheinlicher, dass die Funktion zwei Nullstellen hat.

Seite 171

8 a) zugehöriges Ergebnis: 111 (lies eins–eins–eins). Wahrscheinlichkeit: $\frac{1}{216}$
b) zugehörige Ergebnisse: 111, 116, 161, 611, 166, 616, 661. Wahrscheinlichkeit $\frac{7}{216}$
c) zugehörige Ergebnisse: 163, 136, 316, 361, 613, 631. Wahrscheinlichkeit $\frac{6}{216}$
d) das ist unmöglich, also ist die Wahrscheinlichkeit 0.

9 a) $\frac{1}{6}\left(\frac{1}{6}\right)$
b) Siehe Fig. 1, die Gewinn-Wahrscheinlichkeit beträgt $\frac{1}{4}$.
c) Siehe Fig. 2, die Gewinn-Wahrscheinlichkeit beträgt $\frac{15}{36}$.
d) Siehe Fig. 3, die Gewinn-Wahrscheinlichkeit beträgt $\frac{1}{9}$.

Fig. 1 Fig. 2 Fig. 3

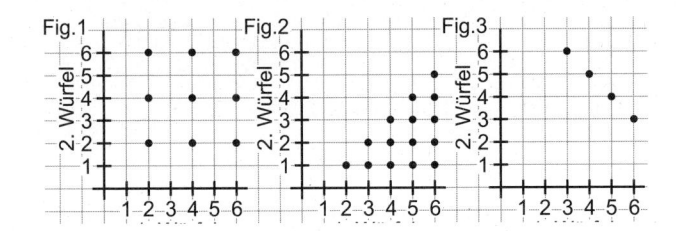

10 a) Man gewinnt, wenn beide Würfel ungerade Augenzahlen zeigen.
b) Man gewinnt, wenn die Augensumme 7 beträgt.

11 Individuelle Lösung

12

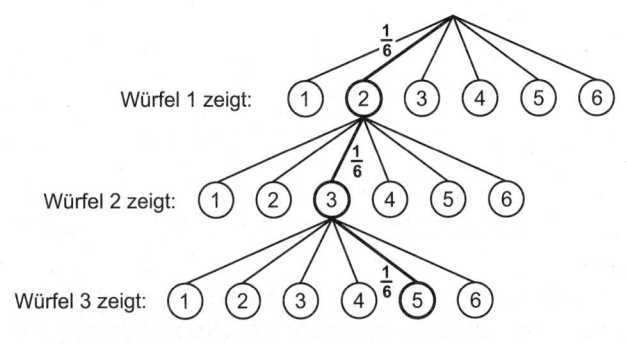

Würfel 1 zeigt: 1 2 3 4 5 6
Würfel 2 zeigt: 1 2 3 4 5 6
Würfel 3 zeigt: 1 2 3 4 5 6

Ein Baumdiagramm zu dem Zufallsversuch, bei dem nicht alle Pfade dargestellt sind, verdeutlicht die folgende Argumentation. Alle Ergebnisse sind gleich wahrscheinlich.
Der Pfad zum Ergebnis 2/3/5 (dick hervorgehoben) hat die Wahrscheinlichkeit $\frac{1}{6} \cdot \frac{1}{6} \cdot \frac{1}{6} = \frac{1}{216}$.
Das Ergebnis 2/3/5 liefert die Augensumme 10. Es gibt aber noch weitere Ergebnisse, die mit denselben Würfelzahlen auf diese Augensumme führen, denn man darf die Summanden vertauschen:
$2 + 3 + 5 = 2 + 5 + 3 = 3 + 2 + 5 = 3 + 5 + 2$
$= 5 + 2 + 3 = 5 + 3 + 2$.
Um die Augensumme 10 mit den Würfelzahlen 2, 3, 5 zu erzielen, erhält man also die Wahrscheinlichkeit $\frac{6}{216}$.
Um die Augensumme 10 mit den Würfelzahlen 3, 3, 4 zu erzielen, gibt es nur drei Möglichkeiten:
$3 + 3 + 4 = 3 + 4 + 3 = 4 + 3 + 3$. Um die Augensumme mit den Würfelzahlen 3, 3, 4 zu erzielen, erhält man also die Wahrscheinlichkeit $\frac{3}{216}$.
Um die Augensumme 9 mit den Würfelzahlen 3, 3, 3 zu erzielen, gibt es nur eine Möglichkeit mit der Wahrscheinlichkeit $\frac{1}{216}$.
Für die drei Würfelzahlen gibt es wie in diesen Beispielen allgemein nur drei Möglichkeiten:
Entweder 3 verschiedene Würfelzahlen – Wahrscheinlichkeit jeweils $\frac{6}{216}$,
oder 2 gleiche Würfelzahlen – Wahrscheinlichkeit jeweils $\frac{3}{216}$,
oder 3 gleiche Würfelzahlen – Wahrscheinlichkeit jeweils $\frac{1}{216}$.

Also ist die Wahrscheinlichkeit für „Augensumme 10" (für die sechs Summen
$1 + 3 + 6 = 1 + 4 + 5 = 2 + 2 + 6 = 2 + 4 + 4 = 2 + 3 + 5 = 3 + 3 + 4$): $\frac{6}{216} + \frac{6}{216} + \frac{3}{216} + \frac{3}{216} + \frac{6}{216} + \frac{3}{216} = \frac{27}{216}$
und die Wahrscheinlichkeit für „Augensumme 9" (für die sechs Summen
$9 = 1 + 2 + 6 = 1 + 3 + 5 = 1 + 4 + 4 = 2 + 2 + 5 = 2 + 3 + 4 = 3 + 3 + 3$): $\frac{6}{216} + \frac{6}{216} + \frac{3}{216} + \frac{3}{216} + \frac{6}{216} + \frac{1}{216} = \frac{25}{216}$

Die Augensumme 10 hat die Wahrscheinlichkeit $\frac{27}{216}$, die Augensumme 9 hat nur die Wahrscheinlichkeit $\frac{25}{216}$. Wesentlicher Grund: Die $3 + 3 + 3$ geht nur aus einem Ergebnis hervor, sonst entsprechen sich die Augensummen 9 und 10. Daher ist die Augensumme 10 etwas wahrscheinlicher.

13 Möglicher Brief von Pascal an de Méré:
Mein lieber Chevalier,
zunächst danke ich Euch für die Frage, die mich viel Zeit und Schlaf gekostet hat. In der Tat scheinen auf den ersten Blick beide Ausgänge gleich wahrscheinlich. Eure Frage zeigt mir jedoch, dass dieses Ergebnis Eurer Beobachtung widerspricht. Und so bin ich zu dem Schluss gekommen, dass wirklich ein kleiner Unterschied bei der Wahrscheinlichkeit besteht.
Am einfachsten könnt Ihr zu einer Erklärung gelangen, wenn Ihr jeweils das Gegenteil der von Euch betrachteten Spielausgänge betrachtet. Beginnen wir bei dem Spiel mit vier Würfeln. Das Gegenteil davon, mindestens eine Sechs zu werfen, bedeutet, keine Sechs zu werfen. Dafür – gute Würfel vorausgesetzt – erkennt man die Wahrscheinlichkeit $\left(\frac{5}{6}\right)^4 \approx 0{,}482$. Mithin ist die Wahrscheinlichkeit mindestens eine Sechs bei diesem Spiele zu erzielen $1 - 0{,}482 \approx 0{,}518$, also gerade etwas mehr als $\frac{1}{2}$. Man wird also in etwas mehr als der Hälfte aller Spiele – wenn man oft genug spielt – mindestens eine Sechs erzielen.
Ebenso gehen wir bei dem Spiel mit zwei Würfeln vor. Das Gegenteil davon, bei diesem Spiel mindestens eine Doppelsechs zu werfen, bedeutet, keine solche zu werfen. Dafür erkennt man die Wahrscheinlichkeit $\left(\frac{35}{36}\right)^{24} \approx 0{,}509$. Mithin ist die Wahrscheinlichkeit mindestens eine Doppelsechs bei diesem Spiele zu erzielen, $1 - 0{,}509 = 0{,}491$, also gerade etwas weniger als $\frac{1}{2}$. Man wird also in etwas weniger als der Hälfte aller Spiele – wenn man oft genug spielt – mindestens eine Doppelsechs erzielen.
So habt Ihr eine Erklärung für Euere Beobachtung. …
Eine Excel-Simulation befindet sich auf der Datei simulation.xls (siehe www.klett.de).

14 a) $1 - 0{,}8^{10} = 0{,}893$, also fast 90%.

b) Ansatz mit der gesuchten Anzahl $x: 1 - 0{,}8^x > 0{,}95$. Probieren mit dem Rechner liefert: $x > 13{,}425$. Die Gruppe muss mindestens 14 Personen groß sein.

15 Für jede Rosine beträgt die Wahrscheinlichkeit $\frac{1}{10}$, dass sie in ein bestimmtes Brötchen kommt, und $\frac{9}{10}$, dass sie nicht in dieses Brötchen kommt. Damit mindestens eine Rosine in das Brötchen gelangt, darf es nicht passieren, dass keine Rosine in das Brötchen gelangt. Das Gegenteil vom Gewünschten tritt also mit Wahrscheinlichkeit $\left(\frac{9}{10}\right)^n$ ein und darf höchstens mit 5 % Wahrscheinlichkeit auftreten. Durch Ausprobieren mit dem Rechner wird n so bestimmt, dass $\left(\frac{9}{10}\right)^n < 0{,}05$ gilt. Damit erhält man als kleinstmögliche Zahl $n = 29$, denn $\left(\frac{9}{10}\right)^{29} = 0{,}047$, aber $\left(\frac{9}{10}\right)^{28} = 0{,}052$.

16 a) Der Einfachheit halber gehen alle Vorschläge von einem Jahr mit 365 Tagen aus, eine vernünftige Voraussetzung zur Umgehung des Spezialfalles „Schaltjahr".
Vergleicht man Marias und Inkas Argumente für zwei Personen, so wird deutlich, dass Marias Argument nicht stimmen kann, denn sie würde dafür $\frac{363}{365}$ erhalten. Die zweite Person kann aber nur, wie Inka sagt, an 364 anderen Tagen Geburtstag haben und nicht nur an 363 Tagen.
Inka und Ruben haben ähnliche Argumente. Ruben berücksichtigt aber nicht, dass mit zunehmender Anzahl der Personen immer weniger Tage zur Verfügung stehen. Daher ist sein Ergebnis zu groß.
Inkas Argumentation ist nachvollziehbar richtig.
b) $\frac{364}{365} \cdot \frac{363}{365} \cdot \frac{362}{365} \cdot \frac{361}{365} \cdot \frac{360}{365} \cdot \frac{359}{365} \cdot \frac{358}{365} \cdot \frac{357}{365} \cdot \frac{356}{365} \approx 88{,}3\,\%$.
c) Setzt man die Rechnung fort, so sieht man, dass ab 23 Personen die Wahrscheinlichkeit, dass sie an verschiedenen Tagen Geburtstag haben, kleiner als 0,5 wird. Auf das Gegenteil, dass mindestens zwei am selben Tag im Jahr Geburtstag feiern, kann man also für mehr als 22 Personen wetten. Für 30 Personen beträgt diese Wahrscheinlichkeit sogar etwa 70 %.

17 Wie bei Aufgabe 16 ergibt sich für die Wahrscheinlichkeit, dass mindestens zwei von vier am selben Wochentag Geburtstag haben: $1 - \frac{6}{7} \cdot \frac{5}{7} \cdot \frac{4}{7} \approx 65\,\%$. Man sollte also nicht dagegen wetten.

Seite 173

18 a) $0{,}01 \cdot 0{,}98 + 0{,}99 \cdot 0{,}03 = 3{,}95\,\%$. Diese Wahrscheinlichkeit ist ziemlich klein, weil es nur wenige Rauschgiftschmuggler gibt und weil der Hund bei Nichtschmugglern nur selten bellt.

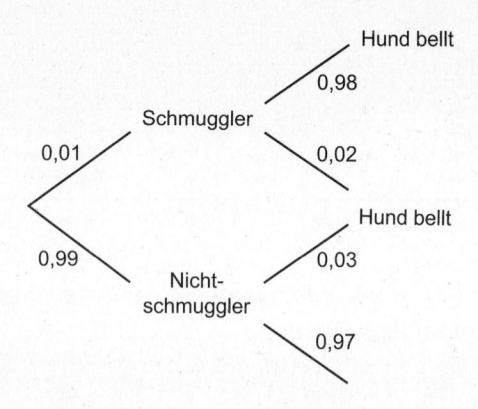

b) Bevor man hier mit Wahrscheinlichkeiten rechnet, kann man die Sache einmal mit z. B. 10 000 Grenzgängern durchspielen. Dabei sind nur 100 Schmuggler, der Hund bellt dann bei 98 von ihnen. Von den 9900 Nichtschmugglern bellt er aber 297 an (3 % von 9900). Er bellt also insgesamt 395 Grenzgänger an, von denen aber nur 98 Schmuggler (24,8 %) sind.
Wenn der Hund bellt, kann es sein, dass tatsächlich ein Schmuggler die Grenze übertritt (Wahrscheinlichkeit $0{,}01 \cdot 0{,}98 = 0{,}98\,\%$) oder aber dass der Hund irrtümlich bellt (Wahrscheinlichkeit $0{,}99 \cdot 0{,}03 = 2{,}97\,\%$). Daher ist der Anteil $\frac{0{,}98\,\%}{3{,}95\,\%} = 24{,}8\,\%$ die Wahrscheinlichkeit, dass tatsächlich ein Schmuggler die Grenze übertritt, wenn der Hund bellt. Das ist enttäuschend wenig und kommt daher, weil fast nur Nichtschmuggler die Grenze überqueren, bei denen der Hund aber relativ häufig doch bellt.
c) Wenn der Hund nicht bellt, kann es sein, dass tatsächlich kein Schmuggler die Grenze übertritt (Wahrscheinlichkeit $0{,}99 \cdot 0{,}97 = 96{,}03\,\%$) oder aber dass der Hund irrtümlich nicht bellt (Wahrscheinlichkeit $0{,}01 \cdot 0{,}02 = 0{,}02\,\%$). Der Hund bellt also nicht mit Wahrscheinlichkeit 96,05 % (vgl. Teil a). Daher ist der Anteil $\frac{96{,}03\,\%}{96{,}05\,\%} = 99{,}98\,\%$ die Wahrscheinlichkeit, dass tatsächlich kein Schmuggler die Grenze übertritt. Wenn der Hund nicht bellt, kann der Zollbeamte also praktisch sicher sein, dass tatsächlich kein Schmuggler die Grenze übertritt.

19 a) Man gewinnt, wenn nicht „Flop-Flop" erscheint, also mit Wahrscheinlichkeit $1 - (1-x)^2 = 1 - (1 - 0{,}4)^2 = 0{,}64 = 64\,\%$. (Es ist $x = 0{,}4$.)
b) Es muss gelten: $1 - (1 - x)^2 = 0{,}5$.
Diese quadratische Gleichung hat die Lösungen $x_1 = 1 + \frac{1}{2}\sqrt{2}$ und $x_2 = 1 - \frac{1}{2}\sqrt{2}$. Nur die zweite Lösung ist eine Wahrscheinlichkeit, näherungsweise 0,2929. „Flip" muss also mit etwa 29,3 % Wahrscheinlichkeit erscheinen.

20

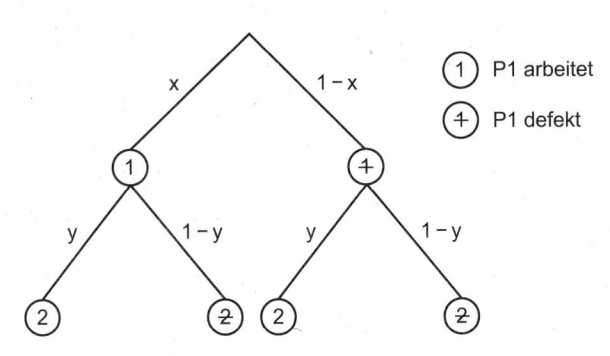

① P1 arbeitet
⊥ P1 defekt

a) Das Parallelsystem fällt aus, wenn beide Pumpen versagen. An dem Baumdiagramm erkennt man, dass die Wahrscheinlichkeit dafür
$(1-x) \cdot (1-y) = 1 - x - y + xy$ beträgt. Das System arbeitet also mit der Wahrscheinlichkeit
$1 - (1 - x - y + xy) = x + y - xy$.
Alternativ kann man die Wahrscheinlichkeiten der drei Pfade addieren, bei denen mindestens eine Pumpe arbeitet: $xy + x \cdot (1-y) + (1-x) \cdot y$
$= x + y - xy$.
b) $x \cdot y$
c) Es muss wegen $x = y$ gelten: $x + x - x^2 = 0{,}99$. Diese quadratische Gleichung hat die Lösungen $x_1 = 0{,}9$ und $x_2 = 1{,}1$. Nur die erste Lösung ist eine Wahrscheinlichkeit. Jede Pumpe muss also mit 90 % Wahrscheinlichkeit funktionieren.

Exkursion: Das Ziegenproblem

Seite 175

1 Man kann hier die Antworten zunächst mal weglegen und erst am Ende der folgenden Aufgaben zum Vergleich heranziehen. Eine andere Möglichkeit ist es, eine Diskussion zwischen den verschiedenen Gruppen zu führen und dann nochmals die Meinungen zu fixieren.

2 Man kann auch zusätzliche Vereinbarungen treffen wie z. B. dass der eine Spieler grundsätzlich nicht wechselt, während der andere grundsätzlich wechselt. Dadurch wird die Auswertung vereinfacht. Bei den meisten Gruppen werden die Wechsler öfter gewonnen haben. Für eine gesicherte Erkenntnis ist aber die Zahl der Spiele noch zu gering.

3 zu a) Die Excel-Simulation (siehe www.klett.de) verlangt die Eingabe einer Türwahl sowie (vorab) die Angabe, ob gewechselt werden soll oder nicht. Nach Starten der Taste F9 wird eine neue Situation bestimmt (Auto hinter Tür A5, verdeckt). Mithilfe der Abfragen in E9-11 wird bestimmt, welche Tür der Quizmaster öffnet. In A19 wird bestimmt, welche Tür der Kandidat am Ende ggf. nach Wechseln wählt und in A22 schließlich das Spielergebnis dargestellt.

4 a) etwa 100-mal
b) etwa 100-mal
c) etwa 200-mal
d) Wechseln ist günstiger, da man dann etwa doppelt so oft gewinnt wie ohne zu wechseln.

Seite 176

5 a) $\frac{1}{3}$
b) $\frac{1}{3}$
c) $\frac{2}{3}$
d) Wechseln ist günstiger, da man dann die doppelte Wahrscheinlichkeit hat zu gewinnen wie ohne zu wechseln.

6 Individuelle Lösung: Der Kritiker geht von anderen Voraussetzungen aus.

7 a) Hier hat der Quizmaster nur dann die Möglichkeit, Tür 3 zu öffnen, wenn dahinter eine Ziege steht. Sonst würde er sofort verraten, wo das Auto steht. Also hat diese Variante andere Bedingungen als das Spiel mit nur einem Kandidaten, wo der Quizmaster immer eine Ziegentür auswählen kann. Wenn der Quizmaster also die Tür mit der Ziege öffnet, haben Anna und Boris gleiche Chancen, dass hinter der anfangs gewählten Tür das Auto steht.
b) Mit der Argumentation wie in Aufgabe 5 mit 300 Durchführungen ergibt sich:
In etwa 200 Fällen steht hinter einer bestimmten Tür ein Auto.
In etwa 200 Fällen wählt die Kandidatin daher eine Tür, hinter der ein Auto steht. Es wäre dann nicht günstig zu wechseln.
In etwa 100 Fällen wählt die Kandidatin eine Tür, hinter der eine Ziege steht. Dann wäre es günstig zu wechseln.
Insgesamt ist es also hier ungünstig zu wechseln. Entsprechend kann man auch mit Wahrscheinlichkeiten argumentieren.

Sachthema: Freiburg

Seite 180

z. B. Einwohnerzahl oder Fläche

Am 31.3.2005 betrug die Einwohnerzahl von Freiburg 214 041 Personen. Diese Zahl weicht gegenüber der im Lexikon angegebenen Zahl um etwa 11,7 % ab.

Im Wintersemester 2004/2005 gab es in Freiburg 22 020 Studenten. Wenn man davon ausgeht, dass die Studenten auch gleichzeitig Einwohner von Freiburg sind, erhält man als Wahrscheinlichkeit, dass unter den ersten 10 Menschen in Freiburg kein Student ist 34 %.

Seite 181

Die Erbauer des Münsters haben die Höhe noch in Ellen gemessen. In der alten Einheit betrug die Höhe 210 Ellen.

Der Turm wird genau unterhalb des „Turmhelmes" (in 130 Ellen Höhe) im goldenen Schnitt geteilt:
$\frac{210}{130} = \frac{130}{80}$

Hinweis: Den goldenen Schnitt findet man z. B. bei Gebäuden.

Rationale Zahlen kann man als abbrechende oder periodische Dezimalzahlen schreiben. Irrationale Zahlen sind Dezimalzahlen, die weder abbrechen noch periodisch sind. Man kann sie nicht als Bruchzahlen schreiben. Alle rationale und alle irrationale Zahlen zusammen heißen reelle Zahlen.

Ansatz: $x = \frac{a}{b}$ führt auf: $1 + \frac{1}{x} = x$.
Aus $x = 1 + \frac{1}{x}$ folgt die Gleichung $0 = x^2 - x - 1$ mit den irrationalen Lösungen $x_1 = \frac{1+\sqrt{5}}{2}$ und $x_2 = \frac{1-\sqrt{5}}{2}$. Damit ist auch das Verhältnis $\frac{a}{b}$ irrational.

Seite 182

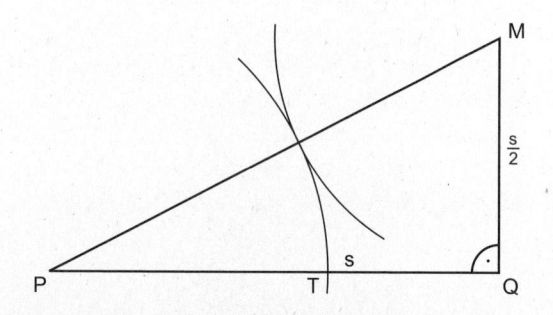

Der Winkel α beträgt ungefähr 20°.

Bei einer Entfernung von 40 m zum Turm beträgt die höchste begehbare Höhe des Münsters etwa 130 Ellen oder 70 Meter.

Würde man einen Gegenstand von einem höheren Gebäude fallen lassen, so könnte man unten stehende Personen verletzen.

Mit der Formel $h = 5t^2$ (h: Höhe in m; t: Zeit in s) würde der Gegenstand bei einer Flugzeit von 3 s von einer Höhe von 45 m fallen.
Bei einer Höhe von 113,40 m würde die Flugzeit des Gegenstandes etwa 4,8 s betragen.

Seite 183

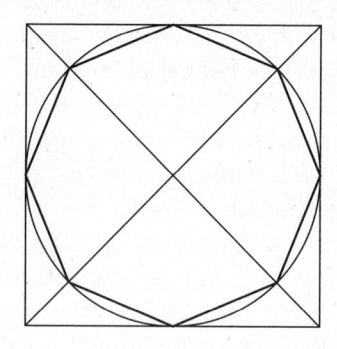

Die Seitenlänge des Achtecks beträgt ungefähr 8 Ellen.

Der Turmhelm ist 80 Ellen hoch. Die Verbindungsstreben sind 80,7 Ellen oder 43,6 m lang.

Individuelle Lösung

Als Schätzwert für die Oberfläche eines Pflastersteines kann man 43 cm² annehmen.

Mit der Fläche des Platzes F (in m²) und der Anzahl der Pflastersteine a erhält man: $a = 232{,}5 \cdot F$.
Es handelt sich somit um eine lineare Funktion.
100 000 Steine benötigt man für eine Fläche von etwa 430 m².

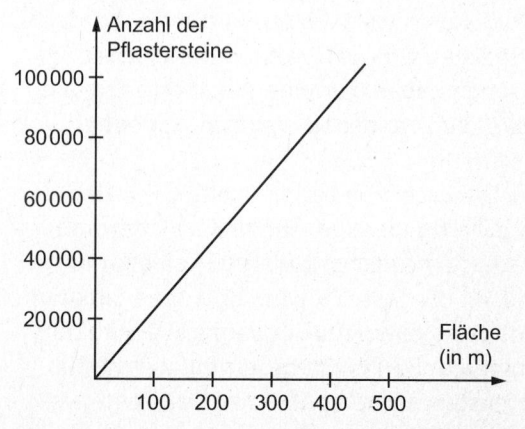

Wenn man von einer Fläche von 10 000 m² ausgeht, benötigt man etwa 2 325 000 Steine.

Individuelle Lösung

Seite 184

Die Höhe des Brückenbogens beträgt ungefähr 4,79 m.

Der Schwertransporter würde unter der Brücke durchfahren können. Allerdings müsste er dazu den Mittelstreifen (etwa 50 cm) überfahren.

Individuelle Lösung

Wenn das Bächle 30 cm breit ist und die Wasserhöhe 10 cm beträgt, würden bei einer Fließgeschwindigkeit von 0,6 m/s etwa 1555,2 m³ oder 1 555 200 Liter durch das Bächle fließen.

Damit pro Tag etwa 4 Mio. Liter Wasser durch das Bächle fließen können, müsste es etwa 25,7 cm tief sein.

$x \approx 14{,}14$ cm

Individuelle Lösung

Seite 185

Die Wahrscheinlichkeit, dass man auf dem Weg von der Kronenbrücke bis zum Fahnenplatz an allen Ampeln höchstens einmal „rot" vorfindet, beträgt 12,9 %. ($0{,}62^8 + 8 \cdot 0{,}62^7 \cdot 0{,}38$)

Die Wahrscheinlichkeit für „grün" müsste bei beiden Ampeln etwa 70,7 % betragen.

Für Erwachsene lohnt sich die Punktekarte ab 8 Fahrten, für Kinder lohnt sich die Punktekarte nicht.

Für die Mutter ist der REGIO24-Fahrschein (1 Person und 4 Kinder) mit 4,60 € am günstigsten. Würde sie einzelne Fahrscheine kaufen, so müsste sie für Hin- und Rückfahrt 7,40 € bezahlen.
Würde sie die Punktekarte benutzen, so bräuchte sie 30 Punkte, d.h. 6,80 €.

Das Taxi wäre für vier Personen bis zu einer Strecke von etwa 3,2 km günstiger als die Straßenbahn.

Damit das Taxi bei einer 10 km langen Fahrt günstiger als die Straßenbahn (mit Einzelfahrscheinen) ist, müssten 9 Personen mitfahren.

Seite 186

Bei einer durchgehenden Geschwindigkeit von 30 m/s beträgt die maximale Energie für alle vier Windräder pro Jahr etwa 1,1 Milliarden kWh.

Bei einem Energieertrag von 3 000 000 kWh geht man von einer mittleren Geschwindigkeit von etwa 6,67 m/s aus.

Um den gesamten Energiebedarf von Freiburg zu decken, benötigt man bei einer Windgeschwindigkeit von 6,67 m/s etwa 304 Windkrafträder.

Die Gesamtfläche aller Photovoltaikanlagen von Freiburg wird etwa 29 167 m² betragen.

Um den gesamten Energiebedarf der Menschen zu decken, müsste die Photovoltaikanlage etwa $9 \cdot 10^{11}$ m² oder 900 000 km² groß sein.

Vorteile:
- keine Umweltbelastung durch Luft- oder Gewässerverschmutzung
- kein Rohstoffverbrauch
- geringe Gefahren im Betrieb

Nachteile:
- hohe Kosten in der Herstellung der Anlagen
- Energiegewinnung ist abhängig von Wind und Sonne
- große Flächen müssten mit den Anlagen bebaut werden.

Individuelle Lösung

Seite 187

Der Hahn wird etwa 10 m hoch sein. Der dazugehörige Schlauch ist vermutlich ungefähr 80 m lang.

Wenn man davon ausgeht, dass der Mensch 100 m groß ist und einen 13 m langen Schuh hat, dann wäre seine Schuhgröße etwa 1960.

Bei einem Durchmesser von 0,5 m würden pro Tag etwa 17 000 m³ Wasser durch den Schlauch fließen.

Bei einem mittleren Abfluss von 21,3 m³ pro Sekunde müsste die Fließgeschwindigkeit im Schlauch 108,5 m/s betragen.

Individuelle Lösung

Sachthema: Zeitung

Seite 188

Der Fahrer fuhr 53,75 % schneller als die erlaubte Höchstgeschwindigkeit.

Durch die überhöhte Geschwindigkeit würde sich der Bremsweg um etwa 87 m verlängern. Der Bremsweg würde sich um etwa 136 % verlängern (von 64 m auf 151 m).

Der Fahrer hat mindestens 0,072 Liter Bier getrunken (zwischen 0,072 Liter und 0,108 Liter).

Wenn die Tore etwa 5 m weit voneinander entfernt sind, wäre der Parcours insgesamt ungefähr 37,5 km lang.

Christo benötigte für sein Projekt etwa 67 500 m² Stoff. Nimmt man ein Gewicht von 2 kg pro m² und einen Preis von 10 € pro m² an, so kommt man auf ein Gesamtgewicht von 135 t und einem Gesamtpreis von 675 000 €.

Mit q: Gesamtqualitätsurteil; a: Telefonieren; b: Textnachrichten; c: Fotofunktion; d: Akkubetrieb; e: Benutzerführung; f: Transport; g: Haltbarkeit und h: Vielseitigkeit erhält man
$q = 0{,}3 \cdot a + 0{,}1 \cdot b + 0{,}1 \cdot c + 0{,}2 \cdot d + 0{,}05 \cdot e + 0{,}1 \cdot f + 0{,}05 \cdot g + 0{,}1 \cdot h$

Wenn alle Einzelbewertungen gleich gewichtet werden, erhält man folgende Gesamtqualitätsurteile:
T 201: GUT (2,4)
K 220 s: GUT (2,3)
S22i: GUT (2,5)
CA 500: GUT (2,3)

Individuelle Lösungen

Seite 190

Individuelle Lösungen

Der Airbus A 380 muss für einen Flug von 15 000 km etwa 241 500 Liter Kerosin mitführen.

Die Cewe-Color-Aktie hatte im Frühjahr 1996 mit etwa 28 € ihr Maximum und in den ersten Monaten des Jahres 2002 ihr bisheriges Minimum von etwas über 10 €.

Die Skalierung der Hochachse ist bei größeren Werten feiner als bei den kleineren. Hierdurch erscheinen die Ausschläge in den unteren Bereichen größer.

Punkt 1 (1996|28); Punkt 2 (2000|25)

Die Steigung der roten Gerade „Langfristiger Abwärtstrend" beträgt etwa −0,75 € pro Jahr.

Durch die geringere Geschwindigkeit sinkt der Leistungsbedarf um etwa 77 %.

Seite 192

Mit der Mindestfläche f (in cm²) und der Widerristhöhe (in cm) erhält man die Funktionsgleichung:
$f = 0{,}4 h^2 + 70 h + 2720$

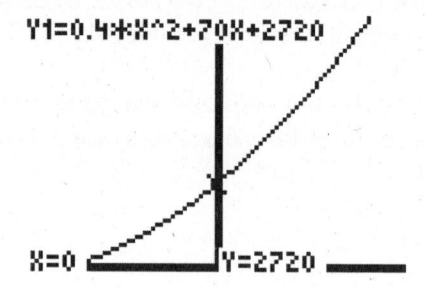

Y1=0.4*X^2+70X+2720

X=0   Y=2720

Wenn man davon ausgeht, dass die Widerristhöhe von Kälbern zwischen 50 cm und 125 cm liegt, dann entspricht der Graph der linearen Funktion mit $f = 140 h + 220$ der Parabel in diesem Bereich näherungsweise. Durch die Verwendung einer linearen Funktion wird die Berechnung der Mindestfläche einfacher.

In Figur 2 geht der Autor davon aus, dass „jede dritte" Ehe weniger ist als „jede vierte".
In Figur 3 geht der Autor davon aus, dass 90,2 Prozent „jeder neunte" entspricht. „Jeder neunte" entspräche aber lediglich etwa 11 %.
Figur 4: Schon bei einer Preisreduzierung von 100 % könnte man umsonst im Hotel wohnen. Mehr als 100 % können Preise nicht fallen.
In Figur 5 hat der Autor das Bild nur gedreht. Das dargestellte Foto müsste aber eine Spiegelung zeigen.
Figur 6: Bereits zum 30. September gab es über 24 % mehr Ausbildungsverträge.

Aufgrund des Diagramms könnte man vermuten, dass die Preise pro Saison gleichmäßig ansteigen und dass die Funktion *Jahr → Preis* linear ist.

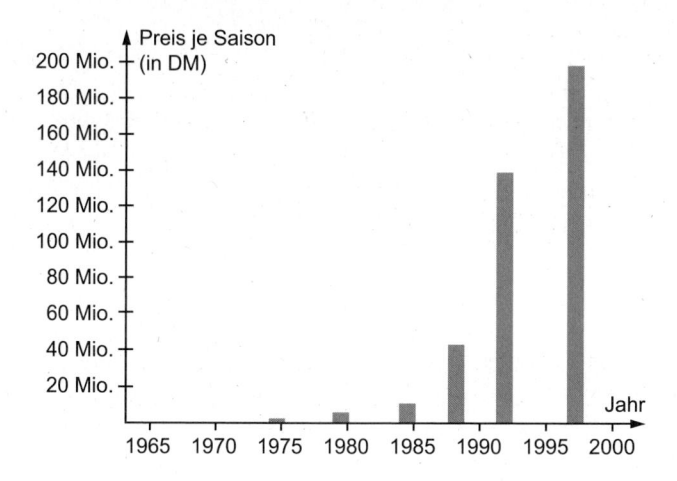

[Diagramm: Balkendiagramm "Preis je Saison (in DM)" von 1965 bis 2000, mit Balken bei 1975, 1980, 1985, 1990 (ca. 40 Mio.), 1995 (ca. 140 Mio.), 2000 (ca. 200 Mio.)]

Der Autor ist davon ausgegangen, dass sich die Zahlen der LKWs in allen Ländern gleichmäßig verdoppeln.

In der Grafik entspricht die Größe der LKWs nicht der Anzahl der LKWs: Der LKW für Frankreich mit 1350 ist kleiner als der LKW für Polen mit 640.

Für jeweils ein Land wurde die Verdoppelung der LKWs durch eine Verdoppelung der Länge dargestellt.

Sachthema: Diamantenraub in Mannheim

Seite 194

Die beiden Gauner heißen Lola Leliwa und Pepe Kleinschmidt.

Individuelle Lösung

Der Rohdiamant hätte ungefähr 44,2 Karat.

Seite 195

Man könnte höchstens 14 Steine aus dem Ausgangsstein herstellen.

Bei einem Zinssatz von 3% würde man nach 12 Jahren 42 576,08 € Zinsen erhalten. Nach 24 Jahren hätte sich der Betrag verdoppelt.

Für die Strecke von Dach zu Dach würde man etwa 12,70 m Seil benötigen. Hinzu kämen die Seillängen, die man für die Befestigung benötigt.

Wenn das Seil absolut gerade wäre, hätte man einen Neigungswinkel von 28,2°. Wenn das Seil daher gut gespannt ist, wäre der Winkel unter 30°.

Da der Beutel über den Balkon des fünften Stockes fliegen muss, wird er mindestens 6,18 m von dem Gebäude landen. Ede sollte daher auf der dritten Spur parken. Die Flugzeit würde etwa 1,8 s betragen.

Seite 196

Bei einer Fahrstrecke von 580 m würde er bei einer Geschwindigkeit von 50 km/h etwa 42 Sekunden benötigen.

$$\frac{100\,m + 70 \cdot w}{\frac{50}{3,6}}$$

Der prozentuale Anteil von Pepe und Lola würde 28% betragen, der von Ede wäre 44%. Pepe und Lola würden demnach jeweils 22 400 € erhalten, Ede 35 200 €.

Pepe und Lola würden etwa 4266,67 € weniger erhalten, Ede etwa 85 333,33 € mehr.

Die Wahrscheinlichkeit, dass die Tür bei einer zufälligen Eingabe verschlossen bleibt, beträgt 99,999 999 78%.

Bei einer siebenstelligen Eingabe von Zahlen wäre die Wahrscheinlichkeit 99,999 99%, bei einer siebenstelligen Eingabe von Buchstaben wäre die Wahrscheinlichkeit 99,999 999 99%.

Seite 197

Wenn im Durchschnitt jede vierte Kreuzung kontrolliert wird, beträgt die Wahrscheinlichkeit, die nächsten fünf Kreuzungen unbehelligt zu passieren, etwa 24%.

Die Wahrscheinlichkeit, durch zwei Polizeikontrollen zu kommen, ohne dass der Stein entdeckt wird, beträgt etwa 6,25%.

Die Wahrscheinlichkeit müsste etwa 29% betragen.

Der Fluchtweg würde ungefähr 240 m lang sein.

Seite 198

Nach der Tachoschreibe müsste Ede kurz vor der Bremsung 30 km/h gefahren sein. Mit der Bremsformel $B = \frac{v^2}{100}$ würde sich ein Bremsweg von unter 10 m ergeben. Die tatsächliche Bremsspur ist aber deutlich länger, nämlich 13,5 m.
$b = \frac{(0,27v)^2}{2D}$, wobei D der Bremsweg in m; v die Geschwindigkeit in $\frac{km}{h}$ und b die Bremsverzögerung in $\frac{m}{s^2}$ ist.

Da während der Reaktionszeit nicht gebremst wird, entsteht während dieser Zeit keine Bremsspur.

Für die Zeit kurz vor 24.00 Uhr gibt es zwei verschiedene Geschwindigkeiten. Da man aber zu jeder Zeit nur eine Geschwindigkeit fahren kann, müsste die Zuordnung *Zeit → Geschwindigkeit* eine Funktion sein.

Individuelle Lösung

Seite 199

Individuelle Lösung

Um von der Straße das Fenster zu sehen, müsste Ede von einem Punkt schauen, der etwa in 10 m Entfernung 3,72 m hoch liegt, in 7,5 m Entfernung 7 m über dem Straßenboden liegt. Ede konnte also gar keine Gestalten sehen.